JN411393

사통통석 4

史通通釋

Shi-Tong Tong Shi(Comprehensive commentary of the Shi-Tong)

지은이 유지기(劉知幾, Liu ZhiJi, 661-721)의 자는 자현(子玄)이고 팽성(彭城 : 江蘇省 徐州) 사람으로 당 고종 용삭(龍朔) 원년(661)에 태어나 현종 개원(開元) 9년(721)에 죽었다. 10세 이후『좌전』에 몰두하고 17세가 되었을 때 이미 사학에 상당한 조예가 있었다. 약관의 나이에 진사에 합격하여 획가현(獲嘉縣) 주부(主簿)에 오래 머물다 이후『삼교주영(三教珠英)』의 편찬에 참여하고, 계속하여 저작좌랑(著作佐郎) 등으로 국사편수를 겸하면서 기거주(起居注)·『당서(唐書)』·『무후실록(武后實錄)』등의 편찬에 참여하였다. 그러나 감수(監修)제도에 불만을 토로하며 사관을 사직하고, 당 이전 사서 편찬과 관련한 문제들에 대하여 종합적이고 체계적인 평가를 시도하기 위해『사통(史通)』20권을 저술하였다.『사통』은 사평(史評)과 관련된 최초의 체계적 저서로서 장학성(章學誠)의『문사통의(文史通義)』와 함께 중국 사학사에 가장 중요한 역사이론서로 평가된다.

통석자 포기룡(浦起龍, Pu QiLong, 1679-1762)은 자가 이전(二田)이고 만년에는 스스로를 삼산창부(三山傖父)라 불렀다. 청 강희(康熙) 18년(1679) 무석현(無錫縣)의 전간촌(前澗村)에서 태어나 건륭(乾隆) 27년(1762) 83세의 나이로 죽었다. 과거에 낙방한 후 저술에 뜻을 두고 10여 년의 노력 끝에 두보(杜甫)의 시작(詩作)에 대한 연구서라 할 수 있는『독두심해(讀杜心解)』를 완성하고, 옹정(雍正) 8년(1730) 51세의 나이로 진사에 합격한 이후 곤명(昆明)의 오화서원(五華書院) 산장(山長), 소주부학(蘇州府學)의 교수를 지내면서『좌전』·『국어』등 고적의 역대 평주(評注)에 교감과 자신의 평주를 더하여『고문미전(古文眉銓)』79권을 완성하였다. 건륭 10년(1745)에 관직을 물러난 후 건륭 4년(1739) 이래 관심을 가졌던『사통』주석작업을 본격적으로 시작하여 건륭 12년에 그 초고를 완성하고, 다시 5년 동안의 보완과 수정을 거쳐 건륭 17년(1752)에 정식으로『사통통석(史通通釋)』을 간행하였다.

옮긴이 이윤화(李潤和, Lee, YunHwa, 1952-)는 경북 군위에서 출생하여 경북대학교 역사교육과를 졸업, 같은 대학교에서 석사과정을 수료하고, 대만 중국문화대학에서 박사학위를 취득하였다. 1980년 이후 안동대학교 사학과에 재직하고 있으며, 저서로는『中韓近代史學硏究』(1994)가 있다. 역서로는『宋季元明理學通錄』(공역, 1994),『전목 선생의 사학명저강의』(『中國史學名著』, 2006),『중국과 일본의 역사가들(*Historians of China and Japan*)』(공역, 2007)이 있으며, 논문으로는「從『宋書』史論看沈約的天命觀與處世觀」,「王夫之(1619-1692)의 晉·宋 교체기 이해」,「『讀通鑑論』「三國」條 史論에 대하여」등이 있다. 위진수당사학회 회장을 역임하였고, 현재 중국사학회 부회장을 맡고 있으며, 중국사회과학원 역사연구소에서 1년간(1993-1994) 연구한 적이 있다.

사통통석史通通釋 **4**

1판 1쇄 인쇄 2012년 4월 20일 **1판 1쇄 발행** 2012년 4월 30일

지은이 유지기 **통석자** 포기룡 **옮긴이** 이윤화 **펴낸이** 박성모 **펴낸곳** 소명출판
등록 제13-522호 **주소** 137-878 서울시 서초구 서초동 1621-18 (란빌딩 1층)
대표전화 (02) 585-7840 **팩시밀리** (02) 585-7848
이메일 somyong@korea.com **홈페이지** www.somyong.co.kr

ISBN 978-89-5626-690-9 94820 값 31,000원
ISBN 978-89-5626-686-2 (전4권)

이 번역도서는 2007년 정부재원(교육인적자원부 학술연구조성사업비)으로 한국연구재단의 지원에 의하여 연구되었음.

사통통석 4

유지기 지음 · 포기룡 통석 이윤화 옮김

史通通釋

◆ 일러두기

1. 본 역주는 劉知幾 原著·浦起龍 通釋, 『史通通釋』, 上海古籍出版社, 1978을 저본으로 하였다.
2. 본 역주의 인명과 지명 등 고유명사는 모두 우리말 발음으로 표기하고, 우리말(한자)을 병기하였다.
3. 본문에 부기(附記)되어 있는 유지기의 '原註'와 포기룡의 '釋'·'按'은 본래의 위치에 번역하였다.
4. 본문에 부기된 오자와 탈자 등 글자에 대한 고증과 관련한 일부 훈고적 '통석'부분은 문맥의 이해를 돕기 위한 경우를 제외하고는 번역을 생략하였다. 그러나 이들 문장을 『사통』 원문과 함께 모두 부기하여 참고하는데 불편이 없도록 하였다.
5. 각주의 경우, 그 숫자의 번거로움을 피하여 각 권별 새 번호로 시작하였다.
6. 유지기의 '原注'와 역자의 주석은 모두 '역주'라고 표기하였다. 따라서 '역주' 혹은 '原注'로 표기되지 않은 각주는 모두 포기룡의 '통석'에 해당한다.
7. '역주'에 인용된 참고문헌이나 연구논문의 경우 저자와 문헌 명을 원문으로 표기함을 원칙으로 하였지만, 때로는 한글(원문)로도 표기하였다.
8. 본 역주에서는 번역문과의 대조 편의를 위하여 『史通』 원문과 포기룡의 '통석' 원문[釋·按]을 모두 부록하였다. 다만 포기룡 '통석'부분의 각주(脚註)는 원문의 분량이 너무 많아 번역문만 싣고 원문은 부기(附記)하지 않았다.
9. 본 역주 본문 제일 앞에 표기되어 있는 숫자는 편-문단순서를 나타낸다. 예를 들어, 1-1은 권1, 「육가(六家)」 제1, 첫 문단, 9-1은 권4, 「논찬」 제9, 첫 문단 등을 표기하는 것이다. 권 표시는 생략하였다.
10. 기타 본 역주에서 사용한 부호는 다음과 같다.
    『 』: 단행본으로 간행된 서명
    「 」: 편명
    [ ]: 번역된 문장의 원문이나 보충설명
    " ": 인용문이나 대화
    ' ': 강조문
11. 원문은 물론 '통석'과 역주문에 가장 빈번하게 등장하는 『한서』 권30, 「예문지(藝文志)」의 경우 『한서예문지』 「육예략(六藝略)」·「제자략(諸子略)」 등으로, 그리고 『수서(隋書)』 권32-35에 수록된 「경적지(經籍志)」의 경우 『수서경적지』 「경부(經部)」 "상서"·「사부(史部)」 "정사" 등으로 표기하였다. 아울러 『구당서(舊唐書)』 권46-47, 「경적지」, 『신당서(新唐書)』 권57-60, 「예문지(藝文志)」의 경우도 마찬가지로 『구당서경적지』·『신당서예문지』 등으로 줄여 표기하였다.
12. 『史通』 「原序」 앞에는 浦起龍의 「序」, 蔡焯의 「史通通釋擧例」, 浦起龍의 「史通通釋擧要」에 대한 번역문을 부록하였다.

역자 서문

『사통통석(史通通釋)』은 유지기(劉知幾 : 661-721)에 의해 쓰여진 책 『사통(史通)』에 대해 포기룡(浦起龍 : 1679-1762)이 주석[通釋]한 책을 가리킨다. 주지하다시피 『사통』은 상대적으로 역사이론서로서의 성격을 좀 더 많이 지녔다고 평가되는 장학성(章學誠 : 1738-1801)의 『문사통의(文史通義)』에 비하여 사학평론서로서의 성격을 강하게 갖는다. 물론 넓은 의미에서 볼 때 사학평론은 공자 · 맹자에 의해서도 언급되었다고 할 수 있지만 매우 단편적인 것이었고, 진한 이후 양웅(揚雄) · 반표(班彪) · 왕충(王充) · 장보(張輔) · 유협(劉勰) 등에 의해 시도되었다고 평가되기도 하지만 여전히 체계적이고 전면적인 것은 아니었다. 따라서 『사통』은 특히 공자 이후 사학의 형식이 확대되고 그 내용의 독자적 가치에 대한 자각이 일단락되는 진한에서 위진남북조시기에 있어서의 사서의 원류와 체례 등과 관련한 종합적이고도 체계적인 평가를 시도하였다는 점에서 중국사학사상 매우 중요한 의미를 지닌다.

지은이 유지기의 자는 자현(子玄)이고 팽성(彭城) 사람으로서 당 고종(高宗) 용삭(龍朔) 원년(661)에 태어나 현종(玄宗) 개원(開元) 9년(721)에 죽었으므로, 그의 생애 대부분은 무후(武后) 집정기에 해당한다. 유지기의 사학에 대한 흥미는 가학에 그 연원이 있었다고 할 수 있다. 즉 그의 조부 유윤지(劉胤之)는 수(隋)의 유명한 사가 이백약(李百藥)과 절친한 사이였고, 당 고종 영휘(永徽 : 650-655) 연간에 저작랑(著作郎) · 홍문관학사(弘文館學士)를 지냈으며, 국자좨주(國子祭酒) 영호덕분(令狐德棻) · 저작랑 양인청(楊仁淸) 등과 함께 국사와 실록을 편찬하였다. 유지기의 백부 유연우(劉延祐)는 약관의 나이에 출신 주(州)에서 진사가 되었고, 승진하여 위남위(渭南尉)가 되었다. 기록을 맡은 관리로서 당시 기읍(畿邑)에서 으뜸이었다고 평가되며, 유지기의 부친 유장기(劉藏器)는 고종 때 시어사(侍御史)를 지낸 적이 있다. 비록 사관의 직무를 맡았던 적은 없지만 양사(良史)의 강직한 기풍을 지니고 있었다.

유지기의 시대에 있어서 학자들이 관직에 나가는 주요한 방법은 과거(科擧)를 통하는 것이었다. 당시 과거의 중요한 내용은 경서(經書)와 함께 시부(詩賦)였다. 따라서 시부와 경서는 소년기 교육의 중요한 내용이었다. 유지기 역시 어려서부터 이와 관련한 교육을 받았음은 물론이다. 10세 이후 그의 부친은 그에게 고문상서를 가르쳤다. 그러나 곧 흥미를 잃고 다시 『좌전』 공부에 몰두하였다. 이후 유지기는 한대(漢代)로부터 당 초기까지의 사서(史書)를 전부 열람하였고, 17세가 되었을 때 유지기는 이미 고금 제도의 연혁, 역대 제왕의 계승 상황, 사서(史書)의 서술방법 등에 기본적인 지식을 갖추게 되었다. 이같은 노력이 유지기가 이후 사학 분야에서 많은 성과를 내게된 중요한 토대가 되었음은 물론이다.

유지기는 20세에 과거에 응시하여 진사제(進士第)에 합격하고, 획가현(獲嘉縣)의 주부(主簿)가 되었지만 관운이 순탄하지 않아 19년을 같은 직위에 사환(仕宦)하였다. 그러나 이 시기에 유지기는 경사(京師)를 드나들며 각종 사서는 물론 제자백가 · 잡기 · 소설 등까지도 손쉽게 빌려 열람할 수 있었으므로 그의 안목이 더욱 열리게 되었고 각각 다른 사서에 기록된 일정한 역사적 사실에 대한 이동(異同)을 알게 되었다. 이러한 활동은 이후 저술활동의 중요한 기초가 되었다. 아울러 시폐(時弊)를 지적하여 두 차례에 걸쳐 무후에게 상소를 통해 개혁의 의견을 올린 적도 있었다. 무후 성력(聖曆) 2년(699) 유지기가 39세 되던 해 우보궐(右補闕)·정왕부(定王府) 창조(倉曹)에 있으면서 대규모 유서(類書)인 『삼교주영(三教珠英)』(1313권)의 편찬에 참여하여 3년 후에 완성하였고, 무후는 다시 조서를 내려 당사(唐史)를 편찬하게 했다. 유지기는 그 후 저작좌랑으로서 국사 편수를 겸하면서 정식 사관의 임무를 맡게 되었고, 이후 좌사(左史)로써 기거주(起居注) 편수에도 참여하였으며, 주경칙(朱敬則)·서견(徐堅)·오긍(吳兢) 등과 함께 『당서(唐書)』 80권 편찬 작업에 참여하였다. 장안(長安) 4년(704)에 중서사인(中書舍人)으로 승진하면서 잠시 사관의 직위를 그만 둔 적이 있었지만, 중종(中宗)이 즉위하면서 저작랑·태자중윤(太子中允) 등으로 국사를 겸수(兼修)하였다. 신룡(神龍) 2년(706)에 유지기는 서견·오긍 등과 함께 『측천실록(則天實錄)』 30권을 완성하였고, 경룡(景龍) 2년(708)에는 다시 황제의 명으로 국사의 편수를 맡았지만 곧 감수(監修)제도에 대한 불만을 토로하고 사관을 사직하였다.

유지기가 살았던 고종 이후 현종까지의 시기는 실로 혼란한 정국이 계속되는 매우 불안정한 시기였다. 이러한 형세는 수사(修史)에도 직접적인 영향을 끼쳐 정상적인 편찬이 이루어질 수 없었다. 감수국사(監修國史)의 전횡과 사관들의 책임 회피 등으로 사관(史館)에서는 유지기도 자신의 재능과 포부를 제대로 펼칠 수 없었다. 따라서 유지기는 현실 정치의 모순을 벗어나 사관(史館)의 수사(修史)가 지닌 폐단을 강하게 비판하고 아울러 당 이전의 사서 편찬과 관련한 문제들에 대하여 종합적이고 체계적인 평가를 시도하기 위해 『사통』을 저술하였다. 『사통』이 저술되어 세상에 알려지자 유지기는 다시 태자좌서자(太子左庶子)·숭문관학사(崇文館學士)에 임명되어 수사(修史)작업에도 참여하였다. 현종 개원(開元) 3년

(715)에 산기상시(散騎常侍)로 옮겼지만 사관의 임무는 그대로 수행하였다. 이후 개원 9년(721) 장남 유황(劉貺)의 죄를 변호하다가 현종의 노여움을 사서 안주도독부(安州都督府) 별가(別駕)로 좌천되었고 얼마 되지 않아 그곳에서 병사하였다.

『사통』 20권은 내·외 두 편으로 나누어져 각기 10권으로 구성되어 있다. 내편 10권 39편 중 「체통(體統)」·「비무(紕繆)」·「이장(弛張)」 세 편은 이미 없어지고 현재는 제목만 남아 있을 뿐이고, 외편은 10권 13편이다. 『사통』은 내용의 특징에 따라 다음과 같이 분류하여 설명할 수 있다.[1]

첫째, 「육가(六家)」·「이체(二體)」·「잡술(雜述)」 세 편은 다양한 체례를 지닌 사서의 원류와 발전과정에서의 특징을 상세히 설명하고 있다. 유지기는 완효서(阮孝緖)의 『칠록(七錄)』과 『수서경적지』의 사부(史部)분류법을 계승하여, 기전(紀傳)·편년(編年)·국별(國別) 체례 등을 합하여 정사(正史)라 칭하고, 그 외 다양한 체례를 지닌 편기(偏記)·소록(小錄)·일사(逸事) 등 10종을 통칭하여 잡사(雜史)라고 하였다. 둘째, 「본기(本紀)」·「세가(世家)」·「열전(列傳)」·「표력(表曆)」·「서지(書志)」·「논찬(論贊)」·「서전(序傳)」·「서례(序例)」 등 여덟 편은 전문적으로 기전체의 조직과 구조를 설명하고, 아울러 『사기』와 『한서』 이하 여러 사서에 들어있는 이러한 문제와 관련한 우열과 득실을 평론하고 있다. 셋째, 「단한(斷限)」·「편차(編次)」·「제목(題目)」·「보주(補注)」 등 네 편은 기전체 편찬의 구체적인 처리방법을 상세히 설명하고 있다. 넷째, 「재언(載言)」·「재문(載文)」·「채찬(采撰)」·「서사(書事)」·「인물(人物)」·「서사(敍事)」·「언어(言語)」·「부사(浮詞)」·「모의(摸擬)」·「인습(因習)」·「점번(點煩)」 등 열한 편은 사료를 어떻게 선택할 것이며 서술에 있어서는 어떠한 기준과 원칙을 지켜야 할 것인가를 설명하고 있다. 다섯째, 「직서(直書)」·「품조(品藻)」·「곡필(曲筆)」·「감식(鑑識)」·「탐색(探賾)」 등 다섯 편은 사가들이 당연히 지녀야 할 양사(良史)로

1 이하 趙呂甫, 『史通新校注』, 自序, pp.4-5 참조.

서의 자세를 강조하고, 특히 아부와 명리추구를 강하게 비판하였다. 여섯째, 「핵재(覈才)」·「변직(辨職)」·「오시(忤時)」 등 세 편은 사재(史才)를 선발하는 중요성과 사직(史職) 수행의 어려움을 설명하고 있다. 특히 유지기는 사관(史館)에서의 수사(修史)와 감수국사(監修國史)의 간섭이 갖는 문제점을 매우 강하게 비판하였다. 일곱째, 「사관건치(史官建置)」·「고금정사(古今正史)」 두 편은 역대 사관의 설치연혁과 사서편찬에 대한 개략적인 설명을 하면서 특히 양사(良史)와 예사(穢史)에 대하여 매우 엄격한 잣대를 적용하여 평가하고 있다. 여덟째, 「의고(疑古)」·「혹경(惑經)」·「신좌(申左)」·「오행지착오(五行志錯誤)」·「오행지잡박(五行志雜駁)」·「잡설(雜說)」(상·중·하)·「암혹(暗惑)」 등 여덟 편은 형식적인 논리와 방법의 추리를 통해 유가경전과 정사 그리고 잡기 중의 사실기록이 지닌 허위성을 폭로하고 역사적 고증이 갖는 의의를 강조함으로 후세 역사적 문헌의 변위(辨僞)작업에 큰 영향을 주었다. 그 외 「자서(自敍)」편에서는 유지기 자신의 가학의 연원과 사서에 대한 탐구 그리고 그 결과로서의 『사통』의 취지를 설명하고 있다.

『사통』은 출간된 후 사학의 성취에 대한 평가를 객관적으로 인정받지 못하고 「의고」와 「혹경」편의 내용과 관련하여 부정적인 논란이 계속되었다. 따라서 당대(唐代)의 유찬(劉璨)은 『사통석미(史通析微)』에서 "터무니없이 성철(聖哲)을 모함하고 있다"[2]고 비판했고, 송대의 송기(宋祁) 역시 "고인(古人)을 교묘히 꾸짖었다"[3]고 지적하였다. 이같은 부정적인 평가는 『사통』의 유전(流傳)을 어렵게 하였다. 따라서 오대(五代) 후진(後晋) 때 편찬된 『구당서경적지』에는 『사통』이 수록되지 않았고, 송초(宋初) 왕효신(王曉臣)의 『숭문총목(崇文總目)』에는 이 책이 잡사류(雜史類)에 수록되었다. 남송 정초(鄭樵)의 『통지(通志)』 「예문략(藝文略)」에 이르러 정사(正史) 부분의 통사류(通史類)에 분류되었지만 『사통』의 학술적 위치가 모호한 상태

2 『郡齋讀書後志』 권1, 「史評」류 참조.

3 『新唐書』 권132, 「劉子玄傳」, 贊曰.

였음은 물론이다. 남송 조공무(晁公武)의 『군재독서지(郡齋讀書志)』에는 사부(史部) 사평류(史評類)에 수록되어 비로소 그 학술적 가치가 인정되었다고 할 수 있다. 그 이후 각종 서목(書目)이나 해제(解題) · 예문지(藝文志) 등에 집부(集部) 문사류(文史類)에 수록되기도 했지만, 『문헌통고(文獻通考)』 · 『고금도서집성(古今圖書集成)』 · 『사고전서총목제요(四庫全書總目提要)』 등에는 모두 사평류에 수록되어 있다.[4]

『사통』의 각본(刻本)과 주석본(注釋本)은 명대 이후 계속하여 나타나고 있지만, 가장 빠른 판본은 송대의 각본(刻本)과 초본(鈔本)을 기초로 만력(萬曆) 5년(1577)에 간행된 장지상본(張之象本)과 육심(陸深)의 『사통』 절본(節本)이라 할 수 있는 『사통회요(史通會要)』 3권을 저본(底本)으로 만력 30년(1602)에 간행된 장정사본(張鼎思本)이 있다. 주석본으로는 명대 이유정(李維楨) · 곽공연(郭孔延)의 『사통평석(史通評釋)』, 진계유(陳繼儒)의 『사통정주(史通訂注)』, 왕유검(王惟儉)의 『사통훈고(史通訓故)』, 청대 황숙림(黃叔琳)의 『사통훈고보(史通訓故補)』, 포기룡(浦起龍)의 『사통통석(史通通釋)』, 기윤(紀昀)의 『사통삭번(史通削繁)』 등이 있다. 이 중 명 · 청시대의 각종 판본을 널리 참고하면서 교정과 함께 상세한 주석을 달고 있는 포기룡의 『사통통석』이 가장 널리 유행하고 있다.

통석자 포기룡(浦起龍)은 자가 이전(二田)이고 만년에는 스스로 삼산창부(三山傖父)라 불렀다. 세간에서는 삼산거사(三山居士)라고도 칭하고, 학자들은 삼창선생(三傖先生)이라고도 불렀다. 청 강희(康熙) 18년(1679) 무석현(無錫縣)의 전간촌(前澗村)에서 태어나 건륭(乾隆) 27년 83세의 나이로 죽었다. 포기룡은 몇 차례 과거시험에 낙방한 후 저술에 뜻을 두었는데, 그는 10여 년의 노력으로 옹정(雍正) 2년(1724)에 완성한 두보(杜甫)의 시작(詩作)에 대한 연구서라고 할 수 있는 『독두심해(讀杜心解)』가 있다. 그리고 옹정 8년(1730) 51세의 나이로 진사(進士)에 합격한 이후 옹정 12년(1734) 운

4 莊萬壽, 『史通通論』, 萬卷樓, 2009, pp.86-89 참조.

남(雲南)의 곤명(昆明)에서 오화서원(五華書院)의 산장(山長)을 맡으면서 서로 다른 고적(古籍)의 평주본(評注本)을 수집하기 시작하였다. 건륭 2년(1737) 고향 무석으로 돌아와 소주부학(蘇州府學)의 교수(教授)로써 자양서원(紫陽書院)에서 임교(任教)하였을 때 왕창(王昶)·전대흔(錢大昕)·왕명성(王鳴盛) 등이 그의 문하에서 수업하였으며, 이때부터 본격적으로 『좌전(左傳)』·『국어(國語)』·『초사(楚辭)』·『문선(文選)』 등 고적의 역대 평주(評注)에 대하여 교감(校勘)을 진행하면서 스스로 상세한 평주를 추가하여 건륭(乾隆) 9년(1744)에는 『고문미전(古文眉詮)』 79권을 각성(刻成)하였다.

『사통통석』 20권은 포기룡이 반생의 정혈(精血)을 모두 이 책의 저술을 위해 썼다고 할 정도로 많은 노력을 기울인 저작이다. 일찍이 건륭 4년(1739) 그가 소주(蘇州)의 자양서원에서 강의하던 시절 왕유검(王惟儉)의 『사통훈고(史通訓故)』와 이유정(李維楨)·곽공연(郭孔延)의 『사통평석(史通評釋)』 등을 보고 부족한 부분을 다시 새롭게 보완하려 했지만 여의치 못하자 건륭 10년(1745)년 노령으로 관직에서 물러난 후 비로소 정식으로 주석을 시작하여 건륭 12년(1747)에 『사통통석』 초고를 완성하고, 다시 5년 동안 여러 차례의 보완과 수정을 거쳐 건륭 17년(1752)에 간행하였다. 이 책의 저술에는 20명에 가까운 사람들의 조력을 받았지만, 특히 책이 완성되기 전 사망한 그의 제자 채작(蔡焯)의 도움을 가장 많이 받았다. 『사통통석』은 상세한 주석을 통해 『사통』 본문을 이해하는데 크게 도움이 된다는 긍정적인 평가와 함께 경솔하게 고서(古書)를 개찬(改竄)하고 정문 중에 주석(註釋)을 달아 읽기가 혼란스러우며, 교감(校勘)에 있어서 인용한 판본의 명칭을 정확하게 밝히지 않고 별본(別本)·속본(俗本)·고본(古本) 등으로 표시하여 그 출처가 애매한 경우가 많다는 비판도 있다.[5] 그럼에도 불구하고 『사통』의 주석본으로 가장 널리 읽히고 있음은 물론이다. 이후 『사통통석』의 문제점을 보완하기 위하여 진한장(陳漢章)의

5 張振珮, 『史通箋注』 前言, 貴州人民出版社, 1985, p.8. 趙呂甫, 『史通新校注』 凡例, 重慶出版社, 1990, p.1 참조.

『사통보석(史通補釋)』, 양명조(楊明照)의 『사통통석보(史通通釋補)』, 나상배(羅常培)의 『사통증석(史通增釋)』 등이 간행되기도 하였다.

역자가 이 책의 번역을 시도한 것을 이제 돌이켜보니 정말 무모한 일이었다는 생각이 든다. 1983년 대만 중국문화대학에서 전목(錢穆) 교수의 강의를 수강하면서 중국사학사에 대한 흥미를 갖기 시작하였지만, 이후 산발적인 관심으로 주로 위진남조시대의 사학과 관련한 논문을 몇 편 발표했을 뿐인 역자에게 이 책의 번역은 다방면에서 역부족임을 절감하게 하였다. 『사통』의 원문은 물론 포기룡의 통석문 중 특히 안문(按文)의 경우는 그 내용을 제대로 이해하는 것이 어려웠을 뿐만 아니라 그것을 다시 우리 글로 정확하게 표현하는 것은 더욱 어려운 일이었다. 때문에 평소 낙관적인 생각으로 모든 일을 쉽게 결정하였다가 간혹 낭패를 보는 일이 있어도 그 결정 자체를 크게 후회해 본적이 없지만, 이 책의 경우는 작업을 하는 내내 과분한 욕심을 냈다는 자괴감을 지울 수가 없었다. 그러나 다른 한 편 곰곰이 생각해보니 그러한 부족함이 오히려 지난 8년의 시간을 이 책과 계속 씨름하며 자신을 채찍질 할 수 있었던 원동력이 되었던 것 같다.

이 책의 번역은 2003년 7월 「자서(自敍)」편을 시작으로 평소 관심을 가지고 있던 「논찬(論贊)」·「서례(序例)」·「인물(人物)」편 등에 대한 산발적인 역주 작업을 진행하다가 2007년 한국연구재단의 번역지원을 받게 되면서 처음부터 다시 체계적인 번역을 진행하였다. 그 과정에서 『사통』의 경우 백화문(白話文)과 일문(日文)으로 번역된 책을 참고로 하여 어려움을 부족하게나마 해결할 수 있었다. 특히 니시와키 쯔네키[西脇常記]의 역주(譯註)는 유지기의 원문을 해석하는 데는 물론 역주 작업을 하는데 있어서도 가장 많은 참고가 되었다. 물론 중국학자들의 선행 교주(校注)와 전주(箋注) 작업들의 도움을 적지 않게 받은 것은 말할 것도 없다. 하지만 '통석'의 경우는 다양한 고전을 인용하면서 축약하여 인용한 문장이 많아 전체 내용을 제대로 이해해야만 해석이 가능한 부분이 적지 않았고 또 참고할 수 있는 선행 저작들이 없어서 그의 주장을 이해하는데 어려움이 많았다. 물론 그 덕분에 과거에 읽었던 흔적이 남아 있는 고전들을 다시 펼쳐가며 전거들을 일일이 대조하는 즐거움을 경험할 수도 있었다. 그러나 포기룡 자신의 견해를 담아 매 편의 중간 혹은 말미에 정리한 안문(按文)의 경우는 역자의 능력이 미치지 않는 부분이 많아 도움을 받지 않으면 안 되었다. 마침 안동대학에 연구를 위해 와 있던 산동사회과학원(山東社會科學院) 유학연구소의 노덕빈(路德斌) 선생의 도움을 많이 받았다. 처음에는 해석이 안 되는 부분을 골라 함께 해석해 나가다가 나중에는 『사통』의 원문을 읽고 다시 포기룡의 안문을 읽고 정리하는 형식을 취하였다. 이러한 작업은 노 선생이 귀국한 후에도 이-메일을 통해 계속되었다. 해석이 어려운 부분은 노 선생이 다시 주변의 관련 학자들의 자문을 받아 정리해 보내주었다. 지난 3년여 시간 동안 노덕빈 선생의 적극적인 도움이 없었더라면 이 책의 번역은 많은 어려움에 봉착하여 순조롭게 진행될 수 없었을 것이다. 서문을 빌려 진심으로 감사의 말을 전한다. 아울러 포기룡의 「서(序)」와 「거요(擧要)」 그리고 채작의 「거례(擧例)」 번역문을 다듬어 준 황만기 선생과 오·탈자 교정을 도와준 대학원생들, 특히 박사과정의 김동현군에게도 고마운 마음을 전한다. 이러한 도움에도 불구하고 분명 적지 않은 오역과 오류가 있을 것이다. 이는 전적으로 모두 역자의 책임임을 밝혀둔다. 물론 터무니없는 오역을 한 부분이 없기를 바라는 마음이지만 그저 희망사항일 뿐이다. 설사 이 번역서가 독자들에게 반면교사로서의 교훈을 제공하는 것에 그치더라도 이 책과 함께 한 지난 8년의 시간이 역자에게는 분명 보람으로 남는다. 마지막으로 책을 정성스럽게 만들어준 소명출판 편집부 여러 분들의 노고에도 감사의 마음을 표한다.

2012년 4월, 안동 원림(院林) 우소(寓所)에서

이윤화

사통통석 4_ 차례

사통통석 전체 차례

『사통통석』 권16

「잡설(雜說) 상(上)」 제7

25조(條)

『잡설』 상·중·하 세 편에서는 각 시기의 사서가 지닌 다양한 문제점을 설명하였다. 이 세 편을 통해 유지기는 각 사서의 일부 서술이 지닌 체례상의 모순과 일관성 결여 등을 지적하고, 사료의 채택과 인용과 관련한 중복기재와 전후 사실기재의 모순, 사료의 누락, 역사적 인물에 대한 인사(人事)와 천명(天命)의 작용에 대한 이해의 모순 등 문제점, 그리고 사서에서 사용되는 문사(文辭)가 지닌 문제점, 아울러 사서편찬과 관련한 통식(通識)의 문제점 등을 찰기(札記)와 고이(考異)의 형식으로 분석하였다. 이러한 형식은 이후 건가(乾嘉) 연간에 크게 성행한 사평(史評)에 적지 않은 영향을 주었을 것이다. 그리고 이 세 편에서 지적한 내용이 물론 이미 『사통』의 각 편에서 언급한 내용과 중복된 감이 없지는 않지만, 일정한 문제를 집중적으로 논한 각 편의 미진한 부분을 '잡설'이라는 이름으로 보충하고 있다는 점에서 나름의 의미가 있다. 이 세 편에서 지적한 내용은 모두 66조인데, 구체적으로는 『춘추』 2조·『좌씨전』 2조·『공양전』 2조·『급총기년(汲冢紀年)』 1조·『사기』 8조·제한사(諸漢史) 10조·제진사(諸

晉史) 6조·『송략(宋略)』 1조·『후한서』 2조·『후위서(後魏書)』 2조·북제제사(北齊諸史) 3조·『주서(周書)』 1조·『수서(隋書)』 1조·제사(諸史) 6조·별전(別傳) 9조·잡식(雜識) 10조 등이다. 각 조마다 포기룡의 안문(按文)이 빠짐없이 실려 있다.

『춘추(春秋)』 2조(條)

○구본(舊本)에는 조(條) 자(字)가 큰 글씨로 바로 이어져 있지만, 그 중 이어지고 끊어지는 문단이 대부분 어긋나 원문이 아니다. 이제 측주(側注)로 고쳤다.(○舊本紀條, 大書直下. 然其中連斷多舛, 非原文也. 今改用側注)

7-1

살펴보건대 『춘추』에 '시[弑]'라는 글자를 사용하는 경우, 군주의 이름을 칭하는 것은 군주가 무도(無道)했다는 것을 말하며, 신하의 이름을 칭하는 것은 신하에게 죄가 있었음을 말하는 것이다.[1] 예컨대 제(齊)나라 간공(簡公)의 경우 덕을 잃은 행위가 알려진 바 없는데, 진항(陳恒)이 반역을 저지른 것은 그 죄가 막대하다. 그런데도 『춘추』 애공(哀公) 14년(B.C. 481)에는, "제나라 사람이 그 군주 임(壬)을 서주(舒州)에서 시해[弑]하였

1 『좌전』 선공(宣公) 4년(B.C. 605)에, "범례(凡例)에 시군(弑君)을 기록함에 군주의 이름을 칭한 것은 군주가 무도함을 드러낸 것이고, 신하의 이름을 칭한 것은 신하의 죄임을 드러낸 것이다. 두예(杜預)의 주(注)에, 칭군(稱君)이란 오직 군주의 이름만을 기록한다는 것으로, 국가가 시해한 것으로 칭하는 것을 이르니, 이는 국인(國人)들이 함께 그를 버렸다는 뜻이고, 칭신(稱臣)이란 시해한 자의 이름을 기록하여 후세에까지 그것이 불의(不義)하다는 것을 보이는 것을 말한다. 살해[殺]를 시해[弑]로 칭하는 것은 악명(惡名)을 피하고 시해가 점진적으로 이루어지는 뜻을 취한 것이라고 하였다.

다"[2]고 썼으니 이것은 어진 군주를 억울하게 하고 적신(賊臣)을 두둔한 것이다. 이는 『춘추』의 옛 범례에 비추어보더라도 크게 어긋난다. 그러나 이는 기린이 잡힌 후 공자가 절필(絶筆)하고 나서 제자들이 그 사실을 『춘추』에 추서(追書)한 것이다.[3] 어찌 이같이 계승함이 조잡하여[4] 성인(聖人)의 서법(書法)과 다르게 쓴 것이 아니겠는가? (『춘추』의 서술원칙에) 어긋남이 어찌 이렇게 심한가?

案『春秋』之書弑也, 稱君, 君無道; 稱臣, 臣之罪. 如齊之簡公, 未聞(一脫'聞'字)失德, 陳恒構逆, 罪莫大焉. 而哀十四年, 書"齊人弑其君王於舒州." 斯則賢君見抑, 而賊臣是黨, 求諸舊例, 理獨有違. 但此是絶筆獲麟之後, 弟子追書其事. 豈由以索續組, 不類將聖之能者乎? 何其乖剌之甚也.

按: 『논어』에, '진항(陳恒)이 그 군주를 시해하였으니 정벌하소서'[5]라고

---

2 『춘추』 애공(哀公) 14년 경문(經文)에, 6월 제나라 사람이 그 군주 임(壬)을 서주(舒州)에서 시해[弑]하였다고 했다. 『좌전』에는, 제나라 간공(簡公 : B.C. 484-481 재위)이 노나라에 있을 때 감지(闞止)는 그의 총애를 받았다. 간공이 본국으로 돌아가 즉위하자 간공은 감지를 정치에 참여하게 하였다. 진성자(陳成子)[陳恒]는 감지를 두려워하여 조회 때마다 그의 동태를 살폈다. 자아(子我)는 진씨(陳氏)를 모두 축출하고자 하였다. 진성자의 형제들이 네 수레에 나누어 타고 공(公)에게 갔다. 그때 자아가 정무를 보는 방에 있다가 나와 맞이하였고, 곧바로 들어가 문을 닫아버렸다. 그때 군주는 여인들과 단대(檀臺)에서 술을 마시고 있었는데, 진성자가 군주를 정전(正殿)으로 옮겨가게 하였다. 자아가 돌아가자 진씨들이 그를 추격하여 곽관(郭關)에서 죽였다. 경진(庚辰)일에 진항이 군주[公]를 서주(舒州)에서 잡았다. 갑오(甲午)일에 진항이 그 군주 임(壬)을 서주에서 시해하였다. 이에 노나라 공구(孔丘)[孔子]는 사흘동안 재계(齋戒)하고 노나라 군주에게 제나라를 정벌하라고 세 차례나 요청하였다고 했다. **按** : 자아(子我)는 즉 감지(闞止)이다.

3 역주 : 기린이 잡힌 사실[西狩獲麟]은 애공 14년 봄에 기록되어 있는데, 진항(陳恒)이 군주를 시해한 사실은 그 해 6월에 기록되어 있음을 지적한 것이다.

4 역주 : 원문에 보이는 '색(索)으로 조(組)를 잇는다[以索續組]'는 말은 관(冠)의 장식으로 쓰는 담비의 꼬리가 부족하여 개의 꼬리로 장식한 것과 같은 의미로 쓰인다고 했다. 즉 본래의 의도와 다르게 사용되었을 경우를 말한다. 程千帆, 『史通箋記』, p.287 참조

5 역주 : 『논어』 「헌문(憲問)」편에 나오는 말이다. "진성자(陳成子)[恒]가 제(齊)나라 간

한 성인의 말은 삼엄하여 시해[弑]한 자를 지척(指斥)하기 위하여 그의 이름을 기록하였다. 그런데도 『춘추』에는 제나라 사람[人]이라고만 적었다. 유지기가 이를 지적한 것은 옳다.(『論語』: "陳恒弑其君, 請討之." 聖語森然, 斥弑者以名矣. 而『春秋』乃書人, 劉子摘之, 是也)

7-2

살펴보건대 『춘추좌씨전』은 (『춘추』) 경문(經文)을 해석하여 이르기를, (다른 나라를) 멸하였으면서도 그 땅을 차지하지 못하면 '들어갔다[入]'라고 표기하였다.[6] 예컨대 (『좌전』 선공(宣公) 11년(B.C. 598) 초(楚)가) 진(陳)에 들어갔다[入], (민공(閔公) 2년(B.C. 660) 적(狄)이) 위(衛)에 들어갔다, (은공(隱公) 10년(B.C. 713) 송인(宋人)과 위인(衛人)이) 정(鄭)에 들어갔다, (『은공 11년(B.C. 712) 은공과 제후(齊侯)가) 허(許)에 들어갔다 등등이 바로 그러한 뜻이라고 했다.[7] (초와 오(吳)가) 백거(柏擧)[8]에서 싸움을 벌였을 때 초 영윤(令尹) 자상

공(簡公)[壬]을 시해하자, 공자께서 목욕하고 조회(朝會)하여 애공(哀公)에게 이르기를, '진항이 그 군주를 시해하였으니, 정벌하소서'"라고 하였다.

6 『좌전』 양공(襄公) 13년(B.C. 560) 경문(經文)에, 여름에 시(邿)나라를 차지하였다[取]고 했고, 전문(傳文)에, 무릇 경(經)에 차지했다[取]고 함은 쉽게 점령하였음을 말한 것이다. 많은 군사를 동원하여 완강한 상대방을 공격하여 취한 것을 멸(滅)이라 말하고, 싸움에서 승리한 후 그 땅을 차지하지 못하면 '입(入)'이라 말한다고 했다. (두예(杜預)의) 주(注)에 그 국읍(國邑)을 격파하고도 땅을 차지하지 못한 것을 말한다고 했다.

7 역주 : 왕응린(王應麟), 『곤학기문(困學紀聞)』 권6, 「춘추」조에, "(민공(閔公) 2년) 적인(狄人)이 위(衛)에 들어갔다고 적은 것이나, (선공(宣公) 11년) 초자(楚子)가 진(陳)에 들어갔다고 쓴 것은 제하(諸夏)가 이적(夷狄)에게 멸(滅)한 것을 차마 적을 수 없기 때문에 '들어갔다[入]'고 칭하였다"라고 했다.

8 역주 : 초(楚)의 지명으로, 현재 호북성(湖北省) 마성현(麻城縣) 경내이다.

(子常)의 패배로 노 정공(定公) 4년(B.C. 506) 경진(庚辰)일에 오나라 군대가 초에 들어갔다. 그러나 『춘추』에는 다만 이러한 사실을 오나라 군대가 (초의 도읍) 영(郢)에 들어갔다고 기록하였다.[9] 무릇 제후들은 작우를 받고 토지를 분봉 받아 국도(國都)(국을 초(楚)라 하고, 도를 영(郢)이라 한다)를 세우면서, 단지 국명(國名)만을 칭하고 도(都)의 이름은 칭하지 않는다. 그런데도 어찌하여 영(郢)에 들어갔다고 하고 초(楚)라는 국호는 쓰지 않았는가? 다른 예(例)와 비교하면 어긋남이 얼마나 큰가! 『공양전』과 『곡량전』 두 전(傳)에 기록된 (『춘추』) 경문(經文)을 찾아보면 모두 '초나라에 들어갔다[入楚]'고 하였으니[10] 어찌 단지 『좌전』의 경문[本]('본(本)'은 『춘추』 경문(經文)을 가리킨다)만이 잘못되었는가?

案『春秋左氏傳』釋『經』云: 滅而不有其地, 曰入, 如入陳, 入蕲, 入鄭, 入許, 卽其義也. 至柏擧之役, 子常之敗, 庚辰吳入, 獨書以郢. 夫諸侯列爵, 並建國都,(國謂楚, 都謂郢) 惟取國名, 不稱都號. 何爲郢之見入, 遺其楚名, 比於他例, 一何乖踳! 尋二傳所載,(謂『公』·『穀』所載之『經』) 皆云入楚, 豈『左氏』之本,(本亦謂『經』) 獨爲謬歟?(謬猶誤也)

---

9 『좌전』 정공(定公) 4년 경문(經文)에, 경진(庚辰)일에 오(吳)나라 군사가 영(郢)에 들어갔다고 했다. 전문(傳文)에, 오나라 군대가 초나라 군대를 쫓아 청발(淸發)에 이르렀고, 옹서(雍澨)에서 패배시키고, 다섯 번을 싸운 끝에 영(郢)에 이르렀다. 경진(庚辰)일에 오나라 군대가 영(郢)에 들어가 오나라 군대 장사(將士)의 반차(班次)에 따라 초나라 궁실에 거주하기로 하였다고 했다.

10 『곡량전』 정공(定公) 4년 경문(經文)에, 오나라 군대가 초나라에 들어갔다[入]고 했다. 전문(傳文)에, '들어갔다'는 것은 초나라가 없는 것과 같아 쉬웠다는 것이다. 초나라가 없는 것처럼 쉬웠다는 것은 오나라 사람들이 종묘를 무너뜨리고 종묘에 진열된 제기(祭器)들을 옮기고 초 평왕(平王)의 무덤에서 시체에 매질을 한 것들을 말한다고 했다. 『공양전』 경문(經文)에, 경진일에 오나라 군대가 초나라에 들어갔다[入]고 했다. 전문(傳文)에, 오나라는 왜 자작(子爵)이라 일컫지 않았는가? 이적(夷狄)으로 돌아갔기 때문이다. 그가 이적으로 돌아갔다는 것은 무슨 뜻인가? 오왕(吳王)이 군주의 거실을 놓아두고 남의 거실[楚王宮室]로 들어가고, 대부가 대부의 거실을 놓아두고 초나라 대부의 거실로 들어갔기 때문이라 했다. 역주: '거실로 들어갔다' 함은 "대개 초나라 왕의 어머니를 아내로 삼았기 때문이다[蓋妻楚王之母也]"는 다음 문장을 보면 그 뜻이 분명해진다.

按 : 이 조(條)는 『좌전』을 규정(糾正)한 것이다. 그것을 『좌전』 조(條)에 넣지 않고 『춘추』 조에 넣은 것은 무엇 때문인가? 이 사실은 『좌전』의 경문(經文)과 『공양전』·『곡량전』의 경문이 다르기 때문에 여전히 『춘추』 경문의 기재에 의거하여 말한 것이다. '초에 들어갔다[入]', '영(郢)에 들어갔다'는 것 같은 유(類)는 독서하면서 소홀히 하고 지나가는 부분이 너무 많기 때문에, 이를 통해 독서를 대충하는 사람들을 경계(警誡)한 것이다. (此條糾『左』也, 不以入『左傳』條而以入『春秋』, 何也? 此事『左』經與『公』·『穀』經不同, 仍本經以爲言也. 入楚, 入郢, 若此類, 讀書略去者何限, 可砭心粗者)

『좌씨전(左氏傳)』 2조(條)

7-3

『좌전(左傳)』의 사실에 대한 서술[敍事]에서, 출병의 모습을 서술할 때 정렬된 의장대[簿領]들을 마치 한 눈에 보는 듯 말하면서 병사와 말 그리고 수레가 어우러져 내는 떠들썩한 소리들[哤聒][11]이 비등함을 이야기하고, 화재를 진압하는 모습을 말할 때에는 현장에서의 지휘가 일사불란하게 이루어지는 것을 직접 보는 듯이 묘사하였고,[12] 그 문장을 정리함이

11 이 글자는 본래 「촉도부(蜀都賦)」에 보이고, 「신좌(申左)」편의 주(注)에 상세하다. 「신좌」편에는 예전에 '농괄(篭聒)'이라 했고, 여기서는 또 '질괄(叱聒)'이라 했지만 모두 '방괄(哤聒)'의 잘못이다.

12 역주 : 『좌전』 양공(襄公) 9년(B.C. 564), "봄에 송(宋)나라에 화재(火災)가 있었다. 악희(樂喜)가 사성(司城)으로서 송의 정치를 맡아 있었다. 그는 백씨(伯氏)를 사리(司里)로 삼아 불이 미치지 않은 것에는 작은 집을 철거하고, 큰 집에는 흙을 바르며, 삼태기를 준비하고, 두레박을 구비하고, 물 담는 그릇을 갖추고, 그 그릇의 가볍고 무거움

매우 엄정하였다.[13] 전쟁에서의 승리를 말할 경우 곧 적군을 모조리 포로로 잡은 듯 묘사하고, 싸움에서 패배한 모습을 기록할 경우 들풀이 바람에 쓰러지듯 군대가 궤멸하는 상황을 눈 앞에 보이는 듯 묘사하였다. 제후들이 결맹(結盟)하면서 그 서약하는 모습을 서술할 때는 그들의 강개(慷慨)한 맹서가 들기는 듯 묘사하였고, 거짓을 말하는 경우에는 속이고 모함하는 기량을 보는 듯 묘사하였다. 군주가 백성에게 은혜를 베푸는

을 헤아리고, 물을 비축하고, 흙을 쌓아두고 성벽을 순찰하여 수비를 단단히 하고 불길이 가는 방향을 표시하게 했다. 화신(華臣)에게 정규(正規)의 인부를 준비하게 하고, 수정(隧正)에게 교외 보루에 사는 사람들을 불끄는 일에 종사하도록 불러들이게 하였다. 또 화열(華閱)에게 우사(右師)의 관원들을 지휘하게 하고 동시에 그에게 소속된 관원들도 실수 없도록 하였다. 한편 향술(向戌)은 좌사(左師)가 다스리는 관원들을 지휘하여 또한 그와 같이 했고, 악천(樂遄)에게 형구(形具)을 준비하여 대기하게 하고, 그에게 소속된 관원들 또한 그와 같이 하게 했다. 황운(皇鄖)으로 하여금 교정(校正)에게는 말을 내도록 명하고, 공정(工正)에게는 전차를 내도록 명하게 하며, 무장병을 갖추어 무기를 준비하여 수비하게 했다. 서서오(西鉏吾)에게 부고(府庫)를 잘 지키도록 하고, 사궁(司宮)과 항백(巷伯)에게 궁전을 잘 지키게 했다. 두 사(師)는 네 향정(鄕正)으로 하여금 공경히 사방의 신에게 제사 지내게 하고, 대축(大祝)과 종인(宗人)으로 하여금 사방 성벽에 말을 제물로 올리게 하고, 송나라의 조상인 반경(盤庚)에게 서문(西門) 밖에서 제사를 지냈다"라고 서술한 것이 그 예이다.

13 역주 : 『좌전』 소공(昭公) 18년(B.C. 524), "(정(鄭)나라에) 화재가 일어나자 자산(子産)은 진(晉)나라에서 온 공자와 공손(公孫)들은 동문(東門)으로 해서 피하게 하고, 사구(司寇)를 시켜 새로 찾아온 빈객들은 성밖으로 나가게 하고 전부터 있던 빈객들은 함부로 하는 행동을 금하여 있는 집에서 나오지 못하게 했다. 자관(子冠)과 자상(子上)에게 여러 사당을 돌아보아 종묘까지 돌게 했고, 공손등(公孫登)에게 점치는 구갑(龜甲)을 다른 안전한 곳으로 옮기게 하였고, 축사(祝史)에게 역대 군주의 신주를 주묘(周廟)로 옮겨 그 사유를 선대 군주들의 신령에게 고하게 하고, 부인(府人)과 고인(庫人)에게 맡은 바를 잘 지키게 하고 상성공(商成公)은 공궁(公宮)을 잘 지키게 하고 나이 든 궁인(宮人)들은 궁중에서 나가 불길이 닿지 않는 쪽에 늘어서서 불길 잡는 일에 힘쓰고, 성 아래 사람들은 대열을 지어 성 위로 올라가 경비하게 하였다. 화재가 난 다음 날에는 민간의 경찰업무를 맡은 사람들에게 각기 거느린 사람들을 잘 단속하게 했다. 교외의 사람들은 축사(祝史)를 도와 도읍의 북쪽을 깨끗이 청소하여 수신(水神)인 현명(玄冥)과 화신(火神) 회록(回祿)에게 화기(火氣)가 없어지도록 해달라고 빌고, 도성 사방의 신에게 빌었다. 그런 뒤에 불 때문에 집을 잃은 사람들을 등기(登記)하여 그들에게 세금을 감면하고, 집 지을 재료를 주고 3일 동안 애곡(哀哭)하고 나라에 시장을 열지 않았다. (외교를 담당하는) 행인(行人)을 각 제후국에 보내 화재가 난 사실을 알리게 하였다"라고 했다.

것을 이야기할 때는 마치 봄날의 따뜻한 태양처럼 묘사하였고, 군주의 위엄을 기록할 때는 가을의 서릿발처럼 엄하게 묘사하였다. 흥성하는 국가를 서술할 때는 사람들로 하여금 그 번영하는 모습이 한없는 듯 묘사하였고, 망국(亡國)을 서술할 때는 비참한 상황을 불쌍하게 묘사하였다. (『좌전』의 서술이) 어떤 것은 간단한 문장에 좋은 말을 더하여 윤색하였고, 어떤 것은 아름다운 문구를 원래의 영가(詠歌)에 더하였지만, 질탕(跌宕)하면서도 속되지 않았고, 방종하면서도 자기만의 개성이 있었다. 이러한 재능은 마치 천지만물의 자연을 조화시키는 듯 하였고, 그의 사상은 천지의 귀신과도 통하는 듯 하여 그가 묘사한 것은 모두 역대의 저작에서는 볼 수 없는 것으로 고금의 가장 빼어난 문장이라 할 수 있다. 그러나 『공양전』과 『곡량전』의 서사(敍事)는 번잡함이 문구에 넘치고 쓸데없는 문장이 가득하다. 따라서 번지르르한 말은 많지만 알맹이가 없고, 말이 졸렬하고 의미가 없다. 만약 이 두 『전(傳)』을 『좌전』과 비교해야 한다면 노(魯)나라와 위(衛)나라의 정치상황이 어깨를 나란히 하고 줄지어 날아가는 기러기 모습처럼 비슷한 것과[14] 달라 비교할 수 없을 뿐만 아니라, 마찬가지로 하늘에 떠 있는 구름과 땅위의 진흙만큼이나 거리가 멀고, 군신(君臣)간의 명분(名分)만큼이나 차이가 있다.

『左氏』之敍事也, 述行師則簿領盈視, 哤(舊訛作'吒')聒沸騰, 論備火則區分在目, 修飾峻整; 言勝捷則收獲都盡, 記奔敗則披靡橫前; 申盟誓則慷慨有餘, 稱譎詐則欺誣可見; 談恩惠則煦如春日, 紀嚴切則凜若秋霜; 叙興邦則滋味無量, 陳亡國則凄凉可憫. 或腴辭潤簡牘, 或美句入咏歌, 跌宕而不群, 縱橫而自得. 若斯才者, 殆將工侔造化, 思涉鬼神, 著述罕聞, 古今(一衍'之'字)卓絶. 加二傳之敍事也, 榛蕪溢句, 疣贅滿行,

14 역주 : 이 말은 『논어』「자로(子路)」편에, "공자가 말하기를 노(魯)나라와 위(衛)나라의 정사는 형제간이로구나"라고 한데서 인용한 것으로, 노나라는 주공(周公)의 후손이고, 위나라는 강숙(康叔)이 후손이니 본래 형제의 나라이고 그 당시 쇠하고 혼란하여 정치상황도 서로 비슷함을 공자가 언급한 것이다.

華多而少實, 言拙而寡味. 若必方於『左氏』也, 非唯不可爲魯·衛之政, 差肩雁行; 亦有雲泥路阻, 君臣禮隔者矣.

按: 이 조(條) 역시 「신좌(申左)」편의 여론(餘論)이다. 「신좌」편은 대부분 사실 기재의 이합(離合)을 논하였고, 이 조에서는 문자의 교묘함과 서투름을 논하였다.(此亦「申左」之餘也. 「申左」多論載事之合離, 此條乃論文字之工拙)

『공양전』·『곡량전』과 비교하여 따져보니 너무 우열(優劣)이 고르지 않다.(衡二傳, 太軒輊失平)

7-4

『좌전』은 공자[仲尼]의 말을 인용하여 말하기를, "포장자(鮑莊子)의 지혜는 해바라기만 못하다. 해바라기도 오히려 제 뿌리[足]는 지킨다"[15]고 하였다. 생명이 있으나 지식이 없고, 형체를 갖추고 있지만 영감(靈惑)이 없는 것이 단지 초목뿐이겠는가. 그러나 예로부터 사람들은 비유의 기교[比興][16]로 운용할 때 초목(草木)의 모습을 사람과 서로 비교하면서 모두 선

15 『좌전』 성공(成公) 17년(B.C. 574)에, 제(齊)나라의 경극(慶克)이 (영공(靈公)의 모) 성맹자(聲孟子)와 정을 통하고 있었다. 어느 날 경극이 궁중의 여인과 함께 여장(女裝)을 하고 가마를 타고 후궁의 문으로 들어갔다. 포견(鮑牽)이 이를 보고 국무자(國武子)에게 알렸다. 국무자는 경극을 불러 이를 나무랐다. 부인(夫人)[聲孟子]이 노하여 군주에게 호소했다. 가을 7월에 포견을 월형(刖刑)에 처하였다. 공자[仲尼]가 말하기를, "포장자(鮑莊子)[鮑牽]의 지혜는 해바라기만 못하다. 해바라기도 오히려 제 뿌리는 지킨다"라고 하였다. 역주 : 포견은 포숙아(鮑叔牙)의 증손이다. 두예의 주(注)에, "해바라기는 해를 향해 잎새를 기울여 그 뿌리에 햇볕이 들지 않게 가린다. 이는 포견이 난세에 살면서 행동은 준엄하게 하고 말은 겸손하게 하지 못한 것을 말한 것"이라고 했다.

16 역주 : 『문심조룡(文心雕龍)』 「비흥(比興)」편에, 사물과의 접촉을 통해서 정서가 발생하기 때문에 흥(興)을 이용하는 수법이 성립되며, 비유를 통해서 사물의 이치를 드

악(善惡)을 향기를 풍기는 풀과 악취가 나는 풀에 비유하고,[17] 성쇠[榮枯]를 굳세거나 나약한 것에 비유하는 것으로만 취했을 뿐이다. 초목이 영감과 지혜를 가지고 제 몸을 숨겨 화(禍)를 피했다는 비유는 없었다. 살펴보건대 해바라기가 태양을 향해 자신을 가리고 있음은 본래 뿌리를 보호하려는 것이 아닌데 사람들이 그 모습을 보고 억지로 (향일초(向日草)라고) 이름을 붙인 것이다. 이는 마치 지금 세속의 문사(文士)들이 새가 지저귀는 것을 슬피 운다고 하고, 꽃이 피는 것을 활짝 웃는다고 말하는 것과 같다. 꽃과 새가 어찌 울고 웃는 감정이 있겠는가? 만약 사람에게 희로(喜怒)의 감정이 없고 애락(哀樂)의 정을 모른다고 하여 사람의 지혜가 꽃보다 못하다고 말하면서 그것은 꽃은 활짝 웃기 때문이라 하고, 사람의 지혜가 새보다 못하다고 말하면서 그것은 새가 잘 울기 때문이라고 한다면, 이를 올바른 말이라고 할 수 있겠는가? 예컨대 "포장자(鮑莊子)의 지혜는 해바라기만 못하다. 해바라기도 오히려 제 뿌리는 지킨다"는 것이 즉 그 예(例)이다. 그런데도 『좌전』은 공자의 일시적인 농담을 기록하여 천년 불후의 독실한 의론[篤論]으로 여기게 했다. 이것은 미언(微言)과 완곡한 말을 이루는데 깊은 누(累)가 되고 양사(良史)와 직필(直筆)[18]의 고상한 본보기에 잘못을 저지른 것이니 안타깝지 않겠는가![19]

러낼 수 있기 때문에 비(比)의 수법이 만들어지는 것이다. 비란 격분의 감정을 품은 채로 잘못을 지적하는 것이고, 흥이란 완곡한 비유를 사용하여 그것에 숨겨진 의도를 의탁하는 것이라고 했다.

17 역주 : 『좌전』 희공(僖公) 4년(B.C. 656)에, "향기가 나는 풀과 악취가 나는 풀을 한 그릇에 담아두면 10년이 지나도 오히려 악취가 난다"라고 하였다는 글이 보이고, 두예의 주(注)에, 훈(薰)은 향초(香草)이고, 유(蕕)는 취초(臭草)이다. 10년이 지나도 악취가 난다는 것은 선(善)은 소멸되기 쉽고, 악(惡)은 제거하기 어렵다는 것을 말한 것이라 했다.

18 역주 : 「서사(敍事)」편에도, "오히려 사신(史臣)에게 역사저술에서 양사(良史)와 직필(直筆)의 원칙을 드러낼 것과 은미(隱微)하고 완곡(婉曲)한 재능을 펼칠 것을 요구할 것이니 대개 이 역시 곤란한 것이다"라고 하였다.

19 역주 : 이 같은 유지기의 주장에 대하여 이유정(李維楨) · 황숙림(黃叔琳) · 기윤(紀昀) · 장순휘(張舜徽) 등은 논리적으로 문제가 있다고 하여 동의하지 않았다. 趙呂甫, 『史通新校注』, p.893 참조.

『左傳』稱仲尼曰 : “鮑莊子之智不如葵, 葵猶能衛其足.” 夫有生而無識, 有質而無性者, 其唯草木乎? 然自古設比興, 而以草木方人者, 皆取其善惡薰蕕, 榮枯貞脆而已. 必言其含靈畜智, 隱身違禍, 則無其義也. 尋葵之向口傾心, 本不衛足, 由人睹其形似, 强爲立名. 亦由(作'猶')今俗文士, 謂鳥鳴爲啼, 花發爲笑, 花之與鳥,(一有'又'字) 安有啼笑之情哉? 必以人無喜怒, 不知哀樂, 便云其智不如花, 花猶善笑. 其智不如鳥, 鳥猶善啼, 可謂之讜言者(一無'者'字)哉? 如“鮑莊子之智不如葵, 葵猶能衛其足”, 卽其例也. 而『左氏』錄夫子一時戲言, 以爲千載篤論. 成微婉之深累, 玷良直之高範, 不其惜乎!

按 : 옛날의 평에 해바라기도 오히려 자신의 뿌리를 보호할 줄 안다고 말했는데 이는 시가(詩家)의 흥취(興趣)와 유사하다. 만약에 정말 이렇다고 여긴다면 그것은 어리석은 것이다. 유지기의 이 조(條)는 확실히 맞는 말이다.(舊評爲葵猶衛足, 似詩家興趣, 粘皮帶骨則笨矣. 知幾此條, 誠不免是)

포장자(鮑莊子)의 지혜가 해바라기만 못하다고 말하는 것은 입에서 나오는 대로 말한 것으로 후세에 전하는 교훈과는 무관하다. 유지기가 만약 이는 성인의 말이 아니라고 말하였다면 그것은 곧 이치에 맞는다.(知不如葵, 舌端浮佻, 無關垂訓. 劉氏如曰此非聖人語, 則入理矣)

7-5

『공양전』에서는 (『춘추』의) "허(許)의 세자(世子) 지(止)가 그 군주를 시해하였다[弑]"는 문장을 해석하면서 "어찌하여 '시(弑)'자(字)를 붙였는가? 세자 지가 자식의 도리를 다하지 못한 것을 비난한 것"이라고 하였다. 이 말 다음에 이어서 악정자춘(樂正子春)이 모친의 병든 몸을 살핀 사실을 말함으로써[20] 허의 세자가 죄가 있음을 분명히 하였다. 악정자춘의 효도를 살펴보면, 그 뜻이 천지신명을 감동시켜 분명 증삼(曾參) · 민자건(閔子騫)[21]과 비슷하고 정란(丁蘭) · 곽거(郭巨)[22]와 비슷하다. 설사 허의 세자가

20 『공양전』 소공(昭公) 19년(B.C. 523)에, "(겨울에 허(許)나라 도공(悼公)을 장사 지냈다) 허나라 세자 지(止)가 약을 받들어 올렸는데 약을 먹고 죽었다. 어찌하여 이를 시해되었다고 했는가? 자식의 도리를 다하지 않은 것을 비난한 것이다. 악정자춘(樂正子春)이 부모의 질병을 살피듯 하여 다시 한 순갈의 밥을 올릴 때도 병이 낫는 듯이 하고 다시 한 순갈의 밥을 덜 때에는 병이 낫는 듯 하였다. 또 한 벌의 옷을 올릴 때에도 병이 낫는 듯 하고, 또 한 벌의 옷을 덜어낼 때에도 병이 낫는 듯하였다. 세자 지가 약을 받들어 올려서 약을 마시고 죽었기 때문에 군자가 시해했다고 한 것"이라고 했다. 역주 : 포기룡의 『통석(通釋)』은 『공양전』 소공 19년 조의 기록을 나름대로 축약하여 인용하고 있다. 이어진 『공양전』에는, "허나라 세자 지(止)가 그 군주인 매(買)을 시해하였다는 것은 군자(君子)께서 세자 지의 죄를 다스린 것이다. 허나라 도공(悼公)을 장사지냈다고 한 것은 군자께서 세 가지의 죄를 사면해준 것이다. 사면하여 바로잡은 것은 허나라 세자 지의 죄를 면제해 준 말이다"라고 하였다.

21 역주 : 『사기』 권67, 「중니제자열전」에, 증삼은 남무성(南武成) 사람이며, 자가 자여(子輿)이다. 공자보다 46년 연하이다. 공자는 그가 효도에 능통하다고 여겨 가르침을 베풀었다. 그는 『효경』을 지었으며, 노나라에서 세상을 마쳤다고 했고, 민손(閔損)은 자가 자건(子騫)이며, 공자보다 15세 연하이다. 공자는 그에 대해 '효자로다, 민자건이여! 부모와 형제들이 그가 효자라고 하는 칭찬에 다른 사람들이 이의를 달지 못하는구나!'라고 하였다.

22 황숙림(黃叔琳), 『사통훈고보(史通訓故補)』 주(注) 「일사전(逸事傳)」에, 정란(丁蘭)은 하내(河內) 사람이다. 어려서 모친을 잃어 공양(供養)을 할 수 없게 되자 나무를 깎아 그 형상을 만들어놓고 살아 있는 듯 섬겼다고 했다. 『씨족전석(氏族箋釋)』에, 곽거

부모를 섬기는 것이 악정에 미치지 못하더라도 임금을 죽인[弑] 역적으로 죄명을 씌웠으니 그것은 비교가 합당하지 않으며, 비난한 내용도 그가 지은 죄가 아니다.[23] 대개 공양고(公羊高)와 악정은 모두 공자 제자의 문인(門人)들이었으니[24] 제 편은 서로 높이 평가하여 완곡하게 이야기하였다. 때문에 악정이 행한 효친(孝親)의 사실은 기록된 사실과 그 비유가 맞지 않는데도 같은 유(類)가 아닌 사실을 함께 늘어놓아 비유가 합당하지 못하였으므로, 말하는 내용이 자연히 괴이하여 웃음이 날 지경이었다.

『公羊』云:"許世子止弑其君." "曷爲加弑? 譏子道之不盡也." 其次因言樂正子春之視疾, 以明許世子之得罪. 尋子春孝道, 義感神明, 固以'已'通.方駕曾·閔, 連蹤丁(蘭)·郭.(巨) 苟事親不逮樂正, 便以弑逆加名, 斯亦(一無"亦"字)擬失其流, 責非其罪. 蓋公羊·樂正, 俱出孔父門人, 思欲更相引重, 曲加談述. 所以樂正行事, 無理輒書,(無理者, 擬不於倫之意)

(郭巨)는 임현(林縣) 사람이다. 효성이 지극하였다. 아들을 낳아 세 살이 되었을 때 모친이 항상 음식을 덜먹고 아이에게 주었다. 때문에 처에게 말하기를, '가난하여 어머니에게 드릴 음식조차 부족하니 이 아이를 내다 묻어야 되겠다'라고 하고는 구덩이를 파자 황금 1부(釜)가 나왔다고 했다. 역주 : 곽거와 정란에 관한 사실은 모두 유향(劉向)의 『효자전(孝子傳)』과 『풍속통의』「건례(愆禮)」편 등 한나라 사람들의 저작에 보이므로 포기룡이 『씨족전석』만을 근거로 한 것을 진한장(陳漢章)이 문제 삼은 것은 맞다고 하였다. 程千帆, 『史通箋記』, p.288 참조.

23 역주 : 『좌전』 소공(昭公) 19년, 여름에 허 도공(許悼公)이 학질에 걸렸다. 5월 무진(戊辰)일에 태자 지(止)가 올린 약을 마시고 졸(卒)하니, 태자가 진(晉)나라로 달아났다. 경(經)에 '그 군주를 시해했다[弑其君]'고 기록하였다. 군자는 다음과 같이 논평하였다. '마음과 힘을 다하여 군주를 섬긴다면 약물을 올리지 않는 것이 옳다'라고 하였다. 이에 대한 두예의 주(注)에는, "약물에 독이 있는지는 범인(凡人)은 알 수 없으니 마땅히 의원(醫員)을 경유해야 하는데, 태자 지(止)가 약물 올리는 일을 그만두지 않은 것을 나무란 것이다. 그러므로 시군(弑君)의 죄명을 씌운 것은 약물을 버리지 않았기 때문에 군주를 시해했다는 명목을 가한 것"이라고 하였다. 유지기의 주장도 결국 『좌전』의 견해를 따른 것이다.

24 『폭서정고(曝書亭考)』에, 대굉(戴宏)이 『춘추』를 논하여 이르기를, '자하(子夏)가 공양고(公羊高)에게 전하였다'라고 했고, 양 무제(梁武帝)는 '공양(公羊)은 서하(西河)의 학을 이어받았다'라고 하였고, 공영달(孔穎達)은, '상(商)이 제자 공양고에게 전수하였다'라고 하였고, 정강성(鄭康成)은, '악정자춘은 증자(曾子)의 제자'라고 했다. 살펴보니, 하휴(何休) 역시 '악정자춘은 증자의 제자로서 효성으로 이름이 났다'라고 했다. 역주 : 악정자춘의 효행은 『예기』「제의(祭義)」편에도 보인다.

致使編次不倫, 比喩非類, 言之可爲嗤怪也.

按 : 시(弑)와 효(孝)는 선악의 두 극단에 있다. 때문에 그 비유가 부당(不當)한 것으로써 비판하였다.(弑與孝是善惡兩盡頭處, 故以擬失其倫怪之)

7-6

옛 말에, "파양호(鄱陽湖)[彭蠡][25] 호수 가에 사는 사람들은 물고기를 개에게 먹인다"[26]고 하였다. 이것은 그 지역에 물고기 수확이 풍부하여 그것을 진귀한 음식물로 여기지 않았기 때문이다. 살펴보건대 제(齊)나라는 해안(海岸)과 가까워 어류(魚類)가 풍부하였다. 때문에 제나라에서는 상객(上客)은 고기[肉]를 먹고, 중객(中客)은 물고기[魚]를 먹었다.[27] 이는 제나라의 오래된 관습이었다. 그러나 방어(魴魚)·은어(銀魚)·잉어 등 물고기를 먹는 것을 시인(詩人)들이 귀하게 여겼기 때문에[28] 다른 나라에서도 물고

---

25 역주 : 팽려(彭蠡)는 강서성(江西省) 구강현(九江縣)을 가리키며, 현의 남동쪽에 팽려호(별명; 파양호)가 있다.

26 역주 : 『논형(論衡)』「정현(定賢)」편에 나오는 문장이다. 현재 통용되는 『논형』에는 물고기를 개와 돼지[犬豕]에게 먹였다고 하여 돼지[豕]가 추가되어 있다.

27 진요문(陳耀文), 『학보헌소(學圃藼蘇)』에 인용된 유향(劉向), 「열사전(列士傳)」에 이르기를, 맹산군(孟嘗君)의 식객 3,000명의 부엌에는 3열(列)이 있는데, 상객(上客)은 고기를 먹고, 중객(中客)은 물고기를 먹고, 하객(下客)은 채소를 먹었다고 했다. 역주 : 이는 『사기』 권75, 「맹상군열전」에 보이는 빈객 풍환(馮驩)의 일화에 보이는 전사(傳舍)·행사(幸舍)·대사(代舍)에서의 식사와 관련한 이야기에 기초한 것이다. 이 3사(舍)는 상·중·하 3등의 숙소를 가리키며 그에 따라 식사의 내용이 달라진다고 보았다.

28 역주 : 『시경』「진풍(陳風)」"형문(衡門)"에, "고기를 먹는데 어찌 황하에서 잡은 방어(魴魚)여야 하며, …… 고기를 먹는데 어찌 황하에서 잡은 잉어라야만 할 것인가?"라고 하였다. 방어와 잉어가 천하의 일미라는 내용은 『태평어람(太平御覽)』 권936, "인

기를 진귀한 음식물로 여길 것이라 했다. 그러나 『공양전』에는 오히려, "진 영공(晉靈公)이 용사(勇士)를 보내 조돈(趙盾)을 죽이게 하였는데, 용사는 그가 물고기를 반찬으로 하여 식사하는 것을 보고[29] 말하기를 '그대는 진나라의 중신인데 물고기를 반찬으로 먹으니 당신은 정말 검소하다. 나는 차마 당신을 죽이지 못하겠다'라고 하였다"라고 썼다. 대개 공양고(公羊高)는 제나라에서 출생하여[30] 진나라의 물산(物産)에 대해 잘 알지 못했기 때문에 동쪽 제(齊)에서 흔하게 여기는 물건을 서쪽 진(晉)에서도 그렇게 여길 것이라 생각했던 것이다. 그리하여 진귀한 음식을 변변치 못한 음식으로 보고 실록(實錄)에 기록하여 본보기가 될만한 말로 삼고자 했던 것이다. 이러한 사실은 『좌전』의 기록과 다를 뿐 아니라[31] 물산(物産)의 정황과도 전혀 맞지 않는다.

語曰 : "彭蠡之濱, 以魚食犬." 斯則地之所富, 物不稱珍. 案齊密邇海隅, 鱗介惟錯, 故上客食肉, 中客食魚,(一脫'食肉中客'四字) 斯卽齊之舊俗

개부(鱗介部)" 引 『하락기(河洛記)』에도 보인다.

29 『공양전』 선공(宣公) 6년(B.C. 603)에, 조돈(趙盾)이 조정에서 나왔다. 영공(靈公)이 용사(勇士) 아무개를 시켜 찾아가 죽이라고 하였다. 용사가 조돈의 대문으로 들어갔는데 문을 지키는 사람이 없었다. 규문(閨門)으로 들어갔는데 지키는 사람이 없었다. 그의 당(堂)에 올랐는데도 아무도 없었다. 엎드려 그의 집안을 엿보니 바야흐로 식사를 하는데 그는 물고기를 먹고 있었다. 용사가 말하기를, '아! 그대는 진(晉)나라의 막중한 지위에 있는 경(卿)으로 물고기로 식사를 하고 있으니 이는 그대의 검소함이로다. 군주가 나를 시켜 그대를 죽이라고 하였지만 나는 차마 그대를 죽일 수가 없다'라고 하였다.

30 역주 : 『한서예문지』 "춘추"에, 『공양전』 11권, 공양자(公羊子)는 제(齊)나라 사람이라 하였고, 안사고(顔師古)가 이르기를, (공양자의) 이름은 고(高)라고 하였다.

31 역주 : 『좌전』 선공(宣公) 2년(B.C. 607)에, (진(晉)나라 영공(靈公)의 허물에 대하여 조선자(趙宣子)[趙盾]가 자주 간하니) 영공은 그를 미워하여 서예(鉏麑)로 하여금 그를 암살하게 하였다. 서예가 아침 일찍 조선자의 집으로 가니 침실 문이 열려 있었다. 조선자는 조복(朝服)을 입고 조회(朝會)에 나갈 차비를 마치고는 아직 시간이 일러 눈을 감고 앉아 있었다. 이를 본 서예는 도로 물러나와 감탄하기를, '이 사람은 집에서도 공경함을 잊지 않으니 참으로 백성의 주인이다. 내가 백성의 주인을 해치는 것은 불충(不忠)이고, 군주의 명을 저버리는 것은 불신(不信)이다. 이 두 가지 중 하나는 있게 될 것이니 죽느니만 못하다'라고 하고는 머리로 괴목(槐木)을 들이받고 죽었다고 한 내용에 보이듯 『공양전』과는 사뭇 다르다.

也. 然食魴鱠鯉, 詩人所貴, 必施諸他國, 是曰珍羞. 如『公羊傳』云 : 晉靈公使勇士殺趙盾, 見其方食魚飧. 曰 : 子爲晉國重卿而食魚飧, 是子之儉也. 吾不忍殺子. 蓋公羊生自齊邦, 不詳晉物, 以東土所賤, 謂西州亦然. 遂目彼嘉饌, 呼爲菲食, 著之實錄, 以爲格言, 非惟與『左氏』有乖, 亦於物理全爽者矣.

按 : 각 지방 물산의 귀천을 어찌 일률적으로 논할 수 있겠는가. 이러한 사정을 가지고 변론하는 것 역시 유치한 것이고 뿐만 아니라 아무런 의의도 없다. 『사통』에 왕왕 이러한 내용들이 있다.(예컨대 진양(晉陽)에 대나무가 없다[32]고 한 유(類)이다)(土物貴賤, 詎云一概, 然辯亦稚矣, 且又無謂. 『史通』往往有此.(若晉陽無竹之類))

『급총기년(汲冢紀年)』[33] 1조(條)

7-7

옛 말에, "전해 듣는 것은 직접 보는 것만 못하다"[34]고 했다. 이는 사서에 서술된 내용 중 잘못된 곳이 매우 많다는 것을 의미한다. 하물며 옛 기록을 베껴 쓰면서 본래의 기록과도 어긋나게 할 경우 더 말해 무엇하겠는가? 우(虞)·하(夏)·상(商)·주(周) 등의 기록이 있는 『상서(尙書)』와

32 역주 : 「암혹(暗惑)」편에 보이는 말이다.

33 역주 : 진(晉) 태강(太康) 2년(281)에 급군(汲郡) 사람 부준(不準)이 위 양왕(魏襄王) 묘를 도굴하다 출토된 죽서(竹書) 중의 하나이다. 「육가(六家)」편 주)26 참조.

34 역주 : 『풍속통의(風俗通義)』 「정실(正失)」편에 보이는 문장이다.

『춘추』에 기재된 사실에는 (모든 내용이) 다 갖추어져 있다고 할 수 있다. 그러나 『죽서기년(竹書紀年)』이 진대(晉代)에 출토되자 학자들은 비로소 계(啓)가 익(益)을 살해하였고, 태갑(太甲)이 이윤(伊尹)을 죽였으며, 문정(文丁)(옛날에는 '문왕(文王)'이라고 잘못 썼다, 「의고」편과 같다)이 계력(季歷)을 죽였고,[35] 공백(共伯)은 이름이 화(和)이고,[36](이 내용[四字]이 어떤 책에는 없고, 어떤 책에는 '문정(文丁)' 위에 있다) 정 환공(鄭桓公)은 여왕(厲王)의 아들임을 알게 되었다.[37](문구에 잘못이 있다. '여왕'은 본래 '선왕(宣王)'이었을 것이다) 이들 기록은 경전(經典)에 서술된 내용과 서로 어긋나는 곳이 매우 많았다. 또한 『맹자』에 "진(晉)에서는 사서[春秋]를 승(乘)이라고 했다"[38]고 하였는데

---

35 역주 : 이러한 내용은 『진서(晉書)』 권51, 「속석전(束晳傳)」에 보인다. 그리고 「의고(疑古)」편에서도 언급한 바 있다. 이 중 계(啓)와 익(益)에 대하여는 6경(六經)에 보이지 않고, 『맹자』 「만장장구(萬章章句)」 상에 보인다.

36 공화(共和)는 「칭위(稱謂)」편에 보인다. 『죽서기년』에, 여왕(厲王) 12년 왕이 체(彘)로 달아났다. 13년 왕은 체에 있었고, 공백(共伯) 화(和)가 천자의 일을 대신하여 행하였다. 26년 왕이 체에서 죽었다. 주 정공(周定公) · 소목공(召穆公)이 태자 정(靖)을 왕으로 세우자 공백 화는 자기 나라로 돌아갔다고 했다. 역주 : 『사기』 권4, 「주본기(周本紀)」에 대한 『사기색은(史記索隱)』과 『사기정의(史記正義)』에 모두 공(共)은 나라, 백(伯)은 작위, 화(和)는 이름이라고 해석하고 있다.

37 按 : 『사기』 「정세가(鄭世家)」에, 정 환공 우(友)는 주 여왕(周厲王)의 소자(少子)이고, 선왕(宣王)의 서제(庶弟)이다. 선왕이 22년에 즉위하고 우는 처음 정(鄭)에 봉해졌다고 했다. 그리고 『사통』에서 『죽서기년』을 이야기하면서 역시 여왕(厲王)의 아들이라고 한 것은 구전(舊典)과 같다. 따라서 서로 어긋난다고는 할 수 없다. 이제 『죽서기년』을 살펴보니, 선왕(宣王) 22년, 왕이 왕자다보(王子多父)에게 명을 내려 낙(洛)에 거주하게 하였다. 유왕(幽王) 2년 진 문후(晉文侯)와 왕자다보가 증(鄫)을 정벌하여 이기고, 정보지구(鄭父之丘)에 거주하게 하였다. 이가 바로 정 환공이다. 8년 왕이 사도(司徒) 정백(鄭伯) 다보(多父)에게 명하기를 운운하였다. 이러한 『죽서기년』의 기록은 왕의 아들은 선왕 때이지만 이름이 또 다르고, 봉해진 것 또한 유왕(幽王) 때이다. 때문에 유지기는 여러 이문(異聞)들을 함께 열거하였고 『죽서기년』의 내용에 따라 정 환공을 선왕의 아들이라 한 것이다. 그런즉 '여(厲)'자는 본래 '선(宣)'자였음이 틀림없다. 역주 : 이에 대한 보다 자세한 논의는 張振珮, 『史通箋注』, pp.574-575 참조.

38 역주 : 『맹자』 「이루장구(離婁章句)」 하에, 맹자가 말하기를, "왕자(王者)의 자취가 끊어지니 시(詩)가 없어지고, 시가 없어진 뒤 『춘추』가 지어졌다. 진(晉)나라의 승(乘)과 초(楚)나라의 도올(檮杌)과 노(魯)나라의 춘추(春秋)는 사서라는 점에서 같다. 거기에 기록되어 있는 것은 주로 제 환공(齊桓公)이나 진 문공(晉文公)에 관한 일들이며 그 글은 사관(史官)들이 기록한 것이다. 공자께서 '그 의리는 구(丘)가 외람되지 취한 것

그렇다면 『급총쇄어(汲冢瑣語)』도 '승'과 같은 부류의 사서인가? 그 책의 「진춘추(晉春秋)」편에, "진(晉)의 평공(平公)이 병에 걸렸을 때, 붉은 곰(朱羆)[39]이 병풍으로부터 엿보는 꿈을 꾸었다"라고 하였다. 『좌전』에도 이 사실을 기록하였지만 "황색 곰이 문으로 들어오는 꿈을 꾸었다"[40]고 하였다. 만약 전해들은 것을 버리고 직접 본 것만을 취하고자 한다면, 『좌전』의 기록은 틀렸고 「진춘추」편의 내용이 사실이 된다.(『좌전』에 기록된 진(晉)나라 사실은 다른 나라에서 전해들은 것이고, 『죽서기년』의 「진춘추」편은 본국에서 나온 것임을 말한다) 오호라! 『죽서기년』과 『급총쇄어』 이 두 책이 세상에 나오지 않았다면 학자들은 옛 기록에 미혹되어 대대로 귀머거리와 소경이 되어 이러한 사실을 깨달을 방법이 없었을 것이다.('오호라(嗚呼)' 이하 스물 네 자는 왕유검(王惟儉)·장정사(張鼎思)의 책에는 대부분 작은 글씨로 쓰여 있고, 곽연년(郭延年)의 『사통평석(史通評釋)』에는 큰 글씨로 쓰여 있다. '오호라'는 주(注)의 체례에 보이는 기법(起法)이 아님으로 여기서는 잠시 곽연년의 책을 따랐다)

語曰:"傳聞不如所見." 斯則史之所述, 其謬已甚, 况乃傳寫舊記, 而違其本錄者乎? 至如虞·夏·商·周之『書』, 『春秋』所記之說, 可謂備矣. 而『竹書紀年』出於晉代, 學者始知後啓殺益, 太甲殺伊尹, 文丁(舊誤作'王', 與「疑古」同)殺季歷, 共伯名和,(此四字一本無, 一本在'文丁'之上) 鄭桓公厲王之子.(句有誤, '厲王'疑本作'宣王') 則與經典所載, 乖刺甚多. 又『孟子』曰:

이다'라고 말하였다"라고 했다.

39 내·외전(傳)의 황색 곰에 관한 사실은 이미 「서사(書事)」편에 보인다. 여기서는 붉은 곰에 관한 사실이 「진춘추」편에 보인다고 했다. 왕유검(王惟儉)의 『사통훈고(史通訓故)』에 인용된 『급총쇄어(汲冢瑣語)』에, 진 평공(晉平公)이 꿈에 붉은 곰을 보고 병이 나자 사람을 시켜 자산(子産)에게 물었다. 자산이 말하기를, "예전에 공공(共工)에게 부유(浮游)라는 마부가 있었는데 전욱(顓頊)에게 패한 후 스스로 회수(淮水)에 빠져 죽었다. 그 모습이 붉은 색을 띠었는데 큰곰과 흡사하였다. 전욱과 공공에게 제사를 지내면 곧 나을 것이다"라고 했다. 진 평공이 그 말대로 하였더니 병이 나았다. **按**:「진춘추」는 즉 『급총쇄어』 중의 편명(篇名)이지 책이 둘인 것은 아니다. 『사통』 제1권의 "「춘추」가(家)"에 보인다.

40 **역주**:『좌전』 소공(昭公) 7년(B.C. 535)에 보이는 내용이다. 「서사(書事)」편 주)56에도 보인다.

晉謂春秋爲乘. 尋『汲冢瑣語』, 卽乘之流邪? 其『晉春秋』篇云: "平公疾, 夢朱羆窺屛." 『左氏』亦載斯事, 而云"夢黃熊入門." 必欲舍傳聞而取所見, 則『左傳』非而『晉』文(一作'史')實矣.(謂『左』書晉事是他國傳聞, 而竹書『晉』文則出自本國也) 嗚呼! 向若二書不出, 學者爲古所惑, 則代成聾瞽, 無由覺悟也.('嗚呼'已下二十四字, 王·張諸本多作細書, 郭本作大書. 詳'嗚呼'字非注體起法, 姑從郭本)

按: 이 역시 「의고(疑古)」편의 여론(餘論)이다. 끝에 더해진 몇 마디 말은 특히 도리에 해(害)가 된다. 「유지기전(劉知幾傳)」을 보면 그의 아들 유황(劉貺)은 일찍이 『급총죽서』 등 책들이 모두 후세 사람들이 나중에 편찬한 것으로써 당시의 정사(正史)가 아니라고 여기고, 특별히 『외전(外傳)』을 지어 이를 판정하였으니 그러한 뜻 역시 자기 아버지의 말이 옳다고 여긴 것은 아니지 않은가?(此亦「疑古」之餘. 贅尾數語, 尤爲害理. 觀本傳, 其子貺嘗以汲冢諸書皆後人追修, 非當時正史, 特著『外傳』以判之, 意亦不直其父說與?)

「잡설(雜說)」편 중에 이러한 유에 속하는 것은 모두 이 책이 완성되기 전에 있었던 것으로 대개 그가 평시에 책을 보면서 손이 가는 대로 기록하여 보존해온 것이다. 만약 이미 「의고(疑古)」편을 썼다면 뒤에 어찌 다시 이 편을 지을 필요가 있었겠는가? 당(唐)나라 사람들의 유집(遺集) 중에 난잡하게 중복된 장구(章句)들이 계속하여 끊임없이 출현함에도 스스로 없애버리지 않음이 대부분 이와 비슷하다.(「雜說」中凡此類, 皆出成卷書之前, 蓋其平日觀書, 隨手籍記之所存也. 若已作「疑古」篇, 後豈復綴此耶? 唐人遺集, 蕪章類句, 迭見錯出, 不自割棄, 多似此)

7-8

무릇 편년체 사서의 서술은 사실이 여기저기 복잡하게 섞여 있어 분별하기가 어렵고, 기전체로 된 사서는 분류가 분명하여 읽기가 용이하다.[41] (나는) 옛날 사마천의 『사기』[太史公書]를 읽을 때마다 그가 채록한 자료들이 대체로 『주서(周書)』(『일주서(逸周書)』를 말한다)·『국어(國語)』·『세본(世本)』·『전국책(戰國策)』 등의 부류였음을 이상하게 여겼다.(오직 『좌씨내전(左氏內傳)』만이 보이지 않았기 때문에 이렇게 말한 것이다) 근래 황가(皇家)[唐]에서 편찬한 『진서(晉書)』를 보니 역시 대부분 잡서나 잡문[小書]으로부터 채록한 것으로써[42] 힘을 크게 들이지 않아도 읽기 쉬운 것들 예컨대, 『어림(語林)』·『세설신어(世說新語)』·『수신기(搜神紀)』·『유명록(幽明錄)』 등이었다. 그러나 조가지(曹嘉之)의 『진기(晉紀)』, 간보(干寶)의 『진기(晉紀)』, 손성(孫盛)의 『진양추(晉陽秋)』, 단도란(檀道鸞)의 『속진양추(續晉陽秋)』 등[43]에 있는 내용들은 채록하지 않았다. 때문에 위의 네 책 속에 기록된 좋

41 역주 : 원문의 '이(異)'자는 '이(易)'로 해석해야만 앞 구절의 '난변(難辨)'과 상대적인 의미가 된다. 장정사(張鼎思)의 판본에는 '이(易)'자로 되어 있다. 趙呂甫, 『史通新校注』, p.899 참조.

42 按 : 『곤학기문(困學紀聞)』 역시 이 이야기를 취하고, 조자지(晁子止)의 말을 되풀이하여 이르기를, "진사(晉史)가 쓸데없는 것을 모아놓은 것이 가장 심하다"라고 하였다. 또 살펴보니, 『당서(唐書)』「방교전(房喬傳)」에서도, 사관들 대부분이 문영지사(文詠之士)들로서 자질구레한 것을 모으기를 좋아하고, 앞을 다투어 문장을 꾸몄다고 했다. 그런 즉 유지기의 말이 근거가 없는 것이 아니다.

43 『수서경적지』에, 『진기(晉紀)』 10권, 진(晉) 전장군자의(前將軍諮議) 조가지가 편찬하였다. 또 『진기(晉紀)』 23권, 간보가 편찬하였는데 민제(愍帝)까지이다. 또 『진양추(晉陽秋) 32권은 애제(哀帝)까지인데 손성이 편찬하였다. 또 『속진양추(續晉陽秋)』 20권, 송(宋) 영가태수(永嘉太守) 단도란이 편찬하였다고 했다.

은 사실들 중 누락된 것이 매우 많다.(原注 : 유유민(劉遺民)과 조찬(曺纘)은 단도란의 『속진양추』에 모두 열전이 있는데 오늘날의 『진서』에는 그들의 이름이 없다)[44] 현재의 수사(修史) 모습을 가지고 고대의 사서편찬을 보면(이 부분에 탈자(脫字)가 있다) 당연히(여러 책에는 모두 '당연(當然)' 두 글자가 빠져 있다) 사마천도 역시 같은 실수를 하고 있음을 알 수 있다. 이는 사마천이 수록한 사실들이 천박(淺薄)한 것들인데도 반고가 (사마천을) 근면하다고 칭찬한 것은[45] 무엇 때문인가?(구본(舊本)에는 이 아래에 "반고[孟堅]가 또 말하기를"이 이어져 있지만 맞지 않는다)

夫編年敍事, 混雜難辨; 紀傳成體, 區別異觀. 昔讀『太史公書』, 每怪其所來多是『周書』(謂『逸周書』)·『國語』·『世本』·『戰國策』之流.(獨未見『左氏內傳』, 故云) 近見皇家所撰『晉史』, 其所採亦多是短部小書, 省功易閱者, 若『語林』·『世說』·『搜神記』·『幽明錄』之類(一作'徒')是也! 如曹·干兩氏『紀』, 孫·檀二『陽秋』, 則皆不之取. 故其中所載美事, 遺略甚多.(原注 : 劉遺民·曹纘皆於檀氏『春秋』有傳, 至於今『晉書』, 則了無其名) 若以古方今,(此處有脫字) 當然(諸本幷脫'當然'二字) 則知(一有'太'字)史公亦同其失矣. 斯則遷之所錄, 甚爲膚淺, 而班氏稱其勤者, 何哉?(舊本此下連'孟堅又云', 非是)

按 : 혹 이 문단이 8조(條)의 서(序)라고 의심하지만, 이 안에 서례(序例)가 있어서는 안 된다. 유지기는 『좌씨내전(左氏內傳)』을 마음에 새기고 잠시도 잊지 않았지만 안타깝게도 사마천은 보지를 못했다. 때문에 첫 조(條)에서 이를 다루었다.(或疑此爲八條之序, 此中不應有序例也. 知幾服膺『左氏內傳』, 惜

44 역주 : 손지조(孫志祖), 『독서좌록(讀書脞錄)』 권3, "유유민(劉遺民)"조에 『송서』「주속지전(周續之傳)」을 인용하여 주속지가 여산(廬山)에 들어갔을 때 팽성(彭城) 사람 유유민이 마찬가지로 여산에 들어와 있었고, 도연명(陶淵明) 역시 징소(徵召)에 응하지 않았으므로 이들 세 사람을 일러 심양(潯陽) 3은(三隱)이라고 하였다는 기록을 인용하여 『사통』에서 말한 유유민을 이 사람으로 추정하였고, 조찬(曹纘)의 경우는 살필 길이 없다고 했다. 程千帆, 『史通箋記』, p.289 참조.

45 『한서』 권62, 「사마천전(司馬遷傳)」찬(贊)에, "사마천은 경전(經傳)을 꿰뚫고, 고금을 치달리며 수천 년 사이를 오르내렸으니 근면하다 하겠다"라고 했다.

司馬之未見, 故首條及之)

여기서 말한 내용은 대략 「채찬(採撰)」편에도 보인다.(所云略見「採撰」篇)

7-9

반고[孟堅]가 또 말하기를 "유향(劉向)과 양웅(揚雄)은 널리 많은 책을 읽었던 사람들인데 모두 사마천이 사건의 경과를 잘 서술하는 데에 탄복하였다"[46]고 했다.(釋 : 이 문단[條]은 모두 서사법(敍事法)을 논하고 있는데, 시작하면서 이 문제를 일깨웠다) 어찌 세상에 빼어난 인재가 없어 그리 쉽게 패자(覇者)의 대우를 받을 수 있다는 말인가? 그렇지 않다면 어찌하여 헛된 칭찬이 이렇게 심한가!(구본(舊本)에서는 여기서 조(條)가 나뉘지만, 잘못이다) 『사기』「등통전(鄧通傳)」에 "문제(文帝)가 죽고 경제(景帝)가 즉위하였다"[47]고 하였다. 만약 단지 경제가 즉위하였다고 하고 문제가 죽었다고 말하지 않더라도 사람들은 그 일을 알 터인데 어찌 그 사실을 거듭 쓰고 있

46 『한서』 권62, 「사마천전」찬(贊)에, "유향(劉向)과 양웅(揚雄)은 널리 많은 책을 읽었던 사람들인데 모두 사마천이 훌륭한 사가로서의 재능이 있다고 하고 사건의 경과를 잘 서술하는 데에 탄복하였다. 사마천의 문장은 웅변이지만 화려하지 않고, 질박하지만 촌스럽지 않다. 그 문장은 곧고 그 사실은 핵심적이며 헛되이 칭찬하지 않고 악(惡)을 숨겨주지 않는다. 때문에 실록(實錄)이라 일컫는 것이다"라고 했다.

47 『사기』 권125 「영행열전(佞幸列傳)」「등통전」에, "문제(文帝)는 일찍이 종기를 앓은 적이 있는데, 등통이 늘 황제를 위해서 종기의 고름을 빨아냈다. 마침 태자가 들어와 문병하였는데, 문제는 태자에게 종기를 빨라고 시켰다. 태자는 종기를 빨기는 하였지만 얼굴 색이 난처해 하였다. 얼마 뒤 태자는 등통이 늘 황제를 위해 고름을 빨아낸다는 말을 듣고 부끄러워하였지만 이로 인해 등통을 원망하게 되었다. 문제가 죽고 경제가 즉위하자 등통은 벼슬을 그만두고 집에 있게 되었다"라고 했다. 按 : 이 사실로서 태자가 이미 마음으로 원망하였다는 사실을 함께 볼 수 있어서 '문제가 죽었다[文帝崩]'는 세 글자를 생략해도 됨을 알 수 있다.

는가?(釋 : 서사의 한 예를 지적하였다. ○여러 책에는 이하 조(條)가 나뉘지만 역시 잘못이다) 또 「창공전(倉公傳)」에 이르기를, "(태창공은) 황제(黃帝)와 편작(扁鵲)의 맥서(脈書)를 전수 받아 얼굴에 나타나는 다섯 가지 얼굴빛을 보고 병을 진단하여 병자의 생사를 판별하고, 의심스러운 병의 증세를 알아내어 치료법을 결정한다"라고 했다. 문제(文帝)가 그를 불러 그가 어느 방면에 정통한가를 물으니, "황제와 편작의 맥서를 전수 받았다"라고 대답하였는데 이하 다른 문장은 앞에서 말한 것과 모두 같았다.[48] 이미 앞에서 이러한 사실을 기재하였는데 다음에 다시 그 말을 기재하고 있는데, 비록 하나는 사정을 서술한 것이고 다른 하나는 대화 중에 나온 것이라 형식상 다르기는 하지만 내용상 무슨 구별이 있겠는가?(釋 : 서사의 또 다른 한 예를 지적하였다) 살펴보건대 사마천이 서술한 내용에는 이와 비슷한 내용이 많은데도, 유향과 양웅이 사마천의 서사가 훌륭하다고 탄복하였다는 것은 무엇 때문인가?(釋 : 유향과 양웅의 평가에 대응하였다) ○어느 책에는 이곳이 다음 문단과 이어져 있지만 잘못이다)

孟堅又云 : 劉向 · 揚雄博极群書, 皆服(一作'伏')其善敍事.(釋 : 本條皆論敍事法, 起筆提醒) 豈時無英秀, 易爲雄霸者乎? 不然, 何虛譽之甚也!(舊本此處分條, 非) 『史記』「鄧通傳」云 : "文(舊脫'文'字)帝崩, 景帝立." 向若但云景

48 역주 : 이 같은 내용은 『사기』 권105, 「창공전」에, "태창공(太倉公)은 제(齊)나라의 태창의 장(長)으로 임치(臨淄) 사람이다. 성은 순우(淳于), 이름은 의(意)라고 하였다. 젊어서부터 의술을 좋아하여 고후(高后) 8년 다시 같은 고향 원리(元里)의 공승(公乘)인 양경(陽慶)에게 의술을 배웠다. …… 양경은 자신이 가지고 있던 비전(秘傳)의 의서를 모두 그에게 주고 황제(黃帝)와 편작(扁鵲)이 남긴 맥서(脈書)를 전수해주었다. 그것은 얼굴에 나타나는 다섯 가지 얼굴빛을 보고 오장(五臟)의 병을 진단하여 병자가 살지 죽을지를 판별하고, 의심스러운 병의 증세를 알아내어 치료법을 결정한다는 것이다. …… 문제(文帝) 4년, 어떤 사람이 상서하여 순우의를 고발하였다. …… 순우의가 죄 사함을 받고 집에 있을 때 문제는 조서를 내려 불러들이고는 병을 치료해서 살았든 죽었든 간에 효험이 있었던 자는 몇 사람이었는지 등에 대하여 물었다. …… 이에 순우의가 대답하는 말에, "얼굴에 나타나는 다섯 가지 얼굴빛을 보고 오장(五臟)의 병을 진단하여 병자가 살지 죽을지를 판별하고, 의심스러운 병의 증세를 알아내어 치료법을 결정한다"는 내용이 중복되어 서술되고 있음을 말하는 것이다.

帝立, 不言文帝崩, 斯亦可知矣, 何用兼書其事乎?(釋 : 摘論敘事一. ○諸本此下分條, 又非)又「倉公傳」稱其“傳黃帝·扁鵲之脉書, 五色診病, 知人死生, 決嫌疑, 定可治.” 詔(一脫'詔'字)召問其所長, 對曰 : “傳黃帝·扁鵲之脉書.” 以下他文, 盡同上說. 夫上旣有其事, 下又載其言, 言事雖殊, 委曲何別?(釋 : 摘論敘事又一) 案遷之所述, 多有此類, 而劉·揚服其善敘事也, 何哉?(釋 : 應轉劉·揚. ○一本此處連下條, 非)

按 : 이 조(條) 역시 간단한 은회(隱晦)를 지닌 「점번(點煩)」편의 여론(餘論)이다.(此亦簡晦「點煩」餘論)

무릇 장절(章節)을 따로 세운 것은 각기 정해진 분수가 있다. 즉 이 조에서 말한 바는 모두 서사(敍事)에 속하는 것으로 그 처음과 끝이 호응(呼應)하고, 다시 유향(劉向)과 양웅(揚雄)의 문구가 있고, 이를 편단(片段)으로 한 것은 매우 분명하다. 여러 책이 여기서 끊어져 다음과 이어짐으로 당연히 나뉘어야 하는데 오히려 합쳐져 있으니, 이는 모두 소위 틈 사이로 싸움을 보듯 전체 상황을 제대로 보지 못한 것이다.(凡章節離立, 各有定分. 卽如此條所言, 皆屬敘事, 而首尾呼應, 復有劉·揚句眼, 其爲片段, 較然明白. 諸本此斷彼連, 當開反合, 皆所謂隙中觀鬪者也)

7-10

사마천은 「공자세가(孔子世家)」를 편찬하면서 대부분 『논어』에 전하는 옛 이야기들을 골라 썼지만, 「관안열전(管晏列傳)」에서는 그들 자신들이 쓴 책(原注 : 『관자(管子)』[49]·『안자(晏子)』[50]를 말한다)의 내용을 취하지 않았다. 이 책들은 당시 세상사람들이 보유하고 있었기 때문에 다시 중복하여 기재하지 않았던 것이다. 살펴보건대 『논어』는 강의의 교재로 쓰이고, 학관(學官)에 두어졌으므로[51] 다시 사서에 기재하는 것은 번거로운 낭비라고 여겼을 것이다. 그러나 『관자』와 『안자』는 모두 제자잡가(諸子雜家)의 저작으로서 경사(經史) 이외의 것이라는 이유로 버리고 수록하지 않았으니 이는 실제로 이문(異聞)을 두절시킨 것이다. 무릇 사마천은 (과거의 사료 가운데) 없애야 할 것은 없애지 않고, 마땅히 취해야 할 것은 취하지 않았으니, 이러한 저술방법에서는 그러한 뜻을 찾아볼 수가 없다.

太史公撰「孔子世家」, 多採『論語』舊說. 至「管晏列傳」, 則不取其本書.(原注 : 謂『管子』·『晏子』也) 以爲時俗所有, 故不復更載也. 案『論語』行於講肆, 列於學官,(俗訛作'宮') 重加編勒, 只覺煩費. 如管·晏者, 諸子雜

49 역주 : 『한서예문지』「제자략」"도가(道家)류"에, 『관자(筦子)』 86편. 이름은 이오(夷吾)요, 제(齊)나라 환공(桓公)의 재상이다. 제후를 구합(九合)하였는데 병거(兵車)로써 한 것이 아니다. 열전이 있다고 하였다. 관(筦)은 관(管)의 고자(古字)이다. 현재 전하는 『관자』는 86편의 편목이 있지만 10편은 산일되고 76편만 전한다. 이 책에는 관자 이후의 기사가 많은 것으로 보아 전국시대 직하학사(稷下學士)들에 의해 만들어졌을 가능성도 있다. 『한서예문지』에는 이 책을 도가류에 수록하였으나 『수서경적지』 이하 역대의 서지(書志)에는 대부분 법가류에 수록하였다.

50 역주 : 『한서예문지』「제자략」"유가(儒家)류"에, 『안자(晏子)』 8편. 이름은 영(嬰), 시호는 평중(平仲)이고 제(齊) 경공(景公)의 상(相)이었다고 했다. 『논어』「공야장(公冶長)」편에, 공자가 말하기를 "안평중은 사람을 잘 사귀었고, 오로지 오래도록 변하지 않고 공경하였다"고 했다. 『안자』는 또 『안자춘추(晏子春秋)』라고 한다. 『군재독서지(郡齋讀書志)』나 『문헌통고(文獻通考)』「경적고(經籍考)」에서는 묵가(墨家)류에 분류하기도 한다. 『안자』 역시 후세의 사람들이 정리한 것으로 전국시대에 만들어진 듯 하지만, 더 이후에 만들어진 위작(僞作)이라는 견해도 있다. 『사고전서(四庫全書)』에는 사부(史部) 전기류(傳記類)에 수록되어 있다.

51 황숙림(黃叔琳), 『사통훈고보(史通訓故補)』의 평에, 『사기』를 지을 때 『논어』는 아직 학생들을 가르치는 교재가 되어 학관에 두어지지 않았다고 했다. 按 : 『한서예문지』에, 『고논어(古論語)』 21편, 『제논어(齊論語)』 22편, 『노논어(魯論語)』 20편이라 했다. 그 총론(總論)에, "한이 일어났을 때 제·노의 설(說)이 있었다"라고 했다. 이는 즉 한초 사승(師承)에 의한 강수(講授)는 분명 공자의 집을 헐 때 벽 속에서 책이 나오기 전이다. 이를 「공자세가(孔子世家)」로서 증거하면 『논어』의 내용을 취한 것이 대략 기재되어 있었다. 그리고 예컨대 열전의 첫머리에 있는 「백이열전」에도 역시 여러 차례 서술되었다. 따라서 당시 단절된 적이 없음을 볼 수 있다. 다시 살펴보니, 『구당서(舊唐書)』 권155, 「설방전(薛放傳)」에, "한나라 때 『논어』가 처음으로 학관에 두어졌다"라고 하고 있어 더욱 근거가 있다.

家, 經史外事, 棄而不錄, 實杜異聞. 夫以可除而不除, 宜取而不取, 以斯著述, 未覩厥義.

按 : 유지기는 『논어』에서 어떤 곳의 구절을 골라 써야 하는가에 대한 대강을 볼 수 있었다. 사마천이 지은 「관안열전(管晏列傳)」에서 세상에 널리 알려지지 않은 사실을 논술한 뜻에는 분명 다른 감상이 있었다. 그러나 사법(史法)으로 헤아린다면 결국은 유지기의 말이 정확하다.(『論語』從何處節採, 劉子能見其大. 至史公之傳管 · 晏, 論其軼事, 意固別有感也. 然以史法繩之, 畢竟劉言爲正)

7-11

옛날 공자의 힘은 도성의 대문 빗장을 들어올릴 수 있었지만 그러한 힘으로 알려지기를 바라지 않았다[52]고 한 것은 무엇 때문인가? 위대한 성인의 덕은 칭찬할 만한 것을 많이 갖추고 있기 때문에 한 가지 변변치 않은 사실을 가지고 백행(百行)의 으뜸인 것처럼 할 수는 없었던 것이다. 공자의 뛰어난 제자 70명은 (덕행(德行) · 언어(言語) · 정사(政事) · 문학(文學) 등) 4과(四科)로 나눈다.[53] 그러나 태사공은 「유림열전(儒林列傳)」을 서술하

52 『열자(列子)』 「설부(說符)」편에, 공자의 힘은 도성의 대문 빗장을 들어올릴[招] 수 있었지만, 그러한 힘으로 알려지기를 바라지 않았다고 했고, 『집운(集韻)』에, '교(招)'는 음이 '교(翹)'이고, 들어올린다는 의미라고 했다.

53 역주 : 『논어』 「선진(先進)」편에, 덕행으로 뛰어났던 자는 안연(顔淵) · 민자건(閔子騫) · 염백우(冉伯牛) · 중궁(仲弓)이었고, 언어(言語)로는 재아(宰我) · 자공(子貢), 정사(政事)로는 염유(冉有) · 계로(季路), 문학(文學)으로 자유(子游) · 자하(子夏)가 뛰어났다고 했다.

면서 자유(子游) · 자하(子夏)의 '문학'을 취하지 않았고, 「순리열전(循吏列傳)」을 서술하면서 염유(冉有) · 계로(季路)의 '정사'를 말하지 않았다. 그러면서도 「화식열전(貨殖列傳)」에서는 홀로 자공(子貢)을 앞부분에 배열하였다.[54] 이는 사마천이 사람들의 악한 것은 가려주고, 착한 것은 드러내어 칭찬한다는 뜻을 잊어버리고 작은 공(功)을 내세우고 있으니, 사람들의 아름다움을 이룬다[55]는 것이 빈말이 되지 않겠는가![56]

昔孔子力可翹關, 不以力稱. 何則? 大聖之德, 具美者衆, 不可以一介標末,(此二字一作'末事') 持爲百行端首也. 至如達者七十, 分以四科. 而太史公述「儒林」, 則不取游 · 夏之(一無'之'字, 下同)文學; 著「循吏」, 則不言冉 · 季之政事; 至於「貨殖」爲傳, 獨以子貢居先. 掩惡揚善, 旣忘此義, 成人之美, 不其闕如?

按: 이 문단에 대하여 사람들이 많이 오해하는데, 자세히 살펴보면 「유림열전(儒林列傳)」 · 「순리열전(循吏列傳)」에서 네 현자(賢者)[子游 · 子夏 · 冉有 · 季路]를 낮게 평가한 것을 안타까워 한 것이 아니라, 사마천이 「화식열전(貨殖列傳)」을 이용하여 단목(端木)[子貢]의 덕(德)에 누(累)를 끼친 것을 비웃

54 『사기』 권129, 「화식열전」은 열전 제69에 배열되어 있는데, 순서를 보자면 끝 편에 해당한다. 생각하건대 화식(貨殖)을 말하는 것이 부끄러웠기 때문이기도 하다. 열전에는 본래 범려(范蠡)가 첫 번째, 자공(子贛)[子貢]이 두 번째로 배열되어 있다. 『한서』도 이를 따랐다. 역주 : 『사기』 권67, 「중니제자열전(仲尼弟子列傳)」은 4과(四科)와 관련하여 공자의 제자들을 설명하면서 『논어』 「선진」편의 내용을 그대로 옮겨놓았다. 그리고 이어서, "사(師)[子張]는 편벽하였고, 삼(參)[曾參]은 미련하였으며, 시(柴)[子羔]는 우직하였고, 유(由)[子路]는 거칠었으며, 회(回)[顔回]는 매우 가난하였고, 사(賜)[子貢]는 명(命)을 받지 않고 재물을 불리었는데 시세의 추측이 정확하여 틀림이 없었다"라고 했다.

55 역주 : 『곡량전』 은공(隱公) 원년(B.C. 722)에, "『춘추』는 사람들의 아름다운 것을 이루고, 사람들의 악한 것을 이루지 않는다"라고 했고, 『논어』 「안연(顔淵)」편에, "군자는 사람들의 아름다운 것을 이루고, 사람들의 악한 것을 이루지 아니한다. 소인은 이와 반대이다"라고 했다.

56 역주 : 『논어』 「자로(子路)」편에, 공자께서 말씀하시기를, "비속하다 유(由)여. 군자는 그 알지 못하는 바에는 대개 비는 것같이[闕如] 하는 것이다"라고 하였다.

은 것이다. 대개 「화식열전」에서 범려(范蠡)·백규(白圭)·의돈(猗頓)·탁씨(卓氏) 중간에 공자[聖門]의 제자들을 함부로 섞어 놓은 데 대한 유감으로 말한 것이다. 문장의 두 층의 문세(文勢)와 측주(側注) 중 가장 먼저 미덕(美德)을 칭찬하고 기력(氣力)을 칭찬하지 않음을 시작으로 하였는데 이를 통해 그의 의도를 알 수 있다.(此段人多誤會, 細按之, 非吝「儒林」·「循吏」之絀四賢, 乃嗤子長之以「貨殖」累端木也. 蓋爲范·白·猗·卓之間, 闌及聖門弟子而發. 兩層文勢側注, 而先以德不稱力比例引端, 意可知已)

후일 왕응린(王應麟 : 1223-1296)[厚齋]의 『고사(考史)』를 읽으면서 그에게 이미 이러한 해석이 있었음을 알 수 있었다.(後閱王厚齋『考史』, 已得此解)

7-12

사마천은 「태사공자서(太史公自序)」에 이르기를, 태사령(太史令)이 된 지 7년 후 이릉(李陵)의 화를 당하여 감옥에 갇히게 되었다. 이에 한숨을 쉬며 탄식하여 말하기를, '이것이 내 죄란 말인가! 몸이 망가져 쓸모가 없게 되었구나'[57]라고 하였다. 스스로의 일을 서술함이 어찌하여 이렇게 간략할 수 있는가! 무릇 이릉(李陵)의 화를 당하여 감옥에 갇히게 되었다는 말을 언뜻 보면 마치 이릉과 함께 흉노에게 포로가 되었기 때문에 형벌을 받은 것 같고, 또 이릉의 이간책에 빠져 나라에 죄를 지은 것 같기도 하다. 그 결과 독자들로 하여금 그 사정을 상세하게 알기 어렵게 만

57 역주 : 『사기』 권130, 「태사공자서」에, 태사공[司馬談]이 세상을 떠난 지 3년 후에 사마천은 태사령이 되어 사신(史臣)의 기록과 석실(石室), 금궤(金櫃)에 소장된 서적들을 모아 철(綴)하였다. …… 그 후 7년 째 되던 해, 태사공은 이릉의 화를 당하여 감옥에 갇혔다. 이에 한숨을 쉬며 탄식하기를 "이것이 내 죄란 말인가! 이것이 내 죄란 말인가! 몸은 망가져 쓸모가 없어졌구나!"라고 말하였다.

들었다. 다행히 반고가 「임안에게 보내는 편지[與任安書]」를 기재하였고,[58] 그 편지 내용에 형(刑)을 받게 된 까닭이 자세하게 서술되어 있다. 만약 『한서』에 이러한 기록이 없었다면 어떻게 그 사건의 진상을 분명하게 알 수 있었겠는가?

司馬遷「自(一無'自'字)序傳」云 : 爲太史七年, 而遭李陵之禍, 幽於縲紲. 乃喟然而嘆曰 : '是予之罪也, 身虧不用矣.' 自敍如此, 何其略哉! 夫云 '遭李陵之禍, 幽於縲紲'者, 乍似同陵陷沒, 以(一作'遂') 置於刑 : 又似爲陵所間,(一作'陷') 獲罪於國. 遂令讀者難得而詳. 賴班固載其「與任安書」, 書中具述被刑所以. 倘無此錄, 何以克明其事者乎?

按 : 사마천은 특별히 간략한 말로써 자신이 죄를 얻게 된 연유를 말하고 있는데 사체(史體)를 더럽힐까 두렵다. 유지기가 「보임안서(報任安書)」를 가지고 「태사공자서」를 공박한 것은 사필(史筆)의 경솔함을 경계(警誡)한 것이다. 글을 짓거나 독서할 때 각기 눈앞의 것만을 취하지 않는다면 학자들은 그 둘로부터 모두 유익한 것을 배울 수 있다.(子長以別簡白罪由, 懼史體之褻也. 子玄卽以「報任安書」攻「自敍」, 誡史筆之率也. 作書讀書, 各自不苟, 學者兩有所取法焉)

'7년 후 이릉의 화를 당하여'라는 구절을 '7년이 지나 이릉을 변호하다 죄를 얻어'라고 썼더라면 사정의 연유가 곧 분명해졌을 것이다.('七年而遭'句, 若刊云'七年而以訟李陵獲罪', 則事由便明)

---

58 『한서』 권62, 「사마천전」에, 사마천이 궁형을 받은 후 중서령(中書令)이 되어 존경과 총애를 받으며 직무를 수행하였다. 그의 옛 친구 익주자사(益州刺史) 임안(任安)이 사마천에게 편지를 보내 옛 현신(賢臣)의 도리에 따라 행동할 것을 충고하였고, 사마천이 답장을 보내 '운운' 하였다. 按 : 『한서』 「사마천전」은 모두 「태사공자서」를 채록한 것인데 특히 열전의 끝에 이 편지를 더하였다. 때문에 『사통』에서 이를 드러낸 것이다. 역주 : 사마천의 이 답장은 『한서』 외에도 『문선(文選)』 권41에 「보임소경서「報任少卿書)」라고 하여 독립적으로 수록되어 있다.

7-13

『한서』에 기재된 사마천의 「임소경에게 보내는 편지[與任少卿書]」에는 예로부터 저작을 통해 성취를 이룬 사람을 열거하고 있는데, 이들은 모두 스스로 어려움을 당했기 때문에 발분(發憤)하여 저서를 남긴 사례들이었다.[59] 그 끝 부분에 이르기를, "여불위(呂不韋)[60]는 촉(蜀)에 유배되어 세상에 『여씨춘추(呂氏春秋)』를 전했습니다"라고 하였다. 그러나 여불위가 이 책을 편찬하게 된 상황을 살펴보면, 과거 춘(春)·능(陵)을 모방하여[61] 널리 천하의 인재[客]들을 초빙하여 각자 천하의 기이한 견문들을 모아 『순자』와 『맹자』와 같은 저작을 만들려 하였다.(이 구절은 어떻게 책이 완성되었는가를 말하였다) (책이 완성된 후 누구라도 능히) 한 글자라도 고칠 수 있다면 천금을 주겠다고 한 사실은[62] 곧 당시 이 책이 공개된 지가 오래

---

59 역주 : 『한서』 권62, 「사마천전」에 실려 있는 「보임소경서(報任少卿書)」에, "(궁형을 받은 치욕에도 불구하고) 고통을 감내하고 구차하게 살며 더러운 치욕 속에 있으면서도 마다하지 않는 까닭은 제 마음 속에 다 드러내지 못한 바가 있어, 비루하게 세상에서 사라질 경우에 후세에 문채(文彩)가 드러나지 않을 것을 한스럽게 여겨서입니다. 옛날부터 부귀하였지만 이름이 마멸된 사람은 이루 다 기록할 수가 없습니다. 오로지 탁월하고 어디에도 얽매이지 않은 비상한 인물만이 일컬어질 따름입니다. 문왕(文王)은 갇힌 몸이 되어 『주역』을 연역하였고, 중니(仲尼)는 곤란한 처지를 당하여 『춘추』를 지었습니다. 굴원(屈原)은 쫓겨가서 『이소(離騷)』를 지었고, 좌구(左丘)는 실명한 뒤에 『국어』를 지었습니다. 손자(孫子)는 발이 잘리고 『병법』을 편찬하였고, 여불위는 촉에 유배되어 세상에 『여람(呂覽)』을 전했습니다. 한비자(韓非子)는 진(秦)에 체포되어 「세난(世難)」·「고분(孤憤)」을 저술하였으며, 『시경』의 300편 시는 대개 성현이 발분(發憤)하여 지은 것입니다. 이 사람들은 모두 가슴속에 맺힌 바가 있어 그 하고자 하는 바를 통할 수 없었기 때문에 지나간 일을 서술하여 후세의 사람들이 자신의 뜻을 알아줄 것을 생각했던 것입니다"라고 하였다.

60 「육가(六家)」편 "춘추가(春秋家)"에 보인다.

61 춘신군(春信君)과 신릉군(信陵君)을 가리킨다. 반고의 「서도부(西都賦)」에, "기절(氣節)은 평원군(平原君)과 맹상군(孟嘗君)에 가깝고, 이름은 춘신군과 신릉군에 버금간다"라고 했다.

62 역주 : 『사기』 권85, 「여불위열전」에, "장양왕(莊襄王)은 즉위 3년 만에 죽고, 태자 정(政)이 왕위에 올랐는데, 정(政)은 여불위를 존중하여 상국(相國)이 되게 하고 그를

되었음을 말하는 것인데, 어찌 여불위가 촉으로 유배된 후에 비로소 세상에 전해질 수 있겠는가? 또한 만약 『여씨춘추』가 여불위가 촉으로 유배를 갔기 때문에 비로소 중시되었다면 이 책은 근본적으로 작자가 발분함으로써 저작되었다는 뜻과는 아무런 관련이 없는 것이다. 그런데도 그러한 예(例)를 인용하여 사마천 자신의 경우와 비유하고 있으니 어찌 같은 경우라 할 수 있겠는가? 만약 많은 선례(先例)를 들어 자신의 박학을 보이려 한다면 어찌하여 우경(虞卿)[63]이 걱정 끝에 『우씨춘추(虞氏春秋)』 8편을 저술한 것을 말하지 않았는가? 그러면서도 이르기를, "여불위는 촉에 유배되어 세상에 『여씨춘추』를 전했습니다"라고 하였으니, 이는 대개 사마천의 견식이 충분히 갖추어지지 않았고, 생각이 세밀하지

중부(仲父)라고 불렀다. …… 이 시기에 이르러, 위(魏)나라에는 신릉군, 초(楚)나라에는 춘신군, 조(趙)나라에는 평원군, 제(齊)나라에는 맹상군이 있었는데, 이들은 모두 선비를 존대하여 빈객 맞기를 경쟁하였다. 여불위는 진나라가 강국으로서 그렇게 하지 못함을 부끄럽게 여기고, 역시 선비를 초치(招致)하여 그들에게 후한 대접을 하였는데, 시객이 3,000명에 달했다. 이 시기에 제후국에는 변사(辯士)가 많았는데, 순경(荀卿)과 같은 무리들은 글을 지어 천하에 유포하였다. 여불위는 이에 자기의 식객들로 하여금 각각 식견을 쓰게 하여, 이들의 견해를 팔람(八覽) · 육론(六論) · 십이기(十二紀)로 모았는데 모두 20여 만 언(言)이나 되었다. 이로써 천지 만물에 대한 고금의 일을 모두 갖춘 것으로 여겼고, 『여씨춘추』라고 불렀다. 그것을 함양(咸陽)의 성문에 진열하고, 그 위에 걸어놓고서 제후국의 유사(游士)나 빈객 중에 한 글자라도 증감할 수 있는 자에게 천금을 주겠다고 널리 알렸다"라고 하였다.

63 역시 「육가」편 "춘추가"에 보인다. 역주 : 『사기』 권76, 「평원군우경열전(平原君虞卿列傳)」에, 우경은 유세(游說)의 사(士)이다. (조(趙)나라 효성왕(孝成王)에 의해 상경(上卿)이 되었음으로) 우경(虞卿)이라 불렀다. …… 우경은 위나라 재상 위제(魏齊)와의 관계때문에 만호후(萬戶侯)와 공경과 재상의 인장도 중하게 여기지 않고 위제와 함께 외진 작은 길로 달아나 마침내 조나라를 떠나 대량(大梁)에서 고통을 받았다. 위제가 자살한 이후 우경은 이루지 못한 그의 뜻을 마침내 책으로 저술하였으니, 위로는 『춘추』에서 뽑고 아래로는 현실 중에서 관찰하여 「절의(節義)」 · 「칭호(稱號)」 · 「췌마(揣摩)」 · 「정모(政謀)」 등 모두 8편을 지었다. 이로써 국가의 득실을 풍자하였는데 세상에서는 그것을 전하여 『우씨춘추(虞氏春秋)』라고 하였다. 태사공(太史公)이 이르기를, …… 우경(虞卿)이 사태를 헤아리고 상황을 참작하여 조나라를 위하여 도모한 계획은 얼마나 교묘하였는가! 위제가 죽는 것을 차마보지 못하여, 마침내 대량(大梁)에서 고통을 받았다. 평범한 사람도 또한 그것이 옳지 않음을 아는데 하물며 현인들이야? 그러나 우경이 그러한 고통과 근심이 없었다면 역시 책을 써서 이르써 자신을 후세에 드러내지 못하였을 것이다"라고 하였다.

못했음을 드러내는 것이다.

『漢書』載子長「與任少卿書」, 歷說自古述作, 皆因患而起. 末云 : "不韋遷蜀, 世傳『呂覽』." 案呂氏之(一步'之'字)修撰也, 廣招俊客, 比迹春·陵,(此頂招客說下. '陵'一作'秋', 誤) 共集異聞, 擬書『荀』·『孟』,(此句纔說成書) 思刊一字, 購以千金, 則當時宣布, 爲日久矣. 豈以遷蜀之後, 方始傳乎? 且必以身旣流移, 書方見重, 則又非關作者本因發憤著書之義也. 而輒引以自喩, 豈其倫乎? 若要多擧故事, 成其博學, 何不云虞卿窮愁, 著書八篇? 而曰"不韋遷蜀, 世傳『呂覽』", 斯蓋識有不該, 思之未審耳.

按 : 발분(發憤)하여 책을 지었다는 이유로 비난을 받게 되었는데, 이 조(條)는 송나라 사람들의 설부(說部) 가언(家言)의 효시(嚆矢)였다.(從發憤著書得間, 此條開宋人說部家言)

7-14

옛날 춘추시대 제(齊)나라에 숙사위(夙沙衛)라는 환관이 있었는데, 진(晉) 군대의 추격을 막는 제(齊)의 후위(後衛)를 맡자 곽최(郭最)는 (환관이 군사의 후위를 맡는 것은) 제(齊)의 수치라고 말하였다.[64] 제나라가 노나라를 정벌하다가 노나라 장견(臧堅)을 사로잡았을 때 제후(齊侯)가 (숙사위를 보

64 『좌전』 양공(襄公) 18년(B.C. 555)에, 진(晉)나라가 제(齊)나라를 정벌하며 평음(平陰)으로 쳐들어갔고, 이어 달아나는 제나라 군대를 추격했다. 그때 제나라 환관 숙사위(夙沙衛)는 큰 수레들을 연결시켜 그것으로 좁은 길을 막고, 제나라 군대의 후위(後衛)를 맡았다. 식작(殖綽)과 곽최(郭最)가 말하기를, '환관이 군사의 후위를 맡는 것은 제나라의 수치이다. 그대는 앞에서 가라'고 하고 두 사람이 숙사위를 대신하였다. 주(注)에, 환관이 군대의 후위를 맡았기 때문에 수치라고 여겼던 것이라 했다.

내) 위문하자 장견이 상처를 더욱 크게 벌려 죽었다.[65] 이는 환관이 사람들에게 얼마나 무시되고 있는가를 알려주는 가장 잘 알려진 사례이다. 그러나 사마천은 「임소경에게 보내는 편지」에서 자고이래 궁형(宮刑)을 받은 환관들이 사군자(士君子)들에게 천시(賤視)되었던 사례를 논하면서 (위(衛)의 환관이었던) 미자하(彌子瑕)로부터 시작되었다고 하였다.[66] (예로 든 사례가) 어찌 시기적으로 이렇게 가까울 수 있는가? 이는 숙사위와 관련한 사실이 『좌전』에 나오지만 한대에는 『좌전』이 유행되지 않아 사

65 『좌전』 양공(襄公) 17년(B.C. 556)에, 제(齊)나라 고후(高厚)가 방(防)에서 장흘(臧紇)을 포위하였고, 노나라의 장견(臧堅)을 사로잡았는데, 제 영공(齊靈公)이 숙사위를 보내 위문하며 '죽지 말라'고 전했다. 장견이 머리를 조아리면서 말하기를, '욕되게도 군명을 받게 되었습니다. 그러나 군주는 죽음을 면하는 은덕을 내리면서 고의로 환관을 사(士)인 저에게 보내 위문하는 예를 베풀게 하였습니다' 하고는 첨예한 나무 조각으로 상처를 더욱 크게 벌려 죽었다고 했다.

66 역주 : 『한서』 권62, 「사마천전」에, 옛 친구 익주자사(益州刺史) 임안(任安)이 사마천에게 편지를 보내 옛 현신들의 도리에 따라 행동할 것을 충고하였다. 이에 사마천은 다음과 같이 답하였다. …… "제가 듣건대, 자신의 몸을 수양하는 것은 지(智)의 표시이며, 남에게 베풀기를 좋아하는 것은 인(仁)의 실마리이며, 주고받는 것은 의(義)가 드러나는 바이며, 치욕을 당하면 용(勇)을 결단하게 되며, 명분을 세우는 것은 행(行)의 목적이라 합니다. 선비는 이 다섯 가지를 갖춘 연후에 세상에 몸을 의탁하고 군자의 대열에 설 수 있을 것입니다. 그러므로 이(利)를 탐내는 것보다 더 참혹한 화(禍)는 없으며 마음을 상하는 것보다 더 고통스런 슬픔은 없고, 선영(先塋)을 욕되게 하는 것보다 더 추한 행동은 없으며 궁형을 받은 것보다 더 큰 치욕은 없습니다. 형을 받고 살아남은 사람을 비교하고 헤아린 바는 없으나, 한 세대에만 있었던 것이 아니라 오래 전부터 있어 왔습니다. 옛날 위 영공(衛靈公)이 환관인 옹거(雍渠)와 수레를 함께 탔기 때문에 공자는 그곳을 떠나 진(陳)나라로 갔습니다. 상앙(商鞅)이 환관 경감(景監)의 주선을 받아 군주를 알현하자 조량(趙良)이 이를 한심하게 여겼습니다. 조담(趙談)이 군주의 수레를 함께 타자 원사(袁絲)가 안색이 변하였습니다. 이처럼 옛날부터 사람들은 환관과의 관계를 갖는 것을 수치스럽게 여겼습니다. 대개 중간정도 밖에 안 되는 사람도 일이 환관과 관련이 되면 기분을 상하지 않음이 없는데 하물며 강개한 선비야 더 말할 나위가 있겠습니까?"라고 하였다. 옹거와 경감 그리고 조담 등 환관을 열거하면서 미자하(彌子瑕)의 이름은 보이지 않는다. 미자하는 옹거와 함께 위 영공의 환관이었다. 『사기』 권125, 「영행열전(佞幸列傳)」 태사공왈(太史公曰)에, "심하구나 사랑하고 미워하는 감정이 때에 따라 변함이! 미자하의 행적은 후세 사람들에게 영행(佞幸)의 모습을 보여주는 것으로 ……"라고 하였는데, 이에 대한 『사기색은(史記索隱)』에 미자하는 위 영공의 신하로서 그러한 사실이 『설원(說苑)』에 보인다고 하였다.

마천이 그 내용을 보지 못하였기 때문이다.[67] 무릇 널리 옛 전고(典故)들을 살폈으면서도 이러한 사례들은 기재하지 않았으니, 수레를 타고 우혈(禹穴)을 탐방한 것은[68] 무엇을 위한 것이었는가?

昔春秋之時, 齊有夙沙衛者, 拒晉殿師, 郭最稱辱; 伐魯行唁, 臧堅抉死. 此閹官(一作'宦', 『史記』·『漢書』並作'閹官')見鄙, 其事尤著者也. 而太史公「與任少卿書」, 論自古刑餘之人, 爲士君子所賤者, 唯以彌子瑕爲始, 何淺近之甚邪? 但夙沙出『左氏傳』, 漢代其書不行, 故子長不之見也. 夫博考前古, 而舍茲不載. 至於乘傳車, 探禹穴, 亦何爲者哉?

按: 이 역시 사마천이 『좌전』을 보지 못한 것을 아깝게 여긴 한 가지 예증이다.(此亦惜史公不見『左傳』之一證)

---

67 역주 : 그러나 사마천이 『좌전』을 언급한 경우는 『사기』 권14, 「십이제후연표」 서(序)에, "노나라 군자 좌구명은 제자들이 각각 오류를 범하며, 제각기 주관에 집착하여 그 진의를 잃는 것을 염려하였다. 따라서 그는 공자의 역사 기록에 연유하여 그 구절을 상세하게 논술하여 『좌씨춘추』를 지었다"라고 했다. 특히 『사기』에서 언급하고 있는 『춘추』는 대부분 『좌전』을 가리킨다고 주장하는 견해도 있다.(金德建, 「司馬遷所稱春秋系指左傳考」, 『司馬遷所見書考』, 上海人民出版社, 1963, p.106. 참조) 그리고 황정감(黃廷鑑), 『제육현계문초(第六絃溪文鈔)』 권3, 「서『사통』후(書『史通』後)」에, 『사기』의 열국(列國) 세가에는 『좌전』의 문장을 인용한 부분이 적지 않다는 점을 예로 들어 사마천이 『좌전』을 보지 못했다는 유지기의 비판이 정확한 것은 아니라고 하였다. 程千帆, 『史通箋記』, pp.290-291 참조.

68 역주 : 『사기』 권130, 「태사공자서」에, "20세가 되어서는 남쪽으로 장강(長江)과 회하(淮河)를 유력(遊歷)하고, 회계산(會稽山)에 올라 우혈(禹穴)을 탐방하였다"라고 했다. 우혈이란 우(禹)가 순수(巡狩)를 위해 회계에 이르렀다가 사망하여 이곳에 묻혔다고 전해지는 곳이며, 회계산 위에는 큰 구멍이 하나 있는데 우가 이 구멍으로 들어갔다는 전설이 전한다.

7-15

「위세가(魏世家)」에서 태사공(太史公)이 이르기를, "평론가들이 모두 말하기를, '위나라는 신릉군(信陵君)을 등용하지 않았기 때문에 나라가 쇠약해졌고 멸망에 이르렀다'라고 하였는데, 나는 그렇게 생각하지 않는다. 당시 하늘의 뜻이 진(秦)으로 하여금 천하를 평정하게 하였고 아직 그 과업이 완수되지 못하였기 때문에, 위나라가 비록 아형(阿衡)[69]같은 현명한 재상들을 얻었다고 한들 무슨 도움이 되었겠는가"라고 하였다.(釋 : 이상은 모두 「위세가」의 태사공왈(贊語이다) 무릇 성패(成敗)를 논할 때는 인사(人事)를 기본으로 함이 마땅하며, 모든 것을 반드시 천명과 관련하여 말하면 국가 존망의 규율은 이치에 어긋나게 된다.(釋 : 이상의 문장을 제시하여 논의를 시작하였다) 대개 진(晉)나라 제후 이오(夷吾)[70]가 진(秦)에게 포로가 된 것은 그가 경정(慶鄭)의 간청을 듣지 않았기 때문이며, 진(秦)나라의 멸망은 호해(胡亥 : B.C. 209-207 재위)가 무도(無道)하였기 때문이며, 주(周)나라가 쇠퇴하여 패한 것은 유왕(幽王 : B.C. 782-771 재위)이 포사(褒姒)에게 현혹되었기 때문이며, 노나라 소공(昭公)이 다른 나라로 도망친 것은 노 소공(稠父)이 자가(子家)의 말을 듣지 않았기 때문이다.(釋 : 패한 것을 말하면서 역대 패한 모습을 예로 들고 있는데, 그러한 예 가운데 먼저 인사(人事)를 주요 원인으로 말하고 있다) 그러나 진(晉)의 이오가 한(韓)나라에서 진(秦)의 군대에게 패하게 된 것은 호돌(狐突)과 태자 신생(申生)의 귀혼(鬼魂) 간의 대화에 이미 그 조짐이 나타났고,[71] 진(秦)을 망하게 할 자는 호(胡)[72]라는 말을 진시황

---

69 역주 : 아형은 본래 은의 관명으로 탕(湯)을 보좌하던 현신(賢臣) 이윤(伊尹)이 맡았던 관직을 말한다. 『사기』 권3, 「은본기(殷本紀)」에는 이윤의 이름이 아형(阿衡)이라고 했다.

70 역주 : 이오는 진(晉) 혜공(惠公)의 이름이다.

71 『좌전』 희공(僖公) 10년(B.C. 650)에, 진후(晉侯)는 공태자(共太子)를 다시 장사지냈다. 호돌(狐突)이 지방의 도성(都城)인 곡옥(曲沃)에 갔다가 공태자의 혼령을 만났다. 태

은 오래도록 마음에 새기고 있었다. '산 뽕나무로 만든 활과, 기(萁)나무로 만든 화살주머니가 주를 망하게 하리라'는 동요가 (유왕(幽王) 이전인) 선왕(宣王) · 여왕(厲王) 때에 널리 불려졌고,[73] (소공(昭公) 이전인) 문왕(文王)과 무왕(武王) 때에도 구악새가 둥지를 틀면 바지와 짧은 솜저고리[褰襦]를 달라고 할 것이라는 동요가 있었다.[74] 이렇듯 악명(惡名)이 일찍부터

자가 말하기를, '이오(夷吾)는 무례하다. 나는 천제(天帝)에게 요청하여 허락을 받았다. 나는 장차 진(晉)나라를 진(秦)에게 주려한다', '칠일 째 되는 날 신성(新城) 서쪽 변두리에 무(巫)가 보일 것이다'라고 하고는 사라졌다. 기약한 날에 가보니 태자의 혼령이 말하기를, '천제께서 나에게 죄 있는 자에게 벌주는 일을 허락하셨다. 이오는 한(韓)에서 패할 것이다'라고 하였다. 또한 희공 13년에, 진(晉)나라에 거듭 기근(饑饉)이 들자 진(秦)나라가 곡식을 진(晉)으로 실어보냈다고 하였고, 14년에, 진(秦)나라에 기근이 들자 진(晉)나라에 곡식을 사들여 달라고 요청하였지만 진(晉)나라에서 들어주지 않았다. 진(晉)나라 경정(慶鄭)이 말하기를, '베풀어 준 은혜에 배반하고 남의 재앙을 다행으로 여기는 것은 백성이 군주를 버리게 하는 일입니다'라고 하였지만 듣지 않았다고 했다. 15년에, 진백(秦伯)이 진(晉)나라를 정벌하자 진후(晉侯)가 군주가 타는 전차의 오른 쪽에 탈 사람을 점쳐서 뽑는데 경정이 길하다고 나왔으나 그를 쓰지 않았다. 한원(韓原)에서 싸웠는데, 진(晉)나라 군주가 탄 전차를 끄는 말이 수렁에 빠져 갈팡질팡하다 멈추어 서니 군주는 경정을 불렀다. 경정이 말하기를, '간(諫)하는 말을 듣지 않고 점괘를 어기면서 굳이 패전을 구하고서 어떻게 도망갈 수 있겠습니까?'라고 하였다.

72 『사기』 권6, 「진시황본기」에, 연(燕)나라 사람 노생(盧生)이 파견되어 바다에 갔다가 돌아와서 귀신에 관한 일로 참위에 관한 기록을 상주하였는데, 거기에 '진을 망하게 할 자는 호(胡)이다'라고 쓰여 있었다고 했다. 배인(裴駰)의 주(注)에, 정현(鄭玄)은 '호(胡)는 호해(胡亥) 즉 진(秦) 2세 황제의 이름이다. 진시황은 참위에 관한 기록을 보고 그것이 사람의 이름인 줄 모르고 오히려 북방의 호(胡)라고 여겼다'라고 했다.

73 주 선왕(周宣王) 때의 동요로서 『국어』 「정어(鄭語)」에 보이는 글이고, 「서사(書事)」편에도 보인다. 대개 포사(褒姒)가 주나라의 화(禍)를 불러왔다는 일을 적고 있다. 『사기』 권4, 「주본기」에도 기재되어 있는데 그 문장이 대략 같다.

74 『좌전』 소공(昭公) 25년(B.C. 517)에, 구욕(鸜鵒)이라는 새가 노나라에 와서 둥지를 틀고 살았다고 『춘추』에 쓴 것은 전례 없는 일이었다. 노나라 대부 사기(師己)가 말하기를, '이상하구나. 내가 듣기에 주(周)나라 문왕(文王) · 무왕(武王)때에 이 같은 동요가 있다는 이야기를 들었다'라고 했다. 그 동요는 「언어(言語)」편에 보인다. 9월에 공이 계씨(季氏)를 정벌하였다. 계평자(季平子)는 다섯 대의 수레로써 망명하게 해달라고 청하였지만 허락하지 않았다. 자가자(子家子)가 말하기를, '군주께서 이를 허락해 주십시오. 나라의 정령(政令)이 저 사람에게서 나온 지 오래되어 곤궁한 백성이 많이 먹고살 것을 받아 저 사람을 위하는 무리가 많습니다. 해가 진 뒤에 간계가 만들어질 것입니다', '군주께서는 반드시 후회할 것입니다'라고 했지만 소공은 듣지

드러나면 하늘의 재앙을 피하기 어렵다. 그러나 만약 앞의 네 군주의 재능이 제 환공(齊桓公)·진 문공(晉文公)과 같고, 덕(德)이 상 탕(商湯)·주 무왕(周武王)과 같았다면 어떠했겠는가?(釋 : 일국(一國)의 흥망성패를 인사(人事) 속에 받아들여 살폈다) 이 같은 이치로 미루어 말하자면, 망국의 군주는 모두 이들과 비슷한데도 사람들은 어찌하여 위(魏)나라 군주에 대하여 비난하지 않는가?(釋 : 「위세가」 '태사공왈'의 관점과 같다)

무릇 국가가 장차 망할 즈음에도 이와 같고, 흥성할 즈음에도 역시 그렇다고 했다.(釋 : 징조에 대한 내용으로 바뀌었다) 대개 진(陳)나라 규(嬀)의 후예가 공자(公子)가 되었을 때 점괘에 말하기를, 8세에 이르면 유규(有嬀)의 후손보다 강대한 자가 없을 것이라 하였고,[75] 필만(畢萬)이 위(魏)나라 대부가 되었을 때 점괘에 말하기를, 그의 명성이 장차 매우 커질 것이라 하였다.[76] 주(周)의 조상 고공단보(古公亶父)가 수호(水滸)에 있을 때 봉황[鸑

않았다. 맹씨(孟氏)가 드디어 소공의 무리를 정벌하였고, 공은 제(齊)나라로 달아나 양주(陽州)에 머물렀다고 했다. 按 : '문왕·무왕시대'를 『사기』에서는 '문왕·성왕(成王)시대'라고 했다. 가규(賈逵)의 주(注)에, 노 문공·성공이라고 했다. 그러나 문공과 성공은 바로 이어진 군주가 아니었다. 마땅히 『좌전』의 '문왕·무왕시대'를 맞는 것으로 해야 한다. 역주 : 동요의 내용은, "구욕새[鸜鵒]가 오니 군주가 나라밖으로 나가 치욕을 당하네. 구욕새 깃을 고르니 군주는 도성 밖[外野]에 있고, 신하는 앞으로 가 말에게 먹이를 주네. 구욕새 뛰어다니니 군주는 간후(乾侯)에 머물며 바지와 짧은 솜저고리[褰襦]를 달라고 하네. 구욕새 둥지를 트니 길은 더욱 멀어지네. 조보(禂父)[魯昭公]님 고생 중에 돌아가시고 송보(宋父)[魯定公]님 보위에 올라 교만을 부리네. 구욕새여! 구욕새여! 나가는 임금 노래 부르고 가셔도 다시 오실 땐 곡을 하시리"라고 했다.

75 『좌전』 장공(莊公) 22년(B.C. 672)에, 진(陳)나라 공자(公子) 완(完)이 제(齊)나라로 달아났다. 제 환공(齊桓公)이 공자 완[敬仲]을 경(卿)으로 삼고자 했다. 당초, (진(陳)의 대부) 의씨(懿氏)가 그의 딸을 경중에게 아내로 줄 생각으로 점을 치는데, 그의 아내가 점을 친 뒤 점괘를 풀이하길, '길합니다. 이것은 봉황이 비상하여 암수가 서로 어울려 쟁쟁하게 울 괘입니다. 유규(有嬀)의 후손이 장차 강씨(姜氏)에게서 길러질 것이다. 5세에 이르러 번창할 것이고', '8세에서는 그보다 강대한 자가 없을 것입니다'라고 했다.

76 『좌전』 민공(閔公) 원년(B.C. 661)에, 진후(晉侯)가 필만(畢萬)에게 위나라 땅을 주어 대부를 삼았다. 점복을 관장하는 곽언(郭偃)이 말하기를, '필만의 후손은 반드시 크게 될 것이다. '만(萬)'은 가득 찬 수(數)이고, '위(魏)'는 크다는 뜻의 이름이다. 그래서 하늘은 포상을 통해 이미 그 조짐을 보인 것이다. 당초 필만은 진(晉)에서 어느

鷟]이 기산(岐山)에서 울었고,[77] 한 고조(漢高祖) 유방이 중양(中陽)에서 태어날 때 교룡(蛟龍)이 풍(豐)의 큰 못가에 내려왔다.[78] 이러한 것들은 모두 상서로운 징조가 먼저 나타나고 그 후 복이 내린 것이다.(釋 : 흥왕(興旺)의 운을 보자면 먼저 기수(氣數)를 보아야 한다. 앞 문단에서 말한 일순일역(一順一逆)이 서로 분명하게 나타난다) 만약 위에서 말한 네 군주의 덕(德)이 고대 현인(賢人)의 반도 안 되고, 재능이 일반인에게도 미치지 못하였다면 결국 제위에 올라 천하를 다스릴 수 있었겠는가?(釋 : 인사를 추론하여 운수의 주로 삼았다) 만일 사마천이 말한 바처럼 천명이 반드시 현실로 나타나는 것이라면 이치상 사양할 수 없는 것이므로 (논찬(論贊) 중에) 다시 그들의 지모(智謀)와 재능을 감탄하고 그들의 신무(神武)를 칭송할 필요가 없을 것이다.

무릇 천명을 받들어 국가의 흥망을 논하고, 일체의 모든 것을 운명에 의한 것으로 여기면서 포폄(褒貶)을 망각하고 그것으로써 후세의 교훈으로 삼는다는 것은 사람들을 미혹시키는 것이 아니겠는가?(釋 : 여기에 이르러 「위세가」의 논찬으로 되돌아왔다) 사마천 이후 사학자들의 저술은 왕왕 그러하였다. 예컨대 어환(魚豢)의 『위략의(魏略議)』,[79] 우세남(虞世南 : 558-638)의 『제왕약론(帝王略論)』[80]이 있는데, 전자(前者)는 요동(遼東)의 공손(公孫)

정도까지 관직이 올라갈 수 있는지 점을 쳤는데, 둔괘(屯卦)가 비괘(比卦)로 변하는 점괘를 얻었다. (진의 대부) 신요(辛廖)가 점괘를 풀기를, '길하다', '공후(公侯)의 괘상(卦象)이다. 그의 자손은 반드시 그 시조(始祖)의 지위를 회복할 것이다'라고 했다.

77 『시경』「대아(大雅)」에, '서쪽으로 흐르는 물기슭 따라, 기산(岐山) 아래 기름진 땅에 이르셔서'라고 했고, 『국어』「주어(周語)」에, 주나라 일어나니 봉황이 기산(岐山)에서 울었다고 했다.

78 『한서』 권1, 「고조기(高祖紀)」에, 고조는 패현(沛縣) 풍읍(豊邑) 중양리(中陽里) 사람이다. 부는 태공(太公)이고, 모는 유온(劉媼)이었다. 유온이 일찍이 큰 못가에서 쉬고 있다가 꿈에 신(神)을 만났다. 이때 벼락이 치면서 하늘이 어두워졌다. 태공이 가서 보니 교룡(蛟龍)이 유온의 몸을 덮치고 있었다. 얼마 후 임신을 하여 드디어 고조를 낳았다고 했다.

79 어환의 『위략(魏略)』은 「제목(題目)」편에 보인다. 『위략의(魏略議)』는 『사기』·『한서』의 논찬(論贊) 체례와 같다. 구본(舊本)에는 '의(議)'자가 없지만 탈자(脫字)일 것이다. 按 : 『삼국지』 배주(裴注)에도 역시 『위략의』의 문장을 인용하고 있다.

80 『신당서예문지』에, 우세남의 『제왕약론』 5권이다. 남송(南宋)의 『중흥관각서목(中興

씨가 멸망당한 사실을 다루고 있다.(原注 : 어환의 『위략의』에, 위 명제(魏明帝) 청룡(青龍 : 233-236) · 경초(景初 : 237-239) 연간에 혜성이 기(箕)에서 출현하여 위로 하늘을 뚫고 지나갔다고 하였는데 이것은 요동을 평정하여 새롭게 한다는 것을 의미한다. 만약 이와 같이 사람들이 그것을 거스를 수 없다면 도덕교화를 시행하지 않고 형벌을 주요수단으로 함으로써 멸족의 화를 당하게 되는 것은 대체로 하늘의 뜻이다) 후자(後者)는 남조 진(陳)의 멸망에 관한 사실이다.(原注 : 우세남의 『제왕약론』에, 진 무제(陳武帝) 영정(永定) 원년(557) 회계(會稽)사람 사박(史博)이 양주종사(揚州從事)로 있었는데 꿈에 어떤 사람이 붉은 옷과 무관(武冠)을 쓰고 하늘에서 내려왔는데, 사박이 보니 손에 들고 있는 금판(金版)에는 '진씨(陳氏)는 다섯 군주에 34년'이라는 글자가 새겨져 있었다. 이는 은연중 이미 제왕의 정수(定數)가 정해져 있었던 것이지 인사(人事)로 말미암은 것이 아니었다) 이는 모두 천명으로 그들이 멸망한 도리를 설명한 것으로 사마천이 범한 것과 같은 잘못이라 말할 수 있다.(釋 : 끝에서 다시 비슷한 사례를 인용하여 추가하였다)

「魏世家」太史公曰 : "說者皆曰魏以不用信陵君, 故國削弱, 至於亡. 余以爲不然. 天方令秦平海內, 其業未成, 魏雖得阿衡之徒, 曷益乎?" (釋 : 已上並「魏世家」贊語) 夫論成敗者, 固當以人事爲主, 必推命而言, 則其理悖矣.(釋 : 提四句起論) 蓋晉之獲也, 由夷吾之愎諫; 秦之滅也, 由胡亥之無道; 周之季也, 由幽王之惑褒姒; 魯之逐也, 由稠父之違子家.(釋 : 對敗而言, 歷擧敗象爲例, 就擧例中, 先徵人事爲言) 然則敗晉於韓, 狐突已志其兆; 亡秦者胡, 始皇久銘其說; 檿弧箕服, 彰於宣 · 厲(據『傳』在宣王時)之年; 徵褰與襦, 顯自文 · 武(舊作'成')之世. 惡名早著, 天孽難逃. 假使彼四君才若桓 · 文, 德同湯 · 武, 其若之何?(釋 : 將氣數納入人事中) 苟推此理而言, 則亡國之君, 他皆仿此, 安得於魏無譏(舊衍'責'字)者哉?(釋 : 兜合魏贊)

夫國之將亡也着斯, 則其將興也亦然.(釋 : 翻轉對徵) 蓋嬀后之爲公子

館閣書目)』에, 당(唐) 정관(貞觀) 연간에 태자중서사인(太子中書舍人) 우세남이 조서를 받아 편찬하였다. 태호(太昊)부터 수(隋)까지로서, 제왕의 사적(事迹)을 모두 대략 기재하였다. 공자(公子)와의 답문(答問) 형식을 빌려 고정(考訂)하였다고 했다.

也. 其筮曰：八世莫之與京. 畢氏之爲大夫也, 其占曰：萬名其後必大. 姬宗之在水滸也, 鸑鷟鳴於岐山：劉姓之在中陽也, 蛟龍降於丰澤. 斯皆瑞表於先, 而福居其後.(釋：徵興運則先徵氣數, 與前局順逆相乘) 向若四君德不半古, 才不逮人, 終能坐登大宝, 自致宸極矣乎?(釋：推人事爲氣數主) 必如(一有'太'字)史公之議也, 則亦當以其命有必至, 理無可辭, 不復嗟其智能, 頌其神武者矣.

夫推命而論興滅, 委運而忘褒貶, 以之垂誡, 不其(一作'其不')惑乎?(釋：至此折到魏贊) 自茲以後, 作者著述, 往往而然. 如魚豢『魏略議』(舊脫'議'字)·虞世南『帝王論』, 或敍遼東公孫之敗,(原注：魚豢『魏略議』曰：當青龍·景初之際, 有彗星出於箕而上徹, 是爲掃除遼東而更置也. 苟其如此, 人不能違, 則德敎不設而淫濫首施, 以取族滅, 殆天意也) 或述江左陳氏之亡,(原注：虞世南『帝王略論』曰：永定元年, 有會稽人支溥爲揚州從事, 夢人著朱衣武冠, 自天而下, 手執金版, 有文字. 溥看之, 有文曰："陳氏五主, 三十四年." 諒知冥數, 不獨人事) 其理並以命而言, 可謂與子長同病者也.(釋：末復引類作餘波)

按：길흉(吉凶)의 조짐을 믿지 않았던 것은 유지기의 견식이 고명(高明)한 곳으로서 「오행지착오(五行志錯誤)」편 등보다 낫다.(不信禨祥, 是知幾識高處, 勝「五行錯誤」諸篇)

「잡설(雜說)」편 여러 조(條) 가운데 이 조가 가장 낫다. 논의가 이치에 들어맞고, 문사(文辭)가 다시 뛰어난 문장을 이루니 문리(文理)가 서로 합치되어 읽을 만하다.(諸「雜說」中當推此條爲最, 論旣入理, 文復成章, 合作可誦)

제한사(諸漢史) 10조(條)

7-16

『한서』「효성기(孝成紀)」찬(贊)에, "성제(成帝)는 예의(禮儀)에 맞는 동작을 가다듬는데 능하여 수레에 오를 때는 곧바로 선 자세를 유지하고 머리를 돌이켜 보지 않고, 말을 빨리 하지 않았으며, 직접 손가락으로 물건을 가리키지 않았다. 조정에 임해서는 침착하고 말이 없어 존엄함이 마치 신(神)과 같았으니 위의(威儀)가 대단한 천자의 용모(容貌)라고 일컬어졌다"[81]고 했다.(이상은 모두 찬어(贊語)이다) 또「오행지(五行志)」에 이르기를, 성제는 미행(微行)을 좋아하였는데 (황제를 호위하는) 기문랑(期門郎)과 사노(私奴) 10여 명을 선발하여 모두 흰색의 옷을 입고 두건만을 쓴 채 자칭 부평후(富平侯)의 가인(家人)이라 하였다.[82] 어떤 때는 작은 마차를 탔으므로 마부와 함께 앉았고, 어떤 때는 말을 타고 멀리 다른 현(縣)까지 갔다. 때문에 곡영(谷永)이 간하기를, '폐하께서 주야로 길 위에 있으면서 소인들만 따르게 하고 예에 맞지 않는 복장을 하고 그들과 함께 앉아 있음으로 (군왕과 소인이) 구별되지 않습니다.(釋 : 이 말은 소(疏)에 나오는 말을 인용한 것으로 지(志)에는 보이지 않는다) 공경(公卿) 백료(百寮)들이 폐하가 계시는 곳을 모르는지 벌써 몇 년이나 되었습니다'라고 하였다.(○이상은 모두「오행지」中之上에 보인다) 이러한 말에 의하면 성제는 천한 복장으로[魚服][83] 멋대로 돌아다니고 소인들과 어울려 몰려다님[烏集][84]에 절도(節度)가

---

81 역주 :『한서』권10,「성제기(成帝紀)」에 보이는 이상의 찬어(贊語) 중 일부는『논어』「향당(鄕黨)」편의 "(공자께서는) 수레 안에서 머리를 돌이켜 보지 않고, 말을 빨리 하지 않았으며, 몸소 손가락으로 물건을 가리키지 않았다"는 말을 인용한 것이다.

82 역주 :『한서』「오행지」中之上에, 성제가 미행으로 출유(出遊)할 때 항상 부평후(富平侯) 장방(張放)과 함께 하였기 때문에 이같이 칭한 것이라 했다.

없었으니, 비록 겉으로는 엄중한 위엄을 갖춘 것 같았지만 안으로는 방종하고 경박하였으니 인군(人君)으로서의 위망(威望)이 결여되어 있었다. 반고가 『한서』의 「성제기」와 「오행지」에서 말한 것을 보니 앞뒤가 서로 모순된다.

『漢書』「孝成紀」贊』曰 : "成帝善修容儀, 升車正立, 不內顧, 不疾言, 不親指. 臨朝淵嘿, 尊嚴若神, 可謂穆穆天子之容貌矣."(已上皆『贊』語) 又「五行志」曰 : 成帝好微行, 選期門郎及私奴客(一訛作'各')十餘人, 皆白衣袒幘, 自稱富平侯家. 或乘小車, 御者在茵上, 或皆(一作'駿', 非)騎, 出入遠至旁縣. 故谷永諫曰 : 陛下晝夜在路, 獨與小人相隨. 亂服共坐, 混淆無別.(此三句參用『疏』語, 『志』內無) 公卿百寮, 不知陛下所在, 積數年矣.(一作'積有數年'. ○已上皆「志」文, 見中上) 由斯而言, 則成帝魚服嫚游, 烏(舊作'鳥')集無度, 雖外飾威重, 而內肆輕薄, 人君之望, 不其缺如. 觀孟堅『紀』·『志』所言, 前後自相矛盾者矣.

按 : 찬(贊)과 지(志)의 체례는 달라서 하나는 완곡한 말이고 하나는 실록임으로 본래 서로 방해가 되는 것이 아니었다. 그러나 일찍이 이 때문에 경계(警戒)하는 바가 있었다. 조정에 임할 때 접촉하는 사람은 사노(私奴)들과 달라 얼굴빛이 엄숙한 사람들이었지만 때때로 그들의 타락한 행위

83 장형(張衡), 『동경부(東京賦)』(『문선(文選)』 권3 所收)에, 백룡(白龍)이 고기로 변하였다가 예차(豫且)에게 곤란을 당했다고 했다. 주(注)에, 오왕(吳王)이 백성을 따라 마시고자 하자, 오자서(伍子胥)가 말하기를, "옛날 백룡이 고기로 변했다가 예차가 쏜 화살에 눈을 맞았다고 했습니다. 백룡이 고기로 변하지 않았다면 예차가 화살을 쏘지도 않았을 것입니다. 군주께서 이제 만승(萬乘)의 지위를 잊고 백성을 따르겠다고 하시니, 신은 예차의 화를 입을까 두렵습니다"라고 하였다. 역주 : 주(注)의 문장은 『설원(說苑)』「정간(正諫)」편에 실려 있다.

84 **按** : 『전국책(戰國策)』에 "새처럼 모였다가 까마귀처럼 날아간다"는 문장이 있는데, 여기서 사용한 '소인들과 어울려서 몰려다님[烏集]'과 뜻이 같다. 순열(荀悅), 『한기(漢紀)』에, 성제(成帝) 홍가(鴻嘉) 2년, 황제는 미행(微行)을 좋아했다. 곡영(谷永)이 말하기를, "소인들과 아침저녁으로 서로 어울려서 몰려다니며 이민(吏民)의 집에서 실컷 마시고 먹었다"는 말은 바로 이 사실을 가리킨 것이다.

를 듣는다. 이러한 것으로 유추하자면 천승(千乘)을 양보한 사람이 한 그릇 콩국을 위하여 싸움을 하거나, 쓸쓸한 골짜기에 은신해 사는 사람이 좋은 작위에 열중하는 경우가 모두 이 유(類)에 속한다. 때문에 군자(君子)는 이를 삼가야 한다.(贊與志殊體, 有婉辭, 有實錄, 固不相妨. 然嘗因是有警焉. 臨朝所接, 異彼私奴, 色莊者流, 時聞墮行. 推之而讓千乘者勃谿於豆羹, 逃空谷者攖情於好爵, 皆其類也. 故君子愼之)

7-17

태사공(太史公)이 처음 만든 「표」를 보면 제왕의 경우에는 그의 자손들을 열거하였고,[85] 제후왕[公侯]에 대하여는 그들이 즉위한 연월을 기록하였다.[86] 「표」 중에는 몇 행(行)이 얽혀 있지만 서로 연결되어 있고, 많은 글자를 편집하여 배열하였다. 비록 (북의) 연(燕)과 (남의) 월(越)은 만리나 멀리 떨어져 있었지만 「표」의 직경 한 치 내에 개의 이빨처럼 서로 맞물려 이어져 있고, 비록 제왕(帝王)의 전세(傳世)[昭穆][87]가 9대(代)가 되었어도 (그 종족관계가) 사방의 한 치 속에 기러기 행렬처럼 질서 있게 정리되어 있었다. 독자들로 하여금 일목요연하게 알 수 있게 한 것이 「표」를 좋게 보는 까닭이다.[88](釋 : 이는 총괄하는 말이다. 무릇 「표」가 모두 그러하다는

85 역주 : 『사기』 권13, 「삼대세표(三代世表)」를 가리킨다.

86 역주 : 『사기』 권14, 「십이제후연표(十二諸侯年表)」부터 권22, 「한흥이래장상명신연표(漢興以來將相名臣年表)」까지의 각 연표를 가리킨다.

87 역주 : 종묘에 신주를 모시는 차례를 말한다. 천자는 태조(太祖)를 중앙에 모시고 2세·4세·6세는 소(昭)라 하여 왼편에, 3세·5세·7세는 목(穆)이라 하여 오른편에 모시어 3소(昭)·3목(穆)의 7묘(廟)이고, 제후는 2소(昭)·2목(穆)의 5묘(廟)이다.

88 역주 : 유지기는 기본적으로 「표」에 대하여는 부정적인 인식을 지니고 있었다. 이는 「표력(表曆)」편에, "무릇 표(表)를 작성하여 당시에 일어난 일을 서술하고 그것을 보

것으로 『사기』뿐만이 아니다. 『한서』「고금인표(古今人表)」만 이에 해당되지 않는다) 그러나 반고의 「고금인표(古今人表)」는 다만 인물의 현명함과 우둔함의 등급을 평가하고, 선을 칭찬하고 악을 꾸짖는데 힘쓸 뿐 국가가 어떻게 계승되었고, 제후왕의 지위가 어떻게 세습되었는가와는 상관없이,[89] 복잡하게 표의 난목(欄目)이 중첩되고 작은 글자를 썼기 때문에 다른 「표」와 비교한다면, 거의 「표」의 범주에 속하는 것이 아니었다. 대개 고금의 인물들을 모두 「표」에 열거하였는데 이는 근본적으로 「표」의 체제와 달랐다. 만약 「표」에 누락시키기에 아까운 인물이 있다면 마땅히 「지(志)」라는 명목의 편(篇)으로 다루면 된다. 상지상(上之上)에서 하지하(下之下)까지 9품(品)으로 정리하니 표의 배열이 분명하고 종류가 뚜렷했다. 같은 품류(品類)로써 편장(篇章)을 구분하고, 인품(人品)의 우열에 따라 순서를 배열하였다. 그리고 나서 모든 편(篇)의 끝에 어떤 품(品)에 어떤 사람이 있었는지를 적었다. 이는 마치 「지리지(地理志)」에서 처음에 수도(首都)를 서술하고 마지막에 변경지역을 쓰며, 먼저 주군(州郡)을 열거하고 뒤에 호구(戶口)를 말하는 것과 같다.(釋 : 언급한 모습이 종영(鍾嶸)의 『시품(詩品)』과 거의 비슷하다. 만약 정말 이러한 격식으로 고치려 하고 또 조금 나아질 수 있겠지만 이 역시 가설(假說)이다)

첩(譜牒)에 기재하는 경우라면 혹 적절하여 취할만하겠지만, 이를 사서(史書)에 싣는 것은 좋다고 볼 수 없다"거나 "사마천의 『사기』를 보면 곧 그렇지 않다. 천자를 기록하는 것으로는 「본기」가 있고 제후에게는 「세가」가 있으며 공경(公卿)이하에게는 「열전」이 있어서, 후손의 조상에 대한 종묘에서의 신주를 모시는 차례[昭穆]에 대한 것이나 연월과 직관 등은 모두 각기 그에 적당한 편(篇)에서 설명하고 있기 때문에 서로 대조하여 자세히 살피면 쉽게 알 수 있다. 그런데도 그것들을 「표」에 거듭 열거하여 번잡함을 더하고 있으니 어찌 잘못된 것이 아니겠는가? 뿐만 아니라 「표」를 여러 권(卷)으로 엮고 있지만, 「표」가 들어간다고 해도 보탬이 안 되고, 없다고 해도 손해 될 것이 없다. 때문에 읽는 사람들이 모두 먼저 「본기」를 보고 나서 바로 「세가」로 넘어간다. 「표」는 그 중간에 있는데도 묶어놓고 보지 않으니 그 쓸모없음을 어찌 말로 다할 수 있겠는가!"라고 하였다 . 따라서 이 편(篇) 본문의 평가와는 차이가 있다.

89 역주 : 유지기의 『한서』「고금인표」에 대한 비판은 「표력(表曆)」편을 비롯하여 여러 곳에 보인다.

觀太史公之創表也, 於帝王則敍其子孫, 於公侯則紀其年月, 列行縈紆以相屬, 編字戢緝而相排. 雖燕·越萬里, 而於徑寸之內, 犬牙可接; 雖昭穆九代, 而於方尺(一作'寸')之中, 雁行有敍. 使讀(一衍'書'字)者覽文便覩, 擧目可詳, 此其所以爲快也.(釋 : 此統言之也. 凡表皆然, 不粘『史記』, 獨「人表」爲無當耳) 如班氏之『古今人表』者, 唯以品藻賢愚, 激揚善惡爲務爾. 旣非國家遞襲, 祿位相承, 而亦復界重行, 狹書細字, 比於他表, 殆非其類歟! 蓋人列古今, 本殊表限, 必吝而不去, 則宜以志名篇. 始自上上, 終於下下, 幷當明爲標榜, 顯列科條, 以種類爲篇章, 待優劣爲次第. 仍每於篇後云, 右(一脫'右'字)若干品, 凡若干人. 亦猶『地理志』肇述京華, 末陳邊塞; 先列州郡, 後言戶口也.(釋 : 所言體狀, 大似鍾嶸『詩品』, 設言改爲此格差勝, 然亦假立之辭)

按 : 「고금인표(古今人表)」의 군더더기 내용은 지(志)의 체제를 참작하여 써야 하는데, 「지리지(地理志)」를 예로 하여 언어는 모두 격언(格言)의 모식(模式)에 따라 말한 것이었지 (문식(文飾)을 하지 않은) 질언(質言)은 아니었다. 앞의 「재언(載言)」편과 「서지(書志)」편의 인형(人形)·방언(方言) 등의 논술과 같다. 단지 격식화된 구절을 사용할 줄 아는 사람은 모두 이러한 잘못을 범한다.(「古今人表」之贅, 而爲酌以志名, 例以「地理」, 就格言格云爾, 非質言也. 如前者「載言」一篇及「書志」篇人形·方言等論. 拈死句者胥失之)

이 구절의 첫머리에 체례를 논하는 문단이 있는데 「표력(表曆)」편의 논의와는 다르다. 이에 대하여 이미 그 안어(按語)에서 논하였다.(節首表體一段, 與「表曆」篇異議, 彼按已論之)

7-18

한(漢)나라 이후 저작이 많아져 새로운 책들이 유행되었지만 (그 책들이 자료로 이용한) 옛 저작들은 여전히 존재하였다. 어떤 사실을 대조하여 조사해야 한다면 옛 저작을 통하여 충분히 할 수 있었다. 살펴보건대 한나라가 흥기한 사실에 대한 책은 오직 육가(陸賈)가 쓴 것뿐이었다.[90] 사마천은 초(楚)·한(漢)의 사실을 서술하면서 오로지 이 책에 근거하였다. 무릇 여행을 나서면서 길을 통하지 않거나 집을 나서면서 문을 거치지 않는다[91]는 말을 들은 적이 없는 것과 같다. 그러나 사마천이 『사기』에 기록한 내용은 때때로 육가의 기록과 달랐다. 예컨대 역생(酈生)이 처음 패공(沛公)을 알현한 사실,[92] 고조가 「홍곡가(鴻鵠歌)」를 불렀던 사실,[93] 등은 문구(文句)가 다를 뿐만 아니라 사리(事理) 역시 달랐다.(釋 : 이상

90 역주 : 『한서예문지』 「육예략」 "춘추"에, 『초한춘추(楚漢春秋)』 9편, 육가가 기록하였다고 했다. 육가는 한 고조를 도와 전국을 통일하는데 공적이 있으며, 『초한춘추』 외에도 『신어(新語)』가 있다. 『초한춘추』는 초·한의 전쟁과 혜제(惠帝)·문제(文帝) 연간의 일을 편년체로 기록한 것이다. 당(唐) 이후 산일(散佚)되어 현재는 전하지 않는다.

91 『열자(列子)』 「설부(說符)」편에, "이미 증명된 행위의 기준은 모두 분명한데도 말하지 않거나 실천하지 않는 것은, 비유컨대 집을 나서면서 문을 거치지 않거나, 여행을 나서면서 길[徑]을 거치지 않는 것과 같다"라고 했다. '경(徑)'자는 로(路) 자로 해석한다. 역주 : 『논어』 「옹야(雍也)」편에도 보인다. 육가의 책을 이용하지 않을 수 없음을 비유하여 말한 것이다.

92 按 : 『사기』 권97, 「역생육가열전(酈生陸賈列傳)」에 처음에는 패공(沛公)[劉邦]이 군사를 거느리고 진류(陳留) 교외를 공략한다는 말을 듣고 역생이 먼저 패공의 기사(騎士)에게 한 말을 서술하였다. 다음으로 패공이 역생을 불러 들어가 만났는데 그때 패공은 침상에 걸터앉아 발을 씻고 있었는데 역생이 들어가 읍(揖)을 하며 말하는 것을 서술하였다. 다음으로는 패공이 역생을 썩은 선비라고 욕을 할 때 역생이 오만한 태도로 장자(長者)를 만나는 패공을 책망하는 말을 서술하였다. 다음으로 패공이 발씻기를 멈추고 일어나서 의관을 단정히 하고 역생을 윗자리에 앉힌 일을 서술하였다. 그런데 권말(卷末)에 부록된 주건(朱建)에 관한 열전에서 다시 육가가 서술한 역생이 패공을 알현한 사실이 함께 기재되어 있는데 앞의 문장과 많이 다르다. 같은 사실이면서도 말이 다른 내용이 즉 같은 권(卷)에 보인다.

에서는 육가의 책은 본래 사마천이 『사기』에서 의거한 것이었지만 사실에 관한 내용이 때때로 같지 않았음을 말하였다) 또한 한왕(韓王)의 이름이 신도(信都)였지만 '도(都)'를 없애고 '신(信)'만을 남겨 놓아 그의 이름과 성이 완전히 회음후(淮陰侯) 한신(韓信)과 같도록 하였다.[94] 반고는 이 같은 『사기』의 내

---

93 『사기』 권55, 「유후세가(留侯世家)」에, 고조는 태자를 바꾸어 척부인(戚夫人)의 아들 조왕(趙王) 여의(如意)를 세우려 하였다. 고조도 오게 할 수 없는 네 사람이 있었는데, 태자가 이들을 객으로 청하고 함께 입조하였다. 고조가 크게 놀랐다. 네 사람이 축수(祝壽)를 마치고 급히 떠나가자 고조는 눈길로 그들을 전송하며 척부인을 불러 그 네 사람을 가리키며 말하기를, '(저 네 사람이 보좌하여) 우익(羽翼)이 이미 이루어졌으니 그 지위를 어떻게 할 수 없소'라고 하였다. 척부인이 흐느끼자, 고조는 '나를 위해 초나라 춤을 보여주오. 나도 부인을 위해 초나라 노래를 부르리다' 하고, 노래하기를, '큰 고니 높이 날아 한번에 천리를 날아가니, 날개가 어느덧 다 자라나 온 천하를 마음껏 날아다니도다. 온 천하를 마음껏 날아다니니 마땅히 또 어떻게 하겠는가! 비록 주살이 있다고 한들 오히려 무슨 소용이 있겠는가!'라고 하였다. 『용재수필(容齋隨筆)』 「삼필(三筆)」 "강관(絳灌)"에, "육가(陸賈)가 쓴 당시의 사실이 대부분 『사기』와 같지 않아 안사고(顔師古)가 몇 차례 바로 잡았다"라고 했다. 『초한춘추(楚漢春秋)』도 지금은 볼 수 없다. 按: 본 조목에는 설명하는 말이 빠져 있다.

94 구주(舊注)의 『귀운집(歸雲集)』에, 『한서』 「고혜고후문공신표(高惠高后文功臣表)」에는 유후(留侯) 장량(張良)이 한신도(韓申都)로서 한(韓)을 공략하였다고 했다. 안사고(顔師古) 주(注)에, 한신도는 즉 한왕(韓王) 신(信)이다. 『초한춘추』에는 '신도(信都)'라고 하였는데, 고문(古文)에는 '신(信)'과 '신(申)'을 통용하였다고 했다. 유반(劉攽)은, 한신도(韓信都)는 즉 한신도(韓申徒)이다. 「장량전(張良傳)」에서는 한사도(韓司徒)에게 한(韓)의 여러 성(城)을 공략하게 하였다고 했다. 『사기』가 신도(申徒)라고 쓴 것은 사도(司徒)라는 소리가 와전(訛轉)된 것이고, 신도(申都)는 또 신도(申徒)라는 소리가 와전된 것이다. 장량이 한(韓)을 공략할 때 한왕(韓王)은 성(成)이었지, 한왕 신(信)이 아니었다. 안사고의 주(注)가 틀렸다. 按: 안사고가 한 번 틀린 것이 『사통(史通)』까지 계속되었다. 그러나 유반의 말 역시 부족한 점이 있었다. 『사기』 「유후세가」·『한서』 「장량전」·「한왕신전(韓王信傳)」·「공신후표(功臣侯表)」를 자세히 보면, 혹은 한신도(韓申徒), 혹은 한사도(韓司徒), 혹은 한신도(韓申都)라고 쓰고 있다. 글자는 비록 다르지만 실제로는 같은 관명(官名)이고, 항량(項梁)이 장량에게 준 관직으로서 두 한왕(韓王)과는 무관하다. 여러 사람들이 근본을 모르고 어리석게 의심하여 하나같이 잘못하게 되었던 것이다. 다시 한왕(韓王) 신(信)은 당시 직접 한신(韓信)이라 불렀다. 가의(賈誼)가 말하기를, '회음후(淮陰侯)가 초(楚)의 왕이 되고, 한신(韓信)이 한(韓)의 왕이 되었다'라고 하여 글이 또 중첩되어 보이고 봉호(封號)를 칭하거나 이름을 칭하면서 글자가 바뀌어 사용되었는데 이것이 분명한 근거이다. 「승관전(勝灌傳)」에서 이러한 추론을 통해 그 개략을 이해할 수 있다. 또 살펴보니, 『사기』에서는 대체로 관직이나 작위를 받은 사람의 경우 그 이름을 편명(篇名)으로 하였다. 예컨대 「소상국세가(蕭相國世家)」·「유후세가(留侯世家)」·「강후세가(絳侯世家)」 등이 모두

용을 그대로 계승하여 조금도 고친 것이 없었다. 가만히 생각해 보면 (사마천의 이 같은 기록은) 정말 이해가 되지 않는다.(釋 : 앞에서 이르기를 운운하면서, 육가의 의견을 따르거나 사마천을 따르거나 모두 괜찮지만, 한왕 신도(信都)의 경우는 잘못을 그대로 따라 '도(都)'자를 버려서는 더욱 안 된다. 그렇게 되면 말한 내용이 오히려 틀린다)

自漢已降, 作者多門, 雖新書已行, 而舊錄仍在. 必校其事,(一有'則'字) 可得而言. 案劉氏初興, 書唯陸賈而已. 子長述楚 · 漢之事, 專據此書. 譬夫行不由徑,(作'路'字用) 出不由戶, 未之聞也. 然觀遷之所載, 往往與舊不同. 如酈生之初謁沛公, 高祖之長歌鴻鵠, 非唯文句有別, 遂乃事理皆殊.(釋 : 已上言陸書遷史所據, 然事語往往有不同者) 又韓王名信都, 而輒去'都'留'信',('去都留信', 一作'去都字') 用使稱其名姓, 全與淮陰不別. 班氏一準太史, 曾無弛張,(一作'書無更張') 靜言思之, 深所未了.(釋 : 謂前所云云, 從陸從馬皆可. 至韓王信都, 更不應承訛去'都'字也, 然所言却非)

按 : 반고가 사마천의 기록을 그대로 계승한 것은 확실히 많은데, 지나치게 그대로 베낀 예로는 다음 구절에서 「사마천전(司馬遷傳)」을 논할 때 볼 수 있을 것이다. 한신에 관한 말은 유지기의 잘못이지 반고의 잘못이 아니다. 뒤의 주(注)에서 이를 설명하였다.(班之襲馬實多, 有太因仍者, 卽如後條所論司馬遷傳可見已. 至韓信云云, 乃子玄誤, 非孟堅誤, 後注辯之)

그것이다. 이러한 것이 산중에 보관하던 책에 있었더라면 원래 그럴 수도 있지만, 반고가 황제의 명을 받들어 국사를 편찬하면서 모두 이름을 편명으로 쓰면서도 만석군(萬石君)만 홀로 구호(口號)를 편명으로 붙인 것은 역시 조사를 잘못한 것이다. 그리고 예컨대 「교사지(郊祀志)」가 「봉선서(封禪書)」를 그대로 따르고 사마천의 「화식열전(貨殖列傳)」 등 열전의 구문(舊文)을 그대로 인용한 것은 더욱 체례가 잘못된 것이다.

7-19

사마천의 「서전(敍傳)」[95]은 그의 출생으로부터 이후의 경력에 이르기까지 크고 작은 일에 관계없이 상세히 서술하고 있어서 거의 모든 사실이 빠짐없이 기록되어 있다고 할 수 있다. 그런데도 끝내 자신의 자(字)를 쓰지 않았으니 묵자(墨子)가 말한 소위 '대망(大忘)'[96]이란 말인가? 반고의 「사마천전」[97]은 사마천의 「자서」를 그대로 베낀 것으로 거의 내용의 증감이 없이 똑같다. 이는 한비자(韓非子)가 말한 '그루터기를 행여나 하고 지켜보는[守株]'[98]의 의미와 같다. 예를 들면 반고는 사마천의 전기를 쓰면서 처음에 마땅히 "사마천의 자는 자장(子長)이고,[99] 풍익(馮翊) 양하

---

95 역주 : 『사기』 권130, 「태사공자서」를 가리킨다.

96 묵생(墨生) 이전에 이미 이러한 말이 있었다. 『육자(鬻子)』에, "문왕(文王)이 육자에게 '사람에게 대망(大忘)이 있다고 감히 물을 수 있겠는가?'라고 물었다"라고 했다. 역주 : 현행본 『묵자(墨子)』에는 이러한 내용이 보이지 않고, 『태평어람(太平御覽)』 권490, 「인사부(人事部)」 "미망(迷忘)"에, 보이는 『육자(鬻子)』나 『시자(尸子)』에 보이는 내용을 인용한 것이다. 즉 "문왕(文王)이 육자에게 '사람에게 대망(大忘)이 있다고 감히 물을 수 있겠는가?'라고 묻자, 육자가 대답하기를, '있소. 자신의 잘못을 알면서도 고치지 않는 것을 일러 대망(大忘)이라 합니다'"고 했다.

97 역주 : 『한서』 권62, 「사마천전」을 가리킨다. 안사고(顔師古)는 그 중 「보임소경서(報任少卿書)」 이전의 기록이 모두 『사기』 「태사공자서」의 내용과 같다고 했다. 이후의 기록이 반고가 편찬한 내용이라 하였다.

98 역주 : 『한비자』 「오두(五蠹)」편에 보이는, "송(宋)나라 사람으로 밭을 경작하는 자가 있었다. 밭 가운데 나무 그루터기가 있었는데 어느 날 토끼가 달려와 그 그루터기에 부딪쳐 목이 부러져 죽었다. 이후 그 자는 쟁기를 버리고 그 그루터기를 지켜보면서 다시 토끼를 잡으려고 했는데 토끼는 두 번 다시 잡히지 않았고, 그 자는 송나라 사람들의 웃음거리가 되었다. 지금 만약 선왕(先王)의 정치를 가지고 오늘날의 백성을 다스리려 하는 것은 모두가 그루터기를 행여나 하고 지켜보는 일과 다를 것이 없는 것이다"라고 한 고사(故事)에서 인용한 것이다.

99 역주 : 사마천의 자(字)가 자장(子長)임을 처음으로 표기한 문헌은 『법언(法言)』 「과견(寡見)」편이다. 『사기』 권130, 「태사공자서」와 『한서』 권62, 「사마천전」에 모두 그의 자(字)가 보이지 않는다. 이에 대하여는 왕명성(王鳴盛), 『십칠사상각(十七史商榷)』 권1, "사마천의 자는 자장[遷字子長]" 조 참조.

(陽夏)[100] 사람이다. 그의 자서에 의하면" 이라고 해야 하며, 마지막 부분에는 "그의 자서는 이상과 같다"라고 해야 한다.(이 구절은 본래 열전의 뒤에 있었지만, 여기서는 서전(敍傳)을 짓는 완전한 방법을 논하고 있기 때문에 함께 언급하였다) 저술의 체재가 당연히 이와 같아야 하지 않겠는가?(어떤 판본에는 아래 '마경(馬卿)[司馬相如]' 조와 이어져 있다)

司馬遷之「敍傳」也, 始自初生, 及乎行歷, 事無巨細, 莫不備陳, 可謂審矣. 而竟不書其字者, 豈墨生所謂大忘(一有'也'字)者乎? 而班固仍其本傳, 了無損益, 此又韓子所以致守株之之說也. 如固之爲「遷傳」也 · 其初(一脫'初'字)宜云"遷字子長, 馮翊陽夏人, 其序曰"云云. 至於事終, 則言'其自敍如此'.(此句傳後本有之. 因論銓敍全法, 故兼及之) 著述之體, 不當如是耶?(一本連下'馬卿'條)

按: 이 조(條)와 다음 두 조는 세 조로 나눌 수도 있고, 한 조로 합칠 수도 있다.(此條與下二條, 可分爲三, 可合爲一)

7-20

사마상여(司馬相如)가 쓴 「자서전」은[101] 그의 문집에 수록되어 있다. 사

100 역주 : 사마천이 「태사공자서」에서 밝힌 출생지 용문(龍門)이 속했던 당시의 지명이고, 현재는 섬서성(陝西省) 한성현(韓城縣)이다.

101 다시 수(隋)나라 유현(劉炫)의 말을 참고로 하면 될 것이다. 「서전(序傳)」편 주(注)에 보인다. 역주 : 「서전」편의 첫머리에, "굴원(屈原)의 「이소경(離騷經)」을 살펴보면, 첫 장(章)에서 자신의 씨족에 대해 진술하고 그 뒤에 사망한 조부(祖父)와 부(父)를 적었으며, 먼저 자신의 출생을 서술하고 그 다음 이름과 자(字)를 적었다. 자서의 시작은 실제로 『이소』에 근거하고 있다. 후일 사마상여(司馬相如)에 이르러 비로소 자서(自敍)를 전(傳)으로 삼았다. 그러나 굴원이 자서에서 서술한 것을 보면 단지 자신의 어

마천은 이 「자서전」을 그대로 베껴 열전을 썼고, 반고 역시 사마천이 쓴 열전을 그대로 쓰면서 조금도 고치지 않았다. 반고는 『한서』의 「사마천전(司馬遷傳)」과 「양웅전(揚雄傳)」 끝에 모두 '사마천과 양웅의 자서(自敍)는 이상과 같다'라고 말하였다. 다만 「사마상여전(司馬相如傳)」 끝에는 이러한 말이 없다. 대개 반고가 의거한 자료가 사마천의 『사기』였을 뿐 사마상여[文園][102]의 문집을 보지 못했기 때문에 『한서』의 서술이 같지 않고 체재가 일치하지 않았던 것이다.[103]

馬卿爲「自敍傳」, 具在其集中. 子長因錄斯篇, 卽爲列傳, 班氏仍舊, 曾無改奪.(一作'作') 尋(一無'尋'字)固於「馬」·「揚」傳末, 皆云遷·雄之自敍如此. 至於「相如」篇下, 獨無此言. 蓋止憑太史之書, 未見文園之集, 故使言無畫一, 其例不純.

按: 두 조를 합하여 '그의 자서에 의하면', '그의 자서는 이상과 같다'를 가지고 보자면 개인의 사적을 기록한 것을 편집하여 문장으로 작성할 수 있는 체례를 얻을 수 있다. 여릉비(廬陵碑)의 문장은 대부분 이러한 체재를 사용하였다.(合兩條'其序曰', '其自敍如此'觀之, 可得纂狀爲文之體. 廬陵碑版多用

린 시절부터 성장할 때까지의 입신(立身)과 관련한 행적 등을 기록하는데 그쳤으며, 선조와 그 출생에 대해서는 아무런 기록이 없었다. 사마천에 이르러 또 삼려대부(三閭大夫)[屈原]의 방법을 채용하고, 효문원령(孝文園令)[司馬相如]의 근래의 저작을 모방하면서 이 두 사람을 그대로 본받아 「자서」 한 권(卷)을 완성하였다. 그리하여 양웅(揚雄)은 옛 전철을 그대로 따랐고, 반고가 그의 영향을 받음에 따라 「자서(自敍)」라는 편장(篇章)이 당시 실재로 성행하였다. 비록 지칭하는 용어는 달랐지만, 「자서」 체례는 바뀌지 않았다"라고 하였다.

102 『한서』 권57, 「사마상여전」에, 상여가 황제를 따라 돌아오는 길에 의춘궁(宜春宮)을 지나면서 진(秦) 이세(二世)의 행적의 잘못을 애도한 부(賦)를 지어 올렸는데 그 내용은, 운운(云云)하였다. 효문원령(孝文園令)에 임명되었다고 하였다. 역주: 『수서경적지』 「집부(集部)」 "별집(別集)"에 『한문원령사마상여집(漢文園令司馬相如集)』 1권이 보인다.

103 역주: 반고가 『한서』를 편찬할 당시 사마상여의 문집이 아직 정리되지 않았기 때문에 이 같은 유지기의 평가에는 문제가 있다는 지적도 있다. 程千帆, 『史通箋注』, p.292 참조.

之)

『곤학기문(困學紀聞)』에 이르기를, "『사통(史通)』에, 사마상여(司馬相如)는 (그의) 자서를 열전으로 하였다고 했는데, 그 본전(本傳)을 살펴보니 그 내용이 자서라는 것이 보이지 않는다. 『사마상여집(司馬相如集)』에 실린 그의 전기(傳記)가 가의(賈誼)의 『신서(新書)』 마지막 편(篇)과 같다는 것인가? 왕응린(王應麟)[伯厚]은 이 구절을 보지 못하였기 때문에 이렇게 말한 것 같다.(『困學紀聞』云; 『史通』云, 相如以自敍爲傳. 今考之本傳, 未見其爲自敍, 意者『相如集』載本傳, 如賈誼『新書』末篇歟? 伯厚似未見此節而云然)

7-21

『한서』「동방삭전(東方朔傳)」은 내용이 자잘한 일에 구애되고 번잡하여 다른 열전들과 같지 않았다.[104] 또한 그가 사망한 해[年]와 자손의 계사(繼嗣)에 대한 내용이 서술되지 않은 것은 바로 「사마상여전」·「사마천전」·「양웅전」 등과 유사하였다. 그 열전의 문체(文體)를 살펴보면 틀림없이 동방삭(東方朔)[曼倩]의 자서(自敍)에 근거한 것이다. 그러나 반고가 생략하였기 때문에(생략한 것이란 '(동방삭의) 자서(自敍)는 이상과 같다'는 구절을 없앤 것을 이른다) 세상에는 아는 사람이 없게 되었다.

『漢書. 東方朔傳』委瑣(一作'曲')煩碎, 不類諸篇. 且不述其亡歿歲時,

104 역주 : 『한서』 권65, 「동방삭전」 찬(贊)에, "동방삭은 골계(滑稽)에 뛰어난 사람으로 동방삭의 익살[詼諧]은 풍자나 유희[射覆] 등에도 위배되고, 이러한 사실들은 천박(淺薄)한 것으로 백성들 사이에 유행하여 어린아이들과 목동들을 현혹하였다. 후세의 호사가(好事家)들은 기언괴어(奇言怪語)를 동방삭에게 가탁하였기 때문에 동방삭의 이야기를 상세하게 수집하였다"라고 한 내용과 이에 대한 문제를 지적한 안사고(顔師古)의 주(注) 참조.

及子孫繼嗣, 正與「司馬相如」(一脫此四字) · 「司馬遷」 · 「揚雄傳」相類. 尋其傳體, 必曼倩之自敍也. 但班氏脫略,(脫略者, 謂脫去其'自敍如此'一句) 故世莫之知.

按 : 「동방삭전」이 그의 자서였다는 것은 더욱 살필 길이 없어 「서전(序傳)」편에서도 언급하지 않았다.(東方傳之爲自敍更無考, 「序傳」篇亦未之及)

○황숙림(黃叔琳)의 『사통훈고보(史通訓故補)』에서는 유지기가 말한 '탈략(脫略)' · '망몰(亡沒)' 등이 견식이 작아 『동명기(洞溟記)』를 살피지 못한 것이라 비난하였는데, 아! 황숙림 역시 제대로 살피지 못한 것이다! 『사통』 「잡술(雜述)」편에 이르기를, '곽자횡(郭子橫)의 『동명기』는', '전부 쓸데없는 말로 되어 있어서, 무지하고 어리석은 사람들의 호기심이나 불러일으킬 뿐'이라고 하여 그 말이 강직하였는데, 생각컨대 황숙림 역시 이 문장을 보지 못했기 때문에 유지기의 견식을 작다고 하였던 것이 아닐까? 『사통』은 왕교 · 좌자(左慈) 같은 사람들을 모두 불경(不經)하다고 배척하였지만, 『동명기』는 더욱 황당하였다. 전설 속의 바다(紫海)의 단장(丹漿)이 크게 바르게 보이지만 오히려 도리에 맞지 않는다. 하후효약(夏侯孝若)은 동방상찬(東方象贊)의 서(序)에서 말하기를, 사람들은 모두 선생의 정신이 조물주와 교합(交合)하고, 영혼이 하늘의 별이 되었다고 여겼다. 이 또한 기괴한 이야기들로서 상세하게 논할 수 없다고 하였다. 옛날 사람들이 그러한 사실을 버린지가 오래되었다.(○北平本譏'脫略' · '亡歿'等語, 以爲見小, 不考『洞冥記』者, 噫, 亦失考矣! 「雜述」篇云 : "郭子橫之『洞冥』", "全構虛詞, 用驚愚俗." 其言侃侃, 顧意其爲未見而小之邪? 『史通』凡王喬 · 左慈輩, 皆斥其不經. 『洞冥』, 荒誕之尤者也. 紫海丹漿, 大雅不道. 夏侯孝若序「東方像贊」曰 : 談者以先生"神交造化, 靈爲星辰, 此又奇怪惚恍, 不可備論者也" 蓋昔人掃棄久矣)

7-22

소자경(蘇子卿)[蘇武]의 부(父) 소건(蘇建)은 열전에 실려 있는 사적(事迹)이 너무 적었고,[105] 위현성(韋玄成)의 부 위현(韋賢)은 덕업(德業)이 조금 많았다.[106] (그런데도) 『한서』는 소씨(蘇氏) 일족의 열전을 편찬하면서 소건을 편명(篇名)으로 내걸었고, 위현(韋賢) 일가의 열전을 서술하면서(당본(唐本) 『한서』에는 위현성을 편명으로 하였던 것 같다) 위현을 편명의 첫머리에 내세우지 않았으니, 모두 잘못되었다.[107]

蘇子卿父建行事甚寡, 韋玄成父賢(舊誤作'孟')德業稍多. 『漢書』編蘇氏之傳, 則先以蘇建標名; 列韋相之篇,(疑唐本『漢書』以玄成名篇) 則不以韋賢(誤'孟')冠首, 並其失也.

---

105 『한서』 권54, 「소건전(蘇建傳)」에, 소건은 두릉(杜陵) 사람이다. 교위(校尉)로서 대장군 위청(衛青)을 따라 흉노를 공격하였고, 평릉후(平陵侯)에 봉해졌다고 하였다. 열전의 내용이 83자(字)에 불과하였기 때문에 '사적이 너무 적었다'라고 하였던 것이다.

106 『한서』 권73, 「위현전」에, 위현의 자는 장유(長孺)이고, 노(魯)나라 추(鄒) 사람이다. 위현은 사람됨이 질박(質樸)하여 욕심이 적었으며, 학문에 독실한 뜻이 있었다. 『예기』와 『상서』에 능통하고 『시경』을 교수(教授)하여 추(鄒)·노(魯)의 대유(大儒)라고 불렸다. 박사(博士)·급사중(給事中)으로 징소(徵召)되었으며, 소제(昭帝)에게 『시(詩)』를 진수(進授), 운운(云云)하였다. 선제(宣帝)가 즉위하고 위현과 더불어 의논하여 종묘를 안정시켰으므로 관내후(關內侯)를 내렸고 식읍(食邑), 운운하였다. 열전이 모두 178자(字)였기 때문에, '덕업(德業)이 조금 많았다'라고 한 것이다. 위맹(韋孟)을 서술한 문장을 보면 열전 앞의 세계(世系)의 근본을 찾는 체례에 그치고, 덧붙인 행적은 겨우 20자(字)에 불과하니 어찌 '(덕업이) 조금 많았다'라고 할 수 있겠는가? 수록한 두 시(詩)는 곧 덧붙인 가운데 다시 덧붙여진 것이니 '맹(孟)'자의 잘못은 의심할 바 없다.

107 역주: 현재 통용되는 『한서』는 모두 위현(韋賢)을 편명으로 하고 있지만, 포기룡은 안문(按文)에 보는 바와 같이 유지기가 본 판본이 위현성(韋玄成)을 편명으로 한 책이었기 때문에 유지기가 잘못이라 평가했다고 여겼다. 『안씨가훈(顔氏家訓)』 「서증(書證)」편에도 「위현성전」이라 한 것을 보면 당 이전의 판본에는 대개 편명으로 위현성을 내걸었던 것 같다.

按 : 이 조에서 논한 것은 편제(篇題)에 관한 것이다. 소건(蘇建)의 아들 소무(蘇武), 위현(韋賢)의 아들 위현성(韋玄成)은 모두 부자가 같은 열전에 기재되어 있다. 그러나 부(父)의 사적(事迹)은 간단하였고, 아들의 사적은 많았는데 두 열전이 역시 같았다. 이와 같다면 마땅히 통일된 체례에 따라 편명을 내걸어야 한다. 지금 소씨 열전은 소건을 편명으로 내걸었고, 위씨 열전은 오히려 위현성을 편명으로 내걸었다. 열전은 같은데 체례가 달랐기 때문에 이를 논한 것이다.(此條所論, 論篇題也. 蘇建子武, 韋賢子玄成, 並父子同傳. 而父之事簡, 子之事煩, 二傳亦同. 如此, 則宜一例標題矣. 今乃蘇傳以建名篇, 韋傳則以玄成名篇, 傳同例異, 故爲此論)

혹자가 비웃으며 말하기를, "당신은 『한서』를 보지 못했는가? 『한서』에서는 분명하게 「위현전」이라 하였는데 당신은 어떤 근거로 이렇게 말하는가?" 대답하기를, "『사통』의 이 구절에 근거한 것이다. 이 구절의 내용은, '소씨의 열전은 소건을 편명으로 내걸었고, 위씨 열전은 위현을 첫머리에 내세우지 않았다'라고 했다. 이를 통해 위씨 열전의 표제(標題)는 위현성임을 알게 되었다. 옛 사람의 시집(詩集)과 문집(文集)의 편제(篇題)는 어떤 책은 이렇게 짓고, 어떤 책은 저렇게 짓는데, 이 같은 사례는 다 셀 수 없을 정도이니 어찌 사전(史傳)의 경우만 홀로 이렇지 않겠는가. 당대(唐代)에 유행하지 않은 판본은 손가는 대로 기록하고 유전(流傳)도 각각 달랐으니 유지기가 마침 본 것이 이 판본이었을 뿐이다"라고 했다. 또 말하기를, "그렇다고 하자. 그러면 그의 부를 위현(韋賢)이라 말하지 않고 그의 부를 위맹(韋孟)이라 말하였는가? 대답하기를, "그것은 틀렸다. 위씨 일족은 위맹부터 위현까지 5대가 있었기 때문에 그 선조 위맹 가(家)라고 말하였던 것이다. 유지기가 어리석은 사람이 아닌데 어찌 그것을 몰랐겠는가? 이는 또한 후세 사람들이 마음대로 지우고 고쳐 쓴 잘못이다"라고 했다.(或笑之曰 : "子未見『漢書』耶? 『漢書』明是「韋賢傳」, 子何據而言若是?" 曰 : "據『史通』是節也. 節之文曰 : 蘇傳以建標名, 韋篇不以賢冠首. 故知題是玄成也. 古人詩集 · 文集篇題, 一本作某, 一本作某者, 不可悉數, 史傳何獨無之? 唐代未行版本, 隨手寫錄,

流傳各異, 子玄適見是本耳." 曰: "是則然矣. 其不曰父賢而曰父孟, 有說乎?" 曰: "誤耳. 自孟至賢五世, 故曰其先韋孟家. 子玄非懵, 豈未見之? 此又後人塗竄之咎也.")

7-23

반고는 『한서』에서 항우(項羽)가 의제(義帝)를 살해하여 하늘이 내린 벌을 받아 멸망하였다고 했다.[108] 또 이르기를, 우공(于公)이 덕망을 쌓았기 때문에 여문(閭門)을 높게 세워 자손들이 제후로 봉해지기를 기다렸고,[109] 엄연년(嚴延年)의 어머니는 묘지를 청소하고 아들의 관[柩]이 도착하기를 기다렸다고 했다.[110] 반고의 이 같은 말은 사람이 부당한 일을 하면 하늘이 원망하고 신(神)이 노하여 착한 사람에게는 복을, 음란한 사람에게는 화를 내린다는 사실을 깊이 믿었음을 말하는 것이다. 그러나 그는 자신

108 역주 : 『한서』 권31, 「항적전(項籍傳)」 찬(贊) 참조.

109 『한서』 권71, 「우정국전(于定國傳)」에, 정국의 자는 만천(曼倩)이고, 시호는 안후(安侯)이다. 부 우공(于公)은 여문(閭門)이 무너졌을 때 향리의 부로(父老)들과 함께 수리하였다. 우공이 그들에게 말하기를, '여문을 조금 높게 세워 네 마리 말이 끄는 덮개가 높은 수레가 지나갈 수 있도록 합시다. 나는 옥사(獄事)를 다스리면서 억울함이 없도록 함으로써 많은 음덕(蔭德)을 쌓았으니 자손이 반드시 흥할 것이다'라고 하였다. 과연 우정국은 승상이 되었고, 그의 아들 영(永)은 어사대부가 되어 봉후(封侯)를 대대로 전했다고 하였다.

110 『한서』 권90, 「혹리전」 「엄연년전」에, 처음 엄연년의 모(母)가 동해군(東海郡)으로부터 따라와 연년과 함께 납제(臘祭)를 지내려 하였다. 낙양(洛陽)에 이르렀을 때 마침 죄수를 처결하는 것을 보았다. 모가 크게 놀라 도정(都亭)에 머물며 군부(郡府)에 들어가지 않으려 했다. 연년이 나와 도정에 이를 모친을 만나려 했지만 오래도록 문을 걸어 잠그고 있다가 만나주었다. 연년의 행위를 꾸짖고는, '나는 나이가 들어 장년(壯年)의 아들이 형벌을 받고 죽은 모습을 보길 원하지 않는다. 너를 떠나 동해로 돌아가 네가 묻힐 묘지를 청소하고자 한다'라고 했다. 1년여 지나 과연 엄연년이 낭패를 당했다. 동해군의 모든 이가 그 모친을 현명하다고 칭송하였다. 按 : 순열(荀悅)의 『한기(漢紀)』에 우공과 엄연년에 관한 내용은 본래 당시 사람들의 말이었다.

의 「유통부(幽通賦)」[111]에서 이르기를, 사람의 운명은 천명에 의해 이미 오래 전에 정해져 있어서, 사람의 힘으로 그것을 변하게 할 수는 없기 때문에 선악(善惡)의 효험은 없고, 응보(應報)도 대부분 사리에 어긋났다고 하였다. 이상은 같은 이치에 대하여 다른 이야기를 함으로써 앞뒤가 서로 모순되는 것이다.

班固稱項羽賊(一作'弑')義帝, 自取天亡. 又云: 于公高門以待封, 嚴母掃地以持喪. 如固斯言, 則深信夫天怨神怒, 福善禍淫者矣. 至於其賦『幽通』也, 復以天命久定, 非人理(一少'理'字) 所移, 故善惡無徵, 報施多爽, 斯則同理異說, 前後自相矛盾者焉.

按: 이 조는 효성제(孝成帝) 조와 비슷하다. 그러나 찬(贊)은 사론(史論)이지만, 부(賦)는 단지 사람의 감정을 표현한 글이기 때문에 이 둘을 일률적으로 논해서는 안 된다.(此與孝成帝一條相似. 然贊是史論, 賦祇言懷, 故非一概)

7-24

어떤 사람이 묻기를, "장보(張輔)[112]의 「반마우열론(班馬優劣論)」에, '사마

111 『한서』 권100上, 「서전(敍傳)」 상에, 반고는 약관(弱冠)에 고아가 되었기 때문에, 「유통부(幽通賦)」를 지어 길흉과 성명(性命)을 진술하여 자신의 뜻을 밝혔다고 했다. 역주: 「유통부」는 많은 고사(古事)와 전고(典故)의 내용을 대구(對句)형식으로 이용하여 서정(抒情)은 물론 사실의 서술을 겸하고 있다. 굴원의 『이소(離騷)』를 모방하였다고 평가되며, 반고가 이 부(賦)를 작성할 때 조정에는 간사하고 아첨한 자들이 가득하여 현명한 사인들이 제대로 능력을 발휘하지 못함을 풍자하는 현실적인 비판의 의미를 갖는다고 평가되기도 한다. 『문선(文選)』 권14에도 전문이 실려 있다.

112 자는 세위(世偉)이고, 「감식(鑒識)」·「번성(煩省)」 두 편에 보인다. 역주: 소위 「반마우열론」에 대한 장보의 견해는 「감식」편 주)14 역주에 자세히 설명하였다.

천은 3천 년간의 사실을 서술하면서 50만 자로 썼고, 반고는 2백 년간의 사실을 서술하면서 80만 자를 썼다. 이것은 반고가 사마천보다 못하다는 사실을 말해준다'라고 하였다. 이 말이 옳은가?"라고 했다. 나는 "그렇지 않다"라고 대답하였다. 살펴보건대, 『태사공서(太史公書)』[『史記』]는 위로 황제(黃帝)로부터 아래로는 주(周)[宗周][113]에 이르기까지 연대는 길었지만 기재된 사적(事迹)은 매우 간략하였다. 전국(戰國)시대 이후에 이르러서야 비로소 볼만하다. 그러나 사마천이 비록 3천 년간의 사실을 서술하였지만 그 중 상세한 것은 다만 한나라가 건국된 초기 70여 년간의 사실뿐이다. 생략된 것이 그것과 같고, 번잡한 것이 또 이와 같다고 하면서 (글자 수를 가지고 기록한 시간과 비교하며) 절충을 구하려는 것은 옳은 것이 아니다. 반고의 『한서』는 『사기』의 관련 내용을 모두 그대로 취한 것이지만, 「일자열전(日者列傳)」·「창공열전(倉公列傳)」 등은 없애버렸다.[114] 왜냐하면 그 내용이 번거롭고 난잡하여 『한서』에 수록하기에 부족하다고 여겼기 때문이다. 만약 사마천이 처지가 바뀌어 『한서』를 찬술(撰述)하였더라면 아마 말과 글자를 사용함이 반고보다 더 많았을 것이니 어찌 글자 수를 가지고 두 사람의 우열을 결정할 수 있겠는가?"

或問 : 張輔著『班馬優劣論』云 : 遷敍三千年事, 五十萬言; 固敍二百年事, 八十萬言, 是固不如遷也. 斯言爲是乎? 答曰 : 不然也. 案『太史公書』上起黃帝, 下盡宗周, 年代雖存, 事迹殊略. 至於戰國已下, 始有可觀. 然遷雖敍三千年事, 其間詳備者, 唯漢興七十餘載而已. 其省也

113 역주 : 『시경』 「소아(小雅)」 "정월(正月)"에, "권세가 당당한 주나라지만, 포사가 있는 까닭에 망할 것인저[赫赫宗周, 褒姒滅之]"라고 하였다.

114 역주 : 「일자열전」은 『사기』 권127에, 「창공열전」은 『사기』 권105에 수록되어 있는데 이 두 열전에 기재된 사람은 모두 한나라 사람이기 때문에 다른 예로 미루어 보았을 때 반고가 당연히 수록해야 하는데도 누락시켰으므로 언급한 것이다. 특히 「일자열전」의 경우 「감식(鑒識)」편에, "장안(張晏)은 말하기를, '사마천이 죽은 후 「귀책열전(龜策列傳)」과 「일자열전」이 없어져 저선생(褚先生)이 없어진 편장(篇章)을 보완하였지만, 그 언사가 비루(鄙陋)하니 사마천의 본의(本意)가 아니다'"고 한 내용으로 보아 반고가 이를 누락한 이유가 보다 분명해진다.

則如彼, 其煩也則如此, 求諸折中, 未見其宜. 班氏『漢書』全取『史記』, 仍去其「日者」·「倉公」等傳, 以爲其事煩蕪, 不足編次故也. 若使馬遷(舊作'遷固', 後人因'易地'句竄易耳, 反使上下不相顧)易地而處, 撰成『漢書』, 將恐多言費辭, 有逾班氏,(恐當作'史') 安得以此而定其優劣邪?

按 : 이는 바로 내편(內篇) 「번생(煩省)」편의 말이다. 그리고 그 아래의 평어(評語)로 본다면 「번생」편이 비교적 공평하고 성실하다. 이로써 「잡설(雜說)」편의 여러 조(條)를 보면 일시에 만들어진 것이 아니고 마찬가지로 정서(正書) 후에 「잡설」편이 비로소 쓰여진 것도 아니다. 느낌이 있을 때마다 수시로 쓴 것으로 어떤 것은 먼저 쓴 것이고, 어떤 것은 뒤에 쓴 것이기 때문에 시간이 다르고 견해가 다르고, 서로 합치되는 것이 있고 서로 위배되는 것이 있다. 독자들이 차분한 마음으로 이치에 따라 처신하면 얻는 바가 있을 것이다.(此卽內篇「煩省」之說, 而其下語則「煩省」篇較平允. 以此見「雜說」諸條, 非一時所作, 亦非作正書了, 纔作「雜說」. 隨觸隨書, 或先或後, 故異時所見, 有合有離. 觀者平心循理而進退之, 則得矣)

이 조는 사마천과 반고를 합하여 말한 것이다. 때문에 『사기』와 『한서』의 뒤에 붙여 나누어 논술하였다.(此條合馬·班言之, 故附分論『史』·『漢』之後)

7-25

『한서』의 기재범위는 왕망의 신(新)에 대한 사실까지이다. 반표(班彪)의 생애는 광무제(光武帝)가 후한을 건국한 시기에 해당하지만 『한서』를 완성한 사람이 그의 사적(事迹)을 (전한을 기록한) 『한서』에 함께 수록한 것은 대개 「서전(序傳)」의 상례(常例)이다.(釋 : 이 말은 반고의 『한서』의 서술이 그렇다는 것이다) 그러나 순열(荀悅)이 반고의 『한서』를 삭제하고 생략하여 『한기(漢紀)』를 지으면서 반표(班彪)의 「왕명론(王命論)」을 마지막 권(卷) 끝에 수록하였다.[115] (釋 : 순열의 『한기』가 범위를 벗어난 자료를 수록한 것은 잘못이다) 이 문장은 외효(隗囂)를 권계(勸戒)하고 풍자하며 광무제를 도와 추대하기 위한 의도를 가지고 쓴 것으로써, 돌연 후한의 사실을 뽑아 전한의 사서(史書)[『漢紀』]에 수록하였다. 만약 이같이 해도 괜찮다면 반고의 「답빈희(答賓戲)」·「유통부(幽通賦)」 두 편(篇)도 당연히 함께 수록해야 한다.[116]

『漢書』斷章, 事終新室. 如叔皮存歿, 時入中興, 而輒引與前書共編者, 蓋「序傳」之恒(或作'常') 例者耳.(釋 : 言在班氏『書』述之則是) 荀悅旣刪略班史, 勒成『漢紀』, 而彪「論王命」, 列在末篇.(釋 : 在荀氏『紀』越收之則非) 夫以規諷隗囂, 翼戴光武, 忽以東部之事, 擢居西漢之中. 必如是, 則「賓戲」·「幽通」, 亦宜同載者矣.

按 : 양한의 교체기에 출현한 논저들은 모두 왕망(王莽)의 신(新) 때에 지어진 것들이다. 따라서 전한의 「본기」에 수록하는 것은 괜찮다. 그러나 반표(班彪)가 외효(隗囂)를 위해 지은 『논왕명(論王命)』은 전한과 상관이 없었다. 만약 서전가(敍傳家)들이 자신의 부(父)를 추칭(追稱)한다면 비록 사

115 순열의 『한기』 권30, 끝에 이르기를, 왕망이 패망하자 천하가 매우 동요하였다. 외효(隗囂)가 농(隴)을 차지하여 무리를 거느리고 재능이 탁월한 인물들을 불러모았는데 반표(班彪)가 거기에 있었다. 반표는 성제(成帝)의 궁중 여관(女官)인 첩여(婕妤)의 동생의 어린아이였다. 외효가 반표에게 묻기를, '옛날 주(周)나라가 망하고 천하가 분열하였다', '종횡(縱橫)의 일이 다시 오늘날에 일어나겠는가? 장차 운세를 타고 번갈아 일어남이 한 사람에게 있을 터이다. 선생께서 이를 논하길 바란다'라고 하자 논하기를, 운운하였다. 외효가 말하기를, '나는 유씨(劉氏)를 익히 안다. 그러니 한(漢)이 부흥한다고 일컫는 말은 맞지 않을 것이다'라고 하였다. 반표는 그 이야기의 뜻을 깨닫고 또 화난(禍難)이 그치지 않을 것을 걱정하여 「왕명론(王命論)」을 지어 당시의 어려움을 구하려 하였다.

116 按 : 『한서』 「서전(敍傳)」에서는 부(父) 반표를 서술하며 「왕명론」을 수록하였다. 반고는 자신을 서술하며 「답빈희」·「유통부」 두 편을 수록하였다. 이 두 편을 순열이 『한기』에 수록하지 않았기 때문에 그것을 비난한 것이다.

실이 이후 시대와 관련이 있다고 해도 다시 긴 편폭(篇幅) 역시 반드시 등재해야 하고, 선조(先祖)의 미덕을 논찬하는 것은 예제(禮制)에서 숭상하는 바였다. 이 같은 구획(鉤畫)은 분명하고 합당하여 기록자가 어떻게 정확하게 취사(取舍)해야 하는지를 알게 된다.(兩漢之交, 凡所論著, 爲新莽作者, 前紀收之可也. 爲隗囂作, 卽與先漢不相及矣. 若敍傳家追稱厥考, 則雖事關來代, 而鉅製必登, 論撰先美, 禮所尙也. 此種鉤畫, 明晰諦當, 珥筆者其知所取衷哉!)

이는 순열의 『한기(漢紀)』의 잘못을 규정(糾正)한 것이다. 이상의 두 조(條)를 보면 앞에 표방한 '한제사(漢諸史)'라는 세 글자로 개괄한 것이 정확하니 확실히 원문이라는 것을 알 수 있다. 그 다음에 기록된 조(條)의 수는 결코 처음의 수가 아니다.(此乃糾荀悅『漢紀』也. 觀已上二條, 知前所標'諸漢史'三字, 渾成該擧, 委是原文. 至其下所記條數, 決非初數耳)

『사통통석』 권17

「잡설(雜說) 중(中)」 제8

16조(條)

제진사(諸晉史) 6조(條)

○구본(舊本)에 '7조'라고 한 것은 잘못이다.(舊作'七條', 非)

8-1

동진(東晉)의 사서는 편찬한 사람이 많지만 하법성(何法盛)의 『진중흥서(晉中興書)』가 그 중 가장 뛰어나다.[1] 그런데도 진(晉)을 연구하는 학자들

1 역주 : 『진중흥서』에 대하여는 「표력(表曆)」편 주)16 참조. 그러나 이 같은 평가와는 달리 유지기는 「감식(鑒識)」편에서 유상(劉祥)의 『송서(宋書)』「서록(序錄)」을 인용하여, "하법성의 『진중흥서』는 난잡하고 기백이 적으며"라고 하였고, 「서사(書事)」편에서, "오히려 주현(州縣)이나 향리의 보잘것없는 사실들이나 항간에 떠도는 자잘한 이야기들(국가대사인 군국(軍國)이나 흥망과 아무 관계가 없는 사실들)만을 모아 편

은 그러한 사실을 몰랐다. 만약 이 책이 사라져 버리고 세상에 전해지지 않았다면 그것은 매우 안타까운 일이다. 왕은(王隱)과 단도란(檀道鸞)이 지은 책은 진(晉)의 사서 중에서 가장 형편없는 것이다.[2] 만약 전대(前代)의 사서와 비교한다면 육가(陸賈)나 저선생(褚先生)과 비슷할 것이다.[3] 단도란은 자신의 천박한 재주를 헤아리지 못하고 기이한 말을 하길 좋아하였다. 소위 사람들의 칭찬을 받으려하다가 오히려 자신의 무지함을 알린 셈이고, 예쁘게 화장하려다 오히려 더 못생긴 얼굴을 만든 꼴이다.

東晉之史, 作者多門, 何氏『中興』, 實居其最. 而爲晋學者, 曾未之知, 儻湮滅不行, 良可惜也. 王·檀著書,(一作'者') 是晋史之尤劣者, 方諸前代, 其陸賈·褚先生之比歟! 道鸞不揆淺才, 好出奇語, 所謂欲益反損, 求妍更媸者矣.

按:「고금정사(古今正史)」편에 이르기를, 태종(太宗)은 정관(貞觀) 연간에 조서를 내려 진사(晉史) 18가(家)가 모두 아주 좋다고 할 수 없으므로 다시 보완하여 132권으로 편찬하였다. 이로부터 진(晉)의 사서를 말하는 사람은 구본(舊本)을 버리고 새로 편찬된 진사(晉史)를 언급하였다. 아! 당초(唐初)에 한 번 버린 것이 결국 지금까지 구본[晉史]을 다시는 볼 수 없게 하였으니 정말로 사라지고 없음을 아까워하는 탄식이 없을 수 없으며, 후세의 사람들이 또한 무엇으로부터 그들의 우열을 보겠는가? 어떤 평자(評者)는『옥해(玉海)』가 말한 하법성(何法盛)의『진중흥서(晉中興書)』는 치소(郗紹)의 것을 훔친 것이라는 내용을 가지고 유지기가 상세하게 살피지

찬하면서 …… 수록된 내용들은 중요한 사실들이 아니었고 그 말 또한 법도에 맞지 않았다"라고 하였다.

2 역주 : 왕은의『진서(晉書)』는「이체(二體)」편의 주)24 참조. 단도란의『속진양추(續晉陽秋)』는「서례(序例)」편의 주)24 참조.

3 역주 : 한(漢) 육가의『초한춘추(楚漢春秋)』에 대하여는「육가(六家)」편 주)42 참조. 저선생 즉 저소손(褚少孫)은『사기』의 누락된 부분을 보완한 인물이다.「감식(鑒識)」편 주)15 참조.

않았다고 비난하였다. 무릇 하법성이 정말 훔친 것이든지, 책이 정말 좋던지 분명 '가장 뛰어나다'라는 평가에는 아무 지장이 없다. 이는 잘못이라 지적한 것이 바로 그의 진정한 병폐는 아니란 것을 설명하는 것이 아니겠는가. 하물며 이 사실은 본래 『남사(南史)』에 보이는 것이니 『옥해』의 내용을 인용할 필요도 없다.(『남사(南史)』 권33, 「서광전(徐廣傳)」에 (부록된 치소(郗紹)에 관한 기록에) 이르기를, "치소가 『진중흥서』를 써서 그 책을 하법성에게 보여주었다. 법성이 말하기를, '경은 이름과 지위가 이미 귀달(貴達)하였으니 다시 이 책을 통해 명성이 더 커지기를 바라지 않아도 되지만, 나는 한사(寒士)로써 세상에 아무 것도 알려진 것이 없으니 그 책을 나에게 주기를 희망하오'라고 했지만, 치소가 주지 않았다. 책이 완성되자 서재에 두었다. 후일 법성이 치소를 만나러 왔다가 치소가 없자 곧장 들어가 책을 훔쳐갔다. 치소가 (돌아와 책을 잃어버린 사실을 알았지만) 베껴둔 책이 없어서 세상에는 하법성의 책이 유행하게 되었다"라고 했다) 작은 재주를 가지고 자랑해 보이기를 좋아하여 공교롭게도 잘못된 것만을 남겨놓았다.(「正史」篇云 : 貞觀中, 詔以晉史十八家, 未能盡善, 更加纂錄, 爲百三十二卷. 自是言晉史者, 棄其舊本焉. 吁! 自唐初一棄, 遂絶於今, 洵不能無湮滅可惜之歎, 後何從覩其優劣耶? 評者謂『玉海』言法盛書竊之郗紹, 譏子玄未考. 夫何果竊而書果善, 固無傷於'居最'一語也, 不亦所砭非所病耶? 況其事本見『南史』, 不待『玉海』.(『南史』「徐廣傳」曰 : 郗紹作『晉中興書』, 以示法盛. 法盛曰 : "卿名位貴達, 不復俟此延譽. 我寒士無聞""宜以爲惠" 紹不與. 書在齋內, 後法盛詣紹, 紹不在, 直入竊之. 紹無兼本, 世遂行何書)輇才喜賣弄, 偏納敗缺也)

8-2

장영서(臧榮緒)의 『진서(晉書)』[4]에는 전진(前秦)의 부견(符堅 : 338-385)이 제

호(帝號)를 도둑질했다고 서술하고, 비록 강역은 후조(後趙)의 석호(石虎 : ?-349)보다 좁았지만 인재는 그보다 많았다고 했다. 살펴보건대 석호가 재위하던 후석(後石)(原注 : 전융(田融)[5]의 『조사(趙史)』에는 석륵(石勒)을 전석(前石), 석호를 후석이라 불렀다)시대에 장씨(張氏)는 과(瓜)·양(涼)을 차지하였고,[6] 이씨(李氏)는 파(巴)·촉(蜀)을 통치하였으며,[7] 요(遼)와 그 왼쪽 기(冀)·연(燕) 등의 사람들은(어떤 책에는 '씨(氏)'라고 썼다) 모두 모용씨(慕容氏)에게 속해 있었고, 한수(漢水)[漢](옛날에는 모두 '사막(沙漠)'이라 잘못 썼다) 이[而](어떤 책에는 '서(西)'라고 잘못 썼다)남(南)의 땅은 모두 사마씨(司馬氏)에게 귀속되어 있었다. 부견 때에 이르러 이들 지역 모두를 병합하여 차지하였다.[8]

---

4 역주 : 『수서경적지』「사부(史部)」"정사(正史)"에, 『진서』 110권, 제(齊) 서주주부(徐州主簿) 장영서가 편찬하였다고 했다. 장영서에 대하여는 「서지(書志)」편의 주(注), 「고금정사(古今正史)」편 주 참조. 이 책은 현재 전하지 않는다.

5 역주 : 『수서경적지』「사부(史部)」"패사(覇史)"에, 『조서(趙書)』 10권, 『이석집(二石集)』이라고도 한다. 석륵(石勒)의 사실을 기록하였다. 위연(僞燕)의 태부장사(太傅長史) 전융(田融)이 편찬하였다고 했다.

6 역주 : 장궤(張軌)가 양주(涼州)에 세운 전량(前涼 : 301-376)을 가리킨다.

7 역주 : 저족(氐族) 이특(李特)이 성도(成都)에 세운 성한(成漢 : 302-347)을 가리킨다. 후일 동진(東晉)의 환온(桓溫)에게 멸망당했다.

8 총서(叢書) 『전량록(前涼錄)』에, 장천석(張天錫) 13년(363) 부견(苻堅)이 구장(苟萇)을 보내 정벌하게 했다. 천석이 적안(赤岸)에서 막아 싸웠지만 전진(前秦)에게 패하여 묶인 채로 항복하고 양(涼)은 멸망하였다. 또 『전진록(前秦錄)』에, 감로(甘露) 12년(365), 양주(涼州)가 평정되고 양희(梁熙)가 지절(持節)로서 고장(姑臧)에 주둔하였다. 按 : 이는 부견이 조(爪)·양(涼)을 차지한 것이다. 그리고 후석(後石) 때 장중화(張重華)가 차지하였다. 또 『촉록(蜀錄)』에, 이특(李特)이 병사를 일으켜 세(勢)에 이르러 진(晉)을 항복시켰다. 『진서(晉書)』「재기(載記)」에, 부견은 왕맹(王猛)을 중서령으로 삼고 풍속의 교화를 크게 행하였다. 구지(仇池)의 저(氐)족 양세(楊世)는 땅을 가지고 부견에게 항복하였다. 이 해에 붉은 별이 서남쪽에 보였다. 점을 치니 이듬해에 촉(蜀)을 평정한다고 했다. 부견이 진(秦)·양(梁)에 명하여 군사적 방비를 삼엄하게 하라고 했다. 진(晉) 양주자사(梁州刺史) 양량(楊亮)이 물러나 경험(磐險)을 지켰다. 부견이 왕통(王統)·주동(朱肜)으로 촉을 공격하게 하고, 모당(毛當)·서성(徐成)이 보기(步騎)를 이끌고 검각(劍閣)으로부터 들어갔다. 양안(楊安)이 나아가 재동(梓潼)을 차지했다. 모당이 드디어 익주(益州)를 함락하였다. 그리하여 공(邛)·작(筰)·야랑(夜郎) 등이 모두 귀순하였다. 부견이 양안(楊安)을 익주목(益州牧)으로 삼고 성도(成都)에 주둔하게 했다. 按 : 이는 부견이 파(巴)·촉(蜀)을 차지한 것이고, 석씨(石氏)는 아직 촉을 차지할 수 없었다. 총서 『전연록(前燕錄)』에, 모용외(慕容廆)는 대대로 요(遼)의

「우공(禹貢)」의 9주(州) 가운데 부견은 실제로 8주(州)를 차지했던 것이다. 그런데도 강역이 조나라보다 못하다고 하였으니 어찌된 말인가? 사실에 대한 견식이 정밀하지 못했음에도 경솔하게 저술하였으니, 이는 자신의 재능을 헤아리지 못하였기 때문이다. 장면(張勔)(『수서경적지』에는 장면(張緬)이라 썼다)[9]이 여러 사람들의 진사(晉史)를 베껴 모으면서 그 이동(異同)을 확인했음에도 장영서의 『진서(晉書)』의 기록을 그대로 옮겨 적으며 시비곡직을 가려내지 않았으니, 그 죄가 또한 (장씨(臧氏)보다 더) 크다.

臧氏『晋書』稱苻堅之窃號也, 雖疆宇狹於石虎, 至於人物則過之. 案後石之時,(原注 : 田融『趙史』謂勒爲前石, 虎爲後石也) 張據瓜 · 涼, 李專巳 · 蜀, 自遼而左, 人(一作'氏')屬慕容, 涉漢(舊皆訛作'沙漠')而(一訛作'西')南, 地歸司

왼쪽에 거주하였다. 외의 아들 모용황(慕容皝)은 용성(龍城)으로 천도하고 신궁(新宮)을 화룡(和龍)이라 불렀다. 황의 아들 모용준(慕容儁)이 업(鄴)을 차지하고 계(薊)로부터 업(鄴)으로 천도하였다. 준의 아들은 모용위(慕容暐)이다. 11년에, 진(秦)이 공격해 와서 업(鄴)성을 함락하자 모용위는 여러 선비 4만 호(戶)와 함께 장안(長安)으로 옮겼다. 또 『진진록(前秦錄)』에, 부견이 업궁(鄴宮)에 들어가 그 도적(圖籍)을 브았는데 무릇 군(郡)이 157, 현(縣)이 1,579개나 되었다. 왕맹을 기주목으로 삼고, 업(鄴)에 주둔하게 했다. 按 : 이는 부견이 요(遼)의 왼편을 차지한 것이다. 그리고 석호(石虎) 때는 모용씨가 방금 일어났으므로 석호는 일찍이 군대가 요서(遼西)에서 좌절하여 군대를 버리고 달아난 적이 있다. 『진서(晉書)』「재기(載記)」에, 부견이 그 상서령(尙書令) 비(丕)를 보내 모용위 등에게 양양(襄陽)을 공격하게 하였고, 양안(楊安)이 번(樊) · 등(鄧)의 무리를 거느리고 선봉(先鋒)이 되었다. 석월(石越)이 노양관(魯陽關)을 출발하고, 모용수(慕容垂) · 요장(姚萇)이 남향(南鄕)을 출발하고, 구지(苟池) · 왕현(王顯)은 무당(武當)으로부터 이어 진군하여 한양(漢陽)에서 크게 모였다. 군대가 면(沔)의 북쪽에 진을 치고 구지 · 석월 · 무당을 보내 강릉(江陵)에 주둔하게 했다. 태원(太元) 4년 부비(苻丕)가 양양(襄陽)을 함락하였다. 부견은 그 중루(中壘) 양성(梁成)을 도독형주제군사(都督荊州諸軍事)로 삼아 남만교위(南蠻校尉)를 영호(領護)하게 하여 병사 1만을 배치하여 양양(襄陽)에 진을 쳤다. 按 : 이는 부견이 한남(漢南)을 차지한 것이다. 그리고 석씨는 비록 양양을 몇 차례 공격을 하였지만 끝내 뜻을 이루지 못했다.

9 『수서경적지』「사부(史部)」 "잡사(雜史)"에, 『진서초(晉書鈔)』 30권, 양(梁) 예장내사(豫章內史) 장면(張緬)이 편찬하였다고 했다. 按 : '면(緬)'을 『사통』에서는 '면(勔)'으로 썼다. 혹 당시에는 두 글자가 통용되었을 것이다. 역주 : 『양서(梁書)』 권34, 「장면전(張緬傳)」에, 자는 원장(元長)이고, 거기장군(車騎將軍) 홍책(弘策)의 아들로서 성격이 분적(墳籍)을 좋아하고, 책 수집을 좋아하여 모은 책이 만 여권이나 되었다. 후한과 진(晉)에 대한 여러 사람들의 사서의 이동(異同)을 모아 『후한기(後漢紀)』 40권, 『진초(晉抄)』 30권을 지었다고 했다.

馬. 逮於苻氏, 則兼而有之. 『禹貢』九州, 實得其八. 而言地劣於趙, 是何言歟? 夫識事未精, 而輕爲著述, 此其不知量也. 張勔(『隋志』作'緬')抄撮晉史, 不求異同, 而備揭(一訛作'被褐')此言, 不從沙汰, 罪又甚矣.

按 : 장영서(臧榮緖)가 편찬한 『진서(晉書)』에 이르기를 부견(苻堅)의 강역이 (석호(石虎)의) 후석(後石)보다 좁다고 했는데, 이 말은 근거가 없다. 그리고 유지기가 경시한 것은 장면(張勔)이 장영서의 기록을 그대로 옮겨 적으며 시비곡직을 가려내지 않은 잘못에 있었다.(臧史謂苻疆狹於後石, 其言實疏. 而劉之所鄙, 尤在張勔也)

명말(明末)에 출판되어 발행한 이들 책은 전각(傳刻)이 거칠어 독자들이 제대로 읽고 이해할 수 없을 정도이다. 이 조(條)의 경우만을 예로 들어 말하자면, "요(遼)와 그 왼쪽 기(冀) · 연(燕) 등의 사람[氏]들은 모용씨에게 속해 있었고"에서 '씨'자(字)는 당연히 '민(民)'자가 잘못된 것이다. 당(唐)에서는 '민(民)'자를 피휘하여 '인(人)'자를 썼는데, 베끼면서 피휘된 것을 잊었다. '민(民)'자를 '씨(氏)'자로 썼으니 어찌 다시 제대로 된 구절이 되겠는가? 또 말하기를, "사막(沙漠) 서남(西南)의 땅은 모두 사마씨(司馬氏)에게 귀속되어 있었다[沙漠西南, 地歸司馬]"고 했는데, 진(晉) 이동(以東)은 북방 황야(荒野)의 땅에서 2천리나 떨어져 있다. (그렇다면) '사막' 두 글자는 또 어디에서 왔는가? 자세히 그 유래를 따져보니 '섭(涉)'자에서 '지(止)'를 떼어내면 '사(沙)'자가 되고, '한(漢)'자는 '사(沙)'자가 전환(轉換)되면서 '막(漠)'자가 된 것으로 위배됨이 갈수록 더 멀어져 점차 그 원래의 의미를 잃게 되었다. 사람들이 진실로 사서(史書)를 조금만 섭렵하면 (그러한 내용이) 모두 당연히 눈에 거슬릴 것이다. 그러나 종래의 평자들은 이러한 문제에 대하여 반성한 적이 없다. 게다가 생소한 사실 이것저것 여러 가지를 따다가 괴이한 억측을 마음대로 하여 만족을 얻고, 이것저것 많이 안다고 뽐내면서 당연히 의심할 것을 의심하지 않고 오히려 변론할 필요가 없는 것을 억지로 변론하였다. 책의 내용이 극히 넓고 문장에 쓸데없는 말이 없는데도 그 책이 비방을 받는 것은 오직 『사통』뿐이리라! (晩明版行諸書, 傳刻鹵莽, 讀者觸處膠牙. 止如此條曰 : "自遼而左, 氏屬慕容." '氏'字當由'民'字之訛. 唐諱'民'爲'人', 亦有信手忘諱者. 因'民'作'氏', 豈復成語. 又曰 : "沙漠西南, 地歸司馬."自晉之東, 縣隔朔野, 逾二千里. '沙漠'二字, 適從何來, 細推所自, '涉'脫'止'而成'沙', '漢'緣'沙'而轉'漠', 離而益遠, 遂失其宗. 人苟稍涉史書, 宜皆刺眼. 自來評者, 於此類曾莫之省. 方且撏扯冷僻, 逞詭臆而衒多知, 不疑其所當疑, 而强辯其所不必辯. 載籍極博, 文章無口, 書之受誣, 獨『史通』哉!)

8-3

무릇 학식이 해박하지 못하고, 문제에 대한 인식이 정확하지 못한 경우 편찬된 사서들은 대부분 민간에 전해지는 기이한 소문들을 많이 수록하였다. 내용이 혼란스러워 이해하기 어려웠다. 예를 들면 (한나라 때) 응소(應劭)의 『풍속통(風俗通)』에, 초(楚)에 섭군사(葉君祠)가 있다고 기재하였는데 바로 섭제량(葉諸梁)의 묘(廟)였다. 그러나 민간에서는 이르기를 '(왕교(王喬)의 묘라고 하면서) 효명제(孝明帝) 때 하동(河東) 사람 왕교(王喬)가 섭령(葉令)으로 있다가 일찍이 물오리로 변하여 조정으로 날아들었다'라고 하였다.[10] 간보(干寶)가 『수신기(搜神記)』[11]를 쓰면서 응소가 『풍속통』에서 분명히 밝힌 설명을 숨기고 세상에 떠도는 이 괴이한 설을 수록

10 역주 : 『풍속통』 「정실(正失)」 "섭령사(葉令祀)"에 보이는 내용이다. 응소는 『좌전』을 살펴 섭공(葉公) 자고(子高)는 성이 심(沈)이고, 이름이 제량(諸梁)이라 했다

11 역주 : 『진서』 권82, 「간보전」에, 간보는 천지간의 괴이한 사실들을 보고 고금의 신령스러운 인물변화를 수집하여 『수신기』로 이름지었는데 모두 20권이나 된다고 하였다. 『수서경적지』와 『신 · 구당서경적지』에는 모두 30권이라 했다. 「채찬(採撰)」편 주)42에도 보인다.

하였다.[12](釋 : 이는 원래 물오리가 날아든 사실로부터 비롯되었지만 괴이한 설임에는 틀림없었다. 구절의 의미는 즉 『수신기』에 기재되었지만 정사(正史)가 아니기 때문에 괜찮다고 한 것이다) 또 유경승(劉敬昇)[13]의 『이원(異苑)』에 진(晉)나라 때 무기고에 화재가 났을 때 한 고조(漢高祖)가 뱀을 베었던 검이 지붕을 뚫고 날아갔다고 하였으나 이 말은 사리에 맞지 않는다. 때문에 양 무제(梁武帝)는 은운(殷芸)에게 명하여 이러한 사실들을 『소설(小說)』로 편집하게 하였다.[14] 그러나 소방등(蕭方等)[15]이 편찬한 『삼십국춘추(三十國春秋)』[16]에 이르러 오히려 사서에 편입되었다.(釋 : 이는 원래 칼이 날아갔다는 사실에서 비

12 역주 : 섭군사를 왕교의 묘(廟)라고 전하는 민간의 이야기만을 기재하고 있다는 의미이다.

13 역주 : 『수서경적지』 「사부(史部)」 "잡전(雜傳)"에, 『이원(異苑)』 10권, 송(宋) 급사(給事) 유경숙(劉敬叔)이 편찬하였다고 했다. 아울러 「잡술(雜述)」편에서도 "유경숙(劉敬叔)의 『이원』"이라고 하였으므로 마땅히 유경숙으로 고쳐야한다.

14 『양서(梁書)』 권41, 「은운전」에, 은운의 자는 관소(灌蔬)이다. 망녕되이 교유를 하지 않았고, 많은 책들을 두루 열람하였다고 했다. 『수서경적지』 「자부(子部)」 "소설"에, 『소설』 10권, 양 무제가 사도좌장사(司徒左長史) 은운(殷芸)에게 명하여 편찬하였다고 했다. 진진손(陳振孫)의 『직재서록해제(直齋書錄解題)』에 인용된 『한단서목(邯鄲書目)』에, 유속(劉餗)이 지었다고 적혀 있지만 잘못이다. 이 책은 첫머리에 진(秦) · 한(漢) · 위(魏) · 진(晉) · 송(宋)의 여러 황제들을 기록하였고, 주(注)에 이르기를, 은운이 편찬하였다고 했다. 유속이 아닌 것은 분명하다. 사실의 서술이 송초(宋初)에서 그치고 있기 때문에 대개 여러 사서의 전기(傳記)에서 베껴 모은 것이다. 혹 상운(商芸)이라고 한 것은 선조(宣祖)를 합사(合祀)하기 이전 피휘(避諱) 때문이다. 按 : 유속은 유지기의 아들이다. 이 조항을 증거로 밝혀보면 작자가 아님은 더욱 분명하다.

15 『곤학기문(困學紀聞)』에, 소방등이 『삼십국춘추』를 지었는데, 진(晉)을 위주로 하고 유연(劉淵)이하 29개국을 부록하였다고 했다. 『자치통감』 진(晉) 원흥(元興) 3년(404)에는 소방등의 논의를 인용하였고, 『강목(綱目)』에는 다만 소방(蕭方)이라고 하여 '등(等)'자를 잘못 삭제하였다. 按 : 『양서(梁書)』에, 충장세자(忠壯世子) 방등(方等)의 자는 실상(實相)이고 세조(世祖)의 큰 아들이다. 정혜세자(貞惠世子) 방저(方諸)의 자는 지상(智相)으로 세조의 차남이다. 민회태자(愍懷太子) 방구(方矩)는 자가 덕규(德規)이고 세조의 4남이다. '방(方)'은 형제 두 명이 함께 쓰는 글자였다. 세조는 원제(元帝)를 가리킨다. 『신당서예문지』 · 『송사예문지』 역시 '등'자를 잘못 삭제하였다. 또 살펴보니, 『수서경적지』에는 '소만등(蕭萬等)'라고 하여 '방(方)'자를 '만(萬)'자로 잘못 썼다. 전거(典據)에 의해 그 뜻을 상세히 살피는 학문이라면 정말 쉽게 말할 수 없는 것이다.

16 역주 : 「칭위(稱謂)」편 주)12 참조.

못되었지만 구절의 의미는 소설은 정도에 어긋나더라도 괜찮지만 정사로 편찬되는 것은 잘못이라 하였다. 그러나 『삼십국춘추』는 정통 국사체례가 아니다. ○이하 정사를 들어 이야기하였다) 그 후 남조의 송나라에서 한나라 때 사실들을 편찬하면서 간보의 『수신기』에 수록된 내용을 취하였다.[17](原注 : 범엽의 『후한서』를 가리킨다) 당나라 때 진(晉)의 역사를 편찬하면서 소방등의 『삼십국춘추』의 내용을 취하였다.[18](原注 : 황가(皇家)[唐]의 『진서(晉書)』를 가리킨다) 책이 편찬되어 간행되고 나면 그 내용은 곧 움직일 수 없는 정설(定說)이 된다.(釋 : 구절의 의미는 엄정함이 이러한 정사에 있다는 것이다) 때문에 학식이 뛰어나지 않은 보통의 학자들은 물오리로 변하여 조정에 날아들었다는 이야기가 모두 『후한서』 원래의 기록이라 말하고,(釋 : 『수신기』를 다시 언급하지 않는데 하물며 『풍속통』을 거론하겠는가) 뱀을 베었던 검이 지붕을 뚫고 날아갔다는 사실이 『진서(晉書)』에 분명히 기재된 말이라고 주장한다.(釋 : 『삼십국춘추』를 다시 언급하지 않는데 하물며 『이원(異苑)』을 거론하겠는가) 허망한 이야기들이 실록이 되었던 것이다. 이는 옛말에 "세 사람이 시장에 호랑이가 나왔다"[19]고 하면 평소 믿지 않던 사람도 결국 따라 믿는 꼴과 같다.(釋 : 소설[20]이 떠돌아다니다가 이같이 정사에까지 수록되었다. 때문에 사서를

17 역주 : 『후한서(後漢書)』 권82상, 「방술전(方術傳)」 상에 왕교(王喬)의 열전이 있는데, 그 내용이 간보의 『수신기』에 의거하고 있음을 가리키는 것이다. 「방술전(方術傳)」에 대하여는 「채찬(採撰)」편의 주)28 참조.

18 역주 : 『진서(晉書)』 권27, 「오행지」 상에, 혜제(惠帝) 원강(元康) 5년(295), 윤월(閏月) 경인(庚寅)에 무기고에 화재가 나 여러 시대의 특이한 보물들과 왕망의 머리[頭], 공자의 나막신[屐], 한 고조가 백사(白蛇)를 베었던 검과 2백만 명의 기계(器械) 등이 한꺼번에 불타 없어졌다고 한 사실을 가리키는 것이다.

19 『한비자(韓非子)』「내저설(內儲說)」 상(上)편에, 방공(龐恭)이 위왕(魏王)에게, 지금 한 사람이 시장에 호랑이가 나왔다고 하면 믿겠느냐고 물으니 왕은 믿지 않는다고 했다. 두 사람이 말하면 믿겠느냐고 물으니 왕은 믿지 않는다고 했다. 세 사람이 말하면 믿겠느냐고 물으니 왕은 믿는다고 했다. 무릇 시장에 호랑이가 없다는 것은 모두가 아는 분명한 사실이다. 그러나 세 사람이 말했다고 하면 호랑이가 있는 것이 된다. 왕께서는 잘 살피기를 바란다고 하였다.

20 역주 : 『한서예문지』 「제자략」 "소설가"에, "소설가류는 대개 패관(稗官)에서 나온다. 민간의 이야기나 길거리에서 전하는 말들"이라고 했다.

저술함에 견식이 귀한 것이다)

夫學未該博, 鑒非詳正, 凡所修撰, 多聚異聞,(一作'門') 其爲踳駁, 難以覺悟. 案應劭『風俗通』載楚有葉君祠, 卽葉公諸梁廟也. 而俗云孝明帝時, 有河東王喬爲葉令, 嘗飛鳧入朝. 及干寶『搜神記』, 乃隱應氏所通,(一訛作'遺') 而收(舊有'其'字)流俗怪說.(釋 : 此原飛鳧事所始. 然怪則怪矣, 節意則謂載在『搜神』, 書非正史, 猶之可也) 又劉敬昇『異苑』稱晋武庫失火, 漢高祖斬蛇劍穿屋而飛, 其言不經. 致(誤'故')梁武帝令殷芸編諸『小說』, 及蕭方等撰『三十國史』, 乃刊爲正言.(釋 : 此原劍飛事所始. 然節意謂小說不經猶可, 撰爲正言則非. 然『三十國史』, 猶非正體國史也. ○已下揭出正史立說) 旣而宋求漢事, 旁取令升之書,(原注 : 謂范曄『後漢書』) 唐徵晋語, 近憑方等之錄.(原注 : 謂皇家撰『晋書』) 編簡一定, 膠漆不移.(釋 : 節意所嚴在此正史) 故令俗之學者, 說鳧履登朝, 則云『漢書』舊記.(釋 : 不復言『搜神記』, 更何問『風俗通』矣) 談蛇劍穿屋, 必曰晋典明文.(釋 : 不復言『三十國春秋』, 更何問『異苑』矣) 遮(一誤作'遞', 一作'摭')彼虛詞, 成茲實錄. 語曰 : "三人成市虎." 斯言其得之者(一無'者'字)乎!(釋 : 小說之遷流, 延及正史如此, 故作史貴識也)

按 : 지괴소설(志怪小說)에서 익살을 없앨 필요는 없다. 사서를 편찬할 때는 스스로 당연히 그 대강을 알면 된다. 말에는 우열이 있고, 뜻에는 경계하여 방비함이 있다. 재앙이 아니고 상서로움이 아니면 권계(勸戒)도 없다는 유(類)의 사실은 반드시 엄하게 다루어야 한다. 그래야만 후일 사서의 체례가 되어 존중받게 되고, 그 작용이 커진다. 일찍이 후일의 사서를 가지고 검증한 바 있는데 이와 같은 사실을 만나면 대부분 깊은 뜻이 담겨 있는 생동하는 문구로 적어놓았다. 이는 대개 유지기가 가르친 바가 아니겠는가.(志怪奚必去諧, 撰史自宜識大. 語有軒輊, 意有隄防, 非災非祥, 靡勸靡戒. 必嚴諸此, 而後史之爲體尊, 而其爲用鉅. 間嘗取後史驗之, 遇此等事多放活句, 子玄教之歟?)

『수신기(搜神記)』와 『이원(異苑)』을 「잡술(雜述)」편에 수록한 것은 소설을 보존하려는 것이다. 그러나 사서 역시 골라 취한 것은 오히려 비루하고 천박한 것들이었다. 정(鄭)의 객(客)이 전했다는 강벽(江璧)은 멀리 진시황(秦始皇)의 죽음으로 들어맞았다는 전설과 한의 원후(元后)가 정사에 관여하기 전에 있었던 "문추백발(文樞白髮)"이라는 전설은 이조(異兆)가 검증되었기 때문에 유지기가 칭찬의 말로 찬양하였지만,[21] 기타 사실과 아무런 관계가 없는 것은 비난하였다. 이는 전체 책을 반드시 상호 참고하여 살핀다는 원칙과 부합(符合)하지 않기 때문에 합리적인 말인지 알 수 없다.(『搜神』·『異苑』, 收之「雜述」之篇, 存小說也, 史而掇取則猥. 江璧門樞, 褒以可稱之語, 徵異兆也, 事無關係則譏. 不合全書參互, 不知出於持平)

사물의 기원을 살펴 서술할 수 있는 책으로 볼 수 있고, 주서가(注書家)의 원칙으로 할 수 있다.(可作事始書觀, 可作注書家法)

8-4

사마천은 요임금 때 허유(許由)가 없었다고 주장하였고,[22] 응소(應劭)는

---

21 역주 : 「서지(書志)」편 주)65 · 67 참조.

22 역주 : 『사기』 권61, 「백이열전(伯夷列傳)」에, 요(堯)가 군주의 자리에서 물러날 때에는 그 자리를 순(舜)에게 선양하였고, 순이 우(禹)에게 양위할 때에는 악목(嶽牧)들이 모두 함께 추천한 우를 일정한 직위에 시험 삼아 등용해서 수십 년 동안 직무를 수행하게 하고 그의 공적이 두드러지게 나타난 다음에야 비로소 정권을 넘겨주었다. 이와 같은 사실은 천하를 물려준다는 것이 이처럼 어렵다는 것을 말해주는 것이다. 그러나 혹자는 말하기를, "요가 천하를 허유(許由)에게 양위하려 하자 허유는 받아들이지 않고, 오히려 이를 치욕으로 여기고 달아나 은거해버렸고, 또 하나라에 이르러서도 변수(卞隨) · 무광(務光)과 같은 은사(隱士)가 있었다"라고 하였는데, 이런 사람들은 또한 어찌하여 칭송되고 있는 것일까? 태사공(太史公)은 이르기를, "나는 기산(箕山)에 올라가 본 적이 있었는데, 그 산 위에는 허유의 무덤이 있다는 말을 들었다. 공자는 고래의 인인(仁人) · 성인(聖人) · 현인(賢人)들을 차례로 열거하면서 오 태

저술에서 한대(漢代)에는 왕교(王喬)가 없었다고 하였는데,[23] 그 말들은 정확하다. 그러나 황보밀(皇甫謐)[士安][24]은 『고사전(高士傳)』을 편찬하면서 기산(箕山)에서의 허유의 사적을 상세하게 말하였고, 간보(干寶)[令升]는 『수신기(搜神記)』를 지으면서 섭현(葉縣)의 영(令) 왕교(王喬)의 신령함을 깊이 믿었다. 이는 모두 남들이 하는 소리를 따라 실재 사실을 어기고, 진실을 버리고 거짓을 따르는 것이니, 알면서도 그렇게 말하는 것은 죄가 매우 크다.(황숙림(黃叔琳)의 『사통훈고보(史通訓故補)』에서는 이곳에서 조(條)가 끊어지는데, 틀렸다. 이 조는 대개 『진서(晉書)』를 논한 것으로 앞에서 특별히 발단의 말로 인용한 것이지 잡가(雜家)를 두루 논한 것은 아니다) 근래 송(宋) 임천왕(臨川王) 유의경(劉義慶)이 『세설신어(世說新語)』[25]를 지으면서 위로 양한(兩漢)·삼국(三國)·서진(西晉)·동진(東晉) 등의 사실을 서술하였다. 유준(劉峻)[劉孝標]이 주석을 달면서 책 중의 잘못된 부분을 지적하였는데[26] 진실하지 않은 사적(事迹)들이 분명히 드러나 그럴듯한 말로 꾸며도 가리기가 어려웠다. 그런데도 당(唐)[皇家]은 『진서(晉書)』를 편찬하면서 이 책의 내용을 많이 취하였다. 그리하여 유의경[康王]의 망언을 채택하면서 유효표(劉孝標)의

백(吳太伯)·백이(伯夷)와 같은 사람들에 대해서도 매우 상세하게 말하고 있다. 나도 들어서 허유와 무광의 절의가 지극히 고결하다고 느끼고 있지만, 『시』·『서』의 문사에는 조금도 그들에 관한 개략이 나타나 있지 않으니 이것은 어째서일까?"라고 하였다. 아울러 『사기』 권1, 「오제본기(五帝本紀)」에 요·순의 선양과정에 허유가 등장하지 않음 등을 지적한 것이다.

23 역주 : 응소의 『풍속통』 「정실(正失)」편의 기록을 가리킨다. 앞의 주)10를 참조.

24 역주 : 『진서(晉書)』 권51, 「황보밀전」에, 황보밀(215-282)의 자는 사안(士安)이고, 안정(安定) 사람이다. 성격이 매우 차분하고 욕심이 적었으며, 스스로 자신의 호를 현안선생(玄晏先生)이라 불렀다. 『제왕세기(帝王世紀)』·『연력(年曆)』·『고사전(高士傳)』·『일사전(逸士傳)』·『열녀전(列女傳)』 등을 편찬하였고, 『현안춘추(玄晏春秋)』와 함께 모두 중시되었다고 했다. 『사기정의(史記正義)』에 인용된 『고사전(高士傳)』에는 허유에 대한 기록이 자세하다. 趙呂甫, 『史通新校注』, p.933 주)2 참조.

25 역주 : 『수서경적지』 「자부(子部)」 "소설(小說)"에, 『세설(世說)』 8권, 송 임천왕 의경(義慶)이 편찬했다고 했다. 유의경(403-444)의 열전이 『송서』 권51, 「종실전」에 보인다. 자세한 내용은 「이체(二體)」편 주)20 참조.

26 역주 : 유효표(462-521)의 『세설신어』 주에 대하여는 「보주(補注)」편 주)16 참조.

정확한 말은 어기고 있으니, 이러한 태도로 사서를 서술하는 것이 얼마나 뻔뻔스러운 것이겠는가!

馬遷持論, 稱堯世(一誤作'舜')無許由; 應劭著錄, 云漢代無王喬, 其言讜矣. 至士安撰『高士傳』, 具說箕山之迹; 令升作『搜神記』, 深信葉縣之靈. 此並向聲背實, 捨眞從僞, 知而故爲, 罪之甚者.(北平本此處截條, 非. 本條蓋論『晋書』, 前特引端之詞, 非泛論雜家也) 近者,(一無'者'字), 宋臨川王義慶著『世說新語』, 上敍兩漢 · 三國及晋中朝 · 江左事. 劉峻注釋, 摘其瑕疵, 僞迹昭然, 理難文飾. 而皇家撰『晋史』, 多取此書. 遂採康王之妄言, 違孝標之正說. 以此書事, 奚其厚顔!

按 : 이 조는 앞의 조와 뜻이 같다.(與上條同指)

허유(許由)와 관련한 사실은 사마천 역시 갑자기 그 존재를 부인했던 것은 아니고, 특별히 의문구(疑問句)를 사용하여 허유와 그에 관한 일을 빌려 백이와 숙제가 어떻게 세상에 칭찬을 받게 되었는가하는 생각을 제기하였다. 나는 또 『장자(莊子)와 『열자(列子)』 중의 우언(寓言)을 의심하지만, 등장하는 사람의 이름이 있었는지, 없었는지는 실제로 깊이 고증할 필요가 없다. 『가어(家語)』에서 말한 소정묘(少正卯)가 그 언행이 거짓되고 편벽하여 7일 만에 죽임을 당했다고 하는 것과 같다. 그러나 자세히 살펴보면 정치를 혼란하게 하였다는 실제 사실이 없고 더욱 명에 따라 형(刑)을 행했다는 사정을 들은 적이 없다. 성인(聖人)이 이같이 몹시 급하게 전단(專斷)하는 거동을 하였겠는가? 이 역시 나의 마음이 불안한 바이다.(『좌전』과 『국어』에는 모두 그 사람들이 없다) 다시 이 조(條)를 자세히 살펴보면, 대개 『신진서(新晉書)』가 『세설신어』의 내용을 골라 썼기 때문에 발생된 것이었다. 유의경(劉義慶)의 『세설신어』와 유효표(劉孝標)의 주(注)는 바로 배송지(裴松之)와 진수(陳壽)의 『삼국지』와의 관계와 같다. 어떤 것을 버리고 어떤 것을 믿어야 하는가 역시 정해진 것이 없다. 나의 생각으로는 사마천의 문장은 전하는 소문과 괴이한 이야기에 대하여 많은 사람들이 함께 인정하는 것을 위주로 하면서도 다른 의견이라고 하여 폐기하지 않았다. 의심되는 사실을 그대로 전함으로써 결과적으로 신사(信史)가 되었던 것이다. 명 혜제(明惠帝)는 실제로 불에 타 죽었는데 세상에서는 도망가 숨었다고 전해진다. 지금의 사서는 황사성(皇史宬)에 기재된 것을 진실한 것이라 믿는데, 여전히 혜제가 나라를 양보하고 도망갔다는 의심할만한 사실을 전한다. (그 진상을 알려면) 귀신에게 묻거나 백세(百世)를 기다려야 할 것이다.(許由之事, 史公亦非遽以爲無, 特設爲疑詞, 借其人挑起夷·齊之見稱耳. 愚又疑『莊』·『列』寓言, 人名有無, 顧勿深考. 若『家語』所稱少正卯, 謂其言行僞辟, 七日受誅. 然究無亂政實事, 更未聞請命行刑, 曾聖人而爲是急切專輒之擧乎? 亦鄙心之所不安也.(『左傳』·『國語』皆無其人) 再詳此條, 蓋由『新晉書』採用『世說』而發. 義慶之書, 孝標之摘, 正如松之之於陳『志』. 何去何從, 亦未可執. 愚意史氏之文, 有傳聞異說者, 主其所共宗, 無廢其所別見. 疑以傳疑, 乃成信史. 明惠帝實焚, 而世傳行遁. 今史以史宬爲徵信, 仍以遜國爲傳疑. 可以質鬼神, 俟百世矣)

8-5

한(漢)의 여후(呂后)는 부인(婦人)으로서 조정에 임하여 정사를 주관하였으므로 그의 사적은 제왕과 같다.[27] 반고의 『한서』는 그의 치세(治世)의 연월에 사건을 정리하여 비록 여러 제왕과 같이 「본기」로 편찬하였지만,[28] 여후(呂后)의 사적을 기록할 때는 실제로 후비(后妃)와 같게 하였

27 역주 : 『한서』 권3, 「고후기(高后紀)」에, 혜제(惠帝)가 죽고 태자가 제위에 올랐지만 나이가 어려 여태후가 조정에 임하여 제(制)를 칭하였다고 했다.

28 역주 : 「제목(題目)」편에, "연월순으로 배열한 것을 '기(紀)'라 하고,(순열과 원굉의 (전·후)『한기(漢紀)』 등이 그 부류이다) 기전(紀傳)으로 구성한 것을 '서(書)'라 한다(『한서』·『후한서』 등이 그 부류이다)"고 했다.

다.[29] 당[皇家]의 여러 학사(學士)들이 『진서(晉書)』를 편찬하면서[30] 첫머리에 범례(凡例)[31]를 두었다.(原注 : 「서례(序例)」 1권이 『진서』의 첫머리에 있었기 때문에 "첫머리에 범례를 두었다"라고 한 것이다) 그 범례 중에 반고의 『한서』에는 황후들 가운데 왕후(王后)와 여후(呂后) 외에는 따로 열전을 쓰지 않았으며, 그들의 사적은 모두 「외척전(外戚傳)」에 편입하였다고 했다.(按 : 범례의 말은 여기에서 그치고 있다. 이 아래에 문장이 빠진 것으로 의심된다) 「외척전」 중에 수록되지 않은 것은 오직 원후(元后)(자가 정군(政君)이다)인데도,(按 : 현재 『한서』 「외척전」 뒤에 별도로 「원후전(元后傳)」이 수록되어 있는데,[32] 여기에서 기재되지 않았다는 것은 정말 이해하기 어렵다. 만약 원후의 사적이 「외척전」에 기재되지 않았다면 바로 여씨와 같은 예(例)가 되는데[33] 그렇다면 또 다음 구절과 고순된다) 어찌하여 바로 여씨(呂氏)를 예로 들고 있는가? 대개 독서가 정밀하지 못하고 사실에 대한 견식이 크게 부족함으로 인해 단지 「본기」의 제목에 고후(高后)[呂后]의 이름이 있고 그의 연월로 정리된 것을 보고 「외척전」에 아후(娥姁)(여후의 자(字))의 사적을 기록하지 않았다고 의심하였으니(이 구절의 문장의 뜻 역시 분명하게 이해할 수 없다) 그 경솔함이 심하지 않은가!

漢呂后以婦人稱制, 事同王者. 班氏次其年月, 雖與(一訛'以') 諸帝同編; 而記其事迹, 實與后妃齊貫. 皇家諸學士撰『晋書』, 首發凡例.(原注 : 『序例』一卷, 『晋書』之首, 故云"首發凡例") 而云班『漢』皇后除王 · 呂之外, 不爲

29 역주 : 『한서』 권97, 「외척전」에는 「여후전(呂后傳)」이 따로 있는데 「고후기(高后紀)」와는 달리 개인의 행적에 한해 적고 있어서 다른 후비(后妃)들의 열전과 차이가 없다.

30 역주 : 정관(貞觀) 연간에 편찬된 『진서(晉書)』에 대하여는 「고금정사(古今正史)」편 참조.

31 역주 : 두예(杜預), 『춘추좌씨전(春秋左氏傳)』 서(序)에, '무릇[凡]'이라는 말로 시작하여 사건의 예(例)를 말한 것은 모두 나라를 다스리는 정상적인 제도이고, 주공이 남긴 법도이며, 사건이 기록하는 예로부터의 방식이었다고 했다.

32 역주 : 『한서』 권97, 「외척전」에 이어 권98에는 「원후전」이 수록되어 있음을 말한다. 원제(元帝)의 황후 왕정군(王政君)은 성제(成帝) 즉위 후 황태후가 되었을 때 그의 동생 왕봉(王鳳) 등과 그 일족이 정사를 장악하였다.

33 역주 : 이 문장을 보면 포기룡 역시 「외척전」에 「여후전」이 수록되어 있음을 간과한 것 같다. 趙呂甫, 『史通新校注』, p.934 주)8 참조.

作傳, 並編敍行事, 寄出「外戚」篇.(按 : 凡例語止此, 此下疑有闕文) 所不載者, 唯元后(字政君)耳.(按 : 今『漢書』「外戚傳」後, 別列「元后傳」. 此云不載, 殊費解. 若云元后事不載「外戚傳」, 則正與呂氏同例矣. 又與下句牴牾) 安得輒引呂氏以爲例乎? 蓋由讀書不精, 識事多闕, 徒以本紀標目. 以編高后之年, 遂疑外戚裁篇, 輒敍娥姁(呂后字)之事,(此四句文義亦不可曉) 其爲率略, 不亦甚邪!

按 : 이 조는 『진서(晉書)』를 반박하면서 그 「범례」를 반박하였다. 그러나 문장 중에 빠지거나 잘못된 곳이 많은 것 같지만 그대로 두고 논하지 않았다.(此條之駁晉史, 駁凡例也. 但文似多脫訛, 存而不論)

8-6

양왕손(楊王孫)은 포대(布袋)에 시신을 넣었다가 발가벗긴 채로 매장되었고,[34] 이적(伊籍)은 오(吳)나라에 사신(使臣)으로 가서 대답하기를, "한 번 절하고 일어났을 뿐이니 고생한다고 말할 수 없겠지요."[35]라고 하였다.

34 『한서』 권67, 「양왕손전」에, 황노지술(黃老之術)을 배웠고, 나신(裸身)으로 장례지내길 원하였다. 말하기를, '죽음이라는 것은 생(生)을 마감하는 것이요, 만물이 귀숙(歸宿)하는 것이다. 귀숙함이 도달할 곳을 얻고, 죽음이 변화를 얻는 것은 사물이 본래의 모습으로 돌아가는 것이다. 본래의 모습이 아득히 어두운 곳으로 돌아가는데 형체도 없고 소리도 없는 것이야말로 도리와 감정에 합당한 것이다. 무릇 겉을 화려하게 꾸미고 시끄럽게 많은 사람이 모여 후장(厚葬)을 하는 것은 본래의 모습과 거리가 있어 귀숙함에 도달하지 못하게 하고, 죽은 자가 변화하지 못하게 하는 것으로 이는 사물이 각기 근본을 잃는 것이다'라고 하였다. 역주 : 이외에도 양왕손에 대하여는 「논찬(論贊)」편 주)40, 「품조(品藻)」편의 주)23에도 보인다.

35 『삼국지』 권38, 「촉지」 「이적전」에, 이적의 자는 기백(機伯)이며, 선주(先主)를 따라 익주(益州)로 들어왔다. 이적이 오나라에 사신으로 파견되었을 때 손권(孫權)은 그의 재능과 언변이 뛰어나다는 것을 듣고 말을 나누는 중에 굴복시키려 하였다. 이적이

두 현인이 세상에 이름을 드러내게 된 것은 각기 이러한 한가지 사실 때문이었다. 그렇지만 『한서』와 『삼국지』 「촉지(蜀志)」에는 그들의 열전이 있다. 과거의 현명한 사람들은 이 사실을 비난하여 상세히 논하였다. 그러나 양왕손의 행위가 비록 예교(禮教)에는 위반되었지만 실제 의(義)에는 합당한 것으로,(비록 그러한 사실이 장례의 규범에는 위반되지만 그 말이 실제 사리에 통달한 사람으로서의 의(義)에는 맞다) 사치스러운 장례의 잘못을 바로잡을 수 있었고, 이적(伊籍)은 민첩하게 절묘한 말로 잘 대응하여 사자(使者)[使乎][36]로서의 모욕을 면할 수 있었다. 따라서 두 사람을 열전에 편입한 사실에는 그래도 취할만한 것이 있다.(이상은 발단(發端)이다) 근래에 당[皇家]에서 『진서(晉書)』를 편찬하면서 「유령전(劉伶傳)」[37] · 「필탁전(畢卓傳)」[38]을

들어와 절을 하자, 손권이 말하기를, '무도(無道)한 군주를 섬기느라 고생하십니다'라고 하자, 이적이 즉시 대답하기를, '한 번 절하고 일어났을 뿐이니 고생한다고 말할 수 없겠지요'라고 했다. 이적의 기지가 민첩함이 모두 이와 같았다. 손권은 그를 매우 기이하게 보았다고 했다.

36 역주 : 『논어』 「헌문(憲問)」편에, "거백옥(蘧伯玉)이 사람을 시켜 공자에게 문안을 드리니 공자께서 더불어 앉아 묻기를, '그 분은 무슨 일을 하느냐?', 대답하기를, '그 분은 그 허물을 적게 하려하나 능히 하지 못합니다', 사자(使者)가 나가니 공자께서 말씀하시기를, '훌륭한 사자로다[使乎]! 훌륭한 사자로다[使乎]!'고 하셨다"라고 한 말에서 유래한 것이다.

37 『진서(晉書)』 권49, 「유령전」에, 유령의 자는 백륜(伯倫)이고, 마음 가는 대로 멋대로 행동하였다. 완적(阮籍) · 혜강(嵆康)과 마음이 맞음을 기뻐하며 손잡고 산수(山水)를 유람하였다. 항상 사슴이 끄는 수레를 타고 한 단지의 술을 휴대하고, 사람을 시켜 가래[鍤]를 메고 따르게 하면서 말하기를, '죽거든 이곳에 묻어라'고 하였다. 일찍이 처에게 술을 구해오라 하였더니 처가 술을 버리고 울며 끊기를 간했다. 유령이 말하기를, '내가 스스로 술을 끊을 수 없으니 마땅히 귀신에게 기도하며 끊겠다고 맹서하겠으니 술과 고기를 차려오도록 하시오'라고 하였다. 처가 그대로 따랐다. 유령이 기도하길, '하늘이 유령을 태어나게 하실 적에 술로 이름이 나게 하셨으니, 한 번 마시면 10말이요, 해장술로 5말이니 부인의 말을 삼가 듣지 마소서'라고 하고는 곧장 술과 고기를 가져다가 곤드레만드레 다시 취하였다고 했다.

38 『진서(晉書)』 권49, 「필탁전」에, 탁의 자는 무세(茂世)이다. 이부랑(吏部郎)이 되어서도 음주로 직무를 폐기하곤 했다. 이웃집에 술이 익으면 필탁은 술이 취하여 밤중에 술항아리에서 몰래 훔쳐 마셨다. 술을 지키는 사람에게 잡혀 포박되었다가 다음날 아침에 보니 이부랑 필탁이었다. 나머지 문장은 이미 「서사(書事)」편에 보인다. 역주 : 비슷한 내용이 『세설신어』 「임탄(任誕)」편 주(注)에 인용된 『진중흥서(晉中興書)』에 보인다.

편찬하였다. 그들에 대한 사실을 서술함에 있어서 술에 빠져 지내면서 예(禮)를 거스르고 덕을 어지럽히는 내용만을 기재하였을 뿐이다. 열전이 이와 같다면 취할 것이 무엇이 있겠는가?(原注 : 『구진사(舊晉史)』에는 원래 유령과 필탁의 열전이 없었는데 당[皇家]에서 새로 편찬하면서 이전의 사서에 빠진 것을 보충하였다. ○어떤 판본에는 이 주(注)가 없다. 釋 : 여기서 규명하는 바는 방탕함을 경계하는 것이다)

楊王孫布囊盛尸,(一作屍) 裸身而葬. 伊籍對吳, 以"一拜一起, 未足爲勞". 求兩賢立身, 各有此一事而已. 而『漢書』·『蜀志』, 爲其立傳. 前哲致譏,(一作譏) 言之詳矣. 然楊能反經合義,(雖其事反葬禮之經, 而其言合達人之義) 足矯奢葬之愆. 伊以敏辭辨對, 可免'使乎'之辱. 列諸篇第, 猶有可取.(釋 : 此上是引端) 近者皇家撰『晉書』, 著劉伶·畢卓傳. 其敍事也, 直載其嗜酒沉湎, 悖禮亂德, 若斯而已. 爲傳如此, 復何所取者哉?(原注 : 『舊晉史』本無劉·畢傳, 皇家新撰, 以補前史所闕. ○一本失此注. 釋 : 所糾在此, 警蕩也)

按 : 앞에서 논한 『수신기(搜神記)』·『이원(異苑)』·『세설신어(世說新語)』와 이 조의 「유령전(劉伶傳)」·「필탁전(畢卓傳)」을 합하여 보면, 황당한 사실을 삭제하고 엄격하게 편집하는 것은 모두 부화(浮華)한 선비들이 두려워하고 미워하던 것이었다. 때문에 『사통』은 왕왕 이러한 사실을 인용하여 비방하였다.(合前所論『搜神』·『異苑』·『世說』及此條劉·畢傳觀之, 刊除誕放, 約勒編摩, 皆華士所畏惡者, 故『史通』往往召謗)

논자들이 만약 유지기가 이렇게 하는 것이 국사를 존엄하게 하기 위함이라는 것을 이해한다면 곧 자연히 원망이 사라지고 생각이 침착해질 것이다. 『설원(說苑)』·『설령(說鈴)』 같은 유(流)는 원래 그가 금절(禁絶)하려는 것이 아니었다.(論者認得劉公是尊嚴國史, 便自意平. 『談苑』·『說鈴』之流, 原非其所禁絶也)

『송략』 1조(條)

8-7

배기원(裴幾原)(子野)은 『송서(宋書)』를 산략(刪略)하여 『송략(宋略)』 20권[39]을 지었다. 『송서』의 번잡한 것을 없애고 요점을 추리는데 실로 재능이 있었다.(釋 : 먼저 '약(略)'자를 제시하였는데, 그 뜻은 간략하게 한다는 것으로 번거로운 문장은 마땅히 덜어낸다는 것이다) 그러나 수록된 문장이 너무 난잡하고 거칠다. 예컨대 문제(文帝)의 「제서부관조(際徐傅官詔)」,[40] 안연년(顔延年)의 「원후애책문(元后哀冊文)」,[41] 안준(顔峻)(사서에는 '준(竣)'이라 하였다)의 「토이

39 역주 : 『수서경적지』 「사부(史部)」 "고사(古史)"에, 『송략(宋略)』 20권, 양(梁) 통직랑(通直郎) 배자야가 편찬하였다고 했고, 「육가(六家)」편 주)58에도 보인다.

40 『송서(宋書)』 권43, 「서선지전(徐羨之傳)」에, 자는 종문(宗文)이다. 고조가 즉위하자 승진하여 진군장군(鎭軍將軍)으로 불렸고, 산기상시(散騎常侍)를 가(加)하고, 남창현공(南昌縣公)에 봉해졌다. 소제(少帝)가 실덕(失德)하자 서선지 등이 폐위하고 오군(吳郡)으로 옮겼다가 결국 살해하였다. 태조(太祖)가 즉위하자 사도(司徒)로 승진하고, 남창군공(南昌郡公)으로 고쳐 봉해졌다. 『송서』 권43, 「부량전(傅亮傳)」에, 자는 계우(季友)이다. 송국(宋國)이 처음 세워졌을 때 고조(高祖)를 따라 수양(壽陽)으로 돌아왔다. 고조는 수선(受禪)의 의사가 있었고, 이를 깨달은 부량이 말하기를, '신이 잠시 도성으로 돌아가는 것이 좋겠습니다'라고 하고 도성에 이르러 즉시 고조를 도성으로 불러 황제[恭帝]를 보좌(輔佐)하라는 조서를 내리도록 하였다. 고조가 수명(受命)한 후 상서복야(尙書僕射) · 중서령(中書令)으로 승진하였다. 소제를 폐하고 부량은 강릉(江陵)에 이르러 태조를 영접하였다. 이르고 난 뒤 태조는 소제가 폐하여 죽음을 당한 본말(本末)을 듣고 비통하게 오열하였다. 부량은 그리하여 심복들을 도언지(到彦之) 등에게 보내 그들과 깊은 관계를 맺게 하였다. 태조가 즉위하고, 좌광록대부(左光祿大夫) · 의동삼사(儀同三司)를 가(加)하고, 시흥군공(始興郡公)으로 진작(進爵)되었다. 按 : 태조는 즉 문제(文帝)이다. 서선지와 부량을 관직에 제수(除授)한다는 조서[除徐傅官詔]는 심약(沈約)의 『송서(宋書)』에는 실려 있지 않다. 원가(元嘉) 3년(426) 두 사람은 모두 주살(誅殺)되었다. 역주 : 이들 사적에 대하여는 그 외 『송서(宋書)』 권5, 「문제기(文帝紀)」 참조.

41 『송서(宋書)』 권41, 「후비열전(后妃列傳)」에, 문제(文帝) 원황후(袁皇后)의 휘(諱)는 제규(齊嬀)이고, 좌광록대부 경공(敬公) 담(湛)의 서녀(庶女)이다. 아들 소(劭)를 낳았고,

흉격(討二凶檄)」,[42] 효무제(孝武帝)의 「의이부인부(擬李夫人賦)」,[43] 배송지의 「상주국지표(上注國志表)」,[44] 공희선(孔熙先)의 「죄허요사(罪許曜詞)」[45](사서에

황제는 후에 대한 은례(恩禮)가 매우 두터웠다. 후일 반숙비(潘淑妃)에 대한 총애가 후궁을 기울게 할 정도였다. 이로 인해 황후는 병을 핑계도 황제를 만나지 않았다. 원가(元嘉) 17년(440), 병이 깊어지나, 문제는 손을 잡고 눈물을 흘렸다. 황후는 침구를 당겨 얼굴을 가렸다. 죽고 난 후 문제는 매우 애통해 하며 전(前) 영가태수(永嘉太守) 안연지에게 조서를 내려 애책(哀策)을 짓게 했다. 그 문장이 매우 화려하였는데, 이하 애책문의 내용 운운. 按: 안연지의 자는 연년(延年)이다.

42 『송서(宋書)』 권99, 「이흉열전(二凶列傳)」에, 원흉(元兇) 소(劭)는 문제의 장남이다. 엄도육(嚴道育)이라는 여무(女巫)가 있었는데 자칭 신령과 통한다고 했다. 소(劭)의 누이 동양공주(東陽公主)가 황제에게 상소하여 엄도육이 양잠(養蠶)을 잘한다고 속이고 궁중에 불러들이도록 하였다. 소와 시흥왕(始興王) 유준(劉濬)이 공경하며 섬기고 천사(天師)라 불렀다. 드디어 무고(巫蠱)가 되었다. 황제가 후일 이를 알고 놀라 탄식하며 자세히 살펴 조사하도록 하였고, 소(劭)를 폐하고 준(濬)을 사사(賜死)하려 했다. 이러한 사실을 반숙비(潘淑妃)에게 했고, 반숙비는 준에게, 준은 소에게 알렸다. 소(劭)는 황제의 조서라고 속이고 입궁하여 황제를 시해(弑害)하였다. 세조(世祖)와 남초왕(南譙王) 탄(誕)이 의병(義兵)을 일으켰고, 세조가 경읍(京邑)에 격문을 발하며, 운운하였다. 또 『송서』 권75, 「안준전(顏竣傳)」에, 부(父)는 광록대부 연지(延之)이다. 준(竣)은 세조 무군장군(撫軍將軍) 주부(主簿)가 되었다. 세조가 심양(潯陽)에 주둔하고 있을 때 기실참군(記室參軍)으로 옮겼다. 세조가 경읍에 들어와 원흉을 토벌할 때 내외를 총괄하였고 아울러 격서(檄書)를 지었다고 했다. 『남사(南史)』에, 안연지가 소(劭)의 광록대부로 있을 때, 소는 격문을 안연지에게 보여주며, '이 문장은 누가 쓴 것인가?'라고 하자 연지가 대답하길, '안준이 쓴 것입니다'라고 하였고, 소(劭)가 '어찌 이럴 수 있는가'라고 하자, 연지는, '안준은 저도 돌아보지 않는데, 어찌 폐하를 위하겠습니까?'라고 하였다.

43 『송서』 권80, 「효무십사왕전(孝武十四王傳)」에, 시평왕(始平王) 자란(子鸞)은 모(母) 은숙의(殷淑儀)가 총애를 받았기 때문에 여러 아들 중에서 가장 총애를 받았다. 그 모가 죽고 복상(服喪)하였는데, 숙의를 귀비(貴妃)라고 높여 추서(追敘)하여 황후에 버금가도록 하였고 시호를 선(宣)이라 했다. 애통함이 그치지 않았다. 「의한이부인부(擬漢李夫人賦)」를 지으며, '짐은 일이 없어 한가한 날에 이전 군왕들의 시문을 열람하면서 한 무제(漢武帝)가 지은 「이부인부(李夫人賦)」를 보고 마음에 은귀비 생각을 금할 수 없어 쓸쓸한 마음이 들고', '감정이 그치지 않아 이 부를 짓는다' 운운하였다.

44 「보주(補注)」편에 보인다.

45 『송서(宋書)』 권69, 「범엽전(范曄傳)」에 부록 되어 있다. 공희선에게는 종횡(縱橫)의 재지(才志)가 있었다. 부(父) 묵지(默之)가 정위(廷尉)에 잡혀 있을 때 팽성왕(彭城王) 유의강(劉義康)이 보호하여 죄를 면한 적이 있다. 의강이 폄출(貶黜)되었을 때 희선은 마음속으로 그 은혜를 보답하고자 했다. 희선은 평소 천문(天文)에 능하여 태조는 반드시 정상적이지 못한 방법으로 사망할 것이고, 강주(江州)에서 응당 천자가 나올 것이라 말했다. 그가 바로 의강이라 여겼다. 법정(法靜)이라는 여승이 의강의

는 '요(曜)'를 '요(耀)'라 했다) 등이다. 이러한 글들은 특히 게재해서는 안 된다.(釋 : 여섯 문장을 내걸어 논안(論案)으로 삼았다)

무엇 때문인가? 서선지(徐羨之)·부량(傅亮)의 위세와 권력이 황제를 떨게 할 정도였고, 황제는 등에 가시처럼 그들의 불충(不忠)함을 시기하고 의심하였다. 그러나 그들을 제거하기 위하여 먼저 벼슬을 준다는 조서를 내려 그들을 안심시켰다. 얼마 있지 않아 그들의 죄명을 열거하고 사형에 처한다는 조서가 발포되었으니 앞서 그들에게 벼슬을 내린다는 조서는 본래 사실을 기록한 것이 아니었다. 그런데도 『송략』에는 앞뒤에 모두 게재하고 있으니 서로 모순되어 둘 다 상처를 입었다.(첫 번째 논단이다) 무릇 나라에 황제나 황후의 상사(喪事)가 있게 되면 사서에는 모두 애책(哀冊)(혹은 '책(策)'이라고 쓴다)을 게재한다. 진(晉)·송(宋) 이래 (애책은) 대부분이 기거주(起居注)에 실려 있는데, 문장은 모두 헛되이 꾸민 것이어서 내용이 볼만한 것이 못된다. (책명을 『송략』이라 하였으니) '략(略)'이라는 각도에서 말하자면 모름지기 (애책(哀冊)은) 삭제하는 것이 마땅하다.(두 번째 논단이다) 옛날 한왕(漢王)[劉邦]은 여러 차례 항우의 죄를 열거하였고,[46] 원소(袁紹)는 조조를 토벌한다는 격문을 지었는데[47] 만약 그 내용이

집에 출입하였는데 희선은 진맥(診脈)을 잘하였다. 법정의 매부(妹夫)인 허요(許耀)가 군대를 지휘하는 장군으로 전성(殿省)의 숙위(宿衛)를 맡고 있었다. 병이 든 적이 있을 때 공희선이 탕약을 조제해주어 허요의 병이 곧 회복되었고 이로 인해 서로 교왕하게 되었다. 희선은 허요의 담력이 크고 재주가 있어 역모의 뜻을 말하였고 내응을 허락받았다. 희선은 범엽에게 유의강의 글을 쓰게 하여 서담지(徐湛之)에게 주고 뜻을 같이 하는 사람들에게 보이게 했는데, 서담지가 황제에게 일러바쳤다. 연루된 모든 사람들이 복주(伏誅)되었다. 按 : 「죄허요사(罪許曜詞)」는 심약의 『송서』에도 기재되지 않았다. 또 살펴보건대, 배자야의 『송략』에서 찾아볼 수 없는데 『송서』 전체와 비교하여 보면 수록된 부박(浮薄)한 문장이 오히려 배자야의 책보다 간단하다. 때문에 『사통』이 언급한 것이다.

46 역주 : 『한서』 권1상, 「고제기(高帝紀)」 상에, 한왕(漢王)과 항우가 서로 광무(廣武) 사이에서 대치하던 가운데 대화를 하며, 항우는 단신으로 교전(交戰)하기를 원하자, 한왕이 항우를 꾸짖으며 말하기를, '나와 그대는 회왕(懷王)에게 함께 명을 받으며 먼저 관중을 평정한 사람이 관중의 왕을 칭한다고 약속을 하였는데 그대는 약속을 깨고 나로 하여금 촉한(蜀漢)의 왕이 되게 한 것이 그 죄의 하나요' 등 이하 항우의 죄

모두 기록되지 않았다면 그들의 죄과를 드러내어 알리기가 어려웠을 것이다. 그러나 이흉(二凶)의 포악함은 말하지 않아도 알 수 있는바 격문이나 죄상을 열거해야 비로소 그들이 범한 죄가 밝혀지는 것이 아니다. 그들 문장이 국사에 기재되더라도 어찌 사정을 설명하는 다른 이야기가 도움이 되겠는가?(세 번째 논단이다) 효무제(孝武帝)는 「의이부인부(擬李夫人賦)」를 지어 죽은 은숙의(殷淑儀)를 애도(哀悼)하면서 자신의 마음속 사랑을 밝히고 있는데 이는 남녀간의 정(情)이지 국가의 대사(大事)에 관한 것은 아니다.(네 번째 논단이다) 배송지가 「상주국지표(上注國志表)」에서 논한 것은 아주 보잘 것 없는 사실들이고, 문장의 논리구성에도 교묘함이 없다.(다섯 번째 논단이다) 공희선은 반역을 꾀하는 간교한 마음을 가지고 거짓말로 많은 사람을 속였고 또한 그가 쓴 「죄허요사」는 초고(草稿)였으므로 원래 공포되지도 못하였다.(여섯 번째 논단이다. 釋 : 나누어 논한 것은 여기에서 마쳤다) 이러한 것들을 모조리 『송략』에 포함하여 편찬하면서 자세히 가려 택하지 않았으니 어찌 난잡하고 무절제한 것이 아니겠는가?(釋 : 이는 '략(略)'이라는 명칭에 맞지 않는 것 같다)

만약 『송략(宋略)』에 이러한 문장들을 빼고 다른 이야기들을 넣었다면 송나라 때의 아름다운 사실들 중 빠지거나 생략된 것이 적었을 것이다. 어찌하여 마땅히 취할 것은 취하지 않고 버려야 할 것은 버리지 않았는가? 그러나 근대(近代)의 국사에도 이 같은 잘못이 많아 오공자(吳公子) 계찰(季札)이 「회풍(鄶風)」 이하의 민요를 비평하지 않은 것처럼[48] 비난할 만한 가치가 없다. 배자야의 『송략』은 많은 저작 중에서 그래도 사서라고

를 열 가지 언급하였다.

47 역주 : 이 격문은 진림(陳琳)이 지은 것으로 『후한서』 권74상, 「원소전(袁紹傳)」에 실려 있다. 이 「위원소격예주(爲袁紹檄豫州)」는 『문선』 권44에도 수록되어 있다.

48 역주 : 『좌전』 양공(襄公) 29년(B.C. 548)에, 오(吳)나라의 공자 찰(札)이 노나라를 예방했을 때 노나라 군주에게 주(周)왕조의 음악을 들려달라고 요청하고 악공(樂工)의 노래를 듣고 패(邶)·용(鄘)·위(衛)·정(鄭)·제(齊)·빈(豳)·진(秦)·위(魏)·당(唐)·진(陳) 등의 민요를 듣고 각기 평을 하였지만, 회(鄶)나라부터 이하의 민요에 대하여 그는 비평하지 않았다고 한 사실을 인용한 것이다.

할만한 것이기 때문에 약간의 사실을 들어 그 결점을 지적하였다.

裴幾原(子野)刪略宋史, 定爲二十篇. 芟煩(一作'繁')撮要, 實有其力.(釋 : 首提'略'字, 其意以爲略, 則煩文宜省) 而所錄文章, 頗傷蕪穢. 如文帝『除徐(一作'師', 非)傅官詔』· 顔延年『元后哀冊文』· 顔峻(史作'竣')『討二凶檄』· 孝武『擬李夫人賦』· 裴松之『上注(俗本'注'字作'三'字, 非)國志表』· 孔熙先『罪許曜(史作'耀')詞』, 凡此諸文, 是尤不宜載者.(釋 : 揭六項作論案)

何則? 羡 · 亮威權震主, 負芒猜忌, 將欲取之, 必先與之. 旣而罪名具列, 刑書是正, 則先所降詔, 本非實錄; 而乃先後双載, 坐令矛盾兩傷.(論斷一) 夫國之不造, 史有哀冊.(或作'策') 自晋 · 宋已還, 多載於起居注, 詞皆虛飾, 義不足觀. 必以'略'言之, 故宜去也.(論斷二) 昔漢王數項, 袁公檄曹, 若不具錄其文, 難以暴揚其過. 至於二凶爲惡, 不言可知, 無俟檄數,(一作'書') 始明罪狀. 必刊諸國史, 豈益(一作'宜', 非)異同.(論斷三) 孝武作賦悼亡, 鍾心內寵, 情在兒女, 語非軍國.(論斷四) 松之所論者, 其事甚末,(一作'下') 兼復文理非工.(論斷五) 熙先構逆懷奸, 矯言欺衆, 且所爲稿草,(一作'草稿') 本未宣行.(論斷六. 釋 : 分論至此畢) 斯並同在編次, 不加銓(一作'詮')擇, 豈非蕪濫者邪?(釋 : 似此不得以'略'名矣)

向若除此數文, 別存他說, 則宋年美事, 遺略蓋寡. 何乃應取而不取, 宜除而不除乎? 但近代國史, 通多此累, 有同自鄶, 無足致譏. 若裴氏者,(一有'是'字)衆作之中, 所可與言史者, 故偏擧其事, 以申掎摭云.

按 : 이 조에서는 모름지기 '략(略)'자를 이해해야 한다. 국사라는 정명(正名)을 지녔다면 상세히 기재한다는 것이 무슨 방해가 되겠는가. 배자야의 책이 이미 '략(略)'으로 이름을 칭하면서도 난잡한 편장(篇章)들을 기록하여 나열하고 있으니 명실(名實)이 서로 맞지 않는다. 「재언(載言)」편 · 「재문(載文)」편과 각기 같은 뜻을 나타내고 있다.(此條須理會'略'字. 正名國史, 何妨詳載. 子野書旣以'略'名, 而具列蕪篇, 則名實不相副矣. 與「載言」· 「載文」兩篇, 意皆各出)

유지기는 여러 차례 『삼국지』 배송지의 주(注)를 나무라면서 자료를 광범위하게 알았지만 요약함을 몰랐다고 했다. 배송지의 주가 참고한 책은 매우 풍부하다. 그러나 말을 골라 쓰는 데는 세밀하지 않았다. 풍부하다는 것은 두루 아는데 힘쓰는 것을 숭상한다는 것이다. 예컨대 소료(疎寮)가 유효표의 『세설신어』 주(注)는 진(晉) 왕조의 사실을 기재한 166가(家)의 자료를 인용하였지만 모두 정사(正史) 이외에서 나온 것들이라 말한 것이 역시 이러한 의미이다. 세밀하지 않다는 것은 견식이 큰 사람들의 병폐이다. 예컨대 주자(朱子)가 이연수(李延壽)의 『남사(南史)』와 『북사(北史)』를 논하면서 사마광의 『자치통감』에서 취한 것을 제외하면 그 나머지는 단지 보기 좋은 소설[49]이라고 한 것이 역시 이러한 의미이다.(子玄歷詆『三國』裴注, 爲其知博而不知約也. 裴注徵書甚富, 而擇言不精. 富則騖博者尙之, 如疎寮稱劉孝標注『世說』引晉氏一朝記載, 凡一百六十六家, 皆出正史外, 亦是此意. 不精則識大者病之, 如朱子論李延壽『南』·『北史』, 除司馬公『通鑑』所取, 其餘只是一部好看的小說, 亦是此意)

『후위서(後魏書)』[50] 2조(條)

8-8

『송서(宋書)』에는 북위 태무제(太武帝)[佛狸]의 침략이 기재되어 있는데

---

49 역주 : 『한서예문지』 「제자략」 "소설가(小說家)"에, 소설가는 대개 패관(稗官)에서 나온다. 가담항어(街談巷語)나 도청도설(道聽塗說)하는 자가 만드는 것이라 하였다. 주자의 정사(正史)와 『자치통감』 등 사서편찬과 관련한 주장은 湯勤福, 『朱熹的史學思想』, 齊魯書社, 2000, pp.157-203 참조.

50 역주 : 『수서경적지』 「사부(史部)」 "정사(正史)"에, 『후위서(後魏書)』 130권, 후제(後齊) 복야(僕射) 위수(魏收)가 편찬하였다고 했다.

그 기간의 (송과 북위 사이의) 전쟁에 관한 서술은 대개 모두 실록(實錄)이다. 『위서(魏書)』(原注 : 위수(魏收)가 편찬한 것을 말한다)에 서술된 내용은 모두가 심약(沈約)이 편찬한 『송서(宋書)』로부터 나온 것이다.(釋 : 군사에 관한 기록은 『송서』의 내용이 사실로서 과장된 것이 아니므로 위수(魏收)의 『위서(魏書)』도 그대로 따라 적었다) 만약 북위에 부끄러운 사실이 있으면 제멋대로 더하거나 덜어내어 『송서』의 내용과는 의미가 틀리게 꾸몄다. 예컨대 송 문제(宋文帝) 유의륭(劉義隆)이 여자를 바치고 화친을 구하자 북위 태무제(太武帝)가 전쟁 중의 혼사가 예법에 어긋난다는 이유로 불허하였다는 사실은[51] 더욱 괴이하다.(釋 : 『위서(魏書)』가 말을 꾸민 것을 지적하였다) 무엇 때문인가. 남조[江左]의 황족이나 강남 수향(水鄉)의 서성(庶姓)들 예컨대 사마초지(司馬楚之) · 유창(劉昶) · 소보인(蕭寶夤) · 한연지(韓延之) · 왕혜룡(王慧龍) 등은[52] 혹은 남조로부터 망명해 왔거나 혹은 포로가 된 죄수들이다. 그

51 『송서』 권95, 「색로전(索虜傳)」에, 북위 명원제(明元帝)의 아들 도(燾)의 자는 불리(佛貍)이다. 스스로 큰 무리를 이끌고 황하를 건너며 말하기를, "근래 몇 년 동안은 수확이 좋아서 백성들이 풍족하니, 동으로 오(吳) · 회(會) 지역을 순수(巡狩)하여 제왕의 출순(出巡)의 직책을 다하고자 한다. 창해(滄海)에 임하여 우혈(禹穴)을 탐방하고, 고소대(姑蘇臺)에도 올라보고, 장주원(長洲苑)도 돌아보고자 한다"라고 했다. 도(燾)는 팽성(彭城)으로부터 나와 남으로 진군하여 우이(盱眙)에서 회수(淮水)를 건너 과보(瓜步)에 이르러 갈대를 베어 떼[箄筏]를 만들어 장강(長江)을 건널 것이라 큰 소리쳤다. 사신을 송 태조에게 보내 낙타와 명마(名馬)를 보내고 화친을 구하면서 결혼관계를 맺자고 하였다. 태조는 봉조청(奉朝請) 전기(田奇)를 파견하여 진미(珍味)를 보냈다. 도(燾)는 손으로 하늘을 가리키고 손자를 안아 전기에게 보여주며, "내가 이곳까지 군대를 이끌고 온 것은 단지 공명(功名)만을 위함이 아니고 실제로 결혼관계를 맺어 도움을 받고자 함이다. 만일 응답을 한다면 이제부터 다시는 추호라도 침범하지 않을 것이다"라고 하며 다시 딸을 송 세조(世祖)와 결혼시키고자 하였다. 『위서(魏書)』 권97, 「도이전(島夷傳)」의 「유의륭(劉義隆)」조에, 황제가 과보(瓜步)에 올라 갈대를 베어 떼를 만들고 장강을 건너고자 하였다. 의륭(義隆)이 크게 두려워하여, 건업(建業)으로 달아나려 했다. 건업의 사녀(士女)들이 모두 짐을 지고 서서 방어하였다. 의륭이 황연년(黃延年)을 파견하여 행궁(行宮)에서 알현하며 백뢰(百牢)를 바치고 화친을 청하면서 여자를 보내 황손(皇孫)과 결혼시키기를 원하였다. 세조는 원정 중에 결혼을 논하는 것은 예(禮)가 아니라고 하여 화친은 허락하되 혼인은 허락하지 않았다고 했다. 按 : 『송서』에서 도(燾)라 함은 즉 북위의 세조(世祖) 태무제(太武帝)이고, 『위서』에서 의륭(義隆)이라 함은 즉 송 태조(太祖) 문제(文帝)이다.

52 『위서(魏書)』에, 사마초지는 진 선제(晉宣帝)의 동생 규(馗)의 8세손이다. 유유(劉裕)

러나 북위의 상건(桑乾)[53]에 가기만 하면 모두 황실의 사위[禁臠][54]가 되었다. 이들 사례는 모두 『위서(魏書)』에 자술(自述)한 내용이지 다른 나라의

가 사마(司馬) 씨 척속(戚屬)을 죽이자, 여(汝)·영(穎) 지방 중간으로 도망하였다. 해근(奚斤)이 하남(河南)을 공략하자 초지(楚之)가 항복을 청하였다. 후에 왕녀 하내공주(河內公主)에게 장가를 들어 아들 금룡(金龍)을 낳았다. 또 유창(劉昶)은 유의륭(劉義隆)의 아홉째 아들이다. 자업(子業)이 즉위하였지만 우매하고 난폭하였다. 모친과 처를 버리고 첩에게 남자의 복장을 하게 하고 몰래 와 항복하였고, 무읍공주(武邑公主)에게 장가들었다. 일 년 여 지나 공주가 죽자 다시 건흥장공주(建興長公主)에게 장가들었다. 또 소보인은 소란(蕭鸞)의 여섯 째 아들이고, 보권(寶卷)의 동북(同腹) 아우이다. 소연(蕭衍)이 건업을 함락하고 그 형제를 죽이자 가인(家人)이 담장을 뚫고 밤중에 보인을 탈출시켰다. 작은 배를 타고 흑포(黑布) 단의(短衣)를 입고 몰래 강을 건넜고, 풀섶으로 만든 신을 신고 걸었기 때문에 발바닥 껍질이 모두 벗겨졌다. 수춘(壽春)에 이르렀을 때 수주(戍主)가 신분을 검사하여 실제 소씨(蕭氏)의 후예라는 사실을 알고 경사(京師)에 보내졌고, 세종(世宗)이 예로써 대우하였다. 얼마 뒤 남양장공주(南陽長公主)에게 장가들었고 비단 1천 필(匹)을 하사하고 혼례 용구를 모두 갖추어 주었다. 또 한연지는 사마덕종(司馬德宗)의 평서부녹사참군(平西府錄事參軍)이었다. 태상(泰常) 2년(417), 사마문사(司馬文思)와 함께 입국하였다. 한연지의 전처(前妻) 나씨(羅氏)는 아들 조(措)를 낳아 한연지를 따라 입국하였다. 그리고 다시 회남왕(淮南王)의 딸을 처로 삼아 도생(道生)을 낳았다. 또 왕혜룡은 사마덕종의 복야(僕射) 왕유(王愉)의 손자이고, 산기(散騎) 왕집(王緝)의 아들이었다. 유유가 평민이었을 때 유(愉)가 예로 대하지 않았기 때문에 유유가 황제가 된 후 가족이 죽임을 당했다. 혜룡은 사문(沙門) 승빈(僧彬)이 숨겨주었고, 태상(泰常) 2년 귀국하였다. 최호(崔浩)의 아우 최염(崔恬)이 딸을 주어 처로 삼게 했다. 최호가 만나, "왕씨 집안의 아들이 맞다"라고 하였는데, 왕씨는 대대로 코주부였다. 강동(江東)에서는 이들을 '코주부 왕(王)'이라 했다. 해룡의 코 역시 컸다. 최호는 "정말 귀한 집안 태생이로다"라고 하였다. 按 : 혜룡은 북위 종실과 결혼한 것이 아니므로 차용(借用)한 것이다.

53 『송서(宋書)』 권95, 「색로전」에, 색두(索頭) 탁발개(託跋開)의 자는 섭규(涉珪)이다. 중원을 점거하고 왕을 칭하고, 자칭 국호를 위(魏)라 하고, 연호를 천사(天賜 : 404-408)라 하였다. 대군(代郡) 상건현(桑乾縣)의 평성(平城)을 도성으로 하였다고 했다.

54 『진서(晉書)』 권79, 「사안전(謝安傳)」에, 사안의 손자 혼(混)은 자가 숙원(叔源)이고, 어려서 좋은 평판이 있었다. 효무제(孝武帝)가 진릉공주(晉陵公主)의 사윗감을 구하였지만, 얼마 지나지 않아 황제가 죽고, 원산송(袁山松)은 자기 딸을 사혼의 처로 주고자 하였다. 왕순(王珣)이 말하기를 "경은 먹지 못할 잘게 저민 고기[禁臠]에 가까이 하지 마라"고 하였다. 처음, 원제(元帝)가 건업(建業)에 주둔할 때 공사(公私)가 모두 궁핍하여 돼지 한 마리를 얻을 때마다 진귀한 고기로 여겼고, 목 윗부분의 잘게 저민 고기는 특히 맛이 좋아 언제나 황제에게 바쳤다. 이를 '먹지 못할 저민 고기[禁臠]'라고 불렀다. 때문에 왕순은 이러한 이야기를 가지고 농담을 한 것이다. 사혼은 마침내 공주를 아내로 맞이하였다.

기록에 전하는 것이 아니다.(釋 : 남쪽의 사인들이 북쪽으로 도망가 대부분이 북조 황실의 사위가 된 사실에 근거하여 혼인을 거절하였다는 것이 과장되게 꾸민 것이라 했다) 그런 즉 북쪽 사람들이 남쪽을 중시하여 예우했음이 이와 같았다. 어찌 남조의 황제[黃旗][55]가 직접 굴욕적으로 청혼을 할 수 있으며, 북위 황제[白登][56]가 진지(陣地)에서 거꾸로 의심을 품고 받아들이지 않았다고 할 수 있겠는가? 『위서』에 기재된 내용과 실제 정황 사이의 차이가 이렇게 심했던 것이다.(釋 : 혼인을 거절했다는 사실에 대한 반박은 여기까지이다) 심약[休文]의 『송서』를 보면 진실로 정교하거나 세밀하다고 할 수는 없지만, 위수(魏收)[伯起]의 『위서』에 비하면 더욱 좋은 사서[良史]이다. 그러나 위수가 항상 말하기를 "나는 심약을 노복(奴僕)처럼 여긴다"라고 했다.(原注 : 『관동풍속전(關東風俗傳)』[57]에서 나왔다. ○어떤 책에는 이 주(注)가 없다) 이는 못생긴 모모(嫫母)[58]가 화장을 하고 천하의 미인인 서시(西施)앞에서 자랑하는 꼴이며, 물고기의 눈을 가지고 명월지주(明月之珠)를 비웃는 꼴이다.[59](釋 : 전체적으로 위수의 책이 심약의 책만 못하다고 결론지었다)

『宋書』載佛狸之入寇也, 其間勝負, 蓋皆實錄焉. 『魏史』所書,(原注 : 謂魏收所撰者) 則全出沈本.(釋 : 所書用師, 宋實不競, 則收書仍之) 如事有可恥者,

---

55 『삼국지』 권57, 「오서(吳書)」 「오주전(吳主傳)」의 배송지주[裴注]에, 『오서(吳書)』에 이르기를, 선철(先哲)의 비론(秘論)에 황제의 기(氣)[紫蓋黃旗]가 동남(東南)에 움직인다고 했다. 按 : 이 말은 본래 『강표전(江表傳)』에 있다. 또 『위서(魏書)』 권65, 「이평전(李平傳)」에, 평의 아들 해(諧)가 사신으로 석두(石頭)에 이르렀을 때 양(梁) 주객랑(主客郎) 범서(范胥)가 영접을 맡았다. 범서가 말하기를, "금릉(金陵)의 왕기(王氣)는 선대(先代)에 조짐이 있었지만, 천자의 기(氣)는 본래 동남에서 나온다"라고 하였다.

56 『한서』 권94상, 「흉노전(匈奴傳)」 상에, 묵특(冒頓)이 한 고조(漢高祖)를 백등(白登)에서 포위하였다. 주(注)에, 백등은 평성(平城)의 동남(東南)에 있었다. 按 : 평성은 상건(桑乾)에 있었다. 즉 북위[元魏]의 도성이다.

57 역주 : 『관동풍속전』은 송효왕(宋孝王)의 저작이다. 「서지(書志)」편 주)50 참조.

58 역주 : 「언어(言語)」편 주)42에도 보인다.

59 역주 : 『문심조룡(文心雕龍)』 「잡문(雜文)」편에, 양웅(揚雄)의 「연주(連珠)」 이후 그것을 모방하는 사람이 많았다. 두독(杜篤)과 가규(賈逵)와 같은 무리들이나, 유진(劉珍)과 반욱(潘勖)의 일파들은 명주(明珠)를 엮어보려 하였으나 대다수는 물고기의 눈을 엮는데 그쳤다고 하는데서 비롯된 말이다.

則加減隨意, 依違飾(一作'罕', 非)言. 至如劉氏獻女請和, 太武以師(此二字一改作'求'字, 非) 婚不許, 此言尤可怪也.(釋 : 揭出『魏書』飾言) 何者? 江左皇族, 水鄉庶姓, 若司馬 · 劉 · 蕭 · 韓 · 王, 或出於亡命, 或起自俘囚, 一詣桑乾, 皆成禁臠. 此皆『魏史』自述, 非他國所傳.(釋 : 南士北奔, 多爲北婿. 據此以折拒婚之飾誇也) 然則北之重南, 其禮如此. 安有黃旗之主, 親屈己以求婚, 而白登之陣, 反懷(一作'乃致')疑而不納. 其言河漢, 不亦甚哉!(釋 : 駁拒婚止此) 觀休文『宋典』, 誠曰不工, 必比伯起『魏書』, 更爲良史. 而收每云 : "我視沈約, 正如(或有'一'字) 奴耳."(原注出『關東風俗傳』. ○一本失此注) 此可謂飾嫫母而夸西施, 持魚目而笑明月者也.(釋 : 統以收書劣於沈書作束筆)

按 : 유지기는 『위서(魏書)』를 언급하면서 줄곧 그 과장됨을 배척하였다. (劉氏凡涉『魏書』, 只是一味斥誇)

8-9

근래 심약(沈約)이 편찬한 『진서(晉書)』[60]는 기이한 이야기를 즐겨 만들었다. 책 중에 동진(東晉) 원제(元帝)가 우금(牛金)의 아들이라고 하면서, '소[牛]가 말[馬]의 뒤를 계승한다'[61]는 징조의 응험(應驗)이라고 했다. 이러

60 역주 : 『수서경적지』「사부(史部)」"정사(正史)"에, 심약의 『진서(晉書)』 111권, 망실(亡失)되었다고 하였다. 『송서』「자서(自序)」에는 120권을 편찬하였다가 영명(永明) 초에 제5질(秩)을 도둑맞았다고 하였다. 『양서(梁書)』「심약전」에는 110권이라 하였는데 『수서경적지』의 111권과 마찬가지로 120권 중 당시 잔존(殘存)한 수를 의미한다고 여겨진다. 趙呂甫, 『史通新校注』, pp.944-945 주)1 참조.

61 『위서(魏書)』 권96, 「참진사마예전(僭晉司馬睿傳)」에, 사마예의 자는 경문(景文)이고, 진(晉)의 장군 우금(牛金)의 아들이다. 처음, 낭야왕(琅邪王) 근(覲)의 비(妃) 초국(譙國) 하후씨(夏侯氏)는 자가 동환(銅環)이었는데, 우금과 간통하여 사마예를 낳았고 성

한 사실에 관하여는 북제(北齊)[鄴]의 학자 왕소(王劭) · 송효왕(宋孝王) 등이 상세히 말하였다.[62] 그리고 위수(魏收)는 남조의 국가들을 심히 미워하였기 때문에 『진서(晉書)』 중에 실린 황제들에 관한 잘못된 내용을 기뻐하였다. 따라서 위수는 「사마예전(司馬叡傳)」[東晉의 元帝]을 저술하면서 심약이 말한 내용을 그대로 기록하였다.(釋 : 이상에서는 위수를 규찰(糾察)하였다) 또한 최호(崔浩)는 이적(夷狄) 군주에게 아첨하기 위해 고의로 사설(邪說)을 만들어 탁발(拓跋)의 조상은 본래 이릉(李陵)의 후예라고 하였다. 당시 사람들의 중론으로 그러한 사실은 모두 배척되고 그가 만든 사서는 세상에 유행되지 못하였다. 어떤 사람이 최호가 편찬한 책을 훔쳐 남조로 가져갔고, 심약이 『송서』 「색로전(索虜傳)」을 쓰면서 최호[伯淵]가 서술한 내용을 그대로 베꼈다.[63](釋 : 이상에서는 심약을 비판하였다) 이와 같은 유(流)의 망녕된 사실들은 매우 많아서 만약 그 유래를 자세히 살피지 않으면 진위(眞僞)를 판명하기가 어렵다.

近者沈約『晋書』, 喜造奇說. 稱元帝牛金之子, 以應'牛繼馬後'之徵. 鄴中學者, 王劭 · 宋孝王言之詳矣. 而魏收深嫉南國, 幸書其短, 著「司

을 사마(司馬)라고 속였다. 按 : 왕소(王劭)와 송효왕(宋孝王)의 이야기는 살필 방법이 없다. 『구당서(舊唐書)』 「원행충전(元行沖傳)」에, 위 명제(魏明帝) 때, 하서(河西) 유곡(柳谷)의 서석(瑞石)에 우(牛)가 말[馬]를 계승한다는 모습이 있었다. 위수(魏收)는 이를 가지고 동진 원제(元帝)가 우씨(牛氏)의 아들인데도 성을 사마라고 속였다고 하면서 이것은 돌에 새겨진 글씨의 응험(應驗)이라 했다. 원행충이 사적을 조사하여 보니 소성제(昭成帝)의 이름이 건(犍)이고, 진(晉)을 계승하여 수명(受命)하였는데 요참(謠讖)을 살펴보니 그러한 논의가 분명하여졌다. 按 : 행충은 원래 탁발의 후예였음으로 스스로 조상의 계통을 과장하였을 터이니 그 말 역시 반드시 사실은 아니었다. 그러나 하후씨와 관련한 추잡한 말이 "우씨가 계승했다"는 터무니없는 말은 『통감강목(通鑑綱目)』에는 모두 버리고 수록하지 않았다. 이는 바르고 곧은 사람은 저술함에 있어서 분명치 않고 더러운 근거 없는 이야기를 분명히 취하지 않았음을 알 수 있게 한다. 역주 : 이러한 사실은 「채찬(採撰)」편 원주(原注)에도 보인다.

62 역주 : 그러나 이들의 견해를 확인할 방법이 없다.

63 『송서』 권95, 「색로전」에, 색두로(索頭虜)의 성은 탁발씨(拓跋氏)인데, 그 조상은 한(漢)의 장군 이릉(李陵)의 후예였다. 이릉이 흉노에게 항복하였고, 흉노는 수백천종(數百千種)이나 되었는데 각기 명호(名號)를 세웠다. 색두 역시 그 중 하나였다고 했다. 또 「서전(序傳)」편에도 보인다.

馬叡傳」, 遂具錄休文所言.(釋 : 此上糾魏收) 又崔浩諂事狄君, 曲爲邪說, 稱拓跋之祖, 本李陵之胄. 當時衆議抵(一作'相', 誤)斥, 事遂不行. 或有竊其書以渡江者, 沈約撰『宋書』「索虜傳」, 仍傳伯淵所述.(釋 : 此上糾沈約) 凡此諸妄, 其流甚多, 儻無迹可尋, 則眞僞難辨者矣.

按 : 이 문단이 비록 『위서(魏書)』를 평론하는 조의 다음에 있지만 실제로는 위수(魏收)와 심약(沈約)을 함께 거론하였다. 유지기가 사가(史家)의 뒤섞여 잘못되고 견강부회하는 습관을 깊이 배척한 것을 나는 매우 찬동한다.(此段雖繫在說魏之條, 其實魏 · 沈並擧. 劉氏深斥史家淆訛傅會之習, 愚甚韙之)

이 조와 위의 조에서 말한 뜻은 앞의 「인습(因習)」 · 「언어(言語)」 · 「서사(敍事)」 · 「곡필(曲筆)」 등 여러 편에서 이미 누누이 말하였다. 때문에 「잡설(雜說)」편의 여러 조(條)가 대부분 앞의 정문(正文)의 저본(底本)이지 후일 계속하여 창작한 것이 아니란 것을 알았다. 『사통』 내편(內篇)이 시작되는 첫 번째 편(篇)을 보면 이르기를, “예로부터 역대 제왕들이 문헌(文獻)과 전적(典籍)을 편찬 · 서술한 상황에 대하여는 「외편(外篇)」에 상세히 설명하였다”라고 하여 「외편(外篇)」이 「내편」 다음에 확정된 것이 아니라는 것을 검증할 수 있다.[64](此與上條之說, 前者「因習」 · 「言語」 · 「敍事」 · 「曲筆」諸篇, 累累言之, 故知[雜說]諸條, 多半是前書底本, 非後來繼作也. 觀開章第一篇便云 : “自古編述文籍, 「外篇」言之備矣.” 可驗「外篇」非定在「內篇」後也)

64 역주 : 『사통』 「내편(內篇)」과 「외편(外篇)」이 지닌 특징과 작성의 선후(先後)에 대하여는 「육가(六家)」편 주)1 참조.

북제제사(北齊諸史) 3조[65]

○'제(諸)'를 '서(書)'라고 쓴 책이 있지만, 잘못이다. 이백약(李百藥)의 책만을 논한 것이 아니기 때문에 '제사(諸史)'라고 한 것이다.(○'諸'一作'書'誤. 不專論百藥, 故曰諸史)

8-10

왕소(王劭)의 『제지(齊志)』[66]는 전쟁을 묘사하면서 복잡한 분쟁을 서술하는데 있어서 자기 능력을 다하였으며[67] 그러한 장점을 더욱 잘 표현하였다. 예컨대 북제 문선제(文宣帝)가 위(魏) 효정제(孝靖帝)를 핍박하여 동위(東魏)로부터 선양을 받은 사실,[68] 상산왕(常山王) 연(演)과 진왕(秦王) 귀

---

65 역주 : 왕소의 『제지(齊志)』의 내용에 관한 것 2조, 이백약(李百藥)의 『북제서(北齊書)』에 관한 것 1조를 말한다.

66 역주 : 『수서경적지』 「사부(史部)」 "고사(古史)"에, 『제지(齊志)』 10권, 북제[後齊]의 사실로서 왕소가 편찬하였다고 했다. 「고금정사(古今正史)」편에도 보인다.

67 역주 : 『좌전』 성공(成公) 2년(B.C. 589)에, "제(齊)나라 고고(高固)는 진(晉)나라의 군진으로 달려들어가 큰돌을 높이 들어올려 진나라 사람에게 던져 쓰러뜨려서 그를 잡아 자기 전차에 태우고 또 뽕나무를 뿌리 채 뽑아서 자기 전차에 매달고는 제나라 군사의 영루(營壘)를 돌며 말하기를, '용기를 필요로 하는 자에게 나의 남은 용기를 팔겠다[賈余餘勇]'고 하여 용기를 뽐냈다"라고 한 말에 보듯 전쟁의 묘사를 생생하게 잘하고 있다는 의미이다.

68 『북사』 권5, 「위본기(魏本紀)」 "동위효경제기(東魏孝敬帝紀)"에, 효경제는 모습이 침착하고 바르다는 점에서 효문제의 풍모가 있었다. 발해왕(渤海王) 징(澄)은 최계서(崔季舒)를 중서황문시랑(中書黃門侍郎)으로 삼아 동정을 감찰하도록 하였다. 징이 계서에게 편지를 보내 이르기를, '어리석은 사람이 요즘은 어떤가? 어리석은 정도가 조금 나아졌는가?'라고 하였다. 장차 북제(北齊) 문선제(文宣帝)에게 선양할 즈음, 양성왕(襄城王) 창(昶) 등이 소양전(昭陽殿)에 들어와 사실을 아뢰었다. 창이 말하기를, '오행은 차례대로 움직이는 것으로 시작이 있고 끝이 있는 법', '폐하께서는 요(堯)임금처럼 순(舜)임금에게 선양하기를 바랍니다'라고 하였다. 황제는 곧 용모를 단정히 하여 답하기를, '이 일은 바란 지 이미 오래되었다. 삼가 마땅히 양보하고 자리를 피하고자 한다'라고 하였다. 황제는 어좌에서 내려와 걸어서 동랑(東廊)으로 가며 범엽(范曄)의 『후한서』 찬(贊)을 읊으며, '헌제(獻帝)는 때를 잘못 태어나 자신이 나라의 액난(厄難)에 빠져 한왕조 400년 역사를 끝내고 영원히 우순(虞舜)의 빈객인 단주

언(歸彦)이 양음(楊愔)과 연자헌(燕子獻)은 죽이고 건명(乾明)을 폐위시킨 사실[69] 등의 서술은 『좌전』에 기재된 계씨(季氏)가 노 소공(魯昭公)을 내쫓고,[70] 진백(秦伯)이 공자 중이(重耳)를 들여보내고,[71] 난영(欒盈)이 곡옥(曲沃)에서 봉기하고,[72] 초 영왕(楚靈王)이 건계(乾谿)에서 패한 사실[73] 등과 거의

(丹朱)가 되었구나'고 하였다. 관리에게 떠나기를 청하며 황제가 말하기를, '고인(古人)들은 모두 오래된 비녀나 헤진 신발 등에도 옛 정이 있다고 하였으니 내가 비빈(妃嬪)들과 이별을 해도 되겠는가?' 하였고, 빈(嬪) 조국(趙國) 이씨(李氏)가 진사왕(陳思王)의 시(詩)를 읊기를, '왕께서는 옥체를 아끼어서 노인이 되어 100년 향수하소서' 라고 하자 황후 이하 모두가 곡(哭)을 하였다. 운용문(雲龍門)을 나서자 왕공백관이 의관을 갖추고 절하며 이별을 고하였다. 황제가 말하기를, '오늘 내 모습이 옛날 상도향공(常道鄕公)·한 헌제(漢獻帝) 못지않구나'라고 하자 많은 사람들이 모두 몹시 슬퍼하였다고 하였다.

69 『북사』 권7, 「제본기(齊本紀)」 문선제(文宣帝) 천보(天保) 10년(559)에, 처음 황제가 연호를 천보(天保)라고 고치자 깊은 학식을 갖춘 자가 말하기를, '천보' 두 글자는 '한 대인(大人)이 단지 십(十)'이라는 의미이니 불과 10년 재위한다는 뜻이 아니냐?' 고 하였다. 또 태산(太山)의 도사(道士)에게 몇 년이나 제위(帝位)에 있을 수 있는가를 물은 적이 있는데, 도사가 답하기를 '30년 재위할 수 있습니다'라고 하였다. 후일 황제는 이후(李后)에게 말하기를, '10년 10월 10일 또한 30이 아니가? 인생이 죽게 마련이지만 제남왕(濟南王) 정도(正道)가 어린데 다른 사람이 찬탈하는 것이 안타까울 뿐이다'라고 하였다. 폐제(廢帝) 건명(乾明) 원년(560) 조 「본기」에, 2월, 상산왕(常山王) 고연(高演)이 조서를 속여 상서령(尙書令) 양음(楊愔)·상서복야(尙書僕射) 연자헌(燕子獻) 등을 죽였다. 8월, 태황태후(太皇太后)의 영(令)으로 폐제를 제남왕으로 하고, 상산왕 연을 입조시켜 황제의 지위를 계승하게 하였다. 처음, 문선제가 형소(邢邵)에게 폐제의 이름을 짓도록 명하자 이름을 은(殷), 자를 정도(正道)라고 하였다. 문선제가 이를 꾸짖으며 '은왕실은 형종제급(兄終弟及)하였고, 정(正) 자는 한 번에 그친다[一止]라는 의미이니 내가 죽고나면 아들이 제위를 얻지 못할 것이다'라고 하였다. 그리고는 소제(昭帝)에게 말하기를, '때가 되어 제위를 뺏더라도 절대 죽이지는 마라'고 하였다. 「효소제기(孝昭帝紀)」에, 소제와 제남왕이 서로 해하지 않기로 약속하였다. 제남왕이 업(鄴)에 있을 때 몰래 살해하였다. 후일 어떤 사람이 문선제와 양엄·연자헌 등이 함께 서쪽으로 가면서 말하기를 원수를 갚는다고 하였다고 말했다. 소제 역시 진양(晉陽)에서 이들을 보았다. 그리고 무예를 가르쳐 이러한 사기(邪氣)를 누르려 하였다. 토끼가 튀어나와 말이 놀라고 소제가 말에서 떨어져 늑골이 부러졌다. 태후(太后)가 제남왕을 어떻게 하였느냐고 소제에게 물으며 말하기를, '죽였구나. 너도 죽어 마땅하다'라고 하였다.

70 『좌전』 소공(昭公) 25년(B.C. 517)에 기록된 내용이다. 앞의 「잡설(雜說)」 상의 주)74 참조.

71 『좌전』 희공(僖公) 24년(B.C. 636)에, 진 목공(秦穆公)이 공자 중이(重耳)를 진나라로 들여보냈다고 했다.

동류(同類)라고 할 수 있다. 또한 (왕소의 『제지』에는) 북제 고조가 망산(邙山)에서 우문(宇文)을 격파하고,[74] 북주 무제(武帝)가 진양(晉陽)으로부터 병사를 거느리고 북제(北齊)를 평정한 사실이[75] 서술되어 있다. 『조전』에

72 『좌전』 양공(襄公) 23년(B.C. 550)에, 난영(欒盈)이 밤에 곡옥(曲沃)을 다스리는 서오(胥午)를 만나 자기 생각을 말했다. 서오는 난영을 숨겨두고 곡옥 사람들에게 술을 먹였다. 술자리에서 음악이 연주되자, 서오는 말하기를, '지금 우리가 난(欒) 씨 집안의 젊은 아드님을 모시게 된다면 여러분은 어찌하겠습니까?' 하자 대답하기를, '군주를 만나 그 분을 위해 죽는다면 죽어도 죽지 않는 것과 같습니다'라고 하며 모두 탄식하고 우는 사람도 있었다. 술잔이 더 돈 뒤에 또 말하자 모두가 '그 분을 만난다면 우리가 어찌 두 마음을 가지겠습니까?'라고 하였다. 이에 난영이 나와 두루 인사하였다. 난영이 군대를 거느리고 진(晉)나라 도읍인 강(絳)으로 쳐들어갔다고 했다.

73 『좌전』 소공(昭公) 12년(B.C. 530)에, 눈이 내리자 초 영왕(靈王)이 가죽으로 만든 관을 쓰고, 진(秦)나라에서 생산되는 짐승 털로 만든 복도(復陶)로 짠 옷을 입고 비취새의 깃털로 장식한 겉옷을 입고 표범가죽으로 만든 신을 신고, 채찍[鞭]을 손에 쥐고 나왔다. 그때 우윤(右尹) 자혁(子革)이 저녁 인사차 왔다가 「기초지시(祈招之詩)」를 낭송하였다. 왕은 자신의 욕망을 억제하지 못해 결국 화난(禍難)을 당하게 되었다고 했다.

74 『북사』 권6, 「제본기(齊本紀)」 상에, 무정(武定) 원년(543) 2월 북예주자사(北豫州刺史) 고신(高慎)이 호뢰(虎牢)(역주 : 포기룡은 무뢰(武牢)라고 했지만, 『북사』의 기록을 따른다)를 점거하고 서위(西魏)에 투항하였다. 3월, 북주(北周) 문제(文帝)가 무리를 거느리고 고신을 원조하였지만 신무(神武)[北齊高祖 高歡]가 이들을 망산(芒山)에서 크게 패배시켰다. 다음날 다시 전투를 할 때 서위의 정예군을 모두 거느리고 공격하였다. 전투 중 신무가 말에서 떨어졌는데 혁연양순(赫連陽順)이 말에서 내려 신무를 붙잡고 창두(蒼頭) 풍문락(馮文洛)이 부축하여 말에 태우고 함께 달아났다. 따르는 보기(步騎)가 6, 7명이었다. 기병들이 추격해오자 친신도독(親信都督) 위흥경(尉興慶)이 말하기를, '왕께서는 먼저 가시지요. 제 허리에는 백 개의 화살이 있으니 백 명은 족히 죽일 수 있습니다'라고 하였다. 신무가 말하기를, '일이 성공하면 그대를 회주(懷州刺史)를 삼으마. 그대가 전사하면 그대 아들을 임용하마'라고 하자, 홍경은 '아이가 아직 어리니 원컨대 형을 임용하소서'라고 하였고, 신무가 이를 허락하였다. 홍경은 싸우다 화살이 떨어져 전사하였다. 서위의 하발승(賀拔勝)이 13기(騎)로 신무를 추격하였다. 유홍휘(劉洪徽)가 그 중 둘을 화살로 맞추었다. 하발승이 창으로 신무를 찌르고자 할 때 단효선(段孝先)이 비스듬히 하발승에게 화살을 쏘아 그의 말을 죽임으로 겨우 면하였다. 예(豫)·락(洛) 두 주(州)가 평정되고, 신무는 유풍(劉豐)에게 땅을 공략하게 한 후 항농(恒農)에 이르렀을 때 돌아오게 하였다. 按 : 망산(芒山)은 즉 북망(北邙)이다. 장재(張載)의 「칠애(七哀)」에는 '북망(北芒)'이라 하였다.

75 『북사』 권10, 「주본기(周本紀)」 하에, 북주 무제(武帝) 건덕(建德) 5년(576), 겨울 11월에 황제가 경사(京師)를 출발하였다. 12월에 진주(晉州)에 주둔하였다. 군진을 사열하니 동서 20여리나 되었다. 무제는 평소에 타던 말을 타고 몇 명이 수행하여 군진을

도 성복(城濮)의 전투와 언릉(焉陵)의 전투[76] 그리고 제(齊)나라가 안(鞍)에서 패한 일,[77] 오나라 군대가 영(郢)으로 쳐들어간 것[78] 등의 전쟁에 대한 서술이 있지만, (『제지』와 비교하여) 그렇게 우월한 것은 아니다.

王劭國史, 至於論戰爭, 述紛擾, 賈其餘勇, 彌見所長. 至如敍文宣逼孝靖以受魏禪, 二王(當作'常山') 殺楊·燕以廢乾明, 雖『左氏』載季氏逐昭公, 秦伯納重耳, 欒盈起於曲沃, 楚靈敗於乾谿, 殆可連類也. 又敍高祖破宇文於邙(一訛'印', 一訛'邛', 史作'芒')山, 周武自晋陽而平鄴, 雖『左氏』書城濮之役·鄢陵之戰·齊敗於鞍(傳作'鞌')·吳師入郢, 亦不是過也.

按: 유지기가 왕소[君懋]의 책을 칭찬한 곳은 대단히 많으며 직접 볼 수 없었던 것을 유감으로 생각하였다. 여기서 논하여 기재한 네 가지 사실

순시하였는데, 이르는 곳마다 장수(將帥)의 성명을 부르고 위로하고 격려하였다. 전투를 시작하려 하자 무제에게 말을 바꾸어 탈 것을 청하였다. 무제는 '짐이 좋은 말을 타고 무엇을 할 것인가?' 하였다. 북제의 군사들이 참호를 메우고 남을 공격하였다. 무제가 제군(諸軍)을 지휘하여 이들을 공격하였다. 제(齊)의 군주가 수십기(騎)를 거느리고 병주(并州)로 달아났고 무제는 제군을 거느리고 제의 군주를 추격하였다. 여러 장수들이 군대를 돌이킬 것을 청하자, 무제는 '경(卿) 등이 의심이 가거든 짐 혼자 추격할 것'이라 하면서 군사를 지휘하여 곧장 진군하여 병주(并州)에 주둔하였다. 제의 군주가 업(鄴)으로 달아났다. 6년(577) 봄 정월, 제의 군주가 태자 항(恒)에게 제위를 전하고 연호를 승광(承光)이라 고쳤다. 무제가 업(鄴)에 이르러 제군을 거느리고 공격하여 드디어 제를 평정하였다. 제의 군주가 청주(青州)로 달아나자 대장군 위지근(尉遲勤)을 보내 쫓도록 하였다. 2월에 제의 군주가 잡혀 왔다. 무제는 친히 계단을 내려와 빈주(賓主)의 예(禮)로서 맞이하였다. 按: 왕소(王劭)는 본래 제(齊)나라 사람이었다. 이 사건은 제 후주(後主)를 서술한 것으로 당연히 더욱 정취가 있다. 삭제된 말이 반드시 많았을 것이다.

76 성복(城濮)의 전투는 희공(僖公) 28년(B.C. 632)에, 언릉(焉陵)의 전투는 성공(成公) 16년(B.C. 575)에 있었던 전투로서 춘추시대 진(晉)·초(楚) 간에 벌어진 3대 전투 중 그 둘에 해당한다.

77 『좌전』 성공(成公) 2년(B.C. 589)에, 진(晉)의 극극(郤克)이 안(鞍)에 군진을 쳤다. 제(齊)나라 군대가 패퇴하자 이를 좇아 화불주(華不注)를 세 번이나 돌았다고 했다.

78 이 사실은 『좌전』 정공(定公) 4년(B.C. 506)에 있고, 「잡설(雜說)」 상에도 그 대략이 보인다. 按: 조(條) 내에 『좌전』의 상황을 인용한 것이 전후 합하여 여덟 가지 사건으로 모두 장편이다. 사건이 이미 널리 알려진 것이므로 다만 연대만 표기하고 내용을 생략하였다.

은 사건에 대한 서술에 그치는 것이 아니라 문장을 평론한 것이다. 사정이 가장 큰데도 문장 역시 가장 자세하고 숙련되었다. 이제 이덕림(李德林)·이백약(李百藥)·영호덕분(令狐德棻)이 편찬한 사서를 보니 대부분이 모두 『제지』를 남본(藍本)으로 하였다. 때문에 주(注)를 인용함에 마땅히 그 곡절을 조금 더 상세하게 해야 하며, 『제지』의 문장을 다른 구절 중의 사실에 대한 간략한 묘사와 같은 예로 보아서는 안 된다.(知幾稱君懋書, 不一而足, 恨不得見矣. 此所論載四事, 非止述事, 乃論文也. 事最鉅, 而文亦最詳練. 今觀二李·令狐所撰次, 大率皆藉爲藍本. 故引注宜稍盡其曲折, 不得與他處節見事略者同例)

8-11

어떤 사람이 묻기를 "왕소(王劭)의 『제지(齊志)』는 당시의 속된 말[鄙言][79]을 많이 기록하였다는데 옳은 것인가? 그른 것인가?"라고 하였다.

나는 다음과 같이 대답하였다. 예로부터 지금까지 사물의 이름은 각기 달랐다. 또 지역이 달랐으므로 명칭 또한 같지 않았다. 따라서 진(晉)·초(楚)의 방언, 제(齊)·노(魯)의 속어(俗語)가 『육경』과 제자백가서에 많이 기재되었다.(釋: 제일 먼저 옛날 속어와 방언이 경적(經籍)에 모두 기재되었다고 했다) 한(漢)나라 이후 풍속은 여러 차례 변화되었지만 사서를 읽으면 대체로 그러한 사실을 알 수 있다. 예를 들면, 혹 군신간에 사용되는 명칭이 붕우(朋友)간에 사용된다거나, 혹은 상관에 대한 존칭이 부친에게 사용되었다. 의도적으로 상대방에게 경의(敬意)를 표하는 경우 '처사(處士)'·'왕손(王孫)'이라 칭하였고,[80] 상대방을 가볍게 여겨 모욕하는 경우

79 역주: 방언이나 속어·구어(口語) 등을 모두 가리킨다.

80 『후한서』 권80하, 「문원전(文苑傳)」 「예형전(禰衡傳)」에, 예형이 강하태수(江夏太守)

에는 '복부(僕夫)'('역부(役夫)'라고 하는 것이 맞을 것이다) · '사장(舍長)'이라 불렀다.[81] 이외에 형초(荊楚)지방에서는 '다(多)'를 '과(夥)'로 말하였고,[82] 여강(廬江)지방에서는 '다리[橋]'를 '흙다리[圯]'라고 했다.[83] 남쪽사람들은 북쪽사람들을 '촌놈[傖]'이라 부르고,[84] 서쪽에서는 동호(東胡)를 '오랑캐[虜]'

황조(黃祖)의 서기(書記)가 되어 그의 뜻을 잘 표현하였다. 황조가 그의 손을 잡고 말하기를, '처사(處士)께서는 저의 뜻을 바르게 파악하십니다'라고 하였다. 「초사(楚辭)」「초은사(招隱士)」에, '공자[王孫]가 유람하며 돌아오지 않으니 봄 풀이 올라와도 쓸쓸하구나'라고 했다. 『한서』 권34, 「한신전(韓信傳)」에, '내가 공자[王孫]에게 밥을 대접한 것이 어찌 보답을 바라고 한 것이겠는가?' 하며 화를 내었다. 주(注)에, 소림(蘇林)이 말하기를, ''왕손(王孫)'은 공자(公子)라고 말하는 것과 같다'라고 했다.

81 『좌전』 양공(襄公) 4년(B.C. 569)에, 「우인지잠(虞人之箴)」에 이르기를, '사냥을 맡은 신하[獸臣]는 짐승이 사는 산야를 관리하고 있는데, 이제 감히 측근[僕夫]에게 고합니다'라고 하였다. 『좌전』 문공(文公) 원년(B.C. 626)에, 초(楚)의 세자 상신(商臣)이 고모 강미(江羋)에게 음식을 대접하되 공경하지 않았다. 강미가 노하여 말하기를, '이 천한 놈[役夫]아!' 하였다. 『사기』 권105, 「편작전(扁鵲傳)」에, 편작의 성은 진씨(秦氏)이고 이름은 월인(越人)이다. 어릴 적에 사람들의 사장(舍長)이 되었다. 주(注)에, 객관(客館)을 지키는 관리였기 때문에 사장(舍長)이라 일컬었다고 했다.

82 『사기』 권48, 「진섭세가(陳涉世家)」에, 진섭이 왕이 되자 옛 친구가 궁 안에 들어오면서 말하기를, '휴우! 굉장하구나[夥頤] 진섭이 왕이 되다니! 잘도 사는구나!'라고 하였다. 초(楚)나라 사람들은 많은 것[多]을 '과(夥)'라고 표현하였다. 때문에 이 말이 천하에 전하게 되었다고 했다.

83 『사기』 권55, 「유후세가(留侯世家)」에, 장량(張良)은 일찍이 한가한 틈을 타 하비(下邳)의 흙 다리[圯] 위를 거닐고 있었다고 했다. 주(注)에, 서광(徐廣)이 이르기를, '흙다리[圯]는 다리[橋]이다. 동초(東楚)에서는 이를 이(圯)라 하였고, 음은 이(怡)'라고 했다.

84 『진서(晉書)』 권58, 「주비전(周玘傳)」에, 나를 죽인 것은 바로 그들 창(傖) 놈들이다. 그들에게 원수를 갚아야 내 아들이라 할 수 있다. 오(吳)지방 사람들은 중원(中原)[中州] 사람을 '창(傖)'이라 불렀다고 했다. 『송서(宋書)』 권95, 「색로전(索虜傳)」에, 창인(傖人)들은 '바꾼다[換]'는 것을 '박(博)'으로 고쳐 불렀다고 했다. 『세설신어(世說新語)』 「아량(雅量)」편에, 저공(褚公)[褚裒]이 상인의 배를 타고 가다가 전당정(錢塘亭)에 투숙했다. 당시 현령(縣令)이 마침 손님을 전송하느라 나오자 정리(亭吏)가 저공을 내쫓아 외양간으로 옮겨가게 했다. 현령이 외양간에 있는 사람이 누구냐고 묻자 정리가 말하기를, 어제 창부(傖父) 한 명이 와서 정(亭)에 투숙하였는데 존귀하신 손님이 오셔서 잠시 그를 옮겨가게 하였다고 했다. 按 : 창자(傖子) · 창인(傖人) · 창부(傖父) 등이 모두 북인(北人)을 가리킨다. 역주 : 이들 명칭은 원래 토착 남방인이 이주해 온 북방인을 멸시하여 부르던 말인데, 이러한 관념은 서진(西晉)이 오(吳)를 멸한 후부터 나타나기 시작하여 동진 때 심화되었고, 「품조(品藻)」 · 「간오(簡傲)」 · 「배조(排調)」 · 「가휼(假譎)」편 등에 보인다. 金長煥譯註, 『世說新語』(살림출판사, 1997)中,

라고 불렀다.[85] '거(渠)' · '문(們)' · '저(底)' · '개(箇)'가 남조[江左]에서는 '피차(彼此)'라는 말을 가리키며,[86] '내(乃)' · '약(若)' · '군(君)' · '경(卿)'이 중원에서는 '너[汝]' · '나[我]'(마땅히 '너[爾汝]'라고 해야 한다)를 가리킨다.[87] 이러한

「雅量」篇 주(注), p.126 참조.

85 『사기』 권8, 「고조본기」에, 항우(項羽)가 쇠뇌를 쏘아 한왕(漢王)[劉邦]을 명중시켰다. 한왕은 가슴에 상처를 입고서도 발을 더듬으며 말하기를, '저 오랑캐[虜] 놈이 내 발가락을 맞혔구나!'라고 하였다. 『사기』 권99, 「유경열전(劉敬列傳)」에, 누경(婁敬)(역주: 원래 성은 루씨였으나 유성(劉姓)을 하사 받음)이 흉노 정벌을 간하자, 고조가 꾸짖으며 이르기를, '제(齊) 지방 오랑캐[虜] 놈아! 구설(口舌)로 벼슬을 얻더니'라고 하였다. 『후한서』에, 광무제가 우래(尤來) · 대창(大槍)을 공격하였다가 오히려 패배하였다. 웃으며 이르기를, '오랑캐[虜]의 비웃음거리가 되었도다'라고 하였다. 『북사』 권93, 「참위부용전(僭僞附庸傳)」 「연(燕)」에, 관중 지방의 노래에 '태세(太歲)가 남행(南行)하면 다시 오랑캐[虜]가 된다네'라고 하였다. 서인(西人)들은 도하(徒河)를 백로(白虜)라고 불렀다고 했다. 按: 모두 동인(東人)을 가리키는 말이다.

86 곽연년(郭延年)의 주(注)에, 『한서(漢書)』에 이르기를, '그[渠]가 그 사람인가?'라고 하였다. 『집운(集韻)』에, '문(們)은 '막(莫)'과 '곤(困)'의 반절음(反切音)이다'라 했다. 『정자통(正字通)』에, 오늘날 문장가들은 엄문(俺們) · 아문(我們)이라고 쓴다고 했다. 곽연년의 주, 『수당가화(隋唐嘉話)』에, 최식(崔湜)이 중서령(中書令)이 되었고, 장가정(張嘉貞)이 사인(舍人)이 되었다. 최식이 장가정을 얕보고 항상 '장저(張底)'라고 불렀다. 양자(揚子)의 『방언(方言)』에, '개(箇)'는 '매(枚)'라고 했다. 『의례(儀禮)』의 세 개(个) 주(注)에, 오늘날 풍속에는 '매(枚)'를 '개(個)'라고 부른다고 했다. 혜공(惠公)의 두 자손이 있어 서로 다툴 때는 좋았는데, 이제 또 한 사람[个]이 죽어 약하게 되었다고 했다. 『남사(南史)』 권24, 「왕홍지전(王弘之傳)」에, "만약 한 사람[个]의 사자를 파견하여 위문하게 한다면"이라고 하였다. 按: 거문(渠們) · 저개(底箇)는 모두 두 글자를 붙여서 말할 수 있다. '거문(渠們)'은 '그들[他們]'을 말하고, '저개(底箇)'는 '그것[那個]'을 말한다. 역주: 『삼국지』 권63, 「오서」 「조달전(趙達傳)」에, "사위가 어제 왔었는데, 반드시 그[渠]가 훔쳐갔을 것이다"라고 한 내용이 보인다.

87 『예기(禮記)』 「제통(祭統)」에, 위(衛)나라 대부 공회(孔悝) 집안의 정명(鼎銘)에 이르기를, '너[若]는 당연히 부친의 사업을 계승하라'라고 했다. 정현(鄭玄)의 주(注)에, '약(若)' · '내(乃)'는 '여(汝)'와 같다. 按: '내(乃)'는 '내(迺)'라고도 한다. 『한서』 권40, 「장량전(張良傳)」에, (장량의 건의를 듣고 난 한왕(漢王)[劉邦]이) "천한 유생 놈아! 네[迺] 아버지의 일을 거의 망치게 하는구나!"라고 하였다. 『당운고음(唐韻古音)』에, 옛날 사람들은 '약(若)'을 '여(汝)'라고 읽었다. 『사기』에는 '오옹(吾翁)'을 '약옹(若翁)'이라 했다. 『한서』에 '오옹'을 '약옹'이라 한 것은 근거가 있다. 소동파(蘇東坡)의 『묵군당기(墨君堂記)』에, 대체로 사람들끼리 서로 호칭하면서, 신분이 귀한 사람에게는 '공(公)', 현명한 사람에게는 '군(君)'이라고 했다. 『운회(韻會)』에, 피차 지위가 서로 같은 사람끼리 서로 '경(卿)'이라 칭하였는데, 수(隋) · 당(唐) 이래 자신보다 낮은 경우를 경(卿)이라 불렀다고 했다. 내가 살펴보니, 수(隋) 이전에 이미 그렇게 불렀다.

호칭은 지역에 따라 다르게 변하였고, 시간에 따라 바뀌었다. 이러한 사정이 사서[方冊][88]에 기재되어 있으면 다른 자료를 찾아 살피지 않아도 된다. 사서의 기록을 통해 백성들의 풍속이 어떻게 다르며 각지 풍토가 어떻게 다른가를 충분히 알 수 있다.(**釋** : 다음에서는 근고(近古)의 사적(史籍)에도 속칭(俗稱)을 기재하고 있음을 말하였다)

그러나 장안(長安)과 낙양(洛陽)을 잃고 난 후[89] 사이(四夷)가 황제를 칭하고,[90] 이하(夷夏)가 서로 섞이게 되면서 말과 단어들이 더욱 추하게 되었다. 그러나 최홍(崔鴻)[彦鸞]과 위수(魏收)[伯起]는 은휘(隱諱)[91]에 힘쓰고,(**舊注** : '장(長)'을 '장(藏)'이라 한 것은 대개 요장(姚萇)을 피휘하기 위함이다. **按** : 이름을 피휘한 것만을 예로 든 것은 본래의 뜻과는 관련이 없다. 원주(原注)가 아니다) 이백약(李百藥)[重規]과 영호덕분(令狐德棻)은 문장의 수식을 중시했다. 그 결과 중국의 수백년 역사를 기재한 사서에서 민간풍속의 모습과 변화를 볼 수 없게 되었다.(**釋** : 서진(西晉)이 중원지방을 잃고 난 후 국음(國音)이 바뀌고 변하였다. 그리고 사가들은 비루하다고 하여 이를 피함으로써 그 진실을 잃게 되었다) 대개 옛 사람들이 말하기를, "옛것만 알고 현재를 모른다면 그것을 '시

『진서(晉書)』 권50, 「유준전(庾峻傳)」에, 유준의 아들은 애(敳)이다. 왕연(王衍)은 애와 교왕하지 않았다. 유애는 왕연을 항상 그대[卿]라고 불렀다. 왕연이 말하기를, '너(君)는 그렇게 불러서는 안 된다'라고 하자, 애가 말하기를, '그대[卿]는 나를 너[君]라고 부르니 나도 그대[卿]를 그대[卿]라고 부르는 것이오'라고 하였다.

88 역주 : 『문심조룡(文心雕龍)』 「징성(徵聖)」편에, 고대 성스러운 임금들의 가르침은 방책(方冊)에 기록되어 내려오고, 공자의 풍모와 문채는 그의 격언(格言) 안에 충만되어 있다고 했다. '방(方)'이란 원래 목판(木板)을 의미하고, '책(冊)'이란 대나무 조각을 엮어 놓은 것을 말한다. 고대에는 문자를 이러한 방책에 기록해 놓았다. 따라서 넓은 의미에서 '방책'을 사서(史書)라고 보아도 무방하다.

89 역주 : 316년 서진(西晉)의 멸망을 가리킨다.

90 역주 : 5호16국의 건립을 가리킨다.

91 역주 : 『문심조룡』 「사전(史傳)」편에, "공자(孔子)가 현인들을 존중하여 그들의 결점을 감추어 줌으로써[隱諱] 그들의 고귀한 점을 보호하고자 한 것은 그의 성스러운 뜻이다. 왜냐하면 사소한 결함이 아름다운 옥을 손상시킬 수는 없을 것이기 때문이다"라고 했다. 여기서는 고상한 말을 이용하여 속어나 방언을 드러내지 않음을 의미하기도 한다.

대변화를 모른다[陸沈]'고 불렀다"[92]고 하였다. 또 말하기를 "한 가지 사물을 모르더라도 군자는 부끄러워 한다"[93]고 하였으니 시간상 멀든 가깝든, 사실이 크든 작든, 반드시 많이 보고 들어야 박식해진다.(釋 : 이상 몇 마디로 왕소의 『제지』를 가리켜 스스로 자질구레하고 사소한 말이라도 나름의 가치가 있다고 했다) 예컨대 오늘날의 호칭으로 중원[中州][94]지역을 '한(漢)'이라고 부르는 것이나,[95] 관서(關西)지역을 '강(羌)'이라 부르는 것,[96] 신하가 군주에게 자신을 '노(奴)'라고 하는 것,[97] 어머니를 '누이[姊]'라고 하는

---

92 역주 : 『논형(論衡)』 「사단(謝短)」편.

93 역주 : 『법언(法言)』 「군자(君子)」편.

94 역주 : 『삼국지』 권60, 「오서」 「전종전(全琮傳)」에, 전종의 자는 자황(子璜)이고, 오군(吳郡) 전당(錢唐) 사람이다. …… 이때 중주(中州)의 사인(士人)들로서 난을 피해 남쪽으로 내려와 전종의 집에 의탁하고 있는 자가 백여 명이나 되었다고 했다. 중주(中州)란 대체로 중원지방을 가리킨다.

95 『북제서(北齊書)』 「제후전(帝后傳)」에, 중원[漢]의 할멈의 짐작을 받아들였다고 했다. 『북제서』 권39, 「최계서전(崔季舒傳)」에, 중원[漢兒]의 문관(文官)들이 연명(逭名)으로 서명하였다고 했다. 按 : 옛날부터 변방지역을 위엄에 떨게 한 것으로는 한(漢)나라가 가장 오래 지속하였으므로 드디어 이를 따라 '한(漢)'을 중원[華]의 칭호로 한 것이다. 역주 : 이외에도 『북제서』 권23, 「위개전(魏愷傳)」에, 위개가 청주장사(青州長史)로 임명되었는데도 고사(固辭)하자, 양음(楊愔)이 이를 듣고, 현조(顯祖)에게 고하자, 현조가 양음에게 이르기를, "어떤 남자이길래 내가 관직을 내렸는데도 취임하기를 거부하는가[何物漢子, 我與官, 不肯就!]"라고 한 구절을 보면 '한(漢)'은 남자를 가리키기도 했다.

96 사광(師曠), 『금경(禽經)』에, 장화(張華) 두우주(杜宇注)에 이르기를, 별령(鼈靈)이 무산(巫山)을 파고, 촉인(蜀人)이 강남(江南)에 거주하고, 강(羌)은 강북(江北)에 거주하여 서주(西州)라 불렀다. 『북사(北史)』 권81, 「유림전(儒林傳)」에, 이업흥(李業興)이 서준명(徐遵明)에게서 사사(師事)하였다. 선우영복(鮮于靈馥)이 말하기를, "이생(李生)은 오래도록 강(羌) 박사를 좇아 무엇을 얻었는가?"라고 하였다. 또 『북사』에 북주(北周) 위지형(尉遲逈)이 낙양을 공격하였을 때 북제(北齊)의 장수 단소(段韶)가 말하기를, "서강(西羌)이 핍박할 기회를 엿보는 것은 고치기 어려운 병"이라고 했다. 按 : 두 열전에서 말한 강(羌)은 바로 함곡관(函谷關) 이서(以西) 지방을 가리키는 같이다.

97 신하[臣]를 노(奴)라고 하였다. 남조와 북조의 사서 예컨대 『북제서(北齊書)』 권50, 「은행전(恩倖傳)」에, "제가(帝家)의 제노(諸奴)[와 호인(胡人) 악공] 중 황제의 총애를 받는"이라고 했다. 『북사』 권89, 「예술전(藝術傳)」 상, 「오사전(吳士傳)」에, 북제 문양제(文襄帝)가 이르기를, "우리 집안의 여러 노복들도 매우 귀한 대우를 받거늘, [하물며 나 자신이야!]"라고 하였다. 모두 가까이서 모시는 복역(僕役)을 가리키는 말이지, 바로 조정의 신하를 일컫는 말은 아니다. 『송서(宋書)』 권74, 「노상전(魯爽傳)」에, 위

것,[98] 군주가 사람들에게 '대가(大家)'로 불리는 것,[99] 장수들이 병사들을 '아이들[兒郎]'이라 부르는 것[100] 등이다.(이상은 모두 현재 민간에 전하는 구어(口語)를 말한다) 이러한 예는 매우 많다. 그러나 그러한 말들의 근원을 찾아본다면 언제부터 사용되었는지 자세히 알 수가 없다. 그런데 왕소의 『제지(齊志)』를 읽으면 분명히 알 수 있다. 이러한 사실들을 통해 왕소의 사서에 기재된 사실에는 유익한 점이 많다고 말할 수 있다. 후진들이 모르던 것을 알게 해주고 견문을 넓혀주기에 충분하였다. 왕소가 없었더라면 우리들은 장벽에 직면한 듯 (수백 년) 가까운 시대의 사실들을 알 수 없었을 것이다. 그런데도 그대들은 어찌하여 함부로 그를 비난하고 꾸짖는가?(釋 : 오직 왕소 만이 당시의 속어(俗語)를 보존하였다고 하여 특별히 크게 칭찬하였다)

(魏)의 군주 탁발도(拓跋燾)가 남침하자 노상과 아우 노수(魯秀)가 황하를 건너 남으로 돌아갈 것을 도모하였다. 청하여 말하기를, "신[奴]과 남(南) 사이에는 원한이 있습니다"운운하였다. 아래에 스스로 해석하여, "아랫사람들은 그 군주에게 노(奴)라 칭하는 것은 칭신(稱臣)과 같다"라고 하였다. 按 : 이는 확실한 증거이다.

98 '자(姊)'는 본래 '자(㚢)'라고 썼다. 『북제서(北齊書)』 권9, 「문선이후전(文宣李后傳)」에, 무성제(武成帝)가 즉위하고 문선황후의 음란행위를 핍박하였다. 후일 임신을 하게 되었는데, 태원왕(太原王)이 문 앞에 이르렀지만 만날 수가 없었다. 화를 내며 말하기를, "아들이 모를 것 같으냐? 어머니[姊姊]께서 배가 불렀기 때문에 만나지 않으려 한다"라고 했다. 『강희자전(康熙字典)』에, 북제의 태자는 생모를 '어머니[姊姊]'라 고 불렀다.

99 채옹(蔡邕), 『독단(獨斷)』 권상(卷上)에, 친근(親近) 시종(侍從)들은 천자를 대가(大家)라고 칭한다고 했다. 『북제서』 권1, 「신무기(神武紀)」에, "어찌하여 귀인[大家]의 감정을 건드린단 말인가?"라고 하였고, 또 『북제서』 권50, 「은행전(恩倖傳)」 「고아나굉전(高阿那肱傳)」에, "황상(皇上)[大家]께서 지금 즐기고 있는 중인데"라고 하고 또 "황상[大家]께서는 물러나십시오! 황상께서는 물러나십시오!"라고 하였다.

100 『이아(爾雅)』 「석언(釋言)」에, 사(師)는 사람[人]이다. 곽주(郭注)에, 사람의 무리를 일컫는 말이라고 했다. 『좌전』에, 병사[師人]들이 많이 떨었다[師人多寒]고 했다.(역주 : 이 말의 전거를 찾을 수는 없으나, 『좌전』 양공(襄公) 14년(B.C. 559)에는 "병사들이 많이 죽었다[師人多死]"라고 했다) 『구당서(舊唐書)』 권104, 「봉상청전(封常淸傳)」에, 고선지(高仙芝)가 모집하여 온 병사들을 불러 말하기를, "내가 경성(京城)에서 너희들[兒郎輩]을 모았는데, 비록 너희들이 조그마한 재물을 모았을 뿐이고 행장을 제대로 갖추지도 못하였다"라고 했다. 按 : 서전(書傳)에 보이는 상량문(上梁文)에는 호칭을 부를 때마다 반드시 '아랑위(兒郎偉)'라고 불렀다.

或問曰：王劭『齊志』多記當時鄙言，爲是乎？爲非乎？

對曰：古往今來，名目各異．區分壤隔，稱謂不同．所以晋・楚方言，齊・魯俗語，『六經』諸子，載之多矣．(釋：首原古俗方言，經籍並載) 自漢已降，風俗屢遷，求諸史籍，差睹其事．或君臣之目，施諸朋友；或尊官之稱，屬諸君父．曲相崇敬，標以處士・王孫；輕加侮辱，号以僕夫(恐作'役夫'爲允)・舍長．亦有荊楚訓多爲夥，廬江目橋爲圯．南呼北人曰傖，西謂東胡曰虜．渠・們・底・箇，江左彼此之辭；乃・若・君・卿，中朝汝我(當作'爾汝')之義．斯幷因地而變，隨時而革，布在方冊，無假推尋．足以叱俗之有殊，驗土風之不類．(釋：次言近古史籍亦載俗稱)

然自二京失守，四夷稱制，夷夏相雜，音句尤媸．而彦鸞・伯起，務存隱諱；(舊注：謂'長'爲'藏'，蓋爲姚萇諱．按：偏擧諱名，與本義無涉，非原注也) 重規・德棻，志在文飾．遂使中國數百年內，其俗無得而言．(釋：自晉失中原，國音迭變．而史氏鄙而諱之，失其眞矣) 蓋語曰："知古而不知今，謂之陸沈．" 又曰："一物不知，君子所恥．" 是則時無遠近，事無巨細，必籍(通'藉')多聞以成博識．(釋：數語呼起劭『志』，自居瑣細，言有分寸) 如今之(一無'之'字) 所謂者，若中州名漢，關右稱羌，易臣以奴，呼母云姊．主上有大家之号，師人致兒郎之說．(六句皆言現在俗傳口語) 凡如此例，其流甚多．必尋其本源，莫詳所出．閱諸『齊志』，(王劭作) 則了然可知．由斯而言，劭之所錄，其爲弘益(一作'益彌')多矣．足以開後進之蒙蔽，廣來者之耳目．微君懋，吾幾面墻於近事矣，而子奈何妄加譏誚者哉!(釋：唯王劭能存質語，特深許之)

按：유지기의 사서에 대한 평론은 꾸미는 것을 배척하고 진실을 숭상했으며, 방언이나 속어를 기록하는데 편중하더라도 종이 쓰는 것을 아까워하지 않았다. 질박(質朴)한 것을 지나치게 좋아하는 버릇이 있다고 말할 수 있다.(知幾論史，黜飾崇眞，偏於里音，不惜紙費，可云有質癖矣)

8-12

당(唐)[皇家]에서는 오대(五代)(양(梁)·진(陳)·북제(北齊)·북주(北周)[後周]·수(隋)를 가리킨다)의 사서를 편찬하면서,[101] 사관(史館)에 필요 없어 버려진 사고(史稿)가 여전히 보관되어 있었으므로 이전에 편찬된 옛 사서에 기초하여 새롭게 만들었다. 그 원고를 보면, 주묵(朱墨)과 묵을 사용하여 초고(草稿)를 고치면서 연분(鉛粉)과 자황(雌黃)으로 지운 부분이 있지만 여전히 알아볼 수 있는 글자가 있다. 어떤 곳은 원래 사실인데도 오히려 허위라고 고친 것이 있고, 어떤 것은 틀린 것인데도 옳은 것으로 했다.[102](釋 : 첫 구절에서는 전체적인 문제를 거론하였고, 이하에서는 전적으로 이백약(李百藥)의 『북제서(北齊書)』를 규명하였다) 원래 북제(北齊)의 국사(國史)에서는[103] 모두 각 황제들의 묘호(廟號)를 칭했는데, 이백약이 『북제서』를 편찬하면서 묘호가 당(唐)의 피휘에 해당하면 모두 시호(諡號)로 바꾸었다.(原注 : '세(世)'자는 태종(太宗) 문황제(文皇帝)의 휘[世民]에 저촉된다) 예컨대 세종(世宗)(세조라고 잘못

101 역주 : 『당회요(唐會要)』 권63, 「사관(史館)」 上, "수전대사(修前代史)"에, 정관(貞觀) 3년(629) 중서(中書)에 비서내성(秘書內省)을 설치하고 오대사(五代史)를 찬수(撰修)하게 하였다. 10년 정월 20일에 방현령(房玄齡)·위징(魏徵)·요사렴(姚思廉)·이백약(李百藥)·영호덕분(令狐德棻) 등이 북주(北周)·수(隋)·양(梁)·진(陳)·북제(北齊) 오대사를 찬성(撰成)하였다고 했다. 앞의 「고금정사(古今正史)」편에도, "처음에 당 태종(太宗)은 양(梁)·진(陳) 및 북제(北齊)·북주(北周)·수(隋) 등에 사서가 완비되지 않았다고 생각하고, 학사(學士)들에게 명하여 각기 나누어 편찬하도록 하였다. 그러한 사실은 앞에서 상세히 서술하였다.(앞에서 말한 양(梁)·진(陳) 및 북제(北齊)·북주(北周)를 말한다) 그리하여 비서감 위징(魏徵 : 579-642)에게 편찬작업을 총괄하게 하였다. 무릇 찬론(讚論)이 기재될 경우 대부분 위징이 직접 썼다. 정관(貞觀) 3년에 편찬을 시작하여 정관 18년(644)에 이르러 완성하여"라고 했다.

102 역주 : 다른 판본에는 '옳은 것인데도 틀린 것이라 하였다[以是爲非]'고 하였다. 따라서 포기룡이 수정한 내용['以非爲是']이 문맥에 맞지 않는다고 지적하였다. 張振珮, 『史通箋注』, p.610 주)2 참조.

103 역주 : 「고금정사(古今正史)」편에, "오늘날 말하는 북제의 사서는 다만 왕소의 『제지(齊志)』와 이백약의 『북제서(北齊書)』가 있을 뿐이다"라고 했다.

썼다)을 문양(文襄)으로, 세조(世祖)(세종이라고 잘못 썼다)를 무성(武成)으로 각각 고쳤다.[104] '세(世)'자의 묘호를 제거하였지만 '양(襄)'·'성(成)'에 구별이 있음을 알지 못하였다.(문구의 뜻이 부족하다. 탈자가 있는 것 같다) 이와 같은 오류는 모두 다 기록할 수 없을 정도이다.(釋: 피휘 때문에 잘못된 경우이다) 또한 열전의 서사(敍事) 중에도 혹 무정(武定)[105] 때의 신하를 성조(成祖)[106] 때의 신하로 말하였고, 혹은 하청(河淸) 연간[107]의 사건들을 세종(文襄帝) 때의 사실로 처리하였다. 때문에 시간이 뒤섞이고 서로 다른 시대의 사실들이 함께 나열되어 있어서, 독자들이 혼란스러워 정확한 내용을 알 수가 없어 놀라고 의심스러워했다.(釋: 시대가 혼란스럽게 섞여 잘못된 경우이다) 아! 이러한 사실을 통해 말하자면, 곧 자고이래 사서의 저술이 정확하지는 못하였다. 그런데도 일단 새로운 책이 완성되어 붓을 놓고 나면, 참고하였던 이전의 사서를 버렸다. 결과적으로 옥석(玉石)을 함께 태워 없애 진위를 살피기가 어렵게 되었으니, 애석하지 않겠는가!(釋: 끝에서는 다시 전체적으로 개괄하였다)

皇家修五代史,(梁·陳·北齊·後周·隋) 館中墜稿仍存, 皆因彼舊事, 定爲新史. 觀其朱墨所圖,(通'涂') 鉛黃所拂, 猶有可識者. 或以實爲虛, 以非爲是.(釋: 節首統擧, 以下專糾百藥『北齊』) 其北齊國史, 皆稱諸帝廟號. 及李氏撰『齊書』, 其廟號有犯時諱者,(原注: 謂有'世'字, 犯太宗文皇帝諱也) 即稱謚

104 『북제서(北齊書)』 권3, 「문양제기(文襄帝紀)」에, 고징(高澄)은 신무제(神武帝)의 장자(長子)이다. 천보(天保) 초, 문양황제를 추존(追尊)하여 묘호를 세종(世宗)이라 했다. 『북제서』 권7, 「무성제기(武成帝紀)」에, 고담(高湛)은 신무제의 아홉째 아들이다. 시호를 무성황제(武成皇帝), 묘호를 세조(世祖)라 하였다. 역주: 포기룡이 이상의 이백약의 『북제서』의 견해를 따라 세조를 세종으로, 세종을 세조로 각각 고친 것이 잘못되었다는 견해에 대한 자세한 내용은 程千帆, 『史通箋記』, pp.296-297 참조.

105 『위서(魏書)』에, 효무제가 입관(入關)하고 나서 북제의 신무제(神武帝)가 청하왕(淸河王) 단(亶)을 세자로 세웠다. 이가 동위 효정제(孝靖帝)이다. 천평(天平) 4년에 무정(武定: 543-550)으로 개원하였다고 했다. 『북제서』 권7, 「무성제기(武成帝紀)」에, 무성제 고담(高湛)이 하청(河淸: 562-565)으로 개원하였다고 했다.

106 역주: 세조(世祖) 무성제(武成帝) 고담(高湛)의 치세를 말한다.

107 역주: 북제 세조 무성제의 연호(562-565)이다.

焉. 至如變世宗(誤作'祖')爲文襄, 改世祖(誤作'宗')爲武成. 苟除兹'世'字, 而不悟'襄'·'成'有別.(句意未足, 恐有脫字) 諸如此謬, 不可勝紀.(釋 : 因避諱而失者一) 又(舊誤'故') 其列傳之敍事也, 或以武定臣佐降在成朝, 或以河淸事迹擢居襄代. 故時日不接而隔越相偶, 使讀者瞀亂而不測, 驚駭而多疑.(釋 : 紊時代而失者又一) 嗟乎! 因斯而言, 則自古著書. 未能精讜. 書成絶筆, 而遽捐舊章. 遂令玉石同燼,(一作'盡') 眞僞難尋者, 不其痛哉!(釋 : 末復總慨)

按 : 이 조는 이백약의 『북제서』를 바로잡으려 하였는데, 내용 중 묘호(廟號)를 시호(諡號)로 고쳐 부른 것은 그렇게 큰 결함이 아닌 것 같지만 시간을 어지럽히는 것은 안 된다고 말했다. 이 역시 그 예를 간략하게 들어 진실을 잃게 되는 대체적인 정황을 보려는 것이다. 문장의 처음과 끝에서 과거에 있었던 사고(史稿)를 정리하면서 주묵(朱墨)과 묵으로 옛 자료를 지워 없애거나 그 후 참고했던 이전의 사서를 버리고 태워 없애버리는 것을 더욱 크게 탄식하였다. 본래의 면목이 왜곡되어 고쳐졌다. 그 속셈을 미루어 생각해보면 자기가 해를 입을까 걱정하여 그러한 기재를 삭제한 것이 틀림없으니, 삼가 신중한 군자는 이를 경계해야 한다.(此條糾百藥書, 所言改廟稱諡, 似非大病, 紊時則不可. 然亦約擧以見失眞之概也. 至首尾言墜稿塗拂, 舊章損燼, 尤增浩歎矣. 本來面目, 屈受改移. 推其用心, 不殊於惡害己而去其籍者, 恭愼君子戒之哉!)

내가 이 책을 자세히 살펴보니 간행된 판본 사이에 서로 다른 곳이 있으면 주(注)에서 어떤 책에서는 모(某)라고 했다고 썼고, 다시 오류가 있으면 주에서 옛날에는 '모(某)'라고 했다고 썼다. 대개 이전의 자료를 고치거나 버리고, 그 후 태워 없애는 것이 후세 사람들에게 허물이 될 것을 깊이 두려워하였다.(愚綜覈此書, 有行本互異者, 必注一作某; 有更定訛謬者, 必注舊作某. 蓋深懼塗拂損燼之爲戾也)

『주서(周書)』 1조(條)

8-13

현재 세간에 유행되는 북주(北周)의 사서[『周書』]는 영호덕분(令狐德棻 : 583-666) 등이 편찬한 것이다.[108] 이 책은 문장은 아름답지만 내실이 없고, 고상하지만 법도가 없다. 진실한 내용은 매우 적고, 거짓 꾸밈[客氣][109]이 매우 많았다.(釋 : 모두 속된 내용들이 우아한 것으로 변했다고 주장했다) 그 원인을 살펴보니 북주의 우문(宇文) 씨가 처음 한족(漢族)의 문화를 배웠는데 그에 관한 일은 소작(蘇綽 : 498-546)이 맡았다. 그가 기초(起草)한 군국(軍國)에 관한 사령(詞令)은 모두 『상서(尙書)』의 문체(文體)에 준하였다.[110] 태조

---

108 역주 : 「고금정사(古今正史)」편에, 우문(宇文) 씨가 세운 북주(北周)의 사서는 서위(西魏) 문제(文帝) 대통(大統 : 535-551) 연간에 비서승 유규(柳虯)가 저작(著作)을 겸령(兼領)하였는데, 사실을 정직하게 서술함에 엄정한 태도를 지킴으로써 칭송을 받았다. 수나라 개황(開皇) 연간에 비서감 우홍(牛弘)이 소급하여 『주기(周紀)』 18편을 썼는데, 다만 그 대강을 적고 있어서 기록들이 서로 모순되는 경우가 많았다. 당[皇家] 정관(貞觀) 초에 비서승(秘書丞) 영호덕분(令弧德棻), 비서랑 잠문본(岑文本)에게 함께 편집하도록 명하여 『주서(周書)』 50권을 완성하였다고 했다. 『구당서(舊唐書)』 권73, 「영호덕분전」에도 주사(周史) 편수에 관한 내용이 보인다.

109 『좌전』 정공(定公) 8년(B.C. 502), 노나라 정공(定公)이 제(齊)나라를 침공하여 제나라 양주(陽州)의 성문을 공격하기로 했다. 병사들이 모두 줄을 지어 앉았고 그 중 한 사람이 대부 안고(顔高)를 가리키면서 말하기를, "안고의 활은 무게가 육균(六鈞)이다"라고 하고는 모두 그의 활을 돌려가며 보았다. 노나라 군사가 물러서는데 염맹(冉猛)이 거짓으로 발을 다친 척 하고 먼저 떠났다. 또 제나라를 침공하여 늠구(廩丘)의 외성(外城)을 공격하였다. 늠구 사람들이 싸우러 나오자 노나라 군사는 달아났다. 염맹이 이를 쫓다가 뒤를 돌아보니 아무도 따르는 자가 없자 거짓으로 땅에 넘어져 뒹굴었다. 이에 양호(陽虎)가 말하기를, "모두 거짓 꾸밈[客氣]으로 그러는 것이다"라고 하였다.

110 『주서(周書)』 권23, 「소작전(蘇綽傳)」에, 소작의 자는 영작(令綽)이고, 대행대좌승(大行臺左丞)을 역임했다. 진조(晉朝) 말기부터 문체(文體)가 부화(浮華)하였다. 북주 문제는 위제(魏帝)의 제묘(祭廟)에 군신(群臣)들을 모두 모이게 하고, 소작에게 명하여 『상서』의 체례로 「대고(大誥)」를 짓도록 하였다. 이 일이 있은 후 문필(文筆)은 모두 이 체례에 의거하게 했다. 按 : 이제 그 책을 취하여 자세히 보니 자못 「왕당전(王莽

(太祖)[宇文泰]가 조정에 내리는 기타 문건의 경우 모두 이에 준하도록 하였으며, 사신(史臣)의 기록도 모두 이 규정에 따라 처리하도록 하였다. 유규(柳虯 : 501-544)[111]와 같은 사람들이 이러한 풍조를 그대로 따랐다.(釋 : 처음에는 칙령 등이 옛것을 본받았고, 사필(史筆)도 이에 따랐다) 살펴보건대 소작의 글이 비록 지나치게 화려한 문구들을 없애고(예컨대 남조와 북량(北梁)의 여러 사서들) 실재적인 내용을 담았으나,(『상서』의 체례를 그대로 모방함을 가리킨다) 잘못된 것을 바로잡으려다 너무 지나쳐 오히려 나쁘게 한 실수에 빠져 세속의 변화와 시세(時勢)에 따른다는 원칙과 어긋났다. 만약 사서의 서술[記言]이 이와 같다면 그 오류는 더욱 많아지게 된다. 우홍(牛弘 : 545-610)[112]이 사서를 저술하면서 문장의 유아(儒雅)한 풍격을 더욱 숭상하였고, 옛 사서에 근거하여 『주서(周書)』를 편찬하였다. 그는 청아(淸雅)한 이야기를 수집하는데 힘썼으나 아름다운 문구[佳句]를 찾아보기는 드물었다.(문장의 뜻에 근거하면 "아름다운 문구[佳句]"는 아마도 "예전의 문구[往句]"가 잘못 쓰여진 것이다. 다시는 원초(原初)의 바탕을 중시하는 말이 없음을 가리킨다. 釋 : 여기서는 앞에서 말한 뜻을 설명한 것이고 본래 규명하고자 하는 뜻은 다음 문장에 있다) 그러나 영호덕분은 주사(周史)에 관한 다른 저술들을 구하여 다양한 자료들을 폭넓게 이용할 수 없었으며, 단지 우홍의 『주서(周書)』에 의거하여 다시 윤색을 가할 뿐이었다.(原注 : 살펴보건대, 북주(北周)[宇文氏]의 사적(事迹)은 왕소의 『제지(齊志)』와 『수서(隋書)』 그리고 채윤공(蔡允恭)의 『후량춘추(後梁春秋)』에 많이 보인다.[113] 왕포(王褒)와 유신(庾信) 등의[114] 사적은 또 소소(蕭韶)의

傳)」과 비슷하다. 후일 왕응린(王應麟)의 말을 찾아보니 역시 소작의 「대고(大誥)」가 「왕망전」과 비슷하다고 했다.

111 「사관건치(史官建置)」편 주)68 참조.

112 「세가(世家)」편 주)24 참조.

113 역주 : 채윤공의 열전은 『구당서』 권190상, 「문원전(文苑傳)」 상에 보인다. 그리고 『구당서경적지』 「사부(史部)」에, 『후량춘추(後梁春秋)』 10권, 채윤공이 편찬하였다고 했다. 후량(後梁 : 554-587)은 강릉(江陵)에 세워져 서위(西魏) · 북주(北周) · 수(隋)의 보호를 받던 왕조였다.

114 역주 : 두 사람의 열전이 『주서(周書)』 권41에 실려 있다.

『태청기(太淸記)』,[115] 소대환(蕭大圜)의 『회해난리지(淮海亂離志)』,[116] 배정(裴政)의 『태청실록(太淸實祿)』,[117] 두대경(杜臺卿)의 『제기(齊紀)』[118]에 많이 보이는데도, 영호덕분은 이러한 책들을 모두 구하여 그 책의 내용을 확충하지 않았다. 대개 그 책 중에 비루한 말들이 있다고 여겼기 때문에 남겨두고 생략하였던 것이다) 그리하여 북주(北周)의 사서[『周書』]는 그 내용이 대부분 실록이 아니었던 것이다.(釋 : 영호덕분의 『주서(周書)』를 규명하는 것이 이 구절의 주요내용이다)

今俗所行周史, 是令狐德棻等所撰. 其書文而不實, 雅而無檢, 眞迹甚寡, 客氣尤煩.(釋 : 皆就變俚爲雅立論) 尋宇文初習華風, 事由蘇綽. 至於軍國詞令, 皆準『尙書』. 太祖敕朝廷, 他(一無'他'字)文悉準於此. 蓋史臣所記, 皆稟其規. 柳虯之徒, 從風而靡.(釋 : 始於令敕仿古, 因而史筆從風) 案綽文雖去彼淫麗,(如南朝北梁諸書) 存兹典實.(謂規仿『尙書』之體) 而陷於矯枉過正之失, 乖夫適俗隨時之義. 苟記言若是, 則其謬逾多. 爰及牛弘, 弥尙儒雅. 卽其(一有'書'字)舊事, 因而勒成. 務累(上聲)淸言, 罕逢佳句.(據文義,

---

115 역주 : 『수서경적지』「사부(史部)」"고사(古史)"에, 『양태청기(梁太淸記)』 10권, 양의 장사번왕(長沙蕃王) 소소(蕭韶)가 편찬하였다고 했다. 소소의 열전은 『남사』 권51, 「양종실전(梁宗室傳)」 상에 보인다.

116 역주 : 「보주(補注)」편 주)110 참조.

117 역주 : 『수서경적지』「사부(史部)」"잡사(雜史)"에, 『양태청록(梁太淸錄)』 8권이라 했고, 『구당서경적지』와 『신당서예문지』에도 책명은 보이지만, 찬자(撰者)의 이름이 보이지 않는다. 『수서』 권66, 「배정전(裴政傳)」에는 『승성강록(承聖降錄)』 10권을 지었다고 하였을 뿐이다. 『북사』 권77, 「배정전」에는 『승성실록(承聖實錄)』 10권을 지었다고 했다. 태청(太淸 : 547-549)은 양 무제(梁武帝)의 연호이고, 승성(承聖 : 552-554)은 원제(元帝)의 연호이다. 『태청실록』과 『승성실록』(또는 『승성강록』)이 같은 책인지는 분명치 않다.

118 역주 : 「고금정사(古今正史)」편에, 북제(北齊)의 사서는 후주(後主)[緯] 천통(天統 : 565-569)초 태상소경(太常少卿) 조효징(祖孝徵)이 헌무제(獻武帝)의 기거주(起居注)를 서술하여 이름을 『황초전천록(黃初傳天綠)』이라 하였다. 당시 중서시랑(中書侍郎) 육원규(陸元規)가 항상 문선제(文宣帝)의 정벌을 따라다니며 『황제실록(皇帝實錄)』을 지었는데, 다만 싸움에 관한 것만 기록하고 다른 사실은 싣지 않았다. 후주(後主) 무평(武平 : 570-575) 연간 이후 사관(史官) 양휴지(陽休之) · 두대경(杜臺卿) · 조숭유(祖崇儒) · 최자발(崔子發) 등이 계속 편찬하였다고 했다. 『수서』 권58, 「두대경전」에는 『제기(齊記)』 20권을 편찬하였다고 했다.

'佳句'恐是'往句'之訛, 謂無復原初質語也. 釋 : 此層申論上意, 而本指所糾, 乃在下文) 而令狐不能別求他述,(一作'術', '述'通) 用廣異聞, 唯凭本書, 重加潤色.(原注 : 案字文氏事多見於王劭『齊志』·『隋書』及蔡允恭『後梁春秋』. 其王褒·庾信等事, 又多見於蕭韶『太淸記』·蕭大圜『淮海亂离志』·裴政『太淸實錄』·杜台卿『齊紀』. 而令狐德棻了不兼采, 以廣其書. 蓋以其中有鄙言, 故致遺略) 遂使周氏一代之史, 多非實錄者焉.(釋 : 糾令狐書是節主)

按 : 이 조는 대개 영호덕분의 『주서(周書)』를 바로잡으려는 것이다. 그 중간의 일부분은 모두 원주(原注)이다.(此條蓋糾令狐『周書』也. 其中間一片, 皆是原注)

동관(潼關)의 서쪽 지역은 『주관(周官)』을 모방한 문풍(文風)이 유행하였는데, 소작(蘇綽)으로부터 시작된 것이다. 그는 경학의 내용으로 꾸미길 좋아하여 우문씨의 북주(北周)를 성주(成周)와 같도록 서술하였다. 어찌 단지 무부(武夫)와 미옥(美玉)간의 차이뿐이겠는가. 제하(諸夏)로써 이적(夷狄)을 변하게 하는 것은 성현(聖賢)이 좋아하는 바이다. 사신(史臣)이 사정을 기록하면서 어떻게 국사 모두를 무용지물(無用之物)로 만들 수 있는가.(關右仿行『周官』, 啓自蘇綽. 其人好緣飾經術, 以宇文周而貌成周, 豈特武夫之與美玉而已. 用夏變夷, 聖賢所喜, 史臣載筆, 烏得擧其國書盡弁髦之)

『수서(隋書)』 1조(條)

8-14

옛날 가의(賈誼)의 상서(上書)[119]와 조조(晁錯)의 대책(對策)[120]은 모두 군사와 정치에 유익한 내용으로써 후세의 사람들을 권계(勸戒)하기에 충분하였다. 그러나 그들 문장이 『한서』에 모두 실리면서 독자들은 그 번거로움을 유감으로 생각하였다. 예컨대 『수서』의 「왕소전(王劭傳)」과 「원충전(袁充傳)」은[121] 다만 궤변과 허무맹랑한 이야기만을 한 편(篇) 가득 채워 놓았다. 그러나 또 열전의 끝에 있는 논찬(論贊)에서는 질책과 비난을 가하여 독자들을 더욱 미혹(迷惑)에 빠뜨렸다.[122] 무릇 사서에 말이나 문장

119 역주 : 가의(B.C. 200-168)는 한 문제(漢文帝) 때 최연소 박사관으로 있으면서 문제의 총애를 받기도 하였다. 그가 상서한 "진정사소(陳政事疏)" · "청봉건자제소(請封建子弟疏)" · "간왕회남제자소(諫王淮南諸子疏)" 등과 "치안책(治安策)" 전문(全文)이 『한서』 권48, 「가의전(賈誼傳)」에 기재되어 있다.

120 역주 : 조조는 한 문제 · 경제(景帝) 때 대책(對策)으로 유명하였다. 『한서』 권49, 「조조전(晁錯傳)」에는 "현량문학대책(賢良文學對策)"과 함께 "교태자소(教太子疏)' · "언병사서(言兵事疏)" · "모민사새하소(募民徙塞下疏)" 등이 실려 있다.

121 『수서(隋書)』 권69, 「왕소전(王劭傳)」에, 왕소는 북제(北齊)가 망하자 북주(北周) 조정(朝廷)으로 들어갔다. 왕소는 황상(皇上)에게 미골(尾骨)은 둥굴고, 두부(頭部)의 혹이 돌출하여 마치 방패와 창이 마주하는 상으로 용(龍)의 모습이라 진언(進言)하였고, 표를 올려 하늘이 황제에게 부명(符命)을 내렸다고 하였다. 어떤 사람이 황봉천(黃鳳泉)에서 하얀 돌 두 개를 얻었는데 무늬가 제법 좋았다. 따라서 그 무늬에 부회(附會)하여 글자를 썼다. 또 『황수영감지(皇隋靈感誌)』를 편찬하였다. 문헌황후(文獻皇后)가 죽자 다시 하늘에 태어난다는 말을 진언하였다. 按 : 이는 왕소의 궤변을 수록한 것이다. 『수서』 권69, 「원충전(袁充傳)」에, 원충의 자는 덕부(德符)이다. 진(陳)이 멸하자 수나라로 돌아갔다. 그는 점후(占候)에 능하였고, 태사령(太史令)을 영(領)하였다. 그때 황제가 태자를 장차 폐위하고자 했을 때 원충은 황제의 뜻에 영합하기 위하여 마땅히 폐하여야 한다고 진언하였다. 다시 표를 상주하여 수나라가 건국된 후 태양의 그림자가 점점 길어졌다고 하였다. 또 원충은 황제의 생년(生年) 간지(干支)와 음양율려(陰陽律呂)가 서로 합하는 60여 조(條)를 진언하였다. 양제(煬帝) 초에, 원충은 상주하여 태양의 그림자가 더욱 길어졌고, 즉위한 것이 요(堯)가 수명한 해와 합치한다고 했다. 확실히 말하기를 '위대하도다[唐哉] 위대하도다[皇哉], 위더하도다[皇哉], 위대하도다[唐哉]'라고 하였다. 按 : 이는 원충의 궤변을 수록한 것이다. 또 살펴보니, 『북사』 권39, 「방언겸전(房彦謙傳)」에, 태원(太原) 왕소(王劭) · 북해(北海) 고구(高構) · 수현(蓨縣) 이강(李綱) · 중산(中山) 낭무(郎茂) · 낭영(郎穎) · 하동(河東) 유욱(柳彧) · 설유(薛孺) 등은 모두 당시의 이름난 고상하고 깨끗한 사인(士人)로서 방언겸과 모두 벗하며 지냈다. 내왕하는 사람들이 많아도 속된 사람은 없었다. 이에 근거하더라도 왕소(王劭)는 분명 명류(名流)들에게 추앙되어 존경받고 있었다. 방언겸은 현령(玄齡)의 부(父)로서, 당시 사람들이 겸소하고 사심이 없다고 칭찬하였다.

122 역주 : 앞서 인용한 『수서』 권69, 「왕소전」 · 「원충전」의 논찬(論贊)에 보면, '사신왈(史臣曰), 왕소는 부조(符兆)에 관한 이야기에 치력(致力)하면서 그 사이에 괴이하고

을 기재하여 후세에 보이게 하는 것으로는 모두 문장의 이치가 볼만한 것을 귀하게 여긴다. 후세에 아무런 도움이 안 되는 것을 기재하기보다는 남겨두고 싣지 않는 것이 더 낫다. 대개 학자들의 정력(精力)에는 한계가 있으나 사가들의 역사적 사실에 대한 주해(注解)와 기록에는 끝이 없다. 유한한 정력으로 끝없는 주해와 기록을 보아야 하는데, 이러한 조건으로 정신을 집중하여 읽게 되면 눈이 피로하고, 베끼는 속도가 편찬의 속도를 따라갈 수 없다. 오호라! 만약 자고로 역사저술이 모두 이와 같다면, 이사(李斯)의 분서갱유(焚書坑儒)[123]나 동탁(董卓)이 궁중의 백서(帛書)로 군막의 덮개를 만든 행위[124]들이 비록 정도에 크게 벗어난 것이지만 결국 받아들일만한 점도 있다.(격한 말이다)

昔賈誼上書, 鼂錯對策, 皆有益軍(一作'於') 國, 足貽勸戒. 而編於漢史,(一作'史漢', 非) 讀者猶恨其繁. 如『隋書』「王劭」·「袁充」兩傳, 唯錄其詭辭妄說, 遂盈一篇. 尋又申以詆訶, 尤其謟惑. 夫(一多'史'字, 一多'人'字)載

요망한 말들을 섞어 놓았다. 원충은 점성술을 고쳐 잘못된 논의로 해의 그림자를 늘여놓았다. 천도(天道)를 속이고, 강상(綱常)을 어지럽히고 많은 사람을 모욕(侮辱)하였다. 마땅히 징벌을 하고 방치해서는 안 될 사람이 바로 여기에 있지 않은가?"라고 하였다.

123 『사기』 권6, 「진시황본기(秦始皇本紀)」에, 승상 이사(李斯)가 청하기를, 사관(史官)에게 명하여 진(秦)의 전적(典籍)이 아닌 것은 모두 태워버리고, 박사관(博士官)에서 관장하는 서적을 제외하고서 천하에 감히 수장(收藏)되어 있는 『시(詩)』·『서(書)』 및 제자백가의 저작들을 모두 지방관[守尉]에게 보내 모두 불태우게 했다. 어사(御史)로 하여금 사람들을 조사하자 그들은 서로 서로 고발하여 460여 명이나 되었고 모두 함양(咸陽)에 생매장하였다고 했다. 역주 : 앞부분은 분서(焚書)를, '어사로 하여금' 이후는 갱유(坑儒)를 설명한 부분인데도 포기룡(浦起龍)은 이 둘을 구분하지 않고 요약하였다.

124 『후한서』 권79상, 「유림전(儒林傳)」 상, 서(序)에, 처음 광무제(光武帝)가 낙양(洛陽)으로 옮겨갈 때 경적(經籍)·도록(圖籙)·참위(讖緯) 등 서적을 2천여 수레에 싣고 갔다. 동탁(董卓)이 도읍을 옮기면서 벽옹(辟雍)·동관(東觀)·난대(蘭臺)·석실(石室)·선명(宣明)·홍도(鴻都) 등에 수장되었던 전적(典籍)과 문장들이 다투어 모두 찢겨져 흩어졌다. 비단에 쓰여진 도서(圖書) 중 큰 것은 이어서 군막(軍幕)의 덮개가 되고, 작은 것은 행낭(行囊)을 만드는데 사용하였다. 왕윤(王允)이 수집하여 서경(西京)으로 갈 때 70여 수레에 싣고 갔다. 장안(長安)이 혼란할 때 서적들이 한꺼번에 불타 없어졌다고 했다.

言示後(一多'世'字)者, 貴於辭理可觀. 旣以無益而書 · 豈(一作'孰') 若遺而不載. 蓋學者神識有限, 而述者注記無涯. 以有限之神識, 觀無涯之注記, 必如是, 則閱之心目, 視聽告勞; 書之簡編, 繕寫不給. 嗚呼! 苟自古(一脫'古'字)著述其皆若此也, 則知李斯之設坑阱, 董卓之成帷蓋, 雖其所行多濫, 終亦有可取焉.(有激之辭)

按: 「왕소전(王劭傳)」과 「원충전(袁充傳)」에 기록된 교묘히 꾸며되는 말을 살펴보니 진실로 그들이 사심이 없는 충신일 수는 없다. 원충의 저술은 별다른 것이 보이지 않지만, 왕소는 평생 저술한 것이 확실히 한가지만이 아니다. 『수서』에서는 일률적으로 그것을 아주 없애고 오히려 그의 추한 면만을 드러내었으니, 실로 사서체례와 괴리(乖離)가 있다. 양웅(揚雄)의 저서로는 『미신(美新)』이 가장 더러워 반고는 『한서』에 수록하지 않았고, 다만 『법언(法言)』·『현경(玄經)』에 대한 기술이 매우 상세하다. 이를 통해 삭제하거나 취하는 원칙을 알 수 있다.(觀兩傳所錄詭辭, 其人諒不得爲純臣矣. 但袁充無別見, 若劭則平生著述, 實非一種. 『隋書』一槪抹煞, 而獨揚其所醜, 實於史體有乖. 揚雄著書, 『美新』最穢, 班史不錄, 獨於『法言』·『玄經』, 書之甚詳. 是可識去取之則也)

왕소는 북조의 역사적 사실을 기록하는 일을 맡았는데, 대체로 집록(輯錄)한 것은 모두 국서(國書)로서 꾸미는 말을 쓰지 않았다. 사람들은 모두 그를 추하다고 하였고 그를 원충과 같은 열전에 두고 오로지 그의 난잡한 편장(篇章)만을 수록하고 있어서 그에 대한 지나친 폄하(貶下)의 의도가 분명히 드러난다. 유지기가 힘써 그를 변호하였으니 말에 또한 어찌 과격한 곳이 없겠는가. 독자들이 사서(史書)와 『사통』을 서로 참조하면서 공평한 판단으로 헤아리면 둘 모두에서 그 진실한 정황을 알게 될 것이다. 이러한 논의는 내가 「곡필(曲筆)」편에서 충분하게 언급하였다.(王劭任北朝史事, 大槪都輯國書, 不爲飾說. 人盡醜之, 令與袁充同傳, 專載蕪篇, 意顯出於偏抑. 知幾力與申理, 言又豈無過激. 讀者參取史與『史通』而持平劑量焉, 庶乎兩見其情矣. 此

論愚於「曲筆」篇頗及之)

8-15

살펴보건대, 『수서(隋書)』에는 왕소(王劭)[君懋]가 찬술(撰述)한 북제(北齊)와 수(隋) 두 왕조의 사서가 서록(敍錄)이 번잡하고 자질구레한 내용이 많다고 비난하였다.[125](여기에서는 마땅히 '자신들[영호덕분 등]이 편찬한 『수서(隋書)』에도 여전히 난잡한 이야기들을 삭제하지 않았다'는 등의 말을 보완하여야 비로소 문장의 뜻이 분명해지는데 통행본에는 빠져 있다) 예컨대 유진(劉臻)이 집으로 돌아와 아들을 보고서야 비로소 자기 집이라는 것을 알았다는 사실[126]과 왕소(王劭)가 경사(經史)의 문제에 전념하다가 노복(奴僕)에게 모욕

125 역주 : 『수서』 권69, 「왕소전」에, 왕소가 저작랑에 임명되고 20년 동안 국사(國史)를 전적으로 관장하면서 『수서(隋書)』 80권을 편찬하였다. 대부분 황제가 구두로 내린 조칙을 수록하였고, 황당하고 바르지 못한 말과 민간의 속된 이야기들을 채록하여 비슷한 것끼리 모아 제목으로 하였다. 말과 뜻이 번잡하여 칭찬할 만한 것이 없었다. 그리하여 수나라 문무(文武) 명신(名臣)들과 장수(將帥)들의 선악(善惡)의 사적(事迹)이 매몰되어 사람들이 알 수 없게 되었다. 처음 『제지(齊志)』 20권을 편찬하면서 편년체로 하였고, 다시 『제서(齊書)』 100권은 기전체로 하였다. 『평적기(平賊記)』 3권이 있다. 어떤 문사(文詞)는 비루하고 조야(粗野)하였고, 어떤 것은 상규(常規)를 넘어서는 것으로 법도에 맞지 않아 듣는 사람을 놀라게 하고 견식이 있는 사인들에게 비루하다고 비웃음을 받았다고 하였다.

126 『수서』 권76, 「문학열전(文學列傳)」에, 유진의 자는 선지(宣摯)이고, 의동삼사(儀同三司)의 지위에 있었다. 유진의 성격이 자주 잊는 버릇이 있었다. 유눌(劉訥)이라는 사람이 역시 의동(儀同)의 지위에 있었는데, 어느 날 유진은 유눌을 찾고자 하여 시종에게 말하기를, '너는 유의동(劉儀同)의 집을 아느냐'고 하자 시종은 모르고 유진이 자기 집으로 돌아가려 하는 줄 알고 그를 집으로 안내하였다. 집에 도착하여 문을 두드릴 때까지도 알지 못하고 말안장에 앉아 큰 소리로 '유의동(劉儀同)은 나오시오'라고 불렀다. 그러나 유진의 아들이 문을 나와 맞이하였다. 유진이 놀라 말하기를, '너도 역시 여기에 왔느냐'고 하자, 아들은 '여기는 아버님[大人] 집입니다'라고 하자, 한 참을 돌아본 후 비로소 깨달았다고 하였다.

을 당했다는 사실[127] 등이다. 이러한 사실들을 모두 기재하고 있으니 잘못이 더욱 많아졌다. 남을 책망하면서도 그들을 본받는다면 죄가 더욱 크다고 말할 수 있다.

案『隋史』譏王君懋撰齊 · 隋二史,(舊有'其'字) 敍錄煩碎.(此處當補'及其自編『隋書』, 仍復蕪辭不翦'云云, 方得文義淸劃. 行本缺) 至如劉臻還宅, 訪子方知; 王劭思書, 爲奴所侮. 此而畢載, 爲失更多. 可謂尤而效之, 罪又甚焉者矣.

按 : 여기서 다시 영호덕분의 『수서』가 난잡한 곳을 골라 평론하였다. 구절 첫머리에서 왕소를 비난하는 문구는 다만 다음 문장으로 이어지는 형식의 글이다. 만약 빠진 내용('자신들이 편찬한 『수서(隋書)』에도 여전히 난잡한 이야기들을 삭제하지 않았다'는 구절)을 보충하지 않으면, 이 조(條)가 무엇을 가리키는지 거의 알 수 없다.(此復抽論令狐『隋書』之猥雜也. 節首譏王君懋等句, 止是挑筆. 若其脫句不補, 幾不知此條何指)

127 『수서』 권69, 「왕소전」에, 왕소는 경사(經史)를 매우 좋아하여 마음을 오로지 하나로 모으면 정신이 자못 멍한 상태가 된다. 음식을 먹을 때마다 눈을 감고 생각에 몰두하는데 그때 접시에 담긴 고기를 노복들이 번번이 먹어버렸다. 왕소는 이를 모르고 다만 고기가 적다고 야단을 치고 여러 차례 요리사를 처벌하였다. 요리사가 사실을 왕소에게 고하였다. 왕소가 전처럼 눈을 감고 살피다가 노복을 잡았다. 왕소의 전념함이 바로 이와 같았다.

『사통통석』 권18

「잡설(雜說)하(下)」 제9

25조(條)

제사(諸史) 6조(條)

○앞 두 편은 모두 시대에 따라 조(條)를 나누었지만, 본 편의 6조는 각 사서에서 번갈아 예를 들어 설명하였기 때문에 통합하여 제사(諸史)라고 부른 것이다.(六條. ○前二篇皆循代分條, 此六條錯擧立說, 故統曰諸史)

9-1

무릇 화려한 옷차림에는 진주와 비취가 제일이고, 그림을 색칠할 때는 단청(丹靑)[1]이 중요하다. 만약 그들을 잘못 사용하거나 분포가 적당하

1 역주 : 채색을 위한 안료(顔料)를 가리킨다. 『사기』 권87, 「이사열전(李斯列傳)」에, (축객(逐客)을 간하는 상서(上書)에 이르기를) "강남의 금석(金錫)으로 그릇을 만들지 못

지 못하면 눈이 부시도록 화려해도 교묘함이 부족하다.(釋 : 몇 마디는 모두 「공손홍전(公孫弘傳)」·「사령운전(謝靈運傳)」 찬론(贊論)을 인용한 것이다. 왕유검(王惟儉)의 『사통훈고(史通訓故)』는 여기서 조(條)를 끊었지만, 잘못이다) 반고(班固)의 「공손홍전(公孫弘傳)」찬(贊)을 보면 한나라가 좋은 인재를 얻어 무제(武帝)·선제(宣帝) 두 시대에 흥성하였다고 서슴없이 말하고 있지만, 평진후(平津侯)[公孫弘]의 선악에 대한 평가는 조금도 보이지 않는다.[2] 인물에 대한 평가를 이같이 썼다면 논찬(論贊)은 존재의미가 없다. 만약 아름다운 언사(言辭)가 자랑스럽고 아까워 버리지 못하겠다면 약간 고쳐서 「백관공경표(百官公卿表)」 뒤에 열거함이 마땅하다. 그래야 문장과 논리를 찾아 궁구함에 자못 서로 부회(附會)[3]하게 된다. 이렇게 편집하는 것이 더 낫지 않겠는가?(釋 : 이는 「공손홍전」찬(贊)에서 함부로 좋은 인재를 얻었다고 한 것을 말한 것이다. ○왕유검(王惟儉)의 『사통훈고(史通訓故)』는 여기서 또 조(條)를 끊었지만, 잘못이다) 또한 심약(沈約)의 「사령운전(謝靈運傳)」 「논(論)」[4]은 모두 문체(文

할 것이고, 서촉(西蜀)의 (안료인) 단청(丹青)으로 그림에 채색을 할 수 없을 것입니다"라고 하였다.

2 「편차(編次)」편을 보라. 按 : 「편차」편에서는 「무제기(武帝紀)」나 「선제기(宣帝紀)」 끝에 있는 것이 마땅하다고 했고, 여기서는 「백관공경표(百官公卿表)」 뒤에 배열하는 것이 맞다고 했지만, 두 논점이 모두 통하지만 이를 통해 융통성이 없는 격식 중에도 절(節)을 재단하는 변화의 작용을 갖추었다. 역주 : 공손홍에 대한 논찬은 『한서』 권58에 보인다.

3 역주 : 『사기』와 『한서』에는 '부회(附會)'를 '부회(傅會)'라고 썼다고 했다. '부회(附會)'란 '말을 하나로 모으고 뜻을 이치에 맞도록 꾸미는 것[附辭會義]'의 준말이다. 회의(會義)는 문장의 의미를 모아서 조리 있는 하나의 체계를 세우는 것을 말하며, 부사(附辭)는 내용의 결합을 위한 말의 안배를 뜻한다. 『문심조룡』 「부회(附會)」편에, "부회(附會)란 무엇인가? 부회는 한 편의 문학작품이 지닌 언어와 사고의 두 측면에 관한 총괄적이고 포괄적인 견해를 뜻한다. 작품의 모든 요소들을 통일시키기 위해 가장 기초적인 원리를 마련하고, 포함시켜야 할 것과 제외시켜야 할 것을 결정함에 그 조건을 명확히 하며, 작품의 서로 이질적인 여러 부분을 조화시키는 것이 바로 부회다"라고 하였다. 유협(劉勰), 최동호 역편, 『문심조룡』, 민음사, 2005, p.495

4 『송서』 권67, 「사령운전(謝靈運傳)」 사신왈(史臣曰)에 대략 이르기를, "육의(六義 : 賦·比·興·風·雅·頌)가 의거한 것이고, 사시(四始 : 風·大雅·小雅·頌)와 서로 관련이 있는 것이다. 굴평(屈平)·송옥(宋玉)이 앞에서 인도하고, 가의(賈誼)·사마상여(司馬相如)가 뒤를 이었으며, 왕포(王褒)·유향(劉向)·양웅(揚雄)·반고(班固)·최인(崔駰)

體)에 관한 이야기로서 음률(音律)에 관하여 상세하게 말하고 있는데, 이는 바로 『한림(翰林)』의 빠진 부분을 보완한 것이요, 『유별(流別)』의 총설(總說)이라고 할 수 있다.(原注 : 이충(李充)이 『한림론(翰林論)』을 편찬하고 지우(摯虞)가 『문장유별집(文章流別集)』을 편찬하였다[5]) 그러나 이 같은 논찬을 사서의 열전에 둔 것은 실로 사서의 체재와 어긋난다.(釋 : 이는 「사령운전」 논(論)이 문체(文體)를 광범위하게 이야기한 것을 말한다) 육사형(陸士衡)이 "나누어 놓으면 곧 둘 다 좋아지지만, 합치면 둘 다 상(傷)하게 된다"[6]고 말한 것이 믿을만하구나.(釋 : 여기서 인용한 말은 모두 두 논찬(論贊)이 범위를 넘어선 것을 묶어 논한 것이다. ○이하 구본(舊本)에는 모두 다음 조(條)와 이어져 있지만, 잘못이다)

夫盛服飾者, 以珠翠爲先; 工繢事者, 以丹靑爲主. 至若錯綜乖所, 分布失宜, 則綵絢雖多, 巧妙不足者矣.(釋 : 數語總爲「公孫」·「靈運」兩傳贊論作挈. 王本此處截條, 非) 觀班氏「公孫弘傳」贊, 直言漢之得人, 盛於武·宣二代, 至於平律善惡, 寂蔑("滅"通)無覩. 持論如是, 其義靡聞. 必矜其美辭, 愛而不棄, 則宜微有改易, 列於「百官公卿表」後. 庶尋文究理, 頗相附會.

·채옹(蔡邕) 같은 사람들이 각기 길은 달랐지만 한 방향으로 나아갔다. 건안(建安 : 196-219)시대 조씨(曹氏)는 정감을 가지고 문사(文辭)를 조직하고, 문사를 가지고 내용을 윤식(潤飾)하였다. 한(漢)으로부터 위(魏)까지 문체(文體)는 세 차례 변하였다. 그 교화(敎化)가 유행하는 처음 시작을 살펴보면 「풍(風)」·「소(騷)」를 조종(祖宗)으로 하지 않는 것이 없다. 내려와 원강(元康 : 291-299) 연간에 이르면 반악(潘岳)·육기(陸機)의 시문(詩文)이 특히 우수하다. 진 원제(晉元帝) 건무(建武 : 317) 연간에서 안제(安帝) 의희(義熙 : 405-418) 연간에 은중문(殷仲文)이 손작(孫綽)·허순(許詢)의 풍격(風格)을 고치기 시작했고, 사숙원(謝叔源)은 태원(太元 : 376-396) 연간의 분위기를 변화시켰다. 송대(宋代)에 이르면, 사령운의 시가(詩歌)의 흥회(興會)는 높아지고, 안연년(顔延年)의 시가체제는 분명하면서도 엄밀해졌다. 무릇 오색(五色)이 서로를 드러내고, 각종 악기의 음향이 조화로운 소리를 내어 앞 구절에서는 평성(平聲)을 내면, 뒤에서는 측성(仄聲)을 내야 한다. 이들 오묘한 뜻을 깨달았을 때 비로소 문장을 말할 수 있는 것"이라고 하였다.

5 역주 : 이 두 책 모두 『수서경적지』 「집부(集部)」 "총집(總集)"에 보인다. 이충은 동진(東晉) 초기의 사람으로 『진서(晉書)』 권92, 「문원전(文苑傳)」에, 지우 역시 같은 시대의 인물로서 『진서(晉書)』 권51에 각각 열전이 보인다. 특히 지우는 『문장지(文章志)』 4권을 편찬하고, 『삼보결록(三輔決錄)』을 주해(注解)하였다.

6 역주 : 육기(陸機), 「문부(文賦)」(『문선』 권17 所收)에 보이는 문장이다.

以玆編錄, 不猶愈乎?(釋 : 此言「公孫傳」贊, 闌及得人也. ○王本此處又截條, 非) 又沈侯「謝靈運傳論」, 全說文體, 備言音律, 此正可爲『翰林』之補亡, 『流別』之總說耳.(原注 : 李充撰『翰林論』, 摯虞撰『文章流別集』) 如次諸史傳, 實爲乖越.(釋 : 此言「靈運傳」論泛談文體也) 陸士衡有云 : "離之則雙美, 合之則兩傷," 信矣哉!(釋 : 此所引言, 總束兩贊論之逾分. ○此下皆連後條, 非)

按 : 비슷한 것으로 거론한 「공손홍전」 찬(贊)과 「사령운전」 논(論)은 모두 사가의 변체(變體)에 속한다. 작자가 변화에 의거하여 재단한 바를 바로 볼 수 있다. 이를 인용하여 비난하는 것은 지나치게 융통성이 없는 것이다. 그러나 반고의 「공손홍전」 찬(贊)을 「백관공경표(百官公卿表)」의 발(跋)로 옮기고, 심약의 「사령운전」 논(論)을 『유별(流別)』의 머리말로 하면 분명 각자 자기가 있을 자리에 있게 된다. 소위 도는 두 갈래로 행할 수 있다는 것이 대부분 이러한 유(類)에 속한다.(類擧兩傳之贊論, 皆屬史家變體, 正見作手化裁. 用此爲譏, 太煞印板矣. 然設移班贊爲「公卿表」跋, 取沈論作流別弁言, 固自位置得所. 道可兩行者, 多此類)

이 조는 당연히 「편차(編次)」편 끝 부분의 논의와 함께 살펴야 한다.(此條當與「編次」篇尾論彙商)

9-2

사서 중에 어떤 사실은 당연히 써야 하는데도 쓰지 않거나, 어떤 사실은 써서는 안 되는데도 쓰는 경우가 있다. 예컨대 반고는 사실을 서술하면서 아주 작은 것이라도 반드시 기록하면서, 한 고조(漢高祖)가 해하(垓下)에서 항우(項羽)를 격파하고 8만 명을 참수한 사실과 관련하여서는 언급한 적이 없다.[7] 이백약(李百藥)은 『북제서(北齊書)』「후주기(後主紀)」에서 후주가 시중(侍中) 목제파(穆提婆)[8]의 집에 행차한 사실은 적고 있지만, 「효소기(孝昭紀)」에서는 효소제가 직접 군사를 이끌고 해(奚)를 토벌한 것은 언급하지 않았다.[9] 변방 지역의 작은 전쟁에 관하여는 빠짐없이 모두 기록하면서도 사마소난(司馬消難)이 여러 주(州)를 차지하고 반란을 일으킨 것은 언급한 적이 없다.[10] 커다란 사실은 생략하고 소소한 사실은 열

7 『사기』 권8, 「고조본기(高祖本紀)」에, 항우가 해하(垓下)에서 패배할 때를 서술하며 이르기를, "기장(騎將) 관영(灌嬰)으로 하여금 항우를 추격하여 동성(東城)에서 죽이고 8만 명의 목을 베었으며 마침내 초(楚)를 평정하였다"라고 했다. 『한서』 권1하, 「고조기」에는 단지 이르기를, "관영이 항우를 추격하여 동성에서 참(斬)하고 초를 모조리 평정하였다"라고 하였다. 按: 『한서』에서는 '8만 명의 목을 베었다'는 구절을 삭제하였는데, 자기가 속한 왕조[本朝]의 개창(開創)과 관련한 살육을 모두 적지 않는 것은 큰 잘못이 아니다. 아까운 것은 당시 회음후(淮陰侯) 한신(韓信)이 먼저 퇴각하였다가 후에 기회를 틈타 기이한 전략을 써서 승리를 위해 최후 한 차례의 병진(兵陣)을 절묘하게 구사한 내용을 사마천은 본전(本傳)에 기록하지 않고 이곳에 보완하여 기록하였고, 반고는 모두를 버리고 기록하지 않아 그러한 사실이 빠졌다.

8 『북제서』 권50, 「은행전(恩倖傳)」에, 목제파의 본성(本性)은 락(駱)이고, 모(母) 육령훤(陸令萱)이 궁중에 들어온 후 제파는 성을 목(穆)으로 바꾸었다. 按: 『북제서』 권8, 「후주기」에는 단지 영군장군(領軍將軍) 목제파를 상서좌복야(尙書左僕射)로 삼았다고만 했을 뿐 그의 집에 행차하였다는 문장은 없고, 『북제서』 권11, 「후비전(后妃傳)」 상과 목제파의 열전에도 집에 행차한 사실은 언급하지 않았다.

9 按: 『북제서』 권6, 「효소제기(孝昭帝紀)」에, 황건(皇建) 원년 황제는 친히 군대를 거느리고 북으로 고막해(庫莫奚)를 토벌하기 위해 장성(長城)을 넘었다. 오랑캐[虜]들이 달아나 숨었지만 병사를 보내 토벌하여 우마(牛馬)를 크게 획득하였다고 했다. 이에 근거하면 사실은 이미 본기에 기록된 셈인데도 『사통』에서는 언급하지 않았다고 하였으니 마찬가지로 상세히 살피지 않은 것은 어찌된 일인가.

10 『북제서』 권18, 「사마자여전(司馬子如傳)」에, 아들 소난(消難)은 고조(高祖)의 딸과 결혼하였고, 북예주자사(北豫州刺史)가 되어 무뢰(武牢)를 진정(鎭定)하였다. 공주(公主)와 사이가 좋지 않아 공주가 이를 고해 바치자 죄를 두려워하여 이웃의 적을 불러들이고 관서(關西)로 달아났다. 按: 소난의 북제에서의 사실은 여기까지이다. 『주서(周書)』 권21, 「사마소난전」에, 소난이 입조(入朝)하여 대장군(大將軍)에 제수되고 동벌(東伐)에 종군하였다. 수 문제(隋文帝)가 보정(輔政)할 때 소난은 관할하는 9주(州) 8진(鎭)을 볼모로 하여 진(陳)과 화의(和議)하였다가 진(陳)에 귀순하였다. 진은 그를 9주 · 8진의 도독(都督) · 대장군으로 삼았다. 후일 다시 수(隋)나라로 귀순하였다. 按: 소난은 분명 배반자였고, 몇 주(州)를 차지하고 있었다고 하는 것은 북주(北周) 이후의 사실이지 북제에서의 사실이 아니다. 그렇다면 이 사람은 마땅히 『주사(周史)』에 나열되어야 한다. 그런데도 이름이 북제의 사서에 기록된 것은 부(父) 자여(子

거한 이 같은 부류는 한 둘이 아니다.(이하 옛 책에는 다음 문단과 연결되어 있지만, 잘못이다)

其有事可書而不書者, 不應書而書者. 至如班固敍事, 微小必書, 至高祖破項垓下, 斬首八萬, 曾不涉言. 李『齊』(李百藥『北齊書』)於「後主紀」則書幸於侍中穆提婆第, 於「孝昭紀」則不言親戎以代奚. 於邊疆小寇無不畢紀, 如司馬消難擁數州之地以叛, 曾不挂言. 略大擧(一作'存')小, 其流非一.(此下舊連後段, 非)

按 : 이 조에서는 오로지 당연히 써야 하는데도 쓰지 않거나, 써서는 안 되는데 쓰는 경우를 논하면서 소소한 사실과 커다란 사실 두 상반되는 사례를 예로 하여 말하였다. 그러나 그 중에는 지적이 알맞지 않은 곳도 있다. 상세한 것은 주(注)에 설명하였다.(此條專論可書不應書者, 擧小大相反爲言. 但其中有摘論未允處, 詳具注內)

9-3

옛날 유협(劉勰)이 이르기를, "사마상여(司馬相如)와 왕포(王褒) 이전의 작가들은 대부분 자신의 천부적 재능에만 의지하고 학문의 연구에는 별다른 힘을 쏟지 않았고, 유향(劉向)과 양웅(揚雄) 이후의 작가들은 경전을 인용하여 문장의 내용을 확충하였다"[11]고 하였는데, 근래 사서에 기재된

如) 때문이다. 『사통』에서는 이백약(李百藥)의 병폐라고 여겼지만 마찬가지로 옳지 않다.

11 『문심조룡(文心雕龍)』「재략(才略)」편에 보인다. 역주 : 사마상여의 열전은 『사기』 권117, 『한서』 권57에, 왕포의 열전은 『한서』 권64에 각각 수록되어 있다. 유향은 『한서』 권53, 「초원왕전(楚元王傳)」, 양웅은 『한서』 권87에 각각 열전이 수록되어 있다.

문장들도 대부분 이러하였다. 때문에 비록 왕평(王平)이 아는 글자가 겨우 열 자(字)밖에 안 되고,[12] 곽광(霍光)은 배운 바가 없어 하나의 경(經)도 알지 못하였지만,[13] 사서(史書)에 기재된 그들의 말은 반드시 경서[典誥][14]의 말을 사용하였다. 이는 찬자(撰者)가 타고난 재능이 없었기 때문에 다만 전적(典籍)에 의지하여 헛된 문장을 꾸몄던 것이다.(釋 : 첫 부분에서 고전을 인용하여 문장을 도운 것을 대의(大意)로 제기하였다. ○어떤 책에는 이상의 4행(行)을 끊어 앞 조(條)에 붙이고 다음 문단과 잇지 않았지만, 잘못이다) 살펴보니, 『송서』에는 송 무제(宋武帝)가 입관(入關)후 왕진악(王鎭惡)이 자신의 공을 자랑하지 않는 것을 보고 후한의 풍이(馮異)와 비교하였고,[15] 북벌을 하던 중 위수(渭水)가를 지나면서 강태공(姜太公)을 돌이켜 생각하였다[16]고 서술하였다. 무릇 송 무제(宋武帝)가 학문이 없다는 것을[17] 모든 사람이 다 아

12 『삼국지』 권43, 「촉서」 「왕평전(王平傳)」에, 왕평의 자는 자균(子均)이고 전쟁터에서 성장하였기 때문에 글을 쓸 수 없었고, 그가 아는 글자가 열 자에 불과했지만, 구술로 문서를 작성한 것은 모두 식견이 있고 조리가 있었다고 했다.

13 『한서』 권68, 「곽광전(霍光傳)」찬(贊)에, 곽광은 배운 바가 없어 아무런 술수가 없었고 큰 이치에도 어두웠다고 했다.

14 역주 : 전고(典誥)는 『상서(尚書) 중의 「요전(堯典)」·「탕고(湯誥)」편 등을 가리킨다. 따라서 경서(經書)를 의미한다.

15 『남사(南史)』 권16, 「왕진악전(王鎭惡傳)」에, 진악은 왕맹(王猛)의 손자이다. 송 무제(宋武帝)가 북벌을 하면서 진악에게 전봉(前鋒)을 지휘하게 하였다. 장안(長安)을 함락하고 파상(灞上)에서 무제를 영접하였고, 무제가 공을 위로하자 사양하여 말하기를, '이는 명공(明公)의 위엄과 여러 장수의 힘에 의한 것이지 저에게 무슨 공이 있겠습니까?'라고 하였다. 무제는, '그대는 풍이(馮異)를 배우고자 하는가?'라고 하였다. 『후한서』 권17, 「풍이전」에, 숙사에 머물 때마다 여러 장수들은 앉아 공(功)을 논하였다. 풍이 만이 홀로 나무 아래에 물러앉아 있었다. 군중(軍中)에서는 그를 대수장군(大樹將軍)이라 불렀다. 역주 : 왕진악은 『송서』 권45에도 열전이 보인다.

16 『남사』 권33, 「정선지전(鄭鮮之傳)」에, 송 무제(宋武帝)가 위수(渭水)가에 이르러 탄식하기를, '이곳에 여망(呂望)이 다시 있겠는가?'라고 하자, 정선지는 '명공(明公)께서 융숭하게 예로써 사인(士人)들을 대우하면 어찌 천하의 사람들이 귀순하지 않음을 걱정하겠습니까?'라고 하였다. 역주 : 『사기』 권32, 「제태공세가(齊太公世家)」에, 태공망(太公望) 여상(呂尚)은 동해(東海 근처 사람으로, …… 본래의 성은 강씨(姜氏)였지만 그 봉지를 성으로 하여 여상(呂尚)이라 한 것이라 했다.

17 『남사』 권33, 「정선지전(鄭鮮之傳)」에, 송 무제(宋武帝)는 어려서부터 종군(從軍)을 하였기 때문에 학문을 섭렵할 수가 없었다. 때로 혹 담론을 할 때 비난을 하던 무제

는데 어찌 고사(古事)를 인용하여 군신(群臣)들에게 응답할 수 있겠는가? 그러나 사서에는 그렇지 않았다.(이 구절이 어떤 책에는 같은 말을 겹친 구절로 되어 있다. ○위수(渭水)가의 일은 잘 알려진 사실인데 누가 모르겠는가. 이 사실을 가지고 송 무제를 판단하는 것은 공평하지 않다. 釋 : 이 문단의 말은 다음 문장을 이끌기 위한 것으로 주로 『주서(周書)』의 내용을 다뤘다) 이보다 더 심한 것으로, 북주(北周 : 556-581) · 북제(北齊 : 550-577) 두 나라의 군주를 보면 모두 음산(陰山)출신이며 그 말이 호향(互鄕)[18]사람들처럼 조잡하고 비루(鄙陋)하였는데 북주의 우문(宇文) 씨는 더욱 심하였다.(原注 : 왕소(王劭)의 『제지(齊志)』[19]에 의하면 북주 문제(文帝)[宇文公]는 고조를 '한아(漢兒)'라고 불렀다고 하는데 이것은 헌무제(獻武帝)가 언어에서[音詞] 호(胡)의 풍습을 고치지 못했음을 설명해준다. 왕(王) · 송(宋)의 기록에는 그 비루한 말이 더 많다. 주(周)나라 황제가 여전히 화하(華夏)를 계승하였다고 칭하고[稱之] 있으니 즉 그 말이 제나라에 훨씬 미치지 못함을 알 수 있다. 按 : 헌무제는 즉 북제(北齊) 신무제(神武帝)[高歡]이다. '음사(音詞)'를 구본(舊本)에는 '진사(晉嗣)'라고 역시 잘못 썼으며, '칭지(稱之)'를 구본에서는 '인지(因之)'라고 썼는데 역시 잘못이다. 釋 : 이상에서 북주와 북제를 함께 거론하였지만 북주를 주로 지적하였다) 우홍(牛弘)[20](주사(周史)를 지었다) · 왕소(『제지(齊志)』를 지었다)가 책서(策書)를 관장하면서, 북제의 말을 기록함에 있어서는 그들이 실제 사용하던 천하고 비속한 말을 그대로 적었고, 북주의 말을 기록함에 있어서는 그처럼 문아(文雅)한 말을 적었다. 이와 같은 것은 무엇 때문인가?

는 부끄러워하였다고 했다. 『남사』 권33, 「배송지전(裴松之傳)」에 부록된 배소명(裴昭明)의 열전에, 소명이 군직(郡職)을 그만두고 돌아왔지만 집이 없었다. 무제가 이르기를, '내가 책을 읽지 않아 옛 사람 중 누가 소명과 비교될 수 있는지 모르겠다'라고 하였다.

18 역주 : 『논어』 「술이(述而)」편에, "호향(互鄕) 사람은 더불어 도의를 말하기 어려운데, 그 마을 동자가 와서 뵈옵거늘, 제자들이 망설였다"라고 했다. 호향은 고을 이름이고, 그 사람들의 풍속이 착하지 못하여 더불어 착한 것을 말하기 어렵다고 한 것이다.

19 역주 : 「육가(六家)」편 주)61 참조.

20 역주 : 「세가(世家)」편 주)24 참조.

두 나라가 각기 이하(夷夏)로써 달랐기 때문이 아니라, 『주서(周書)』와 『제지(齊志)』 두 사서의 기술이 허식(虛飾)과 실록(實錄)이라는 차이 때문에 그렇게 된 것이다.(釋 : 여기서는 북주 · 북제의 사서를 서로 비교하여 거론하였는데, 『주서(周書)』를 보면 고상한 문구가 특히 많지만, 이는 반드시 본래의 말이 아니다) 무릇 우문(宇文)의 말을 기록할 때는 경전의 말을 준수(遵守)하였고, 대부분 『사기』와 『한서』의 표현에 의거하였다.(原注 : 주사(周史)의 기록에는,[21] 태조가 양 원제(梁元帝)를 논하며 말하기를 "소역(蕭繹)은 하늘이 버린 것이라고 할 수 있다. 누가 그를 부흥시킬 수 있겠는가"고 하였다. 또한 우문측(宇文測)[22]이 분주(汾州)의 장이 되었을 때 어떤 자가 그를 모함하니 태조가 노하여 말하기를 "어찌하여 우리 골육(骨肉)을 이간하려 하며 이렇게 '패금(貝錦)'을 만들어내는가"고 하였는데 이는 모두 6경에 나오는 말이다. 또 말하기를 "영권(榮權)은 길사(吉士)이니 나와 그가 한 말은 꼭 같다"라고 하였는데 이 말은 『삼국지』에 나온다. 나머지 말들도 모두 이와 같다. 이러한 말들이 모두 어찌 우문이 한 말이겠는가? 또한 배정(裴政)의 『양태청실록(梁太淸實錄)』[23]에 의하면 원제(元帝)가 왕침(王沈)으로 하여금 위(魏)를 방문하게 하였는데 장손검(長孫儉)이 우문에게 말하기를 "왕침의 눈이 꿈쩍도 하지 않는다"라고 하자 공이 말하기를 "눈 먼 노복이 어리석은 사람을 파견하여 어찌 나를 탓할 수 있는가"고 하였는데 이 말은 왕소(王劭)의 『제지(齊志)』나 송효왕(宋孝王)의 『관동풍속전(關東風俗傳)』에 기재된 것과 유사하다. 이것이야말로 진짜 우문의 말이며 이 같은 기재는 실록에 부끄럽지 않은 것이다) 이것이 『장자(莊子)』에 붕어[鮒魚]의 대답을 서술한 문체가[24] 소진(蘇秦) · 장의(張儀)의 변설(辯舌)과 유사하고, 가

21 역주 : 『주서(周書)』 권2, 「문제기(文帝紀)」 하.

22 역주 : 『주서(周書)』 권27에 열전이 수록되어 있다.

23 역주 : 『수서경적지』 「사부(史部)」 "잡사(雜史)"에, 『양태청록(梁太淸錄)』 8권이라 했고, 『구당서경적지』에는 『양태청실록(梁太淸實錄)』 8권이라 하였다. 배정의 열전이 『수서』 권66에 실려 있지만 이 책명은 보이지 않는다. '태청(547-549)'은 양 무제(梁武帝)의 연호이다.

24 『장자(莊子)』 「외물(外物)」편에, 장주(莊周)가 수레바퀴 자리에 있는 붕어[鮒魚]를 돌아보니 붕어가 말하기를, '나는 동해의 수신(水神)을 섬기고 있는 신하입니다. 당신은 몇 되의 물로 나를 살려 주시지 않으시렵니까?' 하자 장주가 말하기를, '내가 서

의(賈誼)가 올빼미의 말을 서술한 것이[25] 굴원(屈原)·송옥(宋玉)의 아름다운 문장과 같은 것과 무엇이 다르다고 하겠는가?[26] 이러한 것을 우언(寓言)으로 사용되는 것은 괜찮지만 실록에 인용되는 것은 안 된다.(釋 : 여기서부터는 오로지 주사(周史)의 꾸밈이 많은 것을 배척하였다. ○어떤 책은 여기서 나뉘지만, 잘못이다) 세상에서는 근래의 사서에 편찬된 말[語](原注 : '언어(言語)'의 '어(語)'를 말한다) 중에 다만 북주 사서에 잘 꾸며진 아름다운 말들이 많다고 한다. 작자들이 고문(古文)을 널리 채록하여 오늘날의 말로 바꾸었는데, 지금 세간에 전하는 것으로 『계구석(鷄九錫)』·『주효경(酒孝經)』·『방중지(房中志)』·『취향기(醉鄕記)』가 있는데,[27] 어떤 것은 『오경(五經)』을 본받고 어떤 것은 『삼사(三史)』를 모방하였다. 비록 문장은 모두 우아하

강(西江) 물을 범람시켜 너를 맞이하게 하겠다. 어떻겠느냐' 하자, 붕어가 크게 화를 내며 말하기를, '당신은 그렇게 말을 하는 것보다 나를 마른 고기 파는 가게에서 찾는 것이 나을 것입니다!'고 하였다.

25 가의(賈誼), 「복조부(鵩鳥賦)」(『문선』 권13 所收)에, "올빼미가 탄식하고 머리를 쳐들고 날개를 떨쳐 날면서 입으로는 말을 할 수 없지만 마음으로는 이같이 대답한다"라고 했다.

26 역주 : 『사기』 권84, 「굴원가생열전(屈原賈生列傳)」 논찬에, 태사공(太史公)이 이르기를, 가생[賈誼]이 굴원을 애도한 작품을 읽고 나서 굴원이 그와 같은 재능으로써 다른 제후를 유세하였더라면, 어느 나라인들 그를 받아들이지 않을 리가 없었을 터인데, 왜 스스로 그 지경에 이르게 되었는지 의문스러웠다. 그러나 「복조부(鵩鳥賦)」를 읽으니 삶과 죽음을 동일시하고, 인생의 성패를 개의치 않음을 보게 되어, 이전에 가졌던 나의 생각을 흔쾌히 버리게 되었다고 했다. 그리고 송옥(宋玉)에 대하여는 「굴원가생열전」에, 굴원이 죽은 뒤에 초(楚)나라에는 송옥·당륵(唐勒)·경차(景差) 같은 무리들이 있어서 모두 문사(文辭)를 좋아하여 부(賦)로써 호평을 받았다. 그러나 모두 굴원을 모방하였지만, 끝내 감히 직간(直諫)을 표현하는데 까지는 이르지 못하였다고 했다.

27 왕유검(王惟儉), 『사통훈고(史通訓故)』에, 원숙(袁淑), 『배해기(俳諧記)』에 『계구석문(鷄九錫文)』이 있고, 황보송(皇甫松)이 『주효경(酒孝經)』·『방중지(房中志)』를 지었고, 왕적(王績)이 『취향기(醉鄕記)』를 지었다고 했다. 『곤학기문(困學紀聞)』에 계구석(雞九錫)을 준계산자(浚稽山子)에 봉했다고 했다. 역주 : 원숙(408-453)의 열전은 『송서(宋書)』 권59, 『남사』 권26에 보인다. 『주효경』은 『구당서경적지』와 『신당서예문지』에 모두 유현(劉炫)이 편찬하였다고 하였고, 『방중지』를 『주효경』과 함께 왕유검은 황보송의 저작이라고 했지만, 각종 목록에 이 책명이 보이지 않는다. 왕적은 『신당서』 권196, 「은일전(隱逸傳)」에 보인다.

고 단정하나 그 내용이 모두 허구이니 어찌 이들이 남사(南史)·동호(董狐)와 같은 사재(史才)를 갖추었다고 할 수 있으며, 반고·사마천과 같은 사관의 직무를 담당하기에 적합하다고 할 수 있겠는가?(釋: 끝에서는 당시의 여론이 주사(周史)를 칭찬하는 것을 힐난하였다. ○구본(舊本)에는 이 부분이 다음 조(條)와 이어져 있지만, 잘못이다)

昔劉勰有云: "自卿·淵(舊誤作'云')已前, 多役才而不課學; 向·雄(『文心』作'雄向')已後, 頗引書以助文." 然近史所載, 亦多如是. 故雖有王平所識, 僅通十字; 霍光無學, 不知一經. 而述其言語, 必稱典誥. 良由才乏天然, 故事資虛飾者矣.(釋: 首層以引書助文領起大意. ○一本此四行截附前條, 不連下段, 非) 案『宋書』稱武帝入關, 以鎭惡不伐, 遠方馮異; 於渭濱游覽, 追思(一作'想')太公. 夫以宋祖無學, 愚智所委,(一作'悉') 安能援引古事, 以酬答群臣者乎? 斯不然矣.(此句一本有重句. ○渭濱熟事, 何人不知, 以此判宋武, 亦失平. 釋: 此層亦引下之文, 其所主在『周書』也) 更(一作'又')有甚於此者, 覩周·齊二國, 俱出陰山, 必言類互鄕, 則宇文尤甚.(原注: 案王劭『齊志』: 宇文公呼高祖曰'漢兒', 夫以獻武音詞未變胡俗, 王·宋所載, 其鄙甚多矣. 周帝仍稱之以華夏, 則知其言不逮於齊遠矣. 按: 獻武卽齊神武也. '音詞'舊誤作'晉嗣', '稱之'舊作'因之', 亦誤. 釋: 四句周·齊並提, 意側在周) 而牛弘(作『周史』)·王劭(作『齊志』)並掌策書, 其載齊言也, 則淺俗如彼; 其載周言也, 則文雅若此. 夫如是, 何哉? 非兩邦有夷夏之殊, 由二史有虛實之異故也.(釋: 此層擧周·齊二史相衡, 見『周書』偏多雅句, 必非本語矣) 夫以記宇文之言, 而動遵經典, 多依『史』·『漢』,(原注: 『周史』述太祖論梁元帝曰: '蕭繹可謂天之所廢, 誰能興之者乎?' 又宇文測爲汾州, 或譖之, 太祖怒曰: '何爲間我骨肉, 生此貝錦?' 此並『六經』之言也. 又曰: '榮權吉士也, 寡人與之言無二.' 此則『三國志』之辭也, 其餘言皆如此, 豈是宇文之語耶? 又案裴政『梁太清實錄』稱元帝使王琛聘魏, 長孫儉謂宇文曰: '王琛眼睛全不轉.' 公曰: '瞎奴使, 癡人來, 豈得怨我?' 此言與王·宋所載相類, 可謂眞宇文之言, 無愧於實錄矣) 此何異莊子述鮒魚之對, 而辯類蘇·張, 賈生敍鵩鳥之辭, 而文同屈·朱. 施於寓言則可, 求諸實錄則否矣.(釋: 自此層以下專尺周史之多飾. ○一本此處截分, 非) 世稱近史編語,(原注: 謂'言語'之'語'

也) 唯『周』多美辭. 夫以博採古文, 而聚成今說, 是則俗之所傳有『鷄九錫』·『酒孝經』·『房中志』·『醉鄕記』, 或師範『五經』, 或規模『三史』, 雖文皆雅正, 而事悉虛無, 豈可便謂南·董之才, 宜居班·馬之職也?(釋: 末就時論之稱周史者折之. ○舊本此處連下條, 非)

按 : 이 조에서 말한 것은 「언어(言語)」편 등에서 논술한 내용과 서로 같고, 앞 권(卷)에서 논한 주사(周史) 조의 각주이기도 하다. 절(節) 전체의 뜻은 "경전을 인용하여 문장의 내용을 확충하였다[引書助文]"는 넉 자로서 통관(通貫)할 수 있다. 당대(唐代)의 사서에서는 정여경(鄭餘慶)의 주의(奏議)에 대량으로 고어(古語)를 인용한 것을 책망하였고, 사람들이 시의(時宜)에 맞지 않음을 비난하였는데, 그 의미가 바로 이와 유사하다.(此亦「言語」等篇一派話頭, 卽是前卷論周史一條注脚. 通節之旨, 總貫在'引書助文'四字中. 唐史訾鄭餘慶奏議類用古語, 人誚其不適時, 意正類此)

붕어[鮒魚]와 올빼미[鵩鳥] 이야기는 앞에서 말한 양유(楊由)가 새소리를 알아듣고[聽雀], 개(介)의 갈로(葛盧)가 소의 울음소리를 알아듣는 것[聞牛][28]과 같고, 의도가 자못 순수하지 않기로는 유종원(柳宗元)이 「여위중립서(與韋中立書)」에서, "눈과 태양이 어찌 잘못이 있겠는가? 짖어대는 놈은 단지 개뿐이다"라고 말한 것과 같다. 이 같은 조롱을 나는 마음으로 좋아하지 않는다.(鮒魚·鵩鳥, 猶前云聽雀·聞牛也, 頗涉惡道, 如柳州「與韋中立書」: "雪與日豈有過哉? 顧吠者犬耳." 此種揶揄, 鄙心不喜)

---

28 역주 : 이 말은 「언어(言語)」편에 나오는 말이다. 어원에 대하여는 「언어」편 주)39 참조

9-4

양(梁)왕조 말기부터 (시부류(詩賦類)의) 보잘 것 없는 작은 기교를 추구하는 분위기가 유행하였다.(原注 : 양 무제 태청(太淸 : 547-549) 이후를 이른다) 사람들은 시(詩)를 지을 때 평두상미(平頭上尾)[29] 등의 병폐를 매우 싫어하여, 대어(對語)나 여사(儷辭)[30]를 쓰는 것이 세상에 널리 성행하였다. 강남으로부터 시작되어 낙양의 거리에까지 파급되었다. 그리하여 사가의 문장에도 마찬가지로 이러한 방법을 이용하였다.(原注 : 하지원(何之元)의 『양전(梁典)』[31]에 이르기를, 조정이 후경(侯景)[32]을 받아들일 것인가의 논의를 하면서 고조(高祖)가 말하기를, "후한의 광무제(光武帝)[文叔]가 윤준(尹遵)의 투항으로 외효(隗囂)를 멸하였고, 서진(西晉)의 무제(武帝)[安世]가 양호(羊祜)의 건의를 받아들여 손호(孫晧)를 평정하였다"라고 했다. 후한 광무제와 서진 무제는 제위를 참칭하거나 도둑질

29 『남사』 권48, 「육궐전(陸厥傳)」에, 궐은 문장 짓기를 좋아하였다. 심약(沈約)·사조(謝朓)·왕융(王融) 등은 서로를 추천하였고, 여남(汝南)의 주옹(周顒)은 성운(聲韻)을 가리는데 능했다. 모두 궁(宮)·상(商) 음율(音律)을 이용하여 평상(平上)에서 4성(聲)으로 거입(去入)하고 이로써 시운(詩韻)을 정하였다. 평두(平頭)·상미(上尾)·봉요(蜂腰)·학슬(鶴膝) 등 네 가지 평폐가 있었다. 한 구절의 시문에 있는 다섯 글자 가운데 음운(音韻)이 모두 달랐고, 두 구절내의 각(角)·치(徵) 음율이 달랐다. 세상에서는 이를 영명체(永明體)라 불렀다. 『시원유격(詩苑類格)』에 이르기를, "시(詩)의 병폐로는 여덟 가지가 있다. 평두·상미·봉요·학슬·대운(大韻)·소운(小韻)·방뉴(旁紐)·정뉴(正紐)인데, 상미·학슬이 가장 경계해야 할 것"이라 했다. 역주 : 그 중 특히 '평두'란 시율(詩律)의 상하구(上下句)에 동성(同聲)의 글자를 쓰는 것을 말하고, '상미'란 오언시(五言詩)의 둘째 구(句)와 다섯 번째, 열 번째의 글자가 동성(同聲)인 것을 말한다.

30 역주 : 『문심조룡』 「여사(麗辭)」편에, "양웅·사마상여·장형(張衡)·채옹(蔡邕) 등이 대우(對偶)의 형식을 숭상하여 그것을 적극적으로 사용함에 따라, 마치 송(宋)나라의 원군(元君)이 그림을 연구하고, 오(吳)나라에서 주검(鑄劍)을 연구한 것처럼, 문장의 수식에 주의를 기울이게 되었다. 대우의 구절들과 풍부한 문채가 함께 세상에 널리 퍼지게 되니, 더할 나위 없는 음색의 배열을 갖춘 대우의 구절들이 일제히 빛을 발하게 되었다"라고 한 것이 그것이다.

31 역주 : 「고금정사(古今正史)」편 주)156 참조.

32 역주 : 『양서(梁書)』 권56에 열전이 수록되어 있다.

한 것이 아니었다. 따라서 양 고조(梁高祖)가 절대로 그들의 시호(謚號)를 버릴 리가 없는데도 직접 그들의 이름을 부른 것으로 기재하였다. 이는 모두 말이 대구(對句)를 이루고 화려해야 하기 때문에 이렇게 쓴 것이다. 또한 요최(姚最)의 『양후략(梁後略)』[33]에서는 고조의 말을 기재하기를, "성공은 나[我]에게 달려 있고 실패도 나[予]에게 달려 있는데 그것이 자손들에까지 미치지 않으면 내가 얼마나 한이 되겠는가?"라고 하였다. '아(我)'를 바꾸어 '여(予)'로 상호 문구를 이루고 있지만, 실제 생활에서는 절대로 이렇게 말할 수 없다. 평두상미의 폐단을 피하기 위하여 이렇게 쓴 것이다. 또한 소소(蕭韶)의 『태청기(太淸記)』[34]에 이르기를, "온자승(溫子升)의 「영안고사(永安故事)」[35]에, 이주세륭(爾朱世隆)[36]이 건업(建業)을 공격하여 멸망시킨 후 백성들의 원통한 소리가 위로는 하늘에 닿았고 고통스러운 생활은 아래로 인간의 도리를 다치게 하였다"고 했다. 이 모든 말은 간단하면서도 요약된 것이 아니라 단지 글자를 모아 문장을 이룬 것이며 모두 짝을 지어 운을 맞춰야 한다는 걱정에서 비롯된 결과이다. 혹 운을 맞추어 화려하게 혹은 말은 반드시 대구(對句)를 써야 한다는 이러한 폐단은 그 예가 매우 많다. ○'윤준(尹遵)'을 혹 '왕랑(王郎)', 혹은 '왕준(王遵)'으로 쓰고 있지만 모두 잘못이다. 구본(舊本)에는 '자명(字名)'을 '성명(姓名)', '개어(皆語)'를 '어개(語皆)', '추성대(趨聲對)'를 '피성대(避聲對)'라고 썼지만 이제 모두 바르게 고쳤다) 예컨대 역식기(酈食其)와 같은 교묘한 말,[37] 주창(周昌)의 말을 더듬는 모양,[38]

---

33 역주 : 『수서경적지』 「사부(史部)」 "고사(古史)"에, 『양후략』 10권, 요최가 편찬하였다고 했다. 요최는 『주서(周書)』 권47, 「예술전(藝術傳)」에 보인다.

34 역주 : 『수서경적지』 「사부」 "고사(古史)"에, 『양태청기(梁太淸紀)』 10권, 양(梁) 장사번왕(長沙蕃王) 소소(蕭韶)가 편찬하였다고 했다. 『남사』 권51, 「소소전」에도 보인다.

35 역주 : 『수서경적지』 「사부」 "지리(地理)"에 『위영안기(魏永安記)』라고 하였다. 영안(528-530)은 북위 효장제(孝莊帝)의 연호이다.

36 역주 : 『위서(魏書)』 권75, 「이주세륭전」 참조.

37 『한서』 권43, 「역식기전(酈食其傳)」 찬(贊)에, 고조(高祖)는 정벌을 통하여 천하를 평정하였고, 진신(縉紳)의 무리는 웅변(雄辯)의 재능을 이용하여 대업(大業)을 이루었다. 역식기는 스스로 숨어 문을 지키면서 명군(明君)이 나오기를 기다려 나오려 하였다고 했다.

38 『사기』 권96, 「장승상열전(張丞相列傳)」에, "고조는 태자를 폐위시키려 하였다. 주창은 본래 말을 더듬는 데다 매우 성이 나 있었기 때문에 말하기를, '신은 입으로 말씀드릴 수가 없습니다. 그러나 신은 분명 그것이 불가한 것임을 알고 있습니다. 폐하

자우(子羽)가 수식(修飾)하는 말,[39] 자로(子路)가 급하게 한 대답[40] 등 개성적인 특징을 지닌 말들 모두가 통일된 표현의 형식에 구애되지 않는 것이 없고 일률적으로 쓰여졌기 때문에, 사실 그대로를 기록해야 한다는 점에서 보면 이들 말의 대부분이 허망(虛妄)한 것들이다.

自梁室云季, 雕蟲道長.(原注 : 謂太淸以後) 平頭上尾, 尤忌於時; 對語儷辭, 盛行於俗. 始自江外, 被於洛中. 而史之載言, 亦同於此.(原注 : 何之元『梁典』稱議納侯景, 高祖曰 : "文叔得尹遵之降而隗囂滅, 安世用羊祜之言而孫皓平." 夫漢·晋之君, 事殊僭盜, 梁主必不舍其謚號, 呼以字名. 此由須對語儷辭故也. 又姚最『梁後略』稱高祖曰 : "得旣在我, 失亦在予, 不及子孫, 知復何恨." 夫變我稱予, 互文成句, 求諸人語, 理必不然, 此由避平頭上尾故也. 又蕭韶『太淸記』曰 : "溫子升『永安故事』, 言爾朱世隆之攻沒建業也, 怨痛之響, 上徹天閽; 酸苦之極, 下傷人理." 此皆語非簡要, 而徒積字成文, 並由趨聲對之爲患也. 或聲從流靡, 或語須偶對, 此之爲害, 其流甚多. ○'尹遵'或作'王郎', 或作'王遵', 並非. '字名'舊作'姓名', '皆語'舊作'語皆', '趨聲對'舊作'避聲對', 今皆刊正) 假有辨如酈叟, 吃若周昌, 子羽修飾而言, 仲由率爾而對. 莫不拘以文禁, 一概而書, 必求實錄, 多見其妄矣.

按 : 이는 평두(平頭)와 대어(對語)의 습관이 양대(梁代)에 성행하였음을 소급하여 밝힌 것이다. 그러나 유지기 자신이 이렇게 말하면서 자신도 이

께서 태자를 폐하려고 하지만 신은 결코 그 조명(詔命)을 받들지 않겠습니다'"라고 하였다.

39 역주 : 『논어』「헌문(憲問)」편에, "공자께서 말씀하시기를, '정(鄭)나라의 외교문서는 명을 하면 비심(裨諶)이 초하여 짓고, 세숙(世叔)이 토론하고, 행인(行人) 자우(子羽)가 수식하고, 동리(東里)의 자산(子産)이 문채를 더하였다'"고 했다.

40 역주 : 『논어』「선진(先進)」편에, "자로(子路)·증석(曾晳)·염유(冉有)·공서화(公西華)가 모시고 앉았더니, 공자께서 말씀하시기를, '내가 약간 너희들보다 어른이지만은 나이로 대하지 말라. 너희들이 평상시에 말하기를 나를 알아주지 못한다고 하니 만일 혹 너희들을 알아주면 어찌 하겠느냐', 자로가 불쑥 나서며 대답하여 말하기를, '천승(千乘)의 나라가 큰나라 사이에 끼어 대군의 침입을 당하고 기근에 시달린다고 해도, 제가 다스린다면 3년이면 백성들을 용감하게 만들고, 또 도의 방향을 알도록 하겠습니다'라고 하자, 부자(夫子)께서는 빙그레 웃었다"라고 했다.

를 그대로 따르고 있으니 무엇 때문인가? 어찌 문학에 사용하는 것은 괜찮고 사서(史書)에 사용하는 것은 안 되는가?(此原平頭對語之習, 盛於梁代也. 然公自言之, 乃自襲之, 何耶? 豈謂施於文則可, 施於史不可耶?)

아(我)'를 바꾸어 '여(予)'로 상호 문구를 이루고 있지만, 미루어보면 다른 사람을 칭하는 것으로 한말(漢末)에 이미 그 단서가 비롯되었는데, 장홍(臧洪)이 진림(陳琳)에게 보낸 편지에 소위 "그대[足下]는 경외(境外)에서 이익을 구하고 있다.", "그대[吾子]는 맹주에게 몸을 의지하였다"라고 한 것이 그러한 정황이다. 읽을 때마다 이를 비난하였다.(我予互句對, 推之稱人, 季漢已肇其端, 臧洪書與陳琳曰,"足下徼利於境外", "吾子托身於盟主"是也. 輒讀而病之)

9-5

무릇 진(晉)·송(宋) 이전에는 제왕이 선양(禪讓)을 받는 과정이 구석(九錫)의 명(命)을 받는 것으로 시작하여 제위에 오르는 것으로 끝났다. 그 기간에 제위를 받을 사람이 상주(上奏)하는 문장은 반복하여 제위에 오르기를 원치 않는다는 충정을 나타내는 것이었고, 제왕은 또 반복하여 조칙을 내려 수명(受命)하기를 권하는 것이었다. 비록 이러한 과정은 모두 허위이고, 하는 말 역시 선양이라 꾸민 것이지만 그렇게 해야 선양의 위의(威儀)를 갖출 수 있었으며, (선양에 필요한) 의미 있는 문물(文物)을 진열하여 그 의례(儀禮)의 엄한 모습을 알도록 하고 조정의 신하들과 백성들로 하여금 그들이 행한 일체를 보도록 하였다. 그러나 근고(近古)에 이르러서 선양의 진행과정은 시간이 단축되었다. 예컨대 양 무제(梁武帝)는 수선(受禪)할 때 강릉(江陵)에 있었고, 북제(北齊)의 문선제(文宣帝)는 진양(晉陽)에 있었는데, 양 무제는 선덕황후(宣德皇后)의 영(令)이라 속이면서 남조

제(齊)나라 화제(和帝)가 선위(禪位)한다는 조령(詔令)을 강릉[荊州]에서 반포하였다.[41](原注 : 강릉은 건업(建業)에서 천 리 이상 떨어져 있었다. 선덕황후가 내린 화제(和帝)가 선위한다는 조령이 도착하려면 반드시 10일이 걸려야 한다. 이것으로 보아 조령이 가짜임을 알 수 있다) 북제 문선제의 경우 선위와 관련한 모든 조서(詔書)는 실제 진양(晉陽)에서 만들어진 것인데도 업도(鄴都)에 있던 동위(東魏) 효정제(孝靖帝)가 반포한 것이라 속였다.[42](原注 : 북제 문선제는 선양을 받기 전에 비밀리에 황제가 선양하겠다는 조서, 본인이 사양한다는 상주문, 다른 사람들이 제위에 오르도록 권하는 상서문 등을 미리 작성해 놓음으로써, 상주하고 청원하고 서명하는 과정 전부를 일시에 모두 끝냈다. 이러한 사실을 통해 더 이상 전후하여 예의상 진행하던 순서와 과정이 모두 없어졌음을 알 수 있다) 대개 이들 문장들은 본래 실시된 것도 아닌데도 오히려 그것들을 기거주(起居注)에 기재하고 국사(國史)에 편입하고 있으니 어찌 그 중요한 것만을 모으고 헛된 말들을 모두 제거하였다고 할 수 있겠는가? 그러나 『남제서(南齊書)』·『양서(梁書)』·『진서(陳書)』·『수서(隋書)』 등 사서에도 모두 이러한 잘못이 많다.(原注 : 진(晉)·북위(北魏)·남조 송(宋) 등은 창업(創業) 이후 겨우 공(公)·

---

41 『남사(南史)』 권6상, 「양무본기(梁武本紀)」 상(上)에, 제(齊) 남강왕(南康王)이 강릉(江陵)에서 제위에 올랐고, 멀리 동혼(東昏)을 폐하여 부릉왕(涪陵王)으로 하였다. 소연(蕭衍)[帝]에게 정동장군(征東將軍)을 가(加)하고, 석두(石頭)에 주둔하였다. 왕진국(王珍國)이 동혼을 참하였다. 2년 정월, 소연[帝]이 양공(梁公)이 되어 구석(九錫)을 갖추었다. 2월에 왕이 되었다. 3월 병진(丙辰)에 제제(齊帝)가 선위(禪位)의 조서를 내렸다. 4월 신유(辛酉)에, 선덕황후(宣德皇后)가 영(令)하기를, '서쪽의 조서가 이르렀으니 전대(前代)의 규장(規章)을 본받아 신기(神器)를 양(梁)에 삼가 넘겨주고, 정전(正殿)에 앉지 말고 어전에 앉는 것을 분명히 밝히고, 옥새와 그 인끈을 수여한다'라고 했다.

42 『자치통감(資治通鑑)』에, 발해(渤海) 사람 고덕정(高德政)은 도참(圖讖)에 능하였는데, 고양(高洋)에게 수선(受禪)을 권하였다. 고양이 진양(晉陽)으로 돌아와 좌우의 진산제(陳山提)에게 필요한 일들을 명하고 아울러 양음(楊愔)에게 밀서를 보냈다. 진산제는 업(鄴)에 이르고, 양음은 즉시 태상경(太常卿) 형소(邢邵) 등을 불러 의주(儀注)를 찬하도록 하고, 비서감(秘書監) 위수(魏收)에게는 구석(九錫)·선양(禪讓)·권진(勸進) 등의 문장을 기초(起草)하도록 하였다. 고양이 업에 이르렀을 때 효정제(孝靖帝)가 북제에게 선위(禪位)하였다고 했다. 역주 : 이상의 내용은 『북제서(北齊書)』 권4, 「문선제기(文宣帝紀)」와 『위서(魏書)』 권12, 「효정기(孝靜紀)」에도 보인다.

왕(王)이라 칭하기 시작하여 제위에 오르는데 모두 수십 년의 시간이 걸렸다. 무릇 공적과 덕행이 날로 쌓이면서 조금씩 과정을 진행시킴으로 예의 규정에 따라 처리하는 것을 무시하거나 위반하지 않음을 증명하는 것이었다. 그러나 제(齊)·양(梁) 이후는 공(公)·왕(王)이라 칭하고 황제로 즉위하는데 한 달도 걸리지 않았다. 이렇게 급박하게 재촉하는데 무슨 예의(禮儀)가 있겠는가?) 오직 왕소(王劭)가 편찬한 『제지(齊志)』[43]만이 이러한 잘못이 없었다.(구본(舊本)은 여기서 다음 조(條)와 이어져 있지만, 잘못이다)

夫晉·宋已前, 帝王傳授, 始自錫命, 終於登極. 其間箋疏款曲, 詔策頻煩. 雖事皆僞迹, 言並飾讓, 猶能備其威儀, 陳其文物, 俾禮容可識, 朝野具瞻. 逮於近古, 我則不暇. 至如梁武之居江陵, 齊宣之在晋陽; 或文出荊州, 假稱宣德之令;(原注: 江陵之去建業, 地闊數千餘里. 宣德皇後下令, 旬日必至. 以此而言, 其僞可見) 或書成並部, 虛云孝靖之敕.(原注: 北齊文宣帝將受魏禪, 密撰錫讓·勸進·斷表文詔, 入奏請署, 一時頓盡. 則知無復前後節文, 等差降殺也. ○ 此注舊編在後注之下, 誤) 凡此文誥, 本不施行, 必也載之起居, 編之國史, 豈所謂撮其機要, 翦截浮辭者哉? 但二蕭『陳』·『隋』諸史, 通多此失,(原注: 晋·魏及宋, 自創業後, 稱公王, 卽帝位, 皆數十年間事也. 夫功德日盛, 稍進累遷, 足驗禮容不欺, 揖遜無失. 自齊·梁已降, 稱公王及卽帝位, 皆不出旬月之中耳. 夫以迫促如是, 則於禮儀何有者哉?) 唯王劭所撰『齊志』, 獨無是焉.(舊本此處連下條, 非)

按: 이는 남조와 북조이래 각 왕조가 모두 스스로 구석(九錫)의 명(命)과 선양(禪讓)의 조서를 작성하면서 월일(月日)의 차이가 얼마 되지 않는데도 사서에 모두 기재되어 더욱 그 거짓이 드러난 것을 배척하였다. 다만 왕소(王劭)의 『제지(齊志)』만이 이러한 결점이 없어 여러 사서 중에 뛰어났다.(此斥南北晚近諸朝, 自撰錫禪文詔, 月日以幾, 史皆載之, 愈形其僞. 王『志』獨無, 高出諸史也)

43 역주: 「육가(六家)」편 주)61 참조

9-6

폭력을 폭력으로 해결하려는 것을 옛 사람은 비웃었다.[44] 예컨대 위담(魏澹)[彦淵]이 위수(魏收)의 『위서(魏書)』를 고친 것은 틀린 것을 다시 틀린 것으로 대신한 것이니 그 잘못이 더욱 드러났다. 그런데도 『수서(隋書)』를 편찬한 사람들이 위담이 위수의 잘못을 크게 바로잡았다고 칭찬한 것은[45] 무엇 때문인가? 위담의 책을 왕소(王劭)[君懋]의 책과 비교한다면 왕소의 노력이 위담보다 몇 배는 더 들인 것이라 할 수 있다.[46] 그런데도 사신(史臣)들은 위담을 칭찬하고 왕소를 비난하였다.[47](原注 : 『수서(隋書)』에서는 모든 논찬(論贊)마다 '사신왈(史臣曰)'로 시작하였고, 지금은 그러한 사례를 그대로 따라 '사신(史臣)'이라 부른다) 어찌 그들이 사물을 식별할 수 있는 통찰력을 가졌다고 하겠는가? 옛 책에 이르기를, "매미의 두 날개가 무

---

44 역주 : 이 말은 백이(伯夷)와 숙제(叔齊)가 주 무왕(周武王)이 무도한 은(殷)을 멸하기 위하여 무력을 동원한 것을 반대하여 수양산에 들어가 굶어죽기 전 지었다는 노래에 나온다. 『사기』 권61, 「백이열전」 참조.

45 역주 : 『수서』 권58, 「위담전(魏澹傳)」에, "고조(高祖)[楊堅]는 위수(魏收)가 편찬한 사서의 포폄이 사실과 맞지 않고, 평회(平繪)가 편찬한 『중흥서(中興書)』가 역사적 사실의 서술에 순서가 없다고 하여 위담에게 위사(魏史)를 따로 편찬하게 하였다. 위담은 도무제(道武帝)로부터 공제(恭帝)까지 「본기」 12권, 「열전」 78권, 사론(史論)과 범례(凡例) 1권, 『목록(目錄)』 1권을 합쳐 모두 92권이었다. 위담의 의례(義例)는 위수와 많이 달랐다. …… 위담이 지은 『위서(魏書)』는 매우 간요(簡要)하고, 위수와 평회(平繪)의 잘못을 크게 바로잡았다"라고 했다.

46 역주 : 『세설신어』 「배조(排調)」편 참조.

47 역주 : 『수서』 권58, 「위담전」, "사신왈(史臣曰), 위담의 『위서(魏書)』는 당시에 간요(簡要)하면서도 순정(純正)하고, 체례가 상세하고 주도면밀하여 후세에 전할 만하다고 칭찬하였다"라고 했다. 『수서』 권69, 「왕소전(王劭傳)」, "사신왈, 왕소는 저술을 좋아하여 오랫동안 사관(史官)으로 있으면서 『제서(齊書)』를 편찬한 바 있는데 다시 수사(隋史)를 편찬하였다. 황당한 이야기를 좋아하고, 보잘것없는 길거리의 이야기를 숭상하였다. 문사(文詞)가 비루하고 더러웠으며, 체통(體統)이 번잡하여 남사(南史)·동호(董狐)에 부끄러웠고, 사마천·반고의 재주도 갖추지 못해 필묵을 낭비했을 뿐 보고취할 만한 것이 없다"고 했다.

겁고 천균(千鈞)이 오히려 가볍다"[48]고 하였는데, (위담을 칭찬하고 왕소를 비난한) 『수서』의 '사신왈'이 바로 그러한 예(例)이다.

夫以暴易暴,(舊作'以暴易古', 一作'以累易古') 古人以爲嗤. 如彦淵之改魏收也, 以非易非, 彌見其失矣, 而撰『隋(舊衍'文'字)史』者, 稱澹大矯收失者, 何哉? 且以澹著書, 方於君懋, 豈唯其間可容數人而已. 史臣美澹而譏劭者,(原注 : 『隋史』每論皆云'史臣曰', 今故因其成事, 呼爲'史臣') 豈所謂通鑒乎? 語曰 : "蟬翼爲重, 千鈞爲輕." 其斯之謂矣!

按 : 이 조(條)는 『위서(魏書)』를 주로 다루면서 비판한 것은 위담(魏澹)이었다. 앞 조 문장의 뜻과는 서로 관련이 없고, 특별히 왕소(王劭)를 인용하여 그와 가늠하고자 하였다. 때문에 나누어 살필 때에는 마땅히 온건하게 해야 한다.(此所主在『魏書』, 而所刺在魏澹, 與上條文意不相蒙, 王劭特帶衡之耳, 故分擘宜穩)

"제사(諸史)"의 여러 조(條)를 상세히 살피면 모두 받아 전하는 도움말이 있는데 본래 한 편(片)으로 이어진 문자이다. 후세 사람들이 두서(頭緖)가 뒤섞여 어지럽게 출현하는 것을 보고 이를 따로 세워 살펴보기에 편리하게 하였지만 원본(原本)을 해롭게 하지는 않았다. 다만 어찌할 수 없다고 생각하는 것은 마땅히 이어져야 할 곳이 오히려 끊어져 있고, 끊어야 할 곳이 오히려 이어져 있는 것이다. 두보의 시(詩)에 이르기를, "해도(海圖)가 갈라져도 파도는 보이지 않고, 옛 자수가 주름잡혀 구겨져 있네"고 한 것을 읽노라면 모호하여 사람들이 제대로 이해하지 못하지만, 자세히 살피면 비로소 뜻을 분명하게 가릴 수 있는데, 다시 분별하여 모으는 것을 사람들은 자못 번거롭다고 느꼈다.(詳"諸史"諸條, 皆有承轉語助, 本一片文字. 後人見頭緖紛出, 遂離立之, 取便循覽, 未爲害事. 無如當連反斷, 當斷反連. 老杜詩云 : "海圖坼波濤, 舊繡移曲折." 閱之令人目迷, 細意分張, 頗煩裁緝)

---

48 역주 : 『초사(楚辭)』「복거(卜居)」편에 보이는 문장이다. 경중(輕重)이 거꾸로 되어 상식에 어긋나는 것을 가리킨다.

별전(別傳) 9조

○거론한 것은 모두 국사가 아니다. 때문에 '별전(別傳)'이라 불렀다.(九條. ○所擧皆非國史, 故曰別傳)

9-7

유향(劉向)의 『열녀전(列女傳)』에 이르기를, "하희(夏姬)는 두 번 부인(夫人)이 되고 세 번 왕후(王后)가 되었다"라고 하였다.[49] 부인이 되었다는 사실은 검증하기 어렵지만, 왕후가 되었다는 사실은 분명히 알 수 있다.(釋 : 세 번 왕후가 되었다는 것은 그 기록을 반박하는 주요 문구이다) 살펴보건대, 당시 여러 나라 중에 왕을 칭한 것은 오직 초(楚)나라 뿐이었다. 무신(巫臣)은 초 장왕(楚莊王)이 하희(夏姬)를 후비(后妃)로 들이려고 할 때 초나라 궁(宮)에 들이지 말 것을 간청하였고, 일찌기 하희가 초의 후궁에 들어간 사실을 말한 적이 없다.[50] 그렇다면 하희가 왕후가 된 것은 당연히 주(周) 왕실이어야 한다. 그러나 주나라의 국운(國運)이 비록 쇠하였다고 하더라도 여전히 예제(禮制)를 받들어 따르고 있었다. 어찌 족성(族姓)을 희(姬)라 칭하면서 동성인 하희(夏姬)를 후비로 들일 수 있었겠는가? 또한 노 소공(魯昭公)이 동성인 오(吳)나라의 여자를 처로 맞이하였기 때문에 그를 오

49 역주 : 『열녀전』에, "진(陳)나라 여자 하희는 진나라의 대부 하징서(夏徵舒)의 어머니이다. 그 생김새의 아름다움은 필적할 여자가 없었고 또한 남자 다루는 솜씨를 간직하고 있었다. 늙었음에도 장년(壯年)의 모습을 하고 있었다. 그리하여 세 번이나 왕후가 되었고, 일곱 차례나 부인(夫人)이 되었다"라고 하여 본문의 내용과는 차이가 있다.

50 『좌전』 성공(成公) 2년(B.C. 589)에, 초(楚)나라가 진(陳)나라 하씨(夏氏)를 토벌했는데, 그때 초 장왕(楚莊王)이 하희를 자기 여자로 들이고자 하자, 신공(申公) 무신(巫臣)이 말하기를, '안 됩니다. 군주께서 제후를 불러 죄 지은 자를 토벌하였는데, 이제 하희를 들이신다면 그것은 여색(女色)을 탐하는 것이 됩니다. …… 군주께서는 그것을 헤아려 주십시오'라고 하자 초 장왕은 그 일을 그만두었다.

맹자(吳孟子)라고 불렀다.[51] 동성의 여자를 처로 맞이하는 행위에 대한 질책[聚麀之誚][52]은 노 소공(魯昭公)으로부터 시작되었다. 그 이전에는 이 같은 일이 있었다는 것을 듣지 못하였다. 예전(禮典)의 기록에 빠진 것은 무엇 때문인가?(原注 : 『잡기(雜記)』에 이르기를, 제후의 부인을 맞이하면서 천자의 명을 받아들이지 않은 것은 노 소공이 처음이었다고 했다) 또 여자 한 사람이 3대에 걸쳐 시집을 갔다[53]는 것은 인사(人事)의 이치로 볼 때 결코 그럴 수 없는 일이다.(釋 : 이상에서는 춘추(春秋)시대에 이러한 사실이 없었음을 말하였다) 춘추시대 이후를 보면 왕을 칭한 나라는 일곱이었다.[54] 대개 유향(劉向)은 하희의 출생을 전국시대라고 잘못 알았기 때문에 세 번 왕후가 되었고, 전후 일곱 제후에게 시집을 갔다는 것이지만 그 시기를 살펴보면 이는 분명 사실과 서로 어긋난다.(釋 : 이상에서는 전국(戰國)시대에 이러한 사람이 없었음을 말하였다) 『열녀전』의 다른 편(篇)에도 이러한 사례는 매우 많다. 따라서 초(楚)나라를 말하면서 소왕(昭王)(마땅히 평왕(平王)이라 해야 한다)은 진 목공(秦穆公)과 같은 시대라고 하고,[55] 제(齊)나라를 말하면서 안영(晏嬰)은

---

51 역주 : 『논어』 「술이(述而)」편에, "진(陳)나라의 사패(司敗) 벼슬을 하는 사람이, 노 소공(魯昭公)이 예(禮)를 아느냐고 묻자, 공자께서 예를 안다고 대답하였다. 공자께서 물러나자 무마기(巫馬期)에게 읍(揖)의 예를 취하며 말하기를, '나는 군자는 절대 편당(偏黨)하지 않는다는 말을 들었습니다. 그런데 군자께서도 역시 편당하시는 것입니까? 군주께서 오(吳)나라에서 아내를 맞아왔으니 동성(同姓)이 되는데도 오맹자(吳孟子)라고 이르고 있지 않습니까? 그런 군주가 예를 안다면 누가 예를 모르겠습니까?'"라고 하였다. 오맹자라고 한 것은 여자가 짐짓 송(宋)나라의 여자같이 보이려고 한 것이다.

52 역주 : 『예기』 「곡례(曲禮)」 상에, "대체로 금수(禽獸)는 예(禮)가 없다. 그러므로 부자가 암컷을 공유한다[故父子聚麀]"고 했다. 따라서 이러한 행위를 패륜이라고 비판하였던 것이다.

53 역주 : 유지기는 하희가 장왕(莊王) · 양로(襄老) 그리고 양로의 아들 흑요(黑要) 3대에 걸쳐 시집갔다고 여겼다.

54 역주 : 전국시대의 7웅(雄) 즉 진(秦) · 초(楚) · 제(齊) · 연(燕) · 한(韓) · 위(魏) · 조(趙) 등을 가리킨다.

55 즉 「신좌(申左)」편에서 진 목공(秦穆公)의 딸을 형평부인(荊平夫人)으로 한 사실과 함께 둘 다 소공(昭公)이라 잘못 쓰고 있다. 「신좌」편에서 이미 바로 잡았다. 역주 : 『열녀전』에, "백영(伯嬴)은 진 목공(秦穆公)의 딸로 초 평왕(楚平王)의 부인이요, 소왕(昭

송 경공(宋景公) 이후에 살았다고 했다.[56](原注 : 『열녀전』에 이르기를, 제나라에서 회화나무[槐木]를 상하게 한 자의 딸은 경공(景公) 때 사람이다. 이 딸이 안자(晏子)에게 말하기를, 옛날 경공 때 3년간 큰 가뭄이 들었다고 하였다. 송나라 경공을 일러 '옛날[昔]'이라고 했으니 자신이 그 후에 살았던 사람이라는 셈이다) 이제 대략 한, 두 개 사례를 들어보더라도 『열녀전』의 전체 내용이 어떠한 지를 알 수 있을 것이다.(釋 : 구절의 끝에서 그러한 사례를 미루어 말하였다)

劉向『列女傳』云 : "夏姬再爲夫人, 三爲王后." 夫爲夫人則難以驗也, 爲王后則斷可知矣.(釋 : 三爲王后, 是駁案主句) 案其時諸國稱王, 唯楚而已. 如巫臣諫莊將納姬氏, 不言曾入楚宮, 則其爲後當在周室. 蓋周德雖衰, 猶稱秉禮. 豈可族稱姬氏, 而妻厥同姓者乎? 且魯娶於吳, 謂之孟子. 聚麀之誚, 起自昭公. 未聞其先已有斯事, 禮之所載, 何其闕如!(原注 : 『雜記』曰 : 夫人之不命於天子, 自魯昭公始也) 又以女子一身, 而作嬪三代, 求諸人

王)의 어머니이다. 소왕 때의 일이다. 초나라와 오(吳)나라 사이에 백거(伯莒)의 전투가 벌어졌는데, 오가 초를 무찌르고 마침내 초의 수도인 영(郢)을 점령하였다. 이리하여 초 소왕(楚昭王)은 망명의 길을 떠났고, 오왕 합려(闔閭)는 초나라 궁중의 후궁들을 차례로 모두 겁간(劫姦)하였다. 후궁들을 차례로 모두 겁간한 합려는 소왕의 어머니인 백영까지 겁간하려 하였다. 이에 백영이 칼을 뽑아들고 합려에게 말하기를, …… 백영은 굳게 한결같이 절의를 지켰다"라고 했다. 백거(伯莒)의 전투는 노 정공(定公) 4년(B.C. 507)의 일이고, 진목공은 노 문공(文公) 6년(B.C. 622)에 죽었다. 포기룡은 소왕(昭王)을 평왕(平王)이라 해야 한다고 주(注)를 달았는데, 초 평왕(楚平王)의 재위(B.C. 528-517)와도 시대가 모두 차이가 난다.

56 『열녀전』에, 제나라에서 회화나무를 상하게 한 연(衍)이라는 사람의 딸의 이름은 정(婧)이다. 제 경공(齊景公)은 아끼는 회화나무 한 그루가 있었다. 영(令)을 내리기를, 회화나무를 상하게 하는 자는 형벌에 처한다고 했다. 어느 날 연(衍)이 술에 취하여 그 회화나무를 훼손하자 경공이 처벌하고자 하였다. 이에 정(婧)이 두려워 안영(晏嬰)의 집 문에 이르러 말하기를, '옛날 송 경공(宋景公) 때 큰 가뭄이 들어 점을 치니 사람을 제물로 바쳐 제사를 지내야 한다고 하자 경공이 말하기를, 사람을 제물로 바친다면 내가 바라는 것은 사람을 죽이는 것을 바라는 것이 된다고 했습니다. 이제 저의 아비를 죽인다면 이웃나라들은 모두 군주가 나무를 아끼다가 백성을 죽인다고 할 터인데 그런 말이 있을 수 있겠습니까?'라고 하였다. 곽연년(郭延年)의 『사통평석(史通評釋)』에, 송 경공 두만(頭曼)은 제 경공 저구(杵臼)보다 30년 이후의 사람이라고 했다. 역주 : 안영은 제 경공(齊景公)의 대신이었다. 제 경공이 군주의 지위에 있었던 시기는 B.C. 574년이고, 송 경공(宋景公)이 재위하던 시기는 B.C. 516년이다.

事, 理必不然.(釋 : 已上言『春秋』時無其事) 尋夫春秋之後, 國稱王者有七. 蓋由向誤以夏姬之生, 當夫戰國之世, 稱三爲王后者, 謂歷嬪七國諸王. 校以年代, 殊爲乖刺.(釋 : 此言戰國時無其人) 至於他篇, 玆例甚衆. 故論楚也, 則昭王(當云平王) 與秦穆同時; 言齊也, 則晏嬰居宋景之後.(原注 : 『列女傳』曰 : 齊傷槐女, 景公時人, 謂晏子曰 : 昔宋景公時, 大旱三年. 夫謂宋景爲昔, 卽居其後矣) 今粗擧一二, 其流可知.(釋 : 節尾推類言之)

9-8

무제(武帝)와 선제(宣帝)가 행한 사실에 대한 성제(成帝)의 질문에 유향(劉向)이 대답하면서, 세상에 전하는 것은 진실을 잃은 것이라 했다.[57] 이러한 사실은 『풍속통의(風俗通義)』에 상세히 실려 있는데 유향의 그 말은 귀감이 될만한 것이었다.(釋 : 처음에는 유향이 스스로 한 말을 빌려 의론을 시작하였다) 그러나 그는 「홍범오행전론(洪範五行傳論)」과 『신서(新序)』·『설원(說苑)』·『열녀전(列女傳)』·『신선전(神仙傳)』 등 각 전기를 썼는데[58] 이들은 모두 실제 있지도 않은 사실을 폭넓게 진술한 것으로 대부분이 위조된 말이다. 유향이 이렇게 한 것은 그가 사물에 대한 인식이 두루 미치지

57 『풍속통의(風俗通義)』 「정실(正失)」편에, 성제(成帝)가 묻기를, '문제(文帝)가 천하를 다스림에 효선왕제(孝宣皇帝)와 누가 더 나은가?'라고 하자, 유향(劉向)이 대답하기를, '세상의 명예와 헐뜯음은 사실과 달라서 사실을 살피는 사람은 적고, 남의 말을 그대로 따르는 사람은 많습니다. 세간에서는 문제(文帝)가 대(代)나라의 제사를 동문(東門)에서 지냈는데, 하루에 중천을 지난 해가 다시 역행하여 중천에 떠오르자 대신들이 상서(上書)할 때 사용한 푸른 포대를 이어서 궁전의 유장(帷帳)을 만들었고, 곡식은 단지 1승(升) 1전(錢)만을 사용하였습니다'라고 말했다. 이러한 것들은 모두 속인(俗人)들에 의해 잘못 전해진 것으로 그 말이 사실보다 과장되었다.

58 역주 : 『한서』 권36, 「유향전(劉向傳)」 참조. 『신선전(神仙傳)』은 보이지 않는다.

않거나 재주가 부족해서가 아니라, 세상 사람들을 대부분 속일 수 있다고 여겼기 때문이다. 오호라! 후생가외(後生可畏)라고 하였는데 어느 시대인들 뛰어난 사람이 없었겠는가? 사람이 어떻게 이 정도로 다른 사람을 무시할 수 있다는 말인가! 전하는 사실이 그 참모습을 잃거나 기재된 사실이 진실하지 않으면 대개 사실의 실제 모습을 알기 어려운데 이는 사람들이 면하기 어려운 일이다. 그러나 고의로 괴이한 이야기를 만들어 후세 사람들을 미혹시키는 것은 그 잘못이 아주 심한 것이다.(釋 : 이상에서 제시한 '속인다[欺]'는 글자가 뒤의 문장에서는 사칭한다[冒]는 뜻이 되었다. ○구본(舊本)은 여기서 문단이 끊어지지만, 잘못이다) 소진(蘇秦)이 연 이왕(燕易王)에게 대답하기를, 어떤 부인이 남편을 죽이려고 첩으로 하여금 술에 독약을 넣어 남편에게 마시게 하였지만 첩이 고의적으로 그것을 엎어뜨렸다고 하였다.[59] 또한 감무(甘茂)가 소대(蘇代)에게, "가난한 집 여자와 부잣집 여자가 모여서 함께 천을 짜며 말하기를, '돈이 없어 초를 사지 못하는데 너의 불빛이 천을 짜기에 남음이 있으니 네가 나에게 나머지 빛을 나누어주어도 너의 밝기에는 손해가 없다'라고 말하였다"[60]고 했다. 이 모든

59 『전국책(戰國策)』「연책(燕策)」 一에, 멀리 외지에서 관리를 지내며 오래도록 집에 돌아오지 않았던 사람의 처에게 좋아하는 남자가 있었다. 남편이 집에 돌아오게 되자 그 남자가 걱정하였다. 그 처가 말하기를, '염려하지 마라, 내가 이미 좋은 약주를 준비하고 그가 돌아오기를 기다린다'라고 했다. 이틀이 지나 남편이 도착하자 그 처는 비첩(婢妾)에게 술을 바치도록 하였다. 비첩은 술에 독을 탄 것임을 알고 있었다. 그러나 약을 바치면 주부(主父)를 죽이는 것이요, 사실을 고하면 주모(主母)를 쫓겨나게 하는 것이라 거짓으로 넘어지는 체하고 술을 버렸다고 하였다. 『열녀전』에, '주주충첩(周主忠妾)'이란 주(周) 대부 처의 잉첩(媵妾)을 이른다. 대부가 주 왕실에 벼슬하고 있을 때 그 처는 이웃집 남자와 정을 통하고 있었다. 그 다음 문장은 대략 『전국책』과 같다. 역주 : 『사기』 권69, 「소진열전(蘇秦列傳)」에도 같은 내용이 실려 있다.

60 『사기』 권71, 「감무전(甘茂傳)」에, '가난한 여인과 부유한 여인이 함께 길쌈을 하였는데, 말하기를, 그대의 촛불에 남는 빛을 나누어주십시오' 운운하였다. 『열녀전』에, 제나라 여자 서오(徐吾)는 동해(東海) 바닷가의 가난한 여자다. 이웃의 여자 이오(李吾)와 함께 모여 촛불을 밝히고 밤에 길쌈을 하였는데, 서오는 가난하여 자주 초를 대지 못하자 이오가 말하기를, '밤에 함께 일을 하지 말자'고 하였다. 이에 서오가 말하기를 운운하였다. 역주 : 『전국책(戰國策)』「진책(秦策)」 二에도 비슷한 내용이 실려 있다.

것은 전국시대의 유세지사(游說之士)들이 우언(寓言)으로 사리를 말하면서 서로 비흥(比興)[61]의 수법으로 쓰던 말이었다. 그러나 유향의 저서에 이르러 소진과 소대의 이야기를 이용하여 두 여자의 전기(傳記)로 만들면서 마치 사실처럼 그들에게 나라가 정해지고 성씨가 붙여졌으니[62] 그것이 어찌 사실일 수 있으며 얼마나 망녕된 것인가!(釋 : 이 문단에서는 두 여자의 전기를 지적하여 그 속임을 밝히고 있다) 또 이보다 더 심한 것이 있는데 예컨대 백기(伯起)가 새가 되어 길보(吉輔)에게 슬프게 울어댔다는 이야기,[63] 목에 큰 혹이 있는 여자와 정말 못생긴 여자가 제왕(齊王)의 왕후가 되었다는 이야기가 있다.[64] 이러한 것들은 사물의 이치에 맞지 않는다. 그밖

61 역주 : 『문심조룡(文心雕龍)』 「변소(辨騷)」편에, "「삽강(涉江)」에서 규룡(虯龍)을 군자에 비유하고, 「이소(離騷)」에서 구름과 무지개를 간신에 비유한 것은 『시경』의 비(比)와 흥(興)의 수법을 빌려온 것"이라 했다. 비흥(比興)이란 외물의 형상을 이용하여 내면세계의 사유과정과 성율(聲律)을 표현하는 것을 말한다고 했다. '비흥'에 대한 자세한 설명은 『문심조룡』 「비흥(比興)」편 참조.

62 역주 : 『열녀전』에 수록된 소위 "주주충첩(周主忠妾)"과 "제녀서오(齊女徐吾)"를 가리킨다. 이 편(篇)의 주)59 · 60 참조.

63 진사왕(陳思王)[曹植], 「영금악조론(令禽惡鳥論)」에, 옛날 윤길보(尹吉甫)가 후처(後妻)의 참언(讒言)을 이용 효자 백기(伯奇)를 죽였다. 길보는 후에 후회하고 백기를 추념하였다. 외출하였다가 새를 보았는데, 울음소리가 시끄러웠다. 길보는 마음이 움직여 말하기를, '때까치야!'라고 하였는데 그 소리가 매우 간절하였다. 길보가 말하기를, '내 아들이거든 나의 수레에 내려와 쉬고, 내 아들이 아니거든 머물지 말고 날아가거라'고 하였다. 새는 소리를 내며 수레 꼭대기에 내려앉았다고 했다. 按 : 『사통(史通)』에서 규명한 바는 유향(劉向)의 글이지만, 현행본 『설원(說苑)』과 『신서(新序)』에는 모두 이 사실이 보이지 않는다. 증공(曾鞏)이 두 책의 서문에 이르기를, 『신서』 30편은 수 · 당시대에는 온전하였지만, 이제 볼 수 있는 것은 10편뿐이라고 했다. 『설원』 20편은 『숭문총목(崇文總目)』에는 그 간 볼 수 있는 것이 13편이라 했다. 그렇다면 규명한 것이 모두 망실(亡失)된 편인가?

64 곽연년(郭延年), 『사통평석(史通評釋)』 주(注)에, 숙류(宿瘤)가 몸을 사라지게 했다는 사실이 없다. 『열녀전』에, 숙류라는 여자는 제(齊)나라 동곽(東郭)에서 뽕을 따는 여자인데, 목에 커다란 혹이 있었기 때문에 '숙류'라고 불렀다. 제 민왕(齊閔王)이 출유(出遊)하자 백성들이 모두 쳐다보았지만 숙류는 전처럼 뽕따는 일에만 전념하였다. 왕이 말하기를, '범상치 않은 여자로다!' 하고는 후(后)로 삼았다고 했다. 황숙림(黃叔琳), 『사통훈고보(史通訓故補)』 주(注)에, 『신서(新序)』에 이르기를, 제(齊)나라에 여자가 있었는데, 아주 추하기가 짝이 없었는데 무염(無鹽)녀라고 불렀다. 스스로 선왕(宣王)에게 나아가 '제가 일찍이 몸을 사라지게 하는 것을 좋아하였습니다'라고 하

에도 회영(懷嬴)이 절개를 잃었는데도 오히려 절개가 굳은 여자로 보았고,[65] 회남왕(淮南王) 유안(劉安)이 반란을 일으켜 멸족을 당했는데도 그가 신선이 되었다고 하였다.[66] 저술이 이와 같은데 어찌 세상 사람들이 좌구명의 『좌전』과 반고의 『한서』를 돌아보겠는가?(釋 : 끝에서 다시 잘못된 비슷한 예들을 열거하였다)

觀劉向對成帝, 稱武·宣行事, 世傳失實, 事具『風俗通』, 其言可謂明鑒者矣.(釋 : 首借劉向自言, 挑起議論) 及自造『洪範』·『五行』, 及『新序』·『說苑』·『列女』·『神仙』諸傳, 而皆廣陳虛事, 多構僞辭. 非其識不周而才不足, 蓋以世人多可欺故也. 嗚呼! 後生可畏, 何代無人, 而輒輕忽若斯者哉! 夫傳聞失眞, 書事失實, 蓋事有不獲已, 人所不能免也. 至於故爲異說, 以惑後來, 則過之尤甚者矣!(釋 : 已上揭一'欺'字, 爲後文作冒. ○舊本此處截條, 非是) 案蘇秦答燕易王, 稱有婦人將殺夫, 令妾進其藥酒, 妾佯僵而覆之. 又甘茂謂蘇代(或訛作'氏')云 : 貧人女與富人女會績, 曰 : "無以買燭, 而子之光有餘, 子可分我餘光, 無損子明." 此並戰國之時, 游說之士, 寓言設理, 以相比興. 及向之著書也, 乃用(一作'因') 蘇氏之說, 爲二婦人立傳, 定其邦國, 加其姓氏, 以彼烏有, 持爲指實, 何其妄哉!(釋 : 此段摘出二傳, 以實其欺) 又有甚於此者, 至如伯奇化鳥, 對吉甫以哀鳴; 宿瘤隱形, 干齊王而作后. 此則不附於物理者矣. 復有懷嬴失節, 目爲貞女; 劉安覆族, 定以登仙. 立(一作'夫')言如是, 豈顧丘明之有傳, 孟堅之有

였고, 왕이 말하기를 '한번 해보아라'고 하자 말을 마치기도 전에 홀연히 사라졌다. 선왕이 크게 놀랐다. 몸을 사라지게 한 일은 무염(無鹽)의 일이지 숙류(宿瘤)가 아니다. 按 : 이러한 사실은 『열녀전』에도 보인다. 또 『열녀전』에 이르기를, 그 여자를 종리춘(鍾離春)이라 불렀고, 무염은 그 읍명(邑名)이라 하였다.

65 곽연년(郭延年), 『사통평석(史通評釋)』 주(注)에, 회영은 진 목공(秦穆公)의 딸이다. 처음에는 진 회공(晉懷公) 어(圉)를 섬겼지만, 후에 진 문공(晉文公) 중이(重耳)를 섬겼기 때문에 절개를 잃었다고 했다. 按 : 『열녀전』에는 진 문공의 처가 된 사실은 언급이 없다.

66 按 : 『한서』에는 회남왕 유안이 모반으로 주살(誅殺)되었는데, 신선이 되어 하늘로 올라갔다고 했다. 갈홍(葛洪)의 『신선전(神仙傳)』에도 있지만, 유향(劉向)의 책에는 보이지 않는다.

史哉!(釋 : 末又類擧其失)

按 : 이상의 두 조는 모두 유향의 잘못을 바로잡으려는 것이다. 앞의 조에서는 연대가 어그러져 틀렸음을 말하였고, 뒤의 조에서는 사리(事理)의 견강부회함을 말하였다.(以上二條, 並糾劉向也. 前條言年世舛訛, 後條言事理傅會)

9-9

양웅(揚雄)의 『법언(法言)』은 사마천(司馬遷)을 자주 논하면서도 좌구명(左丘明)은 언급하지 않았는데, 『좌씨전』을 칭할 경우 단지 '품조(品藻)'라는 두 글자를 말할 뿐이었다.[67] 이는 사물에 대한 식별이 밝지 못함을 드러내는 것이다. 또한 양웅은 사마천이 기이한 것을 좋아하고 잡다(雜多)하다고 비웃었고,[68] 또한 독서를 좋아하면서 공자의 저서를 읽지 않는다면 그것은 진정으로 독서를 좋아하는 것이 아니라고 하였다.[69] 「자서(自

67 『법언(法言)』 「중려(重黎)」편에, 어떤 사람이 묻기를, '『주례(周禮)』는 어떤 책인가' 하니 대답하길, '치국의 조례(條例)를 세웠다'라고 했다. 또 묻기를, '『좌전』은 어떤 책인가?' 하니 대답하기를, '서술하고자 하는 인물에 대하여 정확하게 품평하고 감별[品藻]하는 것'이라고 했다. 또 묻기를 '『사기』는 어떤 책인가?' 하니 대답하기를, '사실을 그대로 적은 책[實錄]'이라 했다. 按 : 이언(二言)이란 ('품조') 두 글자[二字]이다.

68 『법언』 「군자(君子)」편에, "공자[仲尼]가 좋아하던 것은 많았지만 의(義)에 부합되는 것을 좋아하였고, 사마천이 좋아하던 것은 많았지만 기이(奇異)한 것을 좋아하였다"라고 했다. 「문신(門神)」편에, 어떤 사람이 묻기를, '회남왕(淮南王) 유안(劉安)과 사마천은 아는 것이 많았는가. 그들의 책 중의 내용이 얼마나 잡다한가!'라고 하자, 대답하기를, '잡다하지. 너무 잡다하지! 사람들의 결점은 지식이 많으면 곧 잡다해진다는 것이다. 오직 성인(聖人)만이 잡다하지 않다'라고 했다. 역주 : 사마천의 사상이 유가는 물론 도가적 특징이 보이는 것을 지적한 것이다.

69 역주 : 『법언(法言)』 「오자(吾子)」편에, "독서를 좋아하면서 공자의 도(道)를 취하지 않

序)」에 이르기를 "성현의 책이 아니면 읽지 않는다"[70]고 하였다. 그러나 그가 지은 「감천부(甘泉賦)」에서는 오히려 "복비(宓妃)를 채찍질하였다[鞭宓妃]"운운하였고, 유협(劉勰)은 『문심조룡(文心雕龍)』에서 이미 그에 대하여 비판하였다.[71] 그런즉 그의 문장은 소도(小道)[72]에 속하는 것이니 비웃을 필요도 없다. 그의 『촉왕본기(蜀王本紀)』[73]를 보니 두우(杜宇)가 죽은 후 그의 몸[魄]이 두견새가 되고, 형인(荊人)이 죽고 나서 그 시체가 자라로 변하였다고 썼는데[74] 그 말들이 얼마나 비루한가! 이것이 이른바 말하는

는 것은 책을 모두 책방에 팔아 넘긴 것과 같다"라고 하였고, 또 「문신(問神)」편에, "글이 경전에 부합(符合)하지 않으면 바른 글이라 할 수 없고, 말이 경전에 부합하지 않으면 바른 말이라 할 수 없다. 말과 글이 경전에 부합하지 않으면 많을수록 해로움만 많아진다"라고 하였다.

70 역주 : 『한서』 권87상, 「양웅전」 상 참조.

71 왕유검(王惟儉), 『사통훈고(史通訓故)』에, 양웅(揚雄), 「우렵부(羽獵賦)」에 이르기를, "낙수(洛水)의 신(神) 복비(宓妃)를 채찍질하여, 좋은 음식으로 굴원(屈原)과 팽함(彭咸)·오자서(伍子胥)를 대접하게 했다"라고 하였다. 유협(劉勰), 『문심조룡(文心雕龍)』「과식(夸飾)」편에, "양웅의 「우렵부(羽獵賦)」에 '낙수의 신 복비(宓妃)를 채찍질하여 굴원에게 좋은 음식을 대접하게 했다'라고 하였는데, 그러나 낙수의 신은 사악한 신이라 할 수 없으니 양웅이 아무런 근거 없이 과장하여 그렇게 묘사한 것은 소홀한 것이 아니겠는가?"라고 하였다. 역주 : 이 같은 포기룡(浦起龍)의 견해는 유지기(劉知幾)가 「우렵부(羽獵賦)」를 「감천부(甘泉賦)」라고 착각하고 있음을 말하는 것이다.

72 역주 : 『논어』「자장(子長)」편에, "자하(子夏)가 말하기를, 비록 소도(小道)라 할지라도, 반드시 볼만한 것이 있다. 그러나 원대한 뜻을 이루는데 방해가 될까 두려우므로 군자는 그것을 하지 않는다"라고 하였다. 소도(小道)란 유가의 정통에 대립되는 이단(異端)의 의미를 가리키거나 지엽적인 기술을 가리킨다. 따라서 주자(朱子)는 이를 구체적으로 '농사짓고 채소 가꾸는 것과 의술 그리고 점치는 것 같은 백가(百家) 무리의 기술'(『논어집주(論語集注)』「자장」편)이라고 하였다.

73 역주 : 『수서경적지』「사부(史部)」"잡전(雜傳)"에, 『촉왕본기』 1권, 양웅이 편찬하였다고 했다. 그러나 요진종(姚振宗), 『수서경적지고증(隋書經籍志考證)』 권21, 주희조(朱希祖), 「촉왕본기고(蜀王本紀考)」 및 서중서(徐中舒), 「『촉왕본기』의 완성연대와 그 작자를 논함[論蜀王本紀成書年代及其作者]」에서는 『촉왕본기』가 양웅의 저작이 아니라고 주장하였다. 程千帆, 『史通箋記』, pp.305-306 참조.

74 왕유검(王惟儉), 『사통훈고(史通訓故)』에, 양웅의 『촉왕본기(蜀王本紀)』에 이르기를, 형인(荊人) 별령(鼈令)이 죽어 그 시신이 강을 거슬러 올라가 성도(成都)에 이르러 촉왕(蜀王) 두우(杜宇)를 만났다. 두우는 그를 상(相)으로 삼았다. 두우는 망제(望帝)라고 불렀고, 스스로 자신의 덕이 별령만 못하다고 그에게 나라를 선양하였다고 했다. 또 『설문(說文)』「성도기(成都記)」에 이르기를, 망제(望帝)가 죽고 그 몸이 새가되었

것은 쉽지만 실행하는 것은 어렵다는 것이다.

揚雄『法言』, 好論司馬遷而不及左丘明, 常稱『左氏傳』唯有'品藻'二言而已, 是其鑒物有所不明者也. 且雄哂子長愛奇多雜,(一作'新', 非) 又曰不依仲尼之筆, 非書也, 自序又云不讀非聖之書. 然其撰『甘泉賦』,(當云『羽獵賦』) 則云'鞭宓妃'云云, 劉勰『文心』已譏(一作'議')之矣. 然則(作'然而'用)文章小道, 無足致嗤. 觀其『蜀王(或作'主')本紀』, 稱杜魄化而爲鵑, 荊尸變而爲鼈, 其言如是, 何其鄙哉! 所謂非言之難, 而行之難也.

按 : 이 조는 양웅(揚雄)을 비난한 것인데, 양웅 자신이 다른 사람을 비난한 말을 가지고 양웅을 비난한 것이다.(此條折揚子也, 卽以其言還折之)

부가(賦家)들은 위엄(威嚴)을 과장하고 사물을 그럴듯하게 꾸민다. 무지개가 난간에 걸쳐 있고, 수신(水神)이 북방의 들에 갇혀 있다 등등인데, 그 황탄함을 아무도 싫어하지 않았다. 그러나 저서가 이와 같아서는 안된다.(賦家誇威飾事, 宛虹入軒, 元冥因野, 何嫌荒誕, 著書則不可)

9-10

무릇 10실(室) 정도의 작은 마을에도 반드시 충성과 신의가 두터운 사

는데, 이름하여 두견(杜鵑)이라 불렀다고 했다. 『노사(路史)』「여론(餘論)」에, 별(鼈)은 물 이름으로서 별현(鼈縣)이라고도 한다. 장가(牂牁)에 있다. 때문에 유지기는 양웅의 이야기를 망녕된 것이라 한 것이다. 역주 : 『태평어람(太平御覽)』 권888과 권923에 각각 인용된 『촉왕본기』에는, 형인(荊人)이 자라로 변했다는 사실은 없고 별령(鼈令) 또한 별령(鼈靈)이라 하였고, 두견으로 변했다는 경우도 두견이 아니라 자규(子規)라는 새가 되었다고 하였다. 따라서 유지기가 '시체가 자라로 변하였다'라고 한 말은 『촉왕본기』의 내용을 오독(誤讀)한 결과라고 하였다. 程千帆, 『史通箋記』, p.306 참조.

람이 있다.[75] 이들이 자신의 이름을 후세에 영원히 남기려 한다면[不朽][76] 자신을 남에게 널리 알려야 한다. 무엇 때문인가? 교지(交趾)는 멀리 남쪽 변경에 위치하고 있으며 월상국(越裳國)의 풍속이 행해졌고,[77](사섭(士燮)이 출생한 지역이다) 돈황(敦煌)은 서역 변경에 위치하고 있으며 곤융(昆戎)이 거주하는 곳이다.[78](유병(劉昞)이 출생한 지역이다) 이들 지역의 인물을 찾고자 해도 자고이래 기재된 바가 없다. 그것은 대개 지역이 낙후된 변방이었고, 길이 황제의 도읍으로부터 멀리 떨어져 있어서 사관들의 기록이 미칠 수 없었기 때문이다. 후일 사섭(士燮)[79]이 저술하고 유병(劉昞)[80]이 책

---

75 역주 : 『논어』「공야장(公冶長)」편에 보이는 글이다.

76 역주 : 『좌전』 양공(襄公) 24년(B.C. 549)에, 삼불후(三不朽)란 입덕(立德)·입공(立功)·입언(立言)이라 하면서 비록 사람이 죽은 지 오래되었다고 하더라도 그의 덕과 공 그리고 말씀이 없어지지 않을 때 이를 일컬어 삼불후라고 하였다. 사서의 기재는 '입언'에 해당한다.

77 역주 : 『후한서』 권86, 「남만서남이열전(南蠻西南夷列傳)」에, 『예기』(「왕제(王制)」편)에 이르기를, '남방을 만(蠻)이라 불렀는데, '교지(交趾)'라는 문신을 새기고 있었다'라고 하였는데, 그들의 풍속에 남녀가 같은 냇가에서 목욕을 하였기 때문에 교지(交阯)라고 불렀다. …… 교지의 남쪽에 월상국(越裳國)이 있었다고 했다.

78 역주 : 한(漢)의 돈황군(敦煌郡)의 설치에 대하여는 『한서』 권28하, 「지리지(地理志)」 하 참조. 『원화군현지(元和郡縣志)』에는 "주 목왕(周穆王)이 곤융을 정벌하였다"라고 했는데, 돈황 이서(以西)지역을 곤융이라 통칭한다. 張振珮, 『史通箋注』, p.630 주)2 참조.

79 『삼국지』 권49, 「오서」「사섭전(士燮傳)」에, 사섭의 자는 언위(彦威)이고, 창오(蒼梧) 사람이다. 교지태수(交阯太守)로 있을 때 중국의 사인(士人)들이 그에게 의탁하여 난을 피하였다. 진국(陳國)의 원휘(袁徽)는 순욱(荀彧)에게 편지를 보내, '교지의 사부군(士府君)[士燮]은 학문이 뛰어나고 넓으며 또 종정(從政)에도 통달하였습니다. 관청의 일이 한가할 때 경전을 연구하였는데, 특히 『춘추좌씨전』에 대해서 정미하게 연구하여 뜻이 매우 정밀하였고, 『상서』의 경우 고금의 대의에도 모두 능통하였으며, 이제 『좌씨전』과 『상서』에 관한 사섭의 이론 중에 특히 뛰어난 것을 몇 조(條) 바치려 합니다'라고 하였는데, 사섭이 사람들에게 칭송됨이 이와 같았다. 역주 : 『수서경적지』「경부(經部)」 "춘추"에, 춘추경(春秋經) 13권. 오(吳) 위장군(衛將軍) 사섭이 주(注)를 달았다고 했다.

80 유병은 「점번(點煩)」편에 보이고, 그의 저서는 「논찬(論贊)」편에 보인다. 역주 : 『위서(魏書)』 권52, 「유병전」에는, 『돈황실록(敦煌實錄)』 20권을 지었다고 했고, 『수서경적지』「사부(史部)」 "패사(覇史)"에는 『돈황실록』 10권, 유경(劉景)이 편찬했다고 했다. 당 고조의 부(父) 이병(李昞)을 피휘하여 경(景)이라 한 것이다.

을 편찬함에 따라 걸출한 영재(英才)들이 세상 사람들에게 선명하게 알려졌다. 만약 두 현인이 세상에 태어나지 않아 두 군(郡)의 인물들이 기록되지 않았다면 저 변경(邊境)의 군자가 어떻게 후세에 알려졌겠는가? 저술의 공은 그 힘이 매우 크다는 것을 알 수 있으니, 어찌 시부(詩賦)의 잔재주와 그 우열을 비교하겠는가?

夫十室之邑, 必有忠信. 欲求不朽, 弘之在人. 何者? 交阯遠居南裔, 越裳之俗也;(士燮所産地) 敦煌僻處西域, 昆戎之鄉也.(劉昞所産地) 求諸人物, 自古闕載. 蓋由地居下國, 路絶上京, 史官注記, 所不能及也. 旣而士燮著錄, 劉昞裁書, 則磊落英才, 粲然盈矚者矣. 向使兩賢不出, 二郡無記, 彼邊隅之君子, 何以取聞於後世乎? 是知(一誤作'非')著述之功, 其力大矣, 豈與夫詩賦小技校其優劣者哉?

按 : 이 조는 사람과 저술이 상호 표양(表揚)되어 사섭(士燮)과 유병(劉昞)은 모두 변방에서 태어나 성장하였지만, 이 사람들이 저술로 인해 세상에 알려졌기 때문에 저술가의 공적이 얼마나 크고 심원한지 알 수 있음을 말하였다.(此條人文互表, 士燮·劉昞皆生長偏陲, 而人因文顯, 見著述家功用宏長)

9-11

전국(戰國)시대 이후부터 사인(詞人)들은 문장을 쓰면서 모두 허구(虛構)의 손님[客]과 주인[主]을 세워 서로 문답하는 형식을 취하였다.[81] 굴원의

81 역주 : 『문심조룡』 「전부(詮賦)」편에, 결국 시(詩)의 6의(六義) 안에 속해 있던 부(賦)는 발전과정을 거쳐 하나의 독립된 영역을 이루게 된다. 초기에는 주객(主客)의 대화로 시작하여 소리와 형사에 대한 극단적인 묘사로써 문채(文采)를 드러내게 된 것이 바

『이소(離騷)』에서는 어부를 강가에서 만났다고 하였고,[82] 송옥(宋玉)의 『고당부(高唐賦)』에서는 꿈에 양대(陽臺)에서 신녀(神女)를 보았다고 하였다.[83] 이들은 모두 문학작품으로 구절의 끝에는 운(韻)을 붙였다. 이러한 표현 방식으로 사실을 서술하니 그러한 것들이 허구에 의거하였음을 충분히 알 수 있다. 그런데도 사마천과 습착치(習鑿齒 : ?-384)와 같은 사람들은 모두 세상에 전해지지 않은 사실이라고 수집하여 사서에 편입시킴으로써[84] 후세 학자들이 의심하고 오해하게 하였으니, 이러한 방법은 지나친 것이 아닌가? 만약 이러한 태도로 사서를 편찬한다면, 사마상여(司馬相如 : B.C. 179-117)가 양(梁)나라를 유람할 때 매승(枚乘)이 그를 호색(好色)이라 비난한 사실,[85] 조식(曹植)이 낙수(洛水)에 이르렀을 때 여신 복비(宓妃)[86]가 바

로 시와의 구별이 이루어지고 비로소 부(賦)라는 하나의 양식으로 처음 자리 잡게 된 시초라고 했다.

82 왕일(王逸)의 주(注)[『楚辭章句』] 서문에, 「어부(漁夫)」는 굴원이 지은 것이다. 어부가 속세를 피해 있다가 때 마침 굴원을 만났고, 이상하게 여겨 묻자 이에 응답하였다고 했다.

83 「고당부(高唐賦)」에, 옛날 선왕(先王)이 일찍이 고당(高唐)을 유람할 때 꿈에 한 부인(婦人)을 만났는데, 떠나며 하는 말이 '새벽에는 아침 안개가 되었다가 저녁에는 가랑비가 되고, 아침에도 저녁에도 늘 양대(陽臺)아래 산답니다'라고 하였다고 했다. 초 양왕(楚襄王)이 송옥에게 고당(高唐)의 일을 알려주고, 다시 「신녀부(神女賦)」를 짓게 하였다.

84 역주 : 『사기』 권84, 「굴원가생열전(屈原賈生列傳)」에, "(초(楚)나라 경양왕(頃襄王)은 격노하여 굴원을 멀리 유배시켰다) 굴원이 강가에 이르러 머리를 풀어헤치고 물가를 거닐면서 시를 읊었다. 그의 안색은 초췌했고 모습은 야위었다. 어떤 어부가 그를 보고 '그대는 삼려대부(三閭大夫)가 아니십니까? 무슨 까닭에 여기까지 이르렀습니까?'라고 물었다. 굴원이 대답하기를, …… 그러고 나서 「회사(懷沙)」라는 부(賦)를 지었는데, 그 내용은 다음과 같다"라고 하여 『초사(楚辭)』 「어부」의 이야기를 싣고 있으며, 습착치의 『한진춘추(漢晉春秋)』에는 「고당부(高唐賦)」가 실려 있다고 했지만 그 책이 전하지 않아 확인할 수 없다. 습착치에 대하여는 「논찬(論贊)」편 주)30 참조

85 사마상여의 「미인부(美人賦)」에, 상여가 양(梁)나라를 유람하자 양왕이 좋아하였다. 추양(鄒陽)이 이를 참소하며 말하기를, '상여는 요사스럽고 화려한 복색으로 왕의 후궁(後宮)을 노닐고 있으니 왕께서는 이를 살피시지오'라고 하였다. 왕이 상여에게 묻기를 '그대는 호색(好色)하는가?'라고 하자, 상여는 '신은 색(色)을 좋아하지 않습니다. 신의 기운은 몸 안에 자리하고 있지만 마음은 흔들리지 않고, 맹세가 간절하여 그 뜻이 바뀌지 않습니다'라고 하였다. 按 : 매승(枚乘)과 추양(鄒陽)은 각기 다른 인물이다. 잘못이 있다. 역주 : 『사기』 권117, 「사마상여전」에, 사마상여는 촉군(蜀郡) 성

위 옆에 있는 것을 보았다는 내용[87] 역시 한(漢)·위(魏)의 사서를 편찬하는 사람들은 마땅히 사서[實錄]에 편입해야 할 것이다.

自戰國已下, 詞人屬文, 皆僞立客主, 假相酬答. 至於屈原『離騷』辭, 稱遇漁(一訛'漢')父於江渚; 宋玉『高唐賦』, 云夢神女於陽臺. 夫言並文章, 句結音韻. 以茲敍事, 足驗憑虛. 而司馬遷·習鑿齒之徒, 皆採爲逸事, 編諸史籍, 疑誤後學, 不其甚邪! 必如是, 則馬卿游梁, 枚乘譖其好色; 曹植至洛, 宓妃睹於巖畔. 撰漢(舊脫'漢'字, 黃本補)·魏史者, 亦宜編爲實錄矣.

按: 이는 『사기』「굴원열전(屈原列傳)」이 「어부사(漁父辭)」를 채록한 것과 습착치의 『한진춘추(漢晉春秋)』가 신녀(神女)의 증거로 인용한 사실을 반박한 것인데, 「별전(別傳)」은 사서와 관계가 없는데도 이 조에 두 사서를 끼워 넣은 것은 자못 체례에 불순한 혐의가 있다. 이 조 아래 이어서 우언(寓言)을 열거하고 있으므로 두 사서의 내용을 빌려 기례(起例)로 삼았다. (此闢「屈原列傳」之採錄「漁父辭」, 『漢晉春秋』之援證神女事也, 『別傳』一科, 不涉史乘. 而此條夾入二史, 頗嫌爲例不純, 亦緣此下連擧寓言, 假之起例耳)

도(成都) 사람으로 자는 장경(長卿)이다. …… 경제(景帝)는 사부(辭賦)를 좋아하지 않았다. 이 당시 양 효왕(梁孝王)이 입조(入朝)하여 황제를 알현하였는데, 이때 유세객인 제(齊)나라 추양(鄒陽), 회음(淮陰)의 매승(枚乘), 오(吳)의 장기(莊忌) 부자의 무리들이 따라왔다. 사마상여는 그들을 보고 좋아하였다. 그는 병을 핑계삼아 직책을 버리고 양나라로 가서 문객이 되었다. 양 효왕은 사마상여를 학자들과 같은 숙소에 머물게 하였으므로 그는 몇 년 동안 학자들 그리고 유세객들과 함께 있을 수 있었다고 했다.

86 황숙림(黃叔琳), 『사통훈고보(史通訓故補)』 주(注), 『한서음의(漢書音義)』에서 여순(如淳)이 이르기를, "복비는 복희씨(宓羲氏)의 딸인데, 낙수(洛水)에 빠져 죽어 낙신(洛神)이 되었다"라고 했다.

87 조식(曹植), 「낙신부(洛神賦)」 서(序)에, "내가 경사(京師)로부터 동방의 번국(藩國)으로 돌아갈 적에 양림(陽林)을 한가하게 거닐며 낙천(洛川)을 바라보다가, 정신이 황홀하고 갑자기 생각이 흩어지면서 한 미인(美人)이 바위 옆에 서 있는 것을 보았다"라고 했다.

9-12

혜강(嵇康 : 223-262)은 『고사전(高士傳)』[88]을 편찬하면서 『장자(莊子)』와 『초사(楚辭)』에 등장하는 두 어부(漁父)에 관한 사실을 채록하여 한 편(篇)으로 합하였다.[89] 무릇 『장자』에 보이는 우언(寓言)과 『초사』의 허구적인 이야기를 실록이라 여긴 것은 크게 잘못된 것이다. 하물며 이 두 어부는 시대를 비교하면 전후 시기가 다르고, 장소를 논하자면 남북으로 지역이 달랐다. 그런데도 그들을 합하여 한 편(篇)으로 하였다. 어찌 사람들을 미혹시키는 것이 아니겠는가? 만약 이렇게 말할 수 있다면 소대(蘇代)가 말한 조개와 황새 둘 모두를 잡은 이야기,[90] 오자서(伍子胥)가 강을 건너다

88 역주 : 『수서경적지』 「사부(史部)」 "잡전(雜傳)"에, 『성현고사전찬(聖賢高士傳贊)』 3권, 혜강이 편찬하고, 주속지(周續之)가 주(注)를 달았다고 했다. 『진서(晉書)』 권49, 「혜강전」에, 상고(上古) 이래의 고사(高士)들을 모아 편찬하고, 이에 대한 전찬(傳贊)을 지었다고 했다. 이밖에 『삼국지』 권21, 「위서」 「왕찬전(王粲傳)」 주(注)에도, (嵇)강(康)의 자는 숙야(叔也)이다. …… 상고이래의 성현(聖賢) · 은일(隱逸) · 둔심(遁心) · 유명(遺名)한 사람들을 찬록(撰錄)하고, 그것을 모아 전찬(傳贊)을 썼는데, 혼돈(混沌)으로부터 관녕(管寧)까지 모두 119명이었다고 했다. 『고사전』은 「채찬(採撰)」 · 「부사(浮詞)」 · 「품조(品藻)」편 등에도 보인다.

89 『장자』 「어부(漁父)」편에, "공자는 (검은 휘장을 친 것처럼) 울창한 숲을 유람하면서 노래를 하며 거문고를 타고 있었다. 그 곡이 반도 채 끝나기 전에 어부가 배에서 내려 다가오는데, 수염과 눈썹이 희고 산발한 머리에 소맷자락을 날리며 강가의 들에서 언덕으로 올라와 발을 멈추었다. 그리고는 왼손을 무릎에 놓고 오른 손으로 턱을 괸 채 거문고 소리를 듣고 있더니 곡이 끝나자" 운운하였다. 『초사』 「어부(漁父)」에, 어부가 듣고 나서 미소를 띠고 노를 두드리면서 떠나며 노래하기를, '창랑강(滄浪江)의 물은 맑고 맑아 나의 갓 끈을 씻을 수 있구나. 창랑강의 물은 흐리고 흐려 나의 두 발을 씻을 수 있구나!'라고 하면서 가버리고는 다시 굴원과 말하지 않았다고 했다.

90 『전국책(戰國策)』 「연책(燕策)」에, 조(趙)나라가 연(燕)나라를 정벌하고자 했다. 소대(蘇代)는 연나라를 위하여 조 혜왕(趙惠王)에게 말하기를, "신이 역수(易水)를 건너는데, 조개가 마침 햇볕에 노출되어 있었습니다. 황새가 쪼아먹으려 하자 입을 닫아 그 부리를 물어버렸습니다. 황새가 말하기를, '오늘 비가 안 오고 내일도 비가 오지 않으면 너는 죽은 목숨'이라 하자, 조개가 역시 말하기를, '오늘 내가 너를 놓아주지 않고, 내일도 놓아주지 않으면 너는 죽은 목숨'이라고 하면서 둘 다 서로 놓아주지 않았고, 어부가 한꺼번에 이들 둘 모두를 잡았습니다"라고 했다. 『천록식여(天祿識

갈대밭에서 어부를 만난 이야기[91]도 모두 어부가 득을 본 사실이니 역시 한 편(篇)에 합칠 수 있을 것인데도, 어찌 오직 소맷자락을 날리며 찾아온 어부가 울창한 숲을 유람하던 공자의 거문고 소리에 귀를 기울였다는 사실과 굴원이 본 어부가 노를 두드리며 창랑(滄浪)의 물로 갓 끈과 발을 씻을 수 있다고 노래한 사실에 그치고 있는가.('소대(蘇代)'부터 끝까지 마흔 일곱 글자를 구본(舊本)에서는 작은 글씨로 썼다. 그 원문에는 따로 마흔 세 글자가 있었는데 대의(大意)는 같았다. 대개 두 판본이 서로 달랐던 것은 글자였지, 주(注)가 아니었다. 今按 : 본서의 체재는 변려체를 칭찬하였기 때문에 이를 전용(轉用)하면서 여전히 원문은 왼 편에 수록하였다. "소대가 말한 조개와 황새 둘 모두를 잡은 것 역시 어부의 한 가지 사실이니 어찌 다르게 기록할 수 있는가? 그런데도 다만 오직 소맷자락을 날리며 찾아온 어부가 (검은 휘장을 친 것처럼) 울창한 숲을 유람하던 공자의 거문고 소리에 귀를 기울였다는 사실과 굴원이 본 어부가 노를 두드리며 창랑(滄浪)의 물로 갓 끈을 씻을 수 있다고 노래한 사실만을 취하고 있으니 그의 학문의 천박함이 더욱 드러난다." ○구본(舊本)에는 여기서 다음 조(條)와 연결되지만 곽연년(郭延年)의 『사통평석(史通評釋)』은 여기서 끊어진다)

嵆康撰『高士傳』, 取『莊子』·『楚辭』二漁父事, 合成一篇, 夫以園吏之寓言, 騷人之假說, 而定爲實錄, 斯已謬矣. 況此二漁父者, 較年則前後別時, 論地則南北殊壤, 而輒併之爲一, 豈非惑哉? 苟如是, 則蘇代所言雙擒蚌鷸, 伍胥所遇渡水蘆中, 斯並漁父善事, 亦可同歸一錄, 何止揄袂緇帷之林, 濯纓滄浪之水, 若斯而已也.('蘇代'至末四十七字, 舊本作細書,

---

餘)』에, 둘[兩] 다 입을 다물었다에서 혹 '둘[兩]'을 '비[雨]'로 고쳤지만, 잘못이다. 내가 말한 '비[雨]'는 뜻을 잃었을 뿐만 아니라 운(韻) 역시 잃은 것이다.

91 『오월춘추(吳越春秋)』 권3, 「왕료사공자광전(王僚使公子光傳)」에, 오원(伍員)이 오(吳)로 도망치면서 장강(長江)에 이르렀을 때 어부가 건너게 해 주며 오자서가 배가 고파 보이자 '당신을 위해 고기를 잡고자 한다'라고 하자, 오자서가 깊은 갈대 숲으로 몸을 감추었다. 잠시 뒤 어부가 와서 '갈대밭 속의 사람이여! 갈대밭 속의 사람이여! 어찌 궁지에 처한 사람이 아니겠는가?'라고 하자 오자서가 나와 음식을 다 먹고는 말하기를, '청컨대 그대의 이름을 알고자 하오'라고 하자 어부가 말하기를, '오늘날은 흉흉(凶凶)하고, 양적(兩賊)이 서로 만났으니,' '이름을 무엇에 쓰겠소?'라고 하였다.

其原文別有四十三字, 大意略同. 蓋是兩本互異之文, 非注也. **今按** : 本書體裁, 駢者爲稱, 故轉用之, 仍錄原文於左 : 蘇代所言雙擒蚌鷸, 此亦漁父之一事, 何不同書於傳乎? 必惟取揄袂緇帷之林, 濯纓滄浪之水, 彌見其末學也. ○舊本此下連後條, 郭本此處截)

9-13

장주(莊周)의 저서는 우언(寓言)을 위주로 한다. 혜강(嵆康)은 『고사전(高士傳)』을 서술하면서 그 책 중의 허구적인 이야기들을 많이 인용하였다. 예컨대 신(神)들 중에 혼돈(混沌)[92]을 제일 먼저 기록하였다. 만약 이러한 이야기를 사실로 여긴다면, 이러한 부류는 매우 많다. 예컨대 개구리와 자라가 서로 뽐내기, 노래기와 뱀의 상호동정, 큰 부리 까마귀를 비웃는 작은 비둘기, 붕어가 분(忿)하여 얼굴빛을 달리한 것 등이다.[93] 만약 혜강

92 『장자』 「응제왕(應帝王)」편에, 남해(南海)의 제(帝)를 숙(儵)이라 하고, 북해(北海)의 제를 홀(忽)이라 하며, 중앙의 제를 혼돈(渾沌)이라 하였다. 숙과 홀이 어느 날 혼돈의 땅에서 만났을 때 혼돈이 그들을 잘 대우하였다. 그리하여 숙과 홀은 서로 상의하여 혼돈의 덕을 갚으려 하였다. 말하기를, '사람들은 모두 일곱 구멍이 있어서 그것으로 보고 듣고 먹고 숨 쉬는데, 이 분만 홀로 없으니 시험 삼아 뚫어주자'고 하여 매일 한 구멍씩 뚫어 7일이 되니 혼돈은 죽고 말았다고 했다. **按** : 「언어(言語)」편과 뜻이 각각이다.

93 『장자』 「추수(秋水)」편에, 우물 안의 개구리가 동해의 자라에게, '나는 우물의 난간 위에까지 뛰어오르기도 하고, 우물 안으로 들어가서는 깨진 벽돌 가에서 쉬기도 하며 물을 독차지하여 멋대로 노는 즐거움이 지극하다. 그런데 당신은 어찌하여 때때로 와서 구경하지 않소'라고 했다. 동해의 자라가 이 말을 듣고 들어가려 하는데 왼쪽 다리가 채 들어가기도 전에 오른쪽 무릎이 걸려버렸다. 우물 안의 개구리가 이 말을 듣고 얼이 빠져 망연자실하였다고 했다. 또 노래기[蚿]는 뱀을 부러워하고, 뱀은 바람을 부러워하였다. 노래기가 뱀에게 말하기를, '나는 여러 개의 발을 움직여 가지만 발 없는 너를 따라가지 못하니 이는 무엇 때문인가?'라고 하자, 뱀이 말하기를, '천성대로 움직이는 것이니 어찌 바꿀 수 있겠는가? 내가 어찌 발을 쓸 필요가 있겠는가?'라고 했다. 또, 작은 비둘기[鷽鳩]는 「소요유(逍遙遊)」편에 보인다. 또한 (『장

에게 『유명록(幽明錄)』과 『제해기(齊諧記)』를 쓰게 한다면[94] 역시 실제 사실로 인용하여 서술할 것이다. 무릇 사리를 분별함이 이와 같은데도 어찌 주공(周公)과 공자를 경시할 수 있는가?[95]

莊周著書, 以寓言爲主; 嵇康述『高士傳』, 多引其虛辭. 至若神有混沌, 編者首錄. 苟以此爲實, 則其流甚多, 至如蛙鼈競長, 蚿蛇相鄰, 鷽(『莊子』作'學')鳩笑而後言, 鮒魚忿以作色. 向使康撰『幽明錄』·『齊諧記』, (一衍'怪'字) 並可引爲眞事矣. 夫識理如此, 何爲而薄周·孔哉?

按: 이상의 두 조는 모두 혜강(嵇康)이 쓴 『고사전』의 잘못을 바로 잡기 위한 것이다. 구본(舊本)에는 연결되어 한 조였는데, 다시 만들면서 세밀하게 살피지 못하여 앞서 논한 것이 중첩되므로 역시 조를 나누었다. 인용하여 예로 들었지만 합하여 섞어서는 안 된다.(以上二條, 並糾中散書也. 舊本聯爲一通, 鬪椾未緻, 前論中壘, 亦分條矣. 援而例之, 可無合糅)

자』「외물(外物)」편에 보이는) 붕어[鮒魚]는 이 편의 주(注)에 보인다.

94 역주 : 『수서경적지』「사부(史部)」 "잡전(雜傳)"에, 『유명록』 20권, 유의경(劉義慶)이 편찬하였다고 했고, 『제해기』 7권, 송(宋) 산기시랑(散騎侍郎) 동양무의(東陽无疑)가 편찬하였다고 했다.

95 혜강(嵇康), 『여산거원절교서(與山巨源絶交書)』(『문선』 권43 所收)에, 때문에 나 스스로 심사숙고하여 관리가 된 이후의 처지를 생각해보면, 받아들일 수 없는 것이 일곱 가지였고, 두 가지는 절대 불가한 것이었다. 나는 항상 상탕(商湯)과 주 무왕(周武王)을 비난하였고, 주공(周公)과 공자(孔子)를 경시하였다. 관직에 있으면서 이러한 의론(議論)을 그치지 않았다. 이러한 일은 드러나면 세상의 예교(禮敎)에서는 받아들일 수 없는 것이었다. 이는 절대 불가(不可)한 것 중 하나였다.

9-14

두예(杜預 : 222-284)는 『열녀기(列女記)』[96]를 편찬하면서 경적(經籍)과 이전의 사서들을 널리 채집하고, 옛 일을 잘 아는 노인으로부터 얻은 확실한 말을 드러내어 기록하면서도 의심할 만한 것이 있으면 빼고 기재하지 않았다. 이것이 어찌 바르고 정확한 것을 보존하고, 도리에 어긋나 편벽(偏僻)된 것을 싫어하는 태도가 아니겠는가? 군자로구나, 이 사람이여![97] 장자(長者)로구나 이 사람이여!(어떤 책은 이하 『이릉집(李陵集)』과 이어져 있지만, 잘못이다)

杜元凱撰『列女記』, 博採經籍前史, 顯錄古老明言, 而事有可疑, 猶闕而不載. 斯豈非理存雅正, 心嫉邪僻者乎? 君子哉若人也! 長者哉若人也!(一本下連『李陵集』, 非)

按 : 여기서는 두예(杜預)의 책을 빌려 저서의 바른 원칙을 지적하였다. 말하기를, 확실한 말을 드러내어 기록하고 의심이 가면 빼고 기재하지 않았다고 한 것은 뛰어나도다! 근세의 몰래 남의 것을 따라하고 거짓을 만들려는 사람들에게 그러한 내용으로 깨우치게 하려는 것이다.(此借元凱書, 指出著書正令, 曰顯錄明言, 有疑猶闕. 卓哉! 當爲輓近世掩襲作僞者一提其耳)

---

96 『진서(晉書)』 권34, 「두예전」에, "(두예의 자는 원개(元凱)이고, 경조(京兆) 두릉(杜陵) 사람이다) 『여기찬(女記讚)』을 편찬하였는데, 당시 논자(論者)들은 문장의 뜻이 질박하고 정직하다"라고 했다. 『수서경적지』 「사부(史部)」 "잡전(雜傳)"에, 『여기(女記)』 10권, 두예가 편찬하였다고 했다.

97 역주 : 『논어』 「헌문(憲問)」편에, 남궁괄(南宮适)이 공자께 묻기를, '예(羿)는 활을 잘 쏘았고, 오(奡)는 힘이 세어 육지에서 배를 끌고 다녔지만, 모두 제대로 죽지 못하였습니다. 그러나 우왕(禹王)과 직(稷)은 몸소 농사를 지었는데도 천하를 소유하였습니다'라고 하니 공자께서 대답하지 않았다. 남궁괄이 밖으로 나가자, 공자께서 말씀하길, '군자(君子)로구나 이 사람이여![君子哉若人] 덕을 숭상하는구나 이 사람이여![尙德哉若人]'라고 했다는 구절이 있다.

9-15

『이릉집(李陵集)』에는 「소무에게 보내는 편지」[與蘇武書][98]가 있는데 문사(文詞)는 화려하면서도 기개가 있었고, 음구(音句)는 유창하고 화려하였다. 그 문체(文體)를 보건대 전한(前漢) 사람들과는 달랐다. 후세 사람이 이릉에 가탁하여 지은 것이다. 사마천이 『사기』에 이것을 빼고 싣지 않은 것은 잘한 것이지만, 『이릉집』에 엮어 넣은 것은 잘못이다.

『李陵集』有『與蘇武書』, 詞采壯麗, 音句流靡. 觀其文體, 不類西漢人,(一無'人'字) 殆後來(一脫'來'字)所爲, 假稱陵作也. 遷『史』(舊本此二字誤入'以焉'之下)缺而不載, 良有以焉. 編於『李集』(舊誤作'傳')中, 斯爲謬矣.(一本無此二句)

按 : 이릉의 「소무에게 보내는 편지」가 가탁하여 지은 것이라는 판정을 소동파(蘇東坡)[坡老]이전에 간파할 수 있었으므로 이 사람이 문(文)을 모르는 사람이 아니란 것을 알 수 있다.(決陵此書爲假作, 具眼在坡老之前, 可悟此老非不知文者)

해우(海虞) 왕준(王峻)이 나에게 말하기를, 소동파[子瞻]는 이 편지가 제(齊) · 양(梁) 왕조 사람들의 손에 의해 나온 것으로 의심하였지만 역시 억지 결론인 것 같다고 했다. 강엄(江淹)의 「옥중에서 건평왕에게 올리는 편지」[「獄中上建平王書」]에서 이미 「소무(蘇武)에게 보내는 편지」에서 사용한 '소경께서 가슴을 치다[少卿搥心]'라는 말을 사용하였는데, 어찌 당시의 유행어를 사용하여 전고(典故)를 만들었겠는가? 당연히 이 편지는 한말진초(漢末晉初) 사람의 위작(僞作)이다.(海虞王侍御峻爲余言 : 子瞻疑此書出齊 · 梁人手,

98 역주 : 이 문장은 『사기』와 『한서』의 「이릉전」에는 보이지 않고, 다만 『문선(文選)』 권41에 실려 있다. 이 문장의 작자에 대한 논의는 범문란(范文瀾), 『문심조룡주(文心雕龍注)』 「서기(書記)」편 주(注)에 자세하다.

恐亦强坐. 江文通「上建平王書」已用"少卿摠心"之語, 豈以時流語作典故哉? 當是漢季晉初人擬爲之)

잡식(雜識) 10조

○'식(識)'자를 구본(舊本)에서는 '설(說)'자로 썼다. 按 : 「잡설(雜說)」이 편의 전체 이름인데 어찌 과별(科別) 명칭으로 섞을 수 있겠는가? '잡식(雜識)'은 잡기(雜記)와 같은 말이다. 혹 읽을 때 입성(入聲)으로 하였기 때문에 음이 와전되어 '설(說)'자를 썼을 것이다.('識'舊作'說'. 按 : 「雜說」乃篇之總名, 豈以科別之名混之? 雜識, 猶言雜記也, 或讀作入聲, 遂以音訛轉作'說'字耳)

9-16

무릇 옛날부터 학자들이 담론한 사서는 많다. 그러나 『공양전』에 정통한 사람은 특히 『좌전』을 싫어하고, 『사기』에 익숙한 사람은 반고(班固)의 『한서』를 지나치게 미워하였다. 무릇 좋아하는 저작의 장점을 가지고 싫어하는 저작의 단점을 공격하고, 이쪽의 옳은 것을 가지고 저쪽의 그릇됨을 설명하는데 능할 뿐, 각기 다른 사서의 장·단점에 겸통(兼通)한 사람은 드물다.(釋 : 이는 각기 옳다고 여기는 것만을 옳다고 한다는 말이다. ○어떤 책은 여기서 조(條)가 끊어진다) 또한 오늘날의 학자들을 보건대, 이들은 하나의 경전에 빠져 몰두하거나 혹은 오로지 하나의 사서에만 정통해 있을 뿐이다. 그리하여 『춘추』를 전문으로 하는 자는 주나라가 쇠망한 후 세상에 (천하의 패권을 다투는) 6웅(雄)이 있다는 사실을 모르고, 『사기』·『한서』를 전문적으로 논하는 사람은 유씨(劉氏)의 한(漢)이 멸망한 이후 천하가 위·촉·오 세 나라로 나뉘어졌다는 사실을 모른다. 이는 마치 무릉(武陵)의 은사(隱士)가 도원(桃源)에 몸을 숨기고 살면서 진대(晉代)임에도 여전히 잔혹한 진(秦)의 통치하에 있다고 여기는 것과 같다.[99](釋 : 이는 한 가지만을 알 뿐 백 가지를 모른다는 말이다) 설사 널리 천년의 사실에 능통하고, 다섯 수레에 쌓을 정도의 많은 책을 소장한 사람이 있다고 하더라도,[100] 어질고 정직한 행위를 보고도 그 선함을 깨닫지 못하고, 이치가 서로 어긋나는 사실에 부딪치고도 그 잘못을 알지 못하니, 갈홍(葛洪 : 283-364)이 말한 것처럼 '책을 보관하는 상자나 오경(五經)의 주인'[101]일 뿐이요, 또 공자가 '비록 많이 외운다 한들 어디에 쓰겠는가?'[102]라고 한 것은 바로 이를 두고 한 말이다.[103](釋 : 이는 쓸데없이 많아봐야 난잡할 뿐 아무런 자기 견해가 없다는 말이다. ○어떤 책은 다음 조(條)와 잘못 합하였다)

夫自古(舊有'之'字)學者, 談稱(一作'講')多矣. 精於『公羊』者, 尤憎『左氏』; 習於太史者,(一多'則'字) 偏嫉孟堅. 夫能以彼所長而攻此所短, 持此之是

99 『도연명집(陶淵明集)』 권6, 「도화원시병기(桃花源詩幷記)」에, 진(晉)나라 태원(太元) 때, 무릉(武陵) 사람이 고기잡이를 업으로 하고 있었는데 시내를 따라가다 홀연히 복숭아꽃이 피어 있는 숲을 만나니 언덕을 끼고 수백 보를 나아가 숲은 시냇물이 발원한 곳에서 끝나더니 문득 산 하나가 나타났다. 산에는 작은 입구가 있어 배를 버려 두고 입구로 들어가 보았다. 처음에는 극히 협소하였지만 다시 걸어가니 밝게 확 트여 있었다. 집들이 번듯하였고 길은 서로 통해 있었다. 그 중 남녀의 의복은 모두 외지 사람과 같았다. 그들은 어부를 발견하고 이내 크게 놀라며 온 길을 물었고, 어부는 자세히 대답해 주었다. 그들은 스스로 선대(先代)에 진(秦)나라 때 난리를 피해 처자식과 고을 사람들을 거느리고 이 외딴 곳에 오게 되었다고 말하였다. 그리고 지금이 어느 세상인가를 물었는데, 한(漢)나라를 알지 못했으며, 위(魏)·진(晉)은 말할 것도 없었다고 했다.

100 역주 : 『장자(莊子)』 「천하(天下)」편에, 혜시(惠施)의 학문은 다방면에 걸치고, 그 장서는 수레 다섯 대에 쌓을 만큼 많았다고 했다.

101 역주 : 이상은 갈홍의 『포박자(抱朴子)』에 실린 문장으로 생각되지만 현행본에는 보이지 않는다.

102 역주 : 『논어』 「자로(子路)」편에, "공자가 말씀하기를, 『시경(詩經)』 300편을 외우면서도 정치를 맡겼을 때에 제대로 해내지 못하고, 사방으로 사신으로 나가 홀로 처리하지 못한다면, 비록 많이 외운다 한들 어디에 쓰겠는가?"라고 하였다.

103 역주 : 이상의 내용을 가장 통달(通達)한 논의라고 평가하기도 한다. 張舜徽, 『史通平議』, p.138 참조.

而述彼之非, 兼善者鮮矣.(釋 : 此言各是其所是. ○一本此處截條) 又(一無'又'字) 觀世之學者, 或耽玩一經, 或專精一史. 談『春秋』者, 則不知宗周既隕, 而人有六雄; 論『史』·『漢』者, 則不悟劉氏云亡, 而地分三國. 亦猶武陵隱士, 滅(一作'遁')迹桃源, 當此晋年, 猶謂暴秦之地也.(釋 : 此言擧一而廢百) 假有學窮千載, 書總五車, 見良直而不覺其善, 逢牴牾而不知其失, 葛洪所謂藏書之箱篋, 『五經』之主人. 而夫子有云 : 雖多亦安用爲? 其斯之謂也.(釋 : 此言徒多者漫無主見. ○一本誤合下條)

按 : 이 조에서는 독서하면서 오로지 일가(一家)에만 빠지게 되면 국부적인 것을 얻을 뿐 오히려 대부분을 잃게 됨으로 자연히 독서의 한 폐단이라고 말하였다. 많은 책을 널리 섭렵한 사람들의 경우도 만약 마음에 시비와 흑백에 대한 주장이 없고 판단이 결여되었다면 또한 아무 도움이 되지 않는 독서를 한 것이다. 제일 첫 조로서 전체를 논한 문장이다.(此條謂讀書專泥一家, 局護偏遺, 自亦一病. 至若博涉羣書, 而胸迷蒼素, 又爲徒讀矣. 蓋首條泛擧之文)

9-17

무릇 추(鄒)나라 군주가 긴 갓끈을 좋아하자 모두가 그를 따랐고, 제(齊)나라 군주가 자주색 의복을 귀하게 여기자 모두가 그를 따랐다.[104] 이

104 임방(任昉), 「천감삼년책수재문(天監三年策秀才文)」(『문선(文選)』 권36 所收)에, 제 환공(齊桓公)이 자주 빛 옷을 입자 모두가 따라 입어 제나라 풍속이 바뀌었고, 또 추(鄒)의 군주가 긴 갓끈을 좋아하고 싫어함에 따라 추나라의 습속이 바뀌었다. 이선(李善)의 주(注)에, 『한비자(韓非子)』 「외저설(外儲說)」 좌상(左上)에, 추나라 군주가 긴 갓끈을 좋아하자 좌우가 모두 긴 갓끈을 착용하였고, 그에 따라 갓끈의 값이 비

는 모두 한 때 숭상하던 것으로 백대(百代)에 걸친 불변의 도는 아니었다. 예컨대 한대(漢代)에는 『공양전(公羊傳)』이 『춘추』 삼전(三傳) 중에서 사람들에게 가장 주목을 받았고,[105] 진대(晉代)에는 『장자(莊子)』를 6경 못지않게 높이 보았다.[106] 그러나 오늘날에는 그들을 중시하지 않아[挂壁不行][107] 다만 남아서 명맥만 이을 뿐이었다[綴旒無絶].[108] 그들이 어찌 『춘추좌씨전』·『고문상서』와 비교될 수 있겠는가? 『춘추좌씨전』과 『고문상서』가 비록 한 왕조에서 잠시 쇠퇴한 적은 있으나 결국에는 홀로 천년동안 존숭(尊崇)되었다. 『공양전』이나 『장자』와 그 우열을 비교하면서 어찌 함께 취급하여 이야기할 수 있겠는가?[109]

싸졌다. 추나라 군주는 그것을 걱정하였고, 좌우 신하들이 '군주께서 긴 갓끈을 좋아하니 백성들이 모두 착용하게 된 까닭에 비싸진 것'이라 말하였다. 추나라 군주가 이 때문에 갓끈을 짧게 하고 외출하였더니 나라 안의 모두가 그렇게 착용하지 않았다. 또 제 환공이 자주색 의복을 좋아하자 나라 안의 모두가 자주색 의복을 입었다. 당시에 다른 천 값에 비해 열 배나 크게 뛰자 공이 걱정하였다. 관중(管仲)이 말하기를, '군주께서 자주색 의복을 입지 않기를 바란다면 어찌 먼저 그 옷을 입지 않으므로서 스스로 경계하지 않으십니까?' 하자 공이 이 말대로 하자 경내에 아무도 자주색 의복을 입는 사람이 없게 되었다고 했다.

105 역주 : 『사기』 권121, 「유림열전(儒林列傳)」에, 그러므로 한(漢)나라가 건국되어 오세(五世) 동안에는 오직 동중서(董仲舒)만이 『춘추』에 저명하고 능통하였다. 그의 학문은 공양씨(公羊氏)에게 전수받은 것이었다고 했다.

106 역주 : 유병(劉昞), 「의림서(意林序)」(『전당문(全唐文)』 권372 所收)에, 『장자』·『노자』 역시 6경에 못지 않게 높이 보여[高視六經] 천하의 본보기[式]가 되었다고 했다.

107 역주 : 『삼국지』 권22, 「위서(魏書)」「진태전(陳泰傳)」에, 진태의 자는 현백(玄伯)이다. ……정시(正始 : 240-248) 연간에 유격장군(遊擊將軍)으로 옮기고 병주자사(幷州刺史)가 되었으며, 진위장군(振威將軍)을 가(加)하고 사지절(使持節)·호흉노중랑장(護匈奴中郎將)이 되어 흉노의 백성들을 어루만지어 달랬는데, 위엄과 은혜가 매우 갖추어져 있었다. 경읍(京邑)의 귀인들은 대부분 보물과 재화를 진태에게 기탁하고 노비를 사려고 하였는데, 진태는 이것들을 모두 벽에 걸어놓고 그 봉인조차도 뜯어보지 않았다. 중앙에 불려져 상서(尙書)가 되었을 때 그것들을 모두 돌려보냈다고 한 말을 인용한 것으로 중시하지 않았다는 의미로 쓴 것이다.

108 역주 : 『공양전(公羊傳)』 양공(襄公) 16년(B.C. 557)에, 군주를 혹이 늘어진 것처럼 여겼다[君若贅旒焉]고 한 말을 인용한 것으로, 곧 실권이 없이 자리만 지키는 것을 의미한다.

109 역주 : 황보밀(皇甫謐, 「삼도부서(三都賦序)」(『문선』 권45 所收)에, (위·촉·오 삼국을 비교하면서) "12성신(星辰)의 지상 분포의 다소(多少)를 조사하고, 물산(物産)의 다과

夫鄒好長纓, 齊珍紫服, 斯皆一時所尙, 非百王不易之道也. 至如漢代『公羊』, 擅名『三傳』, 晋年『莊子』, 高視『六經』. 今並挂壁不行, 綴(一作'贅', 非)旒無絶.(二句依郭本所定. 舊本'挂'誤作'蛙', '旒'誤作'緝') 豈與夫『春秋左氏』·『古文尙書』, 雖暫廢於一朝, 終獨高於千載. 校其優劣, 可同年而語哉?

按 : 이 책에서는 『상서』와 『춘추』를 왕왕 함께 거론하였다. 이 조의 지론(持論)은 장중(莊重)하고 정성스러워 이왕의 여러 의혹들이 과연 꾸밈없는 성실한 말이 아니었음을 증명하였다.(集內『尙書』·『春秋』往往連擧. 此條持論莊愨, 可證向諸疑惑, 果非質言)

9-18

무릇 죽백(竹帛)에 이름을 남겨 후세에 전하려는 것은 인지상정(人之常情)으로써, 비록 성인(聖人)은 사심이 없다고 하지만 그들 역시 (자기가 좋아하는 사람에게) 치우치게 마련이다. 대개 『역(易)』을 저작하게 된 것이 본래 사실을 기록[記言]하기 위한 것은 아니었지만, 공자가 「계사(繫辭)」편을 쓸 때는 안자(顔子)[顔回]를 크게 서술하면서 그를 '성인에 가까운 사람'이라 칭찬하였다.[110] 비록 그 말이 부끄럽지 않고 그에 대한 사실이 헛된

(多寡)를 계산하며, 풍속의 청탁(淸濁)을 비교하고, 사인(士人)의 우열을 살피는 것 등은 함께 취급하여 이야기할 수 있는 것이 아니다[亦不可同年而語]"고 하였다.

110 역주 : 『주역(周易)』「계사전(繫辭傳)」 하에, 안연(顔淵)은 '성인에 가까운 사람'이었다. 항상 반성함을 잊지 않고 한번 저지른 잘못은 두 번 다시 되풀이하지 않았다. 복괘(復卦) 초구(初九)의 효사(爻辭)에 '머지않아 돌아온다. 후회에 빠지는 일이 없으니 길하리라'고 한 것은 이러한 태도를 말한 것이라 했다.

찬사는 아니지만, 역시 안회가 공자를 어버이 대하듯 함으로써[111] 제자들이 공자에게 날로 가까워질 수 있었기 때문에,[112] 중요하게 이야기할 내용이 아닌데도 의도적으로 안회의 이름을 편입시켜 기록한 것이다.(釋 : 여기서 다음 문장이 시작된다) 그 후 양웅(揚雄)은 적적하고 쓸쓸한 가운데 전고(典誥)의 학습에 전념하면서도,[113] 자신의 어린 아들 동오(童烏)[114]와 촉한(蜀漢)의 여러 현인들(原注 : 엄군평(嚴君平) · 이중원(李仲元) · 정자진(鄭子眞) · 사마상여(司馬相如) 등을 말한다)을[115] 『태현(太玄)』('태현' 두 글자는 붙여 쓴 것으로 '현(玄)'이 말하는 것은 수(數)이지, 인물을 평정(評定)한 것은 아니다)과 『법

111 역주 : 『논어』 「선진(先進)」편에, 안연(顔淵)이 죽자 문인(門人)들이 후장(厚葬)을 치루고자 하였는데, 공자가 '불가하다'라고 하였다. 그러나 문인들은 후장을 치렀다. 공자가 말씀하기를, '안회(顔回)는 나를 어버이같이 대하여 주었거늘 나는 그를 아들같이 대하여 주지 못하였다'라고 하였다.

112 역주 : 『공자가어(孔子家語)』 72, 「제자해(弟子解)」에, (안회가 죽자) 공자께서 말하기를, '내게 안회가 있고부터 문인들이 날로 친해졌다'라고 하였다.

113 역주 : 이 같은 양웅의 처지는 『한서(漢書)』 권87하, 「양웅전」 하에 구체적으로 기록되어 있다.

114 『법언(法言)』 「문신(問神)」편에, "낳아서 길렀음에도 성장하지 못하고 요절한 우리 집 어린 아들 양오(揚烏)는 아홉 살에 내가 쓴 『태현』 저작에 참여했다"라고 했다. 주(注)에 동오(童烏)는 양웅의 아들이라 했다. 역주 : 양웅의 둘째 아들 양신(揚信)을 가리킨다. 그의 자는 자오(子烏)였는데 어렸지만 매우 총명했다고 알려져 있다.

115 『법언』 「문명(問明)」편에, (전한(前漢) 말) 촉인(蜀人) 장준(莊遵)은 은거하여 벼슬을 하지 않았으므로 행적이 묘연하다. 촉인 장준의 품덕은 고귀하였다. 정당하지 않은 일로 몸을 드러내거나 이름을 날리지 않았고, 정당하지 않은 일로 고귀함을 얻지도 않았다. 나는 장준의 품덕을 중시한다. 그는 남이 이르지 못할 경지에 거하였다고 했다. 按 : 장(莊)은 원주(原注)에 보이는 엄(嚴) 즉 엄군평이다. 「연건(淵騫)」편에, 어떤 사람이 묻기를, '그대(양웅)는 촉인이니 묻건대 촉에는 어떤 현명한 인재가 있는가?' 하자 대답하기를, '이중원(李仲元)이라는 사람이 바로 그러한 사람이다. 백이(伯夷)와 같지 않고, 유하혜(柳下惠)와도 다르며, 그들 두 사람의 장점을 모두 가지고 그들의 단점은 없었다. 그의 외모를 보면 숙연(肅然)하고, 그의 말을 들으면 감동을 받으며, 그의 행동거지를 관찰하면 엄숙하여 존경하게 된다'라고 했다. 「문신(問神)」편에, 곡구(谷口) 정자진(鄭子眞)은 자신의 뜻을 굽히지 않고 암석(巖石) 밑의 땅을 경작하며 지냈지만 명성이 경사(京師)에 떨쳤다고 했다. 按 : 곡구는 한중(漢中) 땅으로 언급한 촉한과 들어맞는다. 옛날에 유(柳)라고 하였는데 누구인지 알 수 없다. 양웅의 책에도 역시 없다. 분명 잘못이다. 「군자(君子)」편에, 반드시 유가학설만이 성인의 도에 부합(符合)한다. 사마상여의 문장은 매우 화려하지만 쓸모가 적다고 했다.

언(法言)』에서 제멋대로 칭찬하였다. 비록 종족(宗族) 안의 사람을 천거하되 (그가 인재라면) 근친(近親)이라 해도 피하지 않는다는 말이 있지만[116] 그래도 감정에 치우침이 있게 마련이다.(釋 : 또 여기서 다음 문장이 시작된다) 무릇 공자와 같이 예지(叡智)를 갖춘 현철(賢哲)이나 양웅과 같이 성인을 따라 행하는 사람도 저술에 있어서 사심(私心)을 잊기가 어려운 것이니, 보통사람[中庸] 이하의 저술이 어떠할 지는 알만한 것이다. 예컨대 사승(謝承)의 『후한서(後漢書)』가 오(吳) · 월(越)을 편들어 주고,[117] 위수(魏收)의 『위서(魏書)』가 새외(塞外)의 호인(胡人)[鮮卑]을 크게 과장한 것이[118] 어찌 이상한 일이겠는가?(釋 : 비웃음을 받는 바가 여기에 있다)

夫書名竹帛, 物情所競, 雖(舊作'維') 聖人無私, 而君子亦黨. 蓋『易』之作也, 本非記事之流, 而孔子『系辭』, 輒盛述顔子, 稱其'殆庶'. 雖言則無愧, 事非虛美, 亦由視予猶父, 門人日親, 故非所要言, 而曲垂編錄者矣.(釋 : 一層, 興起後文) 旣而揚雄寂寞, 師心典誥, 至於童烏稚子, 蜀漢諸賢,(原注 : 謂嚴 · 李 · 鄭 · 司馬之徒. 按 : '鄭'舊作'柳') 『太玄』(二字帶筆. 『玄』主數, 不衡人) · 『法言』, 恣加褒賞, 雖內擧不避, 而情有所偏者焉.(釋 : 又一層, 興起後文) 夫以宣尼叡(同'睿')哲, 子雲參聖, 在於著述, 不能忘私, 則自中庸以降, 抑可知矣. 如謝承『漢書』偏黨吳 · 越, 魏收『代史』, 盛夸胡塞, 復焉足怪哉?(釋 : 所蚩者在此)

按 : 이 조는 본래 사승(謝承)과 위수(魏收)의 한 쪽에 치우쳐 비호하는 행

116 역주 : 『좌전』 양공(襄公) 21년(B.C. 552)에, (숙향(叔向)이 말하기를) "대부 기(祈) 씨는 종족(宗族) 이외의 사람을 천거하되 (그가 인재라면) 원수라 해도 버리지 않았고, 종족 안의 사람을 천거하되 (그가 인재라면) 근친(近親)이라 해도 버리지 않았으니 어찌 유독 나만을 버리겠는가? 버려두겠는가?"라고 하였다. 비슷한 말이 『한비자(韓非子)』 「설의(說疑)」편에도 보인다.

117 역주 : 사승은 삼국시대 오(吳)의 사가로써 『후한서』를 지었다. 그는 손권(孫權)의 사부인(謝夫人)의 동생이었기 때문에 유지기가 그렇게 말했을 것이다. 사승은 「번성(煩省)」편의 주(注)에도 보인다.

118 역주 : 위수(魏收)에 대하여는 「잡설(雜說)」 중(中)편의 "후위서(後魏書)" 참조.

위에 대한 논의인데, 오히려 많은 사실들과 연관하여 부각시키다가 결과적으로 스스로 사람들의 비난을 얻게 되었다. 이 책 중에 사람들에게 준 구실이 모두 이러했다.(此本爲謝·魏偏怙而發, 多事牽扯烘托, 以自取譏. 集中授人口實處皆然)

9-19

공자가 자하(子夏)에게 말하기를, "너는 군자(君子)다운 유(儒)가 되어야지 소인(小人)같은 유(儒)가 되어서는 안 된다"[119]고 하였다. 유(儒)에 진실로 그러한 구별이 있는 것처럼, 사가(史家)에게도 마땅히 이러한 구별은 있다. 좌구명·사마천이 군자다운 사가라면, 오균(吳均)[120]·위수(魏收)는 소인 같은 사가이다. 각각의 향기와 악취가 서로 같지 않다. 어찌하여 그들간의 거리가 그렇게 먼 것인가?

(子曰: "汝爲君子儒, 無爲小人儒." 儒誠有之, 史亦宜然. 蓋左丘明·司馬遷, 君子之史也; 吳均·魏收, 小人之史也. 其薰蕕不類, 何相去之遠哉?)

按: 사가를 군자와 소인으로 구분하는데 특수한 정감과 진실한 품질을 어찌 문구(文句)로부터 판단할 수 있겠는가?(史而以君子·小人命之, 奇情確品, 此豈於文句間求之?)

유지기는 줄곧 『좌전』을 중시하고 사마천을 폄하하였다. 사람들은 혹

---

119 역주: 『논어』「옹야(雍也)」편에 보이는 말이다. 주희는 『논어집주(論語集注)』에서 "유(儒)는 학자(學者)의 칭호이다. 정자(程子)께서 말하기를, '군자다운 학자는 자신을 위하여 공부하는 것이요, 소인 같은 학자는 남을 위하여 공부한다'라고 했다.

120 역주: 「육가(六家)」편 주)81 참조.

유지기가 지나치다고 의심하였다. 그러나 이 조를 보니 앞의 이야기와 융통(融通)한다고 할 수 있다.(向來申左乙馬, 人或以過分疑之, 觀此可以融通前說矣)

9-20

예(禮)이다 예이다 하지만 어찌 (의례(儀禮)에 사용하는) 옥과 비단[玉帛]을 이르는 것이겠는가?[121] 사서(史書)다, 사서다 하지만 어찌 문장을 정리하는 형식적인 것[文飾]을 이르는 것이겠는가? 무엇 때문인가? 사서는 본래 마땅히 선한 것을 칭송함을 첫째로 하고, 악한 것을 증오함을 그 다음으로 한다. 사마천(司馬遷)과 반표(班彪)는 선한 것을 칭송하는데 힘쓴 사가였으며, 진(晉)의 동호(董狐), 제(齊)의 남사(南史)는 악한 것을 비판하는데 힘쓴 사가였다.[122] 칭송과 비판 이 두 가지를 능히 겸비하고 아울러 문식(文飾)을 중시하였던 사가는 단지 좌구명 한 사람 뿐이었도다! 좌구명 이후 나는 그와 같은 사가를 보지 못하였다.

'禮云禮云, 玉帛云乎哉?' 史云史云, 文飾云乎哉? 何則?(一有'脩'字) 史者固當以好善爲主, 嫉惡爲次. 若司馬遷·班叔皮, 史之好善者也; 晋董狐·齊南史, 史之嫉惡者也. 必兼此二者, 而重之以文飾, 其唯左丘明乎! 自茲已降, 吾未之見也.

按: 선한 것을 칭송함과 악한 것을 증오함이란 두 말은 사가의 품류를

---

121 역주 : 『논어』「양화(良貨)」편에, 공자께서 말하기를, '예(禮)이다, 예이다 하지만, 옥과 비단[帛]을 이르는 것이겠는가? 악(樂)이다, 악이다 하지만 종(鍾)과 북[鼓]을 이르는 것이겠는가?'라고 하였다.

122 역주 : 이들 두 사람은 「직서(直書)」편 주)5·6 참조.

구분하여 평가하기에도 정확하다.(好善 · 嫉惡兩言, 分品亦確)

9-21

무릇 이른바 직필(直筆)이라는 것은 악한 것을 감추지 않고, 헛되이 칭찬하지 않는 것을 말하는데, 이를 사서에 기록하면 포폄에 유익함이 있고, 기록하지 않더라도 후세 사람들에 대한 권선징악에는 손해됨이 없어야 한다. 따라서 다만 그 대강을 거론하고 그 중요한 역사적 사실만을 보존하면 된다. 아주 사소한 것이라도 반드시 기록하고 자질구레한 것들을 빠뜨리지 말아야 한다는 것을 이르는 것은 아니다. 예컨대 송효왕(宋孝王)과 왕소(王劭) 등이[123] 기록한 내용은 부녀자들의 문란함을 논하길 좋아하고 그들의 말이나 겉모양 같은 비루한 사실을 들추어내는 것을 직필이라 여겼지만, 나는 취하지 않는다.(왕유검(王維儉)의 『사통훈고(史通訓故)』는 다음 조와 연결되어 있다)

夫所謂直筆者, 不掩惡, 不虛美, 書之有益於褒貶, 不書無損於勸誡. 但擧其宏綱, 存其大體而已. 非謂絲毫必錄, 瑣細無遺者也. 如宋孝王 · 王劭之徒, 其所記也, 喜論人帷簿.('箔'通)不修, 言貌鄙事, 訐以爲直, 吾無取焉.(王本連下條)

按 : 송효왕(宋孝王)과 왕소(王劭)는 모두 유지기가 크게 칭찬하는 사람들

123 역주 : 송효왕은 북제(北齊) · 북주(北周)시대의 사가로서 『관동풍속전(關東風俗傳)』을 지었고, 왕소는 수(隋)나라의 사관(史官)으로서 『제지(齊志)』 · 『제서(齊書)』 · 『수서(隋書)』 등을 지었다. 이들 두 사람에 대한 유지기의 평가는 매우 긍정적이다. 「언어(言語)」편 참조.

이다. 그러나 여기에서는 오히려 관대한 말이 없었다. (이를 통해) 유지기가 마음이 열린 사람임을 알 수 있고, 고인(古人)의 편을 들어 구설(舊說)을 고수(固守)하는 사람들과는 달랐다.(宋與王皆劉氏所盛稱者, 於此仍無恕辭, 可知胸中不設封府, 異夫黨枯護朽輩人)

9-22

무릇 고의로 이단(異端)을 세우고 기이한 설을 만들어 내기 좋아했던 사람으로는 한(漢)에는 유향(劉向)이 있었고, 진(晉)에는 갈홍(葛洪)이 있었다.[124] 근래의 심약(沈約)은 더욱 심하였다.[125] 후세의 군자들은 다행히 그들에 대하여 상세히 알았다.

夫故立異端, 喜造奇說, 漢有劉向, 晋有葛洪. 近者沈約, 又其甚(一作'比')也. 後來君子, 幸爲詳焉.

按 : 유향과 갈홍의 책은 잡가에 속하며, 심약의 책은 정사(正史)이다 때문에 '더욱 심하였다'라고 한 것이다.(向 · 洪書, 雜家也. 休文書, 正史也. 故曰又甚)

---

124 역주 : 유향(B.C. 77-B.C. 6)과 갈홍(283-343) 두 사람에 대하여는 「육가(六家)」편 주)69, 「논찬(論贊)」편 주)16 참조.

125 역주 : 심약(441-513)에 대하여는 「이체(二體)」편 주)26 참조.

9-23

옛날 위사(魏史)(두 글자에 의문이 있다)[126]에 주이(朱異)(두 글자 역시 틀렸을 것이다)는 말재주가 있었고, 지우(摯虞)는 글재주가 있었다고 하였는데,[127] 이를 통해 변설(辯舌)에 쓰이는 구어(口語)와 문필(文筆)에 쓰이는 문어(文語)가 본래 달랐음을 알 수 있다. 그런데도 근세의 사가들은 구어를 그대로 기록하여 문어(文語)의 문장으로 사용하였다. 그것은 마치 문학작품을 짓는데 능한 원유(元瑜)[陳琳]와 공장(孔璋)[阮禹][128]에게 좌구명(左丘明)이나 사마천(司馬遷)과 같은 사가의 임무를 맡긴 것과 같으니, 문학작품과 사서

126 역주 : 이하 보이는 주이(朱異)는 삼국시대 오(吳)나라 사람이고, 지우(摯虞 : ?-311)는 진(晉)나라 사람이기 때문에 위사(魏史)에 실릴 수가 없으므로 이러한 포기룡(浦起龍)의 지적은 옳다. '위사(魏史)'가 『삼국지(三國志)』 「위서(魏書)」를 지칭한다고 하여도 지우를 설명할 방법이 없다.

127 『삼국지』 권56, 「주환전(朱桓傳)」에, 주이(朱異)의 자는 계문(季文)이다. 배송지(裴松之)의 주(注)에 인용된 『문사전(文士傳)』에, 주이가 어릴 적 주거(朱據)를 찾아갔는데, 거가 말하기를 '나에게 한 가지 사물에 대한 부(賦)를 짓고 앉거라'고 하자, 주이는 쇠뇌[弩]에 대한 부를 짓기를, '남악(南嶽)의 본체에 종산(鍾山)의 구리를 달고 활을 당기면 명중시키니 송골매를 고용(高墉)에서 잡는구나' 하고 자리에 앉았다. 왕유검(王惟儉), 『사통훈고(史通訓故)』에 인용된 왕은(王隱)의 『진서(晉書)』에 이르기를, 지우(摯虞)와 태숙광(太叔廣)은 명성과 지위가 비슷하였다. 광은 말재주[口才]에 능했고, 우는 글재주[筆才]에 능했다. 광이 이야기를 하면 우가 응대하지 못하였고, 물러나 필(筆)로써 광을 어렵게 하면 광이 대답을 못하였다. **按** : 이는 『세설신어』 「문학(文學)」편 유효표(劉孝標)의 주(注)에 보인다. 그러나 주이(朱異)가 사물에 대한 부(賦)를 지을 때 직접 지었다고 말하지 않았고, 그의 열전에도 역시 그의 구재(口才)를 칭찬하지 않았다. 『사통』에서 칭한 것은 혹 앞의 두 책[『문사전』과 『세설신어』 「문학」편]의 말을 (「위사」라고) 잘못 기록한 것이 아닌가 한다. **역주** : 따라서 주이(朱異)는 태숙광(太叔廣) 즉 악광(樂廣)을 잘못 전한 것이라 여겨진다.

128 위세자(魏世子) 조비(曹丕)의 「여오질서(與吳質書)」에, 원유(元瑜)의 서찰(書札)과 주기(奏記)는 경쾌하고 재치가 있어서 즐길 만하고, 공장(孔璋)의 문장과 표(表)는 문필이 특별히 강건하지만 글자 수가 약간 번다하다고 했다. **按** : 원유는 완우(阮瑀)의 자이고, 공장은 진림(陳琳)의 자이다. **역주** : 이들 두 사람은 모두 삼국시대 위(魏)나라의 문인(文人)으로서, 『삼국지』 권21, 「위서(魏書)」 「왕찬전(王粲傳)」과 조비(曹丕), 「전론논문(典論論文)」(『문선(文選)』 권52 所收)에 각각 보인다.

(史書)의 혼란스러움이 어찌 이보다 심할 수 있겠는가?

昔魏史(二字有疑)稱朱異(二字亦恐誤)有口才, 摯虞有筆才. 故知喉舌翰墨, 其辭本異. 而近世作者, 撰彼口語, 同諸筆文. 斯皆以元瑜·孔璋之才, 而處丘明·子長之任. 文之與史, 何相亂之甚乎?

按 : 이 역시 사체(史體)는 질박(質朴)함을 숭상해야 한다는 뜻이다.(此亦史體尙質之旨)

9-24

무릇 찬술(撰述)한 저작을 남기면 그 이름이 고금의 세상 사람들에게 오랫동안 전해진다. 예컨대 사마천의 『사기(史記)』가 일가지언(一家之言)을 이루었고,[129] 양웅의 『태현경(太玄經)』[130]이 천년동안 전해질 수 있었다. 이러한 저서들은 매우 방대한 작업이었으므로 그것을 그들의 열전에 기록할 수 있었던 것이다. 그러나 근대에 오면 그렇지 않았다. 아름다운 문장을 다투는 문학작품이나 보잘것없는 재간을 가지고 쓴 소설(小說)[131] 등을 문집(文集)이라 명명(命名)하였지만 몇 권에 불과했고,(原注 : 예컨대 『진서(陳書)』「음갱전(陰鏗傳)」에 이르기를, 그의 문집(文集)이 다섯 권[132] 있다고 한

129 역주 : 『한서』 권62, 「사마천전(司馬遷傳)」 부록, 「보임소경서(報任少卿書)」에는 "저는 하늘과 인간의 관계를 탐구하고, 고금의 변화에 통달하여, 일가의 말을 이루고자 하였습니다[究天人之際, 通古今之變, 成一家之言]"라고 하였다.

130 역주 : 「자서(自敍)」편 주)63 참조.

131 역주 : 『한서예문지』 「제자략(諸子略)」 "소설(小說)"에, 소설가류(小說家流)는 대개 패관(稗官)에서 나온다. 거리의 이야기나 마을의 말, 길거리에 나도는 말을 듣는 자가 만드는 것이라고 했다.

132 역주 : 『진서(陳書)』 권34, 「문학전(文學傳)」에 부록된 「음갱전(陰鏗傳)」에는 3권이라

것이 그 예(例)이다) 어떤 것은 저서가 겨우 한 권이었다.(原注 : 예컨대 『양서(梁書)』 권5, 「효원기(孝元紀)」에 이르기를, 효원제가 『동성명인록(同姓名人綠)』 1권을 편찬하였다고 한 것이 그 예이다) 책명을 일일이 사서의 인물의 열전 끝에 열거하지 않은 것이 없을 정도였다.(原注 : 예컨대 『양서』 권5, 「효원기」에, 효원제가 『연신기(研神記)』를 편찬하였다고 했고, 『진서(陳書)』 권27, 「요찰전(姚察傳)」에 요찰이 『서정기(西征記)』·『변명락기(辨茗酪記)』를 편찬하였다고 했고,[133] 『위서(魏書)』 권55, 「유방전(劉芳傳)」에 유방이 『주관음(周官音)』·『예기음(禮記音)』을 편찬하였다고 했고, 『북제서(北齊書)』 권45, 「문원전(文苑傳)」에 부록된 「조홍훈전(祖鴻勛傳)」에, 조홍훈이 『진사기(晋嗣記)』를 편찬하였다고 했다. 이들 모두는 책이 한 권 혹은 두 권에 불과하였다. 그 외 사람들의 문집(文集)이 있지만, 네, 다섯 권에 불과하였다. 이러한 책들은 너무 많아 적을 수가 없기 때문에 하나하나 열거하지 않았다. 按 : 양 효원제에 단 주(注)를 다시 『동성명인록(同姓名人綠)』에 달고 있어 삭제하였다) 『칠략(七略)』[134]과 마찬가지로 장편이든 단편이든 반드시 기록하였는데, 이 역시 번잡함이 심하였다.

夫載筆立言, 名流今古. 如馬遷『史記』, 能成一家; 揚雄『太玄』, 可傳千載. 此則其事尤大, 記之於傳可也. 至於(一作'如')近代則不然. 其有雕蟲末伎, 短才小說, 或爲集不過數卷,(原注 : 如『陳書. 陰鏗傳』云, 有集五卷, 其類是也) 或著書才至一篇,(原注 : 如『梁書. 孝元紀』云, 撰『同姓名人錄』一卷, 其類是也) 莫不一一(或作'一二')列名, 編諸傳末.(原注 : 如『梁書. 孝元紀』云, 撰『研神記』; 『陳

하였고, 『남사(南史)』 권64, 「음갱전」에도 3권이라 하였다.

133 역주 : 『서정기』·『변명락기』 이 두 책은 『진서』 권27, 「요찰전」에는 보이지 않는다. 다만 『서정기』는 『수서경적지』 「사부(史部)」 "지리(地理)"에, 『서정기(西征記)』 1권, 재조(載祚)가 편찬했다고 했다.

134 역주 : 『한서예문지』 서(序)에, 유향이 세상을 떠나니, 애제(哀帝)는 다시 유향의 아들인 시중(侍中)·봉거도위(奉車都尉) 유흠(劉歆)으로 하여금 부친의 사업을 마치도록 하였다. 유흠은 이에 많은 서적을 총괄하여 그것을 『칠략(七略)』으로 만들어 상주하였다. 그래서 집략(輯略)이 있고, 육예략(六藝略)이 있고, 『제자략(諸子略)』이 있고, 『시부략(詩賦略)』이 있고, 『병서략(兵書略)』이 있고, 『술수략(術數略)』이 있고, 『방기략(方技略)』이 있는 것이라고 하였다.

書. 姚察傳』云, 撰『西征記』·『辨茗酪記』·『後魏書. 劉芳傳』云, 撰『周官音』·『禮記音』; 『齊書. 祖鴻勛傳』云, 撰『晋祠記』. 凡此, 書或一卷 · 兩卷而已. 自餘人有文集, 或四卷或五卷者, 不可勝記, 故不具列之. 按 : 此注於梁元, 複同姓名錄, 去之) 事同『七略』, 巨細必書, 斯亦煩之甚者.

按 : 저서의 귀함은 선택을 고집하는데 있다. 내용이 많더라도 후세에 전하기에 부족한 것이 있고, 내용이 적더라도 없애서는 안될 것이 있다. 마땅히 권질(卷帙)의 많고 적음으로 등차(等差)를 매겨서는 안 된다. 그러나 주(注) 안에 열거한 것은 『주관음(周官音)』과 『예기음(禮記音)』이 경학(經學)과 관계가 있고, 나머지는 대부분이 자질구레하고 잡다한 것으로 그 책은 후세에 남길 만 한 것이라 해도 반드시 그 전부를 재록(載錄)할 필요는 없다.(書貴持擇, 有多而不足傳者, 有少而不可沒者, 宜勿以卷帙爲差次. 然如注內所列, 除『周官』·『禮記』二音有關經學, 餘則瑣雜居多, 其書卽可留而傳, 固可不具載也)

『연신기(研神記)』와 『변명락기(辨茗酪記)』는 금본(今本) 『양서(梁書)』와 『진서(陳書)』의 기전(紀傳)을 검색해도 실려 있지 않았다. 아마 요씨(姚氏) 이전의 다른 판본(版本)에 실려 있었을 것이다.(『研神』·『辨茗酪』, 檢今本『梁』·『陳』紀傳原不錄, 恐姚氏前別本有之)

9-25

공자가 말하기를, "제 경공(齊景公)은 말 4천 필을 가지고 있었지만 그가 죽을 때 사람들[人]은 그에게서 칭송할 만한 덕을 발견하지 못했다. 백이(伯夷)와 숙제(叔齊)는 수양산(首陽山) 아래에서 굶어 죽었으나 백성들[民]은(한 번은 피휘하고, 한 번은 피휘하지 않았다. 기록이 잘못되었다) 지금까지도 그를 칭송한다"[135]고 했다. 예컨대 한나라 때 청적(靑翟)과 유사(劉舍)는 그 지위가 승상에 올랐으나 반고의 『한서』에는 그들의 열전이 없고,[136] 강시(姜詩)[137]와 조일(趙壹)[138]의 신분은 계리(計吏)에 불과하였지만 사승(謝承)[139]의 『후한서』에는 그들의 열전이 있는데, 이것이 그 예이다. 오늘날 역사를 편찬하는 사람들은 그렇지 않다. 재능과 덕이 없어도 지위가 높으면 사신들은 사서를 편찬하면서 그들의 열전을 지었다. 기록된 것은 그가 생전에 역임한 관직, 사후에 추증된 시호와 같은 것들뿐이다. 비록 그 중간에 그들의 사적을 한 두 가지 대강 적고 있지만 극히 일상적인 것이라 볼만한 가치가 없다. 위수(魏收)[伯起]의 『위서(魏書)』로부터 당(唐)[皇家]의 『오사(五史)』(原注 : 『오사』는 오대(五代)의 사서(史書)를 말한다)[140]에 이르기까지 이러한 경향이 강하였다. 이리저리 방황하다 사서를 기록하는 올

135 역주 : 『논어』 「계씨(季氏)」편에 나오는 말이다. 즉 "제 경공(齊景公)은 말 4천필을 가지고 있었지만 그가 죽을 때 백성들은 그에게서 칭송할 만한 덕을 발견하지 못했다. 백이(伯夷)와 숙제(叔齊)는 수양산(首陽山) 아래에서 굶어 죽었으나 백성들은 지금까지도 그를 칭송한다[齊景公有馬千駟, 死之日, 民無德而稱焉. 伯夷 · 叔齊餓於首陽之下, 民到於今稱之.]"는 원문에서 유지기는 앞에서는 '백성들[民]은'을 '사람들[人]은'이라고 했기 때문에 포기룡(浦起龍)은 '한 번은 피휘하고, 한 번은 피휘하지 않았다. 기록이 잘못되었다'라고 한 것이다. '민(民)'을 '인(人)'으로 고친 것은 당태종 이세민(李世民)을 피휘한 것이다.

136 『한서』 권42, 「신도가전(申屠嘉傳)」에, 신도가가 죽은 후 개봉후(開封侯) 도청(陶靑) · 도후(桃侯) 유사(劉舍) · 백지후(柏至侯) 허창(許昌) · 평극후(平棘侯) 설택(薛澤) · 무강후(武强侯) 청적(靑翟) · 상릉후(商陵侯) 조주(趙周) 등은 모두 신중하고 청렴하고 조심스런 처세로 승상(丞相)의 숫자를 채웠을 뿐이고 아무런 공명(功名)도 세상에 내세울 것이 없다고 했다.

137 按 : 후한의 광한(廣漢) 사람이다. 강시는 어머니를 지극한 효도로 섬겼다. 영평(永平) 3년(60), 효렴(孝廉)으로 찰거(察擧)되어 중랑(中郎)에 임명되고 강양령(江陽令)에 제수되었다. 이러한 사실은 범엽(范曄)의 『후한서』 권84, 「열녀전(列女傳)」의 강시의 처 「방씨전(龐氏傳)」에 적혀 있다. 『사통』에서는 범엽의 『후한서』를 증거로 하지 않고 사승(謝承)의 『후한서』를 증거로 하였는데, 대개 사승의 『후한서』에는 강시의 열전이 있었다.

138 범엽의 『후한서』에 역시 열전이 있다. 「재문(載文)」편을 보라.

139 역주 : 「서지(書志)」편 주)12 참조

140 역주 : 당 태종(唐太宗) 때 편찬된 『양서(梁書)』 · 『진서(陳書)』 · 『북제서(北齊書)』 · 『주서(周書)』 · 『수서(隋書)』 등을 가리킨다.

바른 방법을 잊어버림에 따라 『사기』와 『한서』의 유풍(遺風)은 갑자기 사라지게 되었다.

子曰:"齊景公有馬千駟, 死之日, 人無德而稱焉. 伯夷·叔齊餓於首陽之下, 民(一諱一不諱, 筆誤) 到於今稱之." 若漢代靑翟·劉舍, 位登丞相, 而班史無錄; 姜詩·趙壹, 身止計吏, 而謝『書』(謝承『後漢』)有傳. 卽其例也. 今之修史者則不然, 其有才德闕如, 而位宦通顯, 史臣載筆, 必爲立傳. 其所(一無'所'字)記也, 止具其生前歷官, 歿後贈謚, 若斯而已矣. 雖其間伸以狀迹, 粗陳一二, 幺麽恒(一作'常')事, 曾何足觀. 始自伯起『魏書』, 迄乎皇家『五史』,(原注:『五史』謂『五代史』) 通多此體. 流蕩忘歸, 『史』·『漢』之風, 忽焉不祀(一作'嗣')者(一無'者'字)矣.

按:(이상과 같은 정황을) 이후의 각종 사서들이 아마도 점점 더 피하기 어려울 텐데 이를 어찌할 것인가? 예컨대 『한서(漢書)』의 열전에 수록된 인물은 300명이 안 되고, 『송사(宋史)』의 연대는 전한(前漢)보다 조금 길지만 열전에 수록된 인물은 2,400여 명이나 되는데, 또 요(遼)·금(金) 북방 사람들은 그 숫자에 넣지 않았다. 어찌 고대에는 인재가 출현하기 그렇게 어려운데 뒤에 와서는 뛰어난 인재가 그렇게 많으니, 그 차이가 어찌 이처럼 크단 말인가?(後來諸史, 恐益不免, 奈何! 假如『漢書』列傳, 人不盈三百;『宋史』年視西漢稍贏, 而列傳人至二千四百有奇, 又遼·金北人不與焉. 何古才之難, 而晩秀之蔚, 若斯其遠耶?)

『사통통석』 권19

「한서오행지착오(漢書五行志錯誤)」 제10

유지기는 이 편에서 사서의 체례와 편찬방법의 잘못을 규명하기 위하여 『한서』 「오행지」를 대상으로 네 과(科)에 해당하는 문제점 20조(條)를 열거하였다. 첫째, 책을 인용하면서 마땅함을 잃은 사례와 관련하여, 주로 『춘추』와 각 제후국의 사서[史記]의 내용이 뒤섞여 있어서 명확한 출처를 확인할 수 없는 것과 출처를 인용하는 경우에도 일관된 원칙이 없고 인용한 서명(書名)의 버리고 취함이 기록마다 다른 것을 지적하였다. 둘째, 사실을 서술함에 이치에 어긋나는 사례와 관련하여, 예조(預兆)만을 말하고 뒤에 효험(效驗)의 여부를 기록하지 않은 것, 단편적인 사실이나 사람들의 의론만을 기록함으로써 그 예조의 긍정 여부와 효과를 제대로 파악할 수 없는 것, 재이에 관한 사례가 분산되어 서로 연결이 안 되고 끊어져 치밀함이 부족한 것, 연호를 기록하면서 그 상략(詳略)에 일정한 기준이 없는 것 등을 지적하였다. 셋째, 재이(災異)에 대한 해석이 남발되는 사례와 관련하여 특히 재이와 사실간의 모순을 지적하고, 재이에 대한 해석만 이야기하고 감응에 대하여는 분명한 언급이 없는 것, 재이에 대한 해석이 정밀하지 못한 것, 화복(禍福)의 조짐을 알 수 있는데도 침묵하고 말하지 않는 것, 경전의 내용을 따르지 않고 자기 생각대로 해석한 것 등을 지적하였다. 넷째, 고대의 학술에 정통하지 못한 사례와 관련하여, 이전의 책들을 널리 인용하였지만 모두를 망라하지 못한 것, 『좌전』의 사례를 채록하면서 빠뜨린 것이 매우 많은 것, 옛 사실을 누차 열거하였지만 출처를 알 수 없는 것 등을 지적하였다.

10-1

반고(班固)가 편찬한 『한서』의 「지(志)」에는 모순되는 곳이 많다. 「오행지(五行志)」에는 난잡하고 중첩됨이 더욱 심하다. 이제 각 조목을 따라 그 잘못을 지적하면 네 과(科)로 귀결된다. 첫째는 책을 인용하면서 마땅함을 잃은 것이고, 둘째는 사실을 서술함에 이치에 어긋나는 것이고, 셋째는 재이에 대한 해석이 남발되는 것이고, 넷째는 고대의 학술에 정통하지 못한 것이다. 또한 이 네 과(科)의 사례를 여러 조목으로 세분하고 비슷한 것을 모아 분류하여 다음과 같이 편집하였다.

班氏著志, 牴牾者多. 在於「五行」, 蕪累尤甚. 今輒條其錯繆, 定爲四科 : 一曰引書失宜, 二曰敍事乖理, 三曰釋災多濫, 四曰古學不精. 又於四科之中, 疏爲雜目,(一作"志", 非) 類聚區分.(一作"別") 編之如後.

按 : 이 편의 대부분의 내용은 잘못된 것을 조사하여 거론한 것이다. 지적된 것은 빠진 것, 중복되는 것, 뒤섞여 잘못된 것, 난잡한 것 등이다. 제3과(科)에서는 견강부회의 폐단까지를 포함하여 바로잡으려 하였는데 특히 본받을 만한 말이다.(是篇强半檢擧錯誤, 如所指遺脫 · 複沓 · 淆訛 · 糅雜之類皆是. 至第三科帶糾傅會, 尤爲法言)

10-2

책을 인용하면서 마땅함을 잃는 것에는 네 종류가 있다. 첫째는 (춘추시대 각 제후국의) 사관(史官)이 기록한 사서(史書)[史記]와 『좌전』이 뒤섞여 서로 합쳐진 것이고, 둘째는 『춘추』와 각 제후국의 사서들이 뒤섞여 구별하기가 어려운 것이고, 셋째는 여러 차례 『춘추』를 인용하면서도 그 말에 정해진 체례가 없는 것이고, 넷째는 인용한 서명(書名)을 버리고 취함이 기록마다 다른 것이다.

「오행지」의 서술에는 말[言][1]의 마땅함이 없다. 먼저 사관(史官)이 기록한 사서[史記][2]를 인용하면서, "주(周)나라 단양공(單襄公)이 노 성공(魯成公)에게 말하기를 '진(晋)나라에 장차 난이 일어날 것이다'[3]라고 알렸다"라고 했다. 이어서 또, "선공(宣公) 6년(B.C. 603)에 정(鄭)나라 공자(公子) 만만(曼瞞)이 왕자 백료(伯廖)에게 자신이 경(卿)이 되고자 한다"[4](두 인용문은 모

1 역주 : '말[言]'이란 『상서』「홍범(洪範)」편에 오사(五事) 즉 태도[貌]·말[言]·보는 것[視]·듣는 것[聽]·사려[思] 중의 하나를 말하는데, '말은 마땅함을 따라야 한다[言曰從]'고 했다.

2 역주 : 원문에 보이는 '사기(史記)'는 사마천의 『사기』를 지칭하는 것이 아니라 열국(列國)의 사서를 가리키는 말로서 대체로 사관(史官)이 기록한 사서라고 보는 것이 합당하다. 전대흔(錢大昕)은 안사고(顔師古)의 주(注)에서 이 '사기'를 사마천의 『사기』라고 본 것은 잘못이며, 극히 일부를 제외하고는 모두 『국어』의 내용을 가리키는데 유지기 역시 『국어』라 명기하지 않고 '사기'라 칭하고 있다고 지적하였다. 이에 대한 자세한 언급은 趙呂甫, 『史通新校注』, p.1007, 주)6 참조.

3 『국어(國語)』「주어(周語)」하(下)에, 주나라의 단양공이 진(晉)나라의 극기(郤錡)·극주(郤犨)·극지(郤至) 등과 제(齊)나라 국좌(國左)를 언급하고 노 성공(魯成公)에게 말하기를, '진(晉)나라에 장차 내란이 발생하면 그 군주와 세 극(郤) 씨가 먼저 당하게 될 것이다'라고 했다. 역주 : 이는 노 성공(魯成公) 17년(B.C. 574) 정(鄭)을 토벌하기 위해 가릉(柯陵)에서 회맹을 할 때의 사실을 말한다.

4 『좌전』 선공(宣公) 6년(B.C. 603)에, 정(鄭)나라 공자 만만(曼滿)이 초(楚)나라 왕자(王

두 『한서』 권27中之上, 「오행지」 中之上에 있다. ○문장이 기록된 곳을 주(注)를 달아 찾기 편리하게 했다. 뒤의 경우도 이와 같다)고 하였다. 살펴보건대 선공(宣公) 6년의 기록은 『좌전』에 기재된 내용을 인용한 것이다. 그러나 위에서 단양공(單襄公)을 논할 때는 이 내용이 사기(史記)로부터 인용한 것임을 분명하게 밝혔지만, 아래에서 만만(曼鬗)을 이야기할 때는 『좌전』을 빠뜨리고 그 출처를 말하지 않았다. 그리하여 독자들로 하여금 이 선공(宣公)이 사기(史記)에서 인용된 것인지 의심하게 하였고, (선공이) 노(魯)나라 제후임을 말하지 않아 어느 나라의 사실을 말하는지 알 수 없게 하였다. 시비를 깨닫기 어렵고, 진퇴에 기준이 없었다. 이것이 이른바 사기(史記)와 『좌전』이 뒤섞여 서로 합쳐졌다는 것이다.

引書失宜者, 其流有四 : 一曰史記 · 『左氏』, 交錯相併; 二曰『春秋』 · 史記, 雜亂難別; 三曰屢擧『春秋』, 言無定體; 四曰書名去取, 所記不同.

其志敍言之不從也, 先稱史記周單襄公告魯成公曰, 晋將有亂. 又稱宣公六年, 鄭公子曼滿與王子伯廖語, 欲爲卿.(兩引並在「志」中上. ○增注所在, 用便翻檢. 後方此) 案宣公六年, 自『左傳』所載也. 夫上論單襄, 則持史記以標首; 下列曼滿, 則遺『左氏』而無言. 遂令讀者疑此宣公, 亦(舊作'上') 出史記; 而不(或作'下', 誤)云魯后, 莫定何邦. 是非難悟, 進退無準. 此所謂史記 · 『左氏』交錯相併也.

按 : 『춘추』는 노나라 군주를 기년(紀年)으로 하기 때문에 누구나 선공(宣公)이 노나라 군주임을 잘 안다. 그러나 먼저 다른 책들을 인용하고 또 앞의 사정을 이어서 서술되는 경우에는 마땅히 선공 앞에 '『춘추』의 노

子) 백료(伯廖)와 더불어 이야기하면서 자신이 경(卿)이 되고자 한다고 했다. 이 말을 듣고 백료가 다른 사람에게 말하기를, '만만은 덕이 없으면서 욕심이 많다. 그의 욕심은 『주역』의 풍괘(豐卦)가 변하여 이괘(離卦)가 되는 것에 지나지 않는다'라고 했다. 과연 한 해를 사이에 두고 정나라 사람이 만만을 죽였다.

나라[春秋魯]' 세 글자를 더해야 한다. 이러한 서법(書法)은 반드시 준수해야 할 원칙이다.(『春秋』以魯紀年, 誰不知宣公爲魯君者. 然旣先列他書, 而踵事續敍, 則固當於宣公之上加'春秋魯'三字, 此書法定律也)

10-3

「오행지(五行志)」에 이르기를, "사기(史記) 성공(成公) 16년(B.C. 575), 공이 제후(諸侯)들과 주(周)에서 회견(會見)하였다"[5]고 했다.(「오행지」 中之上) 살펴보건대, 성공은 즉 노나라 제후이다. 반고는 『한서』에서 보통 노나라의 모공(某公)이라 말할 경우 모두 『춘추』라는 서명(書名)을 제일 앞에 적는다. 무엇 때문인가? 『춘추』는 노나라 사기(史記)의 명칭이다. 『춘추』라고 말하면 곧 공(公)이 노나라 군주임을 알게 된다. 여기에서는 '사기'를 앞

5 「오행지」에, 사기(史記) 성공(成公) 16년(B.C. 575) 공이 제후들과 주(周)에서 회견[會]하였다. 단양공(單襄公)은 진 여공(晉厲公)이 멀리 쳐다보며 높은 걸음으로 걷는 것을 보고 성공에게 말하기를, '진(晉)나라에 장차 내란이 있을 것이다'라고 하였다. 성공[魯侯]이 묻기를 '천도(天道)때문인가? 인사(人事)때문인가?' 하자, 대답하기를, '내가 악태사(樂太史)나 태사공(太史公)이 아니니 천도를 어찌 알겠소. 내가 진(晉)의 군주의 외모를 보니 거의 화(禍)를 당할 사람이요'라고 하였다. 按 : 이 회맹은 『사기』 「주간왕기(周簡王紀)」와 노(魯) · 진(晉) 두 「세가(世家)」에 모두 기재되지 않았고, 『좌전』 성공(成公) 16년의 경문(經文)과 전문(傳文)에도 역시 없다. 그 문장은 『국어』[『外傳』] 「주어(周語)」 하권(下卷)에 있다. 그러나 마찬가지로 성공 16년이라 하지 않고 다만 가릉(柯陵)의 회(會) 운운하였다. 여기서 '사기성공(史記成公)'이하 13자(字)는 반고의 「오행지」의 자찬(自撰)의 글이다. 본래 마땅히 『국어』라고 말해야 하는데 잘못하여 '사기(史記)'라고 한 것이다. 또 살펴보니, 가릉의 맹(盟)은 성공 17년(B.C. 574)에 있었다. 두예의 주(注)에, 가릉은 정(鄭)나라 서쪽 땅이라 했다. 마찬가지로 주(周)에서 회견한 것이 아니다. 역주 : 여기 보이는 사기(史記)는 사마천의 『사기』를 가리키는 것이 아닌 고대의 사적(史籍)에 대한 통칭으로 쓰인 것이지만, 특히 「오행지」에 보이는 '사기'는 고사(古史)의 기재(記載)를 의미한다. 張舜徽, 『史通平議』 「五行志錯誤」 참조.

에 말하고 '성공'을 그 뒤에 두었다. '사기'는 노나라의 국사가 아니었는데도 성공의 사실을 서술하면서 '노(魯)'자를 없애버렸다.[6] 변통(變通)할 줄 모르고[膠柱不移],[7] 본래의 것을 고집함[守株][8]이 어찌 이렇게 심한가. 이것이 이른바 『춘추』와 각 제후국의 사서들이 뒤섞여 구별하기가 어렵다는 것이다.

『志』云 : 史記成公十六年, 公會諸(舊訛作'齊')侯于周.(在「志」中上) 案成公者, 卽魯侯也. 班氏凡說魯之某公, 皆以『春秋』爲冠. 何則? 『春秋』者, 魯史之號. 言『春秋』則知公是魯君.(一作'公') 今引史記居先, 成公在下, 書非魯史, 而公舍魯名. 膠柱不移, 守株何甚. 此所謂『春秋』· 史記雜亂難別也.

按 : '사기성공(史記成公)' 넉 자가 어떻게 함께 붙어 있는지 어구(語句)를 판별하는 것이 마치 (의안(疑案)에 대한) 평의(評議)와 같다. 그러나 이 문제에 있어서 반고의 『오행지』의 잘못은 이것에 그치지 않는다. 주(注)에 내가 아는 바를 모두 부록하였다.('史記成公'四字如何膠并, 判語如讞. 然此一事, 班「志」之誤更不止此, 附悉注中)

10-4

반고의 『한서』 중 「지(志)」에 서술한 내용은 본래 한(漢)을 위주로 하

6 역주 : '공이 제후(諸侯)들과 주(周)에서 회견하였다' 앞에 당연히 '노나라 성공[魯成]' 두 글자가 표기되어야 한다는 의미이다.

7 역주 : 『사기』 권81, 「염파인상여열전(廉頗藺相如열전)」에 보이는 인상여의 말에 보이는 말로써 변통을 할 줄 모르는 것을 가리킨다. 「단한(斷限)」편 주)8 참조.

8 역주 : 『한비자(韓非子)』 「오두(五蠹)」편에 보이는 '수주대토(守株待兎)' 참조.

였다. 따라서 한대(漢代)의 사실인 경우에는 직접 그 황제의 시호를 적었고, 그 외 다른 시대의 경우에는 모서(某書)·모국군(某國君)이라 하였다. 이것이 「지(志)」의 기본적인 원칙이었다. 화재를 서술하면서 화염이 위로 솟지 않았다는 사실은 『춘추』 환공(桓公) 14년(B.C. 698)이라 기록하였지만, 다음으로 농사에 아무런 수확이 없었다는 사실을 서술할 때는 직접 엄공(嚴公)(原注 : '엄공'은 즉 '장공(莊公)'이다. 한에서는 명제(明帝)를 피휘하여 '엄(嚴)'으로 고쳤다. ○주(注)가 옛날에는 뒤에 있었지만 이제 처음 보이는 곳으로 옮겼다) 28년이라고 말했을 뿐이다.(두 인용문 모두 「오행지」 上에 있다)[9] 화재와 농사에 관한 사실 중간에 따로 한(漢)과 왕망(王莽)의 화재에 관한 사실을 적고 있는데, 이 둘 사이에는 연대상 차이가 있고[10] 노나라로부터 더욱 이후의 시대였다. 새로운 재이(災異)의 단서(端緖)를 말하는 경우에는 여전히 『춘추』로서 시작하면서도, 엄공(嚴公) 앞에 『춘추』를 다시 표기하지 않음으로써 한나라의 황제와 노나라 군주를 한 곳에 뒤섞어 놓았다. 만약 모든 사실에 『춘추』를 표기하지 않는 것을 원칙으로 하였다면 그러한 도리를 받아들일 수도 있지만, 여러 다른 과(科)의 경우에는 사실이 또한 이와 같지 않았다. 일관된 것을 구하였지만 그 원칙이 늘 같지 않았다. 이것이 이른바 여러 차례 『춘추』를 인용하면서도 그 말에 정해진 체례가 없다는 것이다.

案班『書』爲志, 本以漢爲主. 在於漢時, 直記其帝號謚耳. 至於它代,

---

9 역주 : 『한서』 권27上, 「오행지」 上에, 『상서』 「홍범(洪範)」편을 인용하여 오행이 각기 지닌 본래의 성질을 설명하고 다음으로 오행이 각기 지닌 본래의 성질을 잃은 사례를 연대순으로 정리하였다.

10 『한서』 권27上, 「오행지」 上의 앞에서는 불[火]이 그 성질을 상실하였다고 말하면서 처음으로 그 문장을 예로 들어 이르기를, '『춘추』 환공(桓公) 14년(B.C. 698) 8월 임신(壬申)에 궁중의 양식창고에 화재가 났다'라고 했고, 이하 화재에 관한 사실을 열거하여 서술하였다. 한 평제(漢平帝) 말 고조(高祖)의 원묘(原廟)에 화재가 나고 그 이듬해 왕망(王莽)이 섭정(攝政)을 하는 것에 이르러 그쳤다. 그 아래에 다시 농사에 아무런 수확이 없었다고 말을 하면서 거론하기를, '엄공(嚴公) 28년(B.C. 666) 홍수가 나서 보리싹이 모두 죽었다'라고 했는데, 중간의 시대차이가 매우 컸다. 그 앞에 사용한 『춘추』 두 글자가 이 사실과는 아무런 관련이 없다.

則云某書 · 某國君, 此其大例也. 至如敍火不炎上, 具『春秋』桓公十四年 : 次敍稼穡不成, 直云嚴公(原注 : '嚴公'卽'莊公'也. 漢避明帝諱, 故改曰'嚴'. ○注舊在後, 今移置首見處) 二十八年而已.(兩引並在「志」之上) 夫以火 · 稼之間, 別書漢 · 莽之事. 年代已隔, 去魯尤疏. 洎乎改說異端, 仍取『春秋』爲始, 而於嚴公之上, 不復以『春秋』建名. 遂使漢帝 · 魯公, 同歸一揆. 必爲永例, 理亦可容. 在諸異科, 事又不爾. 求之畫一, 其例無恒.(一作'常') 此所謂屢擧『春秋』, 言無定體也.

按 : 여기서 논박한 것은 그 체례가 일관되지 않았다는 것이다. 때문에 "여러 차례 『춘추』를 거론하였지만, 정해진 체례가 없다"라고 말했다.(此所攻在例不畫一, 故曰屢擧無定體)

10-5

살펴보건대 『한서』 「오행지」에는 한(漢) 이전의 사실을 서술하면서 인용한 서명(書名)을 생략하는 것이 많았다. 그러나 복요(服妖)의 장(章)[11]에는 처음에 이르기를, "진 헌공(晉獻公)이 태자로 하여금 군대를 거느리게 하면서 황금패물을 차도록 하였다"[12]고 했다. 이어서 이르기를, "정(鄭)의

11 역주 : 『상서』 「홍범(洪範)」편에 보이는 소위 오사(五事) 즉 태도[貌] · 말[言] · 보는 것[視] · 듣는 것[聽] · 사려[思] 가운데, 태도[貌]의 괴이함[妖]은 복장이 괴이함을 말한다. 『한서』 권27中之上, 「오행지」 中之上에, 전(傳)[『左傳』]에 이르기를, '태도'가 공손하지 않다는 것은 엄숙하지 않음을 말하는데, 이로 인해 받는 징벌은 큰 비가 그치지 않는 것으로 후과(後果)과 엄중하다. 때로는 괴이한 복장을 하는데, …… 금(金)이 나타나 목(木)을 이긴다고 했다. 옛 사람들은 괴이한 복장은 인사(人事)에 큰 변란이 있을 징조라고 여겼다.

12 『좌전』 민공(閔公) 2년(B.C. 660), 진 헌공(晉獻公)이 태자 신생(申生)이 군사를 거느리

자장(子臧)이 황새 깃을 모아 만든 관(冠)쓰기를 좋아하였다"[13]고 했다.(「오행지」 中之上) 이 두 사실을 서술하면서 모두 제일 앞에 출처가 『좌전』임을 밝혔다. 한 번만 말해도 충분히 알 수 있는데도 다시 그 서명을 열거하였다. 생략할 때는 모두 버리고 번잡한 경우에는 지나치게 많았다. 이것이 이른바 인용한 서명(書名)을 버리고 취함이 기록마다 다르다는 것이다.

案本『志』敍漢已前事, 多略其書名. 至於服妖章, 初云晋獻公使太子率師, 佩之金玦. 續云鄭子臧好爲聚鷸之冠,(在「志」 中上) 此二事之上, 每加『左氏』爲首. 夫一言可悉, 而再列其名, 省則都捐, 繁則太甚. 此所謂書名去取, 所記不同也.

按 : 앞의 조(條)와 합쳐 보니, 앞 조는 우연히 『춘추』 두 글자가 빠진 것을 없어져 전하지 않는 사례로 보았고, 여기서는 『좌전』을 계속하여 표명(標明)한 것을 쓸데없는 글이라 보았다. 때문에 버리고 취함이 달랐다고 말한 것이다. 이유정(李維楨)[本寧]은 『사통평석(史通評釋)』에서, "옛 사람들의 독서는 세심하여 한 글자라도 내버려두려 하지 않았다. 이 몇 조(條)를 보니 알 수 있다"라고 말하였다.(合前條觀之, 彼以偶脫『春秋』爲軼例, 此以連綴『左氏』爲冗筆. 故云去取不同. 本寧李氏曰 : "古人讀書細心, 一字不肯放過. 觀此數條可見.")

고 출전하는데, 그에게 편의(偏衣)를 입히고, 황금패물[金玦]을 차도록 하였다. 4년이 지나 신생이 목을 매어 죽었다고 했다.

13 『좌전』 희공(僖公) 24년(B.C. 636), 정(鄭)나라 자장(子臧)은 황새의 깃을 모아 만든 관(冠) 쓰기를 좋아하였다. 정 문공(鄭文公)은 그를 미워하여 도적으로 하여금 그를 죽였다고 했다.

10-6

사실을 서술함에 이치에 어긋나는 것에는 다섯 가지 종류가 있다. 첫째는 첫머리에 예조(預兆)를 말하고는 뒷부분에서 효험(效驗)의 여부를 기록하지 않는 것이고, 둘째는 옛 기록을 편집하면서 사실에 대한 검토를 끝내지 않는 것이고, 셋째는 당시 사람들의 의론(議論)을 단지 인용만 할 뿐 결국 그 이상의 내용을 서술하지 않는 것이고, 넷째는 각 항목이 정리되지 않아 실마리를 찾기 어려운 것이고, 다섯째는 연호를 기록하면서 그 상략(詳略)에 일정한 기준이 없는 것이다.

「오행지」에 이르기를, 『좌전』 소공(昭公) 15년(B.C. 527)에, 진(晋)의 대부 적담(籍談)이 주(周)나라 목후(穆后)[14]의 장례에 갔다. 주왕(周王)이 장례를 마치고 상복을 벗자마자 연회를 벌렸다. 숙향(叔向)이 말하기를,[15] '천자는 편하게 세상을 마치지 못할 것이다. 내가 듣건대 즐기는 것이 있으면 반드시 그 즐기는 것에 의해 죽게 된다고 했다. 그런데 지금 주왕(周王)은 한 해 사이에 두 차례의 3년상을 당했으면서도[16] 이런 때에 조문객과 주

14 역주 : 주 경왕(周景王)의 후비(后妃)이다.

15 역주 : 『좌전』에는 '숙향이 말하기를' 앞에 '적담이 돌아와 숙향에게 말하자[籍談歸以語叔向]'라는 문구가 있는데, 「오행지」에서는 이를 빠뜨렸다. 趙呂甫, 『史通新校注』, p.1015 주)7에서는 이를 적담이 한 말로 여기고 있지만, 이는 분명 숙향이 한 말이다.

16 『좌전』 소공(昭公) 15년(B.C. 527), 6월에 주(周)왕조의 태자 수(壽)가 졸(卒)하였다. 가을 8월에 천자의 목후(穆后)가 붕(崩)하였다. 숙향(叔向)이 말하기를, '왕께서는 한 해 동안 3년상을 두 차례나 치루었다'라고 했다. 두예(杜預)의 주(注)에, 천자는 방계(傍系) 친속의 복(服)은 입지 않고 오직 3년복(服)만을 입는다. 그러므로 왕후의 상(喪)에 입는 복(服)이 비록 기년복(朞年服)이지만 함께 3년상이라 일컫는 것이다. 고염무(顧炎武), 『일지록(日知錄)』에, 예(禮)에는 장자(長子)의 경우 3년상이다. 처(妻)의 상복(喪服)이 비록 1년이지만, 전(傳)에는 이르기를, '부(父)는 반드시 3년이 지나서야 처를 맞이할 수 있었다, 아들의 뜻과 통한다'라고 하였다. 이 역시 3년상이라는 뜻이다.

연을 즐기는 것은, 슬퍼할 처지에서 즐김이 도에 지나쳤다. 예(禮)는 천자가 천하를 다스리는 근본 규범[大經]인데 한 번의 거동으로 두 차례 예를 어겼으니[17] 이는 근본 규범을 무시한 것이다. (그러므로 전고(典故)를 열거한다고 해도) 무슨 소용이 있겠는가?'(「오행지」 中之上)라고 하였다. 살펴보건대 그 후 7년이 지나 주왕(周王)은 숙향[羊舌]이 말한 바대로 죽었는데,[18] 이것이 바로 그 효험이었다. 그런데도 반고는 「오행지」에서 이를 언급하지 않았다. 이것이 이른바 첫머리에 예조(預兆)를 말하고는 뒷부분에서 효험(效驗)의 여부를 기록하지 않는다는 것이다.

敍事乖理者, 其流有五 : 一曰徒發首端, 不副徵驗; 二曰虛編古語, 討事不終; 三曰直引時談, 竟無它述; 四曰科條不整, 尋繹難知; 五曰標舉年號, 詳略無準.

『志』曰 : 『左氏』昭公十五年, 晋籍談如周葬穆后. 旣除喪而燕.(『傳』作'宴', 下同)叔向曰 : 王其不終乎! 吾聞之, 所樂必卒焉. 今王一歲而有三年之喪二焉', 於是乎與喪賓燕, 樂憂甚矣. 禮, 王之大經也. 一動而失二禮, 無大經矣, 將安用之.(在「志」中上) 案其後七年, 王室終如羊舌所說, 此卽其效也, 而班氏了不言之. 此所謂徒發首端, 不副徵驗也.

按 : 앞에서 인용한 말에는 이미 사정의 예조(預兆)를 말했으면서도 뒤에서 사실을 쓰면서 그 효험의 결과를 적지 않았다. 시작은 있는데 끝이 없다. 때문에 이를 바로잡으려 한 것이다.(前之引言, 旣徵其所料; 後之書事, 不要其所終. 有頭無尾, 故糾之)

나는 천자가 방계 친속의 복(服)을 입지 않는 것과 왕후의 상(喪)에 3년복을 입는 예제가 본래 이같이 규정된 것으로써 세상에 둘 다 행해졌다.

17 역주 : 3년의 복상을 제대로 치르지 않은 것과 그럼에도 연회를 열어 즐긴 것을 의미한다.

18 역주 : 『좌전』 소공(昭公) 22년(B.C. 520) 여름 4월에, 왕이 북산(北山)에서 사냥하는데, 조정의 공경(公卿)들을 모두 따르게 하였다. 그때 선(單)나라 군주와 유(劉)나라 군주를 죽이려 했으나, 왕에게 심질(心疾)이 생겨 을축일(乙丑日)에 영기(榮錡)의 집에서 붕어(崩御)하였다고 했다.

10-7

「오행지」에 이르기를, 『좌전』 양공(襄公) 29년(B.C. 544)에, 진(晉)의 여제(女齊)[司馬侯]가 지백(智伯)에게 말하기를, '제(齊)의 고자용(高子容)과 송의 사도(司徒) 두 사람은 모두 장차 화를 면하지 못할 것입니다. 고자용은 제멋대로이고, 사도는 사치스러우니 모두 가문을 망칠 대부(大夫)들입니다. 제멋대로이면 화(禍)에 미치는 것이 빠르고, 사치스러우면 장차 그 힘으로 인해 쓰러질 것입니다'라고 하였다. 9월에 고자용은 북연(北燕)으로 도망쳤다.[19](「오행지」 中之上) 「오행지」의 기록은 여기서 끝나고 더 이상 다른 말을 하지 않았다. 『좌전』 소공(昭公) 20년(B.C. 520)에 송의 사도가 진(陳)으로 도망쳤다고 했다. 그러나 반고는 『좌전』으로부터 채록하면서 단편적인 사실만을 썼다. 『좌전』의 전체 내용을 살펴보니 단지 사실의 절반만 인용하였다. 그리하여 학자들로 하여금 좌구명이 여제(女齊)의 예조(預兆)에 대하여 긍정적이었는지 부정적이었는지, 그리고 여제의 말에 득실이 있었는지에 대하여 의심하게 하였다. 이것이 이른바 옛 기록을 편집하면서 사실에 대한 검토를 끝내지 않는다는 것이다.

『志』云:『左氏』襄公二十九年, 晉女齊語智伯曰:齊高子容·宋司徒皆將不免. 子容專, 司徒侈, 皆亡家之主也. 專則速及, 侈則將以力斃. 九月, 高子(一作止')出奔北燕.(在「志」 中上) 所載至此, 更無他說. 案『左

---

19 『좌전』 양공(襄公) 29년(B.C. 544)에, 제(齊)의 고자용과 송(宋)의 사도(司徒)가 함께 진(晉)의 지백(知伯)을 만나보는데, 여제(女齊)가 예를 도왔다. 빈객이 나간 뒤에 사마후(司馬侯)[女齊]가 지백에게 말하기를, '저 두 사람은 모두 장차 화(禍)를 면하지 못할 것입니다. 고자용은 제멋대로이고, 사도는 사치스러우니 모두 가문을 망칠 대부들입니다', '제멋대로이면 화에 미치는 것이 빠르고, 사치스러우면 장차 그 힘으로 인해 쓰러질 것입니다. 제멋대로이면 남들이 실로 그를 쓰러뜨릴 것이니, 장차 화에 미칠 것입니다'라고 하였다. 두예의 주(注)에, 이 해 가을에 고자용[高止]이 연(燕)나라로 달아났다. 소공(昭公) 20년(B.C. 520) (송의 사도) 화정(華定)이 진(陳)으로 달아났다고 『좌전』에 기록된 배경이라 했다. 按:사마후는 여제(女齊)이다.

氏』昭公二十年, 宋司徒奔陳. 而班氏採諸本傳, 直寫片言. 閱彼全書, 唯徵半事. 遂令學者疑丘明之說, 有是有非; 女齊之言, 或得或失. 此(一多'明'字)所謂虛編古語, 討事不終也.

按 : 이 조에 관하여는 이유정(李維楨)[本寧]의 『사통통석(史通通釋)』 평어(評語)가 가장 분명하다. 평어에 말하기를, "고지(高止)[高子容]와 화정(華定)[宋司徒] 두 사람을 함께 적었으므로 마땅히 두 사람의 결과를 분명히 함으로써 앞의 기록과 상응해야 한다. 그런데도 단지 고지에 대한 효험의 결과만을 말하였으므로 이것이 사실을 서술함에 빠뜨린 곳이다"라고 했다. (此條李本寧評最明. 評曰 : "高止(卽高子容)·華定(卽宋司徒)二人並書, 宜雙收以足前志. 而單徵高止, 此敍事逗漏處")

10-8

「오행지」에 이르기를, 성제(成帝)는 홍가(鴻嘉 : B.C. 20-17)·영시(永始 : B.C. 16-13) 연간에 평민의 복장으로 행차하기를 좋아하였고,[20] 민간에 사전(私田)을 두었다. 곡영(谷永)이 간(諫)하기를, "제후가 꿈에 토지를 얻는 것은 나라를 잃을 예조(預兆)입니다.[21] 하물며 제왕이 사전(私田)과 재물을 축적

20 순열(荀悅), 『한기(漢紀)』 권25, 「성제기(成帝紀)」에, 성제 홍가(鴻嘉) 2년(B.C. 19), 운양(雲陽)에 행행(行幸)하였다. 대사마(大司馬) 왕음(王音)이 상소하여 말하기를, '폐하께서 즉위하신 지 15년인데, 계사(繼嗣)가 아직 세워지지도 않았는데도 저녁마다 출유(出遊)하시니, 밖으로는 미행(微行)의 해로움이 있고, 안으로는 질병의 걱정이 있습니다'라고 하였다. 이때 곡영(谷永) 역시 상소하여 간(諫)하였다고 했다. 按 : 성제(成帝) 13년에 홍가(鴻嘉)로 개원하였고, 17년에 영시(永始)로 개원하였다.

21 역주 : 이와 관련한 기록이 『좌전』 장공(莊公) 32년(B.C. 662)에 보인다. 즉, 가을 7월, 신(神)이 신읍(莘邑)의 어떤 사람에게 내렸다. …… 신(神)이 신(莘)에 머문지 6개월이

하며 서인(庶人)들이 하는 일을 하는 데야 더 말해 무엇하겠습니까?"(「오행지」 中之上)라고 하였다. 이하 문장에서는 성제가 그 간함을 듣고 뉘우쳤는지 뉘우치지 않았는지, 곡영의 말이 효과가 있었는지 없었는지에 대하여 말하지 않았다. 간하는 말은 비록 서술하였지만, 이후의 일은 언급하지 않았다.[22] 이것이 이른바 당시 사람들의 의론을 단지 인용만 할 뿐 결국 그 이상의 내용을 서술하지 않는다는 것이다.

『志』云 : 成帝於鴻嘉 · 永始之載, 好爲微行, 置私田於民間. 谷永諫曰 : 諸侯夢得田, 占爲失國. 而況王者蓄私田財物, 爲庶人之事乎.(在「志」中上) 已下弗云成帝悛與不悛, 谷永言效與不效. 諫詞雖具, 諸(一作'而')事闕如. 此所謂直引時談, 竟無它述者也.

按 : 뉘우쳤는지 적지 않고 효과가 있었는지 적지 않아도 단장취의(斷章取義)의 글은 괜찮다. 반고의 「오행지」는 문장이 단지 절반밖에 되지 않아 거의 유명무실한 것이 되어버렸다.(不書悛, 不書效, 斷章取義之書則可也. 班之此志, 而文惟半至, 幾成虛設矣)

되는 때에, 괵공(虢公)이 태축(太祝) 응(應)과 종인(宗人) 구(區) 그리고 태사(太史) 은(嚚) 등에게 명하여 신(神)에게 제향(祭享)하게 하니, 신이 토전(土田)을 주겠다고 하였다. 태사 은이 말하기를, '괵(虢)은 장차 망하고 말 것이다. 내가 듣건대 나라가 장차 흥하려면 임금이 백성의 의견을 좇고 나라가 장차 망하려면 신을 따른다고 했다. 신은 총명 · 정직에만 전일(專一)하는 존재로써 사람의 행위에 따라 화복(禍福)을 시행하는데, 괵은 박덕한 행위를 많이 하였으니 어찌 토전(土田)을 얻을 수 있겠는가?' 라고 하였다.

22 역주 : 『한서』 권85, 「곡영전(谷永傳)」에는 성제의 미행에 대한 문제점을 지적한 상소의 내용이 보이고, 성제가 이후 뉘우쳤다는 기록도 보인다.

10-9

「오행지」는 각종 징조[庶徵][23] 중에 항한(恒寒)의 징후를 서술하면서, 먼저 '이공(釐公)('이(釐)'는 즉 '희(僖)'이다. 원주(原注)에 있는데, 「오행지잡박(五行志雜駁)」편에 보인다) 10년(B.C. 650) 겨울에 큰 우박이 내렸다'(지금의 「오행지」에는 '눈[雪]'이라 적었지만, 당(唐)나라 초의 판본에는 '우박[雹]'이라 썼던 것으로 의심된다)고 쓰고, 이어서 유향(劉向)의 점후(占候)를 기재하였으며, 다음으로는 『공양전(公羊傳)』의 경문(經文)을 인용하여, '큰 우박이 내렸다'라고 쓰고, 이어서 동중서(董仲舒)의 해석을 기재하였다.[24](「오행지」 中之下) 살펴보건대 『공양전』에서 말한 것은 위의 내용과 다를 바 없이 다시 그 말을 열거하면서 모두 '큰 우박'이라고만 말하였다.(釋 : 이상은 오로지 「오행지」 中之下의 '이공(釐公) 10년'에서 '총행을 독점하는 것이 조성되어 불러온 것[專壹之政]'이라는 문단까지를 가리킨다) 또한 이 과(科)에서는 처음에 큰 눈과 우박이 내렸다하고 이어서 서리가 많이 내려 풀들을 죽였다[25]고 했는데, 시간적으로 춘

---

23 역주 : 『상서』 「홍범(洪範)」편에, "여덟 번째의 뭇 징조[庶徵]라 함은 비오는 것[雨], 맑은 날[暘], 더위[燠], 추위[寒], 바람이 부는 것[風], 때의 일치[時]입니다. 이 다섯 가지는 1년 중에 모두 발생하는데, 각기 차례가 있어서 이로 인하여 풀들이 우거지고 무성해집니다. 이 가운데 한 가지만 지나쳐도 흉하고 한 가지만 너무 부족하여도 흉합니다"라고 하였다.

24 「오행지」에, 이공(釐公)[魯僖公] 10년(B.C. 650)에 큰 눈이 내렸다. 유향(劉向)은 음기(陰氣)가 성한 것이라 여겼다. 『공양전』 경문(經文)에, 큰 우박이 내렸다. 동중서(董仲舒)는 점차 위협이 있었기 때문이라 여겼다. 주(注)에 음기가 위협하는 것이라 했다. 按 : 유향이 거론한 것은 대개 『좌전』의 경문(經文)이고, 전문(傳文)에는 없다. 역주 : '음기가 성한 것'이라는 것은 「오행지」에 희공(僖公)이 첩을 세워 부인(夫人)으로 했기 때문에 음이 양의 위(位)에 거(居)하는 즉 음기가 성하여 조성된 것이라 여긴 것을 말하고, '점차 위협이 있었기 때문'이란 희공이 제 환공(齊桓公)의 위협을 받아 첩을 세워 부인으로 하였고, 다른 첩들이 감히 가까이 하지 못했기 때문에 총행(寵幸)을 독점하는 모습이 얼음 덩어리로 표현되었는데, 이는 모두 음기가 날로 엄중하게 위협을 형성하였고 따라서 총행을 독점한 것이 조성되어 불러온 것이였다고 했다. 이상 『한서』 권27中之下, 「오행지」 中之下 참조.

25 「오행지」에, 유흠(劉歆)은 큰 눈이 내린 것, 눈이 내려서는 안 되는데 눈이 내린 것,

추시대로부터 시작하여 한대(漢代)까지이다. 앞에서 이미 우박이 내린 일을 말하였는데 뒤에서 다시 중복하여 우박의 재해를 서술하였다.(역시 「오행지」 中之下에 실려 있다) (우박의 재이에 관한 사례는) 분산되어 서로 연결이 안 되고, 끊어져 치밀함이 없다.(釋 : 여기서는 「오행지」 中之下의 전후 즉 '유흠은 큰 눈이 내린 것'과 '우박이 내리고 서리가 내린 것을 여기기를'부터 '나는 새들이 죽었다'까지 1600자에 달하는 긴 문장을 전체적으로 말하였다) 같은 부류인데도 분리되어 두 가지가 된 것이다.(두 구절은 이공(釐公)[僖公] 10년의 사실을 가리킨다) 처음과 끝이 서로 엉클어지고 장구(章句)가 복잡하게 뒤섞였다.[26](이는 전체 문장을 총괄하여 가리킨다) 이것이 이른바 각 항목의 사실이 정리되지 않아 실마리를 찾기 어렵다는 것이다.

其述庶徵之恒寒也, 先云釐('釐'卽'僖'也, 有原注, 在『雜駁』篇)公十年冬, 大雨雹.(今「志」作'雪', 疑唐初本作'雹') 隨載劉向之占, 次云『公羊經』曰'大雨雹', 續書董生之解.(在「志」 中下) 案『公羊』所說, 與上奚殊, 而再列其辭, 俱云'大雨雹'而已.(一脫'已'字. 釋 : 已上專指「志」 中'釐公十年'至'專壹之政'一段而言) 又(一改作'入', 非)此科始(一脫'始'字, 一作'又'字)言大雪與雹, 言殞霜殺草, 起自春

그리고 큰 우박이 내리고 서리가 내려 풀들을 죽인 것 등은 모두 상한(常寒)의 천벌이라고 여겼다. 환공(桓公) 8년(B.C. 704) 10월 눈이 내린 것에 대한 유흠과 동중서의 점후(占候)가 있다. 按 : 이 문단은 이공(釐公)[僖公] 10년(B.C. 650)에 『좌전』에는 눈[雪], 『공양전』에는 우박[雹]이라 했고, 동중서의 점후(占候)가 있기 전이다. 또 소공(昭公) 4년(B.C. 538)과 문제(文帝) 4년, 경제(景帝) 중(中) 6년, 무제(武帝) 원수(元狩) 원년, 원정(元鼎) 23년, 원제(元帝) 건소(建昭) 24년, 양삭(陽朔) 4년 등의 사이사이에 눈[雪]이 내린 사실을 적었다. 또 정공(定公) 원년(B.C. 509), 이공(釐公) 3년(B.C. 657) 및 무제(武帝) 원광(元光) 4년, 원제(元帝) 영광(永光) 원년 등 사이사이에 서리[霜]가 내린 사실을 적었다. 또 이공(釐公) 29년(B.C. 631), 소공(昭公) 3년(B.C. 539) 및 무제(武帝) 원봉(元封) 3년, 선제(宣帝) 지절(持節) 4년 등에 다시 우박이 내린 사실을 기록하였다. 按 : 이 세 문단은 모두 이공(釐公) 10년에 대한 「오행지」 문장의 다음에 있다.

26 역주 : 유지기의 이 같은 비판에 대하여 전대흔(錢大昕), 『잠연당문집(潛研堂文集)』 권12, 「답문(答問)」 9, "제사(諸史)"에서는 유지기가 오본(誤本)을 보고 비판한 것이지, 반고의 '항한(恒寒)'에 관한 서술은 엄격한 의례에 의한 것이라 하였다. 이와 관련한 구체적인 내용은 程千帆, 『史通箋記』, p.310, 趙呂甫, 『史通新校注』, p.1017 주)28 각각 참조.

秋，訖(一作'終')乎漢代. 其事旣盡，仍重敍雹災.(亦在「志」中下) 分散相離，斷絶無趣.(釋：此層統本「志」前後，起自'劉歆以爲大雨雪'及'雨雹，殞霜'至'蜚鳥死'一長片千六百字而言) 夫同是一類，而限成二條,(二句指釐十年)首尾紛拏，而(舊脫'而'字)章句錯糅.(此統指全文) 此所謂科條不整，尋繹難知者也.

按 : 이 조에 관하여 평론하는 사람들은 전체를 한데 묶어 비평하였을 뿐 실제로는 하나하나 분석하지 않았다. 하나하나 분석하자면 두 구절로 끊어 보아야 하는데, 앞의 한 구절은 먼저 『좌전』 이공(釐公)[僖公] 10년과 『공양전』에서 말한 우박을 중심내용으로 하였고, 뒤의 한 구절은 전체 문장을 총괄하여 거론하면서 눈[雪] · 우박[雹] · 서리[霜] 셋을 언급하면서 문득 저것을 이야기하다가 문득 이것을 이야기함에 따라 말에 조리가 없다. 이공(釐公) 10년 이전에 시작하여 먼저 환공(桓公) 때 눈이 내린 것을 언급하고 이어서 또 중간에 우박을 끼우고, 그 아래에 또 눈이 내린 사실을 말하다가 갑자기 서리가 내린 사실을 끼우고 그 후 다시 우박에 관한 사실을 말하였기 때문에 항목이 정리되지 않았다고 한 것이다. 그런데도 평론하는 사람들은 단지 '우박[雹]'자의 잘못만을 지적하면서 이공 10년의 그 사실에만 구애되어 전체 문장의 구조를 가지고 상세하고 살피지 않았다. 이는 마치 다만 손가락 하나를 보다가 어깨와 등을 잃는 것과 같다.(此條評家叢刺，實未剖疏. 剖疏之，須兩截看 : 前一截先擧『左氏』釐十年，合『公羊』經所言雨雹以爲之的; 後一截乃統擧全文，謂雪 · 雹 · 霜三者，忽彼忽此，文不歸類. 始於釐十之前，先言桓雪，而隨以釐雹間之矣，其下復間之雪事焉，忽又間之霜事焉，後又還而述雹焉，故曰科條不整也. 評者但摘'雹'字之訛，局於釐十年之一事，不復從長片章法處加詳，是猶覩一指而失肩背也)

3전(傳) 중에 비록 같은 『경(經)』이면서 글자가 다른 경우 예컨대, 군씨(君氏) · 윤씨(尹氏) · 입영(入郢) · 입정(入鄭) 같은 유(類)는 하나, 둘로 셀 수 있는 것이 아니다. 옮겨 베낀 것이 정확하지 않고, 유전(流轉)과정 또한 일정하지가 않다. 그러나 유지기가 눈[雪]자, 우박[雹]자를 몰랐다는 것은 아마 사람들로 하여금 믿도록 하기가 어려울 것이다. 무릇 『공양전』의 '우박[雹]'이나 『좌전』의 눈[雪]은 역시 전해지는 과정 중에 나타난 잘못이다. 혹 『좌전』 경문(經文)에 눈[雪]이라 하고, 『한서』 「오행지」에는 우박[雹], 또 혹 당본(唐本)에서는 우박[雹], 근본(近本)에 눈[雪]이라 한 것은 베끼는 과정에서 출현한 잘못으로써 이는 모두 매우 자연스런 사실이다. 더구나 유향(劉向)의 음기(陰氣)가 성(盛)하였다는 해석은 분명 눈이 내린 것을 해석한 것이다. 그러나 설사 우박이 내린 것으로 해석한다고 해서 역시 어찌 이치에 맞지 않는다고 하겠는가? 따라서 나는 "이공(釐公) 10년 우박이 내렸다"는 문장의 주(注)에, "지금의 「오행지」에는 '눈[雪]'이라 쓰여 있지만, 당(唐)나라의 판본에는 '우박[雹]'이라 쓰였던 것으로 의심된다"라고 말했던 것이다.(三傳中同『經』異字, 如君氏・尹氏・入郢・入楚之類, 未易一二數. 傳寫不準, 流轉靡常. 而謂子玄不識雪字・雹字, 恐未足以相服也. 夫『公羊』雹而『左』雪, 亦流轉之訛也. 則或『左』經雪而『漢志』雹, 又或唐本雹而近本雪, 鈔胥歧迕, 事所應有. 且劉向陰盛之解, 固以解雨雪, 卽移爲雨雹之解, 亦豈悖理乎? 愚故於釐十年雨雹注云: 今作'雪', 疑唐本作'雹'也)

10-10

무릇 군주의 개원(改元)은 한나라 때부터 시작되었다.[27] 사관의 기록은 반드시 범례(凡例)를 갖추어야 한다. 살펴보건대 「오행지」는 기이한 현상

27 역주 : 한 문제(漢文帝)는 즉위 17년(B.C. 163)에 이 해를 원년으로 고쳤다[改元]. 군주가 개원한 첫 사례이지만, 아직 연호(年號)를 사용하지는 않았다. 이후 연대의 표기는 '개원 후[後元]' 몇 년이라는 식으로 하였다. 연호를 처음으로 사용한 것은 한 무제(漢武帝) 때 건원(建元 : B.C. 140-135)부터이다.

을 기록하면서(아래 인용한 문장은 모두 「오행지」 中之下에 있다. 즉 앞에서 서술한 '항한(恒寒)'에 관한 사례(事例) 중의 문장들이다) 제일 먼저 원봉(元封)이라는 연호를 열거하면서도 그것이 한대(漢代) 어느 제왕의 연호인지 밝히지 않았고,[28] 그 다음 지절(地節 : B.C. 69-66) · 하평(河平 : B.C. 28-25) 연간의 사실을 말할 때에는 선제(宣帝) · 성제(成帝) 두 황제를 구체적으로 밝혔다.(原注 : 「오행지」에서는 기년(紀年)을 선제 지절 4년, 성제 하평 2년이라 하였다) 무제(武帝) 원정(元鼎 : B.C. 116-110) 연간의 사실을 말하면서 매년 연호를 기재하였고,(原注 : 처음에 원정 2년이라 하고, 다시 이어서 원정 3년이라 하였는데, '3년' 앞에는 '원정'이라는 연호를 삭제해야 한다) 애제(哀帝) 건평(建平 : B.C. 6-3) 연간의 사실을 말할 때에는 모두가 같은 해의 사실인데도 반드시 연호를 밝혔다.(原注 : 처음에 애제 건평 3년이라 하고 이어서 다시 애제 건평 3년이라 하였는데, 같은 해에는 마땅히 그 해만 밝히면 되지 그 연호를 중복하여 말하지 않아도 된다) 이것이 이른바 연호를 기록하면서 그 상략(詳略)에 일정한 기준이 없다는 것이다.

夫人君改元, 肇自劉氏. 史官所錄, 須存凡例. 案斯「志」之記異也,(下所引並在「志」中下, 卽前條所述恒寒事內之文) 首列元封年號, 不詳漢代何君; 次言地節 · 河平, 具述宣 · 成二帝.(原注 : 宣帝地節四年, 成帝河平二年, 其紀年號如此) 武稱元鼎, 每歲皆書;(原注 : 始云元鼎二年, 又續云元鼎三年. 案三年宜除元鼎之號也) 哀曰建平, 同年必錄.(原注 : 始云哀帝建平三年, 續復云哀帝建平三年. 案同是一年, 宜云是歲而已, 不當重言其年也) 此所謂標擧年號, 詳略無準者也.

按 : 옛 사람들은 이러한 문제 등을 대부분 엄격하게 점검하지 않았다. 후세에 문필이 갈수록 더욱 화려해지기는 했지만 이러한 잘못을 범하는 사람은 오히려 적었다.(古人此處等多不甚檢點, 後世文筆益靡, 然而犯此者少矣)

---

28 역주 : 원봉(元封 : B.C. 110-105)은 한 무제(漢武帝)의 연호이다.

10-11

재이(災異)에 대한 해석이 남발되는 것으로 여덟 가지 종류가 있다. 첫째는 이전시대의 사실을 검토하지만 실제로 있었던 사실과 전부 어긋나는 것, 둘째는 사람의 부도덕한 행위와 천재(天災)가 아무런 관련이 없는데도 억지로 끌어다 맞추는 것, 셋째는 한 가지 재이의 원인에 대하여 몇 가지 역사적 사실을 부회(附會)하여 해석하지만 정확한 것이 하나도 없는 것, 넷째는 바른 정치적 조처들을 경솔하게 해석하여 재이(災異)와 서로 짝을 이루게 한 것, 다섯째는 재이에 대한 해석만 이야기할 뿐 그에 대한 감응(感應)이 어떠했는지는 분명히 하지 않은 것, 여섯째는 해석이 비록 맞다고 하더라도 그에 대한 설명이 정밀하지 못한 것, 일곱째는 화복(禍福)의 조짐을 알 수 있는데도 침묵하고 말하지 않는 것, 여덟째는 경전의 내용을 따르지 않고 자기 생각대로 해석한다는 것 등이다.

「오행지」에 이르기를, "『사기(史記)』에 주(周) 위열왕(威烈王) 23년(B.C. 403) 구정(九鼎)[29]이 진동하였다"[30]고 했고, "이 해에 한(韓)·위(魏)·조(趙)가 진(晋)나라 군주의 지위를 찬탈하여 그 땅을 나누어 가졌는데도 위열왕이 그들을 제후에 임명하였다. 천자가 동성(同姓)인 진(晉)을 긍휼히 여기지 않고 오히려 그 적신(賊臣)들에게 작위를 주니 천하가 따르지 않았다"라고 하였다.(「오행지」 中之上) 살펴보건대 주(周)는 전국(戰國)시대에 있어서 쇠약함이 더욱 심하였다. 때문에 군주가 (왕권을 상징하는) 부(斧)를

29 역주 : '구정'이란 하(夏)나라 우왕(禹王)이 만들었다고 전해지는 왕권을 상징하는 기물(器物)로서 은·주에도 전해졌다고 한다. 『사기』이외에도 『좌전』 환공(桓公) 2년, 『좌전』 선공(宣公) 3년 등의 기록에도 보인다.

30 역주 : 『사기』 권4, 「주본기(周本紀)」.

훔쳐 감췄다고 의심을 받았고, 도채(逃債)라고 불리우는 대(臺)가 있었다.[31] 마치 사상(泗上)의 제후가 오히려 소국의 부용(附庸)이 되는 것과 같았다. 한·위·조 세 나라가 발호(跋扈)하여 제후가 되고자 비록 왕명을 빌렸지만, 실제로는 그들 스스로 한 것이다. 예컨대, 근대(近代)에 왕망(王莽)을 안한공(安漢公)이라 칭했던 것은[32] 결코 평제(平帝)의 진심이 아니었고, 동탁(董卓)이 태사(太師)에 제수(除授)된 것은 헌제(獻帝)가 본래 원하던 것이 아니었다.[33] 그런데도 「오행지」의 작자는 위열왕이 망령되게 작위와 상을 수여한 책임을 책망하고, 그 죄로서 재앙이 일어날 조짐이 있었던 것이라 기록하였으니, 어찌 '당시 사람들의 진정과 허위를 다 알고 있다[人之情僞, 盡知之矣]'[34]고 말할 수 있겠는가? 이것이 이른바 이전시대의 사실을 검토하지만 실제로 있었던 사실과 전부 어긋난다는 것이다.

31 『한서』 권14, 「제후왕표(諸侯王表)」 서론(敍論)에, 유왕(幽王)·평왕(平王) 이래 주나라는 나날이 쇠미(衰微)해져 서주(西周)와 동주(東周) 둘로 나뉘었다. 당시 책무를 버리고 도망간 대[逃責之臺]와 부월(斧鉞)을 도둑맞았다는 말이 있었다. 주(注)에 복건(服虔)이 이르기를, 주 난왕(周赧王)이 당연히 해야 할 책무를 저버렸고 주백(主伯)이 재촉하자 이 대(臺)로 도망갔다고 하여 후세 사람들이 이렇게 명명한 것이라 했다. 안사고(顔師古)가 이르기를, 부월(鈇鉞)은 제왕의 권위를 상징하는 것이었다. 주나라가 쇠약해지자 정령(政令)이 행하여지지 않아 비록 부월이 있다고 해도 아무 소용이 없었다. 이를 일러 사적으로 훔쳐 감추어두었다고 한 것이다. 『진서(陳書)』 권1, 「고조본기(高祖本紀)」 上에, 구석(九錫)의 조서에 이르기를, '대신들이 왕권을 절취하고, 제왕이 책무를 버리고 도망가면 몸 하나 숨길 곳조차 없게 된다'라고 하였다.

32 『한서』 권99상, 「왕망전」 상에, 왕망이 넌지시 익주(益州)의 수령에게 새외(塞外)의 만이(蠻夷)로 하여금 하얀 꿩을 바치게 했다. 군신(群臣)들이 모두 왕망의 공덕(功德)을 주공(周公)이 성왕(成王)을 도왔기 때문에 하얀 꿩을 얻게 된 상서로운 징조와 같다고 칭송하였고, 왕망에게 나라와 한 황실을 안정시켰다는 공(功)이 있으니 마땅히 안한공(安漢公)의 칭호를 내려야 한다고 했다.

33 『후한서』 권72, 「동탁전」에, 동탁이 도읍을 장안으로 옮기고, 넌지시 조정에 광록훈(光祿勳) 선번(宣璠)을 사자(使者)로 보내 천자의 절부(節符)로써 동탁에게 태사(太師)를 제수(除授)하여 지위가 제후왕(諸侯王)의 상위에 있도록 하였다고 했다. 역주 : 『후한서』 권9, 「헌제기(獻帝紀)」 초평(初平) 2년(191) 2월에 동탁이 스스로 태사(太師)가 되었다고 하였다.

34 역주 : 『좌전』 희공(僖公) 28년(B.C. 632) 초자(楚子)의 말을 인용한 것이다. 유지기는 『좌전』의 '민(民)'을 '인(人)'으로 고쳤는데, 이는 당 태종[李世民]을 피휘(避諱)하였기 때문이다.

釋災多濫者,(一脫'者'字) 其流有八 : 一曰商榷前世, 全違故實; 二曰影響不接, 牽引相會; 三, 曰敷演多端, 準的無主; 四曰輕持善政, 用配妖禍; 五曰但伸解釋, 不顯符應; 六曰考核雖讜, 義理非精; 七曰妖祥可知, 寢默無說; 八曰不循經典, 自任胸懷.

「志」云 : "『史記』周威烈王二十三年, 九鼎震.", "是歲, 韓 · 魏 · 趙簒晋而分其地, 威烈王命以爲諸侯. 天子不恤同姓, 而爵其賊臣, 天下不附矣."(在「志」 中上)案周當戰國之世, 微弱尤甚. 故君疑竊斧, 臺名逃債. 正(一有'可'字)比夫泗上諸侯, 附庸小國者耳. 至如三晋跋扈, 欲爲諸侯, 雖假王命, 實由己出. 譬夫近代莽稱安漢, 匪平帝之至誠; 卓號太師, 豈獻皇之本愿. 而作者苟責威烈以妄施爵賞, 坐貽妖孽, 豈得謂(此三字, 一作'謂得'二字)'人之情僞, 盡知之矣'(一無'矣'字)者乎! 此所謂商榷前世, 全違故實也.

按 : 시세(時勢)를 헤아려 한 말은 난을 권하기 위함이 아니다.(揆時勢以立言, 非獎亂也)

이러한 시각은 『통감강목(通鑑綱目)』으로부터 비롯된 것이다. 그 문장에는 모두 말하기를, "진(晉) 대부 위사(魏斯) · 조적(趙籍) · 한건(韓虔)을 제후로 명한다"라고 했다. 사마광(司馬光)은 천자가 스스로 그 예제(禮制)를 파괴하였다고 말했다. 저서의 원칙을 해석한 사람이 말하기를 강상(綱常)을 바르게 하여 만세의 경계(警戒)로 삼는다고 했다. 모두 주(周) 천자를 비판하는 것이었다. 무릇 나라의 모습이 해체되어 갈 때에는 천명의 변화는 구정(九鼎)이 진동하는 경고(警告)를 내린다. 『한서』 「오행지」의 이러한 점후(占候)는 송유(宋儒)가 빌려 발휘한 기원이 되었다고 했는데 바로 이 같은 것이다. 그러나 별 생각 없이 소문을 가볍게 믿는 사람들은 세상의 도가 변화한 실제 정황은 다시 살펴보지 않았다. 중요한 것은 세상을 어떻게 생각하던 어떻게 관찰하던 간에, 사람들은 각기 다른 견해를 갖는다는 것이다. 송나라 사람들의 논의를 지탱하는 것이 꼼짝못하는 약세(弱勢)를 구할 수는 없다. 소첩(小妾)이 장부(丈夫)의 머리 위에 올라타고, 노비가 주인을 억압하는 것이 또한 이와 같은 것이다. 아!(此爲『通鑑綱目』之所託始, 其文皆曰 : "命晉大夫魏斯 · 趙籍 · 韓虔爲諸侯." 司馬氏言, 天子自壞其禮也; 釋書法者言, 以正綱常, 爲萬世戒也. 皆以病周也. 夫國形至紐解之時, 天變垂鼎震之警, 『漢志』此占, 爲宋儒發脉, 是矣. 然耳食者遂不復以世會參之矣. 要之, 維世 · 覘世, 各具識解. 宋人議論搘撐, 無救於弱勢積痿不起者. 妾乘夫, 奴制主, 且然矣. 噫!)

10-12

「오행지」에 이르기를, 소공(昭公) 16년(B.C. 526) 9월 크게 기우제[大雩][35]를 지냈다. 그 전에 소공의 어머니 귀씨(歸氏)가 세상을 떠났는데 소공은 슬퍼하지 않고 오히려 무리를 거느리고 비포(比蒲)에서 사냥을 하였다고 했다.[36] 또 이르기를, 정공(定公) 12년(B.C. 498) 9월 크게 기우제를 지냈다. 그 전에 정공이 정(鄭)나라를 침공하고 돌아온 후 성안에 다시 성을 쌓았고 두 대부(大夫)가 운(鄆)을 포위하였다고 하였다.[37](「오행지」 中之上) 살펴

35 역주 : 『공양전』 환공(桓公) 5년(B.C. 707)에, 대우(大雩)가 무엇인가. 가뭄에 지내는 제사이다. 그 주(注)에, 제사를 지내는 것을 대우라고 한 것은 큰 가뭄이 있었음을 알 수 있다. 군주가 친히 남교(南郊)에 가서 …… 어린 남녀 아이 여덟 명에게 춤을 추게 하면서 우(雩)를 부르게 하였다. 때문에 이를 기우라고 한다고 하였다.

36 역주 : 『좌전』 소공(昭公) 11년(B.C. 531) 경문(經文)에, 5월 갑신일(甲申日)에 군주의 부인(夫人) 귀씨(歸氏)가 훙거(薨去)하였다고 했다. 전문(傳文)에는, 5월에 노나라 군주의 부인 제귀(齊歸)가 훙거했는데, 비포(比蒲)에서 크게 군사훈련을 한 것은 예(禮)에 어긋나는 일이었다고 했다. 크게 기우제를 지낸 때와 5년의 차이가 있다.

37 역주 : 유지기는 정공(定公) 12년(B.C. 498)에 크게 기우제를 지냈다고 하였지만, 『한서』 권27中之上, 「오행지」 中之上에는, 정공(定公) 10년 9월에 크게 기우제를 지냈다고 하였다. 『춘추』의 경문(經文)에는 정공(定公) 12년 가을[秋]에 크게 기우제를 지냈다는 기록만 있을 뿐 9월이 보이지 않고, 9월에 기우제를 지낸 사실은 정공(定公) 7년

보니, 비포에서 사냥을 한 것은 소공 11년(B.C. 531)이고, 중성(中城)에 성을 쌓고 운(鄆)을 포위한 것은 정공 6년(B.C. 504)이다.[38] 이 두 사건은 모두 기우제를 지낸 때로부터 1년 이내의 사실이 아니었다. 무릇 나라에서 항시 일어나는 일인데도 이것이 재앙을 불러왔다고 하고, 세월이 이미 한참 흘렀는데 비로소 하늘이 감응하였다고 하니, 이것이 어찌 없었던 사실을 아무런 근거 없이 만든 말이 아니겠는가?[39] 이것이 이른바 사람의 부도덕한 행위가 천재(天災)와 아무런 관련이 없는데도 억지로 끌어다 맞춘다는 것이다.

「志」云 : 昭公十六年九月, 大雩. 先是, 昭母夫人歸氏薨, 昭不戚而大(一無'大'字, 下同) 蒐于比蒲. 又曰 : 定公十二年九月, 大雩. 先是, 公自侵鄭歸而城中城, 二大夫圍鄆.(在「志」中上) 案大(舊衍'大'字) 蒐于比蒲, 昭之十一年. 城中城 · 圍鄆, 定之六年也, 其二役去雩, 皆非一載. 夫以國家恒(一作'常')事, 而坐延災眚, 歲月旣遙, 而方聞響(一作'感')應. 斯豈非烏有成說, 扣寂爲辭者哉! 此所謂影響不接, 牽引相會也.

按 : 억지로 끌어다 맞추어 징험을 믿게 하는 것이 「오행지」의 진정한 병폐가 있는 부분이다. 이 과(科)에서 진술한 내용을 기타 여러 과(科)의 구상과 비교하면 조금 다르지만 여전히 요점을 다루고 있다.(傅會徵應, 是「五

(B.C. 503)의 경문(經文)에 보인다. 유지기는 정공 12년의 사실과 정공 6년의 사실이라고 인식하였기 때문에 '아무런 관련이 없는데도 사실을 억지로 끌어다 맞추는 것'이라 했던 것이다.

38 역주 : 『좌전』 정공(定公) 6년(B.C. 504) 경문(經文)에, 2월, 공이 정(鄭)나라를 침공하였다. 공이 정나라를 침공하는 일에서 돌아왔다. 겨울, 중성(中城)에 성(城)을 쌓았다. 계손사(季孫斯)와 중손하기(仲孫何忌)가 군사를 이끌고 운(鄆)을 포위하였다고 했다.

39 역주 : 『사기』 권117, 「사마상여전(司馬相如傳)」에, 사마상여와 한 무제(漢武帝)의 대화 중에 '오유선생(烏有先生)'이라는 가공의 인물을 등장시켜 풍간(諷諫)의 말을 대신하게 하였다고 했다. 그리고 육기(陸機), 「문부(文賦)」(『문선(文選)』 권17 所收)에, 허무(虛無)한 가운데 있음[有]을 구하고, 적막(寂寞)한 가운데 소리[音]를 구한다고 했다. 본래는 긍정적인 의미로서 사용된 예문이지만, 유지기는 여기서 부정적인 의미로 사용하였다.

行志」眞坐病處. 是科所陳, 比諸科立意稍歧, 然仍入肯綮)

「오행지」에서는 어떤 잘못에 대한 징벌을 말하면서 반드시 모종의 응험을 연관지었다. 이는 정말 억지로 끌어다 맞춘 것이다. 이 과(科)의 두 차례 큰 기우제는 모두 사정이 발생한 시기 이후의 일인데도 그 잘못의 연유를 바로잡기 위하여 억지로 끌어다 맞추기 위해 인용한 것으로 볼 수 있고, 역시 잘못 인용한 것으로 볼 수도 있다.(「志」言某眚之罰, 定作某應, 此爲眞傅會. 是科兩大雩於年睽罰異之間, 糾其繆幽, 故可作傅會用, 亦仍可作錯誤用也)

10-13

「오행지」에 이르기를, 엄공(嚴公)[40]('엄공'은 '장공(莊公)'을 가리킨다. 구본(舊本)에는 원주(原注)가 여기 있다) 7년(B.C. 687) 가을, 대홍수가 났다. 동중서(董仲舒)와 유향(劉向)은 엄공의 어머니 강씨(姜氏)와 형인 제후(齊侯)[襄公]가 간통하고 함께 환공(桓公)을 죽였기 때문이라 여겼다.[41] 엄공은 아버지의 원수를 잊어버리고 제(齊)의 여자를 처로 삼았는데[42] 장가들기 전에 먼저

---

40 역주 : 한(漢)에서는 명제(明帝)의 휘(諱)를 피하여 '장(莊)'을 '엄(嚴)'이라 고쳤다.

41 역주 : 『좌전』 환공(桓公) 18년(B.C. 694)에, 봄에 환공이 장차 여행하여 부인 강씨(姜氏)와 더불어 제나라에 가고자 했다. 이에 신수(申繻)가 말했다. …… 환공이 제후(齊侯)와 낙수(濼水)가에서 만나고 바로 부인 문강(文姜)과 함께 제나라로 갔다. 부인 문강이 제후와 몰래 정을 통하고 있으므로 환공이 그것을 꾸짖었는데 부인이 그 일을 제후에게 고했다. 여름, 4월 병자일(丙子日)에 공에게 잔치를 베풀고, 제나라 공자 팽생(彭生)에게 공을 수레에 태우게 하였는데 공은 수레에서 훙거하였다고 했다.

42 역주 : 『춘추』 장공(莊公) 24년(B.C. 670)에, 여름, 장공이 제(齊)에 가서 공녀(公女)를 맞이했다고 하였다. 『곡량전』 장공(莊公) 24년에, 여름, 장공이 제에 가서 공녀를 맞이했다. 몸소 맞이하는 것은 일상적인 일이라 기록하지 않는다. 그런데 여기에 그것을 기록한 것은 무슨 뜻인가? 그 몸소 맞이하는 것을 제나라에서 한 것은 올바르지 않기 때문이었다고 했다.

그와 간음(奸淫)을 하고, 1년 사이에 두 번이나 출국하여 몰래 만나고,[43] 그 도중에 난행(亂行)을 하니 신하들이 그러한 사실을 천시하였고 이 때문에 그 보응(報應)을 받은 것이라 했다. 「오행지」에 또 이르기를, 11년(B.C. 683) 가을 송나라에 홍수가 발생하였다. 동중서는 당시 노나라와 송나라가 해마다 승구(乘丘)와 진(鄑)에서 전투를 벌려[44] 백성들이 근심하며 원망하여 음기(陰氣)가 성해졌기 때문에 두 나라가 모두 수재(水災)를 당했다고 여겼다.[45](原注 : 7년(B.C. 687)에 노나라에 수재가 일어나고, 그 해에 송나라에 수재가 일어났다고 했다. ○모두 「오행지」 上에 있다) 살펴보건대 이러한 말에는 세 가지 잘못이 있다.(釋 : 세 가지 잘못이란 해마다 벌이는 전투에 관한 점(占)을 가리킨다) 무엇인가? 엄공 10년(B.C. 684)과 11년에 공이 송나라 군대를 승구와 진에서 격퇴하였고, 전투에서의 승리로 공훈(功勳)이 있는 사람들에게 상을 내렸던 복받은 일을 기뻐하고 영광스러워 해야 하는데도, 오히려 백성들이 근심하고 원망하면서 재앙을 가져왔다고 할 수 있겠는가? 이것이 그 첫 번째 잘못이다. 또 수년 전에 엄공(嚴公)이 큰 수재(水災)를 당했는데(이 역시 엄공 7년(B.C. 687)이다) 일어난 때를 살펴보니 전쟁을 하기 전이다. 그런데도 송나라와 전쟁을 하였기 때문에 두 나라에 수재가 일어났다고 하였다. 이것이 그 두 번째 잘못이다.(釋 : 이 두 가지 잘못은 오로지 홍수를 가지고 싸움을 점친 말에 해당한다) 하물며 7년 그 해에 이미 수

---

43 역주 : 『좌전』 장공(莊公) 7년(B.C. 687) 경문(經文)에, 갑오(甲午) 봄에 부인 강씨(姜氏)가 제후(齊侯)를 방(防)에서 만났다고 하였고, 겨울에 부인 강씨가 제후와 곡(穀)에서 만났다고 하였다. 전문(傳文)에서는 7년 봄에 문강(文姜)이 제후를 방(防)에서 만난 것은 제후의 뜻에 의해서였다고 했지만, 겨울에 만난 사실에 대한 언급은 없다.

44 『좌전』 장공(莊公) 10년(B.C. 684) 경문(經文)에, 공이 송나라 군사를 승구에서 쳐부수었다고 했다. 또 11년 경문(經文)에, 공이 송나라 군사를 진(鄑)에서 쳐부수었다고 했다. 두예(杜預)의 주(注)에, 승구와 진은 모두 노나라 땅에 있었다고 했다.

45 역주 : 동중서와 달리 유향(劉向)은 엄공[莊公] 11년의 홍수가 발생한 원인을 다르게 보았다. 즉 당시 송(宋)나라의 민공(愍公)은 오만(傲慢)하여 재해(災害)를 보고도 뉘우침이 없었다. 이듬해 그의 신하였던 송만(宋萬)과 도박을 하고 있었는데, 마침 한 부인이 곁에서 지켜보자 민공이 뽐내며 거만한 송만을 크게 욕하였고, 이에 송만이 민공을 살해하였다. 이 일이 수재(水災)로 감응한 것이라 하였다.

재가 해결되었는데 처음에는 제나라 여자 때문이라 했다가 마지막에는 송나라 군사의 패배가 불러온 것이라 했다. 앞뒤가 일치하지 않는데 사람들이 어떤 것을 믿어야 좋은가? 이것이 그 세 번째 잘못이다.(釋 : 이 한 가지 잘못은 엄공의 어머니 강씨와 전쟁에 관한 사실을 합하여 대조한 말에 해당한다) 한 가지 재이(災異)의 발생 원인에 대하여 세 가지 해석이 함께 제기되었다.[46] 이것이 이른바 한 가지 재이의 원인에 대하여 몇 가지 역사적 사실을 부회(附會)하여 해석하지만 정확한 것이 하나도 없다는 것이다.

「志」云 : 嚴公('嚴'謂'莊', 原注舊在此)七年秋, 大水. 董仲舒·劉向以爲嚴母姜與兄齊侯淫, 共殺桓公. 嚴釋父(舊訛作'公')仇, 復娶齊女, 未入而先與之淫, 一年再出會, 于道逆亂, 臣下賤之之(舊脫一'之'字)應也. 又云 : 十一年秋, 宋大水. 董冲舒以爲時魯·宋比年有(一作'爲')乘丘·鄑之戰, 百姓愁怨, 陰氣盛, 故二國俱水.(原注 : 謂七年魯大水, 今年宋大水也. ○並在「志」之上) 案此說有三失焉.(釋 : 三失, 專指比年戰之占) 何者? 嚴公十年·十一年, 公敗宋師於乘丘及鄑. 夫以制勝克敵, 策勳命賞, 可以歡(一無'以'字. '歡', 一作'祈')榮降福, 而反愁怨貽災邪? 其失一也. 且先是數年, 嚴遭大水,(原注 : 亦謂七年) 校其時月, 殊在戰前. 而云與宋交兵, 故二國大水, 其失二也.(釋 : 此二失, 專就大水占戰說) 況於七年之內. 已釋水災, 始以齊女爲辭, 終以宋師爲應. 前後靡定, 向背何依?(一作'倚') 其失三也.(釋 : 此一失, 合母姜與戰事對勘說) 夫以一災示眚, 而三說競興, 此所謂敷演多端, 準的無主(一有'者'字)也.

按 : 이 역시 견강부회의 예를 거론하기 위해 찾아 들추어 낸 것이다.(此亦搜抉傅會之一間)

적을 이겼다고 해서 하늘이 복을 내렸다고 하는 이야기를 평론자들은 틀렸다고 하면서, 다른 사람의 토지를 탐(貪)한 일에 복 운운 할 수 없다

46 역주 : 세 가지 해석이란 『한서』 「오행지」의 장공(莊公) 7년의 동중서·유향의 해석과, 장공 11년 동중서의 해석, 그리고 유향의 해석을 가리킨다.

고 여겼다. 내가 보기에 이 문장은 대개 노나라 입장에 근거하여 말한 것이다. 다른 사람이 나의 땅에 침입하였고 내가 적을 물리치고 이긴 것을 어떻게 탐(貪)한 것이라 하겠는가? 유지기의 말은 틀리지 않았다.(克敵降福之說, 評者非之, 以爲貪人土地, 不得云福. 愚謂本文蓋據魯而言, 人侵我地而我克之, 豈貪耶? 劉說非過)

10-14

「오행지」는 "징벌이 느슨해지면 그 벌로 항상 더워졌다[厥咎舒, 厥罰恒燠]"를 해석하며, 국가의 기강이 해이해지는 것은 군주가 게을러져 정사에 힘쓰지 않아 발생하는 것임으로 하늘이 그것에 벌을 주어 항상 덥게 하였기 때문에 겨울에도 얼음이 얼지 않는다고 했다.[47](「오행지」 中之下. 이하 모두 같다) 「오행지」가 『춘추』에 기록된 얼음이 얼지 않는 현상을 해석한 것을 살펴보면, 모두 군주가 국내에서 서민들의 지지를 잃고 국외에서는 제후들의 신뢰를 잃었으며, 신하들에 대하여 상벌을 가하지 않고 선악을 분명히 하지 못하며, 만이(蠻夷)가 제하(諸夏)를 짓밟아도 천자는 그것을 토벌하지 못하고, 대부들이 권력을 마음대로 휘둘러도 군주는 감히 그것을 제압하지 못하였기 때문이다.(모두 「오행지」에서 얼음이 얼지 않는 이유를 설명한 말이다) 만약 이러할 경우에는 항상 더워지는 감응이 있었다. (그러나) 이어서 "한 무제(武帝) 원수(元狩)(「오행지」를 참조하여 고쳤다. 구

47 역주 : 「오행지」에 보이는 얼음이 얼지 않았던[無冰] 사례는 환공(桓公) 15년(B.C. 697), 성공(成公) 원년(B.C. 590), 양공(襄公) 28년(B.C. 545)에 발생한 것이다. 그러나 『춘추』 경문에는 환공 15년에는 '무빙'의 기사(記事)가 없고, 환공 14년(B.C. 698)에는 보인다. 성공 원년과 양공 28년에는 '무빙'의 기록이 보인다.

본(舊本)에는 '원봉(元封)'이라 했다) 6년(B.C. 117) 겨울, 얼음이 얼지 않았다"는 것에 대하여 이르기를, 그 전에 무제가 위청(衛靑)·곽거병(霍去病) 두 장군을 파견하여 흉노의 선우(單于)를 추격하고 10여만 명을 죽이고 돌아왔으므로 그들에게 큰상(賞)을 하사하였다. 황제는 또한 힘들게 노동하는 백성들을 불쌍히 여겨 사신을 파견하여 천하를 돌아보게 하고, 홀아비·과부·고아·빈곤한 자들을 구제하였으며, 벼슬에 오르지 못한 고상한 지조를 지닌 군자(君子)들을 천거하여 행재소(行在所)[48]에서 접견하도록 하였다. 군국(郡國)에서 좋은 의견이 있으면 승상·어사를 통하여 황제에게 알리게 하였다. 그리하여 천하가 모두 기뻐하였다고 했다.[49](釋:「오행지」의 내용은 여기까지이다) 살펴보건대, 한 무제의 무공(武功)과 문덕(文德)이 이와 같고, 대외적으로는 용맹함을 떨치고 대내적으로는 너그러움이 이와 같은데 어찌 그가 나약하여 아무 것도 하지 못한 잘못이 있으며 반란을 진압하고 국가질서를 안정시킨 공로가 없다고 말할 수 있는가? 어찌 얼음이 얼지 않는 것으로 재이(災異)를 드러내어 한 무제를 옛날[춘추시대] 군주들과 같은 죄를 졌다고 말하는가? 스스로 모순되고 처음과 끝이 서로 일치하지 않음이 어찌 이다지 심한가? 이것이 이른바 바른 정치적 조처들을 경솔하게 해석하여 재이와 서로 짝을 이루게 한 것이다.

其釋'厥咎舒, 厥罰恒燠', 以爲其政弛慢, 失在舒緩, 故罰之以燠, 冬而亡冰.(在「志」中下. 以下並同) 尋其解『春秋』之無冰也, 皆主內失黎庶, 外失諸侯, 不事誅賞, 不明善惡, 蠻夷猾夏, 天子不能討, 大夫擅權, 邦君不敢制.(並「志」內釋無冰之語) 若斯而已矣. 次至武帝元狩(照'志'改, 舊作'元封') 六年冬, 亡冰, 而云先是遣衛·霍二將軍窮追單于, 斬首十餘萬級歸,

48 역주 : 채옹(蔡邕), 『독단(獨斷)』 卷上에, 천자는 천하를 가(家)로 여기지만, 경사(京師)의 궁실을 늘 거주해야 하는 곳으로 여기지는 않았으므로, 수레를 타고 천하를 순행하였다. 군신(群臣)들은 수레를 타는 기회를 이용하여 진언하였다. 혹 이를 일러 거가(車駕)라고 하였다. 천자는 스스로 행재소(行在所)라 불렀다고 했다.

49 역주 : 이상에 대한 구체적인 사실은 『한서』 권6, 「무제기(武帝紀)」, 『한서』 권55 「위청·곽거병전」, 『한서』 권94, 「흉노전」 등 참조.

而大行慶賞. 上又閔悔(一作'恤')勤勞, 遣使巡行天下, 存賜鰥寡, 假(一多'貸'字)與乏困,(此二字, 或作'之因') 擧遺逸獨行君子詣行在所. 郡國有以爲便宜者, 上丞相 · 御史以聞. 於是天下咸喜.(釋 : 述「志」止此) 案漢帝其武功文德也如彼, 其先猛後寬也如此, 豈是有懦弱凌遲之失, 而無刑罰戡定之功哉! 何得苟以無冰示災, 便謂與昔人同罪. 矛盾自己, 始末相違, 豈其甚邪? 此所謂輕持善政, 用配妖禍也.

按 : 이는 점후(占候)를 말하는 사람이 자기가 한 말을 자세하게 살피지 않고 재이(災異)로 벌하는 것을 해석하여 이렇다고 하였지만 검증된 사실이 곧 그렇지 않았다는 것을 비난한 것이다. 반대되는 사례를 가지고 오히려 참고하여 종합하는 사례로 삼았으니 이것이 소위 스스로 모순된다는 것이다. 이 같은 사실은 견강부회한 것처럼 이치가 통하지 않는다. 곤포(昆圃) 황숙림(黃叔琳)이 「오행지」를 일러 스스로 졸렬한 길을 간다고 하였는데 이것이 바로 그것이다.(此譏占者不自關照, 解災罰則然, 徵事實則不然. 以違反爲參合, 所謂矛盾自己也, 似此幷窮於傅會矣. 崑圃黃氏叔琳謂「五行志」自走拙路, 此其是歟?)

10-15

「오행지」에 이르기를, 효소제(孝昭帝) 원봉(元鳳) 3년(B.C. 78) 태산(太山)에서 큰돌이 스스로 일어섰다. 휴맹(眭孟)[50]은 이것을 서인(庶人)이 천자가

50 역주 : 휴홍(眭弘)의 자는 맹(孟)이다. 전한(前漢)시대 노나라 사람으로 『춘추』에 능하였다. 명경(明經)으로 의랑(議郎)이 되었다가, 부절령(符節令)에 이르렀다. 그는 동중서의 음양오행설에 밝아 재이를 해석하길 좋아하였다. 소제(昭帝) 원봉(元鳳) 3년에

될 징조라고 여겼다. 『경방역전(京房易傳)』[51]에 이르기를, '태산의 돌이 거꾸로 굴러 내려오면 성인(聖人)이 수명(受命)하고 인군(人君)이 포로가 된다'라고 하였고, 또 이르기를, '산에 돌이 일어서면 황제와 동성(同姓)인 사람이 천하의 영웅이 된다'라고 하였다.(「오행지」 中之上) 살펴보건대, 이 모든 것은 효선제(孝宣帝 : 재위 B.C. 74-49)[52] 즉위의 상서로운 징조였다. 효선제는 민간(民間)으로부터 몸을 일으켜 황제의 지위에 올랐으니 이른바 '서인(庶人)이 천명(天命)을 받은 것'이다. 효선제는 무제(武帝)의 증손으로서 혈연관계가 있고 위로 황통(皇統)을 계승하였으니 이른바 '동성(同姓)의 영웅'인 것이다. 창읍(昌邑)[53]은 제위를 빼기고 멀리 (창읍으로) 귀양을 갔으니 이른바 '인군(人君)이 포로가 된다'는 것이다.(釋 : '살펴보건대, 이 모든 것은' 이하 문장은 모두 유지기가 추론한 글로서 반고의 「오행지」가 기록하지 못한 감응을 보완한 것이다) 반고의 『한서』는 이 상서로운 징조를 기재하고 비록 그에 대한 (휴맹과 『경방역전』의) 해석은 상세하게 적고 있지만, 이후의 감응(感應)이 있었는지 여부는 오히려 상세하게 말하지 않았다. 사실의 서술을 이치에 맞게 하려면 어찌 이와 같을 수 있는가? 문장의 내

태산에 있는 큰 돌이 스스로 일어서자 휴홍은 『춘추』의 뜻에 의거하여 서인(庶人) 중에 천자가 나온다고 하면서 한의 황제는 마땅히 현인을 구하여 제위를 선양해야 한다고 상소하였다. 당시의 집정자였던 곽광(霍光)이 이를 미워하여 정위(廷尉)에 넘겨 사형에 처하게 하였는데, 그가 죽은 지 5년 뒤에 선제(宣帝)가 민간에서 나와 즉위하였다. 선제는 그의 아들을 낭(郎)에 임명하였다고 했다. 『한서』 권75, 「휴홍전(眭弘傳)」 참조.

51 역주 : 경방(B.C. 77-37)의 본성은 이씨(李氏)이지만 음률을 좋아하여 그에 맞춰 스스로 경씨(京氏)로 바꾸었다. 자는 군명(君明)이고, 원제(元帝) 때 박사를 지낸 적이 있다. 천인감응설(天人感應說)을 선양한 경방의 학문은 한대 역학(易學)의 큰 유파를 이루었다. 『주역』과 관련하여 많은 저서를 지었지만 모두 산일(散佚)되어 전하지 않는다. 『경씨역전(京氏易傳)』 보집(補輯) 1권이 전할뿐이다. 『한서』 권75에 열전이 있다.

52 역주 : 선제(宣帝)는 무제(武帝)의 증손이고 여태자(戾太子)의 손자이다. 태어난 지 몇 달 뒤 무고(巫蠱)사건이 발생하자 병길(丙吉)의 조모 집에 보내져 키워졌다. 소제(昭帝)가 죽고 곽광(霍光)의 청으로 창읍왕(昌邑王) 하(賀)가 황제의 새수(璽綬)까지 받았으나 음란(淫亂)하다는 이유로 곽광의 청에 의해 다시 폐해지고 선제가 황제의 자리에 올랐다. 『한서』 권8, 「선제기(宣帝紀)」 참조.

53 역주 : 『한서』 권63, 「무오자전(武五子傳)」 참조.

용에 빠진 곳이 있는데 어찌 말의 뜻이 모두 갖추어진 문장이라 말할 수 있겠는가. 이것이 이른바 재이(災異)에 대한 해석만 이야기할 뿐 그에 대한 감응이 어떠했는지는 분명히 하지 않은 것이다.

『志』云 : 孝昭元鳳三年, 太山有大石立. 眭孟以爲當有庶人爲天子者. 京房『易傳』云 : '太山之石顚而下, 聖人受命人君虜.' 又曰 : 石立於山, 同姓爲天下雄.(在「志」中上) 案此當是孝宣皇帝卽位之祥也. 夫宣帝出自閭閻, 坐登宸極, 所謂'庶人受命'者也. 以曾孫血屬, 上纂皇統, 所謂'同姓(一多'之'字,)雄'者也. 昌邑見廢, 謫居遠方, 所謂'人君虜'者也.(釋 : 自'案此'以下皆子玄推說之辭, 班「志」脫書所應) 班『書』載此徵祥, 雖具有剖析, 而求諸後應, 曾不縷陳. 敍事之宜, 豈其若是? 苟文有所闕, 則何以載(一作'成')言者哉, 此所謂但申解釋, 不顯符應也.

按 : 이 조와 제2과에서 말한 "첫머리에 예조(預兆)를 말하고는 뒷부분에서 효험(效驗)의 여부를 기록하지 않는 것[徒發首端, 不副徵驗]"은 대체로 같다.(此條與第二科徒發首端略同)

나는 오행을 기록할 경우에는 다만 재이(災異)와 상서(祥瑞)를 기록하는데 그치고 부응(符應)을 기재하지 않으며, 아울러 억지로 파헤쳐 맞춘 해석을 편집하지 않아야만 바른 체례라고 생각한다. 여릉(廬陵)의 「사천고(司天考)」의 견식이 이전의 사서(史書)보다 뛰어난 까닭이다. 그러나 반고의 「오행지」가 반드시 해석을 밝히고, 반드시 효험이 어떠한가를 기재하였지만, 이 지(志)처럼 체례조차 온전하지 못하니 어떻게 유지기의 반박을 피할 수 있겠는가?(愚謂志五行者, 止記災祥, 不摭符應, 幷亦不綴鑿解, 乃是正體. 廬陵「司天考」所以識冠前史也. 而班「志」則必申解, 必徵應, 至如此志, 又類例不全, 能逃子玄之駁乎?)

10-16

「오행지」에 이르기를, 성제(成帝) 건시(建始) 3년(B.C. 30)에 진지궁(陳持弓)이라는 아홉 살 난 소녀가 미앙궁(未央宮)에 달려들어갔다고 했다.[54] 또 이르기를, 수화(綏和) 2년(B.C. 7) 왕포(王褒)라는 남자가 북사마문(北司馬門)으로 들어가 곧바로 전전(前殿)으로 올라갔다고 했다.[55](「오행지」 下之上) 반고의 「오행지」에는 비록 이 재이(災異)를 사실에 근거하여 증명하고 있지만, 그 말에 소략한 점이 많다. 이제 그 뜻을 알기 쉽게 설명해보자. 여자가 아홉 살이라 했는데, 아홉[九]은 양수(陽數)의 제일 높은 숫자이다. 남자의 이름인 왕포에서 왕(王)자는 왕망(王莽)[巨君][56]의 성(姓)이다. 북사마문으로 들어가 곧바로 전전으로 올라갔다는 것은, 왕망이 처음 대사마(大司馬)가 되어 애제(哀帝) 때에 이르러 국사를 장악하고, 애제가 죽고 난 후에도 여전히 이 관직에 있다가 제위(帝位)를 찬탈한다는 의미이다. 무릇 사람이 사마문(司馬門)으로 들어가 전(殿)에 올랐다는 것은 대사마로부터 황제의 지위에 오르는 것을 의미한다. 재이(災異)와 상서(祥瑞)의 전조(前兆)를 보여줌에 있어서 그 사리가 매우 분명하다. 그런데도 「오행지」는 그것을 소홀히 하고 적지 않았으니 생략이 어찌 이다지 심한가? 이것이 이른바 해석이 비록 맞다고 하더라도 그에 대한 설명이 정밀하지 못한 것이다.

---

54 역주 : 『한서』 권10, 「성제기(成帝紀)」에, (건시(建始) 3년) 가을, 관내(關內)에 홍수가 발생했다. 7월 사상(虒上)의 소녀 진지궁(陳持弓)이 홍수가 밀려온다는 소식을 듣고 횡성문(橫城門)으로 달려들어가 상방(尙方)의 곁문으로 함부로 들어가 미앙궁의 구순(鉤盾)관서에 이르렀다. 이민(吏民)들이 놀라 성 위로 올라갔다고 했다. 그리고는 바로 조서를 내려 헛된 소문이 나서 이민들이 놀라 성 위로 피신하게 된 것이 관리들의 직무소홀이라 하고 간대부(諫大夫)를 보내 백성을 위무(慰撫)하라고 하였다.

55 역주 : 이 기록은 「성제기(成帝紀)」에 보이지 않는다. 성제가 죽은 수화(綏和) 2년 3월 이후의 기록이다.

56 역주 : 『한서』 권99上, 「왕망전」 上 참조.

「志」云 : 成帝建始三年, 小女陳持弓, 年九歲, 走入未央宮. 又云 : 綏和二年, 男子王褒入北司馬門, 上前殿.(在「志」 下上) 班「志」雖已有證據, 言多疏闊. 今聊演而申之. 案女子九歲者, 九(一脫'九'字)則陽數之極也. 男子王褒者, 王則巨君之姓也. 入北司馬門上前(一少'前'字)殿者, 王莽始爲大司馬, 至哀帝時就國. 帝崩後, 仍此官, 因以簒位. 夫人(一無'人'字)入司馬門而上殿, 亦由(作'猶')從大(一少'大'字)司馬而升(一作'登')極. 災祥示兆, 其事甚明. 忽而不書, 爲略何甚? 此所謂解釋雖讜, 義理非精也.

按 : 반고의 「오행지」에는 이 사실에 관한 부응(符應)의 증거가 이미 갖추어져 있다. 단지 '9'자(字)를 해석하지 않았고, 왕성(王姓)의 '왕'자(字)를 조사하지 않았을 뿐이다. 이 두 가지 점에 대해 알기 쉬운 설명을 더한다고 해도 잘못된 것이 바뀌지 않는다.(班「志」此事證應已具, 特'九'字未釋, 王姓, 姓字未點耳. 加演二言, 無關錯誤)

10-17

「오행지」에 이르기를, 애제(哀帝) 건평(建平) 4년(B.C. 3)에 산양(山陽) 여자 전무색(田無嗇)이 임신을 하였는데('회임(懷妊)' 두 글자는 유지기가 보완한 것이다) 낳기 2개월 전부터 태아가 뱃속에서 울었다. 낳은 후 그를 기르지 않고 길옆에 묻었다. 3일 후 어떤 사람이 지나가다 아이의 울음소리를 듣고 알려주니 어머니가 흙을 파고 그를 데려와 양육하였다고 하였다.(「오행지」 下之上) 「오행지」는 비록 이 괴이한 재이(災異)를 서술하였지만 그에 대한 해석이 없었다. 살펴보건대, 사람은 태아 때부터 낳아 기를 때까지 영묘(靈妙)한 기(氣)를 받아 처음부터 마지막까지 결정된 명수(命

數)가 있고, 전후에는 일정한 기준이 있다.(이는 여러 번 쓸 필요도 없는 말이다) 임신 중에 울음소리를 낸 것은 기본적인 사물의 모습이 아직 드러나지 않았지만 그 형상의 조짐을 보이게 한 것으로, 즉 왕망(王莽)이 나라를 찬탈할 징조였다. 낳았으면서도 기르지 않았고, 매장하였는데도 죽지 않았다는 것은, 역시 사물의 운명이 이미 정해져 있었으므로 죽인다고 하여 재난이 없어지는 것은 아니었다. 즉 왕망이 천명을 받아 제위에 오른 것이 (이러한 징조의) 감응(感應)이었던 것이다.(釋 : 이상은 「오행지」에 근거하여 점후(占候)를 보완한 것이고, 이하 앞의 조와 합쳐 비교하여 논한 것이다) 또 살펴보건대, 반고는 소녀 진지궁(陳持弓)의 진씨(陳氏)는 왕망과 같은 종족이라고 말했다.(이 말은 반고의 「오행지」에 있다) 여자 전무색(田無嗇)의 전씨(田氏)는 본래 왕망의 선조였다.[57](이러한 뜻을 『한서』 「오행지」에서는 말하지 않았다) 「오행지」에서는 두 가지 재이(災異)에 대한 점후가 같은데도 그 해석이 같지 않다. 어찌 단지 그 하나만을 알고 둘은 모른다는 것이 아니겠는가? 이것이 이른바 화복(禍福)의 조짐을 알 수 있는데도 침묵하고 말하지 않는 것이다.

「志」云 : 哀帝建平四年, 山陽女子田無嗇懷妊,(二字劉補) 未生(二字今依「志」補)二(依「志」改. 舊作'三')月, 兒啼腹中. 及生, 不擧, 葬之陌上. 三日, 人過聞啼聲. 母掘土收養.(在「志」 下上) 尋本「志」雖述此妖災, 而了無解釋. 案人從胞至育, 含靈受氣, 始末有成(一作'恒')數, 前後有定準.(此何待言, 毋

57 『한서』 권99中, 「왕망전」 中에, 왕망이 조서를 내려 이르기를, 나는 다행이 황초(皇初)·조고(祖考) 황제(黃帝)의 후손과 황시(皇始)·조고(祖考) 우제(虞帝)[舜]의 자손이었다. 또 이르기를, '우제(虞帝)의 선대(先代)는 성을 받아 요(姚)라 하였다. 도당(陶唐) 때에는 규(嬀), 주(周)나라에서는 진(陳), 제(齊)나라에서는 전(田), 제남(濟南)에서는 왕(王)이라 하였다.(이들 5성은 모두 황제(黃帝)·우제(虞帝)의 후손으로 나의 동족(同族)이다)', '천하에 영을 내려 위 5성(姓)의 명적(名籍)을 질종(秩宗)에게 보고하라', '진숭(陳崇)을 통목후(統睦侯)에 봉해 호왕(胡王)의 후대를 계승하게 하고, 전풍(田豐)을 세목후(世睦侯)로 하여 경왕(敬王)의 후대를 계승하게 하라'고 했다. 주(注)에, 맹강(孟康)이 말하기를, 호왕은 진호공(陳胡公)을 왕으로 추증한 것이고, 경왕은 전경중(田敬仲)을 왕으로 추증한 것이라 했다.

乃累筆) 至於(一無'於'字)在孕甫爾, 遽發啼聲者, 亦由(作'猶', 下同)物有基業未彰, 而形象已兆, 卽王氏簒國之徵. 生而不擧, 葬而不死者, 亦由物有期運已定 · 非誅翦所平 · 卽王氏受命之應也.(釋 : 此上爲本「志」補占, 此下合前條比論) 又案班云(一作'志', 下多'以'字)小女陳持弓者, 陳卽莽之所出;(此語班「志」所有) 如女子田無嗇者, 田故莽之本宗.(此意班「志」未言) 事旣同占, 言無一槪. 豈非唯知其一, 而不知其二者乎? 此所謂妖祥可知, 寢默無說也.

按 : 이 조는 「오행지」에 기재된 전무색(田無嗇)과 관계 있는 전후 몇 가지 사정을 비교한 것으로 다른 곳은 모두 점의 해석을 밝히고 있는데 오직 이 조에만 없기 때문에 지적하여 보완하였다고 말한 것이다. 그러나 반고에게는 하나의 빠뜨린 예(例)이고, 유지기에게는 도리에 맞지 않는 보잘 것 없는 말일 뿐이다. 대개 마찬가지로 유향(劉向) · 유흠(劉歆)의 일정한 형식에 빠져 벗어나지 못하였다.(此因本「志」田無嗇前後數事相比, 各著占解, 惟此獨無, 故爲摘補云爾. 然在班爲闕例, 在劉爲小言. 蓋亦墮入向 · 歆窠臼不能解脫也)

10-18

춘추시대에는 각 제후국에 재주가 뛰어난 인재들이 많았다. 예컨대 사록산(沙鹿山)(『좌전』에는 '록(鹿)'이라 했고, 「오행지」에는 '록(麓)'이라 했다)이 붕괴되고, 양산(梁山)이 무너져 내렸으며, 익조(鷁鳥)가 송나라 도성을 거꾸로 날아 지나갔으며, 정(鄭)나라의 못 안에서 용들이 서로 싸움을 하였다.[58] 백종(伯宗)과 자산(子産)은 모두 이러한 사실들이 재앙이 되는 조짐은 아니라는 것을 자세히 서술하였고, 복언(卜偃)과 사과(史過)(『좌전』에는

'주(周)'의 내사(內史) 숙흥(叔興)이라 했다)는 그것이 반드시 응험(應驗)이 있을 징조라고 강조하였다.(모두 「오행지」 下之上에 있다) 대개 당시 사물에 대한 식견을 갖춘 군자들은 (이상의 말들을) 미담(美談)이라 여겼다. 때문에 『좌전』은 그러한 내용을 그대로 기록하여 후세에 전하였다. 그러나 고금은 시대가 멀리 떨어져 있고, 견문에 서로 차이가 있어서 한나라 유생 동중서(董仲舒)·유향(劉向) 등은 처음으로 별도의 새로운 해석을 지어,[59]

58 『좌전』 희공(僖公) 14년(B.C. 646)에, 가을 8월 신묘일(辛卯日)에 사록(沙鹿)이 무너졌다. 이에 대하여 진(晉) 복언(卜偃)이 말하기를, '1년 뒤에 큰 재앙이 있으리니, 거의 나라가 망할 것이다'라고 하였다. 두예(杜預)의 주(注)에, 사록(沙鹿)은 산(山) 이름이라 했다. 또 성공(成公) 5년(B.C. 586)에, 양산(梁山)이 무너지자 진후(晉侯)가 백종(伯宗)을 불러오게 했다. 백종이 부름을 받고 가는 길에 수레가 전복되어 길을 가로막고 있었다. 수레의 주인은 강(絳) 사람이었다. 강(絳)의 일을 물으니 대답하기를, '국가는 산천의 주인입니다. 그러므로 산이 무너지고 강물이 마르면 군주는 맛있는 음식을 들지 않고, 좋은 옷을 입지 않고, 화려하게 꾸민 수레는 타지 않고, 음악을 거두고 궁전 밖에 나가서 지내며, 축관(祝官)은 산천의 신에게 폐백(幣帛)을 드리며 사관(史官)은 제문을 지어 예를 다합니다. 이와 같이 할 따름입니다'라고 했다. 백종이 군주에게 그렇게 고했고, 군주는 그의 말을 따랐다고 했다. 또 희공(僖公) 16년(B.C. 644)에, 여섯 마리 익조(鷁鳥)가 밀려 뒤로 날아서 송나라 도읍을 지나간 것은 바람 때문이었다. 주(周)나라 내사(內史) 숙흥(叔興)이 송나라를 방문하자 송 양공(宋襄公)이 묻기를, '이것은 무슨 징조요? 길합니까, 흉합니까' 하자 대답하기를, '군주께서는 장차 제후들을 얻을 것이지만 오래가지는 못할 것입니다'라고 하였다. 물러 나와 어떤 사람에게 말하기를, '군주께서 불필요한 질문을 하였다. 음양에 관한 일은 길하고 흉한 일에서 생기는 것이 아니다'라고 했다. 또 소공(昭公) 19년(B.C. 523)에, 정(鄭)나라에 홍수가 나자, 용(龍)이 시문(時門) 밖 유연(洧淵)에서 싸웠다. 나라 사람들이 그것을 몰아내는 액막이를 하자고 요청했는데, 자산(子產)이 허락하지 않으며 말하기를, '우리들의 싸움을 용들이 모르는 체하는데 용의 싸움에 우리가 어찌하여 아는 체할 것인가. 몰아낸들 유연 저쪽은 용들이 사는 곳이다. 우리가 용에게 요구하는 것이 없고, 용 또한 우리에게 요구하는 것이 없다. 그리하여 그 일을 그쳤다.

59 「오행지」에, 사록(沙麓)이 무너졌다. 『곡량전』에 이르기를 '수풀은 산에 속하는 것이므로 록(麓)이라 한다. 사(沙)는 산 이름이다'라고 했는데, 유향(劉向)은 배반(背反)·산란(散亂)의 상(象)이라 여기고 제 환공(齊桓公)의 패도가 장차 폐하여 진다고 했다. 『공양전』은 사록(沙麓)은 하상(河上)의 읍(邑)이라 하였는데, 동중서(董仲舒)의 이야기와 대략 같았다. 또 양산(梁山)이 무너졌다고 했는데, 『곡량전』에 이르기를, 양산이 무너져서 황하를 막아 3일 동안 흐르지 않았다. 진(晉)의 군주가 모든 신하를 거느리고 곡(哭)을 하니 흘렀다. 유향은 산(山)은 양(陽)이니 군주[君]의 상징이고, 수(水)는 음(陰)이니 백성[民]을 상징이다. 상망(喪亡)의 상(象)이라 여겼는데, 동중서의 이야기와 대략 같았다. 또 여섯 마리 역조(鷁鳥)가 송나라 도성을 거꾸로 날아 지나갔다고 했

자신들이 제시한 관점을 증명하려 했다. 이렇게 함으로써 후학(後學)의 새로운 해석이 옛 선현(先賢)의 설(說)을 업신여기는 상황이 되었다. 대개 오늘날의 속담에 이른바, "아우와 형이 다투어 형수(兄嫂)가 꺼리어 감추려는 것을 알려고 한다"는 꼴이다.(原注 : 오늘날의 속담에, '아우와 형이 형수의 자(字)를 다툰다'라고 하는데, 그 말이 너무 비루하여 약간 그것을 꾸몄다.[60] ○어떤 판본에는 이 주(注)가 빠져 있다) 그런데도 반고의 「오행지」는 좋은 것을 버리고 천박한 것을 받아들였고, 옛날 사람들의 해석을 버리고 새로운 해석에 익숙하였으며, 새롭고 기이한 설을 제출하여 자신의 박식함을 자랑하였지만 대부분 무식함을 보여주었을 뿐이다. 이것이 이른바 경전의 내용을 따르지 않고 자기 생각대로 해석한다는 것이다.

當春秋之時, 諸國賢俊多矣. 如沙鹿(『傳』作'鹿', 「志」作'麓')其壞, 梁山云崩, 鷁退蜚於宋都, 龍交鬪於鄭水. 或伯宗 · 子産, 具述其非妖; 或卜偃 · 史過,(『傳』作'周內史叔興') 盛言其必應.(並在「志」 下上) 蓋於時有識君子以爲美談. 故左氏書之不刊, 貽厥來裔. 旣而古今路阻, 聞見壤隔, 至漢代儒者董仲舒 · 劉向之徒, 始別構異聞, 輔申它說. 以茲後學, 陵彼先賢, 蓋今諺所謂'季與厥昆, 爭知嫂諱'者也.('知嫂'五字, 一作'私嫂者'三字, 謬. ○原注 : 今諺曰 : "弟與兄, 爭嫂字." 以其名鄙, 故稍文飾之. ○一失此注)而班『志』尙舍長用短, 捐舊習新, 苟出異同, 自矜魁博, 多見其無識者矣. 此所謂不循經

는데, 유흠(劉歆)은 바람이 다른 곳에서 불어 송나라 도성에 이르러 높이 불었고, 역조(鶂鳥)가 높이 날고 있어서 그 바람을 맞아 물러나게 된 것이라 했다. 마치 송 양공(宋襄公)이 강력한 초(楚)나라와 맹(盟)을 다투는 것과 같아, 6년이 지나 초나라에게 잡히게 된 것은 (여섯 마리 역조에서) 6이라는 수(數)에 감응한 것이라 여겼다. 또 이르기를, 정(鄭)나라의 유연(洧淵)에서 용들이 서로 싸움을 하였다고 했는데, 유향은 용의 재앙에 가깝다고 여겼다. 정(鄭)나라는 소국(小國)으로 진(晉) · 초(楚) 사이에 끼어 있었고, 다시 강성한 오(吳)나라에게는 요충지에 해당하였다. 자산(子産)이 정권을 담당하여 정나라는 마침내 걱정이 없어졌다. 덕(德)으로써 능히 변고(變故)를 없앨 수 있는 효험이었다고 했다. 按 : 용(龍)의 점은 뒤에 또 「오행지잡박(五行志雜駁)」편에 보인다.

60 역주 : '자(字)'를 다툰다는 것은 본래 형수의 '임신(姙娠)'을 놓고 서로 다툰다는 의미이다. 程千帆, 『史通箋記』, p.311 참조.

典, 自任胸懷也.

按 : 취지가 『좌씨전』의 존숭을 위주로 하고, 여러 설(說)의 지리(支離)함을 배척한 말로써 가장 단순하고 명쾌하다. 그러나 진지궁(陳持宮)에 대한 알기 쉬운 설명이나 전무색(田無嗇)에 대한 보점(補占)으로 얻었다는 것이 자신의 박식함을 자랑하였다는 꾸짖음을 다시 답습하는 것이 아니겠는가.(意宗『左氏傳』爲主, 而斥羣說之支離, 所言最直截. 然則陳持弓之演義, 田無嗇之補占, 得毋亦蹈自矜魁博之誚乎)

제4과(第四科)

10-19

(「오행지」에 보이는) 고대의 학술에 정통하지 못한 것에는 세 종류가 있다. 첫째, 이전의 책들을 널리 인용하였지만 모두를 망라하지 못한 것. 둘째, 『좌전』의 사례를 채록하면서 빠뜨린 것이 매우 많은 것. 셋째, 옛 사실을 누차 열거하였지만 출처를 알 수 없는 것 등이다.

「오행지」에 이르기를, 큰바람과 관련한 뭇 징조[庶徵][61]에 대하여 유향(劉向)은 『춘추』에는 그 감응(感應)을 말하고 있지 않다고 여겼다. 그러나 유흠(劉歆)은 희공(僖公) 16년(B.C. 644)에 『좌전』에 묘사된 여섯 마리 익조

61 역주 : 『상서』 「홍범(洪範)」편에는 아홉 가지 큰 규범이 그 내용으로 되어 있는데 그중, 여덟 번째의 뭇 징조[庶徵]라 함은 비오는 것[雨], 맑은 날[暘], 더위[燠], 추의[寒], 바람이 부는 것[風], 때의 일치[時] 등이라 했다.

(鷁鳥)가 거꾸로 날아간 것이 바로 그것이라 했다.[62](「오행지」 下之上) 살펴보건대, 옛 사서에 유향은 『곡량전(穀梁傳)』을 배웠고, 유흠은 『좌전』을 배웠다고 하였는데,[63] 배우고 익힌 내용이 각각 달랐으니 견문이 같지 않았던 것은 당연하였다. 그러나 주(周)나라에서 나무가 뽑히고,[64] 정백(鄭伯)이 탄 수레가 제하(齊河)에 굴러 떨어진 사건[65]은 바람에 의한 피해로 『상서』와 『춘추』에 기록되었다. 유향은 그것을 생략하고 말하지 않았고, 유흠은 그것을 알면서도 해석하지[傳] 않았다.('전(傳)'은 '박(博)'이라고 해야 할 것이다. 釋 : 이는 바람에 대한 점후로 남긴 것이지만 수록하기는 어려웠을 것이다) 또한 「오행지」는 많은 괴이한 사실들을 상세히 언급하였고, 많은 재앙들을 차례대로 서술하였다. 그러나 하늘에서 하얀 긴 털이 떨어진 재이를 기록하면서[66](「오행지」 中之上) 조(趙)나라에서 털이 땅에서 자라난 것은 기록하지 않았고,[67] 종류가 다른 새끼를 낳아 길렀다는 것을 기록

62 역주 : 『좌전』 희공 16년 경문(經文)에, 정월 무신(戊申) 삭(朔), 송나라에 운석 5개가 떨어졌다. 이 달에 여섯 마리의 익조(鷁鳥)가 송나라의 도성을 지나갔다고 했다. 전문(傳文)에, 16년 봄, 운석이 송나라의 하늘 위에서 5개나 떨어졌다. 이는 운성(隕星)이었다. 또 여섯 마리의 익조가 송나라 도성 위를 뒤로 날아갔다. 이는 바람 때문이었다고 했다. 이하 주 왕실의 내사(內史) 숙흥(叔興)이 송 양공(宋襄公)의 물음에 대해 이러한 징조는 노나라에 큰 상(喪)이 여러 번 있고, 제나라에 큰 난이 일어날 것이라고 말한 내용이 보인다. 그러나 숙흥이 물러 나와 이러한 현상은 단순한 음양의 일일 뿐 길흉과는 아무런 관계가 없다고 말하고 있다.

63 역주 : 이와 관련한 내용이 『한서』 권27상, 「오행지」 상, 『한서』 권36, 「유향전」·「유흠전」에 각각 보인다.

64 『상서』 「금등(金縢)」편에 보인다. 역주 : 「금등」편에, 가을에 오곡은 모두 익었으나 미쳐 거두기도 전에 하늘은 큰 뇌우(雷雨)와 함께 바람을 불게 하여 곡식은 전부 쓰러지고 큰 나무는 뿌리채 뽑혀지니 나라 사람들이 크게 두려워하였다고 했다.

65 『좌전』 은공(隱公) 3년(B.C. 720)에, 겨울 경술일(庚戌日)에 정백(鄭伯)이 탄 수레가 제하(濟河)에 굴러 떨어졌다고 했다. 두예의 주(注)에, 맹약을 맺고 나서 큰 바람을 만났기 때문에 『좌전』에서는 그 괴이함[異]을 기록한 것이라 했다.

66 「오행지」 中之上에, 천한(天漢) 원년(B.C. 100)에 하늘에서 하얀 털이 떨어졌다. 3년 8월에 하늘에서 하얀 긴 털이 떨어졌다. 경방(京房)의 『역전(易傳)』에 이르기를, 앞서 즐겁고, 후에 근심이 있을 때 재앙으로 하늘에서 깃털이 떨어진다고 했다.

67 『풍속통의(風俗通義)』 「황패(皇霸)」편에, 조왕(趙王) 천(遷)이 진(秦)의 이간책을 믿고 이목(李牧)을 죽였다가 드디어 멸망하였다. 이에 앞서 동요(童謠)에 이르기를, '조(趙)

하면서[68](「오행지」 中之下) 송(宋)나라에서 참새가 매를 낳은 사실[69]은 기재하지 않았다. 이는 모두 작은 사실은 보면서도 중대한 사실은 잊고 있으며, 보잘 것 없는 사실은 거론하면서도 중요한 사실은 생략하였음을 말해준다. 대개 배운 바가 달라 견식이 모든 내용에 통하지 못하였기 때문이다.(釋: 이는 또 두 가지 사실에 대한 미진한 것을 검출(檢出)한 것이지만, 수록하기는 어려웠을 것이다) 또한 한대[炎漢之代][70]에 발생한 괴이한 사실의 경우 더욱 기이하였다. 경제(景帝)(마땅히 무제(武帝)라고 해야 한다)가 태평한 시대를 이어받았던 때에 피처럼 붉은 바람이 불었고,[71] 우공(于公)이 관직에 있을 때 항양(亢陽)에 한재(旱災)가 있었다.[72] 이 두 사건은 각기 「무제기

나라 사람들은 크게 울고, 진(秦)나라 사람들은 크게 웃네. 믿지 못하겠거든 땅에 난 털을 보라'고 했다. 이 동요는 『사기』 권43, 「조세가(趙世家)」에도 보인다. 역주: 그러나 '털[毛]'의 의미가 재앙을 나타내는 의미로 사용되었다고 이해한 유지기와는 달리 '불모지지(不毛之地)'에서 보듯 땅위에 나는 곡물을 일반적으로 가리키는 의미이기도 하다. 이에 대하여는 『공양전』 선공(宣公) 12년(B.C. 597)의 '불모의 땅을 주어[錫之不毛之地]'에 대한 하휴(何休)의 주(注)와 『곡량전』 정공(定公) 원년(B.C. 509) '초목(草木)[毛]과 수택(水澤)이 마르거나 고갈되지 않고[毛澤未盡]'에 대한 범녕(范寧)의 집해(集解) 참조.

68 『한서』 권27中之下, 「오행지」 中之下에, 성제(成帝) 수화(綏和) 2년(B.C. 7) 3월, 천수(天水)의 평양(平襄)에 제비[燕]가 참새[爵]를 낳았다. 먹여 키우다 다 자라자 함께 날아갔다. 경방(京房)의 『역전(易傳)』에 이르기를, '제비가 참새를 낳았다는 것은 제후가 쫓겨날 조짐이다', 일설에는 '동류(同類)가 아닌 새끼를 낳았으니 자식이 후사를 잇지 못한다'라고 했다.

69 왕유검(王惟儉), 『사통훈고(史通訓故)』에, 가의(賈誼)의 『신서(新書)』에 이르기를, 송강왕(宋康王) 때 참새[雀]가 송골매[鸇]를 성(城)의 한 모퉁이에서 낳았다. 점괘에 이르기를, '길하다. 작은 것이 큰 것을 낳았으니, 반드시 천하의 패자가 될 것이다'라고 했다. 강왕이 기뻐하여 등(滕)을 멸하고 제후를 토벌하였으며, 하늘에 화살을 쏘아대고, 땅에 매질을 하며 사직을 불질러 없애버렸다. 제후(齊侯)가 이를 토벌하자 강왕은 예후(郳侯)의 숙소로 도망을 하였다가 죽었다. 按: 즉 송왕(宋王) 언(偃)이다.

70 역주: 한(漢)은 오행 중 화덕(火德)을 표방했기 때문에 '염한(炎漢)'이라 한 것이다.

71 『한서』 권6, 「무제기(武帝紀)」에, 건원(建元) 4년(B.C. 137) 여름, 피처럼 붉은 바람이 불었다고 했다. 역주: 『사기』와 『한서』의 「경제기(景帝紀)」에 이와 관련한 기록이 보이지 않고, 「무제기」에 보일 뿐이다. 포기룡(浦起龍)의 지적이 맞다.

72 『한서』 권71, 「우정국전(于定國傳)」에, 그의 부(父) 우공(于公)이 군(郡)의 결조(決曹)로 있을 때 동해태수(東海太守)가 효부(孝婦)를 죽였다. 그 후 군(郡)에는 큰 가뭄이 3년이나 계속되었다. 후임 태수가 이르러 그 까닭을 점치니, 우공이 말하기를, '효부

(武帝紀)」와 「우정국전(于定國傳)」에 상세히 기록되어 있지만, 「오행지」에는 그러한 내용이 없다. 무엇 때문인가? 이것이 이른바 이전의 책들을 널리 인용하였지만 모두를 망라하지 못한 것이다.

古學不精者, 其流有三 : 一曰博引前書, 網羅不盡; 二曰兼採『左氏』, 遺逸甚多; 三曰屢擧舊事, 不知所出. 「志」云 : 庶徵之恒(一作'常')風, 劉向以爲『春秋』無其應. 劉歆以爲釐十六年, 『左氏傳』釋六鶂(同'鷁')退飛是也.(在「志」 下上) 案舊史稱劉向學『穀梁』,(一有'劉'字) 歆學『左氏』. 旣祖習各異, 而聞見不同, 信矣. 而周木斯拔, 鄭車僨濟, 風之爲害, 備於『尙書』·『春秋』. 向則略而不言, 歆則知而不傳.(恐當作'博'. 釋 : 此就風占所遺, 進難) 又詳言衆怪, 歷敍群妖. 述雨氂爲災,(在「志」 中上) 而不錄趙毛生地; 書異鳥相育,(在「志」 中下) 而不載宋雀生鸇. 斯皆見小忘大, 擧輕略重. 蓋學有不同, 識無通鑒故也.(釋 : 此又檢出二事之未盡者, 進難) 且當炎漢之代, 厥異尤奇. 若景(當作'武')帝承平, 赤風如血; 于公在職, 亢陽爲旱. 惟(一作'在')紀與傳, 各具其詳, 在於『志』中, 獨無其說者, 何哉?(釋 : 此更搜出本書所有, 彼載此遺, 進難) 此所謂博引前書, 網羅不盡也.

按 : 「오행지」가 고대 학술에 대하여 정통하지 못한 것에는 세 가지가 있었는데, 앞의 두 가지는 다른 원인으로 인해 나온 것이고, 뒤의 한 가지는 그 원인이 자체에 있었다. 좇을수록 더욱 견고하여 유지기가 이러한 사실에 대하여 정말 어떻게 해야 하는지를 잘 알고 관점이 분명하다는 것을 느낀다.(不盡之款三, 而前二款款從它出, 後一款款在自邊. 越追越緊, 覺此老於此事眞路熟眼明)

가 마땅히 죽어서는 안 되는데 전 태수가 강제로 처형을 하였으니, 아마도 재앙은 그러한 까닭에서 생겼을 것이오'라고 했다. 그리하여 태수는 효부의 무덤에 제사를 지내고 그 묘에 효부의 비를 세우니 하늘에서 바로 큰 비가 내렸다고 했다.

10-20

『좌전』에 이르기를, 송나라 사람이 미친개[瘈狗][73](「오행지」에는 '미친개[猘狗]'라고 했다)를 쫓아내자 화신(華臣)이 진(陳)나라로 도망갔다고 하였다. (「오행지」 中之上) 또 이르기를, 송(宋)의 공자(公子) 지(地)에게 백마(白馬)가 있었는데 경공(景公)이 빼앗아 그 갈기와 꼬리를 붉게 물들였다.[74] 경공(景公)의 동모제(同母弟)인 진(辰)과 송 공자 지(地)가 소(蕭)를 점거하고 반란을 일으켰다고 하였다.[75](「오행지」 下之上) 반고의 「오행지」는 이 두 사실을 기록하고 이를 개와 말이 일으킨 재화(災禍)라고 여겼다.(原注 : 이 두 사건은 반고 자신이 해석한 것이지, 제유(諸儒)의 말을 인용한 것이 아니다) 살펴보건대, 『좌전』에 기재된 이러한 사례(事例)는 매우 많다. 예컨대 계씨(季氏)의 반란은 계씨가 겨자를 싸움닭의 깃털 위에 바른 것으로 인해 일어났고,[76] 위(衛)나라의 멸망은 위 의공(衛懿公)이 학을 길러 학들을 수레를 타게 하였기 때문이다.[77] 조(曹)나라가 망한 것은 기러기를 잡아 조백(曹伯)에게

---

73 『좌전』 양공(襄公) 17년(B.C. 556)에, 국인(國人)들이 미친개[瘈狗]를 몰았는데, 그 미친개가 화신(華臣)의 집으로 들어가자 국인들이 따라 들어갔다. 이에 화신은 자신을 해칠까 두려워하여 바로 진(陳)나라로 달아났다고 했다.

74 『좌전』 정공(定公) 10년(B.C. 500)에, 송 공자 지(地)에게는 백마가 4필 있었다. 경공(景公)은 향퇴(向魋)를 총애하였는데, 향퇴가 그 백마를 가지고자 하니, 경공이 벽마를 빼앗아 갈기와 꼬리를 붉게 물들여서 향퇴에게 주었다. 공자 지가 노하여 사람들을 시켜 향퇴를 매질하고 말을 빼앗았다.

75 역주 : 경공이 지나치게 향퇴를 총애하였기 때문에 공자 지(地) 등이 소(蕭)에서 반란을 일으킨 해는 정공(定公) 11년(B.C. 499)의 일이다.

76 『좌전』 소공(昭公) 25년(B.C. 517)에, 계씨(季氏)와 후씨(郈氏)가 닭싸움을 시켰을 때, 계씨가 자기 닭의 털에 겨자를 바르자 후씨는 닭의 발톱에 쇠골무를 만들어 끼웠다. 계평자(季平子)가 노하여 자기 집을 후씨의 집터까지 늘리면서, 전에 후씨가 자기 집터를 침범하였다고 꾸짖었다. 때문에 후소백(郈昭伯)은 계평자를 원망하게 되었다.

77 『좌전』 민공(閔公) 2년(B.C. 660)에, 위 의공(衛懿公)이 학(鶴)을 좋아하여 학이 대부의 수레를 타기까지도 했다. 적(狄)이 위(衛)나라를 치자, 전투에 나서면서 국인(國人)들이 무기를 받으면서 모두 말하기를, '학을 시켜라. 학이야말로 실로 녹(祿)을 받고 지위가 있으니 우리가 왜 싸우겠는가!'라고 하였다.

주었기 때문에 비롯된 것이며,[78] 정(鄭)의 자공(子公)과 자가(子家)가 정 영공(鄭靈公)을 시해한 것은 요리사가 초(楚)나라 사람이 바친 자라를 요리를 한 것이 발단이 되었다.[79] 극지(郄至)는 돼지를 빼앗아 와서 가족이 몰살을 당하였고,[80] 화원(華元)이 양을 죽였다가 결국 도망치게 되었다.[81] 이들은 백흑(白黑)의 상(祥)과 우모(羽毛)의 얼(孽)을 말하는 사례(事例)들이었다.[82] 그런데도 어찌하여 버리고 논하지 않으면서, 다만 개와 말의 사례

78 『좌전』 애공(哀公) 7년(B.C. 488)에, 조백(曹伯) 양(陽)은 새 사냥을 좋아했다. 조(曹)나라의 신분이 낮은 사람 공손강(公孫彊)이 새 사냥을 좋아하였는데 흰 기러기를 잡아서 바치자 사성(司城)으로 삼았다. 공손강은 조백에게 패자(覇者)에 대하여 말하자 그의 말에 따라 진(晉)나라를 배반하고 송(宋)나라를 침범하였다. 송나라 사람들이 조나라를 정벌했지만, 진(晉)나라 사람들은 구원하지 않았고 드디어 조(曹)나라를 멸망하였다고 했다.

79 『좌전』 선공(宣公) 4년(B.C. 605)에, 초(楚)나라 사람이 정 영공(鄭靈公)에게 커다란 자라를 바쳤다. 정나라 공자 송(宋)과 자가(子家)가 군주를 보려고 궁중에 들어갈 때 자공(子公)[宋]의 둘째 손가락이 저절로 움직였다. 그는 그것을 자가에게 보이면서 말하기를, '다른 날 나의 손가락이 이렇게 되면 반드시 별미(別味)를 맛보게 될 것이다'라고 했다. 궁중에 들어가자 음식을 만드는 사람이 커다란 자라로 요리를 만들려 하고 있었다. 그들은 서로 보고 웃었다. 영공이 웃는 까닭을 물으니 자가가 그 이유를 고했다. 식사를 하려고 하자 영공은 자공을 불러놓고도 고기를 주지 않았다. 자공은 노하여 나가면서 솥에 손가락을 담갔다 빼서 그 손가락을 맛보며 나갔다. 영공이 노했다. 자공이 영공(靈公)을 시해했다고 했다.

80 『좌전』 성공(成公) 17년(B.C. 574)에, 진 여공(晉厲公)이 사냥을 나가 여자들과 함께 먼저 잡은 짐승을 죽여서 술을 마시고, 그런 뒤에 대부(大夫)들에게 잡은 짐승을 죽여 먹으라고 했다. 그때 극지(郤至)가 멧돼지를 군주에게 바치자 환관[寺人] 맹장(孟張)이 그것을 빼앗았다. 극지가 활을 쏘아 환관을 죽이자 여공이 말하기를, '계자(季子)[郤至]가 나를 업신여기는구나'고 했다. 여공이 세 극씨(郤氏)를 주살하기를 꾀하였다.

81 「모의(摸擬)」편을 보라. 역주 : 이러한 사실이 『좌전』 선공(宣公) 2년(B.C. 607)에 보인다.

82 역주 : 『한서』 권27中之上, 「오행지」 中之上에, 해석[說]에 이르기를, 대개 초목류(草木類)에서 나타나는 괴이(怪異)함을 '요(妖)'라 이른다. 요(妖)는 곧 요태(夭胎)를 말하는데, 아직 미미하여 드러나지 않는 것을 말한다. 벌레류에서 나타나는 괴이함을 '얼(孽)'이라 이른다. 얼은 곧 요얼(妖孽)[牙孽]을 말하는데, 이 얼이 육축(六畜)의 몸에서 발생하는 것을 '화(禍)'라고 이르는데, 괴이함이 현저(顯著)한 것을 말한다. 이 얼이 사람의 몸에서 발생하는 것을 '아(痾)'라고 하는데, '아'는 병세를 말하고 그 중세가 심해지는 것을 말한다. 심하여 이물(異物)이 생기는 것을 생(眚)이라 하고, 이물이 외부로부터 왔을 때 이를 '상(祥)'이라 한다고 했다. 백흑(白黑)의 상(祥)은 오행(五

만 들고 있는가? 이것이 이른바 『좌전』의 사례를 채록하면서 빠뜨린 것이 매우 많은 것이다.

『左傳』云 : 宋人逐猰(「志」作'猘')狗, 華臣出奔陳.(在「志」 中上) 又云 : 宋公子地(舊誤作'它', 下同)有白馬, 景公奪而朱其尾鬣. 地弟辰以蕭叛.(在「志」 下上) 班「志」書此二事, 以爲犬馬之禍.(原注 : 此二事是班生自釋, 非引諸儒所言) 案『左氏』所載, 斯流實繁. 如季氏之逆也, 由鬪鷄而傅介; 衛侯之敗也, 因養鶴以乘軒. 曹亡首於獲雁, 鄭弑(舊作'殺')萌於解黿. 郄(傳作'郤')至奪豕而家滅, 華元殺(原作'煞', 一作'烹')羊而卒奔. 此亦(一訛'言')白黑之祥, 羽毛之孽. 何獨舍而不論, 唯徵犬馬而已. 此所謂兼採『左氏』, 遺逸甚多也.

按 : 개가 미친 것과 말꼬리를 붉게 물들인 것이 본래 기이한 사물은 아니다. 때문에 조(條) 내에 채록하여 보충한 것은 모두 이러한 유(類)와 같았다. 그러나 나는 이 문단의 평론이 아직 만족스럽지 않다. 직접적으로 평가하여 "『좌전』을 채록하려 욕심내다보니 괴이한 사정이 아닌 것을 함부로 넣게 되었다"라고 말하는 것이 더욱 시원스러울 것 같다.(狗猰 · 鬣朱, 本非物怪. 故條內拾遺, 皆同此類. 然愚以此段科眼, 尙未厭心. 不如直折之曰"貪採『左氏』, 闌入非妖", 似更快爽也)

10-21

살펴보건대, 『사기』[『太史公書』][83]에 기록된 『춘추』 이전의 모든 국가의

行)상의 색과 관련이 있고, 우모(羽毛)의 얼(孽)은 짐승들과 관련이 있다. 이에 대하여는 『한서』 권27中之上, 「오행지」 中之上과 「오행지」 中之下에 각각 자세히 언급하고 있다.

재이(災異)와 현철(賢哲)들의 점후(占候)는 모두 『좌전』과 『국어』로부터 나온 것이다. 그러나 반고의 「오행지」가 인용한 사례(事例)는 위로는 주나라의 유왕(幽王)·여왕(厲王)으로부터 시작하여 아래로는 노나라의 정공(定公)·애공(哀公)까지이다. 그런데도 『국어』는 언급하지 않고,[84] 다만 사관(史官)의 기록[史記][85]이라고만 칭하였으니 어찌 근본을 잊고 하찮은 것을 취하며, 먼 것을 버리고 가까운 것을 좇는 것이 아니겠는가? 이것이 이른바 옛 사실을 누차 열거하였지만 출처를 알 수 없는 것이다.

案『太史公書』自『春秋』已前, 所有國家災眚, 賢哲占候, 皆出於『左氏』·『國語』者也. 今班『志』所引, 上自周之幽·厲, 下終魯之定·哀. 而不云『國語』, 唯稱史記, 豈非忘本徇末, 逐近棄遠者乎? 此所謂屢擧舊事, 不知所出也.

按 : 전거(典據)를 여럿 들면서도 그 원조(元祖)를 소홀히 하는데, 주석가들 역시 대부분 이러한 병폐를 지니고 있다. 준의(浚儀) 왕씨(王氏)의 말에, "소동파(蘇東坡)의 시(詩)에, '노란 꽃이 피고 나면 가을은 멀리 「하소정(夏小正)」에서 나온다'라고 했다. 대개 「하소정」에 '9월에 국화가 노란 꽃을 피운다'는 구절이 있기 때문인데, 주(注)를 단 사람이 다만 『월령(月令)』만

83 역주 : 『사기』 권130, 「태사공자서(太史公自序)」에, 모두 130편(篇), 52만6천5백자로서 이를 『태사공서(太史公書)』라고 이름 붙인다고 했다.

84 按 : 제1과(科)의 두 번째 조(條)에 이르기를, '공이 제후들과 주(周)에서 회합하였다[會]'고 했는데 이것이 『국어』를 언급하지 않은 사례 중 하나이다. 또 기타 예컨대 '말을 순종하지 않는다[言不從]'의 징조로 세 극씨(郤氏)가 화를 당할 것이라는 사실, '화(火)가 수(水)를 해친다'는 징조로 곡수(穀水)와 낙수(洛水) 두 강물이 엉켜 싸웠다는 사실 등에 대한 잘못도 역시 같다. 「오행지」에는 (『국어』를 인용한 사례이면서 출처를 밝히지 않은) 이 같은 잘못이 자주 보인다. 역주 : 위의 사실은 모두 『한서』 권27中之上, 「오행지」 中之上에 언급된 사례이다.

85 역주 : 『한서예문지』 「육예략(六藝略)」 "춘추"에, 노나라는 주공(周公)의 나라이므로 예(禮)와 문물을 갖추고, 사관은 법도가 있었다. 그러므로 좌구명(左丘明)으로 하여금 사관이 기록한 역사[史記]를 보게 하고, 행한 일에 의거하고, 인도(人道)에 말미암아 성취로써 공을 세우고, 패함으로써 벌을 이룬다. 일월을 빌려 역수(曆數)를 정하고 조빙(朝聘)을 빌려 예악을 바로잡았다고 했다.

을 인용한 것은 잘못이다"라고 했다. 나는 이를 거울삼아 예컨대 『사통』은 본래 『원위서(元魏書)』로부터 따온 것이지만 주석가들은 오히려 『북사(北史)』를 인용하여 출처로 삼았고, 본래는 심약(沈約)의 『송서(宋書)』와 소자현(蕭子顯)의 『남제서(南齊書)』로부터 따온 것이지만 주석가들은 오히려 『남사(南史)』를 인용하여 출처로 삼았다. 기타 잡다한 서술의 경우 낱낱이 들어 말할 수 있는 것이 더욱 많다. 나의 주석(注釋)은 원문(原文)에 의거하고 다시 최초의 본원(本源)으로 돌아감으로써 가능하면 열거한 사례가 원래의 출처가 아니라는 꾸짖음을 면하고자 하였다. (이러한 뜻을) 덧붙여 기재한다.(數典而忘其祖, 注書家亦通多此病. 湊儀王氏有云, "『東坡詩 : '黃花後秋節, 遠自夏小正.' 蓋以「夏小正」有'九月榮鞠'之句也. 注者止引「月令」, 非也." 愚鑑於此, 如『史通』本摘『元魏書』也, 注家輒引『北史』當之. 本摘沈『宋』·蕭『齊書』也, 注家輒引『南史』當之. 自餘雜述, 枚擧更多. 拙注一依文返本, 庶免擧事不原所出之誚云. 附識)

10-22

「오행지」에 설정된 세목은 전부 20종(種)이다.[86] 그러나 모든 세목마다 잘못이 많아 모두 다 논할 수 없다. 때문에 각 세목 중에서 어떤 때에는 잘못된 사례를 하나씩만 열거하였다. 대개 비슷한 것을 찾아내 설명을 더하면[87] 다른 내용을 모두 알 수 있을 것이다.(釋 : 네 과(科)와 모두 관련이

86 역주 : 「오행지」에 설정된 세목을 19종 혹은 29종이라고 하기도 했지만, 이상에서 살핀 제1과(科) 4종, 제2과 5종, 제3과 8종, 제4과 3종을 합치면 모두 20종이 된다. 張振珮, 『史通箋注』, p.663 참조.

87 역주 : '비슷한 것을 찾아내 설명을 더하면[觸類而長]'의 의미는 본래 『주역』「계사상전(繫辭上傳)」에 보이는데, "8괘가 되면 작은 괘가 이루어지니, 8괘를 끌어와 중첩시

있는 말이다) 또 살펴보건대, 이 「오행지」의 편찬은 본래 길흉을 밝히고 복(福)과 화(禍)를 해석하여, 권선징악함으로써 장래의 사람들에게 경계(警戒)를 주기 위함이다.(釋 : 몇 마디 말로 의견을 제시하길, 기왕에 '오행지'라고 호칭하였으니 징조와 감응을 마땅히 조사하여 밝혀야 한다) 예컨대 춘추시대 이후 한나라까지의 사이에 일식(日蝕) · 지진(地震) · 운석(隕石) 그리고 산이 무너지거나, 우박이 떨어지거나, 하늘에서 물고기가 떨어지고, 큰 가뭄과 홍수, 개(어떤 판본에는 '닭[雞]'이라고 했지만, 주(注)와 맞지 않는다)와 돼지가 부른 재앙, 복숭아와 오얏이 겨울에 꽃을 피운 것 등 대부분 그 재앙을 직접 서술하였지만 그 감응(感應)에 대해서는 말하지 않았다.(原注 : 춘추시대에 일식은 36회 있었는데, 2회는 그 감응을 말하지 않았다.[88] 한나라 때에는 일식이 53회 있었는데, 40회나 그 감응을 말하지 않았다.[89] 또한 혜제(惠帝) 2년(B.C. 193), 무제(武帝) 정화(征和) 2년(B.C. 91), 선제(宣帝) 본시(本始) 4년(B.C. 70), 원제(元帝) 영광(永光) 3년(B.C. 41), 수화(綏和) 2년(B.C. 7)에 모두 지진이 있었고, 운석이 떨어진 것은 11회지만[90] 모두 그 감응을 말하지 않았다. 또한 고후(高后) 2년(B.C. 186) 무도산(武都山)이 무너졌고 성제(成帝) 화평(和平) 2년(B.C. 27) 초(楚)나라에 우박이 내렸는데 크기가 도끼만 하여 날아가던 새들이 맞아죽었다. 성제 홍가(鴻嘉) 4년(B.C. 17)에 신도(信都)에 물고기가 떨어졌으며 효경제(孝景帝)때에는 큰 가뭄이 2회 있었다.[91] 소제(昭帝) ·

켜 8괘끼리 합쳐 큰 괘를 만들면 세상의 가능한 일이 모두 구비된다[八卦而小成, 引而申之, 觸類而長之, 天下之能事畢矣]"에서 인용하여 의역하였다.

88 역주 : 포기룡, 『사통통석(史通通釋)』(上海古籍出版社, 1978. 이하 같음) 교감기(校勘記)에, 살펴보니 금본(今本) 『한서』 「오행지」에 기재된 춘추시대의 일식은 모두 37회이고 모든 일식마다 그 감응을 말하고 있다고 했다.

89 역주 : 『사통통석』 교감기에, 살펴보니, 금본(今本) 『한서』 「오행지」에 기재된 한나라 때 일식은 모두 54회였다고 했다.

90 역주 : 『사통통석』 교감기에, 원작(原作)에는 '14회'였지만 『한서』에 의거하여 '11회'로 고쳤다고 했다.

91 역주 : 『사통통석』 교감기에, 「오행지」를 살펴보니 큰 가뭄을 기록하면서 그 감응을 말하지 않은 것이 2회인데, 하나는 경제(景帝) 중(中) 3년(B.C. 147)이고, 하나는 성제(成帝) 영시(永始) 3년(B.C. 14) · 4년이다. 때문에 '효경제 때[孝景之時]'는 마땅히 '경제 · 성제 두 시대[景 · 成二代]로 써야 한다.

성제 때에 대홍수가 3회 있었다. 하평(河平) 원년(B.C28) 장안(長安)에 사람의 모습을 하고 갑옷을 입고 활을 쥐고 있었는데 그것들을 공격하니 모두 개였다. 또한 홍가(鴻嘉 : B.C. 20-17) 연간에 개와 돼지가 서로 교배(交配)하였다. 혜제(惠帝) 5년(B.C. 190) 10월에 복숭아와 오얏 꽃이 피고 열매가 열었지만 모두 그 감응에 대하여는 말하지 않았다. ○주(注)의 글자와 현행 판본 사이에 같지 않은 것은 모두 사서에 의거하여 고쳤다) 이러한 것들은 노나라 사서(史書)인 『춘추』와 『한서』의 제기(帝紀)에 모두 기록되어 있는데, 어찌하여 「오행지」에 그 내용을 다시 중복하여 편찬하고 있는가! 옛날에 반표가 이르기를, 사마천은 사마상여(司馬相如)의 일을 서술하면서 그가 태어난 군현(郡縣)을 모두 거론하고, 그의 자(字)를 적었다.[92] 그러나 소하(蕭何) · 조참(曹參) · 진평(陳平) 같은 사람들('진평 같은 사람들'은 구본(舊本)에는 빠져 있는 것을 「열전」을 참조하여 보완하였다. 그렇지 않으면 소하와 조참 역시 사마천과 동시대의 사람이 된다)과 동중서(董仲舒) 등 자신과 같은 시대의 사람을 서술할 때는 그들의 자(字)를 적지 않았고, 혹은 그들이 태어난 현(縣)의 이름만 기록하고 군(郡)은 적지 않는 등 어떤 부분은 돌볼 겨를이 없었던 것 같다.[93] 반고의 『한서』 「오행지」의 착오가 매우 많은 것이 어찌 삭제함에 있어서 치밀하지 못했기 때문이란 말인가? 그렇지 않다면 어찌 빠뜨리고 생략한 것이 이다지 심한가?(釋 : 이상에서는 모두 「오행지」의 감응(感應)의 유무가 균일하지 않다고 했다) 「오행지」는 또한 재이현상을 해석하여 이룬 글이 이치에 맞지 않음에도 억지로 통하게 하였다. 예컨대 '물여우[蜮]'를 '혹(惑)'으로 해석하고,[94] '그러니

---

92 역주 : 『사기』 권117, 「사마상여열전」에, 사마상여는 촉군(蜀郡) 성도(成都) 사람으로, 자는 장경(長卿)이라고 했다.

93 모두 『후한서』 권40上, 「반표열전(班彪列傳)」에 보이는 문장이다. 按 : 동중서(董仲舒)는 『사기』 권121, 「유림전(儒林傳)」에 수록되어 있다. 역주 : 소하는 『사기』 권53, 「소상국세가(蕭相國世家)」, 조참은 『사기』 권54, 「조상국세가(曹相國世家)」, 진평은 『사기』 권56, 「진승상세가(陳丞相世家)」 각각 참조.

94 『한서』 권27下之上, 「오행지」 下之上에, 엄공(嚴公) 18년(B.C. 676) 가을, 물여우[蜮]가 있었다. 유향(劉向)은 물여우는 남월(南越)에 생긴다고 했다. 월(越) 지방에서는 남녀가 같은 냇가에서 목욕을 하는데, 음란한 기운이 발생하기 때문에 이를 이름하여 물

[麋]'를 '미(迷)'로 해석하였으며,[95] 5개의 운석이 떨어진 것을 제(齊)나라의 5명의 공자(公子)에 대한 징벌로 해석하였고,[96] 일곱 산[七山]이 붕괴된 것을 한(漢) 제국 일곱 제후국이 결국 패하는 징조로 해석하였다.[97] 숙복(叔服)이 천자의 사신으로 장례에 참석하고, 성백(郕伯)이 도망하여 왔다고 해서 스스로 대국인양 뽐냄으로 인해 재앙이 되었고,[98] 정백(鄭伯)이 허(許)나라와 땅을 바꾸었으며, 노나라가 내(萊)나라 정벌을 꾀함으로 인해 벼의 모를 갉아먹는 벌레의 재해를 초래하였다.[99] 이상과 같은 사례는

여우라고 한 것이다. 물여우[蜮]는 사람을 미혹(迷惑)시킨다는 뜻이다.

95 『한서』 권27中之上, 「오행지」 中之上에, 엄공(嚴公) 17년 겨울, 고라니가 많았다. 유향(劉向)은 고라니가 청색(青色)이므로 청색의 재이[青祥]에 가깝다고 했다. '고라니[麋]'란 글자의 발음은 '미혹[迷]'이다. 대개 짐승 암컷이 음란한 것을 말한다고 했다.

96 『한서』 권27下之下, 「오행지」 下之下에, 이공(釐公) 16년(B.C. 644) 정월에, 운석(隕石)이 송(宋)나라에 떨어졌는데, 다섯 개였다. 유흠(劉歆)은 정월에 해[日]는 성기(星紀) 별자리에 있어서 현효(玄枵) 별자리에 가깝게 위치한다. 현효는 제(齊)나라 분야(分野)이다. 석(石)은 산에서 나는 물건이요, 제(齊)나라는 태악(太嶽)의 후예이다. 따라서 돌 다섯 개는 제 위공(齊威公)이 죽고 다섯 공자(公子)가 난(亂)을 일으킨다는 것을 상징한다고 했다.

97 『한서』 권27下之上, 「오행지」 下之上에, 문제(文帝) 원년(B.C. 197)에 제(齊)·초(楚) 지역의 산 29군데에서 큰 물이 생겨 무너져 내렸다. 유향은 수(水)가 토(土)를 해쳤기 때문에 하늘이 경계(警戒)를 내려 제와 초의 군주를 성하게 하지 못하게 하였다고 여겼다. 16년이 지나 문제(文帝)는 제(齊)나라 땅을 나누어 도혜왕(悼惠王)의 서자(庶子) 6명을 모두 왕으로 세웠다. 경제(景帝) 3년에 이르러 제·초 7국에서 군사를 일으켰지만 한이 이를 모두 격파하였다. 한제국 7국의 많은 산들이 무너져 모두 그 피해를 입었다. 按: 문장에서 7국의 산이 무너졌다고 한 것은 7국의 산이 모두 물로 무너진 것을 말한다.

98 『한서』 권27中之上, 「오행지」 中之上에, 문공(文公) 2년(B.C. 625) 12월부터 이듬해 가을 7월까지 비가 내리지 않았다. 천자는 숙복(叔服)을 사신으로 보내 노(魯)나라 희공(僖公)의 장례에 참석하게 하였다. 또 13년에 정월부터 가을 7월까지 비가 내리지 않았다. 이에 앞서 조(曹)·기(杞)·등(滕)나라에서 노나라에 내조(來朝)하였고, 성백(郕伯)이 노나라로 도망하여 왔고, 진(秦)나라가 사신을 보내 내빙(來聘)하였다. 제(諸)와 운(鄆) 두 곳의 성(城)을 쌓았다. 2년 사이에 다섯 나라의 군신들이 노나라에 왔고, 국내에서는 두 읍에 성을 쌓음으로 스스로 대국인양 뽐냄으로 인해 민심을 잃었다고 했다.

99 『한서』 권27下之上, 「오행지」 下之上에, 은공(隱公) 8년(B.C. 715)에 마디충[螟]의 재해가 발생하였다. 그때 정백(鄭伯)이 병(邴) 땅으로 허전(許田)과 바꾸고자 하는 이익을 탐하는 마음이 있었다. 경방(京房)의 『역전(易傳)』에 이르기를, '탐은 벌레의 재해

「오행지」에 그 종류가 대단히 많다. 비록 (그와 관련한 길흉을 분석한) 해석은 많지만 골라 취할만한 견해가 없다. 견식을 갖춘[知音][100] 군자들이 상세히 살펴보기를 바란다.(釋 : 이 문단에서는, 해석도 있고 징조도 있지만 또 억지로 파헤쳐 맞추는 잘못이 있다고 하였다)

所定多目, 凡二十(或訛'一十九', 或訛'二十九')種. 但其失旣衆, 不可殫論. 故每目之中, 或時擧一事. 庶触類而長, 他皆可知.(釋 : 緻過四科) 又案斯志之作也, 本欲明吉凶, 釋休咎, 懲惡勸善, 以戒將來.(釋 : 數語提下, 言旣號「五行」, 徵應宜覈矣) 至如春秋已還, 漢代而往, 其間日蝕 · 地震 · 石隕 · 山崩 · 雨雹 · 雨魚 · 大旱 · 大水, 犬(一作'鷄', 與注不應)豖爲禍, 桃李冬花, 多(一無'多, 字)直敍其災, 而不言其應.(原注 : 載『春秋』時日蝕三十六, 而二不言其應. 漢時日蝕五十三, 而四十不言其應. 又惠帝二年 · 武帝徵和二年 · 宣帝本始四年 · 元帝永光三年 · 綏和二年, 皆地震. 隕石凡十一. 總不言其應. 又高後二年, 武都山崩. 成帝河平二年, 楚國雨雹, 大如斧, 蜚鳥死. 成帝鴻嘉四年, 雨魚於信都, 孝景之時, 大旱者二. 昭 · 戎二代, 大雨水三. 河平元年, 長安有如人狀, 被甲持兵弩, 擊之, 皆狗也. 又鴻嘉中, 狗與豖交. 惠帝五年十月, 桃李花, 棗實. 皆不言其應也. ○注字有與行本不同者, 皆照史改) 此乃(一作皆', 非)魯史之『春秋』 · 『漢書』之帝紀耳, 何用復編之於此志哉! 昔班叔皮云 : 司馬遷敍相如則擧其郡縣, 著其字.(此三字照班『傳』補, 舊脫)蕭 · 曹 · 陳平之屬,('陳平之屬'四字, 亦舊脫, 照傳補. 否則蕭 · 曹亦馬遷並時矣) 仲舒並時之人, 不記其字, 或縣而不郡, 蓋有所未暇也. 若孟堅此『志』, 錯繆殊多, 豈亦刊削未周者邪? 不然, 何脫略之甚也.(釋 : 已上皆謂「志」應逗漏不齊) 亦有穿鑿

를 가져온다'라고 했다. 또 「오행지」 中之下에, 환공(桓公) 5년(B.C. 707)에 누리충[螽]의 재해가 발생하였다. 유향은 이를 개충(介蟲)류의 재앙이라 여겼다. 읍(邑)을 교환하고, 역(役)을 일으켰기 때문이라 하였다. 선공(宣公) 6년(B.C. 603)에 누리충의 재해가 있었다. 유향은 선공이 다시 제(齊)나라로 가서 래(萊)의 정벌을 꾀했기 대문이라 했다.

100 역주 : 『문심조룡(文心雕龍)』 「지음(知音)」편에 보이는 '지음'의 의미는 원래 음악에 담겨진 의미를 이해함을 말하는 것으로 음악을 감상할 수 있는 능력을 말한다. 유협(劉勰)은 이를 문학작품을 감상하고 평가할 수 있는 견식(見識)을 갖춘다는 의미로 설명하였다.

成文, 强生異義. 如蜚之爲惑, 麋之爲迷, 隕五石者齊五子之徵, 潰(舊作'崩', 誤)七山者漢七國之象, 叔服會葬, 郕(舊作'成', 非)伯來奔, 亢陽所以成妖, 鄭易許田, 魯謀萊國, 食苗所以爲禍. 諸如此比,(一作'事') 其類弘多. 徒有解釋, 無足觀採. 知音君子, 幸爲詳焉.(釋 : 此段謂有解有徵, 而又失之鑿也)

按 : 이 조는 이상의 내용을 마무리하고 또 비슷한 내용을 추론하여 언급하였는데, '빠뜨리고 생략한 것을 샅샅이 조사한다[脫略穿鑿]' 네 글자로 나누어 개괄할 수 있다.(此條束上以又推類言之, 脫略穿鑿四字分括)

반고의 「오행지」는 잡란(雜亂)함이 만연(蔓延)하여 모두 다섯 책으로 나뉘어졌다.[101] 비록 옛 것을 좋아하는 사람이라도 한 권을 모두 읽기도 전에 정신이 혼미해질 것이다. 이제 『사통』의 편배(編排)상의 잘못을 보니 전체를 네 과(科)로 나누고 그에 따른 내용을 20종(種)으로 구별하였다. 점포의 갈대 같은 것으로 엮어 만든 동일한 발[箔]에 쌀 · 모래[砂] · 피[稗] · 쭉정이[秕] · 겉껍질[稃] 등을 모두 쌀알 속에 스스로 뒤섞는 것과 같고, 같은 율서(律書)를 펼치면서 이(以) · 준(准) · 개(皆) · 각(各) 등 율(律)의 예(例) 중에도[102] 각기 분별이 있어서 각고의 노력과 난숙(爛熟)함이 없으면 근본적으로 어디서부터 손을 대어야 할지 모른다. 일찍이 나는 스스로 헤아려 본 적이 있는데 만약 나로 하여금 글을 쓰게 한다면 잡박체(雜駁體)를 쓸 수는 있지만 결코 과별체(科別體)를 쓸 수 없을 것이다. 쓰지 않는 것이 아니라 쓸 능력이 없기 때문이다. 후세 사람들이 말을 혼란스럽게 하여 예전의 현인(賢人)을 비웃은 것에 대하여 지적하였는데, 만약 이 편을 가려 없애버리고 다시 조목(條目)을 흉내내어 세워 쓴다고 해도 아마 일찌감치 물의 끝도 보이지 않는다고 (부끄러워) 얼굴을 돌릴 것이다.[103]

---

101 역주 : 『한서』 권27, 「오행지」가 上 · 中之上 · 中之下 · 下之上 · 下之下 다섯 편으로 구성되어 있음을 말한다.

102 역주 : 왕응린(王應麟), 『곤학기문(困學紀聞)』 권13에, 율(律)의 예(例)에는 여덟 가지가 있다고 했다. 즉 이(以) · 준(准) · 개(皆) · 각(各) 외에도 기(其) · 급(及) · 즉(卽) · 약(若) 등이 있다고 했다. 모두 법률적 의미를 담은 용어로 쓰였다.

나는 감히 이 말을 가지고 시끄럽게 떠드는 사람들에게 경계하고자 한다.(班志五行, 糾轕蔓延, 都爲五冊. 雖嗜古之士, 擧未盈卷, 輒已神惛. 今觀『史通』之編排錯誤也, 科總以四, 流別二十. 如鋪一箔米, 砂·稗·秕·稃, 粒中自獻. 如攤一本律, 以·准·皆·各, 例裏出支. 非穿穴爛熟, 安從措手. 嘗竊自料, 使我下筆, 能爲雜駁體, 決定不作科別體. 非不作也, 不能也. 後生口滑, 嗤點前賢, 假有掩去斯篇, 第令擬立條目, 蛋恐不見水端旋其面目者矣. 敢持斯語, 箴警囂嗸者)

이후의 사서(史書)에 재상(災祥)을 적을 경우 난잡하게 얽힌 내용을 삭제해야 한다는 것을 모두 알았지만 오행을 편(篇)으로 하여 여전히 존숭하였고 결국 계속 답습하고 고치지 않았다. 무엇 때문인가? 문류(門類)를 나누면 곧 조리정연하게 되고, 사물의 관건을 파악하면 누락됨이 없게 된다. 반고(班固)는 여전히 이러한 사정의 조종(祖宗)이로다.(後史志災祥, 咸知刊落葛藤矣. 然篇宗五行, 卒相踵不改, 何也? 門分則有條, 綱擧則無漏, 班仍事祖哉!)

103 역주 : 『장자(莊子)』「추수(秋水)」편에, "(하백(河伯)이) 흐름을 따라 동쪽으로 가서 북해(北海)에 이르러 동쪽의 해상(海上)을 바라보니 어찌나 넓은지 물의 끝이 보이지 않았다[不見水端]. 그래서 하백은 비로소 그 얼굴을 돌려[旋其面目] (북해의 신) 약(若)을 올려다보고 한숨을 지으며 말했다. '속담에 백쯤되는 도리를 들으면 저보다 나은 자가 없다고 생각한다'는 말이 있지만, 이건 바로 나를 두고 말한 것이오"라고 하였다.

「오행지잡박(五行志雜駁)」 제11

原注: **춘추시대의 사건들이 착오가 가장 많은데, 모두 15조이다.** ○按: **이 주(注)는 분명 원문(原文)이고, 「오행지잡박」 편은 『춘추』를 벗어나지 않았다.**[春秋時事, 違誤最多, 總十五條 ○此注的是原文, 「雜駁」總不越『春秋』]

앞의 「한서오행지착오」편이 사서의 체례와 편찬방법의 잘못을 세부적으로 구분하여 지적한 것이라면, 이 편에서 지적한 내용은 「오행지」에 기재된 춘추시대의 사건들 가운데 당시의 정치적 상황이나 시간의 선후 그리고 지리적 조건으로 보았을 때 명백하게 잘못된 사실임에도 불구하고 유향(劉向)과 동중서(董仲舒) 등이 견강부회한 사례를 거론하고 그 문제점을 비판하였다. 예를 들어, 당시의 정치적 상황과 관련하여 「오행지」의 기사(記事)로써 명백하게 잘못된 사례는 노 문공(魯文公) 2년의 가뭄, 소공(昭公) 9년 진(陳)의 화재, 성공(成公) 5년 양산(梁山)이 무너진 사건과 양공(襄公) 연간의 일식과 지진・무빙(無氷), 소공(昭公) 17년의 일식 등과 관련한 해석이라 지적하였고, 시간의 선후가 잘못된 사례로는 성공(成公) 원년의 무빙(無氷), 이공(釐公)[僖公] 29년의 큰 우박, 이공(釐公) 12년의 일식, 양공(襄公) 때 송(宋)에서 기이한 모습의 여자아이가 태어난 사실, 애공(哀公) 13년 혜성이 동방에 출현한 일 등에 대한 해석이 잘못되었다고 비판하였다. 지리적인 조건으로 보아 해석이 잘못된 사례는 문공(文公) 원년의 일식, 『좌전』 소공(昭公) 19년 정(鄭)의 시문(時門) 유연(洧淵)에서의 용들의 싸움에 대한 해석 등이고, 그 외 사실의 서술에 어긋남이 있고 재이를 해석한 것 역시 정확하지 않은 사례로 환공(桓公) 3년의 개기일식에 대한 해석, 소공(昭公) 15년 일식(日蝕)의 발생횟수, 소공(昭公) 9년의 진(陳)의 화재에 대한 해석 등이라 지적하였다. 대체로 『춘추』의 기사(記事)와 관련한 유향과 동중서의 해석이 『공양전』과 『곡량전』의 해석에만 의존하고 『좌전』 등 보다 상세한 자료를 참고하지 않은데서 비롯된 잘못이라 지적하였던 것이다.

11-1

노 문공(魯文公) 2년(B.C. 625) 비가 내리지 않았다. 반고(班固)는 문공이 즉위한 후 천자가 숙복(叔服)을 파견하여 장례에 참가하게 하고 또 모백(毛伯)을 보내 명(命)을 내렸으며, 문공과 진후(晋侯)가 척(戚)에서 회합하여[1] 위로는 천자의 환심을 얻고, 밖으로는 제후들의 환심을 얻게됨으로 크게 우쭐거렸기 때문에 큰 가뭄의 재앙을 초래하였다고 여겼다.(「오행지」 中之上) 살펴보건대, 주(周) 왕실이 동쪽으로 천도(遷都)한 후 날로 쇠약해졌기 때문에, 정(鄭)이 주(周)나라 온(溫)지방의 보리를 베어 가고(은공(隱

1 『한서』 권27中之上, 「오행지」 中之上 안사고(顔師古)의 주(注)에, '장례에 참석하게 하였다'라고 함은 희공(僖公)의 장례를 말하고, '명을 내렸다'라고 함은 모백을 보내 제후의 명규(命圭)를 내려 서신(瑞信)으로 삼게 하였음을 말한다. '척(戚)에서 회합하였다'라고 함은 대부 공손오(公孫敖)와 회합한 것을 말하고, 척은 위(衛)나라 땅이다. 역주 : 『좌전』 문공(文公) 원년을 보면, 봄에 주 양왕(周襄王)이 내사(內史) 숙복(叔服)을 노 희공(魯僖公)의 장례에 참석하게 했고, 여름에 주 양왕이 왕실의 경사인 모백(毛伯) 위(衛)를 노나라에 보내 노 문공(魯文公)에게 작명(爵命)을 내렸다고 했고, 5월에 진(晉)의 군사가 척(戚)을 포위하였고, 가을에 진 양공(晉襄公)이 척 땅의 경계를 획정할 때 노나라의 공손오(公孫敖)가 이 일에 참여하게 되었다고 했다.

公) 3년)[2] 주(周) 천자의 어깨를 활로 쏘아 명중시켰으며,(환공(桓公) 5년)[3] 초(楚)나라는 주 왕실에 더 이상 조공을 하지 않았고,(희공(僖公) 4년)[4] 열병식을 하면서 정(鼎)의 경중을 물어보았다.(선공(宣公) 3년)[5] 이처럼 주 왕실은 이미 제후국들의 지위와 같아져 「아(雅)」가 변하여 「풍(風)」이 되었다.[6] 노나라는 주(周) 왕실에 대한 태도에서 큰 제후국처럼 그렇게 거만하지 않았고, 작은 제후국처럼 그렇게 공손한 것도 아니었다. 그런데 어찌 쇠약해진 주 왕실에게 사신을 파견할 것을 요구하며 교만하게 스스로를 뽐내었다고 하늘의 징벌을 초래하여 큰 가뭄의 재앙을 가져왔겠는가? 그것을 인사(人事)와 관련하여 살펴보더라도 도리로서 반드시 그렇지 않았을 것이다. 하늘은 신명(神明)하여 인간 세상의 미세한 일까지도 살펴

---

2 역주 : 『좌전』 은공 3년(B.C. 720)에, 주(周)나라 평왕(平王)이 붕어하자 주왕조 사람들이 괵공(虢公)에게 정권을 맡기려 하였다. 그리하여 4월에 정(鄭)나라 제족(祭足)이 군대를 거느리고 가서 온(溫) 땅의 보리를 베고, 또 가을에 성주(成周)의 벼를 베니, 주왕조와 정나라는 서로 미워하게 되었다고 했다. 두예(杜預)의 주(注)에, 온(溫)은 지금의 하내(河內) 온현(溫縣)이고, 성주는 낙양현(洛陽縣)이라 했다.

3 역주 : 『좌전』 환공 5년(B.C. 707)에, 천자가 정백(鄭伯)이 장악하였던 주 왕실에 대한 권력을 빼앗자 정백이 천자를 조현(朝見)하지 않았다. 그리하여 가을에 천자가 제후들을 이끌고 정나라를 정벌하고, 정백이 그것을 막았다. …… 정나라 군사가 힘을 합해 공격하자 천자의 군사는 크게 패했다. 축담(祝聃)이 천자에게 활을 쏘아 어깨를 맞추었고, 천자 또한 잘 싸웠다고 했다.

4 역주 : 『좌전』 희공 4년(B.C. 656)에, (제후(齊侯)가 초나라를 정벌하자 초나라 군주가 사람을 보내 제후에게 군사에 대한 말을 하자, 이에 재상 관중(管仲)이 대신 답하는 말에) "그대의 나라[楚]에서 공물(貢物)과 포모(包茅)가 들어오지 않으니 천자께서 드리는 제사에 제물이 바쳐지지 못하고, 제사 술을 제대로 걸러서 올릴 수가 없으므로 과인은 그것을 요구하는 것이며, 또 천자이신 소왕(昭王)께서 남쪽을 순수(巡狩)하다가 돌아오지 못하였으니 과인은 그것을 묻는 것이오"라고 하였다.

5 역주 : 『좌전』 선공(宣公) 3년(B.C. 606)에, 초(楚)나라 군주[楚子]가 육혼(陸渾)의 융족(戎族)을 정벌하여 낙수(雒水)에 이르러, 주왕조의 강토에서 열병(閱兵)의식을 가졌다. 이에 천자인 정왕(定王)이 왕손(王孫) 만(滿)에게 초자(楚子)를 위로하게 하자 초자는 왕손 만에게 (천자를 상징하는) 구정(九鼎)의 크기와 무게를 물었다고 했다.

6 『시경』 「왕풍(王風)」 "서리(黍離)" 정현(鄭玄)의 전(箋)에, 유왕(幽王)의 난으로 종주(宗周)가 멸망하고, 평왕(平王)이 동천(東遷)하자 정치는 점차 쇠약해져 지위가 낮아져 제후와 같았다. 따라서 그 시(詩)가 「아(雅)」에 실리지 못하고 「국풍(國風)」에 실리게 되었다고 했다.

알 수 있는데 어찌 이 같은 일이 있겠는가?

魯文公二年, 不雨. 班氏以爲自文卽位, 天子使叔服會葬, 毛伯賜命, 又會晋侯於戚. 上得天子, 外得諸侯, 沛然自大, 故致亢陽之禍.(「志」 中上) 案周之東遷, 日以微弱. 故鄭取溫麥,(隱三) 射王中肩.(桓五) 楚絶苞茅,(僖四) 觀兵問鼎.(宣三) 事同列國, 變「雅」爲「風」. 如魯者 · 方大邦不足, 比小國有餘. 安有暫降衰周使臣, 遽以驕矜自恃, 坐招厥罰, 亢陽爲怪.(一無'爲怪'二字) 求諸人事, 理必不然. 天高聽卑, 豈其若是也.

按 : 이 조에서 반박한 것은 오로지 '위로는 천자의 환심을 얻고'라는 문구가 중심이고, '밖으로 제후들의 환심을 얻고'라는 문구는 단지 부수적으로 인용한 것이다.(此條所駁, 專主'上得天子'句, '外得諸侯'特帶引)

주(周)가 쇠하였다는 것으로부터 논의를 시작한 것은 거리가 있는 듯하다.(從周衰入議, 似膈膜)

11-2

『춘추』 성공(成公) 원년(B.C. 590)에 얼음이 얼지 않았다고 하였다. 반고는 당시 왕찰자(王札子)가 소백(召伯) · 모백(毛伯)을 죽였기 때문이라고 여겼다.(「오행지」 中之下) 살펴보건대, 지금 『춘추』의 경문(經文)에 왕찰자가 모백 · 소백을 죽인 사건은 선공(宣公) 15년(B.C. 594)에 보인다. 그런데도 「오행지」에서 성공(成公) 시대라고 말하는 것은 이치에 맞지 않는다.[7] 그

7 『한서』 권27中之下, 「오행지」 中之下 안사고(顔師古)의 주(注)에, 왕찰자는 즉 왕자첩(王子捷)이다. 소백 · 모백은 모두 주(周)나라 대부(大夫)이다. 그 '때로부터[下]'란 '현재의 『춘추경』' 등 다섯 구절의 문장을 말한다. 역주 : 『좌전』 선공 15년에도, 왕손(王

사건은 얼음이 얼지 않았던 때로부터 3년의 간격이 있다.[8]

『春秋』成公元年, 無冰. 班氏以爲其時王札子(一誤作'子札', 下同)殺召伯·毛伯.(「志」 中下) 案今『春秋經』札子殺毛·召, 事在宣十五年. 而此言成公時, 未達其說. 下去(一訛作'云') 無冰, 凡有三載.

按: 이 조는 연대를 구분하면서 나타나는 잘못을 바로잡으려는 것으로 안사고(顔師古)의 주(注)에 근거하여 견해를 밝혔다.(此條糾年分之訛, 本顔注立說)

11-3

『춘추』 소공(昭公) 9년(B.C. 533), 진(陳)나라에 화재가 발생하였다고 했다. 동중서(董仲舒)는 진(陳)의 하징서(夏徵舒)가 군주를 시해하자 초 엄왕(楚嚴王)(**原注**: 엄왕은 곧 장왕(莊王)이다. 모두 본서(本書)에 의거하여 그 글자를 고치지 않았다. 이하 같다)은 이를 구실로 적(賊)을 토벌한다고 나서자 진(陳)은 성문을 열고 그를 환영하였지만 이를 틈타 초가 진을 멸망시켰으며, 진의 신민(臣民)들의 원한(怨恨)이 더욱 심해지자 음기(陰氣)가 지나쳐 양기(陽氣)를 발생케 했기 때문에 화재가 발생한 것이라고 여겼다. 살펴보건대, 초 엄왕이 진(陳)에 침입한 것은 노 선공(魯宣公) 11년(B.C. 598)의 일이다.

孫) 소(蘇)가 조정의 소씨(召氏)와 모씨(毛氏)와 정권을 다투므로, 왕자(王子) 첩(捷)으로 하여금 소대공(召戴公)과 모백(毛伯) 위(衛)를 죽이게 하고 마침내 소(召)나라의 양공(襄公)을 군주로 세웠다고 했다. 본문에 보이는 유지기의 평은 안사고의 주를 그대로 인용한 것이다.

8 **按**: 선공(宣公)의 치세는 18년까지이다. 이제 선공 15년으로부터 성공(成公) 원년까지의 간격은 3년이다.

처음에는 소를 끌고 남의 밭을 지름길로 삼아 밟고 갔다는 비난을 받으며 숙시(叔時)에게서 부끄러움을 당하였지만[9](어떤 책에는 "외숙(隗叔)에게 비난을 받았다고 잘못 썼다) 결국에는 초(楚)가 진(陳)을 회복시킨 은덕으로 공자(孔子)에게 칭찬을 받았다.[10] 그런데도 원한이 더욱 심해져 화재가 발생하였다고 했으니 이러한 이치는 들어본 적이 없다. 진(陳)은 전후 모두 세 차례에 걸쳐 초(楚)에 멸망당한 적이 있다.[11] 첫 번째는 선공(宣公) 11년에 초 엄왕에게 멸망되었고, 두 번째는 소공(昭公) 8년(B.C. 534)에 초 영왕(楚靈王)에게 멸망되었으며, 마지막으로 애공(哀公) 17년(B.C. 478)에 초 혜

9 『좌전』 선공 11년에, 초(楚)나라 군주[楚子]는 진(陳)나라 하씨(夏氏)의 난을 이유로 진(陳)을 정벌하고 현(縣)으로 편입하였다. 초나라의 신숙시(申叔時)가 말하기를, '사람들이 하는 말 중에, 소를 끌고 남의 밭을 지름길로 삼아 밟고 가면, 밭주인은 그 소를 빼앗는다고 합니다. 소를 끌고 남의 밭을 지름길로 삼아 밟고 가는 자에게는 실로 죄가 있고, 남의 소를 빼앗는 것은 죄가 큽니다'라고 하였다.

10 『사기』 권36, 「진기세가(陳杞世家)」에, 초 장왕(楚莊王)이 진(陳)나라를 정벌하고 진(陳)을 현(縣)으로 개칭하여 그 땅을 차지하였다. 신숙시(申叔時)가 간(諫)하자 장왕은 진 영공(陳靈公)의 태자 오(午)를 진(晉)으로부터 데려오게 하여 군주로 즉위시켜 진나라의 군주의 위가 그대로 이어지게 하였다. 그가 바로 성공(成公)이다. 공자(孔子)가 사서(史書)의 기록에서 초나라가 진나라를 회복시켜준 곳에 이르자, '현명하도다! 초나라 장왕이여! 천승(千乘)의 국가를 가벼이 여기고, 신숙시의 한마디 말을 무겁게 여기었으니!'라고 감탄하였다. **按**: 이 같은 주(注)를 왕유검(王惟儉)의 『사통훈고(史通訓故)』에서는 모두 『좌전』을 인용하면서 '현명하구나'라는 칭찬의 말[贊]을 중간에 넣었지만, 역시 원래 나오는 문장이 아니었다. 『좌전』에 어찌 이 같은 칭찬의 말이 있겠는가?

11 초(楚)나라가 처음으로 진(陳)나라를 멸망시킨 것은 즉 선공(宣公) 11년(B.C. 598) 진나라를 현(縣)으로 만든 일이다. 주(注)에, 진(陳)을 멸하여 초의 현(縣)으로 삼았다고 했다. 소공(昭公) 8년(B.C. 534)에, 초나라 공자(公子) 기질(棄疾)이 군대를 거느리고 진(陳)나라 손오(孫吳)를 받들고 진(陳)의 도읍을 포위하였고, 송(宋)의 대오(戴惡)가 그 일에 가담하였다. 겨울 11월에 진(陳)을 멸했다. 진후(晉侯)가 사조(史趙)에게 묻기를 '진이 결국 멸망할 것인가?'라고 하자, '아직 아닙니다', '세성(歲星)이 순화성(鶉火星)의 위치에 나타나면 마침내 멸망할 것입니다. 세성이 지금 석목(析木)별자리 가에 있으니 장차 다시 소생할 것입니다'라고 하였다. 애공(哀公) 17년(B.C. 478)에, 초나라 백공(白公)의 난에, 진(陳)나라 사람들이 그동안 쌓은 국력을 믿고 초를 침공하였다. 그때 초나라는 안정된 후였다. 초나라 군주[楚子]는 무성(武成)의 수령[尹]으로 하여금 군대를 거느리고 가서 진(陳)나라의 보리를 거두어 오도록 하였다. 초나라는 드디어 진나라를 포위하였고, 가을에 진을 멸망시켰다고 했다. **역주**: 이상은 모두 『좌전』의 기록이다. 물론 포기룡(浦起龍)은 내용을 축약하여 인용하였다.

왕(楚惠王)에게 멸망되었다. 이제 동중서는 진(陳)이 두 번째로 망한 때를 초(楚)가 처음으로 진을 멸망시킨 때로 잘못 알고 망녕된 점후(占候)로 재이(災異)가 발생한 원인을 헛되이 분석하였다. 살펴보니 소공(昭公)으로부터 선공(宣公)까지 노나라에서는 네 군주[公]가 바뀌었고,[12] 엄왕(嚴王)으로부터 영왕(靈王)까지 초나라에서는 다섯 군주[五代]를 거쳤다.[13] 시간상 이렇게 큰 거리가 있고 다른데도 동중서는 그것을 뒤섞어 구분하지 않았다. 아! 3년이나 휘장을 쳐놓고 학문에만 전념한 것은[14] 정말 근면한 것이지만, 그 차이가 천리나 나고 있으니[15] 어찌 그렇게 사정에 어둡단 말인가?

『春秋』昭公九年, 陳火. 董仲舒以爲陳夏徵舒弑君, 楚嚴王(原注 : '嚴'卽'莊'也. 皆依本書不改其字. 下同)托欲爲陳討賊, 陳國辟門而待之, 因滅陳. 陳之臣子毒恨尤甚, 極陰生陽, 故致火災.(「志」之上) 案楚嚴王之入陳, 乃宣十一年事也. 始有蹊田之謗, 取愧叔時;(一訛作'取譏隗叔') 終有封國之恩, 見賢尼父. 毒恨尤甚, 其理未聞. 又(一脫'又'字)案陳前後爲楚所滅者三, 始宣十一年爲楚嚴王所滅, 次昭八年爲楚靈王所滅, 後哀十七年爲楚惠王所滅. 今董生誤以陳次(一脫'次'字)亡之役, 是楚始滅之時, 遂妄有占候, 虛辨物色. 尋昭之上去於宣, 魯易四公;(一作'主') 嚴之下至於靈, 楚經五代. 雖懸隔頓別, 而混雜無分. 嗟乎! 下帷三年, 誠則勤矣. 差之千里, 何其闊哉!

---

12 역주 : 네 군주란 선공(宣公)·성공(成公)·양공(襄公)·소공(昭公)을 말한다.

13 『사기』 권40, 「초세가(楚世家)」에, 장왕(莊王)이 죽고, 아들인 공왕(共王) 심(審)이 즉위하였다. 공왕이 죽고, 아들인 강왕(康王) 초(招)가 즉위하였다. 강왕이 죽고, 아들인 원(員)이 즉위하였다. 바로 겹오(郟敖)이다. 공자(公子) 위(衛)가 그를 시해하고 스스로 즉위하였는데, 바로 영왕(靈王)이다. 모두 5세(世)라고 했다.

14 역주 : 『한서』 권56, 「동중서전」에, 어린 시절부터 『춘추』공부에 전념하여 효경제(孝景帝) 때 박사가 되었다. 그는 실내에 휘장을 내려놓고 그 뒤에서 강학(講學)을 하였고, 제자들은 먼저 입학한 학생이 뒤에 입학한 학생들을 가르치게 하였다. 따라서 어떤 학생은 그의 얼굴을 보지 못했다. 대개 3년 동안이나 정원을 쳐다보지 않았다. 학문에 마음을 다하는 정도가 이러하였다고 했다.

15 역주 : 『사기』 권130, 「태사공자서」에, 『역』에 이르기를, '터럭만한 실수가 천리의 차이를 가져온다'는 말이 있다고 했다.

按 : 옛날 평(評)에 동중서(董仲舒)가 잘못하여 초 영왕(楚靈王) 때의 일을 초 장왕(莊王) 때의 일로 옮겼다고 한 것은 옳다. 또 어떤 평에 선공(宣公) 11년(B.C. 598)에는 아직 진(陳)을 멸했다는 사실을 말한 적이 없고 소공(昭公) 8년(B.C. 534)에 멸했다고 했다. 따라서 세 번 진(陳)을 멸했다는 말은 주도면밀하지 못하다고 했다. 그러나 초(楚)의 현(縣)이 되었다는 것이 멸망한 것이 아니면 무엇인가? 처음 망했다가 다시 봉해졌고, 이어 또 망했다가 다시 세워졌으며, 애공(哀公) 17년(B.C. 478)에 멸망함에 이르러 정말 망하게 되었던 것이다. 유지기의 이 조(條)의 내용은 매우 주도면밀하다.(舊評謂董誤以楚靈之事移於楚莊, 是也. 又有評云 : 宣十一年未嘗言滅陳, 昭公八年乃滅之. 以三滅之言爲不審. 夫旣縣之矣, 非滅而何? 其初滅而復封, 其繼亦滅而復立, 至哀十七年之滅, 然後亡. 子玄此條殊無不審之言也)

선공(宣公) 11년 진(陳)을 멸했다는 사실은 『한서』 「오행지」의 동중서의 점후(占候)와 『좌전』 두예(杜預)의 주(注)에 모두 분명한 문장이 있다.(宣十一滅陳, 本「志」董占及『左傳』注皆有明文)

11-4

『춘추』 환공(桓公) 3년(B.C. 709)에 일식(日蝕)이 있었는데, 개기일식이었다. 『경방역전(京房易傳)』은 이 일이 있고 나서 초 엄왕(楚嚴王)[莊王]이 처음으로 왕을 칭하고(이는 안사고(顔師古)의 주(注)를 인용한 말이다) 천리의 땅을 병합하였다고 여겼다.(「오행지」 下之下) 살펴보건대, 초(楚)나라에서 무왕(武王)이 왕을 참칭(僭稱)한 이후 채후(蔡侯)와 정백(鄭伯)이 등(鄧)에서 회맹(會盟)한 것은 초(楚)를 두려워했기 때문이다.[16] 초나라의 새로운 진법(陣法)은 오래 전부터 전해졌다.[17](역시 안사고(顔師古) 주(注)의 말을 인용하였다) 무왕이 왕을 칭한 때로부터 문왕(文王)·성왕(成王)·무왕(繆王) 3대를 거쳐서 엄왕에 이르렀으니 초(楚)가 왕을 칭한 것은 이미 4세에 이른다.[18] 어찌 엄왕이 처음으로 왕을 칭하였다고 할 수 있는가? 또한 노 환공(魯桓公)이 죽은 후 엄공(嚴公)·민공(閔公)·이공(釐公)·문공(文公)·선공(宣公)(原注: '이(釐)'는 '희(僖)'이다. 모두 본서에 의거하여 글자를 고치지 않았다. 이하 같다)을 거쳐 모두 다섯 군주나 되는데, 초 엄왕이 처음으로 패자(霸者)가 된 것이 어찌 환공 3년(B.C. 709)에 일어난 일식에 대한 응험(應驗)으로 나타난 것이라 하겠는가? 사실의 서술에 어긋남이 있을 뿐 아니라 재이(災異)를 해석한 것 또한 정확하지 않다.

『春秋』桓公三年, 日有蝕之, 旣. 京房『易傳』以爲後楚嚴始稱王,(「志」

---

16 『좌전』 환공(桓公) 2년(B.C. 710)에, 채후(蔡侯)와 정백(鄭伯)이 등(鄧)에서 회합한 것은 비로소 초(楚)나라를 두려워했기 때문이다. 두예(杜預)의 주(注)에, 초 무왕(楚武王)이 처음으로 왕을 참칭하고 중원의 제후국을 해롭게 하고자 했다. 채(蔡)와 정(鄭)은 초에 가까웠기 때문에 두려워하여 회맹한 것이라고 했다.

17 『좌전』 장공(莊公) 4년(B.C. 690)에, 초 무왕(楚武王)이 초나라 진법(陣法)을 고안하여 군사들에게 창을 주었다[楚武王荊尸, 授師孑焉]고 했다. 두예의 주(注)에, '시(尸)'는 '진(陳)'이고, 형(荊)은 초(楚)를 이른다. 새로운 초나라의 진법(陣法)을 말한다고 했다. 양웅(揚雄), 『방언(方言)』에, '혈(孑)'은 창[戟]이다. 그런 즉 초에서는 처음으로 이때 창을 진법에 이용하였다고 했다.

18 『사기』 권40, 「초세가(楚世家)」에, 초(楚) 웅통(熊通)이 수(隨)나라를 정벌하자 수나라 사람들이 주(周)에 가서 초의 국호를 높여줄 것을 청하였지만 주 왕실은 허락하지 않았다. 웅통이 노하여 말하기를, '나의 조상 죽웅(鬻熊)은 문왕(文王)의 스승인데 일찍 죽었다. 성왕(成王)은 나의 조상에게 영을 내려 자남(子男)의 작위와 봉지를 하사하고 초 땅에 살게 하였다. 만이(蠻夷)들이 모두 초에 복종하였으나 주 왕실이 작위를 높여주지 않으면 내가 스스로 높일 것이다'라고 했다. 그리고는 스스로 무왕(武王)이라 칭하였다. 按: 이는 초가 처음으로 왕을 칭했다고 밝힌 문장이다. 평자(評者)가 이르기를, 초에는 이전 웅거(熊渠)에게 아들 셋이 있었는데, 구단왕(句亶王)·악왕(鄂王)·월장왕(越章王)이라 칭하였다. (이러한 사실을 가지고) 왕을 칭한 것이 무왕(武王)부터 시작된 것이 아니라고 하여 유지기를 논박하였다. 무릇 (구단왕 등) 세 칭호는 초에서 사용하던 본호(本號)가 아니고 어릴 때 부친이 지어준 명칭으로 얼마 되지 않아 곧 그 호칭을 없앴으니 어찌 왕을 칭했다고 할 수 있겠는가? 그리고 그것은 춘추시대가 되기 100년 이전의 일이었다. 「오행지잡박(五行志雜駁)」편의 여러 조목은 모두 춘추시대의 사실을 벗어나지 않는다는 제목 아래의 주(注)가 또한 매우 분명하다. 짧은 것을 보고 긴 것이라 말하는데도 말을 잘한다고 할 수 있겠는가?

無'始'字. 此用師古『注』語) 兼地千里. 案楚自武王僭號. 鄧盟是懼, 荊尸久(舊訛'又')傳.(亦用師古『注』語) 歷文·成·繆三王,(一作'主') 方至於嚴. 是則楚之爲王, 已四世矣, 何得言嚴始稱之者哉? 又魯桓公薨後, 歷嚴·閔·釐·文·宣,(原注 : '釐'卽'僖'. 皆依本書, 不改其字也. 下同) 凡五公而楚嚴始作霸, 安有桓三年日蝕而已應之者邪? 非唯敍事有違, 亦自(一無'自'字)占候失中者矣.

11-5

『춘추』 이공(釐公)[僖公] 29년(B.C. 631) 가을에 큰 우박이 내렸다. 유향(劉向)은 희공(僖公) 말년에 공자(公子) 수(遂)가 권력을 장악하고 제멋대로 하여 군주를 시해하는 지경에 이르렀고, 큰 우박을 내린 것은 음이 양을 위협하는 상징을 나타낸 것인데도, 희공이 깨닫지 못하고 2년 후 공자 적(赤)을 죽이고 선공(宣公)을 세웠다고 여겼다.[19](「오행지」 中之下) 살펴보건대, 공자 수(遂)가 태자 적을 죽이고 선공을 세운 것은 문공(文公) 말년(B.C. 609)의 일이다. (유향이) 희공 만년(晩年)(B.C. 631)이라 한 것은 시대가 현격하게 다르니 어떻게 (전후를) 거꾸로 말하고 있는가?

『春秋』釐公二十九年秋, 大雨雹. 劉向以爲釐公末年, 公子遂專權自恣, 至於弑君, 陰脅陽之象見. 釐公不悟, 遂後二年殺公子赤, 立宣公.(「志」 中下) 案遂之立宣殺子赤也, 此乃文公末代. 輒謂僖公暮年, 世寔('世寔', 一作'年世')懸殊, 言何倒錯?

---

19 「편차(編次)」편을 보라. 이는 문공(文公) 18년(B.C. 609)에 일어난 사실이다. 공자 수(遂)는 양중(襄仲)이고, 공자 적(赤)은 (문공의 태자) 오(惡)이다.

按 : 이 조와 앞의 조는 「오행지」 중의 점사(占事)가 연대에 있어서 현격하게 다른 것을 반박한 것이다. 연대가 잘못되었으면 그에 대한 점복(占卜)을 어디에 쓸 것인가? 점복가들의 말을 어떻게 증거로 삼을 수 있겠는가?(此與上條駁「志」中占事年世懸殊之繆. 年旣繆矣, 占復何施? 禨祥家言, 果可依據哉?)

11-6

『춘추』 이공(釐公)[僖公] 12년(B.C. 648)에 일식(日蝕)이 있었다. 유향(劉向)은 당시 거(莒)나라가 기(杞)나라를 멸망시켰기 때문이라고 여겼다.(「오행지」 下之下) 살펴보건대, 희공 14년(B.C. 646) 제후들이 연릉(緣陵)에 성을 쌓았다.[20] 『공양전』에는 이르기를, "무엇 때문에 성을 쌓았는가? 이는 기(杞)나라를 멸망시켰기 때문이다. 누가 기나라를 멸망시켰는가? 서(徐)와 거(莒)나라였다"라고 했다. 유향[中壘][21]의 해석은 당연히 『공양전』에 근거한 것이다. 그러나 『공양전』에 기록된 내용은 『좌전』처럼 상세하지 않았다.[22] 『좌전』 양공(襄公) 29년(B.C. 544)에, 진 평공(晉平公) 때 기(杞)나라는

20 역주 : 『춘추』 희공(僖公) 14년에, 봄에 제후들이 연릉(緣陵)에 성을 쌓았다고 했다. 경문(經文)에 대한 두예의 주(注)에, 연릉은 기(杞)의 읍(邑)이다. 회이(淮夷)를 물리치고 도읍을 연릉으로 옮겼다고 했다.

21 역주 : 『한서』 권36, 「유향전」에 보면 유향이 중루교위(中壘校尉)에 임명된 적이 있다. 따라서 여기서 '중루'란 유향을 가리킨다.

22 역주 : 희공(僖公) 14년의 기록에 대한 것만을 지칭하는 것은 아니다. 『좌전』 희공 14년 기록은 다만, '봄에 제후들이 연릉에 성을 쌓고 기나라를 옮겼는데, 사람을 기록하지 않은 것은 그 일에 결함이 있어서였다'라고만 되어 있는데 반해, 『공양전』 희공 14년의 기록은, 을해(乙亥) 봄에 제후들이 연릉에 성을 쌓았다. 누구를 위하여 성을 쌓았는가? 기나라를 위하여 성을 쌓았다. 왜 기나라를 위하여 성을 쌓았는가? 멸망했기 때문이다. 누가 멸망시켰는가? 대개 서(徐)나라와 거(莒)나라가 위협한 것이다. 왜 서와 거가 위협한다고 말하지 않았는가? 제 환공(齊桓公)을 위하여 숨긴 것이

여전히 존재하고 있었다[23]고 했다.

『春秋』釐公十二年, 日有蝕之. 劉向以爲是時莒滅杞.(「志」 下下) 案釐(一無'案'字, 一無'釐'字)十四年, 諸侯城緣陵. 『公羊傳』曰 : 曷爲城? 杞滅之. 孰滅之? 蓋徐 · 莒也. 如中壘所釋, 當以『公羊』爲本耳.(一作'爾') 然則(作'然而'用)『公羊』所說, 不如『左氏』之詳. 『左氏』襄公二十九年, 晋平公時, 杞尙在云.('在', 一作'存'. 舊贅二'云'字)

按 : 이러한 사실들은 모두 「신좌(申左)」편의 여론(餘論)이다.(此等皆「申左」之餘)

어떤 사람이 『사기』의 기(杞)나라 멸망이 획린(獲麟) 후 48년이라는 기재에 근거하여 유지기의 주장이 주도면밀하지 못하다고 비판하였다. 이는 유지기가 단지 『춘추』에 근거하여 『춘추』를 말하고, 『좌전』의 증거에 의거하여 『공양전』을 충분히 반박한 것이니 어찌 후일 더 중요한 증거를 기다릴 필요가 있겠는가? 이 역시 표제(標題) 하의 주어(注語)를 잊어버렸기 때문에 조성된 오해이다.(有據『史記』杞亡在獲麟後四十八年, 而病劉未審者. 不知劉但據『春秋』, 持『左氏』已足折『公羊』矣, 豈待更要其後乎? 此亦失記題下注語者也)

다. …… 그렇다면 누가 성을 쌓으라고 했는가? 환공이 기나라를 위하여 성을 쌓은 것이다. 왜 환공이 성을 쌓게 했다고 말을 하지 않았는가? 제후들이 멋대로 봉작하는 것을 찬성하지 않았기 때문이다 운운하여 상대적으로 많은 내용을 기록하고 있다. 『좌전』의 기록이 『공양전』에 비해 상세하다는 것은 사실에 대한 구체적 서술이 그렇다는 것이다. 이에 대하여 유지기는 「신좌(申左)」편에서 자세히 언급하고 있다.

23 『좌전』 양공(襄公) 29년에, 진후(晉侯)가 사마(司馬) 여숙(女叔)을 보내 노(魯)나라가 기(杞)나라에게서 빼앗은 땅을 돌려주게 했지만 다 돌려주게 하지 않았다. 진(晉) 도공(悼公)의 부인(夫人)이 노하였다. 숙후가 말하기를, '기는 하(夏)의 후손인데 지금 동이(東夷)와 가깝고, 노는 주공(周公)의 후손으로 진(晉)과 친합니다. 어찌 노(魯)를 야위게 하고 기(杞)를 살찌게 하려 하십니까?'라고 하였다. 두예(杜預)의 주(注)에, 진 도공의 부인은 기(杞)의 여자라고 했다. 역주 : 기나라가 멸망한 것은 초 혜왕(楚惠王) 44년(B.C. 445)의 일이다. 『사기』 권36, 「진기세가(陳杞世家)」 참조. 진 평공(晉平公)의 재위기간은 B.C. 557-B.C. 532이다.

11-7

『춘추』 문공(文公) 원년(B.C. 626)에 일식(日蝕)이 있었다. 유향은 이것이 후일 진(晉)이 강(江)나라를 멸망시킨 것에 대한 감응이라 여겼다.(「오행지」 下之下) 살펴보건대, 『춘추』 문공 4년(B.C. 623)에 초(楚)나라 사람들이 강(江)을 멸망시켰다. 그렇다면 이제 진(晉)이 멸망시켰다고 하는 (유향의) 말은 근거가 없다.(「오행지」 안사고(顔師古)의 주(注)에도 그렇게 말하였다) 또한 강(江)은 남쪽에 있으며 초(楚)와 이웃하고 있었고,[24] 진(晉)은 북방에 있어서 강(江)과는 매우 멀리 떨어져 있었다. 진(晉)이 강(江)을 멸망시켰다는 것은 이치상 통하기 어렵다.

『春秋』文公元年, 日有蝕之. 劉向以爲後晋滅江.(「志」 下下) 案本『經』書文四年, 楚人滅江. 今云晋滅, 其說無取.(本「志」師古「注」亦云) 且江居南裔, 與楚爲鄰; 晋處北方, 去江殊遠. 稱晋所滅, 其理難通.

按 : 이는 한 글자가 틀린 것에 그치지만, 혹 옮겨 베끼는 사람이 잘못한 것인지는 알 수 없다.(此止一字之訛, 或傳寫者誤, 未可知)

11-8

「오행지」에 이르기를, 『좌씨전』 노 양공(魯襄公)때 송(宋)나라에서 한

24 역주 : 『춘추』 희공(僖公) 2년(B.C. 658)에, 가을 9월 제후(齊侯) · 송공(宋公) · 강인(江人) · 황인(黃人) 등이 관(貫)에서 맹(盟)을 맺었다고 했다. 두예(杜預)의 주(注)에, 강(江)나라는 여남(汝南) 안양현(安陽縣)에 있었다고 했다.

여자아이가 태어났는데 피부가 붉고 털이 많아 불길하게 여기고 제방 밑에 내다 버렸다. 송 평공(宋平公)의 어머니 공희(共姬)의 시녀가 그 아이를 발견해 데려왔다. 그러한 연유로 이름을 기(棄)라고 하였다. 성장하면서 아름다웠으므로 평공과 짝을 맺고 아들을 낳으니 좌(佐)라고 불렀다.[25] 후에 송의 환관 이려(伊戾)가 태자 좌(痤)를 모함하여 자살하게 하였다.[26] (原注 : 이 일은 양공(襄公) 26년(B.C. 547)에 발생하였다) 이 일이 발생하기 전에 송의 대부 화원(華元)이 진(晋)으로 도망쳤고,[27] (原注 : 이 일은 성공(成公) 15년(B.C. 576)에 일어났다) 송의 화합비(華合比)가 위(衛)로 도망쳤다.[28] (原注 : 이 일은 소공(昭公) 6년(B.C. 536)에 발생하였다)고 하였다. (「오행지」에서) 유향은 때로는 화재로 가뭄이 들 분명한 징조라고 여겼다.[29] (「오행지」 中之下) 살펴보건대, 발생된 재상(災祥)[30]은 후일의 길흉사에 감응하고, 이미 발생한

---

25 역주 : 이 내용은 『좌전』 양공(襄公) 26년(B.C. 547)에 보인다.

26 『좌전』 양공(襄公) 26년에, 송(宋)의 환관[寺人] 혜장이려(惠牆伊戾)는 태자내사(太子內師)가 되었으나 총애를 받지 못했다. 초(楚)의 사자가 진(晉)에 조빙(朝聘)하면서 송을 지나갔다. 태자가 교외에서 그를 접대하려할 때 이려가 따라갔다. 이려는 가서 남모르게 땅에 구덩이를 파서 희생(犧牲)을 묻고, 그 위에 거짓으로 맹서하는 글을 얹어놓는 등 증거를 만들어 놓고는 평공(平公)에게 고하기를, '태자가 반란을 일으키기 위해 이미 초나라 사자와 결맹했습니다'라고 하였다. 평공이 사람을 보내 살펴보니 믿을 수 있었다. 태자가 목을 매어 죽었다고 했다.(평공은 후일 태자에게 죄가 없음을 알고 이려를 삶아 죽였다)

27 『좌전』 성공(成公) 15년에, 화원(華元)이 말하기를, '내가 우사(右師)가 되었고 공실(公室)의 세력이 약해져 악을 바로잡을 수 없으니 나의 죄가 크다. 감히 군주의 총애에 의지할 것인가!'라고 하고는 진(晉)으로 달아났다고 했다.

28 『좌전』 소공(昭公) 6년에, 송(宋)의 환관[寺人] 유(柳)는 군주의 총애를 받고 있었는데 태자 좌(佐)는 그를 미워하였다. 화합비(華合比)가 태자에게 말하기를, '제가 유(柳)를 죽이겠습니다'라고 했다. 유가 이 소식을 듣고, 공(公)에게 고하기를, '합비가 장차 외국에서 망명한 무리들을 불러들이려 합니다'라고 하자 공이 합비를 추방하였고, 합비는 위(衛)나라로 달아났다고 했다.

29 역주 : 원문에 보이는 '적생(赤眚)'은 『한서』 권27中之下, 「오행지」 中之下에, 화(火)는 적색(赤色)임으로 화기(火氣)로 인한 재난을 적생(赤眚)이라 하였고, 오행에서 수(水)가 화(火)를 해침에 따라 발생한다고 했다. 가뭄이 나타나는 이유이다.

30 역주 : 『상서』 「함유일덕(咸有一德)」편에, 길흉이 어긋나지 아니하여 사람에 있음은 하늘이 재상(災祥)[災殃 · 祥瑞]을 내리심이 덕(德)에 있는 까닭이라고 하였다. 길흉에 관한 징조(徵兆)로 나타나는 것을 의미한다.

길흉사는 곧 이전의 징조와 부합(符合)한다. 예컨대 화원이 진(晉)으로 도망친 것은 성공(成公) 15년(B.C. 576)의 일이어서 기(棄)를 제방 아래에 버린 것과는 실로 부합(符合)하기 어렵다. 또한 화합비가 위(衛)로 도망친 것은 노 소공(昭公) 6년(B.C. 536)의 일이다. 그런데도 화원이 진(晉)으로 도망친 사건과 함께 '이 일이 발생하기 전에'라고 하였으니, 시간상 전후가 서로 거꾸로 되었다.

『左氏傳』魯襄公時, 宋有生女子赤而毛, 棄之堤下. 宋平公母共姬之御者見而收之, 因名曰棄. 長而美好, 納之平公, 生子曰佐. 後宋臣伊(一脫'伊'字)戾讒太子痤(一訛'座')而殺之.(原注 : 事在襄二十六年) 先是, 大夫華元出奔晋,(原注 : 事在成十五年) 華合比奔衛.(原注 : 事在昭六年) 劉向似爲時則有火災赤眚之明應也.(「志」 中下) 案災祥之作, 將應後來 : 事迹之彰, 用符前兆. 如華元奔晋, 在成十五年, 參諸棄堤, 實難符會. 又合比奔衛, 在昭六年, 而與元奔,(一作'華元奔晋') 俱云'先是'. 惟前與後, 事並相違者焉.

按 : 전후 두 가지 사실이 이미 (재이(災異)와) 아무런 관련이 없으니 후일 발생한 사실을 '이 일이 발생하기 전에'라고는 더욱 할 수 없다. (따라서) 한 기록에 두 가지 잘못을 하였다.(前後既不相會, 後更不得云先, 一志兩失)

11-9

『춘추』 성공(成公) 5년(B.C. 586)에 양산(梁山)이 무너졌다.(「오행지」 下之上) 7년(B.C. 584)에는 생쥐[鼷鼠]가 교사(郊祀)에 쓸 소뿔을 갉아먹었다.[31](「오행

31 역주 : 『춘추』 성공 7년 정월, 생쥐가 교사에 바칠 소의 뿔을 갉아먹었다. 점을 쳐 소를 바꾸었다. 생쥐가 또 그 소의 뿔을 갉아먹었다. 이에 소를 풀어주었다고 했다.

지」 中之上) 양공(襄公) 15년(B.C. 558)에는 일식(日蝕)이 있었다.(「오행지」 下之下) 「오행지」는 동중서(董仲舒)와 유향(劉向)의 말을 인용하여 이들 조짐이 있고 나서,[32] 진(晉)은 계택(季澤)에서 제후들의 회합을 열어,[33] 또 대부들이 결맹하는 일이 발생했다고 여겼다. 후에 격량(湨梁)에서의 회맹을 거행할 때[34] 제후들이 있었지만 오히려 대부들끼리만 서로 결맹하였고, 군주는 아무런 실권이 없어 손을 들어 맹세를 할 수도 없었다고 여겼다. 또 양공 16년(B.C. 557) 5월 지진이 일어났다. 유향은 이 해 3월 대부들이 격량에서 결맹하였고, 5월에 지진이 발생하였다고 여겼다.(「오행지」 下之上) 또 양공 28년(B.C. 545) 봄에 얼음이 얼지 않았다.(역주 : 「오행지」 中之下) 반고(班固)는 천하의 이상한 조짐으로써 양공 때 천하 제후국의 대부들이 모두 국권을 장악하고 군주는 그들을 통제하지 못하였고 아울러 이러한 상황은 날로 더 심해졌다고 여겼다.(原注 : 『곡량전(穀梁傳)』에 이르기를, '(양공 3년) 제후들이 정권을 잃기 시작하였고 대부들이 국권을 장악하였다'라고 하였으며, 또한 '(양공 16년) 제후들이 정권을 잃었으므로 각 국의 대부들이 결맹을 하였고, 정

32 역주 : 원문에는 '이들 조짐의 전후에[自此前後]'라고 되어 있지만, 포기룡의 언급대로 '전(前)'자(字)가 없는 경우를 따랐다.

33 『좌전』 양공(襄公) 3년(B.C. 570)에, 6월 양공이 선 경공(單頃公) 및 제후들과 회합하고, 계택에서 결맹(結盟)하였다. 진 성공(陳成公)이 원교(袁僑)를 제후들의 회합에 보내 화평을 요구하게 하였다. 진후(晉侯)는 화조보(和組父)로 하여금 제후들에게 그 사실을 알리게 하였다. 가을, 노나라의 숙손표(叔孫豹)와 제후국의 대부들이 진(陳)나라의 원교(袁僑)와 결맹하였으니, 이는 진(陳)이 복종하겠다고 청했기 때문이다. 두예(杜預)의 주(注)에, 그 군주가 오지 않고 대부로 하여금 결맹하게 한 것은 신분이 대등한 사람을 보내는 것이 도리에 마땅하기 때문이라 했다.

34 『좌전』 양공(襄公) 16년에, 진 평공(晉平公)이 즉위하여 상복을 벗고, 제관(祭官)선출을 끝냈다. 곡옥(曲沃)에서 겨울 제사를 지냈다. 도읍을 경계하여 지키게 하고, 황하의 흐름을 타고 내려가 격량(湨梁)에서 제후들과 회합하고, 제후들이 남의 나라에서 빼앗은 땅을 돌려주라고 명하였다. 진후(晉侯)와 제후들이 온(溫)에서 연회를 베풀고, 각 나라의 대부들에게 춤추게 하면서 말하기를, '춤추면서 시(詩)를 노래하되, 반드시 올바르고 아름다운 뜻이 있는 것으로 하라'고 했다. 이때 노나라 숙손표(叔孫豹), 진(晉)의 순언(荀偃), 송(宋)의 향술(向戌), 위(衛)의 영식(甯殖), 정(鄭)의 공손채(公孫蠆), 소주(少邾)의 대부 등이 맹서하여 말하기를, '명에 따르지 않는 자를 우리 함께 토벌하자'고 했다.

권은 대부들에게 있었고 대부들은 신하의 본분을 지키지 않았다'라고 하였다. ○「오행지」 中之下. 釋 : 「오행지」 여기저기에서 인용한 글은 여기까지이다. 요점은 '군주는 아무런 실권이 없어 손을 들어 맹세를 할 수도 없었다', '대부들이 모두 국권을 장악하고 군주는 그들을 통제하지 못하였고' 등의 구절이다) 살펴보건대, 춘추시대 여러 나라들 중에서 권신(權臣)이라 말할 수 있는 자들로는 예컨대 삼환(三桓)[35] · 육경(六卿)[36] · 전씨(田氏)[37] 뿐이었다. 그러나 계택(雞澤)에서의 회합[會]과 격량(溴梁)에서의 결맹(結盟) 때 그 신하들이 어찌 유향이 말한 것과 같이 큰 권력을 가지고 있었겠는가?(釋 : 먼저 동중서와 유향의 말을 부정하였다) 그리고 『곡량전』에서 '대부들은 신하의 본분을 지키지 않고, 제후들은 정치를 잘못한다'라고 하면서 그들이 무례하게 권력을 농단한다고 비난하였지만 겨우 한 가지 실례밖에 들지 못했을 뿐이다. 결코 "국정(國政)은 영씨(甯氏)에게 맡기고, 제사에 관한 일만 과인(寡人)이 맡는다"[38]는 것처럼 대부가 관직을 세습함으로써 국정(國政)을 좌우하는 권력이 결국 그들에게 넘어갔던 것은 아니었다. 그런데도 이 같은 잘못을 하게 된 것은 동중서 · 유향 등이 『좌전』은 읽지 않고 다만 『곡량전』 · 『공양전』에 의거하고[39] 그들의 말을 과장하여[40] 여전히 '군주들이 아무런 실권이 없

35 역주 : '삼환(三桓)'은 노 환공(魯桓公)으로부터 나온 대부인 중손씨(仲孫氏) 즉 맹손씨(孟孫氏) · 숙손씨(叔孫氏) · 계손씨(季孫氏) 등을 이른다. 『논어』 「계씨(季氏)」편과 『예기』 「교특생(郊特牲)」편에도 '삼환'이란 명칭이 보이는데, 특히 『예기』에 대한 정현(鄭玄)의 주(注)에, 삼환을 가리켜 노 환공의 아들, 장공(莊公)의 동생, 공자(公子) 경보(慶父) · 공자 아(牙) · 공자 우(友)를 이른다고 했다.

36 역주 : '육경'은 진(晉)의 여섯 경(卿) 즉 지씨(智氏) · 범씨(范氏) · 중행씨(中行氏) · 조씨(趙氏) · 한씨(韓氏) · 위씨(魏氏) 등을 가리킨다. 『좌전』 양공(襄公) 19년, 『사기』 권39, 「진세가(晉世家)」 도공(悼公) 14년 등에 보인다.

37 역주 : 제(齊)나라의 대부를 가리킨다. 처음에는 진(陳)으로부터 망명을 해왔으나 이후 제나라의 정권을 빼앗아 제후(齊侯)가 되었다. 『사기』 권46, 「전경중완세가(田敬仲完世家)」 참조. 「세가(世家)」편(『사통(史通)』) 주(注) 참조.

38 『좌전』 양공(襄公) 26년(B.C. 547)에, 위 헌공(衛獻公)이 이의(夷儀)로부터 다시 도읍으로 돌아갈 것을 부탁하면서 자선(子鮮)으로 하여금 영희(甯喜)에게 전한 말이다.

39 『곡량전』 양공 3년(B.C. 570)에, '계택(雞澤)의 회합은' 이하 문장은 원주(原注) 중에 언급한 내용이다.(역주 : '이하 문장'이란, "(계택(雞澤)의 회합은) 제후들이 비로소 정

다', '신하들의 권력은 날로 더 심해졌다'라고 말하고 있으니 얼마나 망녕된 것인가?(釋 : 원래 동중서와 유향의 말에서 나왔는데, 대개 『곡량전』·『공양전』에 근거하면서도 더 심하다)

『春秋』成公五年, 梁山崩.(「志」 下上) 七年, 鼷鼠食郊牛角.(「志」 中上) 襄公十五年, 日有蝕之.(「志」 下下) 董仲舒·劉向皆以爲自此前(一無'前'字)後, 晋爲鷄澤之會, 諸侯盟, 大夫又盟. 後爲湨(音讀如'葛')梁之會, 諸侯(一多'不'字)在而大夫獨相與盟, 君若綴旒, 不得擧手. 又襄公十六年五月, 地震. 劉向以爲是歲三月, 大夫盟於湨梁, 而五月地震矣.(「志」 下上) 又其二十八年春, 無冰, 班固以爲天下異者. 襄公時, 天下諸侯之大夫, 皆執國權, 君不能制, 漸將日甚.(原注 : 『穀梁』云 : '諸侯始失政, 大夫執國權.' 又曰 : 諸侯失政, 大夫盟. 政在大夫, 大夫之不臣也. ○「志」 中下. 釋 : 雜引「志」文止此. 眼在'君若綴旒, 不得擧手', '大夫執權, 君不能制'等句) 案春秋諸國, 權臣可得言者, 如三桓·六卿·田氏而已. 如鷄澤之會·湨梁之盟, 其臣豈有若向之所說者邪?(釋 : 先折去董·劉之說) 然而『穀梁』謂(一作'爲')大夫不臣, 諸侯失政.(『穀梁傳』作'正', 前注同) 譏其無禮自擅, 在玆一擧而已. 非是如(一作'知', 非) '政由甯氏, 祭則寡人', 相承世官, 遂移國柄. 若斯之失也, 若董·劉之徒, 不窺『左氏』, 直憑二傳, 遂廣爲它說, 多肆奓(陟加切. 或誤作'大多'二字, 或改作

치를 잃게 된 시작이었다. 이때부터 대부들이 국가의 권력을 장악했다"는 것이다) 또 『곡량전』 양공 16년(B.C. 557)에, '격량(湨梁)의 회합에서는' 이하 문장은 원주(原注) 중의 '또 이르기를[又曰]'에 언급한 내용이다.(역주 : 그 문장이란, "(격량(湨梁)의 회합에서는)제후들이 국정을 장악하는 권위를 잃었다. 제후들의 회합에서 각 국의 대부들이 맹세를 했다고 이른 것은 국정의 권력을 대부들이 장악하여 권력이 대부들에게 있다는 것을 뜻한 것이다. 제후들이 회합하여 있는데 '제후들의 대부'라고 이르지 않은 것은 대부가 신하로서의 본분을 지키지 않았다는 뜻이었다"라고 했다) 또 『공양전』 양공 16년에, "격량(湨梁)의 회합에 제후들이 모두 이곳에 있었다. 대부들이 모여 동맹을 맺었다고 말한 것은 무슨 뜻인가? 믿음이 대부에게 있었기 때문이다. 군주를 마치 혹이 늘어진 것처럼 그렇게 여겼기 때문이라고 했다.

40 자서(字書)에, 자랑하는 말[奓言]은 과장된 말[夸言]과 같다. 『신당서(新唐書)』 권157, 「육지전(陸贄傳)」에, '과언(夸言)은 증명되지 않았으니(반드시 채택하여 쓸 필요가 없고, 실제적인 말은 사리에 맞으니 거절할 필요가 없다)'라고 했다.

'侈', 並非)言. 仍云'君若綴旒', '臣將日甚', 何其妄也.(釋 : 原出董·劉之說, 蓋本二傳而甚之)

按 : 반박한 내용이 결국 『좌전』의 말을 인용하여 시작하였으며 역시 「신좌(申左)」편의 뜻과 같다.(所駁總由援『左』起見, 亦與「申左」意同)

계택(雞澤)과 격량(湨梁)에서의 결맹(結盟)을 소철(蘇轍)은 예(禮)에 맞는 것이라 여겼고, 조붕비(趙鵬飛)는 존비(尊卑)의 구분을 바르게 한 것이라 여겼다. 그리고 여러 경문(經文)을 해석한 말로 서로 증명하면 역시 거듭 왕왕 합치하였다. 그러나 양공(襄公) 16년(B.C. 557)의 결맹은 진 평공(晉平公) 때의 사실이고 권력이 점차 옮겨가게 된 것 역시 이때부터였다.(雞澤·湨梁二盟, 蘇黃門轍以爲合禮, 趙氏鵬飛以爲尊卑之分正, 及與諸釋經之言互證之, 亦復往往而合. 然至襄十六之盟, 在晉平之世, 權移之漸, 亦自此矣)

11-10

『춘추』 소공(昭公) 17년(B.C. 525) 6월 일식(日蝕)이 있었다. 동중서(董仲舒)는, '이때 별자리[宿][41]는 필수(畢宿)에 있었고 이는 진(晉)나라의 상징이었다. 진 여공(晉厲公)이 4명의 대부를 죽여 민심을 잃고[42] 신하에게 시해(弑害)되었다.[43] 그 후 군주들은 아무도 감히 대부들을 꾸짖지 못하였고 육

41 역주 : 옛날 중국에서 28수(宿)로 나눈 별자리를 일컫던 말이다.

42 역주 : 『춘추』 성공(成公) 17년(B.C. 574)에, 진(晉)나라가 그 대부 극기(郤錡)·극주(郤犨)·극지(郤至)를 죽였다고 했고, 『좌전』 성공 17년에 소위 『춘추』에 "진나라가 그 대부들을 죽였다[晉殺其大夫]"고 한 기록한 배경에 대하여 자세히 언급하고 있다.

43 역주 : 『춘추』 성공 18년(B.C. 573)에, 진(晉)나라에서 그 군주 주보(州蒲)를 시해하였다고 했다.

경(六卿)이 서로 작당(作黨)[比周][44]하여 진(晉)의 권력을 장악하니 진의 군주가 오히려 그들을 섬겼다'고 여겼다.(「오행지」 下之下) 살펴보건대, 진 여공이 죽인 대부는 다만 극기(郤錡)·극주(郤犨)·극질(郤至) 3명뿐인데[45] 어찌하여 4명의 대부를 죽였다고 하는가? 또 진의 군주 주만(州滿)[46]이 죽은 후(原注 : 현행본 『춘추좌씨전』에는 모두 '주포(州蒲)'라고 쓰고 있는데, 이는 모두 잘못이다. 마땅히 '주만(州滿)'이라고 해야 한다. 이러한 사실은 왕소(王劭)의 『속서지(續書志)』에 기록되어 있다. ○按 : '속(續)'은 마땅히 '독(讀)'이라고 해야 할 것이다)[47] 도공(悼公)이 뒤를 이어 육관(六官)을 가려 뽑았는데 모두 재능이 있는 사람들이었다. 7명을 쫓아낸 것은 죄에 합당한 징벌이었다.[48] 위강(魏絳)이 도

---

44 역주 : 『좌전』 문공(文公) 18년(B.C. 609)에, (계문자(季文子)의 말에) "옛날에 제홍씨(帝鴻氏)에게 불량한 아들이 있어, 의로운 사람을 억누르고, 도적을 감싸고, 흉덕(凶德)을 행하기 좋아하며 못생긴 부류나 괴상한 것들이나 사리에 맞지 않게 지껄이는 자나 사람 같지 않은 자들과 작당(作黨)[比周]하니, 천하의 백성들이 그를 일러 혼돈(渾敦)이라고 했습니다"라고 했다. 『논어』 「위정(爲政)」편에, 공자께서 말씀하시기를, '군자는 보편적이고 편벽되지 않으며, 소인은 편벽되고 보편적이지 못하다[子曰, 君子周而不比, 小人比而不周]'고 하였다.

45 『좌전』 성공(成公) 17년(B.C. 574) 경문(經文)에, 진(晉)나라에서 그 대부인 극기·극주·극지를 죽였다고 했다. 전문(傳文)에, 장어교(長魚矯)가 창으로 (세 대부를) 죽이고 세 사람의 시체를 모두 조정에 늘어놓았다. 서동(胥童)이 군사를 거느리고 난서(欒書)와 중행언(中行偃)을 조정에서 위협하였다. 이때 여공(厲公)이 말하기를, '하루 아침에 세 사람의 경(卿)을 죽이고 나니 나는 죽이는 일을 차마 더 할 수가 없다'라고 하자, 장어교가 대답하기를, '저 사람들은 군주께서 일을 당하여도 참고 볼 것입니다'라고 하였다.

46 『좌전』 성공(成公) 18년(B.C. 573) 경문(經文)에, "경신일(庚申日)에 진(晉)나라에서 그 군주 주포(州蒲)를 시해하였다"라고 했다. 按 : 주포는 여공(厲公)의 이름이다. 주만(州滿)이라 언급한 것이 왕소(王劭)의 책에 있다고 했지만 살필 수가 없다. 역주 : 전문(傳文)에, "성공 18년 정월 경신일에 진(晉)의 난서(欒書)와 중행언(中行偃)이 정활(程滑)에게 여공을 시해하게 하여, 익(翼)의 동문(東門) 밖에 장사지냈는데, 한 대의 수레를 함께 묻었을 뿐이었다"라고 했다. 진 여공(晉厲公)의 이름이 주만(州滿)이라는 견해에 대하여는 趙呂甫, 『史通新校注』, p.1054 주)8 참조.

47 역주 : 『수서(隋書)』 권69, 「왕소전(王劭傳)」에, 왕소는 경사(經史)의 오류(誤謬)를 지적하여 『독서기(讀書記)』 30권을 지었다고 했다. 『수서경적지』에는 수록되지 않았고, 『구당서경적지』와 『신당서예문지』에는 모두 왕소의 『독서기』를 32권이라 하였다.

48 『좌전』 성공(成公) 18년(B.C. 573)에, 봄 왕력으로 정월에, 진(晉)나라 사람들이 경사(京師)에서 주자(周子)를 맞아 군주로 세웠는데, 그의 나이 14세였다. 주자(周子)가 말

공의 동생 양간(揚干)을 죽이니 도공이 위강을 죽이려하다가 그의 편지를 보고 깨달은 바 있어 자신의 허물을 인정하고 그에게 직무를 주었다고 하였다.[49] 이것은 진나라 군주가 생사여탈권을 장악하고 신하들에게 영예와 치욕을 스스로 줄 수 있었다는 것을 말해준다. 때문에 다섯 가지 이로운 점을 펼쳐 융(戎)과 화목하였고,[50] 세 차례 군사를 이끌고 토벌에 나서[三駕] 초(楚)를 좌절시켰다.[51] 그리하여 위엄(威嚴)이 이하(夷夏)에 행하

하기를, '나는 처음부터 이런 일이 없기를 원했소. 비록 이 지경에 이르렀으나 어찌 천명(天命)이 아니겠는가! 그대들 두, 세 사람이 나를 군주로 삼은 것은 오늘에 달렸고, 그렇지 않음도 오늘에 달렸소. 모두 군주에게 복종하는 것은 신이 내리는 복을 받는 일이요'라고 하자, 대답하기를, '어찌 감히 명에 따르지 않으리오' 하였다. 경오일(庚午日)에, 군주와 신하들이 맹서하고 도성에 들어갔다. 신하로서 도리를 다하지 못한 자 일곱 사람을 추방하였다. 2월에 진 도공(晉悼公)이 조정에서 즉위하여, 처음으로 백관에게 명했다. 무릇 육관(六官)의 장(長)은 모두 백성이 존중하는 사람들로서 인재를 등용하여 적소에 배치하고, 관리가 직분을 이탈하지 않게 하여 그것으로써 패자의 위치를 다시 차지하는 바가 되었다고 했다. 역주 : '육관의 장'이란 진(晉)의 육경(六卿)을 가리킨다.

49 『좌전』 양공(襄公) 3년(B.C. 570)에, 계택(雞澤)에서 회합하였다. 진후(晉侯)의 아우 양간(揚干)이 곡량(曲梁)에서 군사를 어지럽히는 행동을 하자 위강(魏絳)이 양간의 시종[僕]을 처형하였다. 진후가 노하자, 양설적(羊舌赤)이 말하기를, '위강은 두 마음이 없어 장차 그에 대한 말을 올릴 것입니다'라고 말을 마치자 위강이 와서 군주의 시종에게 글을 주고 난 뒤 칼날에 엎드려 죽으려 하였다. 사방(士魴)과 장로(張老)가 이를 말렸다. 공이 위강의 글을 읽고 맨발로 뛰어나와 말하기를, '과인의 허물이다. 그대는 (목숨을 끊음으로써) 과인에게 거듭 허물이 있게 하지 마라'고 하였다. 진후(晉侯)는 위강이 형벌을 옳게 시행하여 백성을 잘 다스린다고 여겼다. 회합을 마치고 돌아와 위강에게 예를 갖추어 잔치를 베풀고 그를 신군(新軍)의 부장(副將)이 되게 하였다.

50 『좌전』 양공(襄公) 4년(B.C. 569)에, 위장자(魏莊子)[魏絳]가 모든 융족(戎族)과 화목하게 지내길 요청하며 말하기를, '융족과 화평하는데는 다섯 가지 이로움이 있습니다. 재화를 귀하게 여기니 토지를 살 수 있고, 농부들이 수확을 거둘 수 있으며, 사방의 이웃들이 떨 것이고, 군사를 수고롭게 하지 않으며, 덕과 바른 법도를 베풀 수 있는 것 등입니다'라고 하였다. 이에 공이 기뻐하여 위강에게 백성의 일을 돌보는 일과 사냥을 시기에 맞도록 하게 하였다.

51 『좌전』 양공(襄公) 9년(B.C. 564)에, 희(戲)에서 동맹을 맺었다. 진(晉)나라 사람들이 정(鄭)나라에서 뜻을 얻지 못하자 돌아가 백성들을 편안히 쉬게 할 방도를 모의하였다. 만 1년을 행하자 나라에 절도(節度)가 있었다. 그래서 세 차례나 군사를 충동시켰는데 초나라는 진(晉)과 더불어 싸울 수가 없었다. 양공 10년에, 진(晉)이 정나라 군대를 우수(牛首)에서 정벌하였다. 11년(B.C. 562)에, 4월 정(鄭)을 정벌하고, 박성(亳

여지게 되어 문공(文公 : B.C. 636-628 재위)과 양공(襄公 : B.C. 627-621 재위) 시기의 패권을 회복하였다. 그런데도 대부를 감히 꾸짖지 못하였다고 말하고 있으니 어찌하여 기만이 이렇게 심하단 말인가? 소공(昭公 : B.C. 531-526 재위)(진(晉) 소공을 이른다) 이후 진(晉)의 정권은 여러 대부(大夫)들에게 분할되었다. 군주가 신하를 섬기고, 신하가 군주를 참칭(僭稱)하게 된 것은 소공의 잘못으로써, 이후 나라가 점차 쇠퇴하기에 이르렀다. 그러나 이것은 결코 하늘이 여공(厲公)을 시해한 것에 대한 징계로 말미암은 것이 아니라, 소공이 스스로 자초하여 오욕에 빠졌던 것이다. 동중서는 어찌하여 함부로 뒤에 일어난 일을 가지고 선대(先代)의 군주를 모함하는가?

『春秋』昭十七年六月, 日有蝕之. 董仲舒以爲時宿在畢, 晉國象也. 晉厲公誅四大夫, 失衆心, 以弑死. 後莫敢復責(一有'其'字)大夫, 六卿遂相與比周, 專晉國, 晉君還事之.(「志」 下下) 案(一脫'案'字) 晉厲公所尸唯三郤耳, 何得云誅四大夫者哉? 又州滿旣死,(原注 : 今『春秋. 左氏』本皆作'州蒲', 誤也. 當爲州滿, 事具王劭『續書志』. ○按 : '續'疑當作'讀') 悼公嗣立, 選六官者皆獲其才,(一作'事') 逐七人者盡當其罪. 以辱及揚干, 將誅魏絳, 覽書後悟, 引愆授職. 此則生殺在己, 寵辱自由. 故能申五利以和戎, 馳三駕以挫楚. 威行夷夏, 霸復文·襄. 而云不復責大夫, 何厚誣之甚也. 自昭公(謂晉昭公)已降, 晉政多門. 如以君事臣, 居下僭上者, 此乃因昭之失, 漸至陵夷. 匪由懲厲之拭, 自取淪辱也. 豈可輒持彼後事, 用誣先代者乎?

按 : 이 문단에는 모두 세 가지 의미를 제기하여 세 가지 반박을 진행하였다. 4명의 대부를 죽였다는 것이 그 중 하나의 반박이고, 감히 대부를 꾸짖지 못한다는 것이 또 하나의 반박이며, (진(晉)의 군주가) 도리어 6경(卿)을 섬겼다는 것이 또 하나의 반박이다.(節中凡三提句, 三駁之. 誅四大夫, 一駁也; 莫敢責大夫, 又一駁也; 還事其六卿, 又一駁也)

城)의 북에서 맹(盟)을 맺었다. 가을 7월에 정(鄭)을 정벌하고 소어(蕭魚)에서 회합하였다. 주(注)에 이것이 '세 차례 군사를 이끌고 토벌에 나서[三駕]'라고 하였다.

자세히 조사해보면, 유지기의 이 반박은 여전히 모호함을 포함한 듯하다. 진 여공(晉厲公)이 4명의 대부를 죽인 사실은 노 성공(魯成公) 17년(B.C. 574)과 18년 사이에 발생하였고 다음의 소공(昭公) 17년(B.C. 525)의 일식과는 50년이나 지난 뒤의 일이다. 그런데도 동중서의 점후(占候)가 이와 같았던 것은 직접적으로 성공(成公) 17년에도 일식에 관한 문장이 있었기 때문에 두 가지 사실을 한 가지 사실로 잘못 연관시킨 것이다. 연대의 원근(遠近)을 잘못 알았고 말한 내용 또한 엄밀하지 않았다. 다만 미혹한 곳으로부터 깨달아 말하기를, 두 17년(昭公 · 成公)에 발생한 일식을 뒤섞어 하나의 일식으로 만들었으니 잘못된 근본으로부터 그것을 깨달은 셈이었다. 유지기는 단지 살핌이 철저하지 못하였기 때문에 앞의 「서지(書志)」편 소주(小注)에서 반대로 '소(昭)'를 '성(成)'으로 오인하였고 분석 또한 요점을 맞춘 것도 아니었다. 독서에 능숙한 사람들은 마땅히 이 둘을 대조하여 잘못을 고쳐가며 보아야 한다.(細審之, 劉爲此駁, 還似含糊. 彼晉厲之事, 在魯成十七 · 八年間, 下距昭十七之蝕, 且逾五十載. 而董占如是, 直緣成十七年亦有書蝕之文, 因而誤牽及此. 年迷遠近, 言出支離, 只從迷處醒之曰 : 渾將兩個十七, 併做一番日蝕, 桶底脫了也. 劉唯勘未盡徹, 所以從前「書志」篇小注, 反誤'昭'爲'成', 而辯亦不中窾. 會閱者宜取而參校之)

11-11

애공(哀公) 13년(B.C. 482) 11월, 혜성이 동방(東方)에 나타났다.[52] 동중서

---

52 역주 : 『공양전』 애공(哀公) 13년(B.C. 482)에, "겨울 11월에 혜성(彗星)이 동쪽 하늘에 나타났다. 패(孛)란 무엇인가? 혜성이다. 그 혜성이 동방에 나타났다고 말을 한 것은 무슨 뜻인가? 아침에 동쪽 하늘에 나타났다는 뜻이다. 왜 이를 기록했는가? 괴이한

와 유향은 해석하기를, 주력(周曆) 11월 즉 하력(夏曆) 9월에 태양이 저(氐)별자리에 있었고, 동쪽에 나타난 것은 진(軫)·각(角)·항(亢)별자리였다. 각·항은 대국(大國)의 상징으로서 제(齊)·진(晉)에 해당하는데, 혜성이 나타난 후 전씨(田氏)가 제나라를 찬탈하고, 6경(卿)이 진나라를 분열시켰다고 했다.(「오행지」 下之下) 살펴보니, 혜성이 나타난 지 2년 후(B.C. 479) 『춘추』의 기록이 끝났고,[53] 다시 11년 후(B.C. 468) 『좌전』의 기록이 끝났다.[54] 『좌전』의 기록이 끝나고 82년 후(B.C. 386) 제 강공(齊康公)은 전화(田和)에 의하여 멸망하였다.[55] 다시 7년 후(B.C. 376) 진 정공(晉靜公)은 한(韓)·위(魏)·조(趙)에 의하여 멸망하였다.[56] 앞서 말한 혜성이 나타난 때로부터 모두 100여 년이 지난 뒤의 사실이다. 별자리에 얽혀 있는 재앙을 계시하는 요기(妖氣)[57]와 그에 대한 감응으로 인간세상에서 발생하는 사실간

일이라 기록했다"라고 하였다.

53 역주 : 『춘추』의 경문(經文)이 『좌전』에는 애공 16년(B.C. 479)에, '여름 4월 기축일(己丑日)에 공구(孔丘)가 세상을 떠났다'에서 끝난다. 혜성이 출현한 애공 13년(B.C. 482)으로부터 3년 후의 일이다. 유지기가 2년 후라고 한 것은 혜성이 출현한 애공 13년 11월부터 경문(經文)이 끝나는 애공 16년 4월까지가 약 2년 반 정도인 점을 감안한 것인지 불분명하다. 『곡량전』과 『공양전』에는 애공 14년(B.C. 481)에, '봄에 서쪽지방에서 수렵을 하다가 기린을 잡았다'에서 경문(經文)이 끝난다.

54 역주 : 노 애공(哀公) 27년에 해당한다.

55 역주 : 『사기』 권32, 「제태공세가(齊太公世家)」에 보면, 제 강공 19년(B.C. 386)의 일이다.

56 역주 : 진(晉)이 삼분된 것이 B.C. 376년의 일이라면 제나라가 전씨[田和]에게 망한 것이 B.C. 386이니 10년 후의 일이다. 그런데도 유지기의 본문에 7년 후라고 한 것은 잘못 기재한 것일 수도 있지만, 유지기의 이러한 기록은 「오행지」의 안사고(顔師古)의 주(注)에 근거한 것이기 때문이다. '전씨가 제나라를 찬탈하였다[田氏簒齊]'에 대한 안사고의 주에, '제 평공(齊平公) 13년(B.C. 468)에 『춘추』의 기록이 끝난다. 평공 25년에 공이 죽고, 평공이 죽은 후 70년 후에 강공(康公)이 전화(田和)에게 멸망당했다'라고 하였고, 다시 '6경이 진을 나누었다[六卿分晉]'에 대한 주(注)에 진 출공(晉出公) 8년에 『춘추』의 기록이 끝난다. 출공 17년에 공이 죽고, 출공이 죽은 후 80년 후에 정공(靜公)이 한·위·조에게 멸망당했다고 한 기록으로 보면, 전씨가 제를 찬탈한 것이 『춘추』의 기록이 끝난 지 82년 후이고, 진(晉)이 삼분된 것은 『춘추』의 기록이 끝난 지 89년 후의 일이니, 7년 후가 된다.

57 역주 : 『좌전』 소공(昭公) 15년(B.C. 527)에, 봄 노나라에서 무공(武公)에게 체제(禘祭)를 지내려고 백관에게 재계(齋戒)시켰다. 그때 재신(梓愼)이 말하기를, '체제 지내는 날

에 시간의 차이가 어찌하여 이렇게 정밀하지 못하고 어설픈가?(釋 : 여기서는 바로 반박하였다) 또한 『춘추』의 기록이 끝난 후 『좌전』의 기록이 아직 끝나기 전, 그 사이에 위(衛)에서는 군주를 시해(弑害)하였고,[58] 월(越)은 오(吳)를 멸망시켰으며,[59] 노나라 군주가 월(越)로 피난 가는[60] 등 적신(賊臣)과 역자(逆子)들이 나라를 멸망하게 하거나 가문을 망친 일들이 많이 발생하였다. 이러한 일들이 바로 동방에 혜성이 나타난 징조에 대한 대국(大國)에서의 응징을 보여주는 것인데,[61] 어찌하여 그러한 사실을 버리고 서술하지 않으면서 멀리 100년 후의 사실 중에서 그 응징을 찾으려 하는가?(釋 : 여기서는 당시의 사실을 대신 살핌으로써 (동중서 등이 인용한 사실이) 더욱 견강부회의 졸렬함을 보였다고 했다) 또한 범(范)나라와 중행(中行)국은 일찍이 멸망하였고,[62] 지(智)나라는 전국시대까지 계승되다가 멸망하였다. 그런데도 이들을 함부로 한 · 위 · 조와 함께 거명하면서 6경(六卿)으로 총칭하는 것은 너무 잘못된 것이다.(釋 : 여기서는 추론하여 반박하였다) 이러한

무슨 변괴가 있을 것이다. 나에게 붉고 검은 요기[祲]가 보였다. 이것은 제사에 상서롭지 않으며 상(喪)을 당할 나쁜 기미[氛]이다'라고 했고, 두예(杜預)의 주(注)에, 침(祲)은 요분(妖氛)이며, 분(氛)이란 악기(惡氣)라고 했다.

58 『좌전』 애공(哀公) 17년(B.C. 478)에, 위후(衛侯)[莊公]가 점을 쳤다. 그 점괘에, '물고기 꼬리가 붉어져 옆으로 흘러 내려가 방황하는 것과 같다'라고 했다. 공(公)은 장인(匠人)들을 오래도록 부렸다. 공은 석포(石圃)라는 대신을 축출하려 했으나 석포가 장인들의 힘을 이용하여 공을 공격하였다. 공이 북쪽의 담을 넘다가 떨어져 다리가 부러졌다. 공이 융주(戎州)에 들어가 기씨(己氏)에게 말하기를, '나를 살려주면 나는 너에게 이 구슬을 주겠다'라고 하였다. 기씨가 말하기를, '너를 죽이면 구슬이 어찌 다른 곳으로 달아날 수 있겠느냐?'라고 하고 시해하였다고 했다.

59 『좌전』 애공(哀公) 22년(B.C. 473)에, 겨울 11월에, 월(越)나라가 오(吳)나라를 멸망시켰다. 사신을 보내 오나라 왕에게 용(甬)의 동쪽에 거주하게 하자, 왕이 사양하며 말하기를, '나는 늙었는데 어찌 월나라 군주를 섬길 수 있겠는가' 하고는 목을 매어 죽었다고 했다.

60 『좌전』 애공(哀公) 27년(B.C. 468)의 일이다. 「혹경(惑經)」편에 그 내용이 보인다.

61 역주 : 『한서』 권27下之下, 「오행지」 下之下에 보이는 문장이다. 진한장(陳漢章), 『사통보석(史通補釋)』에는 동방에 출현한 진 · 각 · 항 별자리가 위(衛) · 월(越) · 노(魯)와 관련이 없으므로 유지기의 예문(例文)은 잘못된 것이라고 하였다. 이들 별자리와 제후국과의 관련에 대한 보다 자세한 논의는 張振珮, 『史通箋注』, p.677 주)10 참조.

62 역주 : 『좌전』 애공(哀公) 5년, 『사기』 권39, 「진세가(晉世家)」 참조.

착오가 생긴 원인을 살펴보면 짐작할 수 있다. 원인은 무엇인가? 『공양전』·『곡량전』의 기록은 애공(哀公) 14년(B.C. 481), '서쪽으로 사냥을 가서 기린을 잡았을' 때 끝났고, 『좌전』은 조 양공(趙襄公)이 지(智)나라를 멸망시킨 사실까지를 기록하였다.[63] 한대(漢代)의 학자들은 다만 『공양전』·『곡량전』만을 읽고 『좌전』을 보지 않았기 때문에,[64] 기록된 사실이 주도면밀하지 못하고 빠지거나 생략된 이야기가 많았다. 사관(史官)들이 춘추 이후 전국시대에 걸친 시기를 빠뜨리고 적지 않아 각국의 입국(立國) 연수(年數)를 분명하게 기록하기 어려웠으므로, 후대의 학자들이 전씨(田氏)의 제(齊)나라 찬탈과 한·위·조 세 나라가 진(晉)을 삼분(三分)한 때를 노나라 역사인 『춘추』에 기록된 시간의 범위 내에 발생한 것으로 잘못 간주하였던 것이다. 때문에 경솔하게 후세의 재상(災祥)을 가져다가 억지로 이전의 징조를 해석하였던 것이다. 백옥의 티는 갈아 없앨 수 있지만, 잘못 말한 것은 어떻게 고칠 수 있는가?(釋 : 뒤에서는 『좌전』·『공양전』·『곡량전』의 우열로서 결론짓고 있다)

哀公十三年十一月, 有星孛于(一無'於'字)東方. 董仲舒·劉向以爲周之十一月, 夏九月, 日在氐. 出東方者, 軫·角·亢也. 或曰 : 角·亢, 大國之(一無'之'字)象, 爲齊·晉也. 其後田氏篡齊, 六卿分晉.(「志」 下下) 案星孛之後二年, 『春秋』之『經』盡矣. 又十一年, 『左氏』之『傳』盡矣. 自『傳』盡後八十二年, 齊康公爲田和所滅. 又七年, 晉靜公爲韓·魏·趙所滅. 上去星孛之歲, 皆出百継年. 辰象所纏, 氛祲所指, 若(一作'共')相感應, 何太疏闊者哉?(釋 : 此層爲正駁) 且當『春秋』旣終之後, 『左傳』未盡之前, 其間衛弑君, 越滅吳, 魯遜越,(舊衍'云云'二字) 賊臣逆子破家亡國者多矣. 此正得東方之象, 大國之徵, 何故舍而不述, 遠求他代者乎?(釋 : 此層弋考時事, 益見彼强附之拙) 又范與中行, 早從殄滅. 智入戰國, 繼踵云亡. 輒與三晉

63 역주 : 『좌전』 애공(哀公) 27년 끝 문단 참조.

64 역주 : 이 같은 한대 춘추학에 대한 경향은 『수서경적지』「경부(經部)」"『춘추』"에 자세히 설명되어 있다.

連名, 總以六卿爲目, 殊爲謬也.(釋 : 此層爲抽駁) 尋斯失所起, 可以意測; 何者? 二傳所引, 事終西狩獲麟. 『左氏』所書, 語連趙襄滅智. 漢代學者, 唯讀二傳, 不觀『左氏』. 故事有不周, 言多脫略. 且春秋之後, 戰國之時, 史官闕書, 年祀難記. 而學者遂疑篡齊分晋, 時與魯史相鄰. 故輕引災祥, 用相符會. 白圭之玷, 何其甚歟?(釋 : 後以優劣三傳結)

按 : 취지가 역시 「신좌(申左)」편과 같다.(意亦歸於「申左」也)

3경(卿)이 진(晉)을 쪼갰는데도 6경이라 말했다. 안사고(顔師古)의 주(注) 역시 마찬가지로 이러한 잘못을 했다.(三卿分晉, 而云六卿. 師古注亦同此誤)

이 역시 「오행지잡박(五行志雜駁)」편에서 진술한 내용이 다만 『춘추』에 기록된 사실의 연대에 한정되었다는 것을 증명한다.(亦可證「雜駁」所陳, 只管在『春秋』年)

11-12

『춘추』 이공(釐公)[僖公] 33년(B.C. 627) 12월 많은 서리가 내렸는데도 풀이 말라죽지 않았다.(「오행지」 中之下. ○그 아래에 유향(劉向)의 해석이 삼가(三家)가 소공(昭公)을 쫓아낸 것과 연관시킨 문장이 있다) 성공(成公) 5년(B.C. 586) 양산(梁山)이 무너졌다.(「오행지」 下之上. ○유향의 해석이 역시 삼가가 노 소공(魯昭公)을 쫓아낸 것을 언급하였다) 7년(B.C. 584)에 생쥐들이 교사(郊祀)의 소뿔을 갉아먹었다고 하였다. 유향은 그 후 계씨(季氏)·맹씨(孟氏), 숙씨(叔氏) 3가가 노 소공(魯昭公)을 내쫓아 외국에서 그가 죽게 만든 징후라고 여겼다.[65](「오행지」 中之上. ○한 가지 해석을 이야기하면서 이상의 세 가지 재이(災異)를 포괄하였다) 살펴보니, 소공이 마지막에 건후(乾侯)에서 죽은 것은 계씨에게서 말미암은 것이고, 맹손(孟孫)과 숙손(叔孫)은 본래 참여하지 않았다. 오히려 숙손소자(叔孫昭子)는 노 소공의 귀국을 받아들일 수 없게 되자 분노하여 자살하였으니,[66] 그 군주에 대한 의열(義烈)을 논하자면 생전과 사후에 일관되었으니, 그를 충신으로 규정하여도 오히려 부끄럽지 않거늘, 그를 역당(逆黨)의 부류에 넣었으니 어찌 크나큰 모함이 아니겠는가? 한 가문이 군주를 내쫓은 죄를 범한 것인데 오히려 두 가문을 함께 거론하고 있으니, 삼가(三家)가 소공을 쫓아내었다는 제목이 어찌 지나치지 않겠는가?

『春秋』釐公三十三年十二月, 隕霜不殺草.(「志」中下. ○其下劉向占牽及三家逐昭公之文) 成公五年, 梁山崩.(「志」下上. ○劉向占亦及三家逐魯昭) 七年, 鼷鼠食郊牛角. 劉向以(似脫'爲'字)其後三家逐魯昭公, 卒死於外之象,(「志」中上. ○單述一占, 括上三災) 案乾侯之出, 事由季氏. 孟·叔二孫, 本所不預. 況昭子以納君不遂, 發憤而卒. 論其義烈, 道貫幽明. 定爲忠臣, 猶且無愧; 編諸逆黨, 何乃厚誣? 夫以罪由一家, 而兼云二族, 以此題目, 何其濫歟?

按: 「오행지」의 세 곳에 삼환씨(三桓氏)[三家]가 소공(昭公)을 쫓아낸 것과

---

65 역주: 『춘추』 소공(昭公) 25년(B.C. 517)에, 9월 기해일(己亥日)에 소공(昭公)이 제(齊)나라로 달아나, 양주(揚州)에 머물렀다. 제후(齊侯)가 야정(野井)에서 공을 위로했다고 했고, 『춘추』 소공 28년(B.C. 514)에, 소공이 진(晉)나라에 가서, 건후(乾侯)에 머물렀다고 했으며, 『춘추』 소공 32년(B.C. 510)에, 12월 기미일(己未日)에 노 소공이 건후(乾侯)에서 훙거(薨去)하였다고 했다. 이와 관련한 구체적인 내용이 『좌전』 소공 25년, 『사기』 권47, 「공자세가(孔子世家)」 소공과 관련한 기록에 보인다.

66 『좌전』 소공(昭公) 25년에, 계씨(季氏)가 노 소공(魯昭公)을 쫓아냈다. 숙손소자(叔孫昭子)가 감(闞)에서 돌아오자, 계평자(季平子)가 이마를 땅에 대고 머리를 조아리며 말하기를, '진실로 나 여의(如意)로 하여금 마음을 고쳐 군주를 섬길 수 있게 해 준다면 이른바 죽은 사람을 살려 뼈에 살을 붙여주는 은인이라 하겠습니다'라고 하였다. 숙손소자가 제(齊)나라에 가서 노 소공을 만나 이를 보고하였다. 공은 숙손소자에게 주(鑄) 땅을 통해 귀국하도록 하였다. 그 뒤 계평자는 다른 마음을 가지고 있었다. 10월 신유일(辛酉日)에, 숙손소자는 침묘(寢廟)에서 재계(齋戒)한 뒤 제사를 주관하는 축종(祝宗)에게 죽음을 기원하게 했다. 무진일(戊辰日)에 세상을 떠났다.

관련한 해석이 있다. 여기서는 대개 오로지 '삼가(三家)' 두 글자만을 반박하였다. 본래의 의미는 숙손소자(叔孫昭子)의 치욕을 씻어주기 위한 것이었지만 붓끝이 조금 관대해지면서 맹손(孟孫)을 동반시킴으로써 잘못의 출현을 면하지 못하였다.(三「志」見三處, 皆有三家逐昭之占, 此蓋專駁'三家'二字也. 本爲叔孫昭子洗雪, 而筆端少縱, 帶挈孟孫, 不免失出)

이공(釐公)[僖公] · 성공(成公)과 소공(昭公)은 서로 3 · 5대(代)가 떨어져 있었음으로, 잘못을 바로잡으려는 것이 이 문제까지 미치지 않아 역시 정해진 격식에 맞지 않았다.(釐 · 成與昭, 隔世三五, 糾不及此, 亦更失拈)

11-13

『좌전』 소공(昭公) 19년(B.C. 523) 용들이 정(鄭)나라의 시문(時門) 밖 유연(洧淵)에서 싸움을 하였다.[67] 유향은 이를 용(龍)과 관련한 재이에 가까운 것이라 여겼다. 정(鄭)은 소국으로서 진(晉)나라와 초(楚) 사이에 있었고, 이외에 또 강국 오(吳)가 있었다. 따라서 정(鄭)은 강국들이 부딪치는 요충지에 있었기 때문에 만약 덕을 쌓지 못하고 그들 세 나라와 싸우게 되면 자멸하는 위험에 빠질 수 있었다. 이때 자산(子産)이 정사를 맡아 안으로는 백성들에게 은혜를 베풀고, 밖으로는 친선외교에 노력하여 이들 세

67 역주 : 『좌전』 소공(昭公) 19년에, "정(鄭)나라에 홍수가 났다. 이때 용들이 성문[時門] 밖 유연(洧淵)에서 싸우니 국인(國人)이 (수재(水災)를 물리치려는 제사인) 영제(禜祭)를 지내기를 청하였다. 자산(子産)이 허락하지 않으며, '우리의 싸움을 용이 보지 않는데 용의 싸움을 우리만이 볼 게 뭐 있는가? 제사를 지낸다고 하더라도 유연은 본래 용이 사는 곳이니 우리가 용에게 요구하는 것이 없고, 용도 우리에게 요구하는 것이 없다'라고 말하였다. 국인은 이에 제사를 지내려는 일을 그만두었다"라고 했다.

나라와 교류함으로써 정(鄭)은 마침내 환난(患難)이 일어나지 않았으니, 이것이 바로 덕으로써 재난을 제거할 수 있었던 도(道)라고 여겼다.(「오행지」 下之下)[68] 살펴보건대, 소공 19년에는 진(晉)과 초(楚)는 동맹을 맺고 있어 전쟁은 일어나지 않았고,[69] 오(吳)가 비록 강대하고 포악하였지만 중원을 침략하지 않았다.[70] 정(鄭)에 외국의 침략위협이 없었던 것은 자산(子産)이 노력한 결과는 아니다. 또한 오(吳)는 정(鄭)과는 멀리 떨어져 있던 나라로서 장강(長江) 부근에 위치하고 있었으니 만약 중원을 침략하려 하였다면 초(楚)와 송(宋)을 가장 먼저 공격하였을 것이다. 정(鄭)은 황하와 영수(穎水)사이에 위치하고 있어서[71] 그 땅의 위치가 요로(要路)는 아니었다.[72] 그런데도 (진 · 초 등 강국이 부딪치는) 요충지라 하였으니 실제 사실과 많이 어긋난다. 지리적으로 살펴볼 때 그러한 해석은 잘못이 아

68 역주 : 「오행지」에는 "덕으로써 변고(變故)를 제거할 수 있었던 효험이었다[能以德銷變之效也]"라고 하였는데, 유지기는 '변(變)'을 '재(災)'로, '효(效)'를 '도(道)'로 고쳤다. 그리고 유지기는 이러한 내용이 「오행지」 下之下에 수록되었다고 하였지만, 「오행지」 下之上에 보인다.

69 역주 : 진(晉)과 초(楚)의 동맹은 이미 양공(襄公) 27년(B.C. 546)에 맺었다. 『좌전』 양공 27년 여름 조(條) 참조.

70 역주 : 『사기』 권31, 「오태백세가(吳太伯世家)」에 의하면 오나라가 중원을 공격한 것은 오왕 부차(夫差)가 즉위한 B.C. 495년 이후의 일이다.

71 『국어(國語)』[『外傳』]「정어(鄭語)」에, 환공(桓公)이 사도(司徒)가 되어, 사백(史伯)에게 묻기를, '주 왕실에 어려움이 많으니 나는 이러한 화(禍)가 자신에게 미칠까 두렵다. 어느 곳에 나라를 세워야 죽음으로부터 벗어날 수 있겠는가'라고 하였다. 사백이 대답하기를, '제수(濟水) · 낙수(洛水) · 황하(黃河) · 영수(穎水) 사이에 세우면 될 것입니다. 이 지역의 자남(子男)의 국가에게 그대께서 처자(妻子)와 재산을 그들에게 기탁하면 허락하지 않을 수 없을 것입니다'라고 하였다.

72 『좌전』 성공(成公) 18년(B.C. 573)에, ((楚)나라는 지금 제후들을 해롭게 하려는 간사한 자들을 높여서, 우리 땅을 나누어주고) 각국이 오가는 중요한 도로를 막으려 한다[塞夷庚]고 했다. 두예(杜預)의 주(注)에, 이경(夷庚)은 오(吳)와 진(晉)이 왕래하는 중요한 도로[要道]라고 했다. 소(疏)에, 이(夷)는 평지(平地)라고 했다. 『시경(詩經)』 서(序)에, '「유경(由庚)」에서 경(庚)으로 도(道)를 삼는다'라고 했다. 속석(束皙), 「보망시(補亡詩)」(역주 : 『문선(文選)』 권19 所引)에, '사람이 생존할 수 있는 것은 평상(平常)의 도(道)[夷庚]로 인한 것이고, 사물 또한 왕자(王者)의 덕으로 말미암는다[蕩蕩夷庚, 物則由之.]'고 했다.

니겠는가?

『左氏傳』昭公十九年, 龍鬪於鄭時門之外洧淵. 劉向以爲近龍孽也. 鄭, 小國, 攝乎晋 · 楚之間, 重以强吳, 鄭當其衝, 不能修德, 將鬪三國, 以自危亡. 是時, 子産任政, 內惠於民, 外善辭令. 以交三國, 鄭卒亡患, 此能以德銷災之道也.(「志」 下下) 案昭之十九年, 晋 · 楚連盟, 干戈不作. 吳雖强暴, 未擁諸華. 鄭無外虞, 非子産之力也. 又吳爲遠國. 僻在江干, 必略中原, 當以楚 · 宋爲始. 鄭居河 · 潁, 地匪夷庚, 謂當要衝, 殊爲乖角. 求諸地理, 不其爽歟?

按 : 이는 오로지 '정(鄭)은 오(吳)의 요충지이다'라는 말에 대한 반박이다. 때문에 '그 땅이 요로(要路)는 아니었다'라고 했다. '자산(子産)이 노력한 결과는 아니다'라는 말에 이르면 진(晉) · 초(楚) 사이에서 대립하던 말과는 맞지 않아 말에 구획(鉤畫)이 결여되었고, (자산(子産)의 노력을) 지나치게 단번에 말살하였다.(此專駁'鄭當吳衝'一語也, 故曰'地匪夷庚'. 至云'非子産力', 不合兼頂晉 · 楚, 語欠鉤畫, 太抹煞了)

11-14

『춘추』 소공(昭公) 15년(B.C. 527) 6월 일식이 있었다.[73] 동중서는 당시의 별자리가 필(畢)에 위치하였는데 이것은 진(晉)나라를 상징한다고 여겼다.

---

73 역주 : 소공 15년의 일식에 대하여는 유흠이 이미 그 징험으로 노(魯) · 위(衛)가 분열되었다고 했기 때문에, 유지기의 지적은 소공 17년 6월의 일식에 대한 해석인데도 이를 소공 15년의 일식에 대한 해석으로 여김으로써 문단 전체에 대한 이해를 어렵게 했다. 이에 대한 자세한 언급은 張振珮, 『史通箋注』, pp.679-680 참조.

또 이르기를, "일식이 연속하여 두 번 발생하였지만, 이 사실은 『춘추』의 기록이 끝난 이후였기 때문에 『춘추』 경문(經文)에는 실려 있지 않았다"라고 하였다.(「오행지」 下之下) 살펴보건대, 소공(昭公) 15년(구본(舊本)에는 14년이라 했는데, 잘못이다)부터 획린(獲麟)한 때(애공(哀公) 14년)까지 그 사이에 일식은 아홉 차례 있었다.(구본에는 일곱 차례라고 했는데 틀렸다. 이하 같다) 이 사실들은 모두 『춘추』 경(經)에 열거되어 있어서 문장을 펼쳐보면 증거를 분명히 볼 수 있는데, 어찌하여 두 차례 일식이 있었을 뿐이라고 하였는가? 또 『춘추』 이후에 있었다고 하였는가? 반고의 「오행지」를 보면 이 아홉 차례의 일식을 모두 기록하였는데 그 중에서 여덟 차례는(구본에는 여섯 차례라고 했는데 틀렸다) 동중서의 점후(占候)를 싣고 있다.[74] 따라서 동중서가 이 사실이 『춘추』의 기록이 끝난 이후에 발생하였기 때문에 기록하지 않았다고 말할 수는 없다. 반복하여 동중서의 말과 (그렇게 된) 원인을 살펴보더라도 이는 대개 반고가 범한 잘못이지 등중서의 죄는 아니다.

『春秋』昭公十五年六月, 日有蝕之. 董仲舒以爲時宿在畢, 晋國象也. 又云: (舊作'云云', 誤) '日比再蝕, 其事在『春秋』後, 故不載於『經』.'(『志』 下下) 案自昭十五(舊作'四', 誤)年, 迄於獲麟之歲, 其間日蝕復有九(舊誤'七', 下同)焉. 事例本『經』, 披文立驗, 安得云再蝕而已, 又在『春秋』之後也? 且觀班『志』編此九蝕, 其八(舊誤'六')皆載董生所占. 復不得言董以事後『春秋』, 故不存編錄. 再思其語, 三覆所由, 斯蓋孟堅之誤, 非仲舒之罪也.

按: 이 조에서 반박한 주요한 것은 '일식이 연속하여 두 번 발생하였다'는 등의 문구이다. 때문에 본문에서는 당연히 '또 이르기를'이라 하였다.

---

74 按: 「오행지」에 기록된 일식은 소공(昭公) 15년(B.C. 527) 이후 소공 17년 · 21년 · 22년 · 24년 · 31년 등 모두 다섯 차례의 일식이 있었고, 정공(定公) 5년(B.C. 505) · 12년 · 15년 등 모두 세 차례 일식이 있었다. 아래로 애공 14년(B.C. 481)의 일식이 있었으니, 『춘추』의 기록이 끝날 때까지 모두 아홉 차례의 일식이 있었다. 동중서의 점후는 단지 애공 14년의 일식에 대한 것이 없어서 모두 여덟 차례의 점후라고 했다.

'두 차례 일식'에 대한 세 문구의 말을 유지기는 반고의 글이지 동중서의 이야기가 아니라고 이해하였다. 처리가 가장 훌륭하다. 소위 '저 뼈마디에는 틈새가 있고, 제 칼날에는 두께가 없습니다'[75]라는 말처럼 책을 읽을 때는 당연히 이같이 해야하지 않겠는가?(此條所駁, 主'日比再蝕'等句, 故本文當作'又云'. 其於'再蝕'三言, 悟得是班文, 非董語. 擘畫最精. 所謂彼節有間, 而吾刀無厚, 觀書不當如是耶?)

11-15

『춘추』 소공(昭公) 9년(B.C. 533)에 진(陳)나라에 화재(火災)가 발생했다.[76] 유향은 이전에 진후(陳侯)의 동생 초(招)가 진(陳)나라 태자 언사(偃師)를 죽였고,[77] 초(楚)나라는 그것을 구실로 진(陳)을 멸망시켰는데, 『춘추』는 만

75 역주 : 이 말은 『장자』「양생주(養生主)」편에 나온다. 솜씨 좋은 소잡이가 19년 동안 수천 마리의 소를 잡아도 칼날이 방금 숫돌에 간 것 같은 이유를 설명하는 말이다.

76 『좌전』 소공(昭公) 9년(B.C. 533)에, 여름인 4월에 진(陳)에 화재가 발생했다. 정(鄭)나라 비조(裨竈)가 말하기를, '5년 뒤에 진(陳)은 다시 봉해지고, 봉해진 지 52년 뒤에 드디어 멸망할 것이다', '진(陳)은 수(水)에 속하였고, 화(火)는 수(水)의 배우(配偶)로 초(楚)나라가 다스리는 바입니다. 이제 화성(火星)이 나타나자 진(陳)에 화재가 발생하였으니, 이는 초를 몰아내고 진(陳)을 다시 세우자는 조짐입니다. 배합은 다섯[五]으로써 이루어지기 때문에 5년이라 하였고, 세성(歲星)이 다섯 번 순화성(鶉火星)의 위치에 나타난 후에 진(陳)이 마침내 멸망하고, 초가 그 땅을 소유하게 될 것이니, 이는 하늘의 도입니다. 때문에 52년이라 말한 것입니다'라고 하였다. 두예(杜預)는 『춘추』 경문(經文)에 대한 주(注)에, 저절로 나는 불[天火]을 재(災)라 한다. 진(陳)나라가 이미 멸망하여 강등되어 초(楚)의 현이 되었는데 (이 재해를 '초재(楚災)로 기록하지 않고) 진재(陳災)로 기록한 것은 (성공(成公) 5년에) 진(晉)나라의 양산(梁山)이 무너진 것과 (희공(僖公) 14년에) 사록산(沙鹿山)이 붕괴한 것을 진(晉)의 재(災)라고 쓰지 않은 것과 같다. 재해는 재해가 발생한 곳에 연계해 기록한다. 때문에 재해가 발생한 곳으로써 명칭한 것이라고 하였다.

77 소공(昭公) 8년의 『춘추』 경문(經文)에, 진후(陳侯)의 아우 초(招)가 진(陳)의 세자 언

이(蠻夷)인 초(楚)가 중하(中夏)의 나라를 멸망시켰다고 쓰고 싶지 않았기 때문에 다시 진나라에 화재가 발생하였다고 쓴 것이라 여겼다.(「오행지」上) 살펴보건대, 초(楚)는 중하(中夏)의 나라에 현을 설치하였고, 그것을 자국의 읍(邑)이라고 한 것이 많았는데, 만약 『춘추』에 그러한 읍들이 보인다면 어찌 초(楚)나라의 것으로 명명(命名)한 것이 아니겠는가? 대개 이때 진(陳)은 비록 잠시 멸망했지만 얼마되지 않아 다시 예전의 나라를 회복하였기 때문에 여전히 진(陳)이라고 칭하고 초(楚)의 진현(陳縣)이라 칭하지 않았던 것이다. 설마 유향이 혼자 정(鄭)나라의 비조(裨竈)의 이야기를 보지 않았다는 것인가? 비조는 이 재이를 해설하기를, '5년 뒤에 진(陳)나라는 다시 봉해질 것이고, 봉해진지 52년이 지나 결국 멸망할 것이다'[78]고 하였으니, 이것이 그 증거이다. 이때 (진(陳)이 마지막으로 망하고)부터 전욱(顓頊)의 고향[79]인 완구(宛丘)지역이 만약 국사에 서술되어야 한다면 어찌 그 지역을 다시 진(陳)이라고 말할 수 있겠는가?

『春秋』昭公九年, 陳火. 劉向以爲先是陳侯之弟招殺陳太子偃師, 楚因滅陳. 『春秋』不與蠻夷滅中國, 故復書陳火也.(「志」之上) 案楚縣中國以爲邑者多矣, 如邑有宜見於『經』者, 豈可不以楚爲名者哉? 蓋當斯時,

---

사(偃師)를 죽였다고 했다. 『좌전』에는, 진 애공(陳哀公)의 원비(元妃) 정희(鄭姬)는 도태자(悼太子) 언사를 낳았고, 둘째부인은 공자(公子) 유(留)를 낳았다. 둘째부인이 총애를 받자 그의 소생 유(留)도 총애를 받았다. 공자 유를 사도(司徒) 초(招)에게 맡겼다. 애공에게는 불치병이 있었다. 공자 초(招)가 언사를 죽이고 공자 유(留)를 세웠다. 애공은 목을 매어 죽었다. 간징사(干徵師)가 초나라로 달려가 애공의 죽음을 알렸고, 초나라는 진(陳)을 멸했다고 했다. **按** : 진(陳)을 멸망시킨 사실은 위에 보인다.

78 역주 : 『좌전』 소공(昭公) 9년, 여름 4월의 기록에 보이는 말이다. 실제 『좌전』 소공 13년(B.C. 529)에, 초 평왕(楚平王)은 즉위하자 곧 진(陳) · 채(蔡)를 다시 봉했고 이들 지역의 백성들을 모두 귀환시켰다고 했고, 『좌전』 애공(哀公) 17년(B.C. 478)에, 가을 7월 초나라의 공손(公孫) 조(朝)가 군사를 거느리고 진(陳)을 멸망시켰다고 했다.

79 역주 : 전욱은 중국 고대의 오제(五帝) 중의 하나이다. 『사기』 권1, 「오제본기」에는 황제(黃帝)의 손자인 창의(昌意)의 아들이라고 했다. 전욱의 고향[墟]이란 진(陳)을 가리키는 말이다. 『사기』 권36, 「진기세가(陳杞世家)」에, 진(陳)은 순(舜)의 후예인 호공만(胡公滿)이 봉해진 나라라고 했고, 『사기』 권1, 「오제본기」에, 순(舜)은 전욱의 6세 자손이라고 했다.

陳雖暫亡, 尋復舊國, 故仍取陳號, 不假楚名. 獨不見鄭裨竈之說乎? 裨竈之說(一脫此五字)斯災也, 曰: '五年, 陳將復封. 封五十二年而遂亡.' 此其效也.(一脫此四字) 自斯而後, 若顓頊之墟, 宛丘之地, 如有應書於國史者,(一無'者'字) 豈可復謂之陳乎?

按: 이는 '진(陳)나라에 화재가 발생했다[陳火]'는 두 글자에 대한 뜻을 해석하여 '만이(蠻夷)에 의해 멸망당했다고 쓰고 싶지 않았기 때문'이라는 말을 반박한 것이다. '진나라에 화재가 발생했다'는 뜻에는 두 가지 해석이 있는데, 『사통』은 비조(裨竈)의 말을 따랐고, 두예의 주(注)에서는 또 달리 이야기하였다. 이제 주(注)를 가지고 그것을 보완하였다.(此爲'陳火'二字申解義, 以闢'不與蠻夷'之說也. 陳火之義具兩解, 『史通』從裨說, 而杜注別爲一說, 今以注補備之)

『사통통석』 권20

「암혹(暗惑)」 제12

14조이고, 전후에 서(序) · 발(跋)이 있다.[十四條, 前後有序跋]

유지기는 「핵재(覈才)」편에서 "질박(質朴)하고 순후(淳厚)한 기풍이 사라지고 시대가 변함에 따라 문(文)과 사(史)는 서로 분명히 다른 길을 가게 되었다[然樸散淳銷, 時移世異, 文之與史, 較然異轍]"고 하였다. 유지기는 이러한 기본적인 전제하에 이 편에서 다시 문(文)과 사(史)의 서술방법이 근본적으로 구별되어야 함을 강조하였다. 문(文)에서는 허구(虛構)와 과장(誇張) 그리고 윤색(潤色)이 기본적으로 가능하지만 사(史)는 어떤 경우에도 직서(直書)를 가장 중요한 원칙으로 삼아야 한다고 주장하였다. 그럼에도 불구하고 사전(史傳)에 여전히 진위와 정사(正邪)의 분별이 어려운 내용이 존재하는 것은 사람들을 속이고 무함(誣陷)하는 것에 대한 자각이 없었기 때문이라고 했다. 따라서 『사기』·『한서』·『동관한기(東觀漢記)』 그리고 『삼국지』 배송지주(裴松之注)에 인용된 『어림(語林)』, 위(魏)의 여러 잡문[小書], 『진양추(晉陽秋)』, 『신진서(新晉書)』 등에 인용된 내용이 지닌 문제점을 비판하였다. 그 내용이 때로는 연대에 대한 고증이 잘못되었다고 비판한 것도 있지만, 대부분 사리에 비추어 볼 때 역사적 진실이라고 보기에는 거리가 먼 내용이라 지적한 것들이다. 물론 유지기는 문(文)이 지닌 예술성을 부정하지는 않았다. 다만 역사적 진실을 추구하는 사전(史傳)의 서술과는 달리 문예(文藝)의 창작적 서술방법이 지닌 과장을 넘어서 허구와 왜곡을 낳게 하는 위험성을 지적한 것이다.

12-1

무릇 사람의 식견에 통찰력이 없고 정신에 분명함이 없으면 진위(眞僞)를 구분할 수 없고 사정(邪正)을 판별하지 못한다. 옛날 어떤 사람이 머리카락이 불고기에 붙어 있는 채로 바쳐 군주로 하여금 요리사가 자기를 모해(謀害)한다고 오해하게 하였다.[1] 또 어떤 사람이 제삿상에 놓았던 고기에 독약을 넣어 태자를 모함하였다고 했다.[2] 무릇 머리카락은 화염에 구슬리면 타버리게 마련이고, 독약은 시간이 지나면 더는 사람을 살해할

1 왕유검(王惟儉), 『사통훈고(史通訓故)』에 인용된 『한비자』 「내저설(內儲說)」 하(下)에, 진(晉)나라 문공(文公) 때 요리사가 불고기를 차려 놓았는데, 그 고기에 머리카락이 붙어 있었다. 문공이 요리사를 불러 이를 꾸짖었다. 요리사가 머리를 조아리고 다시 절을 하며 말하기를, '활활 타는 숯불로 고기를 구웠는데도 머리카락을 태우지 못한 것은 신의 죄입니다. 하지만 당하(堂下)의 시종 중에 혹 저를 미워하는 자가 없는지요?'라고 하자 문공이 시종들을 불러 문초한 결과 과연 (구워놓은 고기에 머리카락을 일부러 넣은 자가) 있었다.

2 『좌전』 희공(僖公) 4년(B.C. 656)에, 진(晉) 태자 신생(申生)이 곡옥(曲沃)에서 제사를 지내고 나서 제사 지낸 음식을 헌공(獻公)에게 바쳤는데, 그때 헌공은 사냥을 나가 있었기 때문에 그 제사음식을 궁중에 두었다. 6일 후 헌공이 돌아왔을 때 (여희(麗姬)가) 독을 넣어 바쳤다. 공이 먹기 전 술을 땅에 부어 고시레를 하니 땅이 부풀고, 개에게 먹이니 개가 죽었으며, 시중 드는 신하에게 먹이자 그 또한 죽었다. 여희가 읍소하기를, '이 음모는 태자에게서 말미암은 것입니다'라고 하였다. 두예(杜預)의 주(注)에, 독을 넣은 술은 하루 밤만 지나도 바로 색이 변하는데 6일이 지난 것이야 더 말할 것도 없다. 이는 헌공(獻公)의 미혹함을 밝힌 것이라고 했다.

수 없다. 그런데도 이를 행한 자는 그 죄를 다른 사람에게 뒤집어 씌웠고 군주들은 이를 사실이라고 믿었다. 때문에 모함을 받은 사람으로 하여금 당시에는 징벌을 당하게 하였고 이후에도 오랜 세월동안 사람들의 책망을 받게 하였다. 사전(史傳)의 서사(敍事) 역시 대부분 이러하였다. 이러한 서술은 도리로 볼 때 믿기 어려움으로 사람들을 속이고 무함(誣陷)하는 것임을 곧 알 수 있다. 그런데도 예로부터 학자들은 그것들이 잘못된 것임을 깨닫지 못하였고, 이러한 사례는 사서 중에 매우 많았다. 이제 한, 두 개 예를 들어 그 잘못을 반박하여 아래에 열거한다.

夫人識有不燭, 神有不明, 則眞僞莫分, 邪正靡別. 昔人(一無'人'字)有以髮繞炙, 誤其國君者, 有置毒於胙, 誣其太子者.(一有'矣'字) 夫髮經炎(一作'炙')炭, 必致焚灼, 毒味經時, 無復殺害. 而行之者僞成其事, 受之者信以爲然. 故使見咎一時, 取怨千載. 夫史傳敍事, 亦多如此. 其有道理難憑, 欺誣可見, 如古來學者, 莫覺其非, 蓋往往有焉. 今聊擧一二, 加以駁難, 列之於左.

按 : 전체 내용이 잘못을 바로잡으려는 것으로 모두 확실한 증거가 있다. 여기서는 또한 습관적으로 전해지면서도 제대로 살펴본 적이 없는 여러 잘못을 바로잡으려 하였다. 때문에 「암혹(暗惑)」으로 편명(篇名)을 하고 편의 서(序)에 그러한 뜻을 명확히 지적하였다.(全書糾繆, 率皆顯迹. 玆又摘諸習相傳而習不加察者糾之, 故以「暗惑」名篇, 篇序指明其義)

대체로 『풍속통(風俗通)』의 「과예(過譽)」편 등과 자못 비슷하다.(大致頗似『風俗通』「過譽」等篇)

12-2

『사기』「오제본기(五帝本紀)」에 이르기를, "(순(舜)의 아버지) 고수(瞽叟)가 순에게 우물을 파게 하였고, (순은 아버지와 동생 상(象)이 자기를 살해하려 함을 알고) 우물 벽에 구멍을 파 숨어 있다가 옆 우물로 나왔다.[3] 고수와 동생 상(象)은 함께 흙으로 우물을 메웠다. 고수와 상은 순이 이미 죽었다고 기뻐하였고, 상은 이에 순의 궁실을 점거하였다"라고 하였다.

반박하여 말하자면, 무릇 (세속을 초월한 사람은) 신출귀몰하고 변화무쌍하여 무기(武器)로 상하게 할 수 없고 그물로 씌워 잡을 수 없으며, 좌자(左慈)와 같이 양(羊)으로 변하고,[4] 유근(劉根)처럼 몸을 사라지게 하여 벽 속으로 들어간다.[5] (그러나 세속적인 사람은) 자신의 수명을 연장시킬

---

3 『사기』 권1, 「오제본기」 주(注)에 인용한 『사기정의(史記正義)』에 이르기를, '순(舜)이 구멍을 파고 깊이 숨어 있다가 옆의 다른 우물을 통해 나왔음을 말한다'라고 했다. 『괄지지(括地志)』에는 이르기를, '순(舜)의 우물이 규주(嬀州) 회융현(懷戎縣) 서쪽 외성(外城)에 있고, 그 서쪽에 또 우물 하나가 있다'라고 했다. 『기구전(耆舊傳)』에는 '모두 순(舜)의 우물인데, 순이 그곳으로부터 나왔다'라고 했다. 按 : 이러한 사실들은 모두 억지로 가져다 맞춘 것이다.

4 「채찬(採撰)」편 주)30 참조. 역주 : 『후한서』 권82하, 「방술전(方術傳)」에 조조(曹操)가 좌자를 죽이려하자 양(羊)으로 변한 이야기가 보인다.

5 『후한서』 권82하, 「방술전(方術傳)」 하에, 유근(劉根)은 숭산(嵩山)에 은거하였는데, 도술을 좋아하는 사람들이 유근에게서 도(道)를 배웠다. 태수 사기(史祈)가 유근을 요망(妖妄)하다고 하여 체포하여 군(郡)으로 데려왔다. 유근이 말하기를, '사실은 특별하게 이상한 것이 아니다. 단지 사람들로 하여금 귀신을 볼 수 있도록 할 뿐이다'라고 하자, 사기가 말하기를, '빨리 불러보아라'고 했다. 유근이 이때 왼쪽을 돌아보며 휘파람을 불자 잠시 후 사기의 죽은 아버지와 할아버지 그리고 근친(近親)이 모두 뒤로 묶여 유근을 향해 머리를 조아리며 말하기를, '우리들이 무도(無道)하니 만번 죽어 마땅하다'라고 하였다. 사기가 놀라고 두려워하면서도 마음이 슬펐으므로 피가 흐르도록 머리를 땅에 조아렸다. 유근은 아무 대꾸도 하지 않다가 홀연히 함께 사라졌다. 아무도 있는 곳을 몰랐다고 했다. 역주 : 벽 속으로 몸을 사라지게 한 것은 유근이 아니라 좌자(左慈)이다. 『후한서』 권82하, 「방술전」 하에 양(羊)으로 변하기 전 조조(曹操)를 피해 몸을 사라지게 하여 벽 속에 들어간 적이 있다. 따라서 유지기가 유근을 좌자로 착각하였다고 보여진다.

수 없고, 자신에게 닥친 재앙을 피할 수 없다. 비록 위대한 성인(聖人)이라도 면할 수 없다. 예컨대 주 문왕(周文王)[姬伯]이 유리(羑里)에 갇혀 있었던 적이 있고,[6] 공자가 진(陳)과 채(蔡)사이에서 곤경에 처했던 것[7]이 그것이다. 그러나 세간의 어리석은 자들은 모두 변환(變幻)에 능한 사람이어야만 성인(聖人)이라고 칭한다. 어찌 성인이 다만 박식하여 만물에 두루 능통하고 다방면에 재능이 뛰어난 사람인 줄 알겠는가. 따라서 서속의 보통 사람들[方內之士][8]과 무슨 차이가 있겠는가. 그런데도 『사기』에서는 순(舜)[重華]이 우물 안에 들어간 후 구멍을 파고 숨어 있다가 나왔다고 하였다.[9] 이는 순을 좌자 · 유근과 같은 사람으로 간주하는 것이고, 주 문왕 · 공자와 같은 사람으로 간주하지 않는다는 것이다.[10] 만약 사실에 대한 인식이 이러하다면 성인의 도리를 이야기하기 어렵다. 또 살펴보건대, 사마천[太史公]이 이르기를, 황제(黃帝) · 요 · 순에 관한 세상에 알려지지 않은 사실은 때때로 다른 책에 보인다. 나는 그 중에서 특히 바른 것들을 선택하여 「본기」의 제일 앞에 서술하였다[11]고 했다. 그렇다면 앞에서

---

6 역주 : 『사기』 권4, 「주본기(周本紀)」와 권130, 「태사공자서(太史公自序)」에 유리(羑里)에 갇혀 『주역』을 저술한 내용이 보인다.

7 역주 : 『논어』 「위영공(衛靈公)」편에, 진(陳)나라에 있을 때 양식이 떨어지니, 종자(從者)들이 병들어 일어나지 못했다. 자로(子路)가 성난 얼굴로 (공자를) 뵙고, '군자도 궁할 때가 있습니까?'라고 묻자, 공자께서 말하기를, '군자는 진실로 궁한 것이니, 소인은 궁하면 넘친다'라고 하였다는 내용을 말한 것이다.

8 역주 : 『장자』 「대종사(大宗師)」편에, 자공(子貢)이 돌아와 공자에게 고하면서 말하길, '그들은 어떤 사람들입니까? 예절 바른 행동은 전혀 없고, 자기 몸 따위는 도외시한 채 주검 앞에서 노래를 부르며 얼굴빛조차 변하지 않으니, 뭐라고 말할 수가 없습니다. 그들은 어떤 사람들입니까?' 하니 공자가 대답하길, '그들은 이 세상 밖[方之外]에서 노니는 사람이고, 나는 이 세상 안[方之內]에서 노니는 사람이다. 이 세상 밖과 안은 서로 미치지 못하는 것인데, 난 자네를 문상하러 보냈네. 내가 생각이 고루하였다'라고 했다. 그런 의미에서 '방내(方內)'란 세간적인 통념이 통하는 범위, 즉 속세간을 가리킨다고 이해된다.

9 역주 : 앞서 말한 『사기』 권1, 「오제본기」 내용 참조.

10 역주 : 이 문제에 대한 『사기지의(史記志疑)』와 『우산묵담(雨山墨談)』, 『맹자정의(孟子正義)』 등의 각기 다른 견해에 관하여는 趙呂甫, 『史通新校注』, p.1066 주13 참조.

11 역주 : 『사기』 권1, 「오제본기」 태사공왈(太史公曰) 참조.

(순이 우물 벽을 뚫고 나왔다고) 서술한 사실이 바른 것이라고 할 수 있겠는가?

『史記』本紀曰 : 瞽叟使舜穿井, 爲匿空旁出. 瞽叟與象共下土實井. 瞽叟 · 象喜, 以舜爲已死. 象乃止舜宮.

難曰 : 夫杳冥不測, 變化無恒, 兵革所不能傷, 網羅所不能制, 若左慈易質爲羊, 劉根竄形入壁是也. 時無可移, 禍有(一作'所')必至, 雖大聖所不能免, 若姬伯拘於羑里, 孔父厄於陳 · 蔡是也. 然俗之愚者, 皆謂彼幻化, 是爲聖人. 豈知聖人智周萬物. 才兼百行, 若斯而已, 與夫方內之士, 有何異哉! 如『史記』云重華入於井中, 匿空出去. 此則其意以舜是左慈 · 劉根之類, 非姬伯 · 孔父之徒. 苟識事如斯, 難以語夫聖道矣, 且案太史公云 : (舊脫'云'字) 黃帝 · 堯 · 舜軼事, 時時見於他說, 余擇其言尤雅者, 著爲本紀書首 : 若如向之所述, 豈可謂之(一無'之'字)雅邪?

按 : 이 사실의 유래와 진위에 관하여 『맹자』는 깊이 있게 판별하지 않고 다만 순(舜)의 조심스러움과 기쁨의 표현을 빌려 친애(親愛)가 인륜의 근본이라는 점을 지적하였다. 사가(史家)는 각양각색의 이야기를 채택하고 그에 근거하여 그러한 사실이 실제로 발생했던 것이라 일컬었다. 『사통』이 바로잡은 것을 통해 『맹자』의 뜻을 보완할 수 있다.(此事由『孟子』不置深辨, 唯借其憂喜之端, 指與親愛之本. 史家採取雜說, 據謂其事實然. 得『史通』刊正, 可補『孟』義)

12-3

또 『사기』 「골계열전(滑稽列傳)」에, 손숙오(孫叔敖)가 초(楚)나라 상(相)이었을 때 (그의 보좌를 받아) 초 장왕(楚莊王)은 패주(霸主)가 되었다. 손숙오가 병으로 죽은 지 수년 후 그의 아들은 살림이 가난하여 땔나무를 져야 했다. 우맹(優孟)[12]이 손숙오의 의관(衣冠)을 입고 그의 행동거지와 말을 흉내내었다. 1년 여 지나자 손숙오와 똑같아서 초왕과 그의 대신들이 분별할 수 없을 정도였다. 초 장왕(莊王)이 주연을 베풀자 (손숙오의 모습을 한) 우맹이 잔을 들어 왕의 장수(長壽)를 축원하였다. 왕이 크게 놀라며 손숙오가 다시 살아난 것이라 생각하면서 그를 다시 상(相)으로 삼고자 하였다[13]고 했다.

반박하여 말하자면, 대개 옛날 말에, '사람의 마음이 서로 다른 것은 마치 그 얼굴이 서로 다른 것과 같다'[14]고 하였다. 사람의 코는 높고 낮은 차이가 있고, 얼굴모습이 길고 짧은 차이가 있는 것은 모두 본시 그렇게 타고 난 것이기 때문에 다른 사람을 모방한다고 하여 그것들을 고칠 수 없다. 우맹이 손숙오로 꾸미고 그의 말투를 모방하고 그의 의복을 입어 혹 그 모습이 손숙오와 비슷할지는 모르지만 그렇다고 미목구비(眉目口鼻)야 어떻게 꼭 같게 할 수 있겠는가. 그런데도 어찌 초왕과 그의 대신들이 조금도 의심을 가지지 않았겠는가. 옛날에 진초(陳焦)라는 사람은 죽었다가 몇 년(『삼국지』「오지(吳志)」에서도 '6일'이라 했다)이 지나 살아났고,[15] 춘추시대 진(秦)나라 첩자는 목을 매어 처형한 지 6일만에 다시 살아났다고 했다.[16] 이러한 이야기가 책에 기재되어 있지만, 사람들은 예나

12 『사기』 권126, 「골계전」에, 우맹은 본래 초(楚)의 악인(樂人)이었다. 변설(辨說)에 능하여 항상 담소(談笑)로써 풍간(諷諫)하였다. 초의 상(相) 손숙오는 그가 현명한 사람인 것을 알고 잘 대우하였다. (손숙오가) 병이 나서 죽었다 운운하였다. 按 : 단락 처음 두 구절의 문장이 조금 다르다.

13 역주 : 이상은 『사기』 권126, 「골계전(滑稽傳)」의 우맹(優孟)에 관한 문장을 정리한 것이다.

14 역주 : 『좌전』 양공(襄公) 31년(B.C. 542) 기록에 보이는 정(鄭)나라 자산(子産)의 말이다.

15 『삼국지』 권48, 「오지(吳志)」「삼사주전(三嗣主傳)」에, 손휴(孫休) 영안(永安) 4년(261)에 안오(安吳)의 백성 진초(陳焦)가 죽어 땅에 묻었는데, 6일만에 다시 살아나 흙을 뚫고 나왔다고 하였다.

16 『좌전』 선공(宣公) 8년(B.C. 601)에, 백적(白狄)이 진(晉)과 화평하였다. 여름에 진(晉)

지금이나 괴이하다고 말했다. 하물며 손숙오가 죽은 지 이미 오래되었으니 초왕은 반드시 그가 어떻게 다시 살아났는지를 물어야 하는 바, 우선 그 마른 해골에 다시 살이 붙은 까닭을 물어야 하고, 관을 다시 열고 살아 나온 까닭을 물어야 한다. 그런데도 어찌하여 한마디의 말도 없이 한 번 보자마자 의심하지 않고 곧바로 총애하고 원래의 녹위(祿位)를 회복시킬 수 있겠는가! 이것은 꿈속에나 벌어질 수 있는 일이지 어찌 사람들의 일상 행위로 할 수 있는 일이라 하겠는가!

又(舊本自此以下, 節首並有'又'字, 一本皆無. 今從舊本) 『史記』「滑稽傳」; 孫叔敖爲楚相, 楚王以霸. 病死, 居數年, 其子窮困負薪. 優孟卽爲孫叔敖衣冠, 抵掌談語. 歲餘, 象孫叔敖, 楚王及左右不能別也. 莊王置酒, 優孟爲壽, 王大驚, 以爲孫叔敖復生, 欲以爲相.

難曰 : 蓋語有之 : "人心不同, 有如其面." 故窊(舊作'窳')隆異等, 修短殊姿, 皆稟之自然, 得諸造化. 非由仿效, 俾有遷革.(著想滯) 如優孟之象孫叔敖也, 衣冠談說, 容或亂眞, 眉目口鼻, 如何取類? 而楚王與其左右, 曾無疑惑者邪?(一作'也') 昔陳焦旣亡, 累年(『吳志』亦作'六日')而活; 秦諜從縊, 六日而蘇. 顧(或訛'須', 一改'遂')使竹帛顯書, 古今(或作'今古')稱怪. 況叔敖之歿, 時日已久. 楚王必謂其復生也, 先當詰其枯骸再肉所由, 闔棺重開所以.(又是滯語) 豈有片言不接, 一見無疑, 遽欲加以寵榮, 復其祿位! 此乃類夢中行事, 豈人倫所爲者哉!

按 : 이는 골계이다. 반박하는 말이 너무 진지하여 실소하게 한다. 그렇다고 유지기가 틀렸냐하면 오히려 틀리지는 않았다. 『사기』의 우맹(優孟)에 대한 사실의 서술을 자세히 생각해보면 확실히 일류의 작문에 속하지 않지만 결코 줄곧 실제 있었던 일이라 여기지 않았다. 하물며 국사(國

과 만나 진(秦)을 정벌하였다. 진(晉)나라 사람이 진(秦)의 첩자를 잡아 강(絳)의 저자 거리에서 죽였는데, 6일 만에 다시 살아났다고 했다. 역주 : 따라서 누년(累年)의 '연(年)'자는 '일(日)'자로 고쳐야 한다.

史)는 더욱 유희(遊戱)를 서술한 것이 아니다.(此滑稽耳. 駁語粘埴, 可以失笑. 然謂子玄錯, 却不錯. 覆思敍優孟事, 落第二手, 決不一直當眞, 況國史更非遊戱事也)

12-4

또 『사기』 「전경중완세가(田敬仲完世家)」에 이르기를, 전상성자(田常成子)가 사람들에게 대두(大斗)로 양곡을 빌려준 것을 소두(小斗)로 되돌려 받으니, 제(齊)나라 사람들이 이를 노래하여, '할머니가 뜯어온 나물들은 모두 전성자(田成子)에게 보내리!'라고 하였다.[17]

반박하여 말하자면, 대개 사람이 사망한[物故] 후에 비로소 시호(諡號)를 붙인다. 전상(田常)이 아직 살아 있는데도 시호[成子]로 부르고 있으니 이는 진실이 아니었음을 분명하게 알 수 있다. 또한 살펴보건대 『좌씨전』에는 석작(石碏)이 말하기를, "진 환공(陳桓公)이 바야흐로 주왕(周王)의 총애를 받았다"[18]고 하였고, 『논어』에서는 진사패(陳司敗)가 공자에게 "소공(昭公)이 예를 아는가"[19]라고 물었다고 하였고,(『사기』의 문장과 같다) 『사기』에서는 가령(家令)이 태상황(太上皇)에게 "고조(高祖)는 비록 아들이지만

---

17 『사기』 권46, 「전경중완세가(田敬仲完世家)」에, 진경중(陳敬仲)이 제(齊)나라로 갔다. 진(陳)을 전씨(田氏)로 바꾸었다. 5세손 전희자기(田釐子乞)는 제 경공(齊景公)을 섬겼다. 그는 백성들로부터 부세(賦稅)를 거둘 때에는 소두(小斗)로 하고, 베풀 때에는 대두(大斗)로 하였다. 이로 말미암아 전씨는 제나라의 민심을 얻어 전씨 일족이 더욱 강성해졌다. 전기(田乞)가 죽은 후 아들 전상(田常)이 대를 이었으니 그가 바로 전성자(田成子)이다. 제 간공(齊簡公)이 즉위하자 전상은 전희자기의 정치로 다스렸다. 제나라 사람들이 이를 노래하기를 운운['할머니가 뜯어온 나물들은 모두 전성자에게 보내리!]하였다. 전상이 죽자, 시호를 성자(成子)라고 하였다. 按: 『사기』가 뒷 구절을 엮어 넣음으로써 결점을 더욱 드러내었다.

18 『좌전』 은공(隱公) 4년(B.C. 719)에 보인다.

19 역주 : 『논어』 「술이(述而)」편에 보인다.

천하 백성들의 군주이십니다"[20]라고 말하였다고 했다. 이러한 말들은 그 예(例)가 모두 같다. 그렇지만 이러한 사실들은 잘못에서 비롯된 것이니[21] 그것을 바르게 고치는 것은 쉽다. 그러나 「전경중완세가」에서 전성자를 논한 것은 운어(韻語)에 맞추어 가사(歌詞)로 편집되었기 때문에 바로 잡으려 하여도 고칠 방법이 없다.[22] 때문에 독자적으로 그 잘못을 거론하여 하나의 전형(典型)으로 삼아 말하고자 한다.

又『史記』「田敬仲世家」曰 : 田常成子以大斗出貸, 以小斗收. 齊人歌之曰 : "嫗乎採芑, 歸乎田成子".

難曰 : 夫人旣從物故, 然後加以易名. 田常見存, 而遽呼以謚, 此之不實, 明(一作'昭')然可知. 又案『左氏傳』, 石碏曰 : "陳桓公方有寵於王." 『論語』, 陳司敗問孔子 : "昭公知禮乎?"(同『史記』文) 『史記』, 家令說太上皇曰 : "高祖雖子, 人主也." 諸如此說, 其例皆同. 然而事由過誤, 易爲筆削. 若「田氏世家」之論成子也, 乃結以韻語, 纂成歌詞, 欲加刊正, 無

20 『사기』 권8, 「고조본기(高祖本紀)」에 보인다. 역주 : 고조는 5일에 한 번씩 부친 태공(太公)을 문안하였는데, 그들은 일반 서민의 부자지간의 예절을 따랐다. 태공의 가령(家令)이 태공에게 말하기를, '하늘에는 태양이 오직 하나뿐이며, 땅에는 두 명의 군주가 있을 수 없습니다. 지금 고조께서 비록 집에서는 자식이지만, 천하 백성들의 군주이시며, 태공께서는 비록 고조의 부친이지만 또 그의 신하이기도 한데, 어찌 군주로 하여금 신하를 배알하게 하실 수 있습니까?' 운운하였다.

21 역주 : 옛 사람들은 후일의 명칭으로 이전 사람을 부르는 관행이 있었기 때문에 유지기가 지적한 사례는 이외에도 많다. 이에 대하여는 程千帆, 『史通箋記』, pp.313-314 참조.

22 역주 : 이 같은 『사기』의 기록은 『한비자』 「외저설우상(外儲說右上)」편에 근거한 것이다. 즉 (안자(晏子)가 제 경공(齊景公)에게 말하기를) "저 전성(田成) 씨가 제(齊)의 민심을 크게 얻고 있습니다. 민(民)을 대하기를 위로는 작록을 청하여 그것을 대신들에게 행사하며, 아래로는 사적으로 말[斗]을 크게하여 (곡식을) 빌려 주고, 말을 작게 하여 거두어들입니다. …… 군주께서는 세금을 엄히 거두지만 전성씨는 후하게 베풀고 있습니다. 제(齊)에 일찍이 큰 기근이 들었을 때 길가에 굶어죽는 자가 셀 수 없었으나 부자가 서로 이끌고 전성씨에게 가서 의탁해 살지 못했다는 말을 듣지 못했습니다. 그러므로 진주(秦周)에 사는 민(民)들이 다 함께 노래 불러 말하기를, '아아, 기장을 따자. 전성자(田成子)에게로 가 의탁하자[謳乎, 采芑其已乎! 其往歸田成子乎!]'고 하였습니다" 운운하였다. 노래 내용에 글자가 조금 다르다.

可厘革. 故獨擧其失, 以爲標冠云.

按 : 민요가 혹 사후의 시호를 미리 알고 노래한 것인가? 곽연년(郭延年)의 『사통평석(史通評釋)』에는 이렇게 말하였다.(民謠或預兆諡成耶? 郭『評』云)

진사패(陳司敗)가 소공(昭公)에게 물었던 때는 당연히 정공(定公)·애공(哀公) 사이였고, 기록한 사람이 시호를 거론한 것은 틀린 것이 아니다. 유지기가 이를 예로 고른 것은 틀렸다. 나머지 예로 고른 것은 모두 맞다. 이와 비슷한 사실은 진(秦)·전한(前漢)초에 많았다. 이유정(李維楨)[本寧]은 이에 공자 수생(遂生)에게 씨(氏)를 하사했다고 했는데, 어찌 여기서 말한 '시(諡)'가 이러한 유(類)가 아니란 것을 알았겠는가. 아! 기교를 부리다가 일을 망친 꼴이다. 어찌 자신의 첫째 안목으로 『사기(史記)』를 보지 못했는가? 이것은 하나의 웃을 만한 일이다.(陳司敗問昭公, 時當在定·哀之世, 記者擧諡, 非誤也. 子玄摘之, 非是. 餘所摘, 皆是. 此類, 秦前漢初多有, 李本寧乃謂公子遂生而賜氏, 烏知此諡非此類. 噫! 弄巧成拙, 奚自首眼不見『史記』? 爲一笑)

12-5

또 『사기』 「중니제자열전(仲尼弟子列傳)」에 이르기를, 공자가 세상을 떠났어도 유약(有若)의 모습이 공자와 비슷하여 제자들은 그를 스승으로 세우고서 공자를 섬길 때처럼 하였다. 어느 날 한 제자가 그에게 나아가 묻기를, "옛날 공자께서는 제가 나갈 때에 제게 우구(雨具)를 지니고 나가라 하셨는데, 얼마 있지 않아 과연 비가 내렸습니다. 또한 상구(商瞿)가 나이가 많은데도 자식이 없어 그의 어머니가 소실(小室)을 취하려고 하였습니다. 공자께서는 '상구의 나이가 사십이 지난 후 반드시 5명의 아들을 두게 될 것입니다'라고 하셨는데, 과연 그렇게 되었습니다. 공자께서 그것을 어떻게 아셨는지 감히 묻습니다"라고 하니, 유약이 입을 다물고 대답하지 못하였다. 제자가 일어서며 말하기를 '유자(有子)'(어떤 책에는 '유약(有若)'이라 했다)는 그 자리에서 물러나시오! 이곳은 그대가 앉을 곳이 아니오'라고 하였다.[23]

반박하여 말하자면, 공자의 제자는 72명으로서,[24] 시(柴)는 어리석고, 삼(參)은 둔하였으며,[25] 재아(宰我)는 말을 잘하였고, 자유(子游)는 문학에 능하였으며,[26] 사(師)와 상(商) 두 사람은 비교할 만 했고,[27] 회(回)와 사(賜)는 이러한 유(類)에 속하지 않았다.[28] 이것은 모두 공자[聖人]가 평가한 것

23 역주 : 이상은 『사기』 권67, 「중니제자열전」을 축약하여 인용한 것이다.

24 역주 : 『사기』 권47, 공자세가」에, 공자는 『시(詩)』·『서(書)』·『예(禮)』·『악(樂)』을 교재로 삼아 가르쳤는데, 제자가 3,000명에 이르렀고, 그 중 육예(六藝)에 통달한 자가 72명이나 되었다고 하였다. 또 『사기』 권67, 「중니제자열전」에는 공자가 말하기를, 나에게 가르침을 받고 육예에 통달한 자가 77명이라고 하였다. 그 외 『맹자』 「공손축(公孫丑)」 상(上)편에는 70명이라 했고, 『공자가어(孔子家語)』에는 「칠십이제자해(七十二弟子解)」편이 있다.

25 역주 : 『논어』 「선진(先進)」편에, "시(柴)는 어리석고, 삼(參)은 둔하고, 사(師)는 편벽되고, 유(由)는 추하고 속되느니라"고 하였다. 시는 고시(高柴), 자는 자고(子羔)이고, 삼은 증삼(曾參) 즉 증자(曾子), 사는 자장(子長), 유는 자로(子路)를 말한다. 이상은 제자들의 결점을 지적한 공자의 평가이다.

26 역주 : 『논어』 「선진(先進)」편에, "(공자가 말하기를) 덕행으로 뛰어났던 자는 안연(顔淵)·민자건(閔子騫)·염백우(冉伯牛)·중궁(仲弓)이고, 언어로 뛰어났던 자는 재아(宰我)·자공(子貢)이며, 정사(政事)에 뛰어났던 자는 염유(冉有)·계로(季路)이고, 문학(文學)으로 뛰어났던 자는 자유(子游)와 자하(子夏)이니라"고 했다.

27 역주 : 사(師)는 전손사(顓孫師)를 가리키며, 자는 자장(子張)이다. 공자보다 48년 연하이다. 상(商)은 복상(卜商)을 가리키며, 자는 자하(子夏)이다. 공자보다 40세 연하이다. 『논어』 「선진(先進)」편에, 자공이 사(師)와 상(商) 중에 누가 더 현명한가를 묻자, 공자께서 말하기를, '사는 과(過)하고, 상은 미치지 못하느니라', '그러면 사가 낫다는 말씀입니까?' 하고 묻자 공자는, '과함과 미치지 못함은 마찬가지니라'고 했다.

28 역주 : 『논어』 「공야장(公冶長)」편에, 공자께서 자공에게 묻기를, '너를 회(回)와 더불어 비교하면 누가 더 낫다고 생각하느냐?'고 하자 대답하기를, '제[賜]가 어찌 감히 회와 비교가 되겠습니까? 회는 하나를 들으면 열을 아는 사람이고, 저는 하나를 들으면 둘을 알뿐입니다.', 공자가 말하기를, '비교가 안 되느니라. 나도 네가 회와 더불어 비교가 안 된다는 것을 인정하느니라'고 하였다. 회(回)는 안회(顔回)이고, 사(賜)는 단목사(端木賜) 즉 자공(子貢)이다.

으로써 그 우열이 이미 상세하고, 제자들을 살펴 착하고 착하지 못함을 또 규정하였다. 그러나 유약(有若)이라는 자는 이름이 4과(四科)에 속하지 못하였고 명예는 10철(十哲)에 미치지 못했다.[29] 공자[尼父]가 죽자 그를 스승으로 삼았지만 물음에 답하지 못하여 스승의 자리에서 쫓겨났다. 공자의 도에 통달하였다는 사람들이 어찌하여 사물에 대한 판단이 그렇게 늦는가? 증삼과 자하가 연로(年老)하여 서하(西河)에 물러나 거주하였는데, 사람들은 자하를 공자가 아닌가 여겼다. 때문에 자하는 아들이 죽고 자신은 실명하는 징벌을 받았고, 이에 자하는 지팡이를 내던지고 꿇어 엎드려 사죄하였다.[30] 이러한 사실을 볼 때 공자의 제자들이 어찌 공공연히 자기를 속이고 서로를 속이면서 유약을 스승으로 받드는 일을 할 수 있었겠는가? 이는 어린아이들의 유희인 것이지 나이가 많고 덕이 높은 사람들이 할 바가 아니었다. 맹자[孟軻]의 저서를 보면 처음으로 이러한 사실을 이야기하고 있다.[31] 그런데도 사마천은 『사기』를 쓰면서 여전히

29 역주 : 4과(科)는 『논어』 「선진(先進)」편에 보이는 덕행(德行) · 언어(言語) · 정사(政事) · 문학(文學)을 가리키고, 10철(哲)이란 4과에 뛰어났던 안연(顔淵) 이하 10명을 말한다. 10철(哲)이라는 용어는 당대(唐代)에 공묘(孔廟)에 배향(配享)되면서 처음 사용하였다.

30 『예기(禮記)』 「단궁(檀弓)」 상(上)편에, 자하(子夏)는 아들이 죽자 (상심하여) 실명(失明)하였다. 증자(曾子)가 위로하여 말하기를, '나와 그대는 노(魯)나라[洙泗之間]에서 함께 공자[夫子]를 섬기다가 물러 나와 서하(西河) 연안에서 노년을 보내고 있는데, 서하의 사람들이 그대를 공자가 아닌가 여기고 있다. 어찌 그대에게 죄가 없다고 하겠는가?'고 하였다. 자하가 지팡이를 내던지고 절을 하며 말하기를, '제가 잘못했습니다! 제가 잘못했습니다!'고 하였다. 정현(鄭玄)의 주(注)에, 스승이 있었다고 말하면서도 스승이 누구인지 말하지 않았다고 했다. 소(疏)에, 서하의 사람들로 하여금 공자와 비슷하다고 의심하였다는 것을 황씨(皇氏)는 자하가 공자의 현신(顯身)임을 의심하였다고 했지만, 그렇지 않다. 역주 : 『사기』 권67, 「중니제자열전」에, 공자가 세상을 떠난 후에 자하는 서하(西河)에서 학생을 가르치는 한 편 위 문후(魏文侯)의 스승이 되었다. 자하는 자식의 죽음에 너무 슬퍼 곡하다가 실명(失明)하였다고 했다. 서하(西河)는 당시 위(魏)의 지명이다. 위 문후는 전국시대 위(魏)나라의 건립자로 안읍(安邑)에 도읍하였는데, 자하가 그의 스승이 되었던 점으로 보아 서하는 그 주변이었을 것이다.

31 역주 : 『맹자』 「등문공(滕文公)」 상(上)편에, "옛날 공자께서 돌아가신 지 3년이 지나자 문인(門人)들이 짐을 꾸려 집으로 돌아가려고 자공에게 가 읍(揖)을 하고 서로를 마주보며 울었는데, 모두 목이 쉰 후에야 돌아갔습니다. 그리고도 자공은 공자의 무

옛 말을 답습하였다.[32] 이러한 것들은 항간에서 전해지던 이야기로부터 나온 것인데도 사마천이 그것을 깨닫지 못하였으니 슬픈 일이로다!

又『史記』「仲尼弟子列傳」曰：孔子既沒, 有若狀似孔子, 弟子相與共立爲師, 師(一作'事')之如夫子. 他日. 弟子進問曰：'昔夫子當(舊作'嘗')行, 使弟子持雨具, 已而果雨."" 商瞿年(一脫'年'字)長無子, 母爲(此二字一作'欲更')取室. 孔子曰：'瞿年四十後. 當有五丈夫子.' 已而果然. 敢問夫子何以知此?"(舊作'之') 有若默然無(史有'以'字)應. 弟子起曰："有子(一作'若')避,(史有'之'字. 斷句) 此非子之坐也!"

難曰：孔門弟子七十二人, 柴愚參魯, 宰言游學,(俗作'宰我言語', 誤)師·商可方, 回·賜非(俗誤作'之')類. 此並聖人品藻, 優劣已詳, 門徒商榷, 臧否又定. 如有若者, 名不隸於四科, 譽無偕於十哲.(同'哲') 逮尼父既歿, 方取爲師. 以不答所問, 始令避坐. 同稱達者, 何見事之晚乎? 且退老西河, 取疑夫子, 猶使喪明致罰, 投杖謝愆. 何肯公然自欺, 詐相策(一作'承')奉? 此乃童兒相戲, 非復長老所爲. 觀孟軻著書, 首陳此說; 馬遷裁史, 仍習其言. 得自委巷, 曾無先覺, 悲夫!

按：공문(孔門)의 4과(科)를 인용하여 유자(有子)[有若]를 평가하였다. 유지기는 강학가(講學家)가 아니었다. 때문에 원래의 말을 그대로 답습하고 고증을 하지 않았다. 그리고 유지기는 『사기』의 이 문단을 비웃으면서 어린 아이들의 유희와 같다고 보았는데 사마천의 언변(言辯)으로도 이 판정은 고칠 수 없다.(援擧四科, 品隲有子. 劉非講學家, 故應襲此盲語, 不須與辯也. 乃其嗤是

덤 앞에 되돌아와 제단이 있는 터에 집을 짓고 혼자 3년을 지낸 후에야 돌아갔습니다. 그 후 자하(子夏)·자장(子張)·자유(子游)가 유약(有若)은 성인과 닮았다고 하여 공자를 섬기던 것 같이 섬기려 하여 증자께 강요하였는데, 증자께서는, '안 되오! 마치 장강(長江)과 한수(漢水)의 물이 깨끗이 닦아주고, 가을 햇볕이 쬐어서 말린 것 같이 희고도 흰 공자의 큰 덕에 비할 것이 없다'라고 말씀하셨던 것입니다"라고 하였다.

32 역주：이 같은 『사기』의 기록에 대한 다양한 논의는 趙呂甫, 『史通新校注』, pp.1076-1077 참조.

史文, 儕諸童戲, 龍門有口, 此判不移)

유약(有若)을 성인(聖人)처럼 보았다는 것은 거의 공융(孔融)이 호분(虎賁)과 함께 앉아 술을 마신 것과 같다.[33] 학자들이 이 같은 말을 마주치게 되면 비록 맹자라도 믿을 수 없을 것이다.(有若似聖, 幾如孔融之坐飮虎賁. 學者遇此等語, 雖孟子亦不可執)

12-6

또 『사기』와 『한서』에 모두 이르기를, 한 고조(漢高祖) 유방이 낙양(洛陽)의 남궁(南宮)에 있을 때 궁궐을 잇는 구름다리[複道] 위에서 여러 장수들이 이따금 모래밭에 모여 앉아 대화하는 것을 보았다. 고조가 '그들이 무슨 말들을 하는가?'" 물으니, 유후(留侯)[張良]가 아뢰기를, '폐하가 봉(封)한 사람들은 모두 폐하께서 친애하는 옛 친구들이고, 죽인 자들은 모두 평소에 원한이 있는 사람들입니다. 때문에 이 사람들은 의심을 받아 죽게 될까 두려워 서로 모여서 모반하려는 것입니다'라고 하였다. 고조가 이를 염려하며 '어떻게 하면 되겠는가?'라고 하니 유후가 아뢰기를, '폐하께서 평소 누구를 제일 증오하십니까?'라고 하자, 고조가 말하기를, '옹치(雍齒)[34]이다'라고 하니, 유후가 아뢰기를, '지금 먼저 옹치를 봉하여

---

33 역주 : 이 말은 『후한서』 권70, 「공융전(孔融傳)」에 나오는 말이다. 즉 "공융은 채옹(蔡邕)과 평소 사이가 좋았다. 채옹이 죽고 난 후 호분중랑장(虎賁中郎將)의 직위에 있던 사람의 용모가 채옹과 비슷하였다. 공융은 술이 취할 때마다 그를 데려다가 함께 앉아 말하기를, '비록 옛 사람[蔡邕]은 없지만 여전히 그가 남겨놓은 전형(典刑)이 있도다'라고 하였다"는 내용을 인용한 것이다.

34 『사기』 권55, 「유후세가(留侯世家)」에, (한 고조가 말하기를) '옹치와 나는 깊은 원한이 있는데, 여러 차례 나를 곤욕스럽게 한 적이 있어서 내가 그를 죽이려고 하였지만 공이 많기 때문에 차마 하지 못하고 있소'라고 하였다. 또, 십방후(什方侯)에 봉했

군신들에게 보이십시오. 군신들이 옹치가 책봉되는 것을 보면 그들은 자신들도 봉해질 것이라 굳게 믿게 될 것입니다'라고 하였다. 그리하여 고조는 술자리를 베풀고 옹치를 제후[什方侯]로 봉하였다고 했다.[35]

반박하여 말하자면, 무릇 신하로서 국가[公家]에 이익이 되는 일이라면 알고는 하지 않음이 없어야 하고,[36] 군주에게 무례한 것을 보면 매가 새를 쫓듯 해야 한다.[37] 장량[子房]은 젊었을 때 가산을 모두 기울여 협객들과 결속하여 한(韓)나라를 위해 원수를 갚았다.[38] 그런즉 충의를 떨쳤고 명성과 절개가 세상에 크게 알려졌다. 그가 한(漢)나라를 섬기면서 어찌하여 일군(一群)의 소인들이 모여 모의를 하여 군주에게 모반을 하려 하는데 입을 닫고 있다가 고조가 묻고 나서야 비로소 대답을 하였는가? 만약 고조가 묻지 않았다면 끝내 말하지 않았겠는가? (춘추시대에는) 군주

다고 했다. 주(注)에, 『괄지지(括地志)』에서는 익주(益州) 십방현(什邡縣)이라 했다.

35 역주 : 이상은 유지기가 주로 『사기』 권55, 「유후세가(留侯世家)」에 의거하여 정리한 것이다. 아울러 『한서』 권40, 「장량전(張良傳)」에서도 인용하였다.

36 『좌전』 희공(僖公) 9년(B.C. 651)에, 진(晉) 순식(荀息)이 말하기를, "공가(公家)에 이익이 되는 일이라면 알고는 하지 않음이 없는 것이 충(忠)이요"라고 하였다. 역주 : (이 문장을 이어) "죽은 임금을 장송(葬送)하고 산 임금을 섬기는 두 일에 모두 여한이 없도록 하는 것이 정(貞)입니다"라고 하였다.

37 『좌전』 문공(文公) 18년(B.C. 609)에, 계문자(季文子)가 거(莒)나라의 태자 복(僕)을 내쫓으며 한 말이다. 역주 : "(계문자가 태사(太史) 극(克)에게 대답하게 한 말 중에) 돌아가신 대부 장문중(臧文仲)이 저에게 군주를 섬기는 예(禮)를 가르쳐 주었는데, 저는 그 가르침을 받들어 지켜 감히 그것을 어기지 않았습니다. 그는 말하기를, '그 군주에게 예를 지키는 사람을 보면 효자가 부모를 봉양하는 듯이 그를 섬기고, 그 군주에게 무례한 자를 보면 매가 새를 쫓듯 사정없이 벌주라'고 했습니다"라고 했다.

38 역주 : 『사기』 권55, 「유후세가(留侯世家)」에, 유후 장량(張良)은 그 선조가 한(韓)나라 사람이다. 조부 희개지(姬開地)는 한나라의 소후(昭侯) · 선혜왕(宣惠王) · 양애왕(襄哀王)의 재상을 지냈고, 아버지 희평(姬平)은 희왕(釐王) · 도혜왕(悼惠王)의 재상을 지냈다. 도혜왕 23년에 희평이 죽었고, 그 후 20년 만에 진(秦)이 한(韓)을 멸망시켰다. 당시 장량은 나이가 어려서 한나라에 벼슬을 하지 않았지만, 한나라가 멸망하였음에도 불구하고 그의 집에는 노복이 300명이나 있었다. 이 무렵 그는 동생이 죽었는데도 크게 장례를 치르기는커녕 오히려 모든 가산을 다 털어 진시황제(秦始皇帝)를 죽일 자객을 구하여 한나라의 원수를 갚고자 하였다. 그것은 곧 조부와 부친이 한나라의 5대 왕에 걸쳐 재상을 지냈기 때문이라고 했다.

를 시해할 마음을 먹기만 해도 반드시 사형에 처하였는데[39] 그것은 죄가 너무 무겁기 때문이었다. 그런데 여러 장수들이 모여 반란을 도모하면서 밀실에서 꾸며도 알려질까 두려운 법인데 모래밭에 모여 앉아 의논을 하고 있으니 어찌하여 그렇게 거리낌이 없는가? 나라를 위한 도리로 볼 때 절대 이와 같을 수가 없다. 그런 즉 장량(張良)은 사람들이 모반할까 염려하여 불안해하였고, 옹치가 (모반의) 혐의가 있어서 오히려 작위를 받았던 것은 대개 당시 실제 있었던 일이었다. 하지만 복도(複道)에서 바라보니 여러 장수들이 모래더미 위에 앉아 모반을 꾀하였다는 사실은 사람들이 상황을 거짓으로 더하여 꾸며낸 이야기일 뿐이다.

又『史記』·『漢書』皆曰 : 上自(『史記』作'在', 『漢書』作'居')洛陽南宮, 從複道望見諸將往往相與坐沙中語.(『漢書』作'往往數人偶語') 上曰 : "此何語?" 留侯曰 : "陛下所封, 皆故人親愛, 所誅, 皆平生讐(一作'仇')忌.(『史』·『漢』作'怨') 此屬畏誅, 故相聚謀反爾." 上乃憂曰 : "爲之奈何?" 留侯曰 : "上平生所憎, 誰最甚者?" 上曰 : "雍齒." 留侯曰 : "今先封雍齒, 以示群臣. 群臣見雍齒封, 則人人自堅矣." 於是上置酒, 封雍齒爲侯.

難曰 : 夫公家之事, 知無不爲, 見無禮於君, 如鷹鸇之逐鳥雀. 案子房之(一無'之'字)少也, 傾家結客, 爲韓報讐.(一作'仇') 此則忠義素彰, 名節甚著. 其事漢也, 何爲屬群小聚(一脫'聚'字)謀, 將犯其君, 遂默然杜口, 俟問方對? 倘若高祖不問, 竟欲無言者邪? 且將而必誅, 罪在不測. 如諸將屯聚, 圖爲禍亂, 密言台上, 猶懼覺知; 群議沙中, 何無避忌? 爲國(當作'圖')之道, 必不如斯. 然則張良慮反側不安, 雍齒以嫌疑受爵, 蓋當時實有其事也. 如複道之望·坐沙而語, 是說者敷演, 妄溢其端耳.

---

39 『공양전(公羊傳)』 장공(莊公) 32년(B.C. 662)에, (공자(公子) 아(牙)가 군주를 시해할 병기를 다 갖추었다. 계자(季子)가 약을 타서 공자 아에게 마시게 하였다.) 공자 아가 이를 따른 것이다. 그런데 왜 언사(言辭)를 친족을 시해할 자와 더불어 같게 하였는가? 군주와 친하더라도 요구하는 것이 없어야 한다. 요구하게 되면 죽게 된다고 했다. 역주 : 이상의 문단은 즉 시해할 마음을 갖게 되면 죽는다는 의미이다.

按 : 모두를 말하자면 두 방면에서의 공격은 도리와 사정이 함께 갖추어져 모두 믿을 수 있는 글에 속하였다. 구절의 끝 몇 마디는 진정 표현하고자 하는 뜻으로써 사실에 밝은 사람이 한 말이다. 옥련환(王連環)이 이렇게 조심스럽게 풀렀다.(一路說來, 兩面搏擊, 理事俱到, 皆屬蹴下之文. 節尾數言, 是正指, 眞曉事人語. 王連環謹以解矣)

사마광(司馬光)[涑水]이 이 사실을 논하면서 역시 황제가 보고 나서야 비로소 알려준 것을 의심하였다. 이 때문에 말하기를, '장량(張良)은 고조가 몇 차례 개인의 애증에 따라 벌주거나 상을 줌으로써 여러 장수들이 모두 스스로 위험하다는 마음을 가지고 있었기 때문에 이 일을 빌려 충언을 바쳐 황제의 생각을 고치게 함으로써 군신 상하간에 시기(猜忌)함이 없도록 하였다. 여기 또 한가지 해석이 있었는데, 모반이라는 말을 구실로 넌지시 충고한 것은 또 하나의 묘한 깨달음이었다.(涑水氏論此事, 亦有帝見方對之疑, 因爲之說曰 : 良以帝數任愛憎爲誅賞, 諸將有自危之心, 故因事納忠, 以移帝意, 使上下無猜忌也. 此又一解, 以謀反一語爲詭辭譎諫, 又一妙會)

12-7

또『동관한기(東觀漢記)』에 이르기를,[40] 적미(赤眉)가 항복한 후 노획한 무기를 쌓아놓으니 웅이산(熊耳山)과 같았다 운운하였다.(반박하는 뜻이 문

40 역주 : 오수평(吳樹平),『동관한기교주(東觀漢記校注)』권21,「재기(載記)」"유분자(劉盆子)"에, 유분자가 승상(丞相) 이하 20여 만 명을 거느리고 선양(宣陽)으로 와서 항복하였다. 고황제(高皇帝)의 새수(璽綬)를 받들고 성문교위(城門校尉)에게 맡겨 적(賊)[赤眉]들의 갑옷[鎧甲]·활[兵弩]·화살[矢矰] 등을 옮겨 성의 서문(西門)에 쌓았는데, 웅이산(熊耳山)과 같았다고 했다.(p.864)『동관한기』에 관하여는「고금정사(古今正史)」편 주)103 참조.

장 중에 이미 충분히 나타난다. 따라서 '운운(云云)'이란 글자는 의심컨대 쓸데없이 더해진 것이다)

반박하여 말하자면, 살펴보건대 유분자(劉盆子)가 실패하여 항복하고 내버린 무기들은 정말 많았을 것이다.[41] 그러나 반드시 산과 같이 높다고 말한 것은 사실이 아니다. 옛날 『상서』 「무성(武成)」편[42]에 이르기를, "앞에 있던 부대가 창 끝을 돌려 자기편을 공격하니", "'피가 흘러 절굿공이가 떠다닐 정도였다"라고 하였다. 공안국(孔安國)[43]의 주(注)에 말하기를, 대개 이같이 말하는 것은 지나치다고 했다. 따라서 "무기를 쌓아놓으니 웅이산과 같았다"라고 말한 것이 어찌 "피가 흘러 절굿공이가 떠다닐 정도였다"라고 말한 것과 같지 않겠는가?

又『東觀漢記』曰 : 赤眉降後, 積甲與熊耳山齊云云.(所難之指, 文中已足. '云云'字疑衍)

難曰 : 案盆子旣亡, 棄甲誠衆. 必與山比峻, 則未之有也. 昔『武成』云 : "前徒倒戈", "血流漂杵". 孔安國曰 : 蓋言之甚也. "如積甲與熊耳山

---

41 『후한서』 권11, 「유분자전(劉盆子傳)」에, 유분자는 태산(太山) 식현(式縣) 사람으로, 성양경왕(城陽景王) 유장(劉章)의 후손이다. 낭야(琅邪) 사람 번숭(樊崇)이 거(莒)에서 병사를 일으키자, 왕망(王莽)이 염단(廉丹)과 왕광(王匡)을 보내 공격하게 했다. 번숭은 자기 무리들이 왕망의 병사들과 섞여 구별되지 않을 것을 두려워하여 모두 눈썹에 붉은 칠을 하여 식별하도록 하였다. 이로 말미암아 적미(赤眉)라고 불렀던 것이다. 적미의 장병(將兵)들이 서쪽으로 유분자를 구하여 함께 황제로 세우고자 하여 드디어 유분자를 황제로 즉위시키고, 스스로 연호를 건세(建世) 원년이라 불렀다. 장안성에 들어가자 갱시(更始)가 투항하였다. 적미는 재물을 탐하고, 군영을 나와 크게 약탈하였다. 그때 삼보(三輔) 지방에 기근이 들자 군대를 거느리고 동으로 귀환하였다. 광무제(光武帝)가 이들의 귀환로를 막아서자 적미는 크게 놀라 항복하기를 구걸하며 말하기를, '유분자가 백만의 무리를 이끌고 항복한다면 폐하께서는 어떻게 대우하시겠습니까?' 하자 광무제가 말하기를, '너를 죽지 않도록 대우하겠다'라고 하였고, 번숭은 이에 유분자가 상반신을 드러내고 항복하게 하였다. 그 후 병기(兵器)와 갑주(甲胄)를 의양(宜陽)성 서쪽에 쌓아놓으니 웅이산(熊耳山)과 같았다고 했다.

42 역주 : 『사통통석(史通通釋)』에는 『상서』 「태서(太誓)」편이라고 했지만, 「무성(武成)」편으로 고쳤다.

43 역주 : 전한(前漢)의 유학자로서, 공자의 12대 후손이다. 그의 열전이 『한서』 권88, 「유림전(儒林傳)」에 있다.

齊"者, 抑亦"血流漂杵"之徒歟?

按 : 이 조의 문장은 간략하여 홀로 잡박한 문구가 없다. 고서(古書)의 의소(義疏)와 같아서 여러 조 가운데 가장 바르게 잘 갖추어져 있다.(此條文簡, 獨無駁句. 如古書義疏, 於諸條中最爲雅飭)

12-8

또 『동관한기』에 이르기를, 곽급(郭伋)[44]이 병주목(幷州牧)으로 있을 때 서하(西河) 미직(美稷)을 순시하였는데[行部][45] 아이들 수백 명이 각기 죽마(竹馬)를 타고 길가에서 맞이하였다. 곽급이 "너희들은 왜 먼 곳까지 나왔는가?"하고 물으니 대답하기를, "병주목[使君][46]께서 처음으로 온다는 것을 듣고 기뻐서 맞이하는 것입니다"라고 하니 곽급이 이에 사의를 표시

44 『후한서』 권31, 「곽급전(郭伋傳)」에, 곽급의 자는 세후(細侯)이다. 고조부 곽해(郭解)는 무제 때 임협(任俠)으로 이름이 나 있었다. 곽급은 어릴 적부터 큰 뜻을 지니고 있었다. 세조(世祖) 건무(建武) 9년(33)에 영천태수(潁川太守)에 임명되었다. 황제가 그를 위로하며 말하기를, '경성(京城)으로부터 멀지 않은 지방으로 황하의 윤택함이 9리(里)에 걸쳐 있는 곳이니 경사(京師)도 그로 인해 좋은 영향을 받기를 바라노라'고 하였다. 11년에, 삭방자사(朔方刺史)를 없애고 병주(幷州)에 합쳤다. 곽급을 병주목(幷州牧)으로 승진시켰다. 이전 병주에 있을 때 평소 은혜와 덕을 베풀었다. 병주의 경계에 들어서자 가는 현읍(縣邑)마다 노인과 어린아이들이 도로에서 환영하였다. 그 순시가 서하(西河)에 이르렀다. 이하 문장은 『동관한기』와 같다. 역주 : 이하 미직(美稷)에서의 기록은 오수평(吳樹平), 『동관한기교주(東觀漢記校注)』 권14, 「곽급전(郭伋傳)」에 보인다.

45 역주 : '행부(行部)'는 한대(漢代)의 제도로써 전국을 13부(部)로 나누고 매년 8월 자사(刺史)가 자기 관할의 행정과 재판의 상태를 시찰하는 것을 말한다. 서하의 미직은 산서성(山西省) 분양현(汾陽縣) 서북에 있다.

46 역주 : '사군(使君)'이란 주군(州郡)의 장(長)에 대한 존칭이다.

하였다. 순시를 마친 후 여러 아이들이 성밖까지 배웅하며 "병주목께서는 어느 날 다시 오십니까"하고 물으니, 곽급이 별가(別駕)에게 날짜를 계산하여 그것을 알려주게 하였다. 후일 곽급이 다시 왔을 때 약속한 날짜보다 하루 먼저 왔다. 곽급은 약속을 어기는 일이라 여기고 야외의 정(亭)에서 하루를 머무르고 그 다음 날 미직에 들어갔다고 하였다.

반박하여 말하자면, 이 일을 믿을 수 없는 것은 세 가지 이유 때문이다. 살펴보건대, 한(漢)나라 때 방백(方伯)들의 행차의식은 제후들과 비슷하였다. 그가 행차할 때 앞에는 인마(人馬)가 꽉 차고 뒤에는 따르는 수레들이 길을 가득 메웠으며, 북을 치고 악기를 불며 깃발과 비단으로 싼 나무 창들이 하늘을 가리웠다. 그런데도 궁벽한 시골의 어린아이들이나 7, 8세의 아동들이 부끄러워하며 못 쳐다보는 것은 아니라 하더라도 역시 당황하여 몸둘 바를 모를 터인데, 어찌 감히 수레 앞으로 달려나가 위엄을 범(犯)하면서 마음속에 있는 이야기를 할 수 있었겠는가? 이것이 믿을 수 없는 첫 번째 이유이다. 또 방백이 순행하여 일을 처리할 때는 온 주(州)가 진동하고 사람들이 불안해한다. 방백의 관할 하의 각급 장리(長吏)와 군관(群官)들이 자기의 아전들을 거느리고 단정하게 서서 기다린다. 또한 여사(旅舍)를 청소하고 사자(使者)들이 한 역참씩 미리 통지하여 공급할 것들을 엄밀히 갖추게 하고 방백이 휴식할 곳을 마련한다. 만약 이미 준비된 곳을 가지 않고 일정을 마음대로 하면 공사(公私)간에 안배할 수 있는 방법이 없게 되어 객주(客主)가 모두 고생하게 된다. 선량(善良)한 주목(州牧)[二千石]이라면 아래 사람들의 어려움을 당연히 잘 알 터인데 어찌 경솔하게 몇 명의 아이들과 약속한 기일에 맞춰 가기 위해 많은 지역의 사람들을 실망케 했겠는가? 이것이 믿을 수 없는 두 번째 이유이다. 무릇 진양(晋陽) 지방에 대나무[竹]가 없다는 것은[47] 옛날이나 지금이

47 왕응린(王應麟), 『곤학기문(困學記聞)』에, 『사통』에 진양(晉陽) 지방에는 대나무가 없다고 했는데 그러한 사실을 믿을 수 없다고 했다. 염약거(閻若璩)가 살피기에, 당(唐) 진양(晉陽)의 동자사(童子寺)에는 대나무가 있었는데 매일 잘 크고 있는지를 보고하

나 다 아는 사실이다. 만약 다른 지방에 격문을 보낸다 하더라도 대개 대하(大夏) 지방처럼 상인에게 의뢰해야 하는데 그렇더라도 많이 구매할 수 없다.[48] 하물며 아이들이 대나무를 구한다는 것은 매우 어려운데 수많은 아이들이 유희(遊戲)로 타고 있었다니 이를 어떻게 설명할 수 있겠는가? 이것이 믿을 수 없는 세 번째 이유이다. 이 사건을 모두 세 방면(이는 『동관한기』의 말이다)에서 언급하였지만 추론해보면 하나도 사실이 없다. 정말 괴이하다!(補注 : '격문을 보내[傳檄]'는 마땅히 '뜻을 전하다[轉致]'로 써야 할 것이다)

又『東觀漢記』曰 : 郭伋爲並州牧,行不到西河美稷有童兒數百, 各騎竹馬, 於道次迎拜. 伋問(一有'曰'字)"兒曹何自遠來,?" 對曰 : "聞使君始到, 喜, 故奉迎." 伋辭謝之. 事訖, 諸兒送至(一作'出')郭外, 問 : "使君向日當還?" 伋使別駕計日告之. 旣還, 先期一日. 伋爲違信, 止於野亭, 須期乃入.

難曰 : 蓋此事不可信者三焉. 案漢時方伯, 儀比諸侯, 其行也, 前驅竟(一作'蔽')野, 後乘塞路, 鼓吹沸喧, 旌棨塡咽. 彼草萊稚子, 齠齓童兒, 非唯羞赧不見, 亦自驚惶失據. 安能犯騶駕, 凌襜帷, 首觸威嚴, 自陳襟抱? 其不可信一也. 又方伯案部, 擧州振肅. 至於墨綬長吏, 黃綬群官, 率彼吏人, 顒然佇候. 兼復掃除逆旅, 行李有程, 嚴備供具, 憩自有所. 如棄而不就, 居止無恒,(一作'常') 必公私闕擬, 客主俱窘. 凡爲良二千石, 固當知人所苦, 安得輕赴數童之期, 坐失百城之望? 其不可信二也. 夫

였다. 그리고 미직(美稷)은 지금의 분주부(汾州府)에 있었다. 按 : 대나무가 잘 크고 있는지를 보고하였다면 재배하기가 어려웠음을 알 수 있다. 진양(晉陽)과 분주(汾州)는 땅의 기운이 반드시 크게 차이가 나지 않았을 것이다. 그러나 내가 이러한 사실에 의문을 갖는 것은 대체로 여기에 있지 않았다.

48 『사기』 권123, 「대원열전(大宛列傳)」에, 장건(張騫)이 말하기를, "신이 대하(大夏)에 있을 때 공(邛)의 대나무 지팡이[竹杖]와 촉(蜀)의 베[布]를 보았습니다. '어떻게 이들을 얻었느냐?'고 묻자, 대하국의 사람들은, '우리 상인들이 연독[身毒]에 가서 사가지고 온 것이다. 연독은 대하의 동남쪽에서 수 천리나 되는 곳이다'라고 하였습니다. 제가 측정해 보건대 촉에서 그리 멀지 않은 곳입니다"라고 하였다.

以晋陽無竹, 古今共知, 假有傳檄它方, 蓋亦事同大夏, 訪知(一作'諸')商賈, 不可多得. 况在童孺, 彌復難求, 群戲而乘, 如何克辦? 其不可信三也. 凡說此事, 總有三科.(三科屬『漢記』言) 推而論之, 了無一實, 異哉!(補注:'傳檄'恐當作'轉致')

按: 세 방면에서의 문제점 폭로와 변론은 특히 신중함이 결여되었다. 시종(侍從)은 생략할 수 있고, 행차 때 필요한 음식물의 공급은 일시 끊길 수 있으며, 대나무 재료는 다른 지방으로부터 운반되어 올 수 있다. 그러나 반드시 역사적인 사실 같다고 하여 어찌 상식적인 도리에 부합(符合)한다고 하겠는가. 그 위의 문장에서 이미 이르렀던 현읍(縣邑)에 노인과 어린아이들이 함께 출영(出迎)했다고 말했는데, 설마 미직(美稷)지방에만 홀로 노인들이 없고 모두 어린아이들만 있었겠는가. 의도적으로 그렇게 되도록 인도한 한 것인데 은밀한 곳을 보지 못하도록 가린 것이겠는가. 현령(縣令)이나 현승(縣丞)이 향리에 지시하여 교묘하게 아첨한 것이 아닐까? 이천석 관리가 사관(史館)에 보고서를 올리면서 새로운 말을 지어 스스로를 자랑하기 위해 약간의 수식(修飾)을 더한 것이 아닐까? 천년 동안의 미담이 한 번 깨지게 되자 갑자기 사람들이 많은 의문점을 제기하였다.(三科揭辯, 殊欠老成. 傔從可省也, 供頓可斷也, 竹材可轉也. 然必如史事, 亦豈事理之常? 其上文旣言所到縣邑, 老幼相逢迎矣, 獨美稷曾無父老, 盡童稚耶? 其有導之使然, 屛視隱處者耶? 毋乃縣令丞喩指里陌, 工爲媚者耶? 將二千石上計史館, 作新語相矜耀, 稍增飾之也? 千載美談, 一經撲破, 頓起人幾許疑端矣)

12-9

또 『삼국지』「위지(魏志)」 배송지(裴松之)의 주(注)에는 『어림(語林)』[49]을 인용하여, "흉노(匈奴)가 사신을 파견하여 조정에 왔는데 태조[曹操]가 최염(崔琰)[50]에게 명령하여 자기 자리에 앉게 하고 자신은 칼을 쥐고 (어좌 앞에) 서 있었다. 알현을 마친 후 사람을 보내 흉노사신에게 묻기를 '조공(曹公)[曹操]의 인상이 어떠했습니까?'라고 하니 대답하기를, '조조가 잘 생기기는 하였지만, 시립(侍立)하여 있던 사람은 신하의 모습이 아니었습니다'라고 하였다. 태조가 사신을 쫓아가 죽였다 운운(云云)"하였다.('운운(云云)' 두 글자는 쓸데없이 붙여졌다. 어떤 책에는 '운'자 한 글자가 있지만 역시 마찬가지이다)

반박하여 말하자면, 옛날 맹양(孟陽)은 제 양공(齊襄公)의 침상에 누워 자기가 제후(齊侯)라고 속였고,[51] 기신(紀信)은 한왕(漢王)의 큰 깃발을 꽂은

---

49 역주 : 『수서경적지』「자부(子部)」"소설류", 『연단자(燕丹子)』 아래에 주석하기를, 『어림(語林)』 10권은 동진의 처사(處士) 배계(裴啓)가 편찬하였는데 없어졌다고 하였다. 『세설신어(世說新語)』「문학」편 유효표(劉孝標)의 주(注)에 인용된 『배씨가전(裴氏家傳)』에서는 배영(裴榮)[자, 榮期]이 『어림(語林)』 여러 권을 편찬하였다고 했다. 「채찬(採撰)」편에도 보인다.

50 『삼국지』 권12, 「위지」「최염전」에, 최염의 자는 계규(季圭), 청하(淸河) 사람으로 동조(東曹)와 서조(西曹)의 연속(掾屬)이 되었고, 중위(中尉)로 옮겼다. 최염은 음성과 자태에 기품이 있었고, 눈썹과 눈이 맑고 시원하게 생겼으며, 수염의 길이가 4척이나 되어 매우 위엄이 있었다. 조정의 사인들이 우러러보았고, 조조 역시 그를 존경하면서도 두려워하였다고 했다. 按 : 『어림』에 수록된 사실이 마찬가지로 『세설신어』「용지(容止)」편에도 보인다. 즉 위무제(魏武帝)가 장차 흉노의 사신을 접견하려 할 때 자신의 모습이 볼품이 없어서 최계규(崔季圭)[崔琰]로 하여금 대신하게 했다. 무제 자신은 칼을 들고 어좌 앞에 서 있었다 운운. 흉노의 사신이 말하기를, '어좌 앞에서 칼을 들고 서 있던 그 사람이 바로 영웅이더군요'라고 하였다.

51 『좌전』 장공(莊公) 8년(B.C. 686)에, 제후(齊侯)가 패구(貝丘)에서 사냥하다가 수레에서 떨어졌다가 돌아왔다. 시중을 드는 비(費)가 문에서 도적을 만났는데, 그가 먼저 들어가 군주를 숨기고 나가 싸우다가 문 안에서 죽었다. 도적이 드디어 안으로 들어와 침상에 누워 있던 맹양을 죽이고 말하기를, '군주가 아니다. 군주 같지가 않다'라고 했다.

수레를 타고 한왕이라 속였는데,[52] 그들이 이렇게 한 것은 혹 군주가 위험을 만났거나 혹은 조정에서 병란을 당했을 때 시급히 구하기 위한 것으로써 부득이한 경우이다. 그러나 최염은 본래 이러한 위급한 상황이 아니었는데 어찌하여 신하로서 임금을 대신하였는가? 인군(人君)이라 칭하는 자들은 모두 자신의 행동거지를 신중히 하거늘, 하물며 위 무제(魏武帝)는 당시 천하통일의 패업(霸業)을 도모하면서 남면(南面)하여 신하들의 조하(朝賀)를 받았는데 신하로 하여금 군왕의 자리에 앉게 하고 군왕이 신하의 자리에 있게 되면 어찌 만국(萬國)의 사신이 우러러 볼 것이며, 백관(百官)이 모두 높이 쳐다볼 수 있게 하겠는가? 또한 한나라는 흉노에 대하여 회유(懷柔)정책에 힘썼다. 비록 끊임없이 금과 비단을 주고 여자를 시집보내 혼인관계를 맺었지만 여전히 그들이 사람을 해치는 마음을 뉘우치지 않고 계속 변경을 침범하는데 대하여 걱정하였던 터였다. (그런데) 갑자기 그의 사신을 죽이고 죄명을 밝히지 않는다면 어떻게 변방의 사이(四夷)를 포용하여 중국으로 하여금 그들과의 관계에서 다섯 가지 유리함을 세울 수 있게 하겠는가?[53] 만약 조공(曹公)[曹操]이 실수하였다고

52 『사기』 권7, 「항우본기(項羽本紀)」에, 한왕(漢王)[劉邦]은 식량이 떨어지자 밤중에 (갑옷을 입은) 여자들을 형양(滎陽) 동문으로 내보내자 초나라 군대가 사면에서 공격했다. 기신(紀信)은 유방을 대신하여) 황옥거(黃屋車)를 타고 좌독(左纛) 장식을 달고 말하기를, '한왕이 항복코자 한다'라고 했다. 초나라 군사들이 모두 만세를 불렀다. 한왕은 수십 기(騎)의 병사들과 함께 서문(西門)으로부터 탈출하였다. 항왕(項王)이 기신을 보고 묻기를, '한왕은 어디에 있느냐?'고 묻자, '이미 떠나셨소'라고 했고, 항왕은 기신을 불에 태워 죽였다고 했다.

53 역주 : 『좌전』 양공(襄公) 4년(B.C. 569)에, 진후(晉侯)[悼公]가 말하기를, '그러면 융(戎)과 화친하는 것보다 나은 계책이 없단 말인가' 하자 위강(魏絳)이 대답하길, '융과 화친하는 데는 다섯 가지 이로움이 있습니다. 융(戎)은 수초(水草)를 따라 옮겨가며 살고 있어 재화(財貨)를 귀하게 여기고 토지를 소홀하게 여기므로 그들의 땅을 재화로 살 수 있으니 그것이 첫 번째 이로움입니다. 융과 접해 있는 변방에 걱정이 없으면 변방 백성들이 그 전야(田野)를 가까이하여 안심하고 경작하여 농부가 수확의 공을 이룰 수 있는 것이니, 그것이 두 번째 이로움입니다. 융이 우리 진(晉)나라를 섬기게 되면 사방의 이웃 나라들이 떨고 제후들이 우리나라를 두려워하여 따를 것이니, 그것이 세 번째 이로움입니다. 덕으로 융을 평온하게 다스리면 군사가 수고하지 않고 무장(武裝)과 무기의 손실이 없을 것이니 그것이 네 번째 이로움입니다. 옛날

생각하며 물의를 일으킬까 두려워 그 사신[行人]을 죽여 그의 비방하는 입을 막자고 하였더라도, 조조의 말은 조칙[綸綍][54]과 같아 널리 천하에 두루 전해지므로 숨기려 해도 더 많이 알려지게 되고, 막으려 해도 오히려 치욕만 늘어나게 된다. 비록 어리석고 암울한 군주라도 그렇게 하지 않을 것인데 하물며 뛰어난 계략을 지닌 군주가 어찌 이와 같이 행동할 수 있겠는가? 무릇 하찮은 사람들의 비루한 말과 항간의 전해지는 말들을 다룬 책들이 종래에는 비난을 받은 적이 없다. 그러나 배송지(裴松之)가 『어림』에서 인용한 이 사실을 『삼국지』 「위서」의 주(注)에 편입함으로써 사실이 아닌 내용으로 실록을 어지럽혔다. 대개 조조(曹操)는 사람을 속인 일이 많고, 남을 속이는 꾀를 꾸미기 좋아하였으므로 세속의 각종 전설이 서로를 속이게 되면서 이러한 이야기가 있게 되었다.('대개 조조는[蓋曹公]' 이하의 문장[十七字]은 어느 판본에는 없고, 어느 판본에는 구절 말미에 주(注)로 엮어놓았다. 자세히 살펴보니 분명히 정문(正文)이었으므로 마땅히 본문 안에 두어야 한다) 때문에 특별히 이러한 사실을 지적하여 그 중 의심나거나 잘못된 것을 바로 잡으려 하였다.

又『魏志』注 : 『語林』曰 : 匈奴遣使人(一無'人'字)來朝, 太祖令崔琰在座, 而已握刀侍立. 旣而使人問匈奴使者曰 : '曹公何如?' 對 : '曹公美則美矣, 而侍立者非人臣之相.' 太祖乃追殺使者云云.(二字亦贅. 一本止一'云'字, 亦衍)

難曰 : 昔孟陽臥(一作'坐')床, 詐稱齊後; 紀信乘纛, 矯号漢王. 或主遘屯蒙, 或朝罹兵革. 故權以取濟, 事非獲已. 如崔琰本無此意, 何得以臣

의 예(羿)의 망국(亡國)을 거울삼아 덕과 바른 법도를 베풀면 먼 나라는 내조(來朝)하고 가까운 나라는 안심할 것이니, 그것이 다섯 번째 이로움이니, 군주께서는 깊이 생각하소서'라고 하였다.

54 역주 : 『예기』 「치의(緇衣)」편에, 공자가 말하기를, '왕의 말은 명주실처럼 가늘지만, 한 번 나오게 되면 인끈[綸]처럼 점점 커진다. 또 왕의 말은 인끈처럼 작더라도 한 번 나오게 되면 동아줄[綍]처럼 커진다. 이때문에 대인(大人)은 터무니없는 말을 주장하지 않는다'라고 했다. 후세에 와서 윤발(綸綍)을 조칙(詔勅)의 뜻으로 사용하였다.

代君者哉? 且凡稱人君, 皆愼其擧措, 況魏武經綸霸業, 南面受朝, 而使臣居君座, 君處臣位, 將何以使萬國具瞻, 百寮僉矚也! 又漢代之於匈奴, 其爲綏撫勤矣. 雖復賂以金帛, 結以親姻, 猶恐(一脫'恐'字)虺毒不悛, 狼心易擾. 如輒殺其使者, 不顯罪名, 復何以懷四夷於外藩, 建五利於中國? 且曹公必以所爲過失, 懼招物議, 故誅彼行人, 將以杜玆謗匚, 而言同綸綍, 聲遍寰區, 欲蓋而彰, 止益其辱. 雖愚暗之主, 猶所不爲, 況英略之君, 豈其若是? 夫芻蕘鄙說, 閭巷譾(舊作'謟', 或作'闒', 並非)言, 凡(一作'諸')如此書, 通無擊難. 而裴引『語林』斯事, 編入『魏史』注中, 持彼虛詞, 亂玆實錄. 蓋曹公多詐, 好立詭謀, 流俗相欺, 遂爲此說.(蓋曹公十七字, 一本失去, 一本綴注節末. 細按之, 定是正文. 應置於此) 故特申掎摭, 辯其疑誤者焉.

按 : 배송지의 주(注)는 본래 폭넓은 흥밋거리가 풍부하였지만 『사통』은 괴이한 말을 대단히 미워했기 때문에 그러한 것들을 왕왕 배척하였다. 그리고 이 조는 전체가 배송지를 책망하면서 마지막에 이르러 죄를 조조[老瞞]에게 돌렸는데, 조조가 남을 속임에 따라 세속에서 서로를 속이게 되었다고 여겼음으로 이러한 판단은 당연히 옳다고 할 수 있다. 다만 '우러러본다[具瞻]' · 조칙[綸綍] 등 문구는 사용이 적절치 않다고 여겨진다. 또한 『삼국지』「위지」의 주(注)를 조사해보아도 이 문단을 볼 수가 없으니 정말 어찌된 일인지 알 수가 없다.(裴注固饒博趣, 『史通』雅惡謠辭, 故往往排之. 而此條通節責裴, 至末結罪老瞞, 正名詐詭, 可云廷尉當是也. 第嫌'具瞻' · '綸綍'等句, 施非其分. 又檢「魏志」注, 不見此段, 殊不可曉)

12-10

또 위(魏)나라 때 여러 잡문(雜文)[小書][55]에는 모두 문앙(文鴦)[56]이 시강(侍講)할 때 궁전의 기와가 모두 날아갔다 운운하였다.('운운' 두 글자는 쓸데없이 붙여졌다. ○이 일은 『진양추(晋陽秋)』의 앞에 열거되어 있으며, 역시 조위(曹魏) 때를 가리킨다)

반박하여 말하자면, 『한서』 「항적전(項籍傳)」에, 항왕(項王)[項籍]이 노기를 띠고 큰 소리로 꾸짖으면 천 명이 두려워 땅에 엎드렸다고 했다.[57] 그러나 이처럼 큰 소리도 단지 사람들을 땅에 엎드리게 할 뿐이었다. 살펴보건대, 문앙의 무용(武勇)은 항적과는 비교가 안될 정도로 부끄럽고, 하물며 군주의 옆에서 그를 모시는 신하는 반드시 공손한 자세로 말을 천

55 역주 : 「보주(補注)」편에, "이어서 (경전과는 다른) 역사의 잡문(雜文)[小書]과 인물들의 잡기(雜記)에 대한 주석이 있다. 예컨대 지우(摯虞)의 『삼보결록(三輔決錄)』 주(注), 진수(陳壽)의 『계한보신찬(季漢輔臣贊)』 주, 주처(周處)의 『양선풍토기(陽羨風土記)』 주, 상거(常璩)의 『화양사녀(華陽士女)』 주 등이 있다. 꾸미기만 하고 알맹이가 없는 말과 아름다운 글자로 문장을 나열하면서 사정의 경과에 대해 상세히 서술한 내용을 깨알같이 주석에 쓰고 있다"라고 했다. 『한서예문지』 「제자략(諸子略)」 "도가(道家)"에, 『주훈(周訓)』 14편이라 했고, 안사고(顔師古)의 주(注)에 민간에 유행되는 잡문[小書]으로 그 말이 속박(俗薄)하다고 했다.

56 按 : 문앙은 두 사람이 있다. 한 사람은 삼국시대 위(魏) 고귀향공(高貴鄕公) 때의 문흠(文欽)의 아들이고, 한 사람은 서진(西晉) 말 요서(遼西) 선비족(鮮卑族) 단무물진(段務勿塵)의 아들로서 필제(匹磾)의 아우이다. 따라서 문장은 위나라 때의 사람을 가리킨다. 『자치통감(資治通鑑)』에, 고귀향공 정원(正元) 2년(255), 문앙이 밤중에 사마사(司馬師)의 진영을 습격하였다. 감로(甘露) 3년(258)에 사마소(司馬昭)에게 항복하였다. 『진서(晉書)』 권2, 「경제기(景帝紀)」에 앙(鴦)은 삼군(三軍) 중에서 가장 용감하였다. 경제(景帝) 눈에 혹이 있었는데, 이를 갈랐다. 앙이 공격해 왔을 때 놀라 눈이 튀어나왔다고 했는데, (문앙은) 바로 그 사람이다. '잡문[小書]을 시강(侍講)하였다'는 사실은 확인할 수가 없다. 역주 : 『삼국지』 권28, 「위서」 「관구검전(毌丘儉傳)」의 주(注)에 인용된 『위씨춘추(魏氏春秋)』에도 문흠의 중간 아들인 숙(俶)의 소명(小名)이 앙(鴦)인데, 아주 용감하였다고 했다. 그러나 '기와가 날아갔다'는 기사는 역시 보이지 않는다.

57 역주 : 『한서』 권31, 「항적전」의 기록 외에도, 『사기』 권92, 「회음후열전(淮陰侯列傳)」에도 비슷한 내용이 보인다.

천히 해야 하거늘, 어찌 무안(武安)에서의 북소리[58]보다 더 큰 소리로 처마의 기와가 모두 날아가게 할 수 있었겠는가? 또 기와가 이리저리 날리다 떨어지면 사람들이 반드시 놀랄 것인데도 위나라 황제와 그 신하들만 어찌 홀로 피해가 없었겠는가?

又魏世諸小書,(一訛作'事') 皆云文鴦侍講, 殿瓦皆飛云云.(二字贅. ○此事列『晉陽秋』之前, 亦指曹魏時)

難曰 : 案『漢書』云 : 項王叱咤, 慴伏千人. 然則呼聲之極大者, 不過使人披靡而已. 尋文鴦武勇, 遠慚項籍, 況侍君側, 固當屛氣徐言, 安能(一多'使'字)檐瓦皆飛, 有逾(舊作'喩')武安鳴鼓! 且瓦旣飄隕, 則人必震驚, 而魏帝與其群臣焉得巋然無害也?

按 : 이는 형용의 말로서 (이 편 앞 조에서 말한) "적미(赤眉)가 항복한 후 노획한 무기를 쌓아놓으니 웅이산(熊耳山)과 같았다"는 것과 동류(同類)이다. 그러나 "시강(侍講)할 때 기와가 날라 갔다"는 말은 더욱 지나치다. 때문에 전자(前者)는 이해시키려는 말이었지만, 후자는 따져 책망하는 말이었다.(形容語, 與'積甲山齊'同類, 而'侍講瓦飛'語尤過當. 故彼爲解詞, 此爲詰詞)

12-11

또『진양추(晉陽秋)』[59]에 이르기를, 호질(胡質)이 형주자사(荊州刺史)로 있

58 『사기』 권81, 「염파전(廉頗傳)」에, 진(秦)이 한(韓)을 치기 위하여 군대를 알여(閼與)에 주둔시켰다. 왕은 조사(趙奢)를 장수로 임명하여 구원하게 하였다. 군대가 한단(邯鄲)을 떠나 30리 쯤 갔을 때 진(秦)나라 군사는 무안(武安)의 서쪽에 진을 치고서 큰 북을 두드리고 함성을 질러가며 군대를 지휘하였는데, (그 기세가 대단하여) 무안의 기왓장이 모조리 흔들릴 지경이었다고 했다.

을 때 그 외아들 호위(胡威)가 경도(京都)로부터 와서 안부를 살폈다.[60] 아버지를 만나 10여일 머문 후 돌아가고자 이별을 고할 때, 호질이 비단 1필을 주어 노자[路糧]로 삼게 하였다. 호위가 말하기를 "아버님[大人]께서는 청렴하시거늘 이 비단을 어디서 얻었는지 알 수 없습니다"라고 하니 호질이 말하기를 "나의 녹봉에서 남긴 것이다"라고 하였다.

반박하여 말하자면, 옛 사람들은 주(州)의 장관[方牧]을 이천석(二千石)이라고 불렀는데 그것은 그의 녹봉이 이천석이기 때문이다. 녹봉의 다소(多少)로 관명을 정하기는 하였지만, 부귀함은 실제의 녹봉보다 훨씬 더했을 것이다. 설사 청렴하기가 백이(伯夷)와 같고, 절조(節操)가 검오(黔敖)와 같다[61]하더라도 이천석의 지위에 오르면 가난을 걱정하지 않아도 된다.

---

59 역주 : 『수서경적지』「사부(史部)」"고사(古史)"에, 『진양추』 32권, 애제(哀帝)에서 끝난다. 손성(孫盛)이 편찬하였다고 했다. 산일(散佚)되고 현재는 집본(輯本)만이 전한다. 이하 기록은 『진서(晉書)』 권90, 「양리전(良吏傳)」의 내용과 같다.

60 『진서(晉書)』 권90, 「양리전(良吏傳)」에, 호위(胡威)의 자는 백무(伯武)이다. 아버지 호질(胡質)은 충성과 청렴함으로 유명했고, 위(魏)에서 벼슬을 하여 정동장군(征東將軍)·형주자사(荊州刺史)를 지냈다. 호위는 어려서부터 하고자 하는 뜻이 엄했다. 호질이 형주자사로 있을 때 운운(云云) 등은 『진양추(晉陽秋)』의 내용과 대략 같다. 호위는 서주자사(徐州刺史)를 역임하고 입조(入朝)하였다. 무제(武帝)가 그의 생평(生平)을 이야기하다가 말하기를, '경(卿)과 부친은 누가 더 청렴하오?'라고 하자, 대답하기를, '신의 부친이 청렴하다는 것은 사람들이 알지만, 신이 청렴하다는 것은 사람들이 모릅니다. 신이 부친에 훨씬 못미칩니다'라고 하였다.

61 『예기(禮記)』「단궁(檀弓)」편에, 제(齊)나라에 큰 기근(饑饉)이 들었다. 검오(黔敖)가 길 위에서 먹을 것을 만들어 가지고 주린 자에게 먹였다. 한 주린 자가 힘없이 걸어오고 있었다. 검오가 말하기를, '아! 와서 먹으라' 하니 말하기를, '나는 다만 아! 와서 먹으라고 불러서 주는 것을 먹지 않았기에 이 지경에 이르렀다'라고 했다. 按: '개(介)'는 당연히 굶는다는 의미에 속하므로 문장이 틀린 것 같다. 검오는 검루(黔婁)라고 해야 할 것이다. 『법언(法言)』「중려(重黎)」편에, 혹 어떤 사람을 현명하다고 하는가 물으니, 대답하기를, '안연(顔淵)·검루(黔婁) 같은 사람이다'라고 했다. 황보밀(皇甫謐), 『고사전(高士傳)』에, 검루(黔婁)가 죽자 그의 처는 '강(康)'을 시호로 하고자 하였다. 증자(曾子)가 말하기를, '선생은 음식을 배불리 먹지도 않았고, 의복 또한 몸을 가리지 못하였습니다. 무슨 즐거움이 있다고 (편안하다는 뜻의) '강'이라 부를 것입니까' 하니, 처가 말하기를, '예전에 군주께서 일찍이 곡식 3천 종(鍾)을 하사한 적이 있지만 선생께서는 사양하고 받지 않았습니다. 천하의 담담한 맛을 달게 여겼고, 인(仁)을 구하고자 하여 인을 얻었으니 시호를 '강(康)'이라고 하는 것이 마땅하지 않겠습니까'라고 하였다. 『열녀전(列女傳)』에도 보인다.

호위가 자기 아버지와 작별할 때 1필 비단의 재물까지도 오히려 물어보고 있으니 그렇다면 이천석의 녹봉을 어떻게 다 쓴단 말인가? 상아로 만든 산(算)가지를 세어보거나, 식사 때 사용하는 젓가락을 세어 그의 실제 수입을 살펴보면 그렇지 않다는 것을 알 수 있다. 혹 말하기를 여러 사서의 기록을 보면 이러한 부류는 적지 않다.(原注 : 예컨대 장감(張堪)이 촉군(蜀郡)에 있다가 떠날 때 끌채가 부러진 적이 있는 수레를 탔고, 오은지(吳隱之)가 광천태수(廣川太守)로 있을 때 개를 팔아 손님들을 접대하였다는 것이 모두 그 부류이다)[62] 반드시 많은 사례를 들어 증거로 한다면 그 사실을 의심하지 않아도 된다. 그러나 어떤 사람은 몸에 남루한 옷을 걸치고 거친 음식을 먹지만, 많은 돈과 비단을 모으면서도 쓰지 않는다. 때문에 한대(漢代)의 공손홍(公孫弘)은 관직이 삼공(三公)에 이르렀으나 잘 때는 면포이불을 덮었고 음식으로는 거친 현미를 먹었다.[63] 급암(汲黯)이 일찍이 제나라 사람이 매우 교활하다고 말하였는데 그가 바로 공손홍이다.[64] 호위(胡威)와 같은

62 원주(原注)에서 장감(張堪)과 오은지(吳隱之)의 두 사실을 인용했다. 按 : 『후한서』 권31, 「장감전(張堪傳)」에, 장감이 촉(蜀)에 있을 때, 공손술(公孫述)을 격파하였는데, 진귀한 보물이 10대까지 부유하기에 족할 정도였다. 그러나 장감이 관직을 떠날 때 끌채가 부러진 적이 있는 수레에, 베로 만든 행낭(行囊) 뿐이었다고 했다. 『진서(晉書)』 권90, 「양리전(良吏傳)」에, 오은지가 딸을 시집보내려 할 때 사석(謝石)은 오은지가 가난하고 검소함을 알고, 요리사를 보내 돕게 하였다. 사자(使者)가 집에 이르렀을 때 막 계집 종이 개를 끌고 팔려고 하는 중이었다. 이외에는 아무 것도 하는 것이 없이 조용하였다고 했다.

63 『한서』 권58, 「공손홍전」에, 급암(汲黯)이 말하기를, '공손홍의 지위는 삼공으로 봉록이 매우 많다. 그러나 면포이불을 덮었는데, 이는 남을 속이는 것이다'라고 했다. 또 공손홍은 식사를 할 때 고기 한 가지와 현미를 먹었다고 했다. 『서경잡기(西京雜記)』에, 공손홍의 친구 고하(高賀)가 사람들에게 전하기를, '공손홍은 속에는 담비 꼬리와 매미 날개로 만든 귀한 옷을 입고서도 겉에는 삼과 모시풀로 만든 허름한 옷을 입었고, 안에는 솥이 다섯이나 걸려 있는데도 바깥에는 안주 하나만을 식탁에 올렸다. 이같이 하여 어떻게 천하에 모범을 보일 것인가! 그리하여 조정에서는 공손홍이 허위로 그러할 것이라 의심하였다. 공손홍이 이를 듣고 탄식하여 말하기를, '차라리 접대하기 싫은 손님을 만나는 것이 낫지 다시는 고하 같은 친구는 만나지 않아야겠다'라고 하였다.

64 역주 : 이 내용 역시 『한서』 권58, 「공손홍전」에서 그의 허위를 지적하기 전에 언급한 말이다.

무리들의 검약하기가 모두 이와 같은 지 어찌 알겠는가? 그런데도 사신(史臣)이 그 이치를 상세히 밝히지 않고 곧장 청렴결백한 것이 당연하다고 말한 것은 잘못이다.

又『晋陽秋』曰 : 胡質爲荊州刺史, 子威自京都(一作'師')省之, 見父(史有'停廐中'三字. 文當摘一'停'字, 乃成句)十餘日, 告歸. 質賜絹一匹, 爲路糧. 威曰 : "大人淸高, 不審於何得此絹?" 質曰 : "是吾俸祿之餘."

難曰 : 古人謂方牧爲二千石者, 以其祿有二千石故也. 名以定體, 貴實甚焉. 設使廉如伯夷, 介若黔敖,(恐當作'婁') 苟居此職, 終不患於貧餒(或作'餧')者. 如胡威之別其父也, 一縑之財, 猶且發問, 則千石之俸, 其費安施? 料以牙籌, 推以食(一作'之借')箸, 察其厚薄, 知不然矣. 或曰觀諸史所載, 玆流非一.(原注 : 如張堪爲蜀郡, 乘折轅車; 吳隱之爲廣川, 貨犬待客. 並其類也. ○'張堪', 舊作'張湛', '貨犬'或作'貸米', 幷誤) 必以多爲證, 則足可無疑. 然人自有身安弊(古通'敝')緼, 口甘粗糲, 而多藏鏹帛, 無所散用者. 故公孫弘位至三公, 而臥布被, 食脫粟飯. 汲黯所謂齊人多詐者是也. 安知胡威之徒, 其儉亦皆如此, 而史臣不詳厥理, 直謂淸白當然,(一脫'當然'二字) 繆矣哉!

按 : 청렴한 절개를 전하기 위해 심각하게 의미 깊은 문장으로 묘사하였으니 지나치다. 그러나 그 부친을 책망하지 않고 오히려 그 아들을 흠잡았다. 인정(人情)과 왕도(王道)는 은미(隱微)한 것으로 고루 돌봐야 한다. 초(楚)나라에 한 사람이 정직하게 자기 아버지가 양을 훔친 것을 고발하였고,[65] 제(齊)나라의 진중자(陳仲子)는 청렴하여 굼뱅이가 파먹은 것이 반이나 되는 오얏을 먹었지만,[66] 성현은 이러한 사실을 칭찬하지 않음으로써 기상이 광명함을 바르게 드러내었다.(流傳淸節, 刻用深文, 過矣! 然不怪其父而疵其子, 人情王道, 推隱入微. 楚直證羊, 齊廉咽李, 聖賢不與, 正見氣象光明)

중장통(仲長統)이 득실을 논하면서 이르기를, "군자가 관직에 있으면서

65 역주 : 『논어』 「자로(子路)」편 참조.

66 역주 : 『맹자』 「등문공하(滕文公下)」편 참조.

사민(士民)의 장(長)이 되면 본래 마땅히 풍부한 고기와 포백(布帛), 네 마리 말이 끄는 붉은 수레를 향유하게 된다. 이제 오히려 좁고 누추한 집을 고상(高尙)한 것으로 말하고, 백성이 먹는 거친 음식을 먹는 것을 청렴하다고 하였다. 이는 천지의 자연한 마음을 잃게 할뿐만 아니라 또 허위(虛僞)의 풍조를 조장하였다"라고 했다. 또 장창(張敞)은 장리(長吏)를 정비하자는 주장(奏章)에서 이르기를, "가령 경사(京師)에서 솔선하여 농민들이 서로 전지(田地)의 경계를 양보하고, 남녀가 각기 다른 길을 가게 하고, 길에서 남의 물건을 줍지 못하게 한다고 해도 실제로는 청렴과 탐욕, 정절과 음란의 행위를 구분하는데 아무런 도움이 안 되고 오히려 허위만이 천하에 우선하는 것이 된다. 이는 당연히 잘못된 것이다. 설사 제후들이 먼저 이같이 한다고 하면 거짓 명성이 경사(京師)에 앞을 차지하게 될 것이니 이 역시 작은 일이 아니다"라고 하였다. 그 말이 이 문단과 서로 발명(發明)함이 있기 때문에 인용하여 기록하였다.(仲長統論損益曰 "君子居位, 爲士民之長, 固宜重肉累帛, 朱輪駟馬. 今反謂薄屋者爲高, 藿食者爲淸, 旣失天地之心, 又開虛僞之名." 又張敞飭長吏奏曰 : "假令京師先行讓畔異路, 道不拾遺, 其實無益廉貪貞淫之行, 而以僞先天下, 固未可也. 卽諸侯先行之, 而僞聲軼於京師, 非細事也." 其言與此段相發, 故引申錄之)

12-12

또한 『신진서(新晉書)』[67] 「완적전(阮籍傳)」에 이르기를, 완적[68]은 효도가

67 역주 : 『신진서』는 방현령(房玄齡) 등이 칙명을 받아 정관(貞觀) 22년(646)에 완성한 정사로서, 「본기」 10권, 「지(志)」 20권, 「열전」 70권, 「재기(載記)」 30권으로 되어 있다. 이 가운데 특히 오호십육국에 관한 기록인 '재기'는 다른 정사에서 찾아보기 어

지극하였다. 모친이 임종시에 그는 마침 사람들과 바둑을 두고 있었다. 상대방이 그만두자고 해도 완적은 그를 만류하여 승부를 결정하였다. 끝난 후 술 두 말[斗]을 마시고 길게 한 차례 방성대곡(放聲大哭)을 하고는 여러 되[升]의 피를 토하였다. 매장할 때 그는 또 찐 새끼돼지 한 마리를 먹고 술 두 말을 마셨다. 그러고 나서 묘혈(墓穴)에 이르러[臨穴](『진서(晉書)』에는 '사별하며[訣]'라고 썼다) '끝났구나[窮矣]!'라고 한 차례 고함을 지르고는 다시 여러 말[斗](『진서(晉書)』에는 되[升]라 썼다)의 피를 토하였는데 피골이 상접하여 거의 죽기 직전의 사람 같았다고 하였다.[69]

반박하여 말하자면, 무릇 사람이 재주가 가장 어리석고, 식견이 미련하여도 육친(肉親)이 사망하면 반드시 깊은 슬픔을 나타낸다. 그러나 그는 상복을 입은 지 얼마 되지 않아 황급히 안장하였으며 그러면서도 본

려운 것이다. 이 책 이전에 진(晉)에 관한 사서가 20여종 있었지만, 이 책이 완성된 뒤에 다른 사서는 모두 전하지 않을 정도로 진(晉)에 관한 가장 완비된 기록으로 평가받는다. 현재 정사(正史)로 통용되는 『진서(晉書)』를 가리킨다. 이하 마찬가지이다. 「고금정사(古今正史)」편 참조.

68 「사관건치(史官建置)」편에 보인다. 또 『진서(晉書)』 권49, 「완적전(阮籍傳)」에, '거의 죽기 직전의 사람 같았다' 이하에 이르기를, 배해(裴楷)가 가서 조문(弔問)을 하였다. 완적은 머리를 풀어헤치고 두 다리를 뻗고 앉아 술에 취하여 직시(直視)하고 있었다. 배해가 조문을 마치고 가려 할 때 누가 묻기를, '완적이 곡을 하지 않는데, 그대는 어찌하여 예를 다했는가?' 하니 배해가 말하기를, '완적은 세속을 초월한 사람이지만, 나는 세속 중의 사람이다'라고 하자 당시 사람들이 감탄하길 두 사람 각기 이룬 바가 있다고 했다. 내가[浦起龍] 생각하기에 이러한 이야기는 어그러지고 기만함이 매우 심하다.

69 역주 : 『세설신어』 「임탄(任誕)」편에, "완적(阮籍은 모친의 장례를 치르게 되었을 때, 살찐 돼지 한 마리를 삶고 술 두말을 마신 연후에 영결(永訣)에 임하여 '끝났구나[窮矣]!'라고만 했다. 이 한 번의 통곡 끝에 피를 토하더니 혼절했다"라고 하였다. 유효표(劉孝標)의 주에 인용된 등찬(鄧粲)의 『진기(晉紀)』에, "완적은 모친이 돌아가시려 할 때, 다른 사람과 태연하게 바둑을 두고 있었다. 상대가 그만두자고 청했으나 완적은 동의하지 않고 [그를] 붙잡아 두고서 승부를 결판냈다. 잠시 후 세 말의 술을 마시고 나서 소리를 질러 한 번 통곡하더니 몇 되의 피를 토하고는 오랫동안 혼절했다고 하였다. '끝났구나[窮矣]!'라는 의미는 의지할 곳 없는 고립무원의 처지가 되었다는 것으로 진대(晉代)의 풍습에는 부모의 상을 당한 상주(喪主)가 '어찌하리오[奈何]' · '끝났구나[窮矣]' 등의 호곡(號哭)을 하였다고 한다. 金長煥 譯註, 『세설신어』(下), 살림출판사, 2001, p.192, 「임탄」편 참조.

래 슬픈 기색을 나타내지 않았는데 그것은 이전에 없었던 일이었다. 하물며 완적의 경우는 어머니가 장차 죽으려 할 때 직접 사별(死別)하는 불행에 직면하여 가족들이 두려워하며 온 집안이 슬퍼한다. 한마을에 사는 사람들은 방아를 찧되 절구공이에 발맞추어 소리내지 않고,[70] 이웃들은 있는 힘을 다해 도와준다[匍匐之求].[71] 그런데 그의 아들이라는 자는 마침 바둑을 두면서 승부를 가릴 것을 요구하였으며, 술을 거나하게 들고 취해 있었다. 이때에도 슬픈 감정이 없었다면 마음은 목석(木石)과 같고 뜻은 배은망덕한 불효자[梟獍][72]와 같았을 터인데 어찌 묘혈에 임하여 비로소 비통함을 알 수 있겠는가? 사람의 정리(情理)로 보면 일은 반드시 그렇지 않았을 것이다. 또 효자가 부모를 잃었을 때는 조석(朝夕)으로 부모를 생각하고 소금과 소젓을 먹지 않아 수척해진다.[73] 만약 맛있는 것을 생각하면 속으로 살이 찌고 마음껏 취하면 겉으로 살이 찐다. 하물며 마음대로 새끼돼지와 술을 먹고 마시며 평소와 다름이 없었다면 비록 두 번이나 피를 토하고 슬퍼했어도 어찌 피골이 상접해지겠는가?(이상에서의 두 가지 반박은 제대로 이해한 것이지만 번거로움이 지나치다) 대개 완적이라는 사람은 명교(名敎)를 닦지 않았고 거상(居喪) 기간에 잘못하였기 때문에 어떤 사람은 그의 무례함이 그와 같았다고 비난하였던 것이다. 또 어떤 사람은 그의 지조가 남다르고 재주와 식견이 아주 높았기 때문에 (거상

70 『예기』「단궁(檀弓)」 상(上)에, 이웃에 상(喪)이 있으면, 방아를 찧되 절굿공이에 발맞추어 소리내지 않는다고 했다. 『사기』 권68, 「상군열전(商君列傳)」에, 조량(趙良)이 말하기를, '오고대부(五羖大夫)가 죽자, 진(秦)나라의 남녀들은 눈물을 흘렸고, 아이들은 노래를 부르지 않았으며, 방아를 찧되 절굿공이에 발맞추어 노래를 부르지 않았습니다'라고 하였다.

71 역주 : 『시경』「패풍(邶風) · 곡풍(谷風)」에, "남의 집에 상사(喪事)가 있으면 힘을 다해 도와주지요[凡民有喪, 匍匐求之]"라고 하였다.

72 역주 : 올빼미[梟]는 생후 어미를 잡아먹고, 표범 같은 사나운 짐승[獍]은 생후 아비를 잡아먹는다고 하여 배은망덕한 불효자를 가리킨다.

73 역주 : 『예기(禮記)』「잡기(雜記)」 하(下)에, 공최(功衰)에는 채소나 과일을 먹고 미음[水漿]을 먹지만 소금이나 소젓 따위는 먹지 않는다. 만일 신체의 형편으로 죽을 먹지 못할 때는 소금이나 소젓 따위를 사용해도 무방하다고 했다.

기간의 행동과 같은) 순후(純厚)한 효친(孝親)의 정을 가지고 있었다고 말하였다. 이러한 폄훼와 칭찬은 모두 취할 바가 없다.

又『新晋書』「阮籍傳」曰 : 籍至孝. 母終, 正與人圍碁.(亦作'棋') 對者求止, 籍留與決.(史有'賭'字) 旣而飮酒二斗, 擧聲一號, 吐血數升. 及(史有'將'字)葬, 食一蒸豘, 飮二斗酒.(一本'酒'字在'二斗'上) 然後臨穴,(史作'訣') 直言'窮矣', 擧聲一號, 因復吐血數斗.(史亦作'升') 毁瘠骨立, 殆致滅性.

難曰 : 夫人才雖下愚, 識雖不肖, 始亡天屬, 必致其哀. 但有(舊誤作'以')苴絰未幾, 悲荒遽輟, 如謂本無戚容, 則未之有也. 况嗣宗當聖善將歿, 閔凶所鍾, 合門惶恐, 擧族悲咤. 居里巷者猶停舂相(一作'杵')之音, 在鄰伍者尙申匍匐之救, 而爲其子者方對局求決, 擧杯酣暢. 但當此際, 曾無感惻, 則心同木石, 志如梟獍者, 安有旣臨泉穴, 始知摧慟者乎? 求諸人情, 事必不爾. 又孝子之喪親也, 朝夕孺慕, 鹽酪不嘗, 斯可至於癯瘠矣. 如甘旨在念, 則筋肉內寬; 醉飽自得,(一作'支') 則飢膚外博. 况乎溺情豘酒, 不改平素, 雖復時一嘔慟, 豈能柴毁骨立乎?(已上兩駁, 理解皆得, 苦其煩絮) 蓋彼阮生者, 不修名敎, 居喪過失, 而說者遂言其無禮如彼. 又(舊訛作'人')以其志操本(一作'尤')異, 才識甚高, 而談者遂言其至性如此. 惟毁及譽, 皆無取焉.

按 : 그와 같은 무례(無禮)와 이와 같은 천성(天性)의 방탕한 인생태도가 정반(正反) 양면의 표현을 통해 지묵(紙墨) 사이에 생생하게 보인다. 내[浦起龍]가 생각하기에 유지기(劉知幾)의 이 문단은 세속의 사람들을 교화하기 위한 사례로 말한 것으로는 마땅하지만, 사서(史書)를 경계(警戒)하는 넓은 논의로 볼 필요는 없다.(無禮如彼, 至性如此, 猖狂生態, 正復躍見楮墨間. 愚意劉生此段, 宜爲訓俗摭言, 不須作箴史博議)

12-13

또한 『신진서』 「왕상전(王祥傳)」에 이르기를,[74] 왕상은 한말(漢末)의 전란(戰亂)을 만나 어머니와 아우 왕람(王覽)을 데리고 여강(廬江)으로 피난하여 30여 년간 은거해 있으면서 주군(州郡)의 명(命)에 응하지 않았다. 어머니가 죽자, 서주자사(徐州刺史) 여건(呂虔)이 불러 별가(別駕)로 임명하였는데 그때 그의 나이가 60세[耳順][75]가 다되었음으로 (사양하였으나) 왕람이 권하여 부름에 응하였다. 이때 도적이 도처에 가득하여 왕상이 병사들을 격려하여 거느리고 토벌에 나설 때마다 그들을 격파하였다. 당시 사람들이 노래하기를, "해(海) · 기(沂)의 편안함은 실로 왕상의 덕택이다"[76]고 하였다. 그는 85세로 태시(泰始) 5년(269)에 죽었다.(補按 : 『삼국지』 권18, 「위지(魏志)」 「여건전(呂虔傳)」주(注)에 인용된 왕은(王隱)의 『진서(晉書)』에, 왕상이 처음 벼슬을 한 것은 50세가 넘어서이고, 태시(泰始) 4년 89세로 죽었다고 한 내용은 비교적 바르다)

반박하여 말하자면, 왕상이 서주별가(徐州別駕)에 임명되고 도적이 도처에 가득하였던 것은[77] 한나라 건안(建安)(헌제의 세 번째 연호이다) 연간

74 『진서(晉書)』 권33, 「왕상전」에, 왕상의 자는 휴징(休徵)이고, 낭야(琅邪) 임기(臨沂) 사람이다. 계모 주씨(朱氏)는 자애롭지 않았다. 그에게 항상 우사(牛舍)를 청소하게 하였지만, 왕상은 더욱 공경하였다. 계모가 일찍이 살아 있는 물고기를 먹고 싶어 했는데 (겨울이었는데도) 얼음이 저절로 깨어지면서 두 마리 잉어가 물에서 튀어 올라왔다. 계모가 또 섬참새[黃雀] 구운 고기를 먹고 싶어 하자 섬참새 수십 마리가 장막으로 날아들었다. 향리에서는 효성의 감화(感化)라고 칭찬을 하였다. 한말(漢末)의 전란을 만나 운운(云云)하였다.

75 역주 : 『논어』 「위정(爲政)」편 참조.

76 역주 : 해(海) · 기(沂)는 모두 서주에 속해 있는 지방을 가리킨다.

77 건안(建安) 초년은 곧 여포(呂布) · 원술(袁術)의 난이 있었고, 위(魏)가 처음 일어나던 때였다. 고귀향공(高貴鄕公) 때에 이르러 곧 관구검(毌丘儉) · 문흠(文欽) · 제갈탄(諸葛誕) 등이 회양(淮陽)을 근거로 하여 사마씨(司馬氏)를 토벌하는 사건이 있었는데 이는 위(魏)말에 일어났던 일이었다. 按 : 「왕상전」에서 서주별가(徐州別駕)가 되었다고 한 것은 여포와 원술 등의 사건 이후이다. 관구검을 토벌에 종사한 것은 사예교위

(196-220) 서주(徐州)가 아직 위(魏) · 오(吳)가 서로 다투던 지역으로 평정되지 못하였을 때의 일이다.(유지기는 이 사실에 유의하였고, 의심의 단서는 여기에서 발생하였다)[78] 위(魏)가 수명(受命)한 지는 45년이 되었고,(조비(曹丕)로부터 진류왕(陳留王)까지가 위나라가 존립하였던 시기이다. 진류는 즉 상도향공(常道鄕公)으로 후일 시호를 원제(元帝)라고 하였다) 위로 서주에 도적이 도처에 가득하였던 때로부터 아래로 진(晋) 태시(泰始) 5년(269)까지는 60년 이상의 간격이 있다. 왕상이 건안 연간에 이미 60세였고, 다시 60년을 더하여 진나라 태시 5년에 죽었다면 그의 나이는 120세가 된다. 그런데도 사서에서는 나이 85세에 죽었다고 하니 어찌된 일인가? 만약 죽은 때가 실제 85세였다면 서주별가로 임명된 것은 당연히 25-26세가 되어야 한다. 그러나 그는 관직을 맡기 전에 30여 년간 은거하였다고 하였다. 그가 처음에 임명될 때 나이가 25-26세였다면 이때부터 어떻게 30여 년이 될 수 있는가?[79] 만약 왕상이 건안 연간 이후에 별가로 임명되었다면 이미 서주는 잘 다스려져 평안할 터인데,(시대가 바뀌어도 빈번히 계속하여 작은 도적질의 발생은 분명 때때로 있었을 것이지만, 사서에 모두 기재되지는 않았을 것이다. 어찌 억측할 수 있겠는가?) 어찌 "이때 도적이 도처에 가득하여 왕상이 병사들을 격려하여 거느리고 토벌에 나설 때마다 그들을 격파하였다"라고 말할 수 있겠는가? 사실의 전후를 살펴보면 하나도 들어맞는 것이 없다.

(司隷校尉) 때이지 별가 때의 일이 아니다. **補按**: 『삼국지』 「위지」 「여건전(呂虔傳)」에, 서주(徐州)를 수비하면서 위 문제(魏文帝)와 명제(明帝) 사이에 왕상을 별가에 임명하여 이성(利城)의 구적(寇賊)을 토벌하여 평정하였다고 했다. '서주의 도적이 창궐'했다는 것은 이를 가리키는 것이다.

78 역주 : 그러나 왕상이 서주의 별가에 임명되었던 것은 이상에서 본 「여건전」이나 왕은의 『진서』에 근거하여 보더라도 위 문제(魏文帝) 때에 해당함으로 유지기의 건안 연간이라는 견해는 잘못된 것이다.

79 역주 : 전대흔(錢大昕), 『이십이사고이(二十二史考異)』 권21에, 왕상이 태시(泰始) 5년에 죽었을 때 85세라고 하였다. 위로 한나라 건안(建安) 9년(204)으로 소급하면 왕상이 막 20세로서 피난을 하였던 것은 그 전이었으므로 서주별가가 되었던 때로부터 다만 20여 년 떨어졌을 뿐이다. '30여 년 은거하였다'는 것은 당연히 '20여 년'의 잘못일 것이라고 했다.

又『新晋書 · 王祥傳』曰 : 祥漢末遭亂, 扶母携弟覽, 避地廬(一作'盧', 誤)江, 隱居三十餘年, 不應州郡之命. 母終, 徐州刺史呂虔檄爲別駕, 年垂耳順, 覽勸之, 乃應召. 于時, 寇賊充斥, 祥率勵兵士, 頻討破之. 時人歌曰 : "海 · 沂之康, 實賴王祥." 年八十五, 泰始五年薨.(補按 : 「魏志」「呂虔傳」注 : 祥始仕, 年過五十, 以泰始四年, 年八十九薨. 其文較核)

難曰 : 祥爲徐州別駕, 寇盜充斥, 固是漢建安中(獻帝第三改元)徐州未清時事耳.(子玄粘看在此, 疑端從此生) 有魏受命, 凡四十(一作'三十', 誤)五年,(自丕至陳留王, 全魏之數也. 陳留卽常道鄕公, 後謚元帝) 上去徐州寇賊充斥, 下至晋太始(武帝初元)五年, 當六十年已上矣. 祥於建安中, 年垂耳順, 更加六十(一多'六'字)載, 至晋泰始五年薨, 則當年一百二十歲矣. 而史云年八十五薨者, 何也? 如必以終時實年八十五, 則爲徐州別駕, 止可年('年'字一在'五六'下)二十五六矣. 又云其未從官已前, 隱居三十餘載者, 但其初被檄時, 止年二十五六. 自此而在, 安得復有三十餘年乎? 必謂祥爲別駕在建安後, 則徐州淸晏,(易代頻仍, 幺麽竊發, 固亦時有, 史不悉載耳, 胡可臆泥?) 何得云'于時, 寇賊充斥, 祥率勵兵士, 頻討破之'乎? 求其前後, 無一符會也.

按 : 왕상(王祥)이 서주(徐州)의 벽소(辟召)에 응하여 서주별가(徐州別駕)가 임명되었을 때 나이가 60세가 다 되었다. 만약 태시(泰始) 5년에 그가 85세라고 계산한다면 그와 건안(建安) 연간의 병사(兵事)와는 관련이 없다. 「왕상전(王祥傳)」에 기재된 관구검(毌丘儉)을 토벌한 일은 바로 회(淮) · 서주(徐州) 용병의 일이고, 그 일은 여러 차례 승진 후 관직이 광록훈(光祿勳)이 되고 난 후였다. 그렇다면 이전에 소위 별가가 되어 병사들을 격려하여 나섰던 것은 문흠(文欽)과 관구검(毌丘儉)에 대한 토벌이 아니었다. 이 조에서 의심하는 근거는 다만 '서주구도(徐州寇盜)' 네 글자인데, 나는 이 네 글자를 유동적으로 보아야 얻는 바가 있다고 생각된다.(祥應徐州檄時, 年垂耳順. 以泰始五年年八十五計之, 則與建安兵事無預矣. 傳有從討毌丘儉之文, 正是淮 · 徐用兵之事, 而事在累官光祿勳後. 則其先所謂別駕勵兵者, 又非欽 · 儉等也. 本條疑根, 只在'徐

州寇盜'四字, 愚謂此四字活看爲得)

이 문장은 대부분 자신에 찬 말이다. 그러나 문제에 대한 살핌이 불합리한 것이 아니라 정황에 맞지 않는다. 그 공(功)은 쓸데없는 것을 징계하고, 거짓된 것을 막는데 있었다. (이 점을 인식하지 못하고) 겉만을 보면 사정의 본질을 잃게 된다.[80](篇多專固之言, 然所發覆, 非無理則不情, 功在懲戲遏僞, 而貌取之, 失子羽矣)

12-14

반박한 바는 모두 위에 열거하였다. 대개 오경(五經)에 정통한 사람은 여러 유학자들의 경전에 대한 서로 다른 해석을 검토해야 하고, 삼사(三史)[81]에 숙달한 사람은 여러 학자들의 서로 다른 관점을 널리 수집해야 한다. 그 위에 심오한 뜻을 풀어내고, 은밀한 것을 들추어낸 연후에 그 오류(誤謬)를 판별해야 한다. 그러나 위에서 열거한 여러 사서들의 기록은 그렇지 못하니 무엇 때문인가? 사실의 서술에 있어서 한 가지 방향으로만 기록하고 한 가지 사리만을 논하였기 때문이다. 따라서 모순이 스스로 드러나고 앞뒤가 서로 맞지 않는다. 그것은 모순되는 것에 그치지 않고 사람들을 미혹에 빠지게 하였다. 이러한 잘못이 생기게 된 원인을 찾아보면, 작자가 사실을 정확히 살펴보지 않고 소홀히 취급하면서 식견(識見)이 우둔하고 꽉 막혀 혹은 민간에 전하는 말을 채록하면서 가려서

80 역주 : 『사기』 권67, 「중니제자열전(仲尼弟子列傳)」에, "공자가 자우(子羽)의 이야기를 듣고) '내가 말로써 사람을 취하였다가 재여(宰予)에게서 실수하였고, 용모로써 사람을 취하였다가 자우에게서 실수하였다'라고 탄식하였다"라고 했다. 겉만을 보고 사람을 평가하게 되면 그 본질을 잃는다는 의미라고 할 수 있다.

81 역주 : '삼사(三史)'란 『사기』 · 『한서』 · 『동관한기(東觀漢記)』를 가리킨다.

취하지 않고, 혹은 전하는 이야기 자체가 틀린 것을 사서에 편입시켜 진위(眞僞)와 시비(是非)가 뒤섞이게 하였기 때문이다. 대개 『논어』에 이르기를, 군자는 (이치에 맞는 말로) 속일 수는 있지만 (터무니없는 말로) 속일 수는 없다[82]고 하였다. 이를테면 사설(邪說)은 진실을 해치고 헛된 말은 진실을 훼손하니, 소인은 그것을 믿어도 군자는 그것이 그렇지 않다는 것을 알아야 한다. 『맹자』에 또 이르기를, 책의 내용을 그대로 믿는 것은 책이 없느니만 못하다[83]고 한 것은 대개 이를 두고 한 말이다. 문장을 쓰고 책을 짓는 것이 쉬운 일이 아니거늘, 나라의 사관(史官)이 된 자가 신중하지 않을 수 있겠는가!

凡所駁難, 具列如右. 蓋精『五經』者, 討群儒之別義; 練『三史』者, 徵諸子之異聞. 加以探賾索隱, 然後辨其紕繆. 如向之諸史所載則不然, 何者? 其敍事也, 唯記一途, 宜論一理, 而矛盾自顯, 表裏相乖. 非復牴牾, 直成狂惑者爾! 尋茲失所起, 良由作者情多忽略, 識惟愚滯. 或採彼流言, 不加銓(一作'詮')擇; 或傳諸繆說, 即從編次. 用使眞僞混淆, 是非參錯. 蓋語曰 : 君子可欺不可罔. 至如邪說害正, 虛詞損實, 小人以爲信爾, 君子知其不然. 又(一無'又'字)語曰 : 信書不如無書. 蓋爲此也. 夫書彼竹帛, 事非容易, 凡爲國史, 可不愼諸!

按 : 이는 「암혹(暗惑)」편의 마지막이자 즉 글 전체의 결말이다. 글 중에 매번 광혹(狂惑) · 우체(愚滯) · 사설(邪說) · 소인(小人) 등의 글자를 가지고 경솔하게 사람들을 평가한 것은 유지기의 잘못이다.(此爲篇尾, 即是全書結尾. 書中每以狂惑 · 愚滯 · 邪說 · 小人等字, 輕易加人, 子玄罪過)

'민간에 전하는 말을 채록하면서[採彼流言]'이하 몇 구절은 『사통』 전체

82 역주 : 『논어』 「옹야(雍也)」편에, (공자께서 말씀하기를, 군자는 이치에 맞는 말로) 속일 수는 있지만, 터무니없는 말로 속일 수는 없다고 했다.

83 역주 : 『맹자』 「진심(盡心)」 하(下)에, 맹자께서 말하기를, '책을 그대로 믿는 것은 책이 없느니만 못하다. 나는 『상서(尙書)』 「무성(武成)」편에 있어서 두, 세 장의 죽간(竹簡)을 믿을 뿐'이라고 했다.

를 통관(通貫)하는 뜻이다. 대체로 이전 사람들의 잘못에 대한 규정(糾正)은 모두 엄격하여 후세 사람들에게 모범이 되었다. 병폐에 대한 책망이 혹 지나쳤지만 우열의 순서를 매김이 조리정연하여 조(條)를 합하여 장(章)을 이루고, 장(章)을 합하여 권(卷)을 이루었다. 책 전체가 일관되어 있으니 어찌 함부로 지은 것이겠는가?('採彼流言'數句, 乃『史通』全部通指, 凡所爲糾前失者, 皆以嚴後式也. 吹求病或過正, 而銓次犁然就班, 合條成章, 合章成卷. 通部一貫, 豈苟作者?)

사(史)와 경(經)은 서로 구별되면서도 의존하는 관계이다. 경(經)을 말하는 책은 나날이 늘어 매우 많았지만, 사서(史書)를 평가하는 책은 경시되어 홀로 유행하였다. 그러나 짜여진 체례가 엄격하고 무게가 있었으니 어찌 그들 평설가(評說家)들과 같다고 할 수 있겠는가. 황정견(黃庭堅)[涪翁]은 늙어 눈이 흐려져 『사통』과 『문심조룡(文心雕龍)』을 한데 아울러 칭하였다. 따라서 그 진실한 면목이 매몰된 지가 이미 오래되었다.(惟史與經相爲對待, 談經之書日益充棟, 衡史之部邈焉孤行. 其爲結體嚴重, 寧詎說家等夷. 涪翁老眼, 乃與雕龍並稱. 所由沒其實者, 蓋已久矣)

「오시(忤時)」 제13

이 편의 주요내용은 유지기가 소지충(蕭至忠)에게 쓴 편지이다. 유지기는 이 편지를 『사통』의 마지막 편에 배열하여 「자서(自敍)」편의 "아! 비록 사관의 직무를 맡고 있었으나 나의 뜻대로 저술하지 못하고, 비록 시류에 따라 임용은 되었으나 좋은 뜻을 이룰 수가 없었다[嗟乎! 雖任當其職, 而吾道不行; 見用於時, 而美志不遂]고 한 불만의 구체적인 이유를 다섯 가지로 정리하였다. 즉 첫째, 과거 일가지언(一家之言)과 달리 사관(史館)에 사람이 많아 사실의 기록과 평가에 있어서 서로 눈치만 살필 뿐 결단을 내리지 못하였다. 둘째, 옛날에는 사서편찬을 위한 자료들이 일정한 절차에 따라 체계적으로 수집되었지만, 현재는 사관(史官)들이 스스로 자료를 수집해야 함으로 사실 기록이 광범위할 수가 없다. 셋째, 사관(史館)이 비록 궁중 깊은 곳에 설치되어 있었지만 사관(史官)의 수가 많아 포폄에 관한 정보가 새어나가는 데 대한 불안감으로 직서(直書)가 불가능하였다. 넷째, 감수관(監修官) 사이의 견해 차이로 기사(記事)와 포폄에 있어서 일관성 있는 원칙을 적용하기 어렵다. 다섯째, 감수관이 각 사관(史官)들에게 기재의 범위와 사실의 기록에 있어서 상략(詳略)에 대한 기준 등 관련 임무의 분배와 지침을 내려주지 않음으로써 찬술이 지연되고 있었다고 한 것이 그것이다. 아울러 조정이 사관(史官)의 재능을 중히 쓰면서도 오히려 그에 상응하는 예우를 가볍게 하였다고 불만을 토로하였다. 이 같은 문제점은 유지기 개인의 불만에 그치는 것이 아니라 당대 사관(史館)이 지닌 총체적인 모순이었다.

13-1

효화(孝和)황제(중종(中宗)의 처음 시호가 효화였다) 때[1] 위(韋)·무(武) 양씨(兩氏)가 국권을 농락하고 황제의 어머니나 후비(后妃)가 정사(政事)에 간여하였다. 사인(士人)들 중에 그들에게 아부하는 자들은 높은 관직[綰朱紫][2]에 올랐지만, 나는 그들 편에 붙지 않아 당시에 배척을 받았다.(原注 : 중윤(中允)으로 임명된 후 4년 동안 승진하지 못하였다)[3] 마침 천자[中宗]가 경사(京師)로 돌아가려 하니[4] 조정에는 따라 가려는 자들이 많았다. 나는 다음 번에

1 역주 : 중종(中宗 : 생몰 656-710)은 고종(高宗)의 일곱째 아들이고, 측천무후 소생이다. 683년 고종이 죽고 즉위하였다가 2개월여 만에 여릉왕(廬陵王)이 되었고, 698년 동도(東都) 낙양(洛陽)으로 소환되었다가 측천무후가 죽고 신룡(神龍) 원년(710)에 복위하였지만 그 해에 독살되었다고 전한다. 『구당서』 권7, 「신당서」 권4의 「중종본기(中宗本紀)」 참조.

2 역주 : 『구당서』 권45, 「여복지(輿服志)」에 보이는 무덕(武德) 4년(621) 8월의 조칙에 보면, 3품 이상 관리의 복색(服色)은 자(紫), 5품 이상은 주(朱), 6품 이상은 황(黃)이라 하였다.

3 역주 : 유지기가 태자중윤(太子中允)에 처음 임명된 것은 신룡 원년(705)이다.

4 『구당서(舊唐書)』 권6, 「무후기(武后紀)」에, 광택(光宅) 원년(684), 사성황제(嗣聖皇帝)[中宗]을 폐위시켜 여릉왕(廬陵王)으로 삼고, 방주(房州)로 옮겼다. 동도(東都)를 신도

돌아갈 것을 요청하여 천자가 경사로 떠나던 날 함께 가지 않고(이 두 구절의 '후(後)'자가 잘못 놓여졌다. 당연히 '予求番次在後大駕發日'이라고 해야 한다)[5] 머무르며 동도(東都)의 관아(官衙)를 지켰다. 두문불출하고 홀로 지낸 지 3년이 되었다.(釋 : 이상은 「오시」편을 쓰게 된 연유이다) 어떤 사람이 내가 사신(史臣)의 신분으로 국사(國史) 찬수(撰修) 사업을 수행하지 않고 오히려 한가하게 구언(丘園)에서 노닐면서 사사로이 저술한다고 모함하였다. 그리하여 역마(驛馬)를 이용하여 경사(京師) 장안(長安)으로 소환되어 수사(修史)에만 전념하게 하였다. 이때 소인(小人)들이 득세하여 조정의 기강이 날로 무너지고 있었으므로 그들과 함께 일을 한다는 것이 허전하고 즐겁지 않았다. 그리하여 국사편찬을 감수하던[監修國史][6] 소지충(蕭至忠)[7] 등 여러 대신들에게 상서(上書)하여 사임(辭任)을 요구하며 다음과 같이 썼다.(釋 : 마음 가득 시의(時宜)에 맞지 않음을 소지충에게 보내는 편지에 담았다. 「오시」편을 쓰게 된 것은 단지 이 편지를 수록하여 끝 부분에 편입하기 위함이다. 이상

(神都)라고 고치고 낙양에서 황제로 즉위하였다. 성력(聖曆) 원년(698)에 여릉왕을 방주에서 불렀다. 장안(長安) 5년(705) 황제로 복위(復位)하였다. 按 : 당시 조정에 임하여 복위한 것은 모두 동도(東都)에서 거행하였다. 「중종기(中宗紀)」에, 신룡(神龍) 2년(706) 10월, 동도(東都)로부터 장안으로 돌아왔고, 수행한 관원에게 훈관(勳官) 1급(級)씩 하사하였다. 按 : 이것이 중종이 경사(京師)로 돌아왔다는 것이다.

5 역주 : 여기서는 포기룡의 견해를 따라 해석하였다.

6 역주 : 『구당서』 권53, 「직관지(職官志)」 2, "감수국사(監修國史)"에, 정관(貞觀) 이후 대부분 재상으로서 국사편찬을 감수(監修)하게 하였는데 그리하여 관례(慣例)가 되었다고 했다.

7 『신당서(新唐書)』 권123, 「소지충전」에, 소지충은 동중서문하평장사(同中書門下平章事)를 지냈다. 위후(韋后)의 당파로 외지로 쫓겨났다. 태평공주(太平公主)가 정권을 장악하자 소지충은 스스로 아부하고, 장안으로 돌아오기를 바랐고, 돌아와 중서령(中書令)이 되었다. 역모의 주동자로 쫓겨 소지충은 남산(南山)으로 숨었다가 체포되어 주살되었다. 소지충은 겉으로는 정직하였지만 속으로는 지키는 것이 없었다. 무삼사(武三思)에게 아부하여 중승(中丞)이 되었고, 안락공주(安樂公主)에게 아부하여 재상이 되었다. 『구당서(舊唐書)』 권92, 「소지충전」에, 위거원(韋巨源)에 이어 시중이 되었고, 여전히 전처럼 수사(修史)하였다. 按 : 「위거원전(韋巨源傳)」에 이르기를, 여전히 국사를 감수하였다고 했으니, 여기서 수사(修史)라고 한 것은 즉 감수(監修)를 가리킨다.

은 마땅히 소서(小序)로 보아야 한다)

孝和皇帝時,(中宗初謚孝和) 韋·武弄權, 母媼(一作'娼')預政. 士有附麗之者, 起家而綰朱紫, 予以無所傅會, 取擯當時.(原注: 一爲中允, 四載不遷) 會天子還京師, 朝廷願從者衆. 予求番次在大駕後發日,(此二句'後'字錯置, 當云'予求番次在後大駕發日') 因(古本有'因'字)逗留不去, 守司東都. 杜門却埽, 凡經三載.(釋: 上述「忤時」緣起) 或有譖予躬爲史臣, 不書國事, 而取樂丘園, 私自著述者. 由是驛召至京, 令專執史筆. 于時小人道長, 綱紀日壞, 仕於其間, 忽忽不樂, 遂與監修國史蕭至忠等諸官書求退, 曰: (釋: 滿肚不合時宜, 具在簡蕭一牘. 本篇之作, 只欲錄存此牘, 編入部尾耳. 已上當作小序觀)

13-2

저는 어릴 적엔『시(詩)』·『예(禮)』를 배웠고, 자라서는 예문(藝文)을 두루 학습하였는데, 사서(史書)에 기재된 내용들을 특히 좋아하였습니다. 무릇 좌사(左史)와 우사(右史)가 기록한 것을『춘추(春秋)』와『상서(尙書)』라고 하였습니다.[8] 공자[素王]와 좌구명[素臣][9]의 글을 사람들은 은미(隱微)하

8 『한서예문지』「육예략(六藝略)」"춘추"의 개략에, 옛날 왕자(王者)에게는 대대로 사관(史官)이 있어서 군주가 행하는 일을 반드시 기록하였는데, 언행을 삼가고, 법식을 밝히기 위한 까닭이었다. 좌사(左史)는 말을 기록하고, 우사(右史)는 일을 기록하였다. 일을『춘추』라 하고, 말을『상서』라고 하였다. 제왕(帝王)은 이와 같이 하지 않을 수 없다고 했다.

9 『공자가어(孔子家語)』에, 제(齊) 태사(太史) 자여(子餘)가 공자를 찬미하기를, '하늘이 내린 소왕(素王)이로다![天其素王之乎!]'고 하였다. 또『장자(莊子)』와 동중서(董仲舒)의「대책(對策)」, 가의(賈誼)·정현(鄭玄)의 서(序)·논(論)에 보인다. 또 두예(杜預),「춘추좌씨전서(春秋左氏傳序)」(『문선(文選)』권45 所收)에, 말하는 이가 이르기를, 중니(仲尼)[孔子]가 위(衛)나라에서 노(魯)나라로 돌아와『춘추』를 편찬할 때 소왕(素王)을 세우고, 좌구명(左丘明)은 소신(素臣)이 되었다고 했다. 답하기를, 내가 들은 바와 다

고 완곡하지만 뜻이 뚜렷하면서도 깊다고 칭합니다.[10] 전한(前漢)·후한(後漢)·삼국(三國)시대의 역사는 반고(班固)·사승(謝承)·진수(陳壽)·습착치(習鑿齒)에 의해 편찬되었고, 서진(西晉)·동진(東晉)의 역사는 왕은(王隱)·육기(陸機)·간보(干寶)·손성(孫盛)에 의하여 편찬되었습니다.[11] 유씨(劉氏)·석씨(石氏)는 위조(僞朝)를 세워 참칭하였고,[12] 이들의 역사[方策]는 각각 화포(和苞)와 장씨(張氏)에 위임하여 편찬하였습니다.[13] 송(宋)·제(齊)의 역사[應籙]는 소자현(蕭子顯)과 심약(沈約)이 편찬하였습니다. 또한 급총(汲冢)의 『죽서기년(竹書紀年)』[古篆][14]과 우혈(禹穴)[15]에서 나온 일부 잔편(殘編)들이 있습니다. 반고가 『한서』에서 빠뜨린 역사적 사실을 갈홍(葛洪)이 모아 『서경잡기(西京雜記)』[16]로 간행하였고, 심약[休文]이 빠뜨린 것을 순작(荀綽)(당연히 사작(謝綽)이라고 해야 한다)[17]이 취사선택하여 『송습유(宋拾遺)』로 편찬하였습니다. 이상 여러 사가들이 지은 사서(史書)는 그 형식이 대개 다양하였습니다. 저는 그 역대의 사서들[泉藪]('연(淵)'자를 (당 고조 이연(李淵)의

르다고 했다. 자로(子路)가 문인(門人)들을 공자의 신하로 만들려 하자 공자는 하늘을 속이는 일이라고 하였다. 따라서 중니가 소왕(素王)이요, 좌구명이 소신(素臣) 운운하는 것은 통론(通論)이 아니라고 했다.

10 역주 : 이 말은 『좌전』 성공(成公) 14년(B.C. 577)의 "『춘추』의 표현은, 문사(文辭)는 간략하되 뜻은 드러내고[微而顯], 사실을 서술하되 뜻은 은미(隱微)하게 하고[志而晦], 완곡하게 기록하되 장법(章法)[法則]을 이루고[婉而成章], 사실을 다 기록하되 왜곡(歪曲)하지 않고[盡而不汙], 악을 징계하고 선을 권장한다[懲惡而勸善]는 것이니 성인(聖人)이 아니면 누가 이렇게 편수(編修)할 수 있었겠는가"라는 말을 인용한 것이다.

11 역주 : 이상 모두 「고금정사」편 참조.

12 역주 : 유연(劉淵)이 건립한 전조(前趙 : 304-329)와 석륵(石勒)이 건립한 후조(後趙 : 319-351)를 각각 말한다. 이에 대하여는 『진서(晉書)』 권100, 「재기(載記)」의 서(序) 참조.

13 역주 : 화포는 『한조기(漢趙記)』를 지었다고 알려져 있다. 「고금정사(古今正史)」편 참조. 장(張) 씨가 누구를 지칭하는 지는 분명치 않다.

14 역주 : 「육가(六家)」편 주(注) 참조.

15 역주 : 『사기』 권130, 「태사공자서」 참조.

16 역주 : 「잡술(雜述)」편 주(注) 참조.

17 按 : 『수서경적지』에, 『송습유(宋拾遺)』 10권, 양(梁) 소부(少府) 사작(謝綽)이 편찬하였다고 했고, 「서사(書事)」편에서도, 사작이 심약(沈約)이 빠뜨린 것을 모았다고 했다. 따라서 여기서 '순작(荀綽)'이라 한 것은 잘못이다.

휘(諱)임으로) '천(泉)'자로 고쳤다)을 모두 탐색하고, 그 지엽(枝葉)을 찾아 사건의 시원(始原)을 추구(推究)하여 그 사건의 결과를 추단(推斷)함으로[18] 그것을 모두 알게 되었습니다.(釋 : 편지의 첫머리에서는 성격이 사학을 몹시 좋아하여 많은 책을 찾아 빠짐없이 읽었음을 자술하였다)

僕幼聞『詩』·『禮』, 長涉藝文, 至於史傳之言, 尤所耽悅. 尋夫左史·右史, 是曰『春秋』·『尙書』; 素王·素臣, 斯稱微婉志晦. 兩京·三國, 班·謝·陳·習闡其謨; 中朝·江左, 王·陸·干·孫紀其歷. 劉·石僭號, 方策委於和(苞)·張;(未詳)·宋·齊應籙, 惇史歸於蕭·沈. 亦有汲冢古篆, 禹穴殘編. 孟堅所亡, 葛洪刊其『雜記』; 休文所缺, 荀(當作'謝')綽裁其『拾遺』. 凡此諸家, 其流蓋廣. 莫不賾(一作'頤')彼泉(諱'淵'作'泉')藪, 尋其枝葉, 原始要終, 備知之矣.(釋 : 牘首自述性耽史學, 搜覽靡遺)

13-3

유준(劉峻)은 자서전(自敍傳)을 쓰면서 자신이 논재(論才)에 능하다고 서술하였고,[19] 범엽(范曄)은 생질(甥姪)에게 보낸 편지에서 자신이 쓴 『후한

18 역주 : 두예, 『춘추좌씨전서(春秋左氏傳序)』(『문선』 권45 所收)에, "(좌구명은) 학자들로 하여금 그 사건의 시원(始原)을 추구(推究)하여 그 사건의 결과를 추단(推斷)하고[原始要終], 지엽(枝葉)을 찾아 그 본원의 궁극을 탐구하기 위하여「尋其枝葉, 究其所窮」, 그 문사(文辭)를 풍부하게 기록해 학자들의 마음을 편안하게 하여 스스로 뜻을 찾게하고, 그 대의(大義)의 정수(精髓)를 기록해 학자들의 기호(嗜好)를 충족시켜 스스로 심오한 뜻을 탐구하게 하였다"라고 했다.

19 역주 : 『양서(梁書)』 권50, 「문학전(文學傳)」 하에, 유준의 자는 효표(孝標)이고, 평원(平原) 사람이다. 그의 부 유정(劉珽)은 남조 송나라 때 시흥내사(始興內史)를 지냈다. …… 그의 『자서(自序)』에 대략 이르기를, 나는 스스로 풍경통(馮敬通)과 비교하여 공통점이 셋, 다른 점이 넷이라고 생각한다. 경통은 재주가 뛰어나 세상에서 손꼽힐 정도였고 지기(志氣)가 굳세길 금석(金石)과 같았다. 나는 비록 그에 미치지 못하지

서』의 논찬(論贊)체제를 크게 자랑하였습니다.[20] 이것은 인(仁)을 주장하고 행함에 있어서는 (스승에게도) 사양하지 않는다[21] 점에서 예전의 철인(哲人)들도 거의 같았음을 말해줍니다.(釋 : 다음으로 평소 자신이 본래 저술로써 자부하고 있었음을 밝혔다) 그러나 저는 관직에 취임하여 조정에 출사(出仕)한 이후 세 차례나 사신(史臣)에 임명되어 다시 사관(史館)에 들어갔으나,[22] 결국 국사편찬을 마치지 못하고(이 구절은 마땅히 「고금정사」편에서 『당서(唐書)』 80권을 편찬하고, 『측천실록(則天實錄)』 30권을 중수(重修)한 사실과 함께 살펴야 한다) 후일로 넘기게 된 것은 무엇 때문입니까?(釋 : 왜 피하고 국사편찬을 하지 않았는가로 문장을 바꾸면서 다음 문장을 불러왔다) 냉정하게 생각해보니 그것이 불가능했던 것에는 다섯 가지 이유가 있었습니다.(釋 : 이 '다섯 가지 불가능함[五不可]'이 「오시」편 전체의 중심이다)

若乃劉峻作傳, 自述長於論才; 范曄爲書, 盛言矜其贊體. 斯又當仁不讓, 庶幾前哲者焉.(釋 : 次明素志, 本以著述自許) 然自策名仕伍, 待罪朝列, 三爲史臣, 再入東觀, 竟不能勒成國典,(此句當與「正史」篇撰『唐書』八十卷 · 重修『則天實錄』三十卷參互活看) 貽彼後(一脫'後'字)來者, 何哉?(釋 : 轉到遜避不爲, 起

만 절조(節操)가 굳고 강개(慷慨)한 점이 첫 번째로 같은 점이고 운운하였다. 이하 「자서(自敍)」편 주(注) 참조. 풍경통은 후한(後漢) 풍연(馮衍)의 자(字)이다.

20 역주 : 『송서(宋書)』 권69, 「범엽전(范曄傳)」에 인용된 「옥중여제생질서(獄中與諸甥姪書)」에, (『후한서』의) 찬(贊)은 당연히 내 문장의 정화(精華)로써 거의 한 글자도 헛되이 쓰인 것이 없고 기이한 변화가 무궁하여 서로 다른 체제를 포함하고 있으나, 나 자신도 그것을 아직 어떻게 칭해야 할지를 모르겠다. 이 책이 간행되면 반드시 그 마음을 알아주는 사람이 있을 것이다. …… 자고로 체제가 크고 구상이 정묘하기가 이만한 책이 없었다"라고 자신의 『후한서』를 자평(自評)하였다. 「서사(書事)」편 주(注) 참조.

21 역주 : 『논어』 「위영공(衛靈公)」편에 나오는 말이다.

22 역주 : 「자서(自敍)」편에, "이로부터 세 번째 사신(史臣)이 되어 다시 동관(東觀)에서 근무하게 되었다(原注 : 무후 때 저작좌랑(著作佐郎)에 임명되고, 자리를 옮겨 좌사(左史)가 되었다. 지금의 황제[今上 : 즉 中宗]께서 즉위하자 다시 저작랑(著作郎)에 임명되었다. 장안(長安)에 있을 적에는 저작랑으로서 국사 편수를 겸하였다. 중서사인(中書舍人)에 임명되는 관계로 잠시 사관의 일을 그만 둔 적이 있다. 신룡(神龍) 원년(705)에 다시 국사 편수를 겸하여 지금까지 변함이 없다. 현재의 사관(史館)은 옛날의 동관(東觀)이다)"고 했다. 이 같은 내용은 원서(原序)에도 보인다.

下) 靜言思之, 其不可有五故也.(釋 : 提'五不可'是全篇柱棒)

13-4

무엇 때문인가? 옛날의 국사는 모두 한 사람에 의해 편찬되었습니다. 예를 들면, 노나라의 좌구명(左丘明), 한의 사마천, 진(晉)의 동호(董狐),[23] 제(齊)의 남사(南史)[24] 등은 모두 불후의 저서를 찬술하였고, 이 책들은 모두 명산(名山)에 수장(收藏)되어 있습니다.[25] 여러 사람들의 노력에 의해 비로소 완성되었다는 말을 들어본 적이 없습니다. 오직 후한의 동관(東觀)만이 여러 유생(儒生)들을 한데 모아[26] 『동관한기』를 편찬하였으나, 저술에 주관자가 없었고, (사서편찬의) 조례(條例)와 규장(規章) 또한 세워지지 않았습니다. 그리하여 이법(李法)[伯度]은 이 책의 내용이 사실이 아니라고 비난하였고,[27] 중장통(仲長統)[公理]은 마땅히 모두 불태워버려야 한다

23 역주 : 『좌전』 선공(宣公) 2년(B.C. 607) 참조.

24 역주 : 『좌전』 양공(襄公) 25년(B.C. 548) 참조.

25 역주 : 국가의 중요한 당안(檔案)이나 도서(圖書)로서 보관되고 있음을 의미한다.

26 「육가(六家)」편 한서가(漢書家) 및 「고금정사(古今正史)」편에 상세하다.

27 『연감(淵鑑)』고문본(古文本) 주(注)에, 두백도(杜伯度)는 한말(漢末)의 사람으로, 이름은 조(操)이다. 按 : 즉 두도(杜度)이다. 유견오(庾肩吾), 『서품(書品)』에, 두도(杜度)는 초서(草書)를 시작했고, 기이한 재주로 한(漢)의 황제가 채용하였는데 그 품(品)은 상지중(上之中)이었다. 그러나 『동관한기』를 비난한 것과는 아무 관련이 없다고 의심된다. 그리고 상거(常璩), 『화양국지(華陽國志)』 권10하, 「선현사녀총찬(先賢士女總贊)」 하에, 이법(李法)은 자가 백도(伯度)이다. 환제(桓帝) 때 시중(侍中)이 되었다. 여러 차례 표를 올려 환관이 너무 성(盛)하고, 후비(后妃)[椒房]들의 권세가 너무 중하며, 사관(史官)의 기사(記事)에 사실을 그대로 기록할 수 있는 재능이 없어 서로 헛되이 칭찬이나 적어주니 반드시 후세에 웃음거리가 될 것이라 하였다. 이를 통해 여기서 백도(伯度)라 함은 이(李) 씨이지 두(杜) 씨는 아니란 점을 알 수 있다. 주(注)를 쓸 때 이처럼 경솔하게 해서는 안 된다. 역주 : 『후한서』 권48에 「이법전(李法傳)」이 보인다.

고 생각하였습니다.[28] 장형(張衡)·채옹(蔡邕) 두 사람은 당시에 바로 『동관한기』의 잘못을 바로 잡는 작업을 하였으며,[29] 부현(傅玄 : 217-278)과 범엽(范曄) 두 사람은 후일 이 책을 비웃었습니다.[30] 오늘날 사관(史官)을 선발하는 관청에서 뽑은 수사(修史) 인원의 수가 후한의 동관보다 배나 많습니다. 그들은 모두 자신이 순열(荀悅 : 148-209)·원굉(袁宏 : 328-376)의 재능을 가지고 있으며, 각자 정(政)·준(駿)(유향(劉向)·유흠(劉歆)을 가리킨다)[31]의 학식을 가지고 있다고 여깁니다. (그러면서도) 사람들은 사건 하나 또는 한마디 말을 기재하고자 할 때는 모두 붓을 놓고 서로 눈치만 보며, 붓을 입에 물고 결단을 내리지 못합니다. 때문에 사관의 머리는 백발이 되어도 책이 언제 완성될지 기약이 없었습니다. 이것이 불가능했던 첫 번째 이유입니다.(釋 : 첫 번째 불가능했던 이유는, 옛 사서는 한 사람의 손에 의해 완성되었지만, 근세에는 다수가 참여함으로 관망하며 서로 미루게 됨으로써 시일(時日)을 버리고 돌보지 않았기 때문이라고 했다)

何者, 古之國史, 皆出自一家, 如魯·漢之丘明·子長, 晋·齊之董狐·南史, 咸能立言不朽, 藏諸名山. 未聞藉以衆功, 方云絶筆. 唯後漢東觀, 大集群儒, 著述無主, 條章靡立. 由是伯度譏其不實, 公理以爲可焚, 張(衡)·蔡(邕)二子糾之於當代, 傅(玄)·范(曄)兩家嗤之於後葉. 今者史司取士, 有倍東京. 人自以爲荀·袁, 家自稱爲政·駿.(謂劉向·歆) 每

28 『후한서』 권49, 「중장통전(仲長統傳)」에, 중장통의 자는 공리(公理)이다. 널리 서적을 읽었고, 고금 및 당시 세속의 행사를 담론할 때마다 항상 발분(發憤)하고 탄식하였다. 그리하여 창언(昌言)』이라 부르는 논저를 지었는데, 모두 34편이었다. 또 시(詩)를 지어 자신의 뜻을 나타내기를, '백가(百家)의 번거롭고 자질구레한 논의는 모두 불태워버려야 한다'라고 했다.

29 역주 : 이러한 사실과 관련한 기록은 『후한서』 권59, 「장형전(張衡傳)」, 『후한서』 권60 하(下), 「채옹전(蔡邕傳)」 하(下), 각각 참조. 아울러 장형에 대한 자세한 내용은 「핵재(覈才)」편, 「자서(自敍)」편 주(注)를 참조하고, 채옹에 대하여는 「서지(書志)」편, 「핵재(覈才)」편 주 참조.

30 역주 : 『진서(晉書)』 권47, 「부현전(傅玄傳)」, 『송서(宋書)』 권69, 「범엽전(范曄傳)」 각각 참조.

31 역주 : 유향과 유흠의 자는 각각 자정(子政)·자준(子駿)이다.

欲記一事, 載一言, 皆擱筆相視, 含毫不斷. 故頭(或作'首')白可期, 而汗青無日. 其不可一也.(釋 : 第一不可, 謂古史成於一手, 近世例取多員, 遂致觀望相延, 曠廢時日)

13-5

전한(前漢) 때 군국(郡國)에서 조정에 올리는 계서(計書)는 먼저 태사(太史)에게 보내지고, 부본(副本)이 승상(丞相)에게 보내졌으며,[32] 후한(後漢) 때에는 공경(公卿)이 쓴 문건이 먼저 3공(公)의 부서[公府]에 보존되고, 그 다음에 난대(蘭臺)[33]에 보냈습니다. 이로 말미암아 사관(史官)들이 편찬한 사서에 풍부한 사실들이 실리게 된 것입니다. 그러나 근고(近古) 이래 이러한 방법은 시행되지 않았습니다. 사관들은 사실을 편찬하기 위하여 스스로 자료를 찾아 수집해야만 했습니다. 좌사와 우사는 기거주(起居注)[34]를

---

32 역주 : 『사기』 권130, 「태사공자서(太史公自序)」에 '태사공'에 대한 『사기집해(史記集解)』의 주(注)에 여순(如淳)이 인용한 『한의주(漢儀注)』에 언급된 말이다. 「탐색(探賾)」편 주(注)와 「사관건치(史官建置)」편 본문에도 보인다. '계서'는 인사(人事) · 호구(戶口) · 부세(賦稅) 등에 관한 일종의 보고서를 말한다.

33 역주 : 「사관건치(史官建置)」편에, "후한(後漢)의 명제(明帝)는 반고(班固)를 난대령사(蘭臺令史)로 임명하고 그에게 조서를 내려 「광무본기(光武本紀)」와 몇몇 열전(列傳) · 재기(載記)를 편찬하게 하였다. 또한 양자산(楊子山)이 군(郡)의 상계리(上計吏)로 있을 때 지어 바친 「애뢰전(哀牢傳)」을 황제가 남다르다고 평가하고 그를 난대(蘭臺)로 불러들였다. 난대의 직무는 대체로 당시 저술을 맡았던 곳이었다"라고 했다.

34 역주 : 기거관(起居官)에 대하여는 「사관거치(史官建置)」편에, "당나라[皇家]에서도 수(隋)를 계승하고 다시 기거랑(起居郎) 2인을 두었는데 그 직위는 기거사인(起居舍人)과 같았다. 천자가 조정에 임할 때마다 옥계(玉階) 아래에 시립(侍立)하였는데, 기거랑은 왼쪽에, 기거사인은 각각 오른쪽에 선다. 제왕의 명(命)이 있으면 즉시 가까이에 있는 계단에서 귀를 기울여 듣고, 조정에서 물러난 이를 다시 편집하였는데 이를 기거주(起居注)라고 하였다. 고종 용삭(龍朔 : 661-663) 연간에 기거랑과 기거사인을

기록하지 않았고, 조정 관료들의 행장(行狀)[35]이 외부에 전해지는 경우가 드물었습니다. 사관들이 주군(州郡)에 나가 풍속을 조사하지만 자료가 갖추어지지 않았고, 대각(臺閣)[尙書]에 가서 전장(典章)연혁을 살피려 해도 각종 자료[簿籍]들을 보기 힘들었습니다. 비록 공자께서 다시 세상에 나온다 해도 그 또한 오히려 (자료의 제한으로) 식견이 좁을 수밖에 없을 터인데, 하물며 저는 평범한 재능을 가졌을 뿐이니 어찌 해박(該博)한 내용을 편찬해낼 수 있겠습니까? 이것이 불가능했던 두 번째 이유입니다.(釋 : 두 번째 불가능했던 이유는, 사관(史觀)의 자료수집이 한대에는 공령(公令)에 의해 이루어졌지만 근래에는 모름지기 사신(史臣) 스스로 수집해야 함으로 빠지고 생략된 것을 때에 따라 살필 수가 없었기 때문이라고 했다)

前漢郡國計書, 先上太史, 副上丞相. 後漢公卿所撰, 始集公府, 乃上蘭台. 由是史官所修, 載事爲博. 爰自近古, 此道不行. 史官編錄, 唯自詢採, 而左 · 右二史, 闕注起居, 衣冠百家, 罕通行狀. 求風俗於州郡, 視聽不該; 討沿革於臺閣, 簿籍難見. 雖使尼父再出, 猶且成於管窺; 況僕限以中才, 安能遂其博物! 其不可二也.(釋 : 第二不可, 謂史館聚書, 漢懸公令. 近須史臣自採, 能無闕略稽時)

각각 좌사(左史)와 우사(右史)로 고쳤다. 무릇 기거주(起居注)란 황제의 일상의 언행을 날짜별로 매일 기록하는 것[甲子之書]을 의미한다. 그리고 황제가 봉토와 작위를 수여하는 책명(策命), 신하가 황제에게 올리는 장주(章奏), 황제가 신하에게 작위를 수여하는 고명(誥命)인 봉배(封拜), 대신의 사망과 면직을 알리는 홍면(薨免) 등을 모두 기록하였다. 그 기록이 상세하여 작은 사실까지 두루 포함하였다. 따라서 황제의 본기(本紀)를 편찬하려면 모두 기거주에 의거하여 완성하지 않을 수 없다. 즉 기거주를 편찬하는 관리는 오늘날 사관(史官)과는 구별되었고, 사관에 버금가는 직위였다"라고 했다. 이들의 직제와 관련해서는 『구당서』 권43, 「직관(職官)」 2, "문하성(門下省)"의 기거랑과 『통전(通典)』 권21, 「직관」 3, "문하성 · 시중"의 '기거' 참조.

35 역주 : 『문심조룡(文心雕龍)』 「서기(書記)」편에, 장(狀)은 용모[貌]이다. 원래는 용모를 묘사하는 것이었으나 사실을 채택하는 것으로 바뀌었다. 선현(先賢)에 대해서 그의 시호(諡號)를 정하고 거기에다 그의 일생의 사적과 관련된 행장(行狀)을 첨부하는 것은 중요한 장(狀)의 경우이다라고 했다.

13-6

옛날 동호(董狐)는 사실을 직서(直書)하여 그 진상을 조정에 공포(公布)하였고,[36] 남사(南史)는 난신(亂臣)이 군주를 시해한 사실을 기록하기 위해 간(簡)을 가지고 갔습니다.[37] 그러나 근대의 사관(史館)은 모두 황궁[禁門] 내에 설치되었고,[38] 사관(史官)들은 구중 궁궐에 거주하기 때문에 사람들이 만나고자 해도 볼 수 없었습니다. 이렇게 하는 것은 사관들을 사람들과 격리시켜 청탁을 방지하기 위함입니다. 그러나 지금 사관(史館)에 있는 수많은 사관(史官)들은 쓸데없는 말을 지껄이길 좋아할 뿐 함구무언한다는 말을 들은 바가 없습니다. 가령 사서편찬이 시작되어[五始][39]어떤 부분의 찬술이 이루어지면, 아직 한 글자의 비평을 가하거나 말이 입에서 떨어지지도 않았는데 조야(朝野)가 그 내용을 모두 알고, 붓을 아직 놓지

36 역주 : 『좌전』 선공(宣公) 2년(B.C. 607)의 기록과 「채찬(採撰)」편 주)23 참조.

37 역주 : 『좌전』 양공(襄公) 25년(B.C. 548)의 기록과 「채찬(採撰)」편 주)22 참조.

38 「변직(辨職)」편을 보라. 역주 : 「변직」편에, "역사를 편찬하는 부서는 고대광실 깊고 깊은 구중 궁궐에 위치하고 있었지만, 그곳의 사람들은 세상과 동떨어진 곳에 있는 것과 같았다"라고 하고, 이에 대한 주(注), 『구당서(舊唐書)』 권43, 「직관지(職官志)」에, 역대 사관(史官)은 비서성(秘書省) 저작국(著作局)에 속해 있었다. 정관(貞觀) 3년(629)에 비로소 사관(史館)을 금중(禁中)에 옮겨 문하성(門下省)의 북쪽에 두었다. 재상이 감수국사(監修國史)를 맡아 고사(故事)를 완성하였다. 대명궁(大明宮)이 완성되자 문하성의 남쪽에 두었다. 사관(史館)의 문 동서(東西)에 대추나무 74주(株)를 심었다. 개원(開元) 25년(737)에 다시 중서성의 북쪽으로 옮겨 옛날 상약국(尙藥局) 자리를 이용하였다고 했다.

39 역주 : 『한서』 권64, 「왕포전(王褒傳)」에 인용된 왕포의 「성주득현신송(聖主得賢臣頌)」에, 기(記)에 이르기를, 『춘추』는 삼가 받들만한 가치가 있는데, 오시(五始)의 요의(要義)를 본받아 자신을 살피고, 통(統)을 바르게 하는데 있다고 했다. 오시란 『춘추』의 기록이 시작될 때 '원년춘왕정월(元年春王正月)'에 보이는 바처럼, '원'·'춘'·'왕'·'정월'·'공즉위(公卽位)'를 가리킨다고 했다. 안사고(顔師古)의 주(注)에, '원(元)'은 기(氣)의 시작이요, '춘'은 시(時)의 시작이요, '왕'은 수명(受命)의 시작이요, '정월'은 정교(政敎)의 시작이요, '공즉위'는 일국(一國)의 시작이다. 이것이 '오시'라고 했다. 여기서 '오시'란 사서편찬의 시작을 의미한다.

도 않았는데 공경귀족(縉紳)들은 그 내용을 외울 정도였습니다. 무릇 손성(孫盛 : 302-373)의 실록은 권문(權門)의 질투를 초래했고,[40] 왕소(王劭)의 직서(直書)는 귀족들의 원한을 샀습니다.[41] 인지상정(人之常情)으로 누가 이러한 것을 두려워하지 않겠습니까? 이것이 불가능했던 세 번째 이유입니다.(釋 : 세 번째 불가능했던 이유는, 옛날 양사(良史)는 사실대로 기록하여 조정에 공개하였지만, 근래에는 못하게 금지하는데도 불구하고 많은 사람에게 알려져 사람들이 두려워하여 위축되었으므로 편찬이 지연되었기 때문이라고 했다)

昔董狐之書法也, 以示於朝; 南史之書弑也, 執簡以往. 而近代史局, 皆通籍禁門, 深居九重, 欲人不見. 尋其義者, 蓋由杜彼顔面, 防諸請謁故也. 然今館中作者, 多士如林, 皆愿長喙, 無聞齰舌. 儻有五始初成, 一字加貶, 言未絶口而朝野具知, 筆未栖毫而縉紳咸誦. 夫孫盛實錄,(一作'紀實') 取嫉權門; 王劭(一作'王韶')直書, 見仇貴族. 人之情也, 能無畏乎? 其不可三也.(釋 : 第三不可, 謂古時良史, 秉直公朝; 近制禁防, 轉滋多口, 人皆畏縮遲回矣)

40 역주 : 『진서(晉書)』 권82, 「손성전」에, 손성이 편찬한 『진양추(晉陽秋)』는 문장이 곧고 도리에 맞았다. 환온(桓溫)이 이를 보고 화를 내어 손성의 아들에게 말하기를, '방두(枋頭)는 본래 실리(失利)하였음에도 어찌 그대 부친께서 말한 바처럼 그렇게 될 수 있겠는가? 이 사서가 그대로 세상에 유행하면 군주의 집안 일을 건드리게 되는 바가 될 것이라고 하자, 여러 아들이 이를 고치려 하였다. 손성이 자기 생각대로 쓴 책 두 권을 모용준(慕容儁)에게 보냈다고 했다.

41 왕응린(王應麟), 『곤학기문(困學紀聞)』所引 『당문수(唐文粹)』에 이르기를, 왕소(王韶)는 직서(直書)함으로 귀족들의 원한을 샀다고 했다. 송(宋) 왕소지(王韶之)는 진(晉)의 사관이 되어 왕순(王珣)의 화식(貨殖)을 서술하였는데, 왕흠(王廞)이 난을 일으켰다. 왕순의 아들 홍(弘), 왕흠의 아들 화(華)가 모두 존귀하여졌다. 왕소지는 모함에 빠지는 것을 두려워하여 서선지(徐羨之)·부량(傅亮) 등과 깊이 결탁하였다. 『당문수(唐文粹)』의 내용을 따랐다. 按 : 『구당서』에도 역시 왕소(王韶)라고 썼다. 그러나 『사통(史通)』은 「서사(敍事)」·「곡필(曲筆)」 등 편과 「잡설(雜說)」편 중의 북제(北齊)와 수(隋)의 사서에 관한 절(節)에서 누누이 왕소(王劭)의 직서(直書)가 당시 꺼려하는 문제를 범(犯)하였다고 말하였다. (유지기의) 본문이 '소(劭)'라고 쓰고 있는 것과 역시 일치한다. 집내(集內)의 평론가들이 계속 왕소(王劭)를 비방한 것은 바로 이러한 뜻을 깨닫지 못하였기 때문이다.

13-7

옛날에는 하나의 사서를 편찬하여 일가지언(一家之言)을 이루는데 있어서, 그 체재와 방법[體統]이 각기 다르고, 지향하는 바가 모두 달랐습니다. 무릇 『상서』의 가르침은 고사(故事)에 통달하여 멀리 상고(上古) 제왕의 일을 알게 하는 것을 중심으로 하였고,[42] 『춘추』의 뜻은 권선징악을 우선으로 하였습니다.[43] 『사기』는 처사(處士)를 물리치고 간웅(奸雄)을 내세웠고,[44] 『한서』는 충신을 깎아 내리고 군주의 잘못을 꾸며 가렸습니다.[45] 이들은 모두 과거 득실(得失)의 사례들이며, 양사(良史)의 옳고 그름을 판단하는 기준이니, 작자들의 말이 상세히 드러났기 때문입니다. 근래의 사관들은 수사(修史)에 있어서 대부분 모두 감수(監修) 대신의 뜻을 따랐는데, 양영공(楊令公)[46]은 "반드시 사실 그대로 써야 한다"라고 말했고, 종

---

42 역주 : 『예기(禮記)』 「경해(經解)」편에, 공자가 말하기를, "그 나라에 들어가 보면 그 교화(敎化)를 알 수 있다. …… 고사(故事)에 통달하여 멀리 상고(上古)의 제왕의 일을 앎은 『서경』의 가르침의 결과이다[疏通知遠書敎也]"라고 했다.

43 역주 : 『좌전』 성공(成公) 14년(B.C. 577)에, "『춘추』의 표현은, 문사(文辭)는 간략하되 뜻은 드러내고[微而顯], 사실을 서술하되 뜻은 은미(隱微)하게 하고[志而晦], 완곡하게 기록하되 장법(章法)[法則]을 이루고[婉而成章], 사실을 다 기록하되 왜곡(歪曲)하지 않고[盡而不汙], 악을 징계하고 선을 권장한다[懲惡而勸善]는 것이니 성인(聖人)이 아니면 누가 이렇게 편수(編修)할 수 있었겠는가"라는 말을 인용한 것이다.

44 역주 : 『한서』 권62, 「사마천전」 찬(贊)에, "(사마천의) 시비판단은 성인(聖人)과 사뭇 달라서 대도(大道)를 논할 경우 황로(黃老)를 앞세우고 육경(六經)을 뒤로 돌렸으며, 유협(游俠)을 서술할 경우에 처사(處士)를 물리치고 간사한 무리를 앞세웠으며, 화식(貨殖)을 말할 경우에 세리(勢利)를 숭상하고 비천함을 수치로 여겼으니 이것은 그 책의 폐단"이라고 하였다.

45 역주 : 「서사(書事)」편에, 부현(傅玄 : 217-278)은 또 반고를 폄하하기를, "국가의 전장제도(典章制度)를 논하면서 군주의 잘못을 감추고 충신을 깎아 내렸으며, 세상의 풍조와 교화를 서술하면서 남의 비위를 맞추는 사람을 귀하게 여기고 충직하고 절개를 지닌 사람을 경시하였고, 당면한 문제를 서술하면서 시부(詩賦)나 문장을 중시하고 사실을 소홀히 하였다. 이것이 그의 잘못된 점이다"라고 했다.

46 『신당서(新唐書)』 권109, 「양재사전(楊再思傳)」에, 재사는 사람됨이 간사하고 꾀가 많았다. 장창종(張昌宗)이 사건에 연루되었을 때, 무후(武后)가 묻기를, '창종이 나라

상서(宗尙書)[47]는 (오히려) "악한 것은 숨기는 것이 마땅하다"라고 말했습니다. 열 마리의 양에 목동이 아홉 명이나 되니 (명령이 체계적이지 않아) 그 영(令)을 시행하기 어렵습니다. 일국(一國)에 3공(公)이 있으니 누구를 따라야 하겠습니까.[48] 이것이 불가능했던 네 번째 이유입니다.(釋 : 네 번째 불가능했던 이유는, 옛 사람들은 사서를 지으면서 시비와 진퇴를 스스로 주장할 수 있었지만, 근래에 와서 감수자(監修者)를 두어 이를 견제하게 하였음으로 누구의 의견을 따라야 할 지 몰랐기 때문이라고 했다)

古者刊定一史, 纂成一家, 體統各殊, 指歸咸別. 夫『尙書』之敎也, 以疏通知遠爲主; 『春秋』之義也, 以懲惡勸善爲先. 『史記』則退處士而進奸雄, 『漢書』則抑忠臣而飾主闕. 斯並曩時得失之列, 良史是非之準, 作者言之詳矣. 頃史官注記, 多取稟監修, 楊令公則云'必須直詞', 宗尙書則云'宜多隱惡'. 十羊九牧, 其令難行; 一國三公, 適從何在? 其不可四也.(釋 : 第四不可, 謂古人作史, 是非進退得自主張, 近則例設監修, 稟承牽制, 無從下筆)

에 공(功)이 있는가?'라고 하자, 재사는 말하기를, '창종은 폐하를 위하여 단약(丹藥)을 지었고, (폐하께서) 그것을 복용한 후 병세가 나았으니 국가에 공이 있다 하겠습니다'라고 하였다. 대령언(戴令言)이 「양각호(兩脚狐)」라는 부(賦)를 지어 이를 비난하였다. 중종(中宗)이 즉위하고 중서령(中書令)으로 국사를 감수(監修)하였다고 했다. 영공(令公)이란 그가 중서령의 직위에 있었음을 말한다.

47 『신당서』 권109, 「종초객전(宗楚客傳)」에, 초객의 자는 숙오(叔敖)이고, 무후(武后) 종자(從姊)의 아들로서, 동봉각난대평장사(同鳳閣鸞臺平章事)를 지냈다. 위후(韋后)·안락공주(安樂公主)의 깊은 신임을 받았으며, 기처눌(紀處訥)과 결당하여 세상에서는 그들을 '종(宗)·기(紀)'라 불렀다. 위씨가 패하자 주살되었다. 초객은 권리를 탐하여 진연희(陳延禧)로 하여금 부명(符命)을 진술하게 하여 황제에게 아부하여 말하기를, '폐하께서는 모친으로부터 선위(禪位)하였으니 주(周)·당(唐)의 통(統)이 하나가 되었습니다'라고 하였다. 「유지기열전」에 초객은 감수(監修)를 영(領)했다고 하였다.

48 역주 : 『좌전』 희공(僖公) 5년(B.C. 655)에, '(사위(士蔿)가 물러 나와 노래를 지어 읊조리며) 여우의 갖옷에 털이 난잡하여 일국(一國)에 삼공(三公)[진 헌공(晉獻公)·중이(重耳)·이오(夷吾)를 가리킴]이 있으니, 내 누구를 따라야 할 것인가' 하였다.

13-8

저는 사관(史官)에 감수자(監修者)를 둔 것이 비록 옛날에는 선례(先例)가 없었지만, 그 명칭을 살펴보면 그 직책이 무엇인지를 알 수 있다고 생각합니다. 무릇 '감(監)'이라는 글자는 총령(總領)한다는 의미입니다. 예를 들어 편년체 사서를 편찬할 경우에는 기재범위[斷限]를 정해야 하며, 사실을 기록함에 있어서는 상략(詳略)에 대한 기준이 있어야 합니다. 혹 사관이 생략해야 할 것을 생략하지 않고, 마땅히 기록해야 할 것을 기록하지 않으면, 감수자는 이에 대한 계획을 세우고 내용을 삭제하거나 정리하는 일을 해야 합니다. 또한 언사(言詞)를 교묘하게 연결하고 사물을 비교하여 포폄하는 일[49]의 양을 고르게 배분해야 하고, 문장을 고치는 일을 할 당함에도 모름지기 동등하게 해야 합니다. 감수자는 어느 책[袟]과 어느 편(篇)은 누구에게 할당하고, 어느 전(傳)과 어느 지(志)는 또 누구에게 맡길 것인지 결정해야 하며, 이것은 일을 안배하는 원칙입니다. 아울러 작업에 관한 기준을 분명하게 세워서 각자의 직책의 범위를 상세하게 정해야 하며, 이렇게 해야만 사관들이 스스로 노력할 것이고 사서가 완성될 수 있는 것입니다. 그러나 오늘날의 감수자는 편찬임무를 분배하지 않고 사관들 또한 준수해야 할 지시가 없으므로 구차하게 시간만 보내면서 책임을 서로 미루고 피하기만 할 뿐, 아무 것도 하지 않은 채 계절을 보내고 헛되이 세월을 끌기만 합니다. 이것이 불가능했던 다섯 번째 이유입니다.(釋 : 다섯 번째 불가능했던 이유는, 앞 조(條)에 이어 감수관(監修官)을 두었으면 마땅히 작업에 대한 지시를 정해야 하는데, 결국 아무런 안배가 없으니 누가 홀로 그 일을 맡으려 할 것이며, 직책을 수행하지 않아도 나무랄 수 없었기 때문이라고 했다)

---

49 역주 : 『예기』 「경해(經解)」편에, 언사를 교묘히 연결하고 사물을 비교하여 포폄함[屬辭比事]은 『춘추』의 가르침이라고 했다.

竊(一作'切')以史置監修, 雖古無式, 尋其名號, 可得而言. 夫言監者, 蓋總領之義耳. 如創紀編年,(一作'創立紀年', 一脫'編'字) 則年有斷限; 草傳敍事, 則事有豊約. 或可略而不略, 或應書而不書, 此刊削之務也. 屬詞比事, 勞逸宜均, 揮鉛奮墨, 勤惰須等. 某袟(一訛'表') 某篇, 付之此職; 某傳某志,(一作'某紀某傳') 歸之彼官. 此銓配之理也. 斯並宜明立科條, 審定區域. 倘人思自勉, 則書可立成. 今監之者旣不指授, 修之者又無遵奉, 用使爭學苟且, 務相推避, 坐變炎涼, 徒延歲月. 其不可五也.(釋 : 第五不可, 從上條來. 旣設監局, 宜定科指, 訖無配派. 誰獨承當, 廢職奚辭)

13-9

무릇 이처럼 (국사편찬이) 불가능했던 이유는 실로 많았지만, 앞서 개괄한 다섯 가지를 통해[一言以蔽][50] 나머지 많은 이유들을 추론할 수 있습니다[三隅自反][51]. 세상 사람들의 평판과 논의가 어찌 (이들 원인들 재껴두고) 저의 편찬 작업이 아무런 성과가 없다고 비웃을 수 있겠습니까?(한 가지로 간략하게 하여 끝을 맺었다) 근래에 제가 명공(明公)[蕭至忠]을 뵈올 때마다 당신께서는 사관들을 다그쳐 격려하였고 끊임없이 부지런히 직무를 수행할 것을 요구하면서, 혹은 "사서를 편찬하는 임무는 중요하니 마음을 기울여 노력하라"고 하였고, 혹은 "시간이 지체되고 있는데 이 일을 언제 끝낼 수 있는가?"라고 말씀하였습니다. 저는 편찬의 지도원칙이

50 역주 : 『논어』 「위정(爲政)」편에, "공자가 말씀하기를, 시(詩) 3백편은 한 마디로 말해서 사악(邪惡)한 생각은 하나도 들어 있지 않느니라"고 했다.

51 역주 : 『논어』 「술이(述而)」편에, "한 귀퉁이를 일러도 나머지 세 귀퉁이를 알지 못할 자에게는 반복하여 설명해 주지 않는다"라고 했다.

제시되지 않은 상황에서 책무를 독촉하는 것은 헛수고라고 생각합니다. 비록 잔혹한 형벌로 위협하고 금으로 상금을 걸더라도 결국 완성할 수 없습니다. 『논어』에 이르기를, "힘을 다하여 벼슬자리에 나아가되 가능하지 않으면 물러난다"[52]고 하였습니다. 때문에 최근에 저는 지기(知己)에게 제 마음을 터놓고 말하였고, 또 여러 차례 대신들을 찾아가 누차 사서편찬의 관직[53]을 그만둘 것을 요구한 것은 바로 이 때문입니다.(釋 : 사서편찬을 독촉하는 것을 비판하는 것으로 다시 끝을 맺었다. 「오시」편의 중요한 뜻이 여기에 모두 표현되었다)

凡此不可, 其流實多, 一言以蔽, 三隅自反. 而時談物議, 安得笑僕編次無聞者哉!(略一束勒) 比者伏見明公, 每汲汲於勸誘, 勤勤於課責, 或云'墳籍事重, 努力用心'. 或云'歲序已淹, 何時輟手?' 切(一作'竊')以綱維不擧, 而督課徒勤, 雖威以刺骨之刑, 勖以懸金之賞, 終不可得也. 語曰 : '陳力就列, 不能者止.' 所以比者布懷知己, 歷抵(舊作'詆')羣公, 屢辭載筆之官, 愿罷記言之職(一作'責')者, 正爲此爾.(釋 : 針對課督之詞, 再一束勒. 「忤時」正旨, 已盡於此)

13-10

또한 충분히 아뢰지 못한 말이 있어 다시 한 두 마디 더 말하겠습니다. 최근 저는 천자의 명을 받들어 사관(史官)의 직무를 겸임하게 되었지만, 사관의 직무를 겸임한 사람은 저 한 사람뿐만이 아니었습니다. 공부

52 역주 : 『논어』 「계씨(季氏)」편에 보이는 말이다.

53 역주 : 재필지관(載筆之官)과 기사지직(記事之職)은 모두 사서편찬에 종사하는 관직을 말한다. 『예기(禮記)』 「곡례(曲禮)상(上)과 『한서예문지』 「육예략(六藝略)」 "춘추" 참조

상서(工部尚書) 장석(張錫),[54] 이부시랑(吏部侍郎) 최식(崔湜)과 이부시랑 잠희(岑羲),[55] 태상(太常) 정음(鄭愔)[56] 등도 국사편찬의 직무를 겸하게 하였지만, 그들은 원래 맡은 직무에 전념하게 하고 사관의 임무에 구속되지 않도록 하였습니다. 그러나 제가 맡은 관직은 한가한 경우가 많다고 여기고 저에게 강제로 수사(修史)의 직무를 맡도록 명령하였습니다. 조용하고 편안하니[惟寂惟寞][57] 사관의 임무를 맡으라는 것입니다. 진실로 그러한 이유였다면, 산기상시(散騎常侍) 유충(柳冲),[58] 비서감(秘書監) 유헌(劉憲),[59] 예부

54 『신당서』 권113, 「장문관전(張文瓘傳)」에, 동생의 아들 석(錫)은 구시(久視) 초에 재상이 되었고, 여릉왕(廬陵王)의 소환을 청하였다. 장역지(張易之)에게 좌우되지 않아 순주(循州)로 유배를 갔다. 용삭(龍朔) 연간에 여러 차례 옮긴 후 공부상서(工部尚書)로써 국사를 겸수하였다. 역주 : 포기룡은 '용삭'이라고 했지만, 『신당서』에는 '신룡(神龍)'이라 했다. 『구당서』 권85에도 열전이 보인다.

55 『신당서』 권99, 「최인사전(崔仁師傳)」에, 그의 손자 식(湜)은 자는 징란(澄瀾)이고, 어릴 적에 문사(文詞)로써 이름이 났다. 소용(昭容) 상관씨(上官氏)에게 의부(依附)하였는데, 여러 차례 음란한 짓을 하였다고 외부에까지 알려졌다. 얼마 뒤 검교이부시랑(檢校吏部侍郎)이 되었다. 후에 사사(賜死)되었다. 식(湜)은 시기가 많고 악독하며 남을 헐뜯고 음험하였으며 끊임없이 승진코자 하였지만 결국 실패하였다고 했다. 또 『신당서』 권102, 「잠문본전(岑文本傳)」에, 그의 손자 희(羲)는 자가 백화(伯華)이다. 중종(中宗) 때 비서소감(秘書少監)으로 옮겼다가 이부시랑(吏部侍郎)으로 승진하였다. 당시 최식(崔湜)·정음(鄭愔) 등과 선거(選擧)의 일을 나누어 맡았는데 모두 뇌물을 받았다고 알려졌다. 희(羲)만 홀로 굳세고 청렴하여 당시 여론의 칭찬을 받았다. 그러나 폄퇴(貶退)는 어찌할 수 없어서 태평공주(太平公主)의 모반에 연루되어 주살되었다고 했다.

56 아마 뒤에 나오는 정음(鄭愔)일 것이다. 그러나 『신당서』·『구당서』에 모두 열전이 없고, 이름이 잠희(岑羲) 등의 열전에 덧붙여 보인다.

57 양웅(揚雄), 「해조(解嘲)」(『문선(文選)』 권45 所收)에, '조용하고 편안함은 덕을 지키는 집[惟寂惟寞, 守德之宅]'이라고 했다.

58 역주 : 『구당서』 권189하, 「유학전(儒學傳)」 하에, 유충이 경룡(景龍 : 707-709) 연간에 좌산기상시(左散騎常侍)로 국사를 편수(編修)하였다고 했으며, 후일 서견(徐堅)·유지기(劉知幾)·오긍(吳兢) 등과 『성족계록(姓族系錄)』 200권을 함께 찬성(撰成)하였다고 했다. 또 『신당서』 권199에도 열전이 있다.

59 역주 : 『당회요(唐會要)』 권64, 「사관(史館)」 하(下) "홍문관(弘文館)"에, (신룡(神龍) 2년(706)에 수문관(修文館)으로 바뀌고) 경룡(景龍) 2년(708) 4월에 학사(學士)를 겸하게 한 명단을 보면 비서감 유헌(劉憲), 중서시랑(中書侍郎) 최식, 이부시랑(吏部侍郎) 잠희(岑羲), 태상경(太常卿) 정음(鄭愔), 급사중(給事中) 이적(李適), 태자중서사인(太子中書舍人) 유지기(劉知幾) 등이 보인다. 그 외 『신당서』 권202, 「문예전(文藝傳)」 중(中), 『구

(禮部) 서언백(徐彦伯)[60] 등은[61] 모두 부문(府門) 앞에서 그물을 치고 새를 잡을 정도로 (사람의 왕래가 없어) 한가하고, 부중(府中)에는 처리해야 할 문건이 쌓여 있지도 않았는데 어찌하여 그들을 도외시하고 그들에게는 사관의 직무를 겸하게 하지 않는 것입니까?(釋 : 이하에서는 사관의 직무를 말하고 있는데, 사관의 숫자를 많이 하는 것보다는 먼저 적당한 인재를 골라 임명하는 것이 좋다고 하였다)

抑又有所未諭,(古通'喩') 聊復一二言之. 比奉高命, 令隷名修史, 而其職非一. 如張尙書 · 崔 · 岑二吏部 · 鄭太常等, 旣迫以吏道, 不可拘之史任. 以僕曹務多閑, 勅令專知下筆. 夫以惟寂惟寞, 乃使記事記言. 苟如其例, 則柳常侍 · 劉秘監 · 徐禮部等, 並(一脫'並'字, 一作'幷') 門可張羅, 府無堆案, 何事置之度外, 而使各無羈束乎!(釋 : 自此以下, 將言專寄責成, 宜隆異數, 先以陪員挑起)

당서』 권190중(中), 「문원전(文苑傳)」 중(中)에도 열전이 있다.

60 역주 : 『구당서』 권94, 「서언백전」에, 신룡(神龍) 원년에 태상소경(太常少卿)이었을 때 국사 편수를 겸하였다고 했다. 또 『신당서』 권114에도 열전이 있지만, 그가 예부(禮部)의 직무를 맡았다는 기록은 보이지 않는다. 다만 광택(光宅 : 684) 연간에 태상시(太常寺)가 한 때 사례시(司禮寺)로 바뀐 적이 있는데 이를 가리키는 것일 수도 있다.

61 유상시(柳常侍)는 황숙림(黃叔琳)의 『사통훈고보(史通訓故補)』 『보주(補注)』에는 유방(柳芳)이라고 했고, 유(劉) · 서(徐)에 대하여는 주(注)가 없다. 按 : 유방은 관직이 상시(常侍)가 아니었고, 생존시기도 조금 뒤였다. 같은 시대에 유택(柳澤)이란 사람이 있어서 상소하여 사봉관(斜封官)에 대하여 간언하였고, 감찰어사(監察御使)에 임명되고, 전중시어사(殿中侍御史)로 승진하였다. 그러나 역시 이 사람이 맞는지는 알 수 없다. 내가 생각하기에 이들 세 사람은 관직이 그렇게 드러나지 않았고 본문에서도 그 이름을 거론하지 않았기 때문에 꼭 누구라고 밝힐 수가 없다. 역주 : 이 같은 포기룡(浦起龍)의 견해에도 불구하고, '유상시'는 유충(柳沖), '유비감'은 유헌(劉憲), '서예부'는 서언백(徐彦伯)을 각기 가리킨다고 할 수 있다.

13-11

다른 여러 사람들에게 있어서 수사(修史)가 그들의 장점이 아니고, 제가 그 방면에 재주가 뛰어나기[鎗鎗鉸鉸][62]때문에 여러 사관 중 가장 먼저 추천되었다고 말하는데, 가령 이 같은 원인이라면 저에게도 나름의 반론(反論)할 이유가 있습니다.(釋 : 자신의 이야기로 바뀐다) 무엇인가 하면, 저는 젊은 나이에 출사(出仕)하여 일찍부터 관직을 맡았습니다. 황제[中宗]께서 처음 즉위하였으나 직접 국정을 다스리지 않았던 때,[63] 저는 강직한 성격 때문에 간사한 소인배들에게 아부하지 않아, 줄곧 승진하지 못하여 관직은 마치 흙으로 만든 소처럼[64]나아가지[승진] 못했고, 내던져지기가 제사 때 쓰고 버리는 짚 강아지[芻狗][65]와 같았습니다. 황제가 낙양(洛陽)으

62 아마도 『후한서』 권11, 「유분자전(劉盆子傳)」에 보이는 "(광무제가 서선(徐宣) 등에게 한 말 중에) 그대들은 쇠소리가 맑게 울리 듯하고[鐵中錚錚 : 뛰어난 인물이요], 평범한 사람 가운데 나은 사람들이요[傭中佼佼]"의 뜻일 것이다. 다른 뜻을 자세히 살필 수 없다. 역주 : 원문에 보이는 '쟁쟁교교(鎗鎗鉸鉸)' 중 '쟁(鎗)'은 종(鐘)이 내는 소리이고, '교교(鉸鉸)'는 장지상(張之象)의 판본에는 '교교(佼佼)'로 되어 있어서 포기룡이 그의 의견을 따랐던 것 같다. '교(鉸)'와 '교(佼)'는 음(音)이 통한다.

63 역주 : 무후(武后)가 임조(臨朝)하여 정권을 장악하던 시기였기 때문이다.

64 역주 : 『삼국지』 권28, 「위서」 「등애전(鄧艾傳)」 배송지주(裴松之注)에 인용된 『세어(世語)』에, (주태(州泰)가 종요(鍾繇)에게 대답하기를) '진실로 이와 같다. 그대[君]는 명공(名公)의 아드님으로서 어려서부터 문채(文采)를 지녔기 때문에 이직(吏職)을 지켰다. 원숭이[獼猴]나 흙으로 만든 소[土牛]를 탄 것처럼 어찌 그리 늦는가!'라고 하였다. 진한장(陳漢章), 『사통보석(史通補釋)』에서는 이상의 문장이 『세설(世說)』 「배조(排調)」편에 보이는 것이지만, 종육(鍾毓)을 종요(鍾繇)로 잘못 썼다고 했다. 그러나 현행본 『세설신어』 「배조」편에는 이러한 내용이 보이지 않는다. 또 배송지가 인용한 주에 보이는 『세어(世語)』는 『통지(通志)』 「예문략(藝文略)」 "잡사(雜史)"에 『위진세어(魏晉世語)』 10권, 진(晉) 양양령(襄陽令) 곽반(郭頒)이 찬(撰)했다고 했지만, 『수서』 · 신 · 구 『당서』의 「예문지」와 『경적지』 등에 모두 보이지 않는다. 張振珮, 『史通箋注』, p.717 주)5 참조.

65 역주 : 『장자(莊子)』 「천운(天運)」편에, (노(魯)의 악사인 사금(師金)이 안연(顏淵)에게 대답하기를) '제사 때 쓰이는 저 짚 강아지[芻狗]는 아직 제사상에 차려 놓기 전에는 훌륭한 상자에 담아서 아름다운 천에 덮어두었다가 신주가 재계(齋戒)하고 그것을 바치지. 제사가 끝나면 내버려져서 길 가는 사람이 그 머리며 등을 밟고 벌초하는

로부터 장안(長安)으로 돌아올 때 문무백관들이 모두 따라나서니 저는 제가 맡은 직무가 그렇게 많지 않음을 생각하여 (낙양에) 남아 있겠다고 요구하였습니다. 그곳에 있으면서 저는 늘 조정에서는 아무도 자신을 알아주지 않음으로 국가가 나에게 은의(恩義)를 끊었다고 절망하였습니다.[66](釋 : 곧 스스로 자신의 직무가 한산함으로 장안으로의 귀환을 다음 순번으로 하고 동도 낙양을 지키고 있을 때를 가리킨다) 그런데 어느 날 아침 갑자기 황제의 명을 받은 주(州)의 관리들이 찾아오고 사신들이 이어서 들이닥쳤습니다. 얼마 후 저는 4두 마차를 타고 함곡관(函谷關)을 지나 수많은 궁문(宮門)을 거쳐 천자를 알현하였습니다. 그러나 이는 마치 한 문제(漢文帝)께서 가의(賈誼)를 궁전으로 불러 만나고 비록 그의 재주에 감탄하였지만 중요하게 써주지 않았고,[67] 하동(河東)의 계포(季布)를 불러왔으나 오히려 그에게 부끄러움을 더해준 것과 같았습니다.[68](釋 : 이 편 앞에서 말한 '역마

자가 주어다 불에 땔 뿐일세'라고 하였다. 안동림 역주, 『장자』, 현암사, 2001, p.379

66 역주 : 이릉(李陵), 「답소무서(答蘇武書)」(『문선』 권41 所收)에, "국가가 나에게 은의(恩義)를 단절하였다[國家於我已矣]"는 문장을 인용한 것이다. 원문의 '이의(已矣)'는 국가에 대한 절망감을 표현한 것이다.

67 『사기』 권84, 「가생전(賈生傳)」에, 가의(賈誼)가 장사왕(長沙王)의 태부(太傅)가 되었다가 1년여 지나 문제(文帝)는 가의를 생각하고 불렀다. 이르러 들어가 알현할 때 황제는 제사 지낸 후 강복(降福)을 향수(享受)하고, 미앙궁(未央宮) 전전(前殿)에 앉아 있었다. 따라서 가의에게 귀신의 근본에 관하여 물었고, 가의는 귀신에 관한 이치를 설명하였다. 밤이 깊도록 문제는 다가앉아 이야기를 듣다가 황제가 말하기를, '내가 오래도록 가생(賈生)을 보지 못하여, 내가 낫다고 여겼는데, 이제 보니 미치지 못하겠구려'라고 하였다. 역주 : 그러나 오래 지나지 않아 문제는 가의를 양회왕(梁懷王)의 태부(太傅)로 삼았을 뿐이다.

68 『사기』 권100, 「계포전(季布傳)」에, 계포는 하동(河東)을 수비하고 있었다. 어떤 사람이 그가 현명하다고 말하여 효문제가 불러 어사대부(御史大夫)로 삼고자 하였다. 다시 어떤 사람이 그가 용감하지만, 술 때문에 가까이 두기가 어렵다고 하자, 잠시 보고는 돌아가라 하였다. 계포가 이 때문에 진언하여 말하기를, '폐하께서는 아무런 이유 없이 신을 부르셨다면, 어떤 사람이 틀림없이 신을 (칭찬하여) 폐하를 속였을 것입니다. 이제 그냥 가라고 하시니 틀림없이 어떤 사람이 신을 폄훼하였을 것입니다. 폐하께서는 한 사람이 칭찬한다고 신을 부르고, 한 사람이 폄훼한다고 신을 가라고 하시니, 신은 천하의 식견을 가진 사람들이 이를 듣고 폐하의 식견을 살필까 두렵습니다'라고 하자, 황제는 침묵하며 부끄러워했다.

(驛馬)를 이용하여 경사(京師) 장안(長安)으로 소환되어[驛召至京](수사(修史)에만 전념하게 하였다. 이때 소인(小人)들이 득세하여 조정의 기강이 날로 무너지고 있었으므로 그들과 함께 일을 한다는 것이) 허전하고 즐겁지 않았다[忽忽不樂]'는 의미가 바로 눈앞에 펼쳐지는 모습 같다) 명공(明公)[蕭至忠]께서는 재상의 지위에 있었고, 위망(威望)이 3공(三公)이나 재상처럼 높아, 승진과 강등이 명공의 지목(指目)에 달려 있고, 영예와 굴욕이 명공이 고개를 끄덕이는데 달려 있습니다.[69] 일찍이 (명공께서는) 황제께 제가 총애를 받도록 힘써 주시거나 진신(縉紳)들 속에서 제가 칭찬을 받아 좋은 벼슬을 하도록 해주지 않았습니다. 그리고 저를 만날 때면 곧바로 이르시기를, "국사를 편수하지 않은지 이미 오래되었다. 석거각(石渠閣)[70]의 숙소를 청소하여 놓았으니 그대가 사서편찬의 직무를 맡아 수고하라'고 말씀하셨습니다. 오늘 당시를 되돌아보니 대체로 이와 같습니다.(釋 : 이 구절에서는 책임만 돌아왔을 뿐 예우가 조금도 달라지지 않았던 까닭을 밝히고 있다)

必謂諸賢載削非其所長, 以僕鎗鎗鉸鉸, 故推爲首最. 就如斯理, 亦有其說.(釋 : 轉入自身) 何者? 僕少小從仕, 早躡通班. 當皇上初臨萬邦, 未親庶務, 而以守茲介直, 不附奸回, 遂使官若土牛, 棄同芻狗. 逮鑾輿西幸, 百寮畢從, 自惟官曹務簡, 求以留後. 居臺常謂朝廷不知, 國家於我已矣.(釋 : 就本身作甘投閒散一跌, 卽指番次在後, 守司東都時) 豈謂一旦忽承恩旨, 州司臨門, 使者結轍. 旣而驅駟馬入函關, 排千門謁天子. 引賈生於宣室, 雖嘆其才; 召季布於河東, 反增其愧.(釋 : 卽前所云'驛召至京', '忽忽不樂'意,

69　역주 : 유준(劉峻), 「광절교론(廣絶交論)」(『문선(文選)』 권55 所收)에, "승진과 강등은 그들의 지목(指目)에서 나오고, 영예와 굴욕은 그들의 한마디 말로 결정된다[飛沈出其顧指, 榮辱定其一言]"고 했다.

70　역주 : 석거각은 전한 때 미앙궁의 북쪽에 장서(藏書)를 하던 곳이었다. 선제(宣帝) 감로(甘露) 3년(B.C. 51)에 여기에서 유자(儒者)들이 경전(經典)에 관한 회의를 개최한 적이 있다. 『한서』 권88, 「유림전(儒林傳)」 안사고(顔師古)의 주(注)에, "『삼보고사(三輔故事)에 이르기를, 석거각은 소하(蕭何)가 만들어 관소(關所)에서 획득한 진(秦)의 도적(圖籍)을 보관하였는데, 성제(成帝) 때에 이르러 또 이곳에 비서(秘書)를 보관하였다"라고 했다.

正是目前光景) 明公旣位居端揆,(本音上聲) 望重台衡, 飛沈屬其顧眄,(一作'眄') 榮辱由其俯仰. 曾不上祈宸極, 申之以寵光; 僉議搢紳, 縻我以好爵. 其相見也, 直云'史筆闕書, 爲日已久; 石渠掃第, 思子爲勞.' 今之仰追, 唯此而已.(釋 : 此節剖明責有專歸, 禮無加異之故)

13-12

또한 명공께서는 유현(劉炫)과 촉왕(蜀王)의 이야기를 듣지 못하였습니까? 옛날 유현은 수(隋)나라에서 벼슬할 때 촉왕의 시독(侍讀)을 지냈습니다. 상서(尙書) 우홍(牛弘)[71]이 유현에게 "촉왕께서 당신을 대함에 있어서 그 예의가 어떠한가"고 물으니, 대답하기를 "나에 대한 기대는 주공(周公)·공자(孔子)보다 높지만 대우를 보면 노복(奴僕)보다 못하다"라고 하였습니다. 우홍이 그 말을 깨닫지 못하고 그 의미를 알려줄 것을 청하였습니다. 유현이 말하기를, "나의 왕께서는 의심하는 바가 있으면 반드시 먼저 나를 찾아오니 나에 대한 기대가 주공·공자보다 높지만, 좌우 가까운 사람들에게는 술과 음식을 배부르게 먹이면서도 나는 그들이 먹다 남은 것도 먹지 못하니 대우를 보면 노복보다 못하다"라고 하였습니다.[72] 제가 주제넘게도 저의 종족[宗](유현이 동성(同姓)이기 때문에 이렇게 칭한

71 역주 : 우홍(546-610)은 수나라 예제(禮制) 정비와 관련하여 적지 않은 공을 남겼다고 평가되는 인물로서 예부상서(禮部尙書)를 역임하였다. 그의 열전이 『수서』 권49에 보인다.

72 역주 : 유현(549-617)은 수나라 유학자로서, 자가 광백(光伯)이고, 하간(河間) 경성(景城) 사람이다. 『수서(隋書)』 권75, 「유림전(儒林傳)」에 열전이 보이지만, 이상과 같은 우홍(牛弘)과의 대화는 찾아볼 수 없다. 다만 태자 용(勇)이 그의 소문을 듣고 그를 불렀고, 칙령으로 유현에게 촉왕(蜀王) 양수(楊秀)를 시봉(侍奉)하게 하였는데도 시간을 미루고 가지 않았다. 촉왕이 크게 분노하여 그를 목에 칼을 씌어 익주(益州)로 유배

것이다)과 경솔하게 감히 비교한 것은 무엇 때문입니까? 사가(史家)의 재능이 있다하여 천리밖에 있는 저를 불러들였으면서도 그 지위를 말하자면 10년 동안 승진하지 못하였습니다. 생각하건대, 저의 사학에 대한 기대는 반고·사마천보다 높으나, 대우는 병졸보다 못한 것이 아닙니까?" (釋 : 옛 이야기에 비유하여 앞서의 뜻을 충분히 설명하였다)

抑明公足下獨不聞劉炫蜀王之說乎? 昔劉炫仕隋, 爲蜀王侍讀. 尙書牛弘嘗問之曰 : "君王遇子, 其禮如何?" 曰 : "相期高於周 · 孔, 見待下於奴僕." 弘不悟其言, 請聞其義. 炫曰 : "吾王每有所疑, 必先見訪, 是相期高於周 · 孔. 酒食左右皆饜, 而我餘瀝不霑, 是見待下於奴僕也.'" 僕亦竊不自揆, 輕(一作輒)敢方於鄙宗.(劉炫同姓, 故云) 何者? 求史才則千里降追, 語宦途則十年不進. 意者得非相期高於班 · 馬, 見待下於兵卒乎!(釋 : 援古爲況, 申足上意)

13-13

또한 사람을 평가하려면 그의 성품이 어떠한 가를 인식하는 것이 중요합니다. 명공(明公)께서는 저의 명리(名利)에 대한 태도가 어떠하다고 보십니까? 저는 낙양의 한직(閑職)에 있는 동안 은사(隱士)도 아니고 관리 같지도 않은 상태였지만, 우직함을 지키며 생활하는 것을 스스로 만족하였으므로 어찌 명리를 쫓아 절도(節度)를 잃거나 마음이 불안하였겠습니까?

를 보냈다. 영장(營帳)에 속하게 하여 매번 몽둥이를 들고 문을 지키도록 하였다. 얼마 지나지 않아 석방하여 경사(經史)류 서적을 교감하도록 맡겼다. 그리하여 유현은 굴원(屈原)의 「복거(卜居)」를 모방하여 「서도(筮塗)」를 지어 자신의 감정을 기탁(寄託)하였다고 했다.

그러나 지금은 조정에 임명되어 힘써 수사(修史)에 종사하는데도 조정은 나의 재능을 크게 쓰면서도 끝내 조금도 예우를 더해주지 않았습니다. 연(燕)나라의 곽외(郭隗)가 저와 같은 처지에서 자기부터 먼저 임용할 것을 요구했다면[73] 어찌 실현될 수 있었겠습니까? 설사 욕심이 없고 바르기가 엄군평(嚴君平)과 같고 청렴하기가 단간목(段干木)과 같더라도 저의 처지에 놓이게 하면 그들도 풍환(馮驩)처럼 검을 두드리며 집으로 돌아갈 것을 요구하였을 것이고,[74] 급암(汲黯)처럼 황제가 인재를 장작 쌓듯이 대하는 것에 불만을 표시하였을 것입니다.[75] 하물며 저는 풍습을 따르지

---

73 역주 : 『전국책』 「연책(燕策)에, "(곽외가 연 소왕(燕昭王)에게 한 말 가운데) 이제 왕께서 진심으로 인재를 초청하고 싶으시거든 우선 이 외(隗)부터 써주소서. 저와 같은 자를 중히 쓰시면 저보다 훌륭한 인물들이 천리 길을 멀다 않고 모여 들것입니다"라고 하였다.

74 『전국책(戰國策)』 「제책(齊策)」을 보라. 역주 : 구체적인 내용은 다음과 같다. 제(齊)나라에 풍환(馮驩)이라는 사람이 있었다. 가난하여 스스로 살아갈 수 없었으므로 사람에게 부탁하여 맹상군(孟嘗君)의 식객이 되려 하였다. …… 맹상군의 하인들은 주인이 그를 경시하는 것을 보고, 채식만으로 식사를 대접했다. 그러자 얼마 후 풍환이 기둥에 기대어 장검(長劍)을 두드리며 노래를 불렀다. '장검이여 돌아가자 나에게는 생선도 주지 않는구나'. 하인들이 고하자 맹상군은 '생선을 주라'고 했다. 풍환은 생선을 먹을 수 있는 식객으로 승격했다. 그리고 또 얼마 후 그는 장검을 두드리며 노래를 불렀다. '장검이여 돌아가자. 나에게는 외출을 할 때 수레도 내어 주지 않는구나.' 하인들이 웃으며 이 사실을 맹상군에게 고하자, '수레를 내어 주라'고 했다. 풍환은 수레를 탈 수 있었다. …… 그런데 얼마가 지나자 풍환은 다시 장검을 두드리며 노래를 불렀다. '장검이여 돌아가자. 이렇게 해 가지고는 어머니를 봉양할 수가 없구나.' 하인들은 풍환이 욕심이 지나치다고 미워하였다. 맹상군이 묻기를, '그 사람에게 부모가 있느냐?'고 하자, '노모가 있다'라고 하였다. 맹상군은 사람을 시켜 먹을 것을 주어 부족함이 없도록 하였다. 풍환은 그 후로 다시는 그런 노래를 부르지 않았다고 했다.

75 『사기』 권120, 「급암전(汲黯傳)」에, 급암은 구경(九卿)의 대열에 서게 되었고, 급암이 관할했던 승(丞) · 사(史) 등은 모두 급암과 같은 대열에 서거나 혹은 그보다 더 높게 등용되었다. 급암은 편협한 마음에 다소 원망스러움이 없었을 수 없어 황제를 알현하고 나아가 말하기를, '폐하께서 군신을 임용하기를 장작을 쌓듯이 하시어 뒤에 임용된 사람이 윗자리에 오릅니다'라고 하였다. 역주 : 포기룡이 인용한 「급암전」에는 '승상사(丞相史)'라고 하였지만, 급암은 승상을 지낸 적이 없고 그가 동해군(東海郡)의 태수였을 때 승(丞)과 사(史)를 뽑아 임용했던 사실로 미루어 승(丞) · 사(史)라고 해석하는 것이 맞다. 『한서』 권50, 「급암전」에도 '승상사'가 아니라 '승사(丞史)'로 되어 있다.

않을 수 없으니 조금이라도 마음에 걸리지 않을 수 있겠습니까?(釋 : 이 구절은 또 위에서 말한 관점을 넓힌 것으로 다른 사람의 조소(嘲笑)에 대하여 해명하였다)

又人之品藻, 貴識其性. 明公視僕於名利如何哉? 當其坐嘯洛城, 非隱非吏, 惟以守愚自得, 寧以充詘攖心. 但今者黽勉從事, 攣拘就役, 朝廷厚用其才, 竟不薄加其禮. 求諸隗始, 其義安施? 儻使士有澹雅若嚴君平, 淸廉如段干木, 與僕易地而處, 亦將彈鋏告勞, 積薪爲恨. 況僕未能免俗, 能不蔕(讀如'蠆')芥於心者乎!(釋 : 此節又拓開上說, 自占身分)

13-14

지금의 조정(朝廷)에는 뛰어난 인재들이 모여 있고, 나라에는 닭은 사인(士人)들이 있다고 말합니다. 봉산지하(蓬山之下)[76]에는 양사(良史)와 직필(直筆)의 인재가 즐비하고, 운각(芸閣)에는[77] 뛰어나고 남다른 재주를 가진 인물들이 줄을 잇습니다. 저는 맡은 일을 제대로 끝내지 못하고[刻鵠][78],

76 역주 : 봉산은 봉래산(蓬萊山)을 가리키는데, 후한 때에는 동관(東觀)을 가리켜 노자(老子)의 장서실(藏書室), 도가봉래산(道家蓬萊山)이라 불렀다고 한 말을 인용한 것이다. 『후한서』 권23, 「두장전(竇章傳)」 참조. 따라서 여기서는 사관(史館)의 의미로 쓰였다.

77 역주 : 원문의 운각(芸閣)은 조정의 장서처(藏書處)인 비서성(秘書省)을 가리킨다. 후한의 난대(蘭臺)에서는 책을 갉아먹는 좀벌레를 퇴치하기 위해 운향(芸香)을 이용하였으므로 난대를 운대(芸臺) 혹은 운각(芸閣)이라 하였다.

78 본래 『후한서』 권24, 「마원전(馬援傳)」에 보이는 말이지만, 여기서의 어의(語意)는 맡은 일에 힘을 기울였는데도 제대로 끝내지 못한 것을 말한다. 왕우칭(王禹偁)의 시(詩)에, "반딧불이를 모아 가을의 독서를 게을리 하지 않고, 부지런한 노력으로 밤중의 피로를 잊는다[收螢秋不倦, 刻鵠夜忘疲]"고 한 것이 역시 이와 같은 의미로 사용하였다. 역주 : 「마원전」에 마원이 조카 마엄(馬嚴) · 마돈(馬敦)에게 보낸 편지에, "고니를 새기다가 제대로 끝내지 못하고 집오리가 되었다[刻鵠不成尙類鶩]"그 한 내용을 인용한 것으로, 본래는 부지런한 선비를 본받으면 그를 따르지는 못하더라도 그

사서편찬을 완성하지[獲麟][79] 못하면서도, 부질없이 태관(太官)[80]이 차려주는 요리나 먹어 치우고, 헛되이 장안(長安)의 쌀이나 없애고 있습니다. 따라서 저는 본래의 직위를 면하게 하여 집으로 돌아갈 수 있기를 바라고, 사서편찬을 그만두게 하여 현명한 사람들에게 길을 내주기를 바랍니다. 명공께서 불쌍히 여겨 허락해주기를 바랍니다.(釋 : 편지 끝을 사퇴할 뜻으로 마무리하였다)

當今朝號得人, 國稱多士. 蓬山之下, 良直差肩; 藝閣之中, 英奇接武. 僕旣功虧刻鵠, 筆未獲麟,(詳此二句, 非不草撰者, 但未卒業耳) 徒殫太官之膳, 虛索長安之米. 乞已本職, 還其舊居, 多謝簡書, 請避賢路. 唯明公足下, 哀而許之.(釋 : 牘尾結歸辭退)

13-15

소지충(蕭至忠)이 나의 편지를 받은 후 크게 부끄러워하였지만 회답은 하지 않았고, 또한 나의 재능을 아깝게 여겨 사관의 직무를 그만두는 것을 허락하지 않았다. 그러나 종초객(宗楚客)·최식(崔湜)·정음(鄭愔) 등은 모두 내가 자신들의 단점을 비판한 것을 싫어하였기 때문에 함께 나를

에 비근하는 사람이 될 수 있다는 뜻으로 사용하였지만, 여기서는 위에 말한 포기룡의 말대로 맡은 일을 제대로 끝내지 못한 것을 의미한다.

79 역주 : 『공양전』 애공(哀公) 14년(B.C. 481)에, "서쪽의 사냥에서 기린이 잡히자[獲麟], 공자가 말하기를, '나의 도(道)가 다했구나!'고 하였다. …… 왜 애공 14년에 끝을 냈는가? 말하기를 '갖추어졌다[備]'고 했다"는 내용에서 인용한 것으로, '획린'이란 사서편찬을 완성하고 필(筆)을 놓는다는 의미이다.

80 역주 : 궁중의 선식(膳食)을 주관한다. 『후한서』 권19상, 「백관공경표(百官公卿表)」 상에는 소부(少府)에 속관으로 되어 있지만, 수·당 이후에는 광록경(光錄卿)에 속해 있었다. 『통전(通典)』 권25, 「직관(職官)」, "광록경" 참조.

원수처럼 미워하였다. 그러나 얼마 안 되어 소지충과 종초객 등이 연달아 (무(武)·위(韋)와 태평공주(太平公主)의 모반사건에 연루되어) 주살(誅殺)된 후 나는 겨우 어려움을 면하게 되었다.(釋: 이 문장은 편지의 후기(後記)이다. 내용은 편지의 첫머리에 맞추어 썼다. 소인들의 득세가 여기에 이르러 끝났다)[81]

至忠得書大慚, 無以酬答, 又惜其才, 不許解史任. 而宗楚客·崔湜·鄭愔等, 皆惡聞其短, 共仇嫉之. 俄而蕭·宗等相次伏誅, 然後獲免於難.(釋: 此是書後體, 其文則配應篇頭. 小人道長, 至此歸杜也)

按: 편명(篇名)을 「오시(忤時)」라고 하였지만 실제로는 다만 소지충(蕭至忠)에게 보낸 한 통의 편지이다. 앞 부분은 이 편의 소서(小序)로 볼 수 있고, 뒷 부분은 발(跋)로 볼 수 있지만 반드시 이어져 있을 필요는 없다.(篇名「忤時」, 其實只是與蕭至忠等一通簡箚也. 其前作小序用, 其後作附跋用, 不必連屬)

편지 전체의 중심은 다만 '5불가(不可)'에 있었다. 다섯 층면의 뜻을 차례로 서술하였지만 그 근본적인 지적은 다시 뒤의 두 가지 불가에 있었다. 대개 국사편찬을 감독하고 총괄하는 인선(人選)이 잘못된 점에 대해 엄격하여 대부분 경멸하고 격앙된 말을 썼다. 때문에 이 편을 「오시(忤時)」라고 명명(命名)하였던 것이다.(全箚所主, 只在'五不可'. 五層遞下, 其本指更在後二不可. 蓋緊對監領非人, 多作鄙夷負氣語, 故號其篇曰「忤時」也)

「오시」편과 「자서」편은 서로 표리를 이루고 있다. 「자서」편은 여러 사서의 평정(評定)[衡史]을 주로 하였고, 「오시」편은 사신의 직책[職史]을 주로 다루었다. '형사(衡史)'의 근본은 사식(史識)의 확립에 있고, 사식(史識)이 확립되면 사론(史論) 또한 곧 확정된다. 『사통』을 지으면서 사식(史識)이 그 가운데 깃들어 있다. '직사(職史)'는 도(道)의 실천을 목표로 하고,

---

81 역주: 마지막 이 부분은 선천(先天) 2년(713) 이후 증보(增補)되었다. 왜냐하면 유지기의 이 편지는 대체로 경룡(景龍) 2년(708) 경 작성되었고, 『사통』이 완성된 것은 경룡 4년(710)이었으며, 종초객(宗楚客)·기처눌(紀處訥)·소지충(蕭至忠)·최식(崔寔) 등이 주살된 것은 710년에서 713년 사이의 일이다. 따라서 이 문장은 713년 이후 증보(增補)된 것이라고 보아야 한다. 張振珮, 『史通箋注)』, p.721 주)1 참조

도가 실천되기 때문에 정직함이 실천되고 『사통』이 완성되면서 도가 존재하였다. 「오시」편과 「저서」편은 옛 것을 포용하고 오늘의 것을 평가하며 우뚝 솟아 내 · 외편의 마지막에 나누어 세웠는데, 도량과 식견 그리고 문장의 힘 있는 풍격이 예전의 것을 답습하거나 유속(流俗)을 따르지 않았다.(「忤時」與「自敍」相表裏, 「自敍」主衡史, 「忤時」主職史. 衡史本於識定故論定. 『史通』作, 而識寓焉. 職史期於道行, 道行故直行. 『史通』成, 而道存焉. 是二篇者, 函古砥今, 屹然分峙, 爲「內」·「外篇」之殿. 器鑒風稜不規不隨)

부록(附錄)

『신당서(新唐書)』 권132, 「유지기전(劉知幾傳)」

[增注][1]

유자현(劉子玄)의 본명(本名)은 지기(知幾)인데,[2] 현종(玄宗)의 이름을 피하여 자(字)로 불렸다.[3] 열두 살 때 그의 부(父) 장기(藏器)(『신당서(新唐書)』 권201, 「문예전(文藝傳)」 상에 보면, 유연우(劉延祐)는 서주(徐州) 팽성(彭城) 사람이다. 영휘(永徽 : 650-655) 초에 저작랑(著作郎) · 홍문관학사(弘文館學士)로서 영호덕분(令狐德棻)과 함께 국사와 실록을 계속하여 편찬하였고, 그 공로로 양성현남(陽城縣南)에 봉해졌다. 종제(從弟) 장기(藏器)는 시어사(侍御史)가 되었을 때 다른 사람을 협박하여

1 역주 : 『사통통석』에서는 주(注)를 본문 사이에 작은 글씨의 협주(夾注)로 처리하였다. 따라서 '역주' 표기가 없는 것은 모두 포기룡의 주(注)이다.

2 역주 : 『구당서』 권102, 「유자현전(劉子玄傳)」(이하 『구당서』라 약칭함)에는 지기(知幾)가 초주자사(楚州刺史) 유윤지(劉胤之)의 족손(族孫)이었다고 했다.

3 역주 : 『구당서』 권102, 「유자현전(劉子玄傳)」에, (경운(景雲 : 710-711) 연간) 당시 현종은 동궁(東宮)에 있었는데, 유지기는 이름의 음(音)이 황상(皇上)의 이름과 비슷하여 자현(子玄)으로 고쳤다고 했다. 즉 현종의 휘(諱)인 융기(隆基)의 기(基)와 지기(知幾)의 기(幾)가 음이 비슷하였기 때문이다.

첩(妾)을 삼은 자를 탄핵하여 돌려주도록 하였다. 그 사람이 사적으로 황제에게 돌려주는 것을 그치게 해달라고 청하였다. 장기가 말하기를, '법이란 만민에게 공통되는 것인데 폐하께서 적용하고 버림을 정(情)에 말미암으시니 법을 어떻게 시행할 수 있겠습니까? 오늘은 따르고 내일은 고치고 하니 아랫사람들이 어찌 준수할 수 있겠습니까?' 이에 황제는 조서를 내려 허락하였다. 얼마 뒤에 비부원외랑(比部員外郎)으로 옮겼다.[4] 아들 지유(知柔)는 공부상서(工部尙書)·태자빈객(太子賓客) 등을 지냈고, 팽성현후(彭城縣侯)에 봉해졌다. 지기(知幾)는 별도로 열전이 있다)[5]가 『고문상서(古文尙書)』를 가르쳤지만 학업에 진전이 없자 노하여 매를 들어 독촉하였다. 여러 형(兄)들이 『춘추좌씨전』을 수강할 때 그 안에 섞여서 강의를 들었다. 돌아와서는 그 뜻에 의심이 가는 부분을 판별하여 분석하고 감탄하여 말하기를, "『상서』가 이와 같다면 내가 어찌 게을리 할 수 있겠는가!"라고 하였다. 부(父)는 유지기의 뜻을 기이하게 여기고 『좌전』의 수강을 허락하였다. 몇 년이 지나 유지기는 여러 사서(史書)를 통람(通覽)하였고,[6] 형(兄) 지유(知柔)[7]와 함께 모두 문사(文詞)에 뛰어나다고 이름이 알려졌다. 진사(進士)에 합격하여 획가현(獲嘉縣)의 주부(主簿)에 임명되었다.[8]

---

4 교감기(校勘記)에, 이 아래에 원래 '감찰어사(監察御使)' 네 글자가 있었다. 살펴보건대 유장기는 단지 비부원외랑으로 옮겨갔을 뿐이고, 감찰어사는 위원충(魏元忠)이었다. 『신당서』「위원충전」에 의거하여 삭제하였다고 했다.

5 역주 : 유장기(劉藏器)의 열전은 『구당서(舊唐書)』 권190상, 「문원전(文苑傳)」 상에도 보인다.

6 역주 : 「자서(自敍)」편에서, 유지기는 『좌전』의 강독을 마친 것이 12세였고, "한이 중흥한 이래 나온 책으로부터 당조(唐朝)[皇家]의 『실록(實錄)』 등을 내가 17세 되던 해 대부분 모두 한 번 열람할 수 있었다"라고 한 사실을 말한다.

7 역주 : 지유(知柔)의 열전은 『구당서』 권190상, 「문원전(文苑傳)」 상과 『신당서』 권201, 「문예전(文藝傳)」 상에 보인다.

8 역주 : 획가현(獲嘉縣)은 현재의 하남성(河南省)에 위치한 당시 상현(上縣)에 해당하였다. 『통전(通典)』 권33, 직관(職官) 15, "주군(州郡)"하의 현령(縣令) 조에 보면, 당대(唐代)의 현은 적(赤)·기(畿)·망(望)·긴(緊)·상(上)·중(中)·하(下) 등 7등급의 차이가 있었다고 했다. 경사(京師)를 포함한 현을 적현(赤縣)이라 하고, 경사의 방읍(旁邑)을 관할하는 경우 기현(畿縣)이라 하고 그 외에는 호구(戶口)의 다소와 지역 여건에 따라 차이를 두었다. 상현(上縣)의 주부(主簿)는 정9품하에 해당한다.

劉子玄, 名知幾, 以玄宗諱嫌, 故以字行. 年十二, 父藏器(按文藝傳 : 劉延祐, 徐州彭城人. 永徽初, 以著作郎 · 弘文館學士與令弧德棻等撰次國史幷實錄, 封陽城縣南. 從弟藏器爲侍御史, 劾還脅人爲妾者, 其人私請帝, 止其還. 藏器曰, 法, 萬民所共. 陛下用舍繇情, 法何所施? 今日從, 明日改, 下何所遵? 乃詔可. 稍遷比部員外郎. 子知柔, 昊官工部尙書 · 太子賓客, 封彭城縣侯. 知幾, 別有傳)爲授『古文尙書』, 業不進, 父怒, 楚督之. 及聞爲諸兄講『春秋左氏』, 冒往聽, 退輒辨析所疑, 嘆曰 : "書如是, 兒何怠!" 父奇其意, 許授『左氏』. 逾年, 遂通覽群史. 與兄知柔俱以善文詞知名. 擢進士第, 調獲嘉主簿.

측천무후(則天武后) 증성(證聖) 초에, 조서를 내려 9품 이상의 관리에게 정사(政事)의 득실을 진술하게 하였다.[9] 유지기는 상서(上書)를 올려,[10] "매년 한 차례 죄인을 사면(赦免)하거나 혹 1년에 두 차례 죄인을 사면하는 것은, 소인(小人)에게는 다행한 일이지만 군자에게는 불행한 일입니다"라고 비난하였고, 또 이르기를, "군주는 헛되이 관직을 수여하지 아니하고, 신하는 헛되이 관직을 받지 않습니다. 분수에 맞지 않게 관직을 받음은 충(忠)이 아니며, 관직을 남발하여 수여하는 것은 은혜[惠]가 아닙니다. 지금 군신(群臣)들이 공이 없는데도 기회를 만나면 곧 승진하거나 자리를 옮기니 경성(京城)에는 '(보궐(補闕)은) 수레를 줄지어 태우고, (습유(拾遺)는) 두량(斗量)에 가득 차 있고, 갈퀴로 끌어 모으듯이 모은 (시어사(侍御史)), 틀로 찍어낸 똑같은 (교서랑(校書郎))[車載斗量, 杷椎碗脫][11]이라는 속담이

9 역주 : 『구당서』 권6, 「측천황후본기(則天皇后本紀)」에, 증성(證聖) 원년(695) 춘(春) 1월 경자일(庚子日)에 명당(明堂)에 화재(火災)가 난 것을 태묘(太廟)에 고하고, 직접 조서를 내려 자신을 질책하고, 내외 문무 9품관 이상에게 각기 봉사(封事)를 올려 직언(直言) · 정간(正諫)하게 하였다. 그 해 9월에 천책만세(天冊萬歲)로 개원하였다.

10 역주 : 이상의 조서와 관련하여 유지기가 올린 네 가지 사실에 대한 표(表)의 내용 전문이 『자치통감(資治通鑑)』 권205, 「당기(唐紀)」 21, 천책만수(天冊萬壽) 원년(695) 경자일(庚子日)의 기록에 실려 있고, 『전당문(全唐文)』 권274, 「응제표진사사(應制表陳四事)」에도 수록되어 있다. 열전에는 이하에 보듯 요약하여 수록하였을 뿐이다.

11 역주 : 『당회요(唐會要)』 권67, 「시급사람관(試及斜濫官)」에, "천수(天授) 2년(691) 2월

있습니다"라고 했다. 또 이르기를, "자사(刺史)의 임기가 3년 이상이 되지 않으면 다른 관직으로 옮길 수 없어야 하고, 마땅히 정적(政績)의 우열을 살펴 상벌(賞罰)을 분명히 해야 합니다"[12]고 했다. 무후가 그의 직언을 칭찬하였지만 건의를 받아들이지는 않았다.

武后證聖初, 詔九品以上陳得失. 子玄上書, 譏"每歲一赦, 或一歲再赦, 小人之幸, 君子之不幸". 又言 : "君不虛授, 臣不虛受. 妄受不爲忠, 妄施不爲惠. 今群臣無功, 遭遇輒遷, 至都下有'車載斗量, 杷椎碗脫'之諺." 又謂 : "刺史非三載以上不可徙, 宜課功殿, 明賞罰." 后嘉其直, 不能用也.

당시 혹리(酷吏)들이 횡행하여 화(禍)가 선량한 사람들에게까지 미쳐 공경(公卿)으로서 주살(誅殺)되는 경우가 끊이지 않았다. 유지기[子玄]는 사인(士人)들의 품행이 불량하여 화(禍)를 감수(甘受)하는 것을 불쌍히 여기고 「사신부(思愼賦)」를 지어 시사(時事)를 풍자하였다.[13] 소미도(蘇味道)[14] · 이교(李嶠)[15] 등이 이 글을 읽고 감탄하여 말하기를, "정말로 육기(陸機)의

15일 10도(道)에서 천거된 석애현령(石艾縣令) 왕산휘(王山輝) 등 61인을 습유(拾遺)와 보궐(補闕)에 제수(除授)하였고, 회주녹사참군(懷州錄事參軍) 곽헌가(霍獻可) 등 24인에게 시어사(侍御史)를, 병주녹사참군(幷州錄事參軍) 서흔(徐昕) 등 24인에게 저작랑(著作郎)을, 위주내황현위(魏州內黃縣尉) 최선도(崔宣道) 등 23인에게 위좌교서(衛佐校書)를 제수하였는데 이는 대개 천후(天后)[측천무후]가 인망(人望)을 수습하기 위함이었다. 때문에 당시의 속담에 '보궐(補闕)은 수레를 줄지어 태우고, 습유(拾遺)는 두량(斗量)에 가득 차 있고, 갈퀴로 끌어 모으듯이 모은 시어사(侍御史), 틀로 찍어낸 똑같은 교서랑(校書郎)[補闕連車載, 拾遺平斗量, 杷椎侍御史, 碗脫校書郎]'이라는 말이 있었다"라고 했다. 당시의 남관(濫官) 상황을 비웃은 것이다. 이러한 문제점을 유지기가 그 해 12월에 상소하였다.

12 역주 : 『당회요』 권68, 「자사(刺史)」 上에 상소한 내용이 보인다.

13 역주 : 『구당서』의 기록에는, 당시 관작이 위람(僞濫)하고 법률이 엄밀하여 사인(士人)들이 다투어 관직을 구하고자 하였지만 대부분 형살(刑殺)에 처해졌고, 유지기는 『사신부(思愼賦)』를 지어 당시를 풍자하여 자신의 생각을 표명하였다고 했다.

14 역주 : 『구당서』 권74, 『신당서』 권114에 열전이 보인다.

15 역주 : 『구당서』 권94, 『신당서』 권123에 열전이 보인다.

「호사부(豪士賦)」와 같은 작품이로다![16] 자신을 보전(保全)할 수 있는 도리가 모두 그 안에 있구나!"라고 하였다. 유지기[子玄]는 서견(徐堅)·원행충(元行沖)·오긍(吳兢) 등과 친하게 지냈는데, 일찍이 말하기를, "세상에서 나를 이해해 주는 사람은 이들 몇 사람뿐이다"[17]고 하였다.

時吏橫酷, 淫及善人, 公卿被誅死者踵相及. 子玄悼士無良而甘於禍, 作「思愼賦」以刺時. 蘇味道·李嶠見而嘆曰: "陸機「豪士」之流乎, 周身之道盡矣!" 子玄與徐堅·元行沖·吳兢等善, 嘗曰: "海內知我者數子耳."

여러 관직을 거쳐 봉각사인(鳳閣舍人)[18]이 되었고, 국사(國史)편수를 겸하였다. 중종(中宗) 때 태자솔경령(太子率更令)에 발탁되었다.[19] 굳고 바르

---

16 역주 : 『구당서』에는 "육기(陸機)의 「호사부(豪士賦)」가 미치지 못한 것이로다[陸機「豪士」所不及也]"라고 하였다. 육기(261-303)는 서진(西晉)의 시인(詩人)으로서 자는 사형(士衡)이고, 『진서(晉書)』 권54에 열전이 보인다. 「호사부」의 서문(序文)이 『문선(文選)』 권46에 실려 있다.

17 역주 : 이러한 내용은 「자서(自敍)」편에도 보인다. 즉 "다만 동해(東海) 사람 서견(徐堅 : 659-729)을 늦게 알게 되었는데 서로 의기가 맞아 만나게 되면 기쁘고 마음이 흡족하였다. 가령 옛날의 백아(伯牙)와 종자기(鍾子期), 관중(管仲)과 포숙아(鮑叔牙)의 친함도 우리들의 관계를 넘어서지는 못할 것이다. 또한 영성(永城) 사람 주경칙(朱敬則), 패국(沛國) 사람 유윤제(劉允濟), 의흥(義興) 사람 설겸광(薛謙光), 하남(河南) 사람 원행충(元行沖 : 653-729), 진류(陳留) 사람 오긍(吳兢 : 670-749), 수춘(壽春) 사람 배회고(裴懷古) 등이 관점이 서로 같아 서로 의견을 나눌 수 있었다. 이상(理想)이 서로 비슷하였음으로 서로 친하게 지냈다. 각종 토론을 진행할 때는 모두 마음 속의 생각을 다 털어놓았다. 나는 항상 "덕을 행하는 사람은 외롭지 않으며 반드시 뜻을 같이 하는 사람이 있게 마련이고, 세상에서 나를 이해해 주는 사람은 이들 몇 사람뿐이다"라고 하였다.

18 역주 : 당대의 중서성(中書省)은 수나라 제도를 따라 처음에는 내서성(內書省)이라고 하였다가 중서성·서대(西臺)·봉각(鳳閣) 등으로 각각 불리다가 신룡(神龍 : 705-706) 연간에 다시 중서성으로 바뀌었다. 따라서 봉각사인이란 중서사인(中書舍人)을 가리킨다. 중서사인은 정5품상의 지위이다. 이상 각각 『당회요(唐會要)』 권54, 「중서성」, 『신당서』 권47, 「백관지」 2, "중서성" 조 참조.

19 역주 : 『사통』 「원서(原序)」에, 장안(長安) 2년(702)에 "나는 저작좌랑(著作佐郞)으로 국사(國史) 편수를 겸하고 있었다. 얼마 후 좌사(左史)가 되어 문하성(門下省)에서 기거주(起居注)를 편수(編修)하였다. 승진하여 중서사인(中書舍人)이 됨으로서 잠시 수사

게 처신하여 여러 해 동안 그 관직이 바뀌지 않았다. 천자[中宗]가 장안(長安)으로 돌아가는 때를 만나 유지기[子玄]는 스스로 동도(東都)[洛陽]에 남아 있을 것을 청하였다. 3년이 지나 혹자가 유지기가 사신(史臣)된 자로 사사로이 저술한다고 고해바쳤기 때문에 조정에서는 사람을 보내 역로(驛路)를 따라 경사(京師)[長安]로 불러들여 사서편찬에 종사하도록 하였다. 그리하여 비서소감(秘書少監)으로 옮겼다. 당시 재상이었던 위거원(韋巨源)·기처눌(紀處訥)·양재사(楊再思)·종초객(宗楚客)·소지충(蕭至忠) 등이 모두 사관(史館)에 대한 감수(監修)를 맡았다.[20] 유지기는 (감수를 맡은) 장관(長官)이 많음에 따라 의견이 일치하지 않음을 염려하였고, 그런데다 소지충이 여러 차례 그가 찬술(撰述)에 있어서 성과가 없고 근무에 태만하다고 질책하자 글을 올려 사관(史官)을 그만둘 것을 요청하였다. 이러한 기회를 이용하여 소지충에게 "(국사를 쓸 수 없었던) 다섯 가지 불가함[五不可]"(이 글은 모두 「오시(忤時)」편에 실려 있으며,[21] 열전에서 구절을 채록하고 있음으로 여기에는 싣지 않았다)을 말했다.(역주 : 포기룡이 생략한 '오불가(五不可)'의 내용은 다음과 같다. 이하 『신당서』의 내용은 「오시」편과 『구당서』가 그 전문(全文)을 싣고 있는데 반하여 요약된 것이다. "옛날의 국사는 모두 한 사람에 의해 편찬되었으며, 여러 사람의 노력에 의해 완성되었다는 말을 들은 적이 없습니다. 오직 후한(後漢)의 동관(東觀)만이 여러 유생들을 한데 모아 『동관한기(東觀漢記)』를 편찬하였으나, 저술에 주관자가 없었고, 조례(條例)와 규장(規章)이 두어져 있지 않았습니다. 지금은 사관(史館)에 사람이 너무 많고, 사람마다 자신을 순열(荀悅)·원굉(袁宏)이라 여

(修史)의 직무를 맡지 않았지만, 얼마 안 되어 그 직무를 겸하여 맡았다. 중종[今上]께서 즉위하고 나는 저작랑(著作郎)·태자중윤(太子中允)·솔경령(率更令)에 임명되었고 예전처럼 국사 편수를 겸하였다"라고 했다.

20 역주 : 『구당서』 권102, 「유자현전」에, "경룡(景龍 : 707-709) 초에 다시 태자중윤(太子中允)으로 옮겼고, 수사(修史)의 겸무는 예전과 같았다. 당시 시중(侍中) 위거원·기처눌, 중서령(中書令) 양재사, 병부상서(兵部尙書) 종초객(宗楚客), 중서시랑(中書侍郎) 소지충 등이 모두 국사를 감수하였다고 했다.

21 역주 : 「오시」편에 실려 있는 내용은 『구당서』 권102, 「유자현전」에 전문이 그대로 실려 있다.

기고, 사람마다 스스로를 유향(劉向)[子政]·유흠(劉歆)[子駿]이라 여깁니다. 사건 하나 또는 한마디 말을 기록하고자 하면서도 모두 붓을 놓고 서로 눈치를 보면서 붓을 입에 물고 결단을 내리지 못합니다. 따라서 사관의 머리는 백발이 되어도 책이 언제 완성될지 기약이 없었습니다. 이것이 불가능했던 첫 번째 이유입니다. 전한(前漢) 때 군국(郡國)에서 조정에 올리는 계서(計書)는 먼저 태사(太史)에게 보내지고 부본(副本)이 승상에게 보내졌으며, 후한 때에는 공경(公卿)이 쓴 문건이 먼저 3공의 부서[公府]에 보존되고 그 다음에 난대(蘭臺)에 보내졌습니다. 때문에 사관(史官)의 사실 기록이 광범위하였던 것입니다. (그러나) 지금의 사관(史官)들은 오직 자기 스스로 자료를 찾아 수집해야 합니다. 좌사(左史)·우사(右史)는 기거주(起居注)를 기록하지 않았고, 조정 관료들의 행장(行狀)이 외부에 알려지지도 않았습니다. 이것이 불가능했던 두 번째 이유입니다. 사관(史館)이 궁중 깊은 곳에 설치된 것은 사관들이 사람들과의 대면이 두절되어 청탁을 방지할 수 있기 때문입니다. 그러나 지금의 수많은 사관(史官)[作者]들이 만약 포폄이라도 표시할 요량만 보여도 그 말이 떨어지기도 전에 조야(朝野)가 그 내용을 모두 압니다. 예전에 이로 인하여 손성(孫盛)이 권문(權門)의 질투를 받았고, 왕소(王劭)는 귀족의 원한을 받았습니다. 이는 인지상정(人之常情)으로써 두려워하지 않을 수 없습니다. 이것이 불가능했던 세 번째 이유입니다. 옛날 사신(史臣)들은 각기 지향하는 바가 있었습니다. 때문에 사마천(司馬遷)은 처사(處士)를 질책하고 간웅(奸雄)을 내세웠고, 반고(班固)는 충신(忠臣)을 깎아 내리고 군주의 잘못을 감췄습니다. (그러나) 지금 사관(史官)들의 기주(記注)는 대부분 감수자(監修者)의 뜻을 받들 뿐입니다. 혹은 반드시 사실 그대로 써야 한다고 주장하고, 혹은 악한 것은 숨기는 것이 마땅하다고 주장하여 열 마리의 양(羊)에 목동이 아홉 명이나 되니 (명령이 체계적이지 않아) 그 영(令)을 시행하기가 어렵습니다. 이것이 불가능했던 네 번째 이유입니다. 오늘날의 감수자(監修者)는 편찬임무를 분배하지 않으니 사관들 또한 준수할 지시가 없으므로 서로 미루고 피하기만 할 뿐 아무 것도 하지 않은 채 세월을 끌기만 합니다. 이것이 불가능했던 다섯 번째 이유입니다"라고 하였다. 또 말하기를, "조정이 사관(史官)의 재능을 중히 쓰면서도 오히려 그에 상응하는 예우를 가볍게 하였습니다"라고 했다)(曰 : "古之國史, 皆出一家, 未聞藉功于衆. 唯漢東觀集群儒, 纂述無主, 條章

不建. 今史司取士滋多, 人自爲荀·袁, 家自爲政·駿. 每記一事, 載一言, 閣筆相視, 含毫不斷, 頭白可期, 汗靑無日 : 一不可. 漢郡國計書上太史, 副上丞相, 後漢公卿所撰, 先集公府, 乃上蘭台, 故史官載事爲廣. 今史臣唯自詢采, 二史不注起居, 百家弗通行狀 : 二不可. 史局深籍禁門, 所以杜顔面, 防請謁也. 今作者如林, 儻示褒貶, 曾未絶口, 而朝野咸知. 孫盛取嫉權門, 王劭見仇貴族, 常人之情, 不能無畏 : 三不可. 古者史氏各有指歸, 故司馬遷退處士, 進奸雄; 班固抑忠臣, 飾主闕. 今史官注記, 類稟監脩, 或須直辭, 或當隱惡, 十羊九牧, 其令難行 : 四不可. 今監者不肯指授, 脩者又不遵奉, 務相推避, 以延歲月 : 五不可." 又言 : "朝廷厚用其才而薄其禮.") 소지충이 편지를 받고 그의 재능을 아껴 사직(辭職)을 허락하지 않았다. 종초객(宗楚客) 등은 유지기의 엄중한 꾸짖음을 미워하여 사관(史官)들에게 말하기를, "이 자의 글이 우리들을 어느 지경까지 이르게 할 것인가?"라고 하였다.

累遷鳳閣舍人, 兼修國史. 中宗時, 擢太子率更令. 介直自守, 累歲不遷. 會天子西還, 子玄自乞留東都. 三年, 或言子玄身史臣而私著述, 驛召至京, 領史事. 遷秘書少監. 時宰相韋巨源·紀處訥·楊再思·宗楚客·蕭至忠皆領監脩, 子玄病長官多, 意尙不一, 而至忠數責論次無功, 又仕偃蹇, 乃奏記求罷去. 因爲至忠言"五不可"(此書全具「忤時」篇內, 傳節採, 今不錄) 至忠得書, 悵惜不許. 楚客等惡其言詆切, 謂諸史官曰 : "是子作書, 欲致吾何地?"

처음 유지기가 찬수(撰修)한 『무후실록(武后實錄)』에 개정(改正)된 곳이 있지만 무삼사(武三思) 등이 받아들이지 않았다.[22] 유지기는 스스로 비록

22 역주 : 「자서(自敍)」편에, "장안(長安)에 있을 때 마침 황제의 명을 받아 국사(國史) 편찬에 참여한 적이 있다. 금상(今上)[中宗]이 즉위하자 조칙을 내려 『측천대성황후실록(則天大聖皇后實錄)』을 편찬하게 하였다. 내가 저술하는 부분에 대해서는 항상 내가 예전에 생각하던 대로 하고자 하였다. 그러나 함께 참여했던 동료와 감수대신(監修大臣)들과 매번 의견이 서로 다르고 모순이 있어 내 뜻대로 할 수가 없었다. 따라서 내가 기재하거나 삭제한 부분도 모두 세속의 일반적 견해에 따라 부침(浮沈)했다. 비록 스스로 생각해도 구차하게 그들의 뜻에 맞추었는데, 그래도 다른 사관(史官)들의 큰 미움을 받았다. 아! 비록 사관의 직무를 맡고 있지만 나의 뜻대로 저술하지 못

당시에 임용되었지만 하고자 하는 뜻을 실현할 수 없다고 여겨 『사통(史通)』 내·외편 49편(篇)(원서(原書)에는 52편(篇)이었다. 「내편(內篇)」 마지막 권(卷) 끝에 주(注)가 있다)을 지어 고금의 사서(史書)들을 비평하였다. 서견(徐堅)이 읽고 나서 감탄하여 말하기를, "사서를 찬수하는 사람은 마땅히 이 책을 자리 곁에 두어야 할 것이다"(이하 열전은 또 「자서(自敍)」편의 문장을 즐여 채록하고 있다. 전문(全文)은 역시 『사통』에 보이므로 여기에는 마찬가지로 수록하지 않았다)라고 했다.(역주: 이하 생략된 열전의 내용은 다음과 같다. "유지기는 또 일찍이 네 가지 면에서 양웅(揚雄)과 비교한 적이 있다. "양웅은 미사여구로 문장을 꾸미는 조그마한 기교를 좋아하였지만 나이가 들어서는 후회하였다. 나는 어릴 적 시부(詩賦)를 좋아하였으나 성인이 된 후에는 그렇지 않았고, 저술로써 유명해지기를 바랐다. 양웅은 『주역(周易)』을 모방하여 경(經)을 지었으나 당시 사람들의 비웃음을 받았다. 나는 『사통(史通)』을 지어 세상에서는 나를 어리석다고 하였다. 양웅의 저서가 사람들에게 비난을 받자 「해조(解嘲)」를 지었고, 나 역시 「석몽(釋蒙)」을 지었다. 양웅은 어릴 적 범준(范逡)·유흠(劉歆)에게 좋은 인재로 중히 여김을 받았으나 경(經)을 지었다는 말을 듣고는 분명히 아무런 가치가 없을 것이라 여겼다. 나는 처음 문장으로 명예를 얻었지만, 만년에 사전(史傳)을 담론함으로 인해 명성이 깎였다고 스스로 이같이 마음 속 깊이 탄식하였다")(又嘗自比揚雄者四: "雄好雕蟲小伎, 老而爲悔. 吾幼喜詩賦而壯不爲, 期以述者自名. 雄准『易』作經, 當時笑之; 吾作『史通』, 俗以爲愚. 雄著書見尤于人, 作『解嘲』; 吾亦作『釋蒙』. 雄少爲范逡·劉歆所器, 及聞作經, 以爲必覆醬瓿; 吾始以文章得譽, 晚談史傳, 由是減价. 其自感慨如此")

始, 子玄修『武后實彔』, 有所改正, 而武三思等不听. 自以爲見用于時而志不遂, 乃著『史通』內外四十九篇,(原書五十二篇, 「內篇」卷尾有注) 譏評今古. 徐堅讀之, 嘆曰: "爲史氏者宜置此坐右也."(此下傳文又節採「自敍」之文. 全文亦見本集, 今亦不錄)

하고, 시류에 따라 임용은 되었으나 좋은 뜻을 실현할 수가 없었다"라고 하였다.

유지기는 지니고 있던 포부를 실현할 방법이 없으므로 국사 찬수(撰修)의 일을 오긍(吳兢)[23]에게 넘겨주고(按:「고금정사(古今正史)」편에서는, [측천무후] 장안(長安 : 701-704) 연간에, 나[劉知幾]와 정간대부(正諫大夫) 주경칙(朱敬則), 사봉낭중(司封郎中) 서견(徐堅), 좌습유(左拾遺) 오긍(吳兢)이 명을 받들어 『당서(唐書)』 80권을 편찬하였다. [중종(中宗)] 신룡(神龍) 원년(705)에 다시 서견과 오긍 등이 『측천실록(則天實錄)』 30권을 함께 찬수(撰修)하였다고 했다. 이에 근거하면 국사(國史)는 본래 모두 같이 편찬한 것이다. 열전의 이 말은 근거가 없다) 따로 『유씨가사(劉氏家史)』와 『보고(譜考)』를 편찬하였다.[24] 위로 한(漢)을 육종(陸終)[25]의 후손이라 추론하면서 요(堯)의 후손이 아니라고 하였고, 팽성(彭城) 총정리(叢亭里)의 유씨(劉氏)들은 초 효왕(楚孝王) 유효(劉囂)의 증손 거소후(居巢侯) 유반(劉般)으로부터 나왔지 초 원왕(楚元王)[劉交]을 계승한 것은 아니라고 하였다.[26] 전거(典據)를 살핌이 분명하고 자세하여 평론가들은 유지기의 학문이 박식(博識)하다고 칭찬하였다. 유지기는 일찍이 말하기를, "내가 만일 수봉(受封)한다면 반드시 거소(居巢)를 호(號)로 하여 사도(司徒)의 옛 봉읍(封邑)을 계승할 것이다"라고 하였다. 후일 과연 거소현자(居巢縣子)에 봉해졌다. 향인(鄕人)들은 유지기 형제 여섯 명(마땅히 여섯 '아들'이라고 해야 한다. '형제 및 여섯 아들'을 이르는 말이다)이 모두 유명하였으므로 그들이 거주하는 향(鄕)을 고양(高陽), 리(里)를 거소(居巢)라고 불렀다.

子玄內負有所未盡, 乃委國史於吳兢,(長安中, 余與正諫大夫朱敬則 · 司封郎中徐堅 · 左拾遺吳兢, 奉詔撰『唐書』八十卷. 神龍元年, 又與堅 · 兢等同修『則天實錄』三十卷. 據此, 國史本皆同撰, 傳言無據) 別撰『劉氏家史』及『譜考』. 上推漢爲陸終

---

23 역주 : 「자서(自敍)」편 주)29 참조.

24 역주 : 『구당서』 권102, 「유자현전」에, 『유씨가사(劉氏家史)』 15권, 『보고(譜考)』 3권이라 하였고, 『신당서예문지』 2, 「사부(史部)」 "보첩류(譜牒類)"에도 『유씨보고(劉氏譜考)』 3권, 『유씨가사』 15권이 보인다.

25 역주 : 육종에 대하여는 『사기』 권1, 「오제본기(五帝本紀)」와 『사기』 권40, 「초세가(楚世家)」 참조.

26 역주 : 이 같은 유지기의 견해는 『당회요(唐會要)』 권36, 「씨족(氏族)」의 기록에도 보인다.

苗裔, 非堯後; 彭城叢亭里諸劉, 出楚孝王囂曾孫居巢侯般, 不承元王. 按据明審, 議者高其博. 嘗曰 : "吾若得封, 必以居巢紹司徒舊邑." 後果封居巢縣子. 鄕人以其兄弟六人(當作'子', 謂兄弟及六子也) 俱有名, 號其鄕曰高陽, 里曰居巢.

여러 차례 옮겨 태자좌서자(太子左庶子)[27]로서 숭문관학사(崇文館學士)[28]를 겸하였다. 황태자는 국학(國學)에서 거행하는 석존(釋尊)[29]을 거행하기 위하여 유사(有司)에서는 의식(儀式)을 갖추었다. 수행하는 신료(臣僚)들이 정식 예복(禮服)을 입고 말을 타고자 하였다. 유지기가 반박하여 말하기를,[30] "옛날 대부(大夫) 이상은 모두 수레를 탔고 비마(騑馬)와 복마(服馬) 등 네 마리 말이 끌도록 하였습니다.[31] 위진(魏晉) 이후에는 소[牛]가 수레를 끌도록 하였습니다. 남조(南朝)[江左]에서는 상서랑(尙書郞)이 경솔하게 말을 타면 곧 어사(御史)의 탄핵과 징계를 받았습니다. 안연년(顔延年)[32]은 관직을 그만둔 후 말을 타고 여리(閭里)를 출입하자 세상사람들은 분수를 모르고 허튼 짓을 한다고 하였습니다. 이는 말을 탈 때에는 응당 편복(便

27 역주 : 동궁관(東宮官)으로 황태자의 계주문(啓奏文)을 담당하는 비서감(秘書監)에 해당한다.

28 역주 : 『신당서』 권49, 「백관지(百官志)」 4上, "동궁관(東宮官)"에, 숭문관, 학사 2인은 경적(經籍) · 도서(圖書)를 관장하고 제생(諸生)을 교수(敎授)한다고 했다.

29 역주 : 『예기(禮記)』 「문왕세자(文王世子)」편에, "무릇 학교에서 배움을 시작함에 봄과 여름에 시(詩) · 서(書) · 예(禮) · 악(樂)을 가르치는 관리는 모두 석존(釋尊)을 거행하여 선사(先師)에게 제사를 드려야 한다. 가을과 겨울에도 마찬가지이다. 무릇 학교를 설립할 때도 반드시 석존의 예를 거행하여 선성(先聖) · 선사(先師)에게 제사를 지내며, 제례를 행할 때에는 반드시 폐백을 드린다. 석전의 예에는 반드시 대합악(大合樂)을 하되, 나라에 변고(變故)가 있을 때에는 이것을 그만둔다. 대합악을 할 때에는 반드시 양로(養老)의 예를 함께 거행한다"라고 했다.

30 역주 : 유지기의 이 상주문은 『당회요(唐會要)』 권35, 「의관승마의(衣冠乘馬議)」, 당문수(唐文粹)』 권40, 「조복승마의(朝服乘馬議)」라는 제목으로 수록되어 있다. 『문원영화(文苑英華)』 권766에도 수록되어 있다.

31 역주 : 수레의 끌채[轅]를 끌고 있는 네 마리 말 중 중앙의 말 두 마리를 비마(騑馬)라 하고, 양쪽 끝의 말 두 마리를 복마(服馬)라고 한다.

32 역주 : 안연년[顔延之 : 384-456]은 『송서(宋書)』 권73에 열전이 보인다.

服)을 입어야 한다는 분명한 증거입니다. 지금 능묘(陵廟)에 제배(祭拜)하거나 왕공(王公)의 책명(冊命)이나 사서(士庶)의 친영(親迎)[33]에는 의관을 장중하게 갖추어 입고 수레[輅車]에 타야 합니다. 이 외의 일에는 수레를 타지 아니합니다. 때문에 귀천(貴賤)이 모두 말을 타는 것입니다. 근래 황상(皇上)이 수레[法駕]를 타고 순행(巡幸)할 때 시신(侍臣)들은 모두 말을 타고 조복(朝服)을 입었는데, 관(冠)과 신[履]은 오직 수레를 탈 경우 착용하는 것으로 혁대가 크고 넓은 옷이고, 가죽신에 높은 관은 수레를 탈 때의 복식입니다. 버선을 신고 등자[鐙]를 밟고 올라, 맨발로 안장에 걸터앉으니(구절의 뜻이 '높은 관[高冠]'을 잇는 것이니 그 다음 문장은 마땅히 '면류관을 쓰고 안장에 걸터앉아'라고 해야지 '맨발[跣]'로 써서는 안 된다. '선(跣)'은 맨발을 말하는 것이니 뜻이 통하지 않는다. 대체로 『구당서』의 잘못을 그대로 따르고 있기 때문이다) 옛 법도를 본받지 않을 뿐만 아니라 또한 세상 사람들을 놀라게 하는 것이기도 합니다. 말이 질주하면 사람은 떨어지게 되어 길가의 사람들에게 비웃음을 받았습니다"라고 하였다.(按 : 이 의론(議論)은 전문(全文)이 『구당서』 권102, 「유자현전」에 실려 있는데, 여기에 수록한다. 유지기[子玄]가 의론을 진상(進上)하며 말하였다. "옛날에는 대부(大夫) 이상 모두 수레를 탔는데, 수레를 탈 때 말에는 비마(騑馬)와 복마(服馬)로 나누었다. 위·진 이후 수대(隋代)까지 조관(朝官)들은 또 소가 끄는 수레를 탔다. 역대 경사(經史)에는 모두 그 사실을 기록하고 있어서 일일이 거론할 필요가 없다. 예컨대 이광(李廣)이 북정(北征)하면서 안장을 풀고 휴식하였다고 했고, 마원(馬援)이 남벌(南伐)하면서 안장에 엎드려 관망하였다고 했다. 이러한 기록은 말에 안장을 설치한 것은 행군(行軍) 작전에 사용하였고, 군인이 탄 것은 편리하기 때문이었다. 동진(東晉)[江左] 때를 살펴보면 상서랑(尙書郎)의 관직에 이르면 왕왕 경박하게 말을 타 어사(御史)로부터 탄핵을 받기도 하였다. 그밖에 안연지(顔延之)가 파관(罷官) 이후에 말을 타고 민간[閭里]에 출입하기를 좋아하였는데, 당시 사람들이 그를 방자(放恣)하다고 했다. 이는 수레를 탈 경우에는 수레 앞 턱의 가로나무

33 역주 : 혼례(婚禮)의 육례(六禮) 중 하나로써 남자가 신부(新婦)를 맞이하는 것을 가리킨다.

에 의지하기 때문에 조복(朝服)을 입어야 하지만, 한 필의 말을 탈 때에는 말안장을 얹고 적당한 편복(便服)을 입는 것이 좋다. 근고(近古)의 사례를 찾아도 쉽게 분명한 증거가 있다. 황가(皇家)[唐]가 개국된 이후 때에 따라 바뀌었다. 능묘(陵廟)를 순시하며 제사를 고할 때나, 왕공(王公)을 책봉할 때는 의상과 관과 신[履]을 모두 갖추어 입고 노거(輅車)를 탄다. 그들 사서(士庶)들이 의관을 화려하게 갖추어 입고 친영(親迎)의 예(禮)를 행할 경우 왕왕 수레에 태우기도 한다. 다른 일에는 수레를 타지 않고 귀천(貴賤)의 출행(出行)에는 말을 타는 것이 통용되었을 뿐이다. 신이 보기에 근래 난여(鑾輿)가 출행(出行)할 때 법가(法駕)의 앞에 좌우 시신(侍臣)들이 모두 조복(朝服)을 입고 말을 타고 있습니다. 무릇 관을 쓰고 신을 신고 출행하는 것은 단지 수레를 타고 행차할 경우에 맞는 것인데 지금은 수레를 타지도 않으면서 관과 신을 바꾸지도 않으니 하나만 알고 둘은 모른다고 할 수 있습니다. 무엇 때문인가? 넓은 옷과 큰 혁대, 가죽 신과 높은 관은 본래 말을 타며 착용하는 것이 아니고, 수레를 탈 때의 복식입니다. 분명 버선[襪]을 신고 등자[鐙]를 밟고 올라 맨발로 안장에 걸터앉는 것은 옛 도리를 따르지 않는 것일 뿐만 아니라 오늘날에도 스스로 세속(世俗)을 놀라게 하는 것입니다. 절중(折中)을 구한다고 해도 진퇴가 가능하지 않습니다. 또한 긴 옷과 넓은 소매가 날개처럼 바람에 휘날리고 차고 있는 옥패(玉珮)가 부딪쳐 울리면서 내는 소리가 크면 바람이 일고 먼지가 날리는 곳을 달리고 깃발과 의장(儀仗) 사이를 다니다가 만약 말이 놀라 내달리기라도 하면 말을 탄 사람이 이 때문에 굴러 떨어질 수 있습니다. 수레 곁에서 딸린 사람이 떨어진 실을 수습하지 못하면 이미 행렬이 지나간 도로의 양측에는 걸리고 막혀 마필(馬匹)이 서로 이어지게 되어 길을 가는 사람들에게 크게 비웃음을 받게 되어 위의(威儀)에 손상을 입게 됩니다. 지금 평론가들은 모두 이르기를 비각(秘閣)에 있는 『양무제남교도(梁武帝南郊圖)』를 언급하면서 그림 속에 많은 사람들이 높은 관을 쓰고 말을 타고 있다고 합니다. 이는 근대(近代)의 고사(故事)로서 근거가 없다고 말할 수 없습니다. 신(臣)이 이 그림을 조사해 보니 후세의 사람이 그린 것이지 당시 사람이 그린 것이 아닙니다. 또한 세간(世間)을 관찰하고 있는 고금의 도화(圖畵)는 많습니다. 예컨대 장승요(張僧繇)가 그린 『군공조이소(群公祖二疏)』에는 어떤 병사가 풀로 만든 신을 신고 있으며, 염립본(閻立本)이 그린 『명군입흉

노(明君入匈奴)』에는 어떤 부인이 휘장을 둘린 모자[帷帽]를 쓰고 있습니다. 풀로 만든 신은 수향(水鄕)에서 나온 것이며, 경사(京師)에는 없습니다. 휘장을 둘린 모자는 수대(隋代)에 처음 만들어진 것으로 한(漢)의 궁(宮)에서는 만든 것이 아닙니다. 평론가들이 어찌 이 두 폭의 그림에 의거하여 실재했던 옛 사실이라 여길 수 있겠습니까? 이로 말미암아 말하자면『양무제남교지도』의 뜻은 이와 같습니다. 또한 전파는 풍속에 의거하고, 예절은 정(情)에 인연함을 귀하게 여깁니다. 은(殷)의 수레와 주(周)의 면류관은 규격이 같지 않고, 진(秦)의 관(冠)과 한(漢)의 패(佩)는 사용하거나 그렇지 않은 것이 일정하지 않습니다. 하물며 우리 국가의 도덕이 백왕(百王)을 지나 온 것이니 공업(功業)은 만고에 높으며 사정은 불편(不便)함이 있습니다. 이(理)는 응당 변통(變通)에 의거하고, 말을 탈 때의 의관(衣冠)은 신(臣)이 개인적으로 여기기에 마땅히 그에 따라 없애야 합니다. 신이 이러한 이의(異議)를 품게 된 것은 유래가 이미 오래되었습니다. 매일 한가한 틈이 없어서 퇴고(推敲)를 할 수 없었습니다. 이제 전하께서 친히 (태자의 교육과 관련한) 치주(齒胄)의 예(禮)를 거행하는 기회를 맞아 장차 국학(國學)에 가시면서 대저 의관을 갖추고 마을 탈 터인데 이러한 행차를 걱정하여 이렇게 갑자기 도에 벗어난 말[狂言]을 올려 제 견해를 아뢴 것입니다"라고 하였다) 태자가 이를 받아들이고, 기록하여 정령(定令)으로 삼았다.

累遷太子左庶子·兼崇文館學士. 皇太子將釋奠國學, 有司具儀: 從臣著衣冠, 乘馬. 子玄議: "古大夫以上皆乘車, 以馬爲騑服. 魏·晋後以牛駕車. 江左尙書郎輒輕乘馬, 則御史劾治. 顔延年罷官, 乘馬出入閭里, 世稱放誕. 此則乘馬宜從褻服之明驗. 今陵廟巡謁·王公冊命·士庶親迎, 則盛服冠履, 乘輅車. 他事無車, 故貴賤通乘馬. 比法駕所幸, 侍臣皆馬上朝服. 且冠履惟可配車, 故博帶褒衣·革履高冠, 是車中服. 韈而鐙, 跣而鞍,(句意承'高冠'說, 下當云'冕而鞍', 不當云'跣'. 跣者裸足, 義不可通, 蓋仍『舊書』之誤也) 非唯不師於古, 亦自取驚流俗. 馬逸人顚, 受嗤行路."(按: 此議全文具於『舊書』, 今錄之. 云子玄進議曰: 古者自大夫已上, 皆乘車而以馬爲騑服. 魏、晋已降, 迄乎隋代, 朝士又駕牛車, 歷代經史, 具有其事, 不可一二言也. 至如李廣北征, 解鞍憩息; 馬援南伐, 据鞍顧盼. 斯則鞍馬之設, 行於軍旅; 戎服所乘, 貴於便習者也.

按江左官至尚書郎而輒輕乘馬, 則爲御史所彈. 又顔延之罷官後, 好騎馬出入閭里, 當代稱其放誕. 此則專車憑軾, 可擐朝衣; 單馬御鞍, 宜從褻服. 求之近古, 灼然之明驗也. 自皇家撫運, 沿革隨時. 至如陵廟巡謁, 王公冊命, 則盛服冠履, 乘彼輅車. 其士庶有衣冠親迎者, 亦時以服箱充馭. 在於他事, 無復乘車, 貴賤所行, 通用鞍馬而已. 臣伏見比者鑾輿出幸, 法駕首途, 左右侍臣, 皆以朝服乘馬. 夫冠履而出, 只可配車而行, 今乘車旣停, 而冠履不易, 可謂唯知其一而未知其二也. 何者? 褒衣博帶, 革履高冠, 本非馬上所施, 自是車中之服. 必也襪而升鐙, 跣以乘鞍, 非唯不師古道, 亦自取驚今俗. 求諸折中, 進退無可. 且長裾廣袖, 襜如翼如, 鳴珮行組, 鏘鏘奕奕, 馳驟於風塵之內, 出入於旌棨之間, 倘馬有驚逸, 人從顚墜, 遂使屬車之右, 遺履不收, 淸道之傍, 絓驂相續, 固以受嗤行路, 有損威儀. 今議者皆云秘閣有『梁武帝南郊圖』, 多有危冠乘馬者, 此則近代故事, 不得謂無其文. 臣案此圖是後人所爲, 非當時所撰. 且觀代間有古今圖畵者多矣, 如張僧繇畵『群公祖二疏』, 而兵士有著芒屩者; 閻立本畵『明君入匈奴』, 而歸人有著帷帽者. 夫芒屩出於水鄕, 非京華所有; 帷帽創於隋代, 非漢宮所作. 議者豈可征此二畵, 以爲故實者乎? 由斯而言, 則『梁氏南郊之圖』, 義同於此. 又傳稱因俗, 禮貴緣情. 殷輅周冕, 規模不一; 秦冠漢佩, 用舍無常. 況我國家道軼百王, 功高萬古, 事有不便, 理資變通, 其乘馬衣冠, 竊謂宜從省廢. 臣懷此異議, 其來自久, 日不暇給, 未及推揚. 今屬殿下親從齒胄, 將臨國學, 凡有衣冠乘馬, 皆憚此行, 所以輒進狂言, 用申鄙見) 太子從之, 因著爲定令.

개원(開元 : 713-741) 초에 좌천기상시(左散騎常侍)[34]로 옮겼다. 일찍이 『효경(孝經)』의 정씨학(鄭氏學)이 정현(鄭玄)[康成]이 주(注)를 단 것이 아니라는 논의를 제시하고 12조항을 증거로 열거하여 그 오류를 증명하면서 마땅히 (공안국이 주(注)를 단) 고문(古文)『효경』을 정종(正宗)으로 할 것을 의론(議論)하고, 『역경(易經)』의 경우 자하(子夏)의 전(傳)을 없애고, 『노자(老子)』의 경우는 하상공(河上公)의 주(注)를 없애고 왕필(王弼)의 주(注)를 보존

34 역주 : 『신당서』 권47, 「백관지(百官志)」 2, "문하성(門下省)하"에 보면, 좌산기상시 2인은 정3품하이고, 과실(過失)을 규풍(規諷)하고 시종하면서 고문(顧問)에 응대하였다고 했다.

할 것을 주의(奏議)하였다.[35] 재상 송경(宋暻) 등이 유지기의 견해에 동의하지 않고, 상주(上奏)하여 제유(諸儒)들과 질의와 변론(辯論)을 하도록 청하였다. 박사(博士) 사마정(司馬貞) 등이 재상의 뜻에 영합하여 함께 유지기의 주장을 물리치고 정현(鄭玄)과 왕필(王弼)의 해석을 병행하게 할 것을 요청하였고, 다만 자하(子夏)의 『역전(易傳)』은 파(罷)하도록 요청하였다. 황제가 조서를 내려 동의하였다. 아들 황(貺)이 태락령(太樂令)에 임명되어 죄를 범하자[36] 유지기는 관련부서에 하소연하였고, 현종(玄宗)이 그 소문을 듣고 노하여 그를 안주(安州)의 별가(別駕)로 좌천시켰다. 61세에 죽었다.

開元初, 遷左散騎常侍. 嘗議『孝經』鄭氏學非康成注, 擧十二條左證其謬, 當以古文爲正; 『易』無子夏傳, 『老子』書無河上公注, 請存王弼學. 宰相宋璟等不然其論, 奏與諸儒質辯. 博士司馬貞等阿意, 共黜其言, 請二家兼行, 惟子夏『易傳』請罷. 詔可. 會子貺爲太樂令, 抵罪, 子玄請於執政, 玄宗怒, 貶安州別駕. 卒, 年六十一.

유지기가 국사편찬에 종사한 것이 근 30년이었는데, 관직은 비록 옮겨다녔지만 사직(史職)은 전과 같았다. 예부상서(禮部尚書) 정유충(鄭惟忠)[37]이 일찍이 묻기를, "자고이래 문사(文士)는 많으나 사재(史才)는 적으니 무

35 역주 : 이 같은 유지기의 논의는 『당회요(唐會要)』 권77, 「공거(貢擧)」 하의 "논경의(論經義)" 조에 수록되어 있고, 또 『전당문(全唐文)』 권274에 "효경노자주역전의(孝經老子注易傳議)"라는 제목으로 수록되어 있다. 당시 『효경(孝經)』에는 공안국(孔安國)이 주(注)를 단 고문(古文) 『효경』과 정현(鄭玄)이 주를 단 금문(今文) 『효경』 등 두 책이 있었고, 『역』에는 공자의 제자인 자하(子夏)가 주(注)를 단 『역전(易傳)』이 있었으며, 『노자』의 주석(注釋)으로는 하상공(河上公)의 주(注)와 왕필(王弼)의 주가 있었다. 『효경』과 『노자』에 대한 두 주석서에 대한 장단득실과 자하의 『역전』에 대한 신뢰문제에 대하여 당시 현종(玄宗)이 유자(儒者)들에게 심의(審議)하게 하자 유지기가 이상과 같은 견해를 주의(奏議)한 것이다. 이 같은 주의(奏議)에 대한 현종의 견해를 담은 조서는 상기한 『당회요』의 "논경의" 조에 자세히 기록되어 있다.

36 역주 : 『구당서』에는 개원(開元) 9년(721)의 일이라고 하였다.

37 역주 : 『구당서』 권100, 『신당서』 권128에 열전이 보인다.

엇 때문입니까?"라고 하자, 대답하기를, "사관(史官)은 세 가지의 장점 즉 재(才)·학(學)·식(識)을 갖추어야 하나 세상에는 이를 겸비한 사람이 드물며, 그러한 이유 때문에 사학인재가 적습니다. 무릇 학(學)은 있으나 재(才)가 없으면 마치 어리석은 상인의 손에 많은 재물이 있으나 재화를 불리지 못하는 것과 같으며, 재(才)는 있지만 학(學)이 없다면, 뛰어난 손재주가 있는 장인에게 (재료로 쓸 큰 나무인) 편남(楩枏)과 부근(斧斤)이 없어 궁실(宮室)을 완성하지 못하는 것과 같습니다.(『구당서』에는 '더욱더 반드시 인품이 정직해야 하며[猶須好是正直]'라는 구절이 있다. '더욱더 반드시[猶須]'라는 두 글자는 남겨두는 것이 좋다) 선악을 반드시 기록하여 교만한 군주와 불충한 신하[賊臣]로 하여금 두려움을 알게 해야 하며, 이렇게 하면 부족하거나 유감스러운 것이 없습니다"라고 하였다.[38] 당시 사람들은 이를 독실한 논의라고 여겼다. 유지기는 새로운 견해를 제시하는데 능했으며, 전거(典據)를 논변(論辯)함에 분명하고 예리하여 제유(諸儒)들을 모두 자신보다 못하다고 보았다. 조정에 논저(論著)가 필요할 경우 언제나 그 수찬(修撰)에 참여하였다. 죽은 후에 황제가 하남부(河南府)에 조서를 내려 사람을 그의 집에 보내 『사통(史通)』을 베껴오게 하였고,[39] 읽고 난 후 칭찬을 하였다. 공부상서(工部尙書)를 추증(追贈)하고 시호(諡號)를 문(文)이라 하였다.

子玄領國史且三十年, 官雖徙, 職常如舊. 禮部尙書鄭惟忠嘗問 : "自古文士多, 史才少, 何耶?" 對曰 : "史有三長 : 才·學·識. 世罕兼之, 故史者少. 夫有學無才, 猶愚賈操金, 不能殖貨; 有才無學, 猶巧匠無楩枏斧斤, 弗能成室.(『舊書』有'猶須好是正直'句, 宜留'猶須'二字) 善惡必書, 使驕君賊臣知懼, 此爲無可加者." 時以爲篤論. 子玄善持論, 辯據明銳, 視諸

38 역주 : 소위 '사재삼장론(史才三長論)'은 『구당서』 권102, 「유자현전」과 『당회요(唐會要)』 권63, 「사관(史館)」 상, "수사관(修史官)" 조에 각기 전문이 수록되어 있다.

39 역주 : 『옥해(玉海)』 권49, 「예문문(藝文門)·사류(史類)」 "사통(史通)" 조의 주(注)에, 개원(開元) 10년(722) 11월에 유속(劉餗)이 기록하여 바쳤다고 하였다.

儒皆出其下, 朝有論著輒豫. 歿後, 帝詔河南(脫'府'字)就家寫『史通』, 讀之稱善. 追贈工部尙書, 謚曰文.

아들이 여섯 있었는데, 황(貺)·속(餗)·휘(彙)·질(秩)·신(迅)·형(迥) 등이다.(按 : 여섯 아들의 순서는 『구당서』와 같다. 뒤에 형(迥)은 열전에 부록되면서 순서를 뛰어넘고 있다)

六子 : 貺·餗·匯·秩·迅·迥.(按 : 六子之序與『舊書』同, 後迥附傳越次)

유황(劉貺)[40]은 자가 혜경(惠卿)이다. 학문을 좋아하고 박학다식하였다. 유지기가 죽고 황제가 조서를 내려 그의 자손을 찾았을 때 기거랑(起居郞)[41]에 발탁되었고, 우습유(右拾遺)·내공봉(內供奉)[42]을 역임하였다. 『속설원(續說苑)』 10편을 헌상(獻上)하여 한대(漢代) 유향(劉向)이 『설원(說苑)』[43]에서 빠뜨린 것을 증보(增補)하고 그 중 괴이하고 허망(虛妄)한 내용은 산삭(刪削)하였다. 유황은 일찍이 『죽서기년(竹書紀年)』에서 제후들의 회맹의 기사(記事)를 보면 모두 시호(謚號)를 거론하고 있기 때문에 이는 후세 사람들이 추가하여 기록한 것으로써 『죽서기년』은 당시의 정통한 사서[正史]가 아니었다고 여겼다. 예컨대 제(齊)나라 병사들이 수(遂)에서 전멸하였다는 사실,[44] 정(鄭)이 군대를 버렸다는 사실[45] 등은 모두 공자(孔子)의

40 역주 : 유지기의 장남으로, 생졸연대가 불명(不明)하다.

41 역주 : 『구당서』 권43, 「직관지(職官志)」 2, "문하성(門下省)" 조에, 기거랑 2인은 종6품상으로, 기거주(起居注)를 관장하고, 천자의 언동법도(言動法度)를 기록하여 기사(記事)의 사(史)를 찬수(撰修)한다고 했다.

42 역주 : 우습유는 중서성(中書省)의 속관으로 종8품상, 내봉공은 문하성(門下省)의 속관이다.

43 역주 : 이 책은 유향이 홍진(鴻秦) 8년(B.C. 17)경에 완성한 책으로 체제는 『신서(新序)』와 비슷하며, 군도(君道)·신술(臣述)·건본(建本) 등 20류(類)에 대한 춘추전국에서 한대(漢代)에 이르는 유문(遺文) 및 일사(逸事)를 기록한 것이다. 북송(北宋) 시대 증공(曾鞏)과 청대의 보충을 거쳐 663장이 전한다.

44 역주 : 『춘추』 장공(莊公) 17년(B.C. 677)의 경문(經文)에 보인다. 두예의 주(注)에, '섬(殲)'은 다 죽는 것이다. 제(齊)나라 사람들이 수(遂)를 지키면서 수(遂)나라 사람들을

새로운 필법에 의한 것이다.[46] 『사춘(師春)』 1편에는 복서(卜筮)에 관한 사실을 기록하고 있는데 『좌전』과 내용이 일치한다.[47] 이를 통해 『춘추』 경전(經傳)의 기록에 맞추어 『외전(外傳)』을 저술했음을 알 수 있다.(『구당서』 「유자현전」에는 『육경외전(六經外傳)』 37권이라 했다) 자(滋)와 협(浹) 두 아들이 있다.

旣, 字惠卿. 好學, 多通解. 子玄卒, 有詔訪其後, 擢起居郎. 歷右拾遺內供奉. 獻『續說苑』十篇, 以廣漢劉向所遺, 而刊落怪妄. 旣嘗以『竹書紀年』序諸侯列會皆舉謚, 後人追修, 非當時正史. 如齊人殲于遂, 鄭棄其師, 皆孔子新意, 『師春』一篇錄卜筮事, 與左氏合, 知按『春秋』經傳而爲也, 因著『外傳』云.(『舊書』云, 六經外傳三十七卷) 子滋·浹.

유자(劉滋 : 739-784)[48]는 자가 공무(公茂)이다. 경술(經術)에 정통하였고 의론(議論)하기를 좋아했다. 문음(門蔭)으로 연수현(漣水縣)의 현령을 지냈다.

경시하여 대비하지 않으니 수나라 사람들이 제나라 사람들을 공격하여 다 죽였다. 그러므로 당시의 사관(史官)이 스스로 죽은 것으로 글을 만든 것이라고 하였다. 『공양전』의 해석은 아래의 주)46 참조.

45 역주 : 『춘추』 민공(閔公) 2년(B.C. 660)의 경문(經文)에 보인다. 두예의 주에, 고극(高克)이 정 문공(鄭文公)의 미움을 받아 오래도록 귀환의 명을 받지 못하여 돌아가지 못하자, 군대가 모두 흩어져 도망하고 고극도 진(陳)으로 망명하였다. 그러므로 고극이 그 일을 기록하여 노(魯)나라에 통고한 것이라고 하였다. 『공양전』의 해석은 아래의 주 참조.

46 역주 : 『춘추공양전』 장공(莊公) 17년에, 여름에 제나라 사람들이 수(遂)에서 몰살되었다. 몰살되었다는 것은 무슨 뜻인가? 몰살되어 시체가 쌓인 것이다. 수(遂)나라 민중들이 변방을 지키는 제(齊)나라 군사들을 죽인 것이라고 하였다. 또 『춘추공양전』 민공(閔公) 2년에, 정(鄭)이 군대를 버렸다. '정(鄭)이 군대를 버렸다'라고 한 것은 무슨 뜻인가? 그의 장수를 미워한 것이다. 정백(鄭伯)이 고극(高克)을 미워하여 장수인 고극을 보내 황하가로 쫓아내고는 오래도록 불러들이지 않아 군사의 도를 저버린 것이라고 하였다.

47 역주 : 『진서(晉書)』 권51, 「속석전(束晳傳)」에 보면 태강(太康) 2년(281) 급군(汲郡)의 부준(不準)이 위 양왕(魏襄王)의 묘를 도굴하여 죽서(竹書) 수십거(數十車)를 얻었다고 했는데, 그 중 『사춘(師春)』 1편은 『좌전』의 복서(卜筮)에 관한 기록을 적고 있으며, 사춘(師春)은 책을 쓴 사람의 이름일 것이라 했다.

48 역주 : 『구당서』 권136에 따로 열전이 있다.

양관(楊綰)[49]이 그를 간관(諫官)을 맡을 재능이 있다고 추천하였고, 여러 차례 제수(除授)되어 좌보궐(左補闕)이 되었다. 오랜 기간 재직하다가 사직하고 동도(東都)로 돌아가 모친을 봉양(奉養)하였다. 하남윤(河南尹) 이이(李廙)가 그를 공조(功曹)로 임명하길 주청(奏請)하였고,[50] 모친상으로 인해 관직을 떠났다가 복상(服喪)을 마친 후 사훈원외랑(司勳員外郎)으로 남조(南曹)를 겸하였고 직무에 근면하고 법을 준수하여 급사중(給事中)으로 승진하였다. 홍원(興元) 원년(784) 이부시랑(吏部侍郎)으로서 영남(嶺南)·검중(黔中) 관원의 선보(選補)를 주관하였다. 당시는 대란(大亂)이 있고 난 후로서 가뭄과 메뚜기로 인한 재난이 계속 발생하였으므로 관리들이 경사(京師)에 갈 수 없었다. 때문에 조정에서는 유자에게 명하여 홍주(洪州)에 가서 관리를 선발하고 보임(補任)하게 하였는데 직무를 성실하게 수행하여 이름을 떨쳤다. 정원(貞元) 2년(786) 좌산기상시(左散騎常侍)·동중서평장사(同中書門下平章事)로 승진하였다. 재상이 되어 새로운 조치들을 시행하지는 않고 청렴하고 삼가 근신할 뿐이었다. 이듬해 그만두었고, 또 그 다음 해에 다시 이부시랑이 되었다가 상서(尚書)로 옮겼다. 어사중승(御史中丞) 위정백(韋貞伯)이 상주(上奏)하여 탄핵하기를, "이부(吏部)의 관리 선임(選任)이 부실(不實)하여 좋은 인재가 도태되고 제대로 살피지 않는 잘못 때문에 관리들이 기회를 틈타 간사(奸詐)한 짓을 한다"라고 했다. 조서를 내려 유자와 이부시랑 두황상(杜黃裳)[51]의 산관(散官)의 계(階)를 박탈하였다. 죽고 난 후 섬주대도독(陝州大都督)에 추증되었고 시호를 정(貞)이라 하였다.[52]

滋, 字公茂. 通經術, 喜持論. 以蔭歷漣水令. 楊綰薦材堪諫官, 累授左補闕. 久之, 去, 養親東都. 河南尹李廙奏補功曹, 母喪解. 服除, 以

49 역주 : 대종(代宗) 때 중서시랑(中書侍郎)·중서문하평장사(中書門下平章事)와 이부시랑(吏部侍郎)을 역임하였다. 『구당서』 권119, 『신당서』 권142에 열전이 있다.

50 역주 : 『구당서』 권136, 「유자전(劉滋傳)」에는 공조참군(工曹參軍)이라 하였다.

51 역주 : 두황상(738-808)의 열전은 『구당서』 권147, 『신당서』 권169에 보인다.

52 역주 : 『구당서』 권136, 「유자전」에는 정원(貞元) 10년(794) 10월, 66세로 죽었다고 하였다.

司勛員外郎判南曹, 勤職奉法, 進至給事中. 興元元年, 以吏部侍郎知南選. 時大盜後, 旱蝗相仍, 吏不能詣京師, 故命滋至洪州調補, 以振職聞. 貞元二年, 擢左散騎常侍·同中書門下平章事. 爲相無所設施, 廉抑畏愼而已. 明年罷. 又明年, 復爲吏部侍郎, 遷尙書. 會御史中丞韋貞伯劾奏: "吏選不實, 澄覆疏舛, 吏因得爲奸." 詔與侍郞杜黃裳奪階. 卒, 贈陝州大都督, 謚曰貞.

유협(劉浹) 또한 학문으로 유명하였다. 아들 돈유(敦儒)[53]를 낳았고, 동도(東都)[洛陽]에 거주하였다. 돈유의 모친은 정신질환을 앓고 있어서 매로 사람을 때리지 않으면 안정되지 않아 좌우의 사람들이 모두 도망을 갔는데, 유돈유는 매일 모친의 질병을 지켜보면서 항상 매를 맞아 몸에 피가 흘렀지만 그런 연후에야 모친이 식사를 하였음으로 돈유는 아무렇지도 않은 듯 아픈 것을 숨겼다. 유수(留守) 위하경(韋夏卿)[54]이 그의 효행을 표(表)를 올려 보고하였고 조정에서는 조서를 내려 마을 입구에 그를 표창하는 표지를 세웠다. 원화(元和: 806-820) 연간에 권덕여(權德輿)[55]가 또 그를 추천하여 좌룡무군(左龍武軍)의 병조참군(兵曹參軍)이 되어 동도(東都)에 근무하였다. 모친상을 당해 애상(哀傷)함이 지나쳐 거의 죽을 뻔하였다. 당시 사람들은 그를 유효자(劉孝子)라고 칭찬하였다. 후에 기거랑(起居郎)이 되었고, 예의에 통달하고 옛 것을 숭상하여, 조부(祖父)[劉知幾]의 유풍(遺風)을 갖추었다고 일컬어졌다.(『구당서』에 황(貺)은 천문(天文)·율력(律曆)·음악·의산지술(醫算之術) 등에 밝았고, 저서로는 또 『태악령벽기(太樂令壁記)』 3권, 『진인주후방(眞人肘後方)』 3권, 『천관구사(天官舊事)』 1권 등이 있다고 했다. 유자(劉滋)는 『구당서』 권136에 따로 열전이 있다. 유돈유(劉敦儒)는 『구당서』 권187하, 「충의전(忠義傳)」 하에, 황제가 조서를 내려 장려하는 말 중에 이르기를, "(효자 유돈유)

53 역주: 『구당서』 권187하, 「충의전(忠義傳)」 하에 따로 열전이 있다.

54 역주: 『구당서』 권165, 『신당서』 권162에 열전이 있다.

55 역주: 『구당서』 권148, 『신당서』 권165에 열전이 있다. 당시 권덕여는 동도유수(東都留守)였다.

는 유문(儒門)에 태어나 이처럼 지극한 성품을 타고났다. 왕상(王祥)의 독실한 행위는 효경(孝敬)에서 비롯되어 변하지 않았고, 증참(曾參)의 부모의 뜻을 따르고 이어받음을 여러 해가 지나서도 게을리 하지 않았다"라고 했다)

浹亦有學稱. 生子敦儒, 家東都. 母病狂易, 非笞掠人不能安, 左右皆亡去, 敦儒日侍疾, 體常流血, 母乃能下食, 敦儒怡然不爲痛隱. 留守韋夏卿表其行, 詔標闕于閭. 元和中, 權德輿復薦之, 乃授左龍武軍兵曹參軍, 分司東都. 在母喪, 毁瘠幾死. 時謂劉孝子. 後爲起居郎, 達禮好古, 有祖風云.(『舊書』: 旣明天文 · 律曆 · 音樂 · 醫 · 算之術, 所著又有『太樂令壁記』三卷, 『眞人肘後方』三卷, 『天官舊事』一卷. 滋, 『舊書』自有傳. 敦儒在「忠義傳」, 奬語有曰 : 生於儒門, 稟此至性. 王祥篤行, 起孝敬而不移; 曾參養志, 積歲年而罔怠.")

유속(劉餗)[56]은 자가 정경(鼎卿)이다. 천보(天寶 : 742-756) 초에 집현원학사(集賢院學士)(『구당서』에는 집현전(集賢殿)이라 하였다)로서 사관(史官)을 겸하였다. 죽을 당시 관직은 우보궐(右補闕)이었다. 부자(父子) 세 사람이 계속하여 사관(史官)에 임명되었다. 『사례(史例)』를 지었는데, 서법(書法)이 제법 갖추어져 있었다.(『구당서』에는 『사례(史例)』 3권, 또 『전기(傳記)』 3권, 『악부고제해(樂府古題解)』 1권이 있다. 이조(李肇), 『국사보서(國史補序)』에 유속(劉餗)은 소설(小說)을 모으고, 남북조(南北朝)에서 개원(開元 : 713-741) 시기의 전기(傳記)를 다루었다고 했다. 또 『국조구사(國朝舊事)』 40권이 있으며, 『직재서록해제(直齋書錄解題)』에는 수당가화(隋唐嘉話) 1권이 있다고 했다)

餗, 字鼎卿. 天寶初, 歷集賢院(『舊書』作'殿')學士, 兼知史官. 終右補闕. 父子三人更涖史官, 著『史例』, 頗有法.(『舊書』: 『史例』三卷, 又『傳記』三卷 · 『樂府古題解』一卷. 李肇『國史補序』: 餗集小說, 涉南北朝至開元爲傳記. 又『國朝舊事』四十卷. 『書錄解題』: 『隋唐嘉話』一卷)

---

56 역주 : 유지기의 차남(次男)으로 생졸연대가 불명(不明)하다.

유휘(劉彙)[57](『신당서』·『구당서』의 열전에 자(字)를 적지 않았다)는 좌산기상시(左散騎常侍)를 지냈고, 죽을 당시 형남절도사(荊南節度使)였다.[58] 아들 찬(贊)이 있었는데, 음사(蔭仕)하여 호현(鄠縣)의 승(丞)이 되었다. 두홍점(杜鴻漸)[59]이 검남(劍南)으로부터 이직하고 돌아오면서 호현을 지날 적에 역참(驛站)에서 풍성한 음식을 제공하였다. 양염(楊炎)[60]이 유찬을 명유(名儒)의 자손(子孫)이라 추천하여 절서관찰판관(浙西觀察判官)에 발탁되었고, 양염이 입조하여 재상이 되자 흡주자사(歙州刺史)로 승진하였으며 정사(政事)를 강직하게 처리하였다. 어떤 촌부(村婦)가 장차 호랑이에게 잡아먹힐 즈음 어린 소녀가 고함을 질러 호랑이를 때려 모녀 두 사람이 위험을 면할 수 있었다. 관찰사(觀察使) 한황(韓滉)[61]이 표를 올려 유찬이 정사를 잘 다스려 이 같은 이행(異行)이 출현하였다고 하자 금자(金紫)의 복(服)을 하사하였다. 상주자사(常州刺史)로 옮겼다. 한황이 재상이 되어 통할 지구를 3도(道)로 나누고, 유찬을 선주자사(宣州刺史)·도단련관찰사(都團練觀察使)에 임명하였다. 선주를 10년간 다스렸다. 유찬은 본래 학문을 갖추지 못했지만 굳세고 용맹함으로 위엄을 세워 관리들은 모두 그를 두려워하여 직책을 성실을 수행하였다. 의주(宜州)가 부유해진 후 유찬은 곧 크게 재물을 거두어들여 진봉(進奉)을 증가시켜 은총을 획득하였다. 또한 자제(子弟)에 훈계(訓誡)를 하지 못해 그들이 모두 교만(驕慢)하여 법도를 지키지 않아 가업(家業)이 쇠락하였다. 죽은 후 이부상서(吏部尚書)를 추증하였고, 시호를

57 역주 : 유지기의 삼남(三男)으로 역시 생졸연대가 불명(不明)하다.

58 역주 : 형남절도사는 현재의 호북성(湖北省)·호남성(湖南省) 및 사천성(四川省) 일대의 군정(軍政)과 행정을 관장하는 관리였다. 『구당서』 권102, 「유자현전」에 부록된 유휘(劉彙)의 기록에는 그가 급사중(給事中)·상서우승(尚書右丞)·좌산기상시(左散騎常侍)·형남장사절도사(荊南長沙節度使)를 역임하였다고 했다.

59 역주 : 대종(代宗) 때의 재상으로 『구당서』 권108, 「신당서」 권126에 열전이 있다.

60 역주 : 『구당서』 권136, 「유찬전(劉贊傳)」에, 이 당시 양염(727-781)은 두홍점의 판관(判官)이었다. 양염은 덕종(德宗) 때의 재상으로 『구당서』 권118, 『신당서』 권145에 열전이 있다.

61 역주 : 한황(722-787)은 대종·덕종 시기에 활약했던 인물로서 『구당서』 권129에 열전이 보이고, 『신당서』 권126, 「한휴전(韓休傳)」에도 부록되어 있다.

경(敬)이라 하였다.(『구당서』에 휘(彙)는 문집(文集) 3권이 있다고 했고, 찬(贊)은 따로 열전이 있다)

彙,(『新』·『舊書』傳不著字) 左散騎常侍, 終荊南節度使. 子贊, 以廕仕爲鄂丞. 杜鴻漸自劍南還, 過鄂, 廚驛豐給. 楊炎薦彙(當作'贊')名儒子,(當有'孫'字) 擢浙西觀察判官. 炎入相, 進歙州刺史, 政干强濟. 野媪將爲虎噬, 幼女呼號搏虎, 俱免. 觀察使韓滉表贊治有異行, 加金紫, 徙常州. 滉輔政, 分所統爲三道, 以贊爲宣州刺史·都團練觀察使, 治宣十年. 贊本無學, 弟以剛猛立威, 官吏重足一迹. 宣旣富饒, 卽厚斂, 广貢奉以結恩. 又不能訓子, 皆驕傲不度, 素業衰矣. 卒, 贈吏部尚書, 謚曰敬.(『舊書』: 彙有集三卷. 贊自有傳)

유형(劉逈)[62](열전에 역시 자(字)를 적지 않았다)은 강직함으로 유명하였다. 진사(進士)에 합격하여 전중시어사(殿中侍御史)를 역임하였고, 강회전운사(江淮轉運使)의 막부(幕府)에 임직(任職)하였다. 당시는 안사의 난(755-763)을 겪고 난 직후였기 때문에 유형은 재부(財賦)를 전운(轉運)하여 공급하는 직무에 진력하였다. 대력(大曆 : 766-779) 연간 초에 길주자사(吉州刺史)에 임명되어 치적이 매우 뛰어났다. 여러 차례 옮겨 급사중(給事中)이 되었다.(『구당서』에는 문집 5권이 있다. 按 : 형(逈)의 부전(附傳)은 (그가 육남(六男)이기 때문에) 당연히 끝에 있어야 한다. 이는 순서를 뛰어넘은 것 같다)

逈(傳亦不著字)以剛直稱, 第進士, 歷殿中侍御史, 佐江淮轉運使. 時新更安史亂, 逈饋運財賦, 力于職. 大歷初, 爲吉州刺史, 治行尤異. 累遷給事中.(『舊書』: 有集五卷. 按 : 逈附傳當居末, 此似越次)

유질(劉秩)은 자가 조경(祚卿)이다. 개원(開元) 말에 좌감문위녹사참군사

62 역주 : 유지기의 육남(六男)으로서, 아들 중 유일하게 과거출신자이다. 양숙(梁肅), 「급사중유공묘지명(給事中劉公墓誌銘)」(『문원영화(文苑英華)』 권944 所收)이 그의 묘지명이다.

(左監門衛錄事參軍事)를 역임하였고, 얼마 뒤 헌부원외랑(憲部員外郞)이 되었다. 작은 사건에 연루되어 농서사마(隴西司馬)로 강등되었다. 안록산(安祿山)이 반란을 일으켰을 때 가서한(哥舒翰)[63]이 동관(潼關)을 지키고 있었는데 양국충(楊國忠)[64]은 가서한의 병권을 박탈하고자 하였다. 이에 유질은 상서(上書)하여 이르기를, "가서한의 군대에게 천하의 성패(成敗)가 걸려 있으니 경솔하게 처리해서는 안 됩니다"라고 하였다. 방관(房琯)[65]이 그의 주소(奏疏)를 보고 그를 유경생(劉更生)[劉向]에 비유하였다. 지덕(至德: 756-758) 연간 초에 급사중(給事中)으로 옮겼다. 오래 지나서야 낭주자사(閬州刺史)로 임명되어 나갔다. 무주장사(撫州長史)로 강등되어 죽었다. 저서로는 『정전(政典)』[66](『구당서』에는 35권이라 하였다)·『지과기(止戈記)』(『구당서』에는 7권이라 하였다)·『지덕신의(至德新議)』(『구당서』에는 12권이라 하였다) 등 모두 수십 편(篇)이 있다.(『구당서』에는 또 『지요(指要)』 3권이 있고, 또 『구당서』「경적지」에는 상기(喪紀)제도를 논한 것, 사적인 주전(鑄錢)을 논한 것, 국학(國學)의 제도개혁 등에 관한 사실이 있다. 소동파(蘇東坡)의 『지림(志林)』에, 세상에서는 군사[兵]을 논할 때 모두 『통전(通典)』의 내용을 취하는데, 『통전』이 비록 두우(杜佑)가 편찬한 것이기는 하지만, 그 연원(淵源)은 유질(劉秩)에게서 나왔다고 했다)

秩, 字祚卿. 開元末, 歷左監門衛錄事參軍事, 稍遷憲部員外郎. 坐小累, 下除隴西司馬. 安祿山反, 哥舒翰守潼關, 楊國忠欲奪其兵, 秩上言: "翰兵天下成敗所繫, 不可忽." 房琯見其書, 以比劉更生. 至德初, 遷給事中. 久之, 出爲閬州刺史. 貶撫州長史, 卒. 所著『政典』(『舊書』云三十

63 역주: 『구당서』 권104, 『신당서』 권135에 열전이 있다.

64 역주: 『구당서』 권106, 『신당서』 권206에 열전이 있다.

65 역주: 방관(697-736)은 당시 헌부시랑(憲部侍郎)에 재직하였다. 『신당서』 권139에 열전이 있다.

66 역주: 『구당서』 권147, 「두우전(杜佑傳)」에, 개원(開元) 말에 유질(劉秩)이 경사백가(經史百家)의 말을 모으고, 『주례(周禮)』 육관(六官)의 직(職)을 취하여 각 문(門)으로 분류하여 35권을 편찬하여 『정전(政典)』이라 불렀는데, 당시 학자들의 칭찬을 받았다고 했고, 두우는 이 책을 읽고 조목(條目)의 미진한 부분을 보완하여 200권으로 확대 완성하고, 『통전(通典)』이라 불렀다고 했다.

五卷)·『止戈記』(『舊書』云七卷)·『至德新議』(『舊書』云十二卷)等凡數十篇.(『舊書』又有『指要』三卷. 又『舊書』「志」有論喪紀制度, 論私鑄錢, 改制國學等事. 東坡『志林』: 世之言兵者, 咸取『通典』. 『通典』雖杜佑所集, 然其源出於劉秩)

유신(劉迅)은 자가 첩경(捷卿)이다. 경조공조참군사(京兆功曹參軍事)를 역임하였다. 일찍이 질환으로 침대에 누워 일어나지 못하였다. 방관(房琯)이 이를 듣고 염려하여 잠들지 못하였다. 말하기를, "유신[捷卿]이 만약 죽는다면 이는 천리(天理)가 사람을 속이는 것이리라!"(『신당서』는 대부분 구법(句法)을 스스로 지었는데, 이 문구가 특히 말이 되지 않는 것 같다)고 하였다. 진군(陳郡) 사람 은인(殷寅)은 사람을 감별하는데 능하다고 유명하였는데, 유신을 보고 감탄하여 말하기를, "이 사람은 지금의 황숙도(黃叔度)[黃憲][67]로다!"고 하였다. 유안(劉晏)[68]은 그의 의론(議論)을 들을 때마다 말하기를, "제왕(帝王)의 치세의 도리가 모두 그 안에 있다"라고 하였다. 상원(上元: 760-762) 연간에 유신은 안강(安康)(마땅히 '안경(安慶)'이라고 해야 한다)에 피난 중 죽었다. 유신은 『시(詩)』·『서(書)』·『춘추(春秋)』·『예(禮)』·『악(樂)』 오설(五說)을 계속하여 썼다. 책을 완성한 후 사람들에게 말하기를, "천하는 넓고 크지만 나를 이해하는 사람은 너무 적다"라고 하고는 끝내 사람들에게 보이지 않았다고 일컬어진다.(『신당서』「예문지」에, 『육설(六說)』 5권은 경해류(經解類)에 있다. 이한단(李邯鄲)의 『서목(書目)』에, 유신(劉迅)이 『육설』을 지어 『육경(六經)』 작서(作書)의 뜻을 드러내고 그 조목을 적었다. 다만 『역(易)』의 경우 빼고 서술하지 않았다. 『이의산집(李義山集)』에, 처음 내가 유씨(劉氏)의 『육설』을 구해 읽었는데, 그 말에 이르기를, 시비(是非)는 포폄(褒貶)에 매여 있는 것이지 상벌에 매여 있는 것이 아니고, 예(禮)는 도리를 갖춤에 매여 있는 것이지, 유사(有司)에 매여 있는 것은 아니라고 하였다. 항상 이를 가만히 기록하였다. 이화(李華)의 『삼현론(三

67 역주 : 후한시대에 청렴한 인물로 유명하다. 『후한서』 권53에 열전이 있다.

68 역주 : 당 대종(唐代宗) 때의 재상을 지냈다. 안사의 난 후 재정(財政)의 건립에 직접적인 공을 세웠다. 『구당서』 권123, 『신당서』 권149에 열전이 있다.

賢論)』에서는 유신허(劉愼虛)를 논하였는데, 대략 이르기를, 명유(名儒) 사관(史官)의 가문으로 형제들은 학문으로 저명하고, 『오설(五說)』은 원류를 조리 있게 관통하며 고금의 변화를 모두 기록하였다. 경사(京師)에 있을 때 일찍이 병든 적이 있었는데, 태위 방공(房公)이 부풍(扶風)에 왔다가 이를 듣고 말하기를, "정경(挺卿)이 금방 일어나지 못한다면 다시는 신도(神道)가 없을 것이다"라고 했다. 은직청(殷直淸)은 견식을 갖추고 있었는데 이(理)를 말하면서도 직접 만날 기회가 적은 것을 원망하며 항상 대면하고자 하였다. 후일 피난을 가 안경(安慶)에서 죽었다. 그리고 왕씨(王氏)의 『향조필기(香祖筆記)』에 이르기를, "유신허(劉愼虛)를 안타깝게도 후일 볼 수가 없고 오언시(五言詩) 14편만이 전할 뿐이다. 『신당서』·『구당서』에는 모두 따로 열전이 없어서 그의 자(字)를 정경(挺卿)이라 하였는지 지금 역시 알 수 없다"라고 했다. 또 말하기를, "내가 독고(獨孤)와 『삼현론』을 보니, 유신허의 장점을 감탄한 것이 시(詩)에만 그친 것이 아니다"라고 했다. **按**: 이화(李華)의 『삼현론』은 『문원영화(文苑英華)』에 보이는데, 가리키는 사람이 곧 유신(劉迅)이다. 신허(愼虛)는 반드시 그의 별자(別字)일 것이다. 정경(挺卿)은 『문원영화』에 주(注)가 있는데, 『신당서』에는 '첩경(捷卿)'이라 썼다"라고 했다. (은직청(殷直淸)의) 직청(直淸)은 은인(殷寅)의 자(字)가 틀림없다. 그런데도 어찌 전하지 않는다고 했는가? 『삼현론』의 목록에 '하숙(遐叔)'이라 하였는데, 하숙은 이화(李華)의 자(字)이다. 또 어찌 독고(獨孤)를 운운하였는가? 다시 살펴보니, 서탁(徐倬)의 『전당시록(全唐詩錄)』에는 유신허(劉愼虛)를 강동(江東) 사람으로서 하현(夏縣)의 영(令)이 되었고, 하지장(賀知章)·포융(包融)·장욱(張旭)과 함께 '오 지방의 네 선비[吳中四士]'라고 일컬어졌다. 이 또한 어떤 책에 근거하고 있는지를 알 수 없다. 어찌 다른 사람이겠는가? 그러나 기록된 오언시(五言詩) 14편은 왕씨(王氏)가 일컬은 것이다. 어찌 『신당서』「유신전」에 하현(夏縣)의 영(令)을 지낸 사실과 오 지방의 네 선비라는 말이 빠졌는가? 그렇다면 『전당시록(全唐詩錄)』에서 강동(江東) 사람이라 칭한 것은 혹 하지장·포융·장욱 세 선비의 경우로 인하여 강동이라 억측한 것인가? 이는 모두 『삼현론』에 역시 보이지 않는다. 물론 (유신(劉迅)의) 본전(本傳)에 적혀 있지 않았다. 왕(王)·서(徐)처럼 이름난 사람들의 저서들이 이와 같다는 것을 믿을 수 있겠는가! 독서를 하면서 옛 것을 증거하여 통달할 수 있음은 세상의 학문으

로 어렵다)

迅, 字捷卿. 歷京兆功曹參軍事. 常寢疾, 房琯聞, 憂不寐, 曰:“捷卿有不諱, 天理欺矣!”(『新書』多自撰句法, 似此句殊不成語) 陳郡殷寅名知人, 見迅嘆曰:“今黃叔度也!” 劉晏每聞其論, 曰:“皇王之道盡矣!” 上元中, 避地安康,(當作‘慶’) 卒. 迅續『詩』·『書』·『春秋』·『禮』·『樂』五說. 書成, 語人曰:“天下滔滔, 知我者希.” 終不以示人云.(『新書』「志」:『六說』五卷, 在經解類. 李邯鄲『書目』: 劉迅作『六說』, 以標『六經』作書之誼而著其目, 惟『易』闕而不敍. 『李義山集』:“始僕得劉氏『六說』讀之, 其語曰: 是非繫於褒貶, 不繫於賞罰; 禮樂繫於有道, 不繫於有司.”常密記之. 李華『三賢論』論劉愼虛略曰: 名儒史官之家, 兄弟以學著. 『五說』條貫源流, 備今古之變. 在京嘗疾, 太尉房公時臨扶風, 聞之曰:“挺卿日若不起, 無復有神道.” 殷直淸有識尙, 恨言理少對, 常想見其面. 後避地, 逝於安慶. 而王氏『香祖筆記』謂:“愼虛惜不槪見於後世, 止傳五言詩十四篇. 『新』·『舊唐書』皆不爲立傳其字挺卿, 今亦無知者.” 又言:“予觀獨孤及『三賢論』, 歎愼虛之長不止於詩.” **按**: 李華『論』見『文苑英華』, 所指卽迅耳, 愼虛必其別字. 挺卿則『文苑』有注:“『唐書』作‘捷卿’.” 直淸乃寅字無疑也. 何云無傳? 『三賢論』目稱‘遐叔’, 遐叔, 華字也, 又何云獨孤耶? **又按**: 徐倬『全唐詩錄』載劉愼虛江東人, 爲夏縣令, 與賀知章·包融·張旭號‘吳中四士’, 此又不知何本, 豈別一人耶? 然所錄詩五言十四篇, 卽王所云也. 豈『唐書』「迅傳」闕書爲夏縣令及吳中語耶? 抑『詩錄』所稱江東人, 或因賀·包·張三士而臆揣其地也? 是幷『三賢論』亦未見, 無論印及本傳矣. 名輩如王·徐, 著書若此, 信乎! 讀書證古能得其通者, 世難其學也)

『신당서』에는 유지기와 서견(徐堅) 등 여섯 사람이 같은 열전에 수록되어 있다. 사신(史臣)의 총론(總論)[贊曰]에 이르기를, “당(唐)이 건국되어 집필(執筆)하는 사관(史官)이 많았다. 유지기 이래 고인(古人)을 교묘히 꾸짖었다”라고 했다. 자세히 보면 여기서 ‘고인을 교묘히 꾸짖었다’는 말이 유지기만을 가리키는 것은 아니다. 집필자들이 자기 마음에 치우쳐 선입견을 가지고 마구 비판하였다. 나는 반드시 유지기라는 사람을 알기 위해서는 『사통』이라는 책을 알아야 한다고 말하고자 한다. 나는 『사통』을 처음 읽으면서 유지기의 말 중에 사마천·반고 이래 완전한 사서가 없다는 말을 이상하다고 여겼고, 그가 옛 사람들을 비평함이 지나치게 가혹하여 혹 성급하게 삭제하는 잘못을 하거나 혹 지나치게 옛 것을 고집하여 융통성이 없는 잘못이 있었다고 여겼다. 생각해 보건대, 그 사람이 과연 사서(史書)를 담론하는 신불해(申不害)·한비자(韓非子)인가? 춘하(春夏)의 무성하게 자라게 하는 기운은 적고 추동(秋冬)의 삼가 거두는 기운이 많은가? 유지기의 열전을 읽고 그의 이력을 상세히 보니 자신의 문장이 매끈하면서도 의미가 잘 통했을 뿐만 아니라 여섯 아들까지도 모두 저서로 유명하였고, 대관(大官)으로의 영예로운 이름이 손자와 증손까지도 쇠하거나 그치지 않았다. 또한 하늘의 혜택이 유씨 일가에만 주어지는 것이라 의심했다. 어찌 그 심후(深厚)하고 장기적임이 이와 같은가! 스스로 근래에 그 책을 여러 차례 자세히 살펴본 적이 있어 비로소 유지기의 사람됨을 깨달을 수 있었다. 비록 직접 도(道)를 말하지는 않았지만 실제로는 도학(道學)을 배태(胚胎)하고 있었다.(「채찬(採撰)」·「재문(載文)」 등 편을 보면 미혹함으로 속이거나 과장된 말로 속이는 것을 힘써 물리치려 하였음을 볼 수 있다) 때문에 그의 말이 비록 겉으로는 경전(經典)을 배척하는 것 같지만 실제로는 경전을 사물의 준칙으로 삼았다.(「의고(疑古)」·「혹경(惑經)」 등 편을 보면 찬탈과 반역에 분노를 싣고 있음을 볼 수 있다) 대개 그 근성(根性)이 하나에 이르면 그리더라도 그 방(坊)을 넘지 않는다. 방(坊)을 그리는 경우 사물을 취하더라도 반드시 요약을 하고, 요약에는 반드시 풍성하게 한다. 추동(秋冬)에는 삼가 거두고, 춘하(春夏)에는 무성하게 자라게 한다. 유씨(劉氏)의 은택이 심후하고 오랜 기간 더하여 진 것은 분명 그 부험(符驗)이다. 사람들을 꾸짖는 것을 기쁨으로 여겼다면 유지기가 이러한 평가를 누릴 수 있었겠는가! 나는 때문에 "유지기라는 사람을 알기 위해서는 『사통』이라는 책을 알아야 한다"라고 말했던 것이다. 삼산창부(三山傖父) 포기룡(浦起龍)이 후기(後記)하다.

『新唐書』知幾與徐堅等六人同傳. 史臣總論曰:"唐興, 史官秉筆衆矣, 知幾以來工訶古人." 詳此是'訶古'一語非專謂劉. 自執者偏據胸中, 有物先入, 詆謀四起焉. 愚則謂必知知幾之人者, 乃可與知『史通』之書. 愚始時閱其書, 怪其言自遷·固而下無完史, 其謫之太過, 至或失之編以削, 或失之泥以膠. 意其人果談史之申·韓者邪? 其春夏之氣少, 秋冬之氣多者邪? 及讀其本傳, 詳其世履, 不但身席淸通, 而六子齊著聲實, 大官榮名, 達於孫曾猶未衰止. 又疑天之施澤於劉氏, 何其深厚而加長如此也. 自邇繹其書且數過, 乃始竊其爲人也, 雖口不談道, 而實種道學之胚胎.(觀「採撰」·「載文」等篇力屛誕幻誇誣, 可見) 故其爲言也雖貌似拂經, 而實操經物之繩纆.(觀「疑古」·「惑經」等篇寄憤篡奪叛逆, 可見) 蓋其根性壹至, 畫而不過其坊. 畫於坊者, 取於物也必約, 約必受之以豐. 秋冬之爲嚴斂也, 春夏之以長茂也. 劉氏之澤深厚而加長; 固其符也. 訶人以爲悅, 而能享是哉! 愚故曰"知知幾之人者, 可與知『史通』之書"也. 三山傖父起龍書後.

『사통(史通)』 연구논저(研究論著) · 논문목록(論文目錄)*

1. 단행본

郭孔延, 『史通評釋』, 上海古籍出版社, 2006.
紀　昀, 『史通削繁』, 臺灣金川出版社, 1978.
羅常培, 『史通增釋序』, 浦起龍, 『史通通釋』 附錄(上海古籍出版社, 2009.)
盧文弨, 『史通校正』, 『群書拾補初編』本; 『抱經堂叢書』本.
楊明照, 『史通通釋補』, 浦起龍, 『史通通釋』 附錄(上海古籍出版社, 2009.)
王惟儉, 『史通訓故』, 上海古籍出版社, 2006.
陸　深, 『史通會要』, 『儼山外集』, 明嘉靖二十四年刻本; 『四庫全書』本
陳漢章, 『史通補釋補正』, 『史學雜誌』 2-5,6, 1931.4.
陳漢章, 『史通補釋』, 浦起龍, 『史通通釋』 附錄(上海古籍出版社, 2009.)
浦起龍, 『史通通釋』, 上海古籍出版社, 1978.
黃叔琳, 『史通訓故補』, 上海古籍出版社, 2006.
彭仲鐸, 『史通增釋』, 浦起龍, 『史通通釋』 附錄(上海古籍出版社, 2009.)
馬鐵浩, 『『史通』與先唐典籍』, 人民出版社, 2010.
傅振倫, 『劉知幾年譜』, 中華書局, 1963.
傅振倫, 『『史通』作者劉知幾之研究』(1) · (2), 臺北, 文星書店, 1965.
傅振倫 編, 『唐劉子玄先生知氣年譜』, 臺灣商務印書館, 1966.
呂思勉, 『史學四种-『史通』評』, 上海人民出版社, 1981.
姚　松 外 譯注, 『史通全譯』, 貴州人民出版社, 1997.
劉占召, 『史通評注』, 中央編譯出版社, 2010.
林時民, 『劉知幾『史通』之硏究』, 文史哲出版社, 1987.
林時民, 『史學三書新詮-以史學理論爲中心的比較硏究』, 臺灣學生書局, 1997.
林時民, 『中國傳統史學的批評主義-劉知幾與章學誠』, 臺灣學生書局, 2003.
莊萬壽, 『史通通論』, 臺北, 萬卷樓出版社, 2009.
張三夕, 『批判史學的批判-劉知幾及其『史通』硏究』, 文津出版社, 1992.

* 본 목록은 작자 성명의 가나다순으로 배열하였다. 최근(2010)까지의 한국 · 중국 · 대만 · 일본 그리고 서구의 논저들을 가능한 한 모두 수록하였지만, 일간지 등에 발표된 내용과 석사논문의 경우는 수록하지 않았다. 아울러 당송(唐宋) 이후 특히 명청(明淸) 시대의 찰기(札記) · 산문(散文)류 역시 수록하지 않았다. 이 목록은 代繼華, 「『史通』硏究50年」, 『中國史硏究動態』, 2000-5. 馬鐵浩, 『『史通』與先唐典籍』, 人民出版社, 2010, pp.408-455 등의 많은 도움을 받았다.

張舜徽, 『史學三書評議-『史通』平議』, 中華書局, 1983.
張振珮, 『史通箋注』, 貴州人民出版社, 1985.
程千帆, 『史通箋記』, 中華書局, 1980.
趙　俊, 『『史通』理論體系研究』, 遼寧大學出版部, 1990.
趙　俊, 任寶菊, 『劉知幾評傳-史學批評第一人』, 廣西教育出版社, 1997.
趙呂甫, 『史通新校注』, 重慶出版社, 1990.
曹聚仁 校注, 『史通』, 上海, 梁溪圖書館, 1926.3(初版); 1926.10(再版).
曾凡英, 『史家龜鑑-『史通』與中國文化』, 河南大學出版社, 2000.
彭雅玲, 『『史通』的歷史敍述理論』, 文史哲出版社, 1993.
許冠三, 『劉知幾的實錄史學』, 香港中文大學出版社, 1983.
許凌云, 『劉知幾評傳』, 南京大學出版社, 1994.
西脇常記 譯註, 『史通』內篇, 東海大學出版會, 1989.
西脇常記 譯註, 『史通』外篇, 東海大學出版會, 2002.
增井經夫 譯, 『史通』, 硏文出版, 1966.

2. 논문

1) 한글

高柄翊, 「劉知幾의 『史通』을 中心으로 한 中國史學에 있어서의 價値論에 대하여」(獨文), 『震檀學報』, 18・19, 1957(「劉知幾의 『史通』과 史評理論」, 閔斗基 編, 『中國의 歷史認識』下, pp.541-576 에 재수록).
朴宗喆, 「劉知幾의 文學論과 歷史觀」, 『慶州史學』 2, 1983.
全寅永, 「劉知幾의 『史通』과 역사의식」, 『康宇哲교수정년기념논문집』, 1992.
全寅永, 「劉知幾의 史學思想」, 『黃元九先生停年紀念論叢-동아시아의 인간상』, 혜안, 1995.
鄭起燉, 崔秉洙, 「劉知幾의 史學方法論」, 『湖西史學』(忠南大)7, 1979.

2) 中文

柯金木, 「劉知幾對于唐代史館修史的態度－兼論劉知幾的政治立場」, 臺北, 『孔孟月刊』, 1997.2.
賈忠文, 「『史通』"抑馬揚班"再辨－与許凌云同志高榷」, 『江漢論壇』, 1990-10.
賈忠文・孟祥東, 「劉知幾與柳宗元辨僞方法論略」, 『晉中學院學報』, 2009-5.
郭維雄 等, 「臺灣地區近三十年來所出版的劉知幾『史通』之硏究槪況」, 臺北, 『史苑』54期, 1993.
甲　凱, 「劉知幾與章學誠」, 臺北, 『東方雜誌』復刊8-3, 1974.

甲 凱,「史法與史意-論劉知幾章學誠兩家史學之差異」, 臺北,『人文學報』 第6期, 1977.
甲 凱,「劉知幾的史學」, 臺北,『輔仁學志』, 1984.6.
江 湄,「試論劉知幾倫理主義史學理論」,『蘭州大學學報』, 1994-1.
姜 新,「淺議劉知幾的"樹之風聲"」,『黃淮學刊』, 1991-4.
姜昧茗, 「論"道","政"之間的傳統史家權力-以劉知幾爲中心的考察」, 『安慶師範學院學報』, 2001-6.
姜勝利,「劉知幾章學誠史識論及其相互關系」,『史學史研究』, 1983-3.
耿建軍,「劉知幾對史料編纂的論述」,『檔案學通訊』, 1993-2.
耿天勤,「劉知幾對辨僞的貢獻」,『山東師大學報』, 1992-6.
耿天勤,「論劉知幾"史才三長"論的形成和發展」,『山東師大學報』(社會科學版), 1999-4.
高永奇,「從劉知幾『史通』看作者的語言觀」,『殷都學刊』, 1999-4.
高振鐸,「劉知幾和他的史才"三長論"」,『東北師范大學社會科學叢書』 第3輯(『中國古代歷史人物論集』, 1980).
龔鵬程,「『史通』析微」, 臺灣,『幼獅學誌』 20-4, 1989.
郭紀靑,「劉知幾與『史通』」, 臺灣,『臺中師專學報』 第10期, 1981.
郭文佳, 「試析劉知幾史學批判精神的成因」, 『信陽師範學院學報』(哲學社會科學版), 1997-3.
郭紹林,「劉知幾『史通』所建立的歷史編纂學體系」,『洛陽師範學院學報』, 1995-4.
郭維雄 外,「臺灣地區近三十年來所出版劉知幾史通之硏究槪況」, 臺灣,『史苑』 第54卷, 1993.
管 雄,「『史通論『史記』語抄撮」,『浙江圖書館館刊』 第四卷三期, 1935.
喬治忠, 「『史通』編撰問題辯正」, 『中國歷史文獻研究』 第一輯, 華中師大出版社, 1986.
寇鈞鋒,「劉知幾的文獻觀」,『理論導刊』, 2000-6.
瞿林東,『讀『史通』札記』,『史學史研究』, 1982-2.
邱世友,「劉知幾『史通』的文學思想」,『唐代文學』 第4集, 陝西人民出版社, 1982.
邱添生,「劉知幾的『史通』與史學」,『國立臺灣師範大學歷史學報』 第九期, 1981.5.
宮廷章,「劉知幾『史通』之文學槪論」,『師大月刊』 第2期, 1933.
吉隆昌, 「從"尙簡"到"苛簡"-評劉知幾的『史通』「敍事」·「尙簡」」, 『邯鄲師專學報』, 1998-1.
金毓黻,「論『史通』之淵源及其流別」,『制言』 54, 1939.
金仁義 外,「『史通』對魏晉南北朝史書編撰中體例運用的考察」,『池州學院學報』 22-2, 2008.4.

駱嘯聲, 「從『史通』看劉知幾的哲學思想」, 『武漢師院學報』, 1980-4.
盧南喬, 「劉知幾的史學思想和他對于傳統正統史學的斗爭」, 『文史哲』, 1961-1.
盧山紅, 「關于『史通』之"通"的再探討」, 『汕頭大學學報』, 1988-4.
路新生, 「史學批評發展史上的"雙璧"-『史通』和『文史通義』」, 『歷史教學問題』, 2005-3.
魯言莉, 「試析劉知幾・章學誠歷史編纂理論的異同」, 『貴州師範大學學報』(社會科學版), 1997-1.
路言莉, 「試析劉知幾・章學誠歷史編纂理論的異同」, 『貴州師範大學學報』, 1997-1.
勞允興, 「簡談『史通』的"辨其指歸, 殫其體統"」, 『河北大學學報』, 1982-2.
勞允興, 「關于『史通』校點質疑」, 『北京社會科學』, 1987-1.
逯耀東, 「『史通』「疑古」「惑經」篇形成的背景」, 臺灣, 『當代』 第10期, 1986.
逯耀東, 「劉知幾『史通』與魏晉史學 : 從『史通』撰寫過程所作的討論」, 『中央研究院第二屆國際漢學會議論文集 : 歷史與考古組』, 臺北, 中央研究院, 1989.
逯耀東, 「劉知幾的疑古與惑經」, 『魏晉史學及其他』, 臺北, 東大圖書公司, 1998.
逯耀東, 「劉知幾『史通』與魏晉史學」, 『魏晉史學思想與社會基礎』, 中華書局, 2006.9.
雷　戈, 「"直書""曲筆"新論-淺論劉知幾的史學觀」, 『中州今古』, 1995-5.
雷家驥, 「從劉知幾"明鏡說"析論傳統史學理念的一個模式」, 『東吳文史學報』 第9期, 1991
雷家驥, 「劉知幾及其『史通』教學的研究」, 張哲郎主編, 『歷史學系課程教學研討會論文集』, 臺北, 政治大學歷史系, 1993.
段庸生, 「『史通』"偏記小說"類目厘定評述」, 『重慶工商大學學報』(社會科學版), 2006-5.
段庸生, 「『史通』"偏記小說"類目厘定的文學意義」, 『晉陽學刊』, 2010-5.
唐　輝, 「論文史關係與史學文體-『文心雕龍・史傳』的文化詮釋, 『船山學刊』, 2006-2.
唐燮軍, 「兩晉南北朝史體優劣論-兼評劉知幾的"二體竝行"論」, 『寧波大學學報』, 2010-4.
代繼華, 「劉知幾學派簡述」, 『中學歷史教學』, 1985-6.
代繼華, 「經史分合与『疑古』『惑經』」, 『重慶師範大學學報』(哲學社會科學版), 1991-2.
代繼華, 「劉知幾論實錄」, 『史學史研究』, 1995-3.
代繼華, 「『史通』研究50年」, 『中國史研究動態』, 2000-5.
代繼華, 「『四庫全書總目』「史部」中的『史通』」, 『華南師範大學學報』(社會科學版), 2007-6.
陶建平, 「『史通』的史評風格淺議」, 『廣西民族學院學報』, 1989-3.
東南淸, 「劉知幾在檔案文獻編纂學領域的卓越貢獻」, 『檔案』, 2008.6.
董乃斌, 「『史通』敍事觀的文學史意義」, 香港, 『人文中國學報』, 2009.9.
杜　濤, 「劉知幾創新目錄學之功」, 『河南圖書館學刊』, 2008.12.
鄧　瑞, 「試論劉知幾對史學的貢獻」, 『學術月刊』, 1980-10.

馬鐵浩,「文學的歷史觀與歷史的文學觀－『史通』文史關係析論」,『蘭州學刊』, 2008-1.
牟世金,「劉知幾對古代文論的新貢獻」,『唐代文學』 第1集, 陝西人民出版社, 1982.
房鑫亮,「『史通』的學術價值及其在中國史學史上的意義」,『探索與爭鳴』, 2008.12.
白　雲,「求實錄與揚名教:劉知幾史學批評的雙重原則－讀『史通』札記」,『蒙自師範高等專科學校學報』, 2001-5.
白　雲,「劉知幾與章學誠歷史編纂學思想的比較」,『蒙自師範高等專科學校學報』, 2002-05.
白壽彝,「劉知幾的史學」, 吳澤主編,『中國史學史論集』(二), 上海人民出版社, 1980.
白壽彝,「劉知幾的進步的史學思想」,『北京師範大學學報』, 1959-5.
白壽彝,「鄭樵對劉知幾史學的發展」,『厦門大學學報』, 1963-4.
步近智,「略論劉知幾的進步史學思想」,『東岳論叢』, 1985-3.
傅玉璋,「劉知幾尊法反儒的戰鬪精神-讀『史通』札記」,『安徽大學學報』, 1975-1.
符定波,「劉知幾的史學方法論」,『常德師專學報』, 1982-1.
符定波,「試論劉知幾的史學淵源」,『常德師專學報』, 1982-4.
符定波,「劉知幾論歷史學文獻」,『常德師專學報』, 1983-2.
符定波,「劉知幾史學的科學性試探」,『常德師專學報』, 1983-4.
符定波,「評劉知幾在中國史學理論上的地位」,『常德師專學報』, 1984-1・2.
符定波,「劉知幾與王充」,『常德師專學報』, 1984-5.
符定波,「劉知幾論史傳文學」,『常德師專學報』, 1985-4.
符定波,「『史通』與『論衡』比較研究」,『中國歷史文獻研究』 第一輯, 華中師大出版社, 1986.
傅振倫,「劉知幾的生平」,『學文雜誌』 1-4, 1931.
傅振倫,「『史通』版本源流考」,『圖書館』 第2期, 1962.
傅振倫,「『史通』的刊印流傳與研究」,『歷史文獻研究』 北京新一輯, 1990.
謝保成,「『隋書經籍志』對『史通』的影響」,『中國史研究』, 1983-4.
徐　薇,「從劉知幾論述史書體例看其循名責實的史學精神」,『文學與藝術』, 2010-2.
舒　朋,「『史通』之"蕭武"非梁武」,『首都師範大學學報』, 1999-5.
徐興海,「劉知幾對『史記』體例的研究」,『西安建築科技大學學報』, 1999-1.
徐興海,「劉知幾對『史記』的批評」,『陝西師範大學學報』, 1999-3.
徐興海,「『史通』論『史記』」,『司馬遷與『史記』論文集』 第4輯, 陝西人民出版社, 2000.
徐興海,「劉知幾的史漢比較研究」,『渭南師範學院學報』, 2002-1.
石　云,「『史通』在宋代爲何遭冷遇」,『許昌師專學報(社會科學版)』, 1987-3.
聶中慶,「論劉知幾的天命觀」,『通化師範學院學報』(社會科學), 1997-3.
聶中慶,「略論劉知幾的歷史觀」,『內蒙古民族師範學院學報』, 1997-3.

聶中慶, 「論劉知幾的“實錄”·“名教”觀」, 『松遼學刊』, 1998-3.
蕭鳴籟, 「『史通通釋』體制略評」, 『河南大學文學院季刊』 第2期, 1930.9.
蘇淵雷, 「劉知幾, 鄭樵, 章學誠的史學成就及其異同(上·下)」, 『上海師大學報』, 1979-4·1980-2.
孫小泉, 「劉知幾批判精神之成因探析」, 『臨沂師範學院學報』, 2007-5.
孫欽善, 「劉知幾在古文獻上的成就」, 『文獻』, 1988-4.
宋純路, 「從『史通』之「疑古」, 「惑經」篇看劉知幾的史學批判精神」, 『牧丹江師範學院學報』, 1999-4.
宋慈抱, 「續史通內外篇」, 『甌風雜誌』 1-24期, 1935.
施　丁, 「論劉知幾和章學誠之評司馬遷」, 『司馬遷硏究新論』, 河南人民出版社, 1982.
施　丁, 「劉知幾“實錄”論」, 『史學理論硏究』, 2003-4.
施　丁, 「劉知幾史學要論」, 『史學理論與史學史學刊』, 社會科學文獻出版社, 2003.
沈玉成·劉寧, 「『史通』中的“惑經”“申左”」, 『春秋左傳學史稿』, 江蘇古籍出版社, 1992.
安尊華, 「試論『史通』對明代史學的影響」, 『貴州社會科學』, 2009.6.
梁繼紅, 「“劉言史法, 吾言史意”－章學誠與劉知幾史學岐異探析」, 『古籍整理硏究學刊』, 2003-2.
楊文信, 「『史通』善本綜述:以明清兩代刊本·鈔本爲中心」, 『明淸史集刊』 第5卷, 香港大學, 2001.
楊文信, 「『史通硏究的回顧與前瞻:以版本·傳承·注釋和飜譯爲中心」, 『盛唐詩與盛唐文化國際學術硏討會論文集』, 2001.
楊文信, 「史學評論與政治－從淸朝的『史通』學談起」, 『明淸學術國際硏討會論文』, 香港大學, 2002.12.
楊緖敏, 「『史通』尊班抑馬辨」, 『徐州師範學院學報』, 1983-3.
楊緖敏, 「劉知幾與『史通』」, 『淮海學刊』, 1987-4.
楊緖敏, 「『史通』与『文心雕龍』的比較硏究」, 『黃淮學刊』, 1989-4.
楊緖敏, 「從劉知幾的詩賦看其處世思想及爲人」, 『徐州師範學院學報』, 1990-4.
楊緖敏, 「論『史通』的流傳及其對后世史學理論的影響」, 『徐州師範大學學報』, 1992-1.
楊緖敏, 「論王充的疾妄求實思想及對『史通』的影響」, 『南都學壇』, 1993-3.
楊緖敏, 「論劉知幾改造紀傳體史書的主張和影響」, 『徐州師範學院學報』, 1993-3.
楊緖敏, 「『史通』評唐代修史」, 『史學集刊』, 1994-4.
楊緖敏, 「論『史通』的失誤及其局限性」, 『揚州師範學院學報』, 1996-2.
楊緖敏, 「『史通』論史書的編纂方法和技巧」, 『徐州師範大學學報』(哲學社會科學版), 1996-4.

楊緖敏, 「論劉知幾的交友及友人對他的影響」, 『徐州師範大學學報』, 1998-2.
楊緖敏, 「劉知幾的史學變革思想及影響」, 『淮北媒師院學報』, 1999-1.
楊緖敏, 「劉知幾疑古思想的形成及考辨儒經・古史之成就」, 『中國鑛業大學學報』(社會科學), 1999-1.
楊緖敏, 「劉知幾的史學變革思想及其局限性」, 『江海學刊』, 2000-4.
楊緖敏, 「論劉知幾處世思想的成因與史學思想的淵源」, 『史學月刊』, 2003-7.
楊緖敏, 「劉知幾與歷史考古學」, 周國林 主編, 『歷史文獻硏究』, 華中師範大學出版社, 2003.
楊緖敏, 「『史通』『文史通義』有關『史記』評論之比較硏究」, 『歷史敎學』, 2004-4.
楊緖敏, 「劉知幾疑古思想及對僞史・僞說・僞書的考辨」, 『中國辨僞學史』, 天津人民出版社, 2007.
楊緖敏, 論明淸時期『史通』的流傳・整理和硏究, 『史學月刊』, 2008-11.
楊緖敏, 「論明淸學者對劉知幾史學理論的批評・闡發和實踐」, 『學習與探索』, 2010-4.
楊艶秋, 「劉知幾『史通』與明代史學」, 『史學史硏究』, 2002-4.
楊鈺俠, 「劉知幾史學更革論」, 『宿州師專學報』, 1999-4.
楊翼驤, 「劉知幾与『史通』」, 『歷史敎學』, 1963-7・8.
黎　虎, 「劉知幾爲武則天"制造輿論"嗎?」, 『歷史硏究』, 1978-8.
黎文麗, 「劉知幾『史通』體現的編輯思想和編輯原則」, 『唐都學刊』, 2006-5.
閻沁恒, 「劉知幾的疑古惑經說與歷史的求眞」, 臺北, 『中央硏究院國際漢學會議論文集 : 歷史考古組』, 1981.10.
閻鴻中, 「義例・名敎與實錄－劉知幾史學思想遡義」, 臺北, 『臺大歷史學報』 第31期, 2003.
倪金榮, 「劉知幾及其『史通』述論」, 『江南學院學報』, 2000-3.
吳建偉, 「劉知幾經學思想試探」, 『欽州師範高等專科學校學報』, 2003-2.
吳建偉, 「淺談劉知幾對經史辨僞方法」, 『河南圖書館學刊』, 2005-1.
吳建偉, 「淺談劉知幾對經史的辨僞方法」, 『河南圖書館學刊』, 2005-2
吳文治, 「劉知幾『史通』的史傳文學理論」, 『江漢論壇』, 1982-2.
吳榮政, 『劉知幾『史通』評述書目考－兼爲『焦氏筆乘』二則糾謬」, 『湘潭大學學報』, 1993-3.
吳天任, 「劉知幾與鄭樵史學之探討」, 臺灣, 『東方雜誌復刊』 22-9, 1989.
溫公頤, 「劉知幾的論證邏輯」, 『中國中古邏輯史』, 上海人民出版社, 1989.
汪　杰, 「論劉知幾・章學誠關于歷史文學的理論」, 『西南師範大學學報』, 1992-4.
王　莎・戴忠萍, 「呂思勉『史通評』關于古代史學發展沿革評論初探」, 『東南大學學報』, 2009.12.
王可鳳,「劉知幾論編史修志与檔案的關系」,『檔案工作』, 1961-3.
王嘉川,「試論古代學人對史家修史致禍現象的認識」,『河北大學學報』(哲學社會科學版), 2004-1.
王嘉川,「胡應麟論劉知幾」,『史學月刊』, 2006-4
王嘉川,「小說資料能否入史－劉知幾的困惑及其引起的爭論」,『天津社會科學』, 2009-6.
汪高鑫,「劉知幾班馬優劣論平議」,『安慶師範學院學報』(社會科學版), 2000-5.
王文慧,「評劉知幾『史通』中對「天文」·「藝文」·「五行」三志的批判」,『蘭臺世界』, 2008-4.
王瑞杰,「淺談『史通·疑古』篇中的"疑古"思想」, 臺北,『史耘』第8期, 2002.9.
王守正,「論『史通』的史學比較」,『河北學刊』, 1997-3.
王守正,「再論『史通』的史學比較,『廊坊師專學報』, 1997-2.
王燕華·俞鋼,「劉知幾『史通』的筆記小說觀念」,『上海師範大學學報』(社會科學版) 37-6, 2008.
王永豊,「讀『史通』」,『東北大學周刊』 77·78期, 1929.7·9.
王玉哲,「試論劉知幾是有神論者－兼与侯外廬,白壽彝兩先生商榷」,『文史哲』, 1962-4.
王銀春,「劉知幾史學中的三個重要命題」,『寧夏大學學報』(社會科學版), 1998-2.
王銀春,「劉知幾"直筆論"析」,『寧夏社會科學』, 1998-5.
王長奇,「論劉知幾的"比較"史評」,『河北職業技術學院學報』, 2001-4.
王齊洲,「劉知幾與胡應麟小說分類思想之比較」,『江海學刊』, 2007-3.
王鍾翰,「記半通主人藏半部『史通』」,『燕京學報』 新3期, 北京大學出版社, 1997.8.
王振寧,「從『史通』中的「疑古」·「惑經」篇看劉知幾的史學批判精神」,『鐵岭師專學報』, 1986-1.
王振寧,「『史通』的史學批判精神－以「疑古·「惑經」爲例」,『沈陽師範大學學報』, 2010-3.
王天順,「歐陽修『五代史記』的修撰與『史通』理論」,『寧夏大學學報』(人文社會科學版), 1896-3.
王春南,「『史通』徵引古籍及其存佚」,『南京大學學報』, 1986年增刊(社會科學文集).
王春南,「給『史通』浦本補漏塡空」,『文獻』, 1986.10.
王春南,「劉知幾政治傾向及其對『史通』的影響」,『江蘇史論考』, 江蘇古籍出版社, 1989.
汪春泓,「『文心雕龍』對劉知幾『史通』的影響」,『文心雕龍研究史』, 北京大學出版社, 2001.
汪春泓,「對劉知幾『史通』與『文心雕龍』相關性之考辨」,『文心雕龍的傳播和影響』,

學苑出版社, 2002.
王曉敏,「試論『史通』對唐代『左傳』學硏究領域的拓展」,『許昌學院學報』, 2006-6.
于景祥,「劉知幾關于史書撰述用駢用散的主張及分析」,『歷史教學』(高教版), 2009-12.
牛潤珍,「論劉知幾的直書思想」,『紀念陳垣校長誕生110周年學術論文集』, 北京師大出版社, 1990.
牛致功,「劉知幾的修史主張」,『唐史論叢』 第4輯, 三秦出版社, 1988.
牛致功・趙文潤,「劉知幾的治史態度和史學思想」,『隋唐人物述評』, 陝西師範大學出版社, 1989.
熊麗君,「唐初監修國史及劉知幾對監修國史的批評」,『社科縱橫』 19-2, 2004.4.
魏　實,「劉知幾論成才的內在因素」,『人才硏究』, 1988-6.
劉　玲,「析王鳴盛對劉知幾和司馬光治史旨趣的推重」,『河南師範大學學報』, 2009-5.
劉文英,「『史通』的歷史地位」,『文史哲』, 1981-6.
兪潤生,「劉知幾對古代編輯史的貢獻」,『編輯學刊』, 1991-4.
劉治立,「『史通・補注』與史注」,『史學史硏究』, 2005-3.
劉咸炘,「史通駁議」, 黃曙暉 編校,『劉咸炘學術論集』, 廣西師範大學出版社, 2007.
劉咸炘,「劉知幾家學考」, 黃曙暉 編校,『劉咸炘學術論集』, 廣西師範大學出版社, 2007.
尹雪華,「淺論劉知幾『史通』對歷史敍事的貢獻與局限」,『福建論壇』, 2006.9
李金銘,「劉知幾論史書語言」,『徐州師大學報』, 1987-4.
李紀祥, 「試論劉知幾與章學誠對『春秋』理解的異同」, 臺北, 『簡牘學報』 第15期, 1993.12.
李紀祥, 「五十年來臺灣地區『史通』硏究之回顧」, 東海大學歷史系・新史學雜誌社 主辦『五十年來臺灣的歷史學硏究之回顧硏討會』, 1995.4.
李紀祥,「「言」與「文」-『史通・言語篇』中的歷史語言觀」,『時間・歷史・敍事』, 臺灣, 麥田出版社, 2001.
李紀祥,「劉知幾的史體論與備體觀」,『時間・歷史・敍事』, 臺灣, 麥田出版社, 2001.
李南暉,「『史通』「古今正史」唐史箋證」,『文獻』, 2000-3.
李成良・邱應元,「『史通』的歷史文學理論」,『西南民族大學學報』, 1988-1.
李少雍,「劉知幾與古文運動」,『文學評論』, 1990-1.
李崇新,「中國傳統史學的理論建構-劉知幾史學思想新論」, 臺中,『中國文化月刊』, 2001-12.
李亞昆,「劉知幾史學擧誤」,『國專月刊』 第1卷5期, 1935.7.
李威熊,「劉知幾以史論經之平議」, 臺中,『逢甲人文社會學報』, 2008.6.
李秋沅,「『史通』的求實精神」,『史學史硏究』, 1988-2.

李翠玉,「劉知幾史學貢獻芻議」,『昌濰師專學報』, 1998-1.
李軒明・鄭新, 「“直書”與“曲筆”－結合劉知幾『史通』分析史家作史」, 『科教導刊』, 2010-7.
李惠珍,「劉知幾及其史學貢獻」,『東方論壇』, 1993-1.
任繼愈,「劉知幾的進步的歷史觀」,『文史哲』, 1964-1.
林時民,「劉知幾的重要生平與『史通』之撰成」, 臺中,『弘光護專學報』第12期, 1984.6.
林時民,「試論劉知幾史學思想的本源」, 臺北,『史學評論』第8期, 1984.7.
林時民,「近三年來有關劉知幾的研究成果評介」, 臺北,『史學評論』第12期, 1986.7.
林時民,「劉知幾的時間觀念及其歷史撰述論」,『大陸雜誌』第75卷1期, 1987.7.
林時民,「試論劉知幾的史法」,『中西史學史研討會論文集』(第二屆), 國立中興大, 1987.
林時民,「『史通削繁』探析」, 臺北,『中國書目季刊』第24卷1期, 1990.6.
林時民,「紀昀與『史通削繁』-以史學批評爲中心的探討」,『臺灣師大歷史學報』第30期, 2002.6.
林時民,「劉知幾“辨其指歸,殫其體統”與司馬遷“究天人之際,通古今之變,成一家之言”之關係與比較試論」, 臺中,『興大歷史學報』第13期, 2002.6.
林時民,「劉知幾論史家品格」, 臺南,『南臺科技大學學報』第27期, 2002.12.
林時民,「劉知幾論史家技藝」, 臺中,『興大人文學報』第33期, 2003.6.
林時民,「史學批評的批評 :『史通』中的『史記』論析」,『臺灣師大歷史學報』第40期, 2008.12.
張劍平,「武則天時代與劉知幾『史通』的撰著」,『廊坊師範學院學報』, 2010-5.
張啓安,「劉知幾的檔案史料編纂思想與實踐」,『檔案』, 1986.10.
張高評,「劉知幾之『春秋』『左傳』學－兼論詩化之史學觀」, 臺灣,『文與哲』, 2008.6.
張國華,「劉知幾獨斷之說探析」,『山西大學學報』, 1996-3.
張金梅, 「春秋筆法與“史蘊詩心”－以劉知幾・章學誠爲例」, 『湖北民族學院學報』, 2010-1.
張其昀,「劉知幾與章實齋之史學」,『學衡』第5期, 1922.5.
莊萬壽,「『史通』著錄版本源流考」, 臺北,『中國學術年刊』第9期, 1987.
莊萬壽,「劉知幾實錄史學與孔子思想的關係之研究」,『中國學術年刊』第10期, 1988.
莊萬壽,「劉知幾的多元民族觀」,『中國唐代學會會刊』第3期, 1992.10.
莊萬壽,「『史通分篇提要」, 臺北,『教學與研究』第15期, 1993.6.
莊萬壽, 「劉知幾的實錄言語觀」, 『第二屆唐代文化研討會論文集』, 臺灣學生書局, 1995.
莊萬壽,「劉知幾的多元民族觀與多元主權論」,『慶祝莆田黃錦鋐教授八秩日本町田三郎教授七秩崇壽論文集』, 臺北, 文史哲出版社, 2001.

張孟倫, 『評劉知幾對『三國志』的評論」, 『中華文史論叢』, 1980-3.
張文波, 「論劉知幾在史學中的地位」, 『阜陽師範學院學報』, 2001-1.
張三夕, 「試論唐代佛教與『文心雕龍』對『史通』的影響」, 『漢中師院學報』(哲學社會科學版), 1990-2.
張三夕, 「文人與學者的分野－從劉知幾看中國古人的一種事業觀念」, 『程千帆先生八十壽辰紀念文集』, 江蘇古籍出版社, 1992.
張三夕, 「『史通』三家評校鈔」, 『通往歷史的個人道路－中國學術思想史散論』, 社會科學文獻出版社, 2000.
張三夕, 「『史通研究與建設中國史學批評史的構想」, 『通往歷史的個人道路－中國學術思想史散論』, 社會科學文獻出版社, 2000.
張錫厚, 「劉知幾的文學批評」, 『四川師範學院學報』, 1980-4.
張小樂, 「劉知幾辨僞探微」, 『山東社會科學』, 1998-4.
張小樂, 「劉知幾的疑古思想與辨僞實踐」, 『華南師範大學學報』(社會科學版), 2008-5.
張新科, 「劉知幾的史傳文學理論」, 『唐前史傳文學研究』附錄, 西北大學出版社, 2000.
張新民, 「『史通』評釋諸本述略」, 『文獻』, 1988-2.
張新民, 『史通』版本源流考」, 張舜徽主編, 『中國歷史文獻研究』 第3輯, 華中師範大學出版社, 1990.
張永瑾, 「劉知幾史部目錄學思想述評」, 『大學圖書情報學刊』, 1995-4.
張維屛, 「從『四庫全書總目・史部・史評類』所述分析明人的史評著作:兼論明代的『史通』研究與史學」, 周梁楷編, 『結網二編』, 臺北, 東大圖書公司出版, 2003.
蔣義斌, 「劉知幾的語言觀」, 臺北, 『華岡文科學報』, 1995.4.
蔣祖怡, 「劉知幾『史通』與劉勰『文心雕龍』」, 『文心雕龍論叢』, 上海古籍出版社, 1985.
張俊征, 「劉知幾所論史識辨析」, 『天中學刊』, 1993-2.
張振珮, 『史通・疑古・惑經』書後」, 『古籍整理研究學刊』, 1985-3.
張振珮, 「劉知幾史學理論初探」, 『貴州文史叢刊』, 1986-3.
張振珮, 「『史通』內篇札記」, 劉乃和主編, 『歷史文獻研究』 北京新1輯, 北京燕山出版社, 1990.
張振珮・張新民, 「『史通』外篇札記」, 『貴州大學學報』, 1992-3.
錢　穆, 「中國史學名著-劉知幾『史通』」, 『文藝復興』 第2卷第22期, 1971.
錢茂偉, 「陸深與『史通』研究風的興起」, 『明代史學歷程』, 社會科學文獻出版社, 2003.
田文紅, 「試論劉知幾『史通』對班固『漢書』的評論」, 『四川教育學院學報』, 1999.7.
翦伯贊, 「論劉知幾的史學」, 吳澤主編『中國史學史論集』(二), 上海人民出版社, 1980.
錢卓升, 「劉章史學之異同」, 『遺族校刊』 第4卷1期, 1936.10.
鄭　力, 「略論劉知幾和他的『史通』」, 『新建設』, 1958年第2期.

程文標, 「從『文心雕龍 · 史傳』到『史通』-簡評劉知幾對劉勰史學批評理論的繼承和發展」, 『沙洋師範高等專科學校學報』, 2004-2.
丁志達, 「劉知幾與『史通』」, 臺北, 『史苑』 第8期, 1967.
程千帆, 「『史通』內篇舊解訂訛」, 『南京大學學報』, 1980-2.
程千帆, 「『史通』讀法」, 『文史知識』, 1982-5.
程千帆, 「「摸擬」·「敍事」箋, 『文論十箋』, 黑龍江人民出版社, 1983.
程千帆 · 張暉等, 『史通箋記拾遺』, 南京大學中文系, 1986年 油印本.
趙　峰, 「從『史通 · 本紀篇』看劉知幾的史學觀」, 『寧德師專學報』(哲學社會科學版), 1996-1.
趙　俊, 「『史通』方法論」, 『華東師範大學學報』, 1988-6.
趙　俊, 「『史通』理論體系研究」, 華東師範大學博士論文, 1988.
趙　俊, 「劉知幾對史學批評的反思」, 『遼寧大學學報』, 1991-4.
趙　英, 「『史通』新論」, 『內蒙古大學學報』, 1992-2.
趙　俊, 「『史通』中所見之史學批評范疇」, 『江漢論壇』, 1992-8.
趙　俊, 「史學衝突與『史通』立場」, 『江蘇社會科學』, 1993-1.
趙　俊, 「『史通』自身矛盾問題初探」, 『中國史研究』, 1993-2.
趙　俊, 「『史通』理論體系的結構和邏輯」, 『中國社會科學院研究生院學報』, 2005-5.
趙呂甫, 「整理『史通』的體會」, 『史學史研究』, 1985-2.
趙梅春 外, 「從名實看劉知幾的史體論」, 『蘭州大學學報』, 1999-2.
趙文潤, 「劉知幾的治史態度和史學思想」, 『隋唐人物述評』, 陝西師大出版社, 1989.
趙伯雄, 「劉知幾的“疑經” · “申左”」, 『春秋學史』, 山東教育出版社, 2004.
趙海旺, 「從「疑古」「惑經」看劉知幾的實錄精神」, 『廊坊師範學院學報』, 2009-2.
鍾　濤, 「劉知幾『漢書』研究評議」, 『青海師範大學學報』(哲學社會科學版), 1989-1.
宗廷虎, 「劉知幾的修辭觀－我國第一部史論修辭著作『史通』評說」, 『揚州師範學院學報』, 1988-2.
左新春, 「略論『史通』的文獻學價值」, 『圖書館理論與實踐』, 2002-1.
周梁楷, 「略談彰善貶惡的史學－劉知幾史學初探」, 『史苑』 第9期, 輔仁大學歷史學會, 1968.
周文玖, 「劉知幾史學批評的特點」, 『史學史研究』, 2007-2.
朱小林 等, 「劉知幾史學中的法家思想」, 『西北大學學報』, 1975-2.
朱清如, 「評劉知幾論『北齊書』」, 『常德師範學院學報』(社會科學版), 1999-6.
周品瑛, 「劉知幾年譜」, 『東方雜誌』 第31卷第19號, 1934.
周曉瑜, 「『史通』的撰著指導思想與方法」, 『文史哲』, 1999-5.
周曉瑜, 「『史通』書名辨證」, 『山東大學學報』(哲學社會科學版), 2002-4.

曾慶鑒, 「略論劉知幾的史學成就」, 『史學史研究』, 1981-2.
曾凡英, 「史學家的人生隱憂－『史通』撰述趣之一」, 『自貢師範高等專科學校學報』, 1997-2.
曾凡英, 「『史通』撰寫時間辨析」, 『自貢師範高等專科學校學報』, 1997-4.
曾凡英, 「『史通』的性質與理論體系」, 『自貢師範高等專科學校學報』, 1998-1.
曾凡英, 「『史通』產生的時代背景」, 『自貢師範高等專科學校學報』, 2000-2.
曾凡英, 「論『史通』的學術思想淵源」, 『自貢師範高等專科學校學報』, 2000-4.
曾凡英, 「章學誠對劉知幾史學思想的發展」, 『自貢師範高等專科學校學報』, 2002-4.
曾凡英, 「論『史通』的流傳與研究」, 『四川理工學院學報』(社會科學版), 2003-4.
曾一民, 「唐兩通之撰作及其關係」, 臺灣, 『中西史學史研討會論文集』(第二屆), 中興大, 1987.
陳光崇, 「論劉知幾的尊法反儒思想」, 『遼寧大學學報』, 1975-2.
陳光崇, 「『史通』札記三則」, 『史學史資料』, 1980-5.
陳光崇, 「劉知幾的史學」, 『中國史學史論叢』, 遼寧人民出版社, 1984.
陳奇猷, 「『史通通釋』證誤」, 『社會科學戰線』, 1983-2.
陳其泰, 「歷史編纂的理論自覺－『史通』『文史通義』比較研究略論」, 『人文雜誌』, 2010-3.
陳立主, 「劉知幾的"六家"論」, 『文史知識』, 1997-8.
陳立主, 「劉知幾史學變革觀研究」, 『合肥師範學院學報』, 2010-2.
陳秉才, 「論劉知幾的史學思想」, 『中國史研究』, 1979-4.
陳耀南, 「『史通』與文心之文論比較」, 『唐代文學研討會論文集』, 臺北, 文史哲出版社, 1987.
陳允鋒, 「論白居易史學思想與劉知幾『史通』之關係」, 『文學前沿』 7, 學苑出版社, 2003.
陳淸輝, 「劉知幾『史通』「補注」篇釋義」, 臺北桃園縣, 『健行學報』, 1996.12.
陳香白, 「論『史通』今古詳略史觀」, 『韓山師範學院學報』, 1994-04.
倉修良, 「章學誠對劉知幾史學的批判繼承和發展－章學誠史學研究之四－『杭州師範學院學報』(社會科學版), 1979-1.
蔡國相, 「『史通』所体現的文論思想」, 『錦州師院學報』, 1990-2.
蔡國相, 「劉知幾史書方法論的批判性」, 『渤海大學學報』, 2006-5.
蔡瑄瑾, 「魏晉南北朝史注之發展-以『史通』「補注篇」爲例」, 黃淸連編, 『結網編』, 臺北, 東大圖書公司, 1998.
蔡英文, 「史學家的心術-劉知幾史學觀的一面」, 臺中, 『史學會刊』(東海大學), 1975.6.
肖　芃, 「『史通』的散文觀與小說觀述評」, 『湘潭師範學院學報』, 2000-4.
崔　述, 「劉知幾論劉向戰國寓言爲實事之誤」, 『考古續說』, 顧頡剛編訂, 『崔東壁遺書』, 上海古籍出版社, 1983.
崔　述, 「劉知幾論嵇康認戰國寓言爲實事之誤」, 『考古續說』, 顧頡剛編訂, 『崔東壁遺書』, 上海古籍出版社, 1983.
崔　述, 「劉知幾用左傳駁秦漢之書」, 『考信錄提要』 卷上, 顧頡剛編訂, 『崔東壁遺書』, 上海古籍出版社, 1983.
鄒旭光, 「劉知幾文史關係論指要」, 『南京社會科學』, 2000-6.
湯　城, 「淺談『史通』對范曄『後漢書』的評論」, 『安徽廣播電視大學學報』, 2009-2.
彭雅玲, 「史通論歷史褒貶」, 臺北, 『國立中央圖書館館刊』 新25(2)期, 1992.12.
彭雅玲, 「『史通』的歷史語言觀及其限制」, 『第二屆唐代文化研討會論文集』, 臺北, 臺灣學生書局, 1995.
何林青, 「檔案史志體的本一家－劉知幾論檔案工作與編史修志的關係」, 『檔案管理』, 1993-3.
何炳松, 「『史通』評論」, 『民鐸雜誌』 6-1, 1925.
夏祖恩, 「劉知幾『史通』的卓識與局限」, 『福建論壇』, 1999-4.
韓國磐, 「唐代劉知幾的反孔鬪爭」, 『厦門大學學報』, 1975-2.
韓留勇, 「劉知幾『史通』徵引『世說新語』評議」, 『現代語文(文學研究)』, 2010-3.
韓盼山, 「劉知幾史傳文的寫作觀念」, 『河北大學學報』(哲學社會科學版), 1992-4.
韓云波, 「劉知幾『史通』與“小說”觀念的系統化」, 『西南師範大學學報』(人文社會科學版), 2001-2.
許　剛, 「論錢穆與張舜徽對劉知幾的評價」, 『綿陽師範學院學報』, 2005-4.
許　剛, 「張舜徽先生之『史通』學研究」, 『長春師範學院學報』, 2005-6.
許　剛, 「張舜徽先生之『史通』學研究(續)」, 『長春師範學院學報』, 2006-1.
許　剛, 「論章學誠與劉知幾・鄭樵－讀張舜徽先生『文史通義平議』有得」, 『湖南科技學院學報』, 2005-9.
許冠三, 「劉知幾實錄史學探源」, 『中華文史論叢』, 1982-2.
許凌云, 「試評劉知幾紀傳史評論的失誤」, 『中學歷史教學』, 1983-5.
許凌云, 「劉知幾“抑馬揚班”辨」, 『江漢論壇』, 1984-11.
許凌云, 「劉知幾關于史漢體例的評論」, 『史學史研究』, 1985-4.
許凌云, 「論劉知幾的孔子觀」, 『齊魯學刊』, 1989-2.
許凌云, 「論劉知幾的史家主体意識」, 『孔子研究』, 1989-3.
許凌云, 「劉知幾的史料學思想」, 『史學史研究』, 1990-2.
許凌云, 「中國傳統文化的瑰寶－紀念『史通』撰成1280周年」, 『山東社會科學』, 1990-4.
許凌云, 「劉知幾學術思想淵源」, 『齊魯學刊』, 1992-1.
許凌云, 「劉知幾評史館修史」, 『東方論壇』(青島), 1994-3.

許凌云・王學軍,「試論劉知幾的史學方法論」,『浙江學刊』, 1994-4.
許凌云,「儒家史學理論的系統總結－劉知幾的學術道路」 上・下,『儒家倫理與中國史學』, 齊魯書社, 2004.
許殿才,「讀『史通』理論體系硏究』」,『遼寧大學學報』(哲學社會科學版), 1999-3.
許慧霞,「史傳主體意識的理性自覺－劉知幾『史通』中的直筆・獨斷之論」,『台州學院學報』, 2002-5.
胡益祥,「劉知幾的編輯觀－中國第一部古典編輯學『史通』述評」,『河南大學學報』(社會科學版), 1991-2.
洪　業,「史通點煩篇臆補」(1935),『洪業論學集』, 臺北, 明文書局, 1982.
洪之淵,「『史通』敍事尙簡論初探」,『溫州師範學院學報』, 2001-2.
黃　珅,「劉知幾的"文德"說」,『文藝理論硏究』, 1991-5.
黃覺弘,「劉知幾論『左傳』」,『江漢大學學報』(人文科學版), 2005-2.
黃俊文,「從『史通』「書志」略論劉知幾之史學思想」,『中正歷史學刊』(臺灣) 第6期, 2004.
黃中業,「論劉知幾對檔案文獻編纂理論的貢獻」,『煙台師範學院學報』(哲學社會科學版), 1999-2.
侯外廬,「論劉知幾的學術思想」,『歷史硏究』, 1961-2.

3) 日文

榎一雄,「『史通』の成立について」,『國學院雜誌』 第77卷第3號, 1976.
古勝隆一,「『隋書經籍志史部と『史通』雜述篇」,『東方學報』 第85冊, 2010.3.
吉川忠夫,「范曄と劉知幾」,『六朝精神史硏究』, 京都同朋舍出版株式會社, 1984.
內藤戊申,「劉知幾の史論に就い,『東洋史硏究』 第2卷第2號, 1936.
內藤戊申,「史通の六家二體の論に就て」,『史林』 22-3, 1937.
內山俊彥,「劉知幾の史學思想」,『日本中國學會報』 第23集, 1971.
大濱晧,「劉知幾論」,『宇野哲人先生白壽祝賀記念東洋學論叢』, 東京, 1974.
大濱晧,「劉知幾の歷史觀」,『中國・歷史・運命-史記と史通』, 東京勁草書局, 1975.
稻葉一郎,「『史通』淺說-唐代史官の史學理論」,『東洋史硏究』 22-2, 1963.
稻葉一郎,「中唐にわけろ新儒學運動の一考察－劉知幾の經書批判と啖助・趙匡・陸淳の春秋學」,『中國中世史硏究 : 六朝隋唐の社會と文化』, 東海大學出版會, 1970.
稻葉一郎,「『史通』の成立－その文獻學的考察」,『關西學院創立百周年文學部記念論文集』, 1989.
稻葉一郎,「劉知幾と『史通』」,『中國史學史の硏究』 第3部, 京都大學學術出版會,

2006.
福島正,「『史通』疑古篇論考－述者の意識」,『中國思想史研究』 第4號(『湯淺幸孫教授退官記念論集』), 京都大學中國哲學史研究會, 1981.
福島正,「『史通』と『資治通鑑』」,『中國思想史研究』 第18號, 京都大學中國哲學史研究會, 1995.
福島正,「『論衡』と『史通』」,『中國思想史研究』 제26호, 京都大學中國哲學史研究會, 2003.
西脇常記,「劉知幾－史評者の立場」,『人文』(京都大), 1984.
西脇常記,「宋代における『史通』」,『唐代の思想と文化』, 東京, 創文社, 2000.
西脇常記,「劉知幾の歷史意識」,『唐代の思想と文化』, 東京, 創文社, 2000.
石田肇,「無窮會藏・立原翠軒藏『史通評釋』ヲメグッテ－明末史通學ノ一端」,『東洋文化』 第59期, 1987.
岩井忠彦,「『史通』の思想的立場について」,『兵庫縣社會科學研究會誌』 第16號, 1969.
岩井忠彦,「中國の史學と時間の觀念－『史通』の場合」,『歷史教育』, 18-7, 1970.
鈴木啓造,「『史通』の勸善懲惡論」,『歷史における民衆と文化-酒井忠夫教授古稀祝賀記念論集』, 1982.
鈴木孝明,「劉知幾と『史通』」,『德島大學國語國文學』 10號, 1997.
猪飼敬所,「補修『史通・點煩』」, 京都葛西市郎兵衛刊本, 1803.
猪飼敬所,『史通通釋補正』, 皇都書房, 1927.
田中靖彦,「唐代にわけろ三國正統論と『史通』-曹魏描寫に込められた劉知幾の唐朝觀」,『中國－社會と文化』 20, 2005.6.
田中萃一郎,「劉知幾の歷史研究法」,『田中萃一郎史學論文集』, 東京, 三田史學會, 1932.
井貫軍二,「劉知幾の史才三長に就いて」,『史學研究』 第11卷3・4期, 1940.
增井經夫,「明代『史通』學」,『東方學』 第15輯, 1957.12.
增井經夫,「史通」,『中國の歷史書』, 刀水書房, 1984.
貝塚茂樹,「史通」,『貝塚茂樹著作集』 第7卷, 東京, 中央公論社, 1977.
貝塚茂樹,「中國史學理論の特質-劉知幾の『史通』を中心として」,『貝塚茂樹著作集』 第7卷, 東京, 中央公論社, 1977.

4) 영문

E.G. Pulleblank, "Chinese Historical Criticism : Liu Chih-chi and Ssu Ma-kuang, in Historians of China and Japan", W.G. Beasley & E.G. Pulleblank, eds., London :

Oxford University Press, 1961.(이윤화 · 최자영 역, 「중국인의 역사비평－유지기와 사마광」, 『중국과 일본의 역사가들』, 신서원, 2007.)

Stephen W. Durrant, "Liu Chih-Chi on Ssu-ma Ch'ien", in "第一屆國際唐代學術會議論文集", 臺北 : 中國唐代學會編, 1989.

William Hung(洪業), "A T'ang Historiographer's Letters of Resignation"(與蕭至忠諸史官書), Vol.29 in HJAS, 1969.

찾아보기

ㄱ

ㅅ

ㅇ

ㅈ

ㅊ